SPRAWA HONORU

LYNNE OLSON STANLEY CLOUD

SPRAWA HONORU

DYWIZJON 303 KOŚCIUSZKOWSKI

ZAPOMNIANI BOHATEROWIE II WOJNY ŚWIATOWEJ

Z angielskiego przełożyli
MAŁGORZATA i ANDRZEJ GRABOWSCY

Przedmowa
NORMAN DAVIES

AMF +
ALBATROS
Wydawnictwo A. Kuryłowicz

WARSZAWA 2004

Tytuł oryginału
A QUESTION OF HONOR
THE KOSCIUSZKO SQUADRON: FORGOTTEN HEROES OF WORLD WAR II

Published by arrangement with Alfred A. Knopf,
a division of Random House, Inc., New York

Redakcja
Mirosław Grabowski

Korekta
Maciej Korbasiński
Elżbieta Jaroszuk
Ewa Sobkow

Indeks
Hanna Wachnowska

ISBN 83-921401-1-7

Wyłączny dystrybutor
Firma Księgarska Jacek Olesiejuk
Kolejowa 15/17, 01-217 Warszawa
tel./fax (22)-631-4832, (22)-632-9155, (22)-535-0557
www.olesiejuk.pl/www.oramus.pl

Wydawca
Andrzej Findeisen/A.M.F. Plus Group Sp. z o.o.
Al. Solidarności 91/28, 00-144 Warszawa
tel. (22)-620-7868, fax (22)-620-6533
e-mail: wydawca@sprawahonoru.com
przy współpracy z
Wydawnictwo Albatros A. Kuryłowicz
Wiktorii Wiedeńskiej 7/24, 02-954 Warszawa
tel./fax (22)-842-9867
e-mail: walbatros@op.pl

Wydanie I
Skład i łamanie: Kolonel
Druk i oprawa: Druk-Intro S.A., Inowrocław

PRZEDMOWA NORMANA DAVIESA DO WYDANIA POLSKIEGO

Nieodzownym warunkiem należytego zrozumienia drugiej wojny światowej w Europie jest poznanie losów Polski. To właśnie w Polsce rozpoczęła się wojna, to tu stoczono kilka największych bitew na froncie wschodnim, to tu hitlerowcy dokonali Holokaustu na Żydach, to tu całkowicie zniszczono stolicę państwa, to tu – proporcjonalnie do liczby mieszkańców – zginęło najwięcej ludzi, to tu żarliwa lojalność wobec aliantów przyniosła klęskę. Polacy, schwytani w dwa ognie walczących ze sobą potęg, Niemiec Hitlera i Związku Sowieckiego Stalina, stanęli do boju i bili się wspaniale. Ale choć ich wysiłki i cierpienia przyniosły mnóstwo korzyści aliantom, im samym dały niewiele, a ich kraj nie odzyskał wolności.

Polska ucierpiała też mocno w opracowaniach historycznych. W opinii ludzi Zachodu druga wojna światowa była niezwykłym sukcesem, a ich armie odegrały decydującą rolę w zwycięstwie. Na ogół przyjmują oni sowiecką wersję wydarzeń na froncie wschodnim, wierząc, że „wyzwolony" został zarówno Zachód, jak i Wschód. Historycy Holokaustu zaś, z reguły skupieni wyłącznie na tragedii Żydów, nie zauważają innych tragedii, rozgrywających się obok w tym samym czasie. Nikt poza historykami polskimi nie kusi się o szersze spojrzenie na sprawę. Niestety, z małymi wyjątkami, nie mają oni dostępu do międzynarodowego czytelnika.

Można zatem powiedzieć, że Lynne Olson i Stanley Cloud odnieśli prawdziwy triumf. W *Sprawie honoru* nie tylko rzucili światło na „zapomniany rozdział" przeszłości i opowiedzieli poruszającą historię. Pokonali też liczne przeszkody, które jakże często nie pozwalają nam dostrzec prawdziwego obrazu wojny. Co więcej, odtwarzając pełne przygód losy polskich pilotów wojskowych oraz łącząc je z gruntownym wglądem w sprawy Polski w latach 1939–1945, przedstawili czytelnikom bogatą materię utkaną z jednostkowych doświadczeń, wplecionych w barwną osnowę historyczną. Styl pisarski Autorów jest żywy i wartki. Znajomość tematu – gruntowna. Przesłanie moralne – jasne.

Sprawa honoru składa się z dwóch części. W pierwszej, zatytułowanej „Exodus", poznajemy historie pięciu polskich pilotów, którzy opuścili ojczyznę w 1939 roku, by walczyć o wolność i sprawiedliwość na Zachodzie. Druga, zatytułowana „Zdrada", kreśli skomplikowany splot okoliczności politycznych, od hitlerowsko-sowieckiego najazdu na Polskę do porzucenia jej przez najbliższych sojuszników. Wielu Polaków zna te tematy i być może wyobraża sobie, że wie już wszystko. Ale czeka ich niespodzianka. Jeśli bowiem przeczytają tę książkę, odkryją masę szczegółowych informacji i bezbłędną analizę faktów. Polacy nieraz obwiniają samych siebie, przypisując nieszczęścia spadające na ich kraj kłótniom i błędom swych ziomków. Ta książka odsłania drugą stronę medalu. Prawdziwymi sprawcami nieszczęść Polski, mimo rozlicznych polskich wad, byli jej sąsiedzi, mordujący na masową skalę, a błędy znacznie większe niż Polacy popełnili ich zachodni przyjaciele.

Takie ujęcie dziejów z pewnością szczególnie zainteresuje polskich czytelników. Nie przypomina bowiem znanych podręczników historii. Przedstawia obraz młodych polskich żołnierzy, świetnie spisujących się w zachodnim otoczeniu, oraz alianckich polityków i mężów stanu, którym często daleko do świetności. Przede wszystkim zaś książka ta ujawnia godne podziwu cechy jej amerykańskich Autorów, udowadniając, że nawet na „zgniłym Zachodzie" są ludzie o czułych sercach i otwartych głowach.

Fascynująca lektura.

Canmore, Alberta
sierpień 2004

PRZEDMOWA AUTORÓW DO WYDANIA POLSKIEGO

Przystępując do zbierania materiałów do tej książki, nie mieliśmy pojęcia, dokąd nas ono zaprowadzi. Nie mamy polskich przodków, a zatem w punkcie wyjścia wiedzieliśmy o Polsce bardzo mało. Zamierzaliśmy napisać wspaniałą opowieść przygodową o kilku polskich pilotach myśliwskich, którzy na początku drugiej wojny światowej dotarli do Wielkiej Brytanii i pomogli pokonać Niemców w bitwie o Anglię. Ale w miarę zapuszczania się w labirynt polskich dziejów i odkrywania, jak ogromny wkład wniosła Polska w zwycięstwo aliantów – i w historię Europy – zrozumieliśmy, że kroi nam się znacznie rozleglejsza opowieść.

Opowieść o historycznym wysiłku w walce o wolność narodu polskiego, rozpoczętej parę stuleci przed napaścią Niemiec w 1939 roku. Walce, której najszczytniejszym wyrazem były chyba wojenne zasługi Polaków i triumf Solidarności czterdzieści cztery lata po zakończeniu wojny. W Polsce i poza jej granicami, pod angielskim niebem, w bezlitosnych górach Włoch, w zbroczonym krwią Arnhem, na plażach Normandii, w warszawskim getcie i całej Warszawie Polacy zapisali nowy rozdział w długiej historii odwagi. Wojskowi i cywile, mężczyźni i kobiety, starzy i młodzi, żydzi, katolicy i ateiści – wszyscy włączyli się do walki.

Ci, którzy jej nie podjęli, należeli do wyjątków. Regułą w nieustraszonej Polsce – jedynym napadniętym i pokonanym przez hitlerowskie Niemcy kraju, który nigdy im się oficjalnie nie poddał i z nimi nie kolaborował – było walczyć aż do zwycięstwa. Lecz zanim walka dobiegła końca, Polskę zdradzili wschodni i zachodni towarzysze broni. W rezultacie poddani sowieckiej dominacji Polacy mogli tylko patrzeć, jak Europa Zachodnia odbudowuje się w warunkach pokoju i swobód. Ale pochodnia wolności w Polsce nigdy całkiem nie zgasła i po latach buchnęła pełnym płomieniem w Stoczni Gdańskiej.

Polacy oczywiście dobrze znają swoje wspaniałe i tragiczne dzieje. Ale dla cudzoziemców są one w znacznej mierze, nawet dziś, odkryciem. Podnoszą nas na duchu dziesiątki listów i e-maili od czytelników ze Stanów Zjednoczonych, Kanady, Wielkiej Brytanii i Australii, zdumionych, że Polacy wnieśli taki wkład w alianckie zwycięstwo, i oburzonych niehonorowaniem ich zasług przez sojuszników. Jeden z amerykańskich czytelników napisał: „Już nigdy w życiu nie opowiem dowcipu o Polakach!" Ze swej strony możemy tylko mieć nadzieję, że *Sprawa honoru* zajmie miejsce obok prac Arkadego Fiedlera, Adama Zamoyskiego, Normana Daviesa, i innych autorów, którzy od dziesiątków lat uparcie zabiegali o przyznanie Polsce należnego jej miejsca nie tylko w historii drugiej wojny światowej, ale również w dziejach cywilizacji zachodniej.

Książkę tę zadedykowaliśmy „Narodowi polskiemu", dlatego odczuwamy szczególną dumę, że – dzięki naszemu przyjacielowi Andrzejowi Findeisenowi – ukazuje się ona w polskim przekładzie. Jej publikacja wydaje się właściwym zakończeniem podróży, w którą wyruszyliśmy blisko cztery lata temu, gdy zamierzając opowiedzieć przygodową historię, dowiedzieliśmy się, czym naprawdę jest honor.

Lynne Olson i Stanley Cloud
Waszyngton
sierpień 2004

Narodowi polskiemu

Jeden jest przewodnik, który pomaga narodowi dotrzymywać słowa i wypełniać zobowiązania wobec sprzymierzeńców. Tym przewodnikiem jest honor.

Winston Churchill

ICH PIĘCIU

Mirosław Ferić

Witold Łokuciewski

Zdzisław Krasnodębski

Jan Zumbach

Witold Urbanowicz

PROLOG

Maszerowali dwunastkami, równym krokiem, przez podziurawiony lejami po bombach Londyn. Na honorowym miejscu, na czele prawie piętnastokilometrowej kolumny, szli Amerykanie, a za nimi – w iście kalejdoskopowej paradzie mundurów, sztandarów i wojskowej muzyki – Czesi i Norwegowie, Chińczycy i Holendrzy, Francuzi i Irańczycy, Belgowie i Australijczycy, Kanadyjczycy i Południowoafrykańczycy. Byli też sikhowie w turbanach, wysoko podnoszący nogi greccy gwardziści *evzoni w* butach z pomponami i w białych plisowanych spódniczkach, Arabowie w fezach i kefiach, grenadierzy z Luksemburga i artylerzyści z Brazylii. A na końcu, wśród aplauzu rozradowanego, wymachującego flagami narodowymi tłumu, kroczyło co najmniej dziesięć tysięcy kobiet i mężczyzn z sił zbrojnych i służb cywilnych Jego Wysokości Jerzego VI, króla Wielkiej Brytanii.

Przed rokiem zakończyła się wreszcie najstraszliwsza wojna w dziejach ludzkości – sześć lat pożogi, zniszczeń, niewyobrażalnych cierpień i śmierci. W wielu miastach na świecie powitano to wydarzenie wybuchem spontanicznej radości. Ale tego szarego, dżdżystego czerwcowego dnia 1946 roku Wielka Brytania – wraz z zaproszonymi gośćmi, reprezentującymi ponad trzydzieści narodów sprzymierzonych – oficjalnie i uroczyście upamiętniała wspólne zwycięstwo i tych wszystkich, żywych i poległych, którzy się do niego przyczynili. Ponad dwa miliony wymachujących flagami i dmących w dziecięce trąbki ludzi, przy wtórze kościelnych dzwonów i przenikliwych dźwięków dud, wiwatowało na cześć weteranów Tobruku, bitew o Anglię, Guadalcanal, Midway, Normandię, Ardeny, Monte Cassino, Arnhem i dziesiątków innych, mniej znanych. Maszerujący salutowali przed trybuną honorową na Mall, na której stał król z królową i dwiema córkami. Rodzinie królewskiej towarzyszył Clement Attlee, ale wielu skupiało wzrok na jego poprzedniku na stanowisku premiera, Winstonie Churchillu, przywódcy i natchnieniu Wielkiej Brytanii przez pięć wojennych lat.

Kiedy ostatnia uczestnicząca w Defiladzie Zwycięstwa reprezentacja przemaszerowała przed trybuną honorową, w górze rozległ się ogłuszający huk. Ludzie zadarli głowy i wpatrzyli się jak zahipnotyzowani w ołowiane niebo – od wschodu, tuż nad dachami domów, nadlatywała wielka powietrzna armada bombowców, myśliwców, wodnopłatów, transportowców. Prowadził ją pojedynczy pokryty kamuflażem samolot myśliwski, hawker hurricane, na oko mały i nieważny przy lecących za nim ociężałych olbrzymach. W pełni jednak zasłużył na to honorowe miejsce. Gdyby nie ten solidny jednomiejscowy myśliwiec i jego słynniejszy kuzyn, spitfire, mogłoby w ogóle nie dojść do Defilady Zwycięstwa. Latem i jesienią 1940 roku latający na hurricane'ach i spitfire'ach piloci RAF-u pokonali w bitwie o Anglię Luftwaffe Adolfa Hitlera. Wpłynęli tym na bieg wojny i odmienili losy świata.

Przy trasie parady stał tamtego dnia wysoki, szczupły blondyn o trudnym do wymówienia dla Anglików nazwisku. Kiedy Witold Urbanowicz przyglądał się przelatującemu myśliwcowi, napłynęła fala wspomnień. On też latał hurricane'em podczas bitwy o Anglię. Patrzył z góry na płonące miasto. Jego dywizjon stał się legendą tej bitwy. Pierwszego dnia bombardowań Londynu – blitzu, który w zamyśle Hitlera miał zmusić do uległości ludność cywilną – dywizjon Urbanowicza zapisał na swym koncie zestrzelenie aż czternastu niemieckich samolotów, ustanawiając rekord Królewskich Sił Powietrznych.

Bicie rekordów stało się chlebem powszednim Dywizjonu 303, nazywanego Kościuszkowskim. W ciągu pierwszych ośmiu dni walki Dywizjon Kościuszkowski zniszczył blisko czterdzieści maszyn wroga. To właśnie jemu, spośród wszystkich dywizjonów myśliwskich w RAF-ie, zatwierdzono zestrzelenie w bitwie o Anglię największej liczby niemieckich samolotów. Dziewięciu jego pilotów, w tym Urbanowicza, oficjalnie uznano za lotniczych asów. „To najlepsi podniebni wojownicy, jakich znam" – napisał o pilotach z Dywizjonu 303 trzy lata po bitwie (w tygodniku „Collier's") amerykański pilot myśliwski.

A jednak, mimo swych wojennych zasług, żaden z pilotów Dywizjonu 303 nie wziął udziału w uroczystym przelocie. Żaden nie maszerował na defiladzie. Ponieważ byli Polakami – sojusznikami walczącymi pod angielskim dowództwem – rząd Wielkiej Brytanii w obawie przed urażeniem Józefa Stalina rozmyślnie i wyraźnie zabronił im udziału w obchodach. Tydzień przedtem dziesięciu angielskich parlamentarzystów wystosowało list protestacyjny przeciw temu zakazowi. „Będą tam Etiopczycy – napisali. – Będą Meksykanie. Będzie [maszerował] Korpus Medyczny Fidżi, policja z Labuanu i Korpus Pionierów Seszeli – całkiem słusznie. Ale nie będzie Polaków. Czyżbyśmy zatracili nie tylko poczucie miary, ale i wdzięczności?"

Przed sześcioma laty, w czerwcu, Winston Churchill obwieścił Izbie Gmin: „Bitwa o Francję dobiegła końca. Spodziewam się, że lada dzień zacznie się bitwa o Wielką Brytanię". Nowy premier, niespełna miesiąc na urzędzie, od początku stawiał sprawę jasno: Anglia nie pójdzie w haniebne ślady Francji, nie skapituluje przed Niemcami. „Będziemy walczyć na plażach – brzmiało jego słynne oświadczenie. – Będziemy walczyć na lądowiskach, będziemy walczyć na polach i na ulicach, będziemy walczyć na wzgórzach. Nie poddamy się nigdy".

Odwagę i charakter, które Churchill deklarował w imieniu Anglii, wykazała wcześniej Polska. Pierwsza doświadczyła przerażającego hitlerowskiego blitzkriegu, pierwsza stawiła mu opór, pierwsza powiedziała – z całym przekonaniem – „Nie poddamy się nigdy". Upadła w październiku 1939 roku, ale zarówno jej rząd, jak i wojsko nie ogłosiły kapitulacji aż do końca wojny. Rozpoczęła się niezwykła odyseja – dziesiątki tysięcy polskich pilotów, żołnierzy i marynarzy uciekło z kraju – pieszo, samochodami, ciężarówkami, autobusami, niektórzy samolotami, jeszcze inni okrętami i łodziami podwodnymi. Różnymi drogami dotarli najpierw do Francji, a stamtąd do Anglii, żeby podjąć walkę. Przez cały pierwszy rok wojny Polska, której rząd emigracyjny miał siedzibę w Londynie, była najważniejszym, zdeklarowanym sprzymierzeńcem Wielkiej Brytanii.

Zanim dziesiątki polskich pilotów myśliwskich, z Dywizjonem 303 włącznie, wzbiły się w powietrze w bitwie o Anglię, RAF zdążył stracić setki własnych, których w wielu przypadkach zastępował nowicjuszami ledwo potrafiącymi latać, a co dopiero walczyć! Wkład zaprawionych w boju Polaków, zwłaszcza tych z Dywizjonu 303, miał znaczenie zasadnicze. Zdaniem wielu – decydujące. „Gdyby Polska nie stała po naszej stronie w tamtych dniach [...] płomień wolności mógłby zgasnąć jak świeca na wietrze" – podkreśliła w 1996 roku królowa Elżbieta II.

W szeregach RAF-u podczas wojny walczyło około siedemnastu tysięcy polskich lotników. Ale nie tylko polscy piloci i członkowie załóg odegrali ważną rolę w tym konflikcie. W kilkunastu istotnych operacjach morskich uczestniczyły okręty nielicznej polskiej marynarki wojennej. Polska piechota i jednostki powietrznodesantowe walczyły w Norwegii, Afryce Północnej, Włoszech, Francji, Belgii i Niemczech. Pod koniec wojny Polska była czwartym co do liczebności uczestnikiem alianckich działań zbrojnych w Europie, po Związku Sowieckim, Stanach Zjednoczonych i Wielkiej Brytanii z jej Wspólnotą Narodów. „Jeżeliby mi dano wybierać między żołnierzami, których bym chciał mieć pod swoim dowództwem, wybrałbym Polaków" – powiedział dowódca wojsk alianckich w Afryce Północnej i Włoszech, marszałek polny Harold Alexander.

Być może równie ważny jak udział w walce był wkład Polski w największe osiągnięcie alianckiego wywiadu – rozszyfrowanie hitlerowskich szyfrów wojskowych. W czasie Defilady Zwycięstwa tylko Churchill i garstka brytyjskich wysokich urzędników państwowych wiedzieli, że polscy kryptolodzy pierwsi wstępnie rozpracowali niemiecką maszynę szyfrującą Enigmę, w nieoceniony sposób przyczyniając się do ostatecznego rozstrzygnięcia losów wojny.

A czego w zamian oczekiwali Polacy? „Chcieliśmy odzyskać Polskę" – powiedział Witold Urbanowicz. Przez całą wojnę, poruszony dzielnością Polaków, wdzięczny im za pomoc i wzburzony bezprzykładnym niemieckim bestialstwem w ich ojczyźnie, Winston Churchill obiecywał, że ją odzyskają. „Razem zwyciężymy lub razem zginiemy" – zapewnił polskiego premiera, generała Władysława Sikorskiego, po upadku Francji. Witając polskie oddziały przybyłe do Anglii w czerwcu 1940 roku, brytyjski minister wojny Anthony Eden oświadczył: „Nie porzucimy waszej świętej sprawy i będziemy prowadzić tę wojnę dopóty, dopóki wasza ukochana ojczyzna nie zostanie zwrócona wiernym synom".

A jednak w czerwcu 1946 roku, gdy długa kolumna maszerujących przemierzała Mall, a wiwatujące tłumy radowały się z odrodzenia wolności w powojennym świecie, dumna Polska pozostała w cieniu. Wbrew przyrzeczeniu Edena dwaj jej najbliżsi sprzymierzeńcy, Wielka Brytania i Stany Zjednoczone, porzucili „świętą sprawę". Po Hitlerze nastał drugi okupant – Józef Stalin. Tamtego uroczystego dnia polscy bohaterowie wojenni, tacy jak Urbanowicz i jego koledzy z Dywizjonu 303 – niegdyś nazywani „bożyszczami Anglii" – musieli stać na londyńskim chodniku w roli widzów.

Młody polski pilot, który patrzył w milczeniu na przesuwającą się defiladę, odwrócił się, chcąc odejść. Stojąca obok staruszka spojrzała na niego zdziwiona. „Dlaczego pan płacze, młody człowieku?" – spytała.

CZĘŚĆ PIERWSZA

Exodus

ROZDZIAŁ PIERWSZY

WZBIĆ SIĘ W POWIETRZE

Wiosną 1928 roku, w noc poprzedzającą pokaz akrobacji lotniczych w jego rodzinnym mieście, Jan Zumbach nie mógł z przejęcia spać. W małej Brodnicy nigdy dotąd nie wylądował aeroplan, a trzynastoletni Janek jeszcze nie widział na własne oczy awiatorów, choć wiele o nich słyszał i czytał. Kiedy wreszcie wzeszło słońce, wybrał się wraz z rodziną na dużą łąkę pod miastem. W niezmiennie zagrożonej, niezmiennie patriotycznej Polsce trwał właśnie Tydzień Ligi Obrony Powietrznej i Przeciwgazowej. Mieszkańcy Brodnicy przybyli tłumnie na obchody. Powiewały flagi, dla miejscowych oficjeli i czcigodnych gości rozbito namioty, a orkiestra garnizonowa grała wypróbowany repertuar polek, marszów, walców i mazurków, przetykanych dla urozmaicenia operowymi kawałkami. Na skraju łąki, za kordonem wojska, stały dwa błyszczące, zbudowane w Polsce dwupłatowce Potez 25. Patrząc na nie, Janek nie mógł się doczekać, kiedy orkiestra skończy grać i rozpocznie się pokaz.

W końcu dyrygent odłożył batutę. Tłum ucichł. Janek przepchnął się z innymi niedorostkami, żeby być jak najbliżej. Czterej lotnicy poprawili skórzane pilotki, nasunęli gogle na oczy, wspięli się do identycznych dwumiejscowych maszyn z otwartymi kabinami, a potem, pomachawszy z wystudiowaną godnością oczarowanej widowni, ruszyli w białych smugach spalin, z rykiem silników. Gwałtowny podmuch zerwał mężczyznom kapelusze z głów i zafurkotał spódnicami kobiet. Podskakując na łące skrzydło w skrzydło, aeroplany oderwały się od ziemi i wzbiły w powietrze, zabierając ze sobą serce Zumbacha. Po paru sekundach, nadal w zwartym szyku, przeleciały nisko nad tłumem.

Janek, jeden z nielicznych, nie padł plackiem na trawę. Stał i patrzył jak zahipnotyzowany. Samoloty znów nabrały wysokości, zrobiły pętlę, a potem oba weszły w zapierającą dech w piersi pikę. Gdy od twardej ziemi dzieliły je, zda się, tylko metry, poderwały się w górę i zniknęły za horyzontem na wschodzie. Pozostała cisza i łagodny wiosenny wietrzyk. Widzowie zaczęli się zastanawiać, czy to aby nie koniec pokazu, kiedy raptem dwa potezy wyskoczyły od zachodu, tuż nad wierzchołkami drzew, w mrożącym krew w żyłach finale, po którym panowie jęli wiwatować co sił w płucach, a panie wachlować się nerwowo.

To właśnie wtedy, na tej łące, młodziutki Jan Zumbach, śmiejąc się, z oczami pełnymi łez radości, przysiągł „sobie na wszystkie świętości: tak, tak, tak, będę pilotem".

Mniej więcej w tym samym czasie w Ostrowie Wielkopolskim, ze dwieście kilometrów na południowy zachód od Brodnicy, trzynastoletni Mirosław Ferić regularnie odwiedzał miejscowy aeroklub i przyglądając się startującym i lądującym samolotom, niecierpliwie wyczekiwał dnia, gdy sam zasiądzie w kabinie. Mika Ferić zawsze lubił igrać z prawami grawitacji. Od małego – z rękoma rozłożonymi jak linoskoczek – balansował na wąskiej metalowej balustradzie otaczającej balkon mieszkania na trzecim piętrze. Czasem zwieszał się na ręce z balustrady, trwożąc matkę, która kilkanaście metrów niżej pracowała w ogródku. To właśnie Mika, psotny herszt bandy urwisów z sąsiedztwa, wciąż wymyślał brawurowe zabawy nad ziemią, w rodzaju wdrapywania się na pokryte czerwoną dachówką domy w osiedlu czy zeskakiwania z szop ogrodowych na podwórkach. W opinii Edwarda Idziora, serdecznego przyjaciela z dzieciństwa, „był nieustraszony".

Świetnie zapowiadający się młodzi lotnicy, jak Janek Zumbach i Mika Ferić (wśród adeptów nie brakowało i dziewcząt), wyrastali wówczas w całej Polsce jak grzyby po deszczu. Zresztą pod koniec lat dwudziestych myśl o lataniu, idealnej ucieczce od prozy życia, rozpalała młode serca i umysły na całym świecie. Uosobieniem romantyki i lotniczej przygody stał się Charles Lindbergh, który w roku 1927 samotnie, bez lądowania pokonał Atlantyk, lecąc z Long Island do Paryża. Inne kraje też miały swoich Lindberghów. Na przykład rok wcześniej, nim „Lone Eagle" Lindbergha wylądował na lotnisku Orly, młody polski pilot wojskowy Bolesław Orliński przeleciał (w dwudziestu jeden etapach) z Warszawy do Tokio i z powrotem, przemierzając w niespełna miesiąc odległość dwudziestu dwu tysięcy sześciuset kilometrów. Wyczyn Orlińskiego nie dorównywał wyczynowi Lindbergha, niemniej w swoim kraju on i jemu podobni byli bohaterami.

Fascynacja młodych Polaków samolotami i lataniem miała poważne konsekwencje dla polskiego wojska, dla polskiego społeczeństwa, a w czasie drugiej wojny światowej – dla całego świata. W dziejach Polski najbarwniejsi wojownicy wywodzili się z kawalerii. W wiekach XVI i XVII, kiedy Polska była potęgą, o jej sile wojskowej decydowała zbrojna jazda. Obce armie, od Krzyżaków do Turków, zazdrościły Polakom groźnej konnicy. Szczególną sławą cieszyła się husaria, idąca w bój na wierzchowcach w czaprakach, w hełmach ozdobionych piórami, w wysadzanych drogocennymi kamieniami napierśnikach i ze skrzydłami, które zdawały się wyrastać jeźdźcom z pleców. (Pokryte orlimi piórami, drewniane, obite blachą ramy były przymocowane do siodeł). Ciężkozbrojna, bardzo mobilna, przygotowana do niszczenia obrony nieprzyjaciela błyskawicznymi szarżami jazda stanowiła ówczesny odpowiednik hitlerowskich jednostek pancernych. W słynnej XVII-wiecznej bitwie pod Kircholmem polskie wojsko w sile trzech i pół tysiąca ludzi, w tym dwa i pół tysiąca husarzy, zwyciężyło jedenastotysięczną szwedzką armię.

Dla wielu pokoleń młodych ludzi Polska była husarią. Ale dla tych, którzy dorośli po pierwszej wojnie światowej – gdy po ponad stu latach ich ojczyzna zrzuciła wreszcie jarzmo niemieckiej, austriackiej i rosyjskiej niewoli – kawaleria stała się reliktem przeszłości. Synowie i córki odrodzonego narodu szukali nowych, współczesnych bohaterów. Znaleźli ich w powietrzu.

Romantyka latania pociągała nie tylko mężczyzn, ale i płeć piękną, co dodatkowo zwiększało atrakcyjność lotnictwa w oczach panów. W 1928 roku Witold Urbanowicz, młody, obiecujący kadet ze średnio zamożnej rodziny, zamierzał zgodnie z oczekiwaniami wstąpić do kawalerii. Któregoś dnia wybrał się z kolegami do restauracji w pobliżu warszawskiego aerodromu. Z jej tarasu razem obserwowali wojskowy samolot wykonujący trudne ewolucje na małej wysokości. Ich uwagi nie uszło, że siedzące przy pobliskim stoliku dziewczęta z wielkim podziwem śledzą akrobacje pilota. „Na koniu takich sztuk nie zrobisz!" – oświadczyła cynicznie jedna z nich, spoglądając na Urbanowicza. Wkrótce potem kandydat na ułana postanowił rzucić kawalerię i związać swój los z lotnictwem.

W bardziej egalitarnym społeczeństwie lat dwudziestych lotnictwo – w odróżnieniu od kawalerii, którą bogaci ziemianie i ich synowie uważali za swoją domenę – było dostępne niemal dla każdego. W całym kraju powstawały finansowane przez rząd aerokluby, gdzie wszystkim chętnym oferowano darmowe lekcje latania na szybowcach i samolotach. Do nastolatków, którzy skorzystali z tej okazji, należała Jadwiga Piłsudska, ładna córka Naczelnika Państwa, marszałka Józefa Piłsudskiego. Piłsudski, kawalerzysta z zamiłowania, nie pochwalał podniebnych ambicji córki i nie był odosobniony w tych odczuciach. Podobne obawy żywiły matki Zumbacha, Fericia i niezliczonych innych przyszłych pilotów.

Kiedy Zumbach oznajmił o swoich powietrznych planach matce, wdowie po bogatym ziemianinie, ta nie zdzierżyła. Oświadczyła, że wszyscy lotnicy to pijusy i wariaci, a jego obowiązkiem jest pomóc bratu w zarządzaniu majątkiem po zmarłym ojcu. „Matka robiła, co mogła, żebym zapomniał o lataniu, ale przegrała tę bitwę – wspominał Zumbach. – Nie miała szans jej wygrać". Mając dziewiętnaście lat, podrobił podpis rodzicielki na dokumentach zezwalających mu wstąpić do wojska i po kilkumiesięcznym szkoleniu w piechocie został przyjęty do szkoły lotniczej w Dęblinie. Równie przerażona fascynacją syna lataniem pani Ferić – nauczycielka, którą porzucił mąż Chorwat – o tym, że Mika złożył podanie do Dęblina, dowiedziała się, podobnie jak pani Zumbach, dopiero gdy go tam przyjęto.

Dęblin leży ponad sto kilometrów na południe od Warszawy, na trawiastej równinie obrzeżonej niewysokimi wzgórzami bobrownickimi. Siedziba szkoły lotniczej mieści się w XVIII-wiecznym pałacu, który car Mikołaj I zajął w 1825 roku po wygnaniu właściciela, księcia Jabłonowskiego, na Syberię za udział w przygotowywaniu powstania antyrosyjskiego. Pięć lat później oddał pałac z białymi kolumnami swojemu generałowi, który stłumił kolejne powstanie przeciwko rosyjskiemu ciemięzcy. Kiedy w 1918 roku Polska odzyskała niepodległość, nowy rząd przekazał otoczoną wspaniałymi trawnikami i ogrodami rezydencję lotnictwu wojskowemu.

W latach dwudziestych i trzydziestych do szkoły w Dęblinie wpłynęło mnóstwo zgłoszeń – tak duże było w Polsce zainteresowanie awiacją. W roku 1936 spośród sześciu tysięcy młodych mężczyzn, ubiegających się o dziewięćdziesiąt miejsc na pierwszym roku, przyjęto między innymi Jana Zumbacha i Mirosława Fericia. Nowi podchorążacy pochodzili ze wszystkich warstw społeczeństwa. Synowie właścicieli ziemskich zostali kolegami synów nauczycieli, górników, artystów i chłopów. Zaraz po przyjeździe ci będący przyszłością Polski młodzi mężczyźni zanurzali się w przeszłość swego kraju. Posiłki jedli w dwustuletniej rezydencji z parkietami i kryształowymi żyrandolami, a oprócz sztuki pilotażu opanowywali także sztukę bycia dżentelmenem. Nauczono ich, że oficer, dżentelmen i pilot przynosi damie kwiaty i całuje ją w rękę zarówno przy powitaniu, jak i przy pożegnaniu. Oficer, dżentelmen i pilot nie uprawia hazardu, nie pije ponad miarę, nie przechwala się, nie zaciąga długów. Na wspaniałych balach w wielkiej sali podchorążacy mieli możność przećwiczyć zdobytą wiedzę w praktyce. Walcowali i tańczyli mazura z młodymi modnymi damami, całowali je w rękę, rozmawiali, jak na dżentelmenów przystało. „Pamiętaj – głosił *Kodeks podchorążych* – że jesteś godnym następcą husarii i pionierów polskiego lotnictwa. Pamiętaj, abyś zawsze i wszędzie zachowywał się po rycersku".

Absolwenci szkoły w Dęblinie – nawet jeśli czasem naruszali co bardziej purytańskie reguły kodeksu postępowania – wzięli sobie do serca te nauki. Mimo że szkoła słynęła z surowej dyscypliny, wielu podchorążych dało się poznać w równym stopniu z umiejętności pilotażu, co z pozasłużbowych eskapad i grania na nosie przełożonym. Znane były przypadki, że chcąc popisać się przed dziewczynami, młodzi piloci przelatywali pod mostami lub między wieżami kościoła, a jeśli zdarzyło im się podczas lotu napotkać napuszonego, dumnego ułana, śmigali nad nim lotem koszącym, żeby spłoszyć konia.

Pod koniec lat trzydziestych największymi zawadiakami w Dęblinie byli Zumbach, Ferić i Witold Łokuciewski, były oficer kawalerii, ciemnowłosy, o chłopięcej urodzie aktora filmowego i frapujących manierach urodzonego hazardzisty. Łokuciewski, pochodzący ze starej rodziny ziemiańskiej ze wschodniej Polski, był jednym z tych kawalerzystów, którym nisko lecące samoloty z Dęblina umyślnie płoszyły wierzchowce. Nie przeklinał jednak pilotów jak inni (prawdę mówiąc, nie przepadał za końmi), tylko marzył o porzuceniu przyziemnej, „czterokopytnej" egzystencji i wzbiciu się w przestworza. Dlatego skorzystał z pierwszej okazji, żeby dostać się do Dęblina.

Zumbach, Ferić i Łokuciewski, zwani w czasie drugiej wojny światowej „trzema muszkieterami", w szkole lotniczej bez przerwy wpadali w tarapaty. Lokata na roku zależała w znacznej mierze od sprawowania się podchorążego i jego gotowości do wykonywania rozkazów. W roczniku 1938 Łokuciewski ukończył szkołę na miejscu przedostatnim, Ferić na ósmym od końca, a Zumbach na trzydziestym ósmym od końca. Według historyka Polskich Sił Powietrznych „trzech muszkieterów" interesowały w Dęblinie przede wszystkim „kobiety, wino i śpiew – a na samym końcu nauka".

Owszem, ale za to jak latali! Nie dość, że wytrzymali szkolenie w Dęblinie – trudne i męczące jak każde szkolenie lotnicze na świecie – to osiągali najlepsze wyniki. Po wymagających zajęciach teoretycznych z aerodynamiki, nawigacji, fizyki i mechaniki uczyli się latać na różnych typach maszyn.

A ponieważ prymitywne, z reguły stare samoloty szkoleniowe z otwartymi kabinami często się psuły, wszystko to razem, zgodnie ze swoistym lotniczym darwinizmem, czyniło z tych, którzy przetrwali, jeszcze lepszych pilotów. Bezustanna czujność, umiejętność obserwacji oraz improwizacji były z konieczności ważnymi elementami szkolenia polskich pilotów. „Uczono nas przeszukiwać wzrokiem niebo, patrzeć na wszystkie strony, nie tylko przed siebie – powiedział jeden z polskich lotników. – W swoim czasie, wypatrując wroga, potrafiłem obracać głowę o prawie sto osiemdziesiąt stopni, naprawdę! O sto osiemdziesiąt stopni!" Latający potem z Polakami amerykańscy i brytyjscy piloci zaświadczali, że widzieli oni niebo – całe niebo – lepiej od innych.

Polscy piloci uczyli się też brawury. Jedno z ćwiczeń polegało na dwójkowym locie skrzydło w skrzydło, zawróceniu i skierowaniu się na pełnym gazie wprost na trzeci samolot, lecący z naprzeciwka. Z kursu wolno było zboczyć w ostatniej chwili. Zgodnie z rozkazem walący prosto jak strzała na nadlatującą maszynę Zumbach czekał... czekał... dopóki nie zobaczył oczu drugiego pilota. Dopiero wtedy wyrwał w bok, pewny, że za ułamek sekundy doszłoby do zderzenia. Kiedy wylądował, dumny ze swoich stalowych nerwów, usłyszał od dowódcy reprymendę: „Za wcześnie pan skręcił, Zumbach!"

Po Dęblinie świeżo upieczonych podporuczników wysyłano do jednostek lotniczych w całym kraju na jeszcze intensywniejsze szkolenie. Zumbach i Ferić dostali najlepszy przydział – do 111 Eskadry Myśliwskiej im. Tadeusza Kościuszki. W romantycznym, brawurowym świecie lotnictwa polskiego Eskadra Kościuszkowska cieszyła się wyjątkową sławą. Utworzyli ją w 1919 roku amerykańscy piloci, którzy przybyli do Polski, żeby wziąć udział w lokalnej niecnej wojnie, jaką Rosja Sowiecka wydała niepodległej od niedawna Polsce. W grupie jankeskich ochotników znaleźli się były student prawa na Harvardzie, gwiazda futbolu z Lehigh i absolwent Yale.

Sprowadził ich wszystkich do Polski dwudziestosześcioletni bohater wojenny, mówiący z silnym południowym akcentem, Merian C. Cooper.

ROZDZIAŁ DRUGI

„NARÓD, KTÓRY NIE CHCIAŁ UMRZEĆ"

Syn znanego prawnika z Florydy, Merian Cooper, był zafascynowany Polską od najmłodszych lat. Dorastając w Jacksonville na przełomie stuleci, nieraz słyszał o przyjaźni łączącej prapradziadka, pułkownika Johna Coopera, z Kazimierzem Pułaskim. Opowieści o wspaniałej, lecz tragicznej przeszłości Polski, które snuł pułkownikowi polski bohater wojny o niepodległość Stanów Zjednoczonych (zwanej też rewolucją amerykańską), przekazywano w rodzinie Cooperów z pokolenia na pokolenie. Mały Merian słuchał ich z zapartym tchem.

Leżąca na ogromnej równinie w Europie Środkowej Polska, od północy chroniona przez Morze Bałtyckie, a od południa przez pasmo górskie Karpat, nie ma prawie żadnej naturalnej osłony od wschodu i od zachodu. Pod względem językowym jest to kraj słowiański, ale kulturowo, religijnie i gospodarczo od dawna związany z Zachodem – wcześniej głównie z Włochami i Francją, później z Wielką Brytanią i Ameryką. Przez ponad dwieście lat, od wieku XV do połowy XVII, Polacy byli europejską potęgą, dysponującą silną armią. Połączywszy się z Litwą, utworzyli rozległe wielojęzyczne i wieloetniczne państwo wspólnotowe, które z czasem zajęło blisko jedną trzecią Europy, z Białorusią i większą częścią Ukrainy włącznie.

Od XIV wieku aż do oświecenia Polska była chyba najbardziej postępowym i z pewnością najbardziej tolerancyjnym krajem kontynentalnej Europy. Choć większość mieszkańców stanowili katolicy, państwo polskie zapewniało pełną wolność religijną wszystkim żyjącym w jego granicach, w tym także setkom tysięcy Żydów, chętnie przyjmowanych wówczas, gdy inne europejskie nacje ich prześladowały. W XVII wieku przeszło cztery piąte Żydów na świecie żyło w Polsce, głównie w niezależnych, samodzielnie zarządzanych wspólnotach. Zdarzały się okresy wrogości i napięcia pomiędzy chrześcijanami a żydami, w sumie jednak polscy Żydzi przez kilka wieków żyli we względnym spokoju (a niektórzy w dobrobycie).

Jedną z najbardziej uderzających cech Polaków jest przywiązanie do wolności osobistej, zakorzenione w przekonaniu, iż państwo istnieje po to, żeby służyć jednostce, a nie odwrotnie. Pod koniec XVI wieku, gdy w innych państwach Europy nadal rządzili autokraci, w Polsce ukształtowała się ograniczona demokracja parlamentarna, zapewniająca wielu obywatelom nieznane gdzie indziej swobody polityczne, intelektualne i religijne. Polscy królowie byli wybierani, a ich władza ograniczona przez szlachtę (unikatową polską warstwę społeczną, złożoną z wysoko i nisko urodzonych, bogatych i biednych, właścicieli ziemskich i pozbawionych ziemi)*. Później, gdy do konstytucji amerykańskiej dołączano dziesięć poprawek, Polska stworzyła własną pisaną konstytucję – pierwszą w Europie i drugą na świecie.

W tym czasie jednak polska wspólnota narodów już się rozpadła. Nędza i zacofanie na wsi, korupcja, a także opór przed dostosowaniem polskich struktur rządowych i społecznych do wymogów nowoczesnego życia, pogrążyły kraj. Kiedy Polska stopniowo traciła zdolność kształtowania własnej przyszłości, wokół niej rosły w siłę państwa absolutystyczne. Wrodzy, agresywni sąsiedzi, z coraz większą pogardą wyszydzający Polaków, poczuli się uprawnieni do rozdrapania polskiego terytorium.

Od drugiej połowy wieku XVIII do roku 1989 Polska była w zasadzie bezbronna wobec nieprzyjaciół. Największymi i najbardziej zaciekłymi jej wrogami byli Rosjanie, Austriacy i Niemcy we wszystkich geopolitycznych przebraniach – jako Rosja, Związek Sowiecki, Austria, monarchia austro-węgierska, Prusy, zjednoczone Niemcy Bismarcka, cesarza Wilhelma i Adolfa Hitlera. W 1772 roku Rosja, Prusy i Austria dokonały wspólnie rozbioru Polski, rozdzielając pomiędzy siebie duże części terytorium Rzeczypospolitej i stopniowo zastępując polskie władze. Był to początek jednego z najmroczniejszych

* Wprowadzając zasadę, że uchwała parlamentu, czyli Sejmu, musi zostać przyjęta jednogłośnie, żeby stać się obowiązującym prawem – tak zwane *liberum veto* – szlachta przyczyniła się do wzrostu władzy jednostki nad państwem, co oczywiście związało ręce rządzącym i z czasem doprowadziło do upadku Polski.

okresów w historii Polski. Polacy wielokrotnie powstawali przeciw ciemięzcom – zwłaszcza Rosjanom – i za każdym razem ich opór był dławiony. Ale pomimo tych doświadczeń udało im się zachować tożsamość narodową, język, kulturę, żarliwy patriotyzm, postępowe instynkty i czerpać otuchę z wieści o powstaniach i rewolucjach w innych krajach. Począwszy od XVIII wieku, polskie hasło: „Za naszą i waszą wolność”, wyrażające poparcie Polaków dla wszystkich, którym droga jest niezależność, stało się niemal wyznaniem wiary. Pod koniec lat siedemdziesiątych XVIII wieku przeszło stu Polaków przepłynęło Atlantyk, żeby wesprzeć amerykańskich kolonistów w walce przeciw Koronie brytyjskiej. Wśród nich znaleźli się oficerowie, którzy trafili później do dwóch narodowych panteonów, amerykańskiego i polskiego – Kazimierz Pułaski i Tadeusz Kościuszko.

Merian Cooper już we wczesnej młodości wiedział dużo o Pułaskim. O tym, że tego wybitnie zdolnego oficera kawalerii po jednym z wielu nieudanych powstań narodowowyzwoleńczych w 1776 roku wygnano z ojczyzny. O tym, że po przyjeździe do Paryża poznał Benjamina Franklina, amerykańskiego posła we Francji, werbującego Europejczyków do Armii Kontynentalnej George'a Washingtona. O tym, że Franklin napisał do Washingtona, prosząc, by ten znalazł w niej miejsce dla młodego polskiego oficera, „słynącego w całej Europie z dzielności i wystąpienia w obronie wolności swego kraju”. O tym, że Kongres Kontynentalny w 1777 roku zatwierdził patent generalski dla Pułaskiego, powierzając mu zorganizowanie, wyposażenie i dowództwo pierwszego oddziału amerykańskiej kawalerii.

Ognisty Pułaski w mundurze huzara ozdobionym błyszczącymi złotymi szamerunkami i w skórzanym hełmie z piórami wyglądał olśniewająco, wyróżniając się jak paw na tle szaroburej armii Washingtona. Będąc ekspertem od wojny podjazdowej i znakomitym organizatorem, przekształcił zbieraninę oberwańców na koniach w „Legion Pułaskiego” – zdyscyplinowany oddział kawalerii, który osłaniał wiele taktycznych odwrotów Washingtona, śledził i nękał posuwające się kolumny wojsk brytyjskich, spowalniał ich marsz i raz po raz ratował Armię Kontynentalną od zguby.

Pułkownik John Cooper (wraz z trzynastoma Polakami) znalazł się w gronie wyższych rangą oficerów Pułaskiego i wkrótce się z nim zaprzyjaźnił. W bitwie pod Savannah w 1779 roku, gdy Cooper i Pułaski ramię w ramię szarżowali konno, Polaka trafił brytyjski kartacz. Według rodzinnej tradycji pułkownik

Cooper sam przeniósł śmiertelnie rannego przyjaciela z pola bitwy na „Wasp", amerykański okręt wojenny kotwiczący u ujścia rzeki Savannah. Dwa dni później, gdy „Wasp" płynął do Charlestonu, Pułaski zmarł na rękach Coopera i został pochowany w morzu.

Zafascynowany opowieściami o prapradziadku i Pułaskim, Merian Cooper wiedział również, że kluczową rolę w wojnie o niepodległość Stanów Zjednoczonych odegrał cichy, skromny rodak Pułaskiego, Tadeusz Kościuszko. Nie był on tak barwną, efektowną postacią jak Pułaski, markiz de La Fayette, baron von Steuben czy inni zamorscy oficerowie walczący w armii Washingtona. Dopiero w późniejszej fazie wojny, i to tylko raz, podczas walk o Charleston, poprowadził żołnierzy do boju. Zajmował się natomiast projektowaniem i budową fortyfikacji, a robił to tak wybornie, że przyznano mu znaczący udział w amerykańskim zwycięstwie, które okazało się punktem zwrotnym wojny.

Kościuszko, inżynier specjalizujący się w wojnie obronnej, przybył do Filadelfii w 1776 roku i został mianowany pułkownikiem w armii Washingtona. Następnego roku wykorzystał piękne wzgórza pod Saratogą w stanie Nowy Jork, żeby stworzyć pole śmierci: pomysłowe konstrukcje z ziemi i drewna, które zwabiły armię brytyjską, umożliwiając znacznie słabszym siłom otoczenie jej i pokonanie. Zwycięstwo Amerykanów pod Saratogą przyczyniło się do zmiany biegu wojny, dodało bowiem ducha armii Washingtona i doprowadziło do oficjalnego zaangażowania się Francji w konflikcie po stronie amerykańskiej. Pomniejszając swoją rolę w oczach tych, którzy uważali go za bohatera bitwy pod Saratogą, dowodzący w niej siłami amerykańskimi generał Horatio Gates napisał: „Bądźmy szczerzy [...] Wielkimi taktykami tej kampanii były lasy i wzgórza, które młody polski inżynier umiejętnie wybrał na moje obozowisko".

W 1778 roku Kościuszko nadzorował budowę fortyfikacji w West Point, na wysokim zachodnim brzegu rzeki Hudson, w miejscu nazwanym przez Washingtona „kluczem do Ameryki". Niezdobyta twierdza Kościuszki, która powstrzymała brytyjskie wojska, do końca wojny chroniła przed atakami Anglików dolinę Hudsonu i resztę północnej części stanu Nowy Jork.

George Washington, dobrze rozumiejąc, jak wielki wkład Kościuszko wniósł do rewolucji, był szczególnym admiratorem Polaka. W odróżnieniu od niektórych oficerów Armii Kontynentalnej przystojny, łagodny Kościuszko wydawał się pozbawiony próżności i wygórowanych ambicji. Odmówił nawet przyjęcia awansu na generała brygady za pracę w West Point. W prywatnej korespondencji Washington często i przy różnych okazjach wychwalał Polaka i jego zasługi, twórczo przekręcając jego trudne jak łamigłówka nazwisko.

(Mając spore trudności z angielską pisownią, nad podziw je urozmaicał: „Cosdusko", „Koshiosko", „Kosciousco", „Kosciuisco", a nawet „Cosieski"). Różnorodne zasługi Kościuszki dla amerykańskiej sprawy zostały oficjalnie uznane w roku 1783, gdy Kongres Kontynentalny przyznał mu obywatelstwo Stanów Zjednoczonych, stałą pensję, liczne tytuły własności ziemi oraz rangę generała brygady.

W następnym roku Kościuszko postanowił wrócić do Polski i wykorzystać zdobyte w Ameryce doświadczenie bitewne oraz wiedzę strategiczną i taktyczną, by ponownie podjąć walkę o wolność ojczyzny. Okazało się, że jego rodacy szykują się do powstania. Częściowy rozbiór Polski dwanaście lat wcześniej zaostrzył apetyt na niepodległość.

Trzeciego maja 1791 roku Sejm uchwalił konstytucję, wzorowaną częściowo na konstytucji Stanów Zjednoczonych, wprowadzającą szeroko zakrojone reformy społeczne i polityczne. Ten akt polskiej bezczelności nie mógł ujść uwagi samowładczej rosyjskiej carycy, Katarzyny Wielkiej. Odnosząc się z niechęcią do wszelkich demokratycznych zrywów, nie tolerowała ich zwłaszcza na własnym, w jej oczach, słowiańskim podwórku. Niezwłocznie wydała rosyjskiej armii rozkaz, by położyła kres idealistycznym polskim wymysłom. Walczące między innymi pod wodzą Kościuszki wojsko polskie biło się dzielnie, ale szybko uległo w nierównej walce przeważającym siłom wroga. Zaprowadziwszy represyjny porządek, Katarzyna wnet unieważniła polską konstytucję i w porozumieniu z władcą Prus przystąpiła do drugiego, jeszcze dotkliwszego rozbioru Polski. Po jego zakończeniu w 1793 roku z kraju pozostał obszar wielkości dwustu dwunastu tysięcy kilometrów kwadratowych wokół Warszawy i Lublina, z marionetkowym królem i rosyjskim garnizonem.

Niezrażony Kościuszko niemal natychmiast przystąpił do organizacji nowego powstania. W 1794 roku poprowadził armię sześciu tysięcy żołnierzy z pospolitego ruszenia, wśród nich wielu chłopów uzbrojonych w widły i kosy, odnosząc na początku kilka imponujących zwycięstw nad Rosjanami. (Polskie powstania w XVIII i XIX wieku były skierowane przede wszystkim przeciw Rosjanom, najbardziej bezwzględnym z trzech głównych ciemięzców Polski). Pierwsze sukcesy zachęciły Kościuszkę do ogłoszenia zaskakującego manifestu wolności, wzywającego między innymi do uwłaszczenia chłopów oraz zniesienia monarchii i pańszczyzny. Uniwersały Kościuszki, ogłoszone w krótkim czasie po drugim rozbiorze i po rewolucjach w Ameryce i Europie, wywołały silne poruszenie wśród europejskich monarchów, zwłaszcza w Petersburgu, Berlinie i Wiedniu.

Pośpiesznie zgromadzono wspólne siły rosyjsko-pruskie i rozkazano im rozprawić się z nowym polskim zuchwalstwem. W decydującej bitwie pod Maciejowicami Kościuszko, w białym płaszczu i czerwonej chłopskiej krakusce, został ciężko ranny – leżącego na ziemi, po ciosie pałaszem w głowę, trzy razy kłuto bagnetem, a kula armatnia roztrzaskała mu nogę. Generał przeżył, lecz jego armię rozgromiono, a Katarzyna nakazała wtrącić „biednego potwora Kostiuszkę", jak go z lekceważeniem nazwała, do rosyjskiego więzienia. Polska armia została bez wodza, a powstaniu zabrakło myśli przewodniej. Rosjanie ruszyli na Warszawę i dokonawszy masakry, zdobyli miasto. Polska padła na kolana.

Przysięgając sobie, że pozbędą się raz na zawsze kłopotliwego narodu, zwycięzcy zarządzili trzeci – w ciągu dwudziestu trzech lat – rozbiór Polski. Tym razem zrezygnowali z półśrodków: w 1795 roku Polska została wymazana z mapy Europy. Pruski dokument państwowy stanowił: „Król, mając poparcie Cesarzowej Rosji, życzy sobie, aby od dnia dzisiejszego słowo «Polska» nie było używane w żadnym oficjalnym dokumencie ani wypowiadane na rządowych

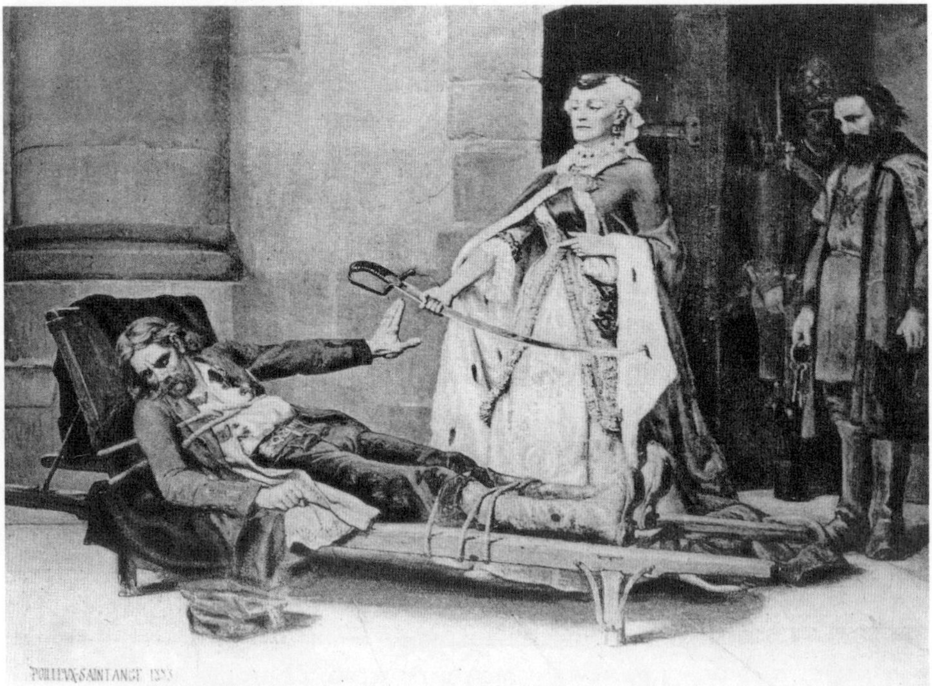

Ciężko ranny Tadeusz Kościuszko, przywiązany do noszy i wzięty do niewoli po upadku powstania przeciw Rosjanom w 1794 roku, odtrąca szablę ofiarowywaną mu z pogardą przez carycę Katarzynę Wielką. (Biblioteka Kongresu).

gremiach. We wszystkich naszych landach należy dołożyć wszelkich starań, aby wyrugować ten język i historię”. Dopiero po stu dwudziestu trzech latach niepodległa Polska zmartwychwstała, zrzucając imperialny całun.

Po śmierci Katarzyny Wielkiej w 1796 roku jej syn Paweł, nowy car, który matki nienawidził chyba jeszcze bardziej niż Polaków, wypuścił Kościuszkę z więzienia i skazał go na wygnanie. Nie mogąc wrócić w ojczyste strony, polski generał, któremu Rosjanie nie zapewnili należytej opieki medycznej – wskutek czego nie mógł w następstwie odniesionych ran prosto siedzieć ani samodzielnie chodzić – pojechał w odwiedziny do Ameryki, stamtąd przeniósł się do Francji, a na koniec do Szwajcarii. Przez cały czas działał na rzecz niepodległości Polski.

Tuż przed śmiercią, w 1817 roku, chory na tyfus Kościuszko spisał testament. Będąc przez całe życie żarliwym orędownikiem wolności osobistej, uwolnił z więzów pańszczyzny wszystkich chłopów w swoich polskich włościach. W osobnym, wcześniej sporządzonym testamencie zadysponował majątkiem w Ameryce, polecając go spieniężyć, a uzyskane stąd fundusze przeznaczyć na uwolnienie i wykształcenie „w moim imieniu” jak największej liczby amerykańskich niewolników. Na egzekutora ostatniej woli wybrał swojego bliskiego przyjaciela, Thomasa Jeffersona, proponując, żeby dochód ze sprzedaży ziemi posłużył do uwolnienia części niewolników Jeffersona w Monticello. Składając hołd zmarłemu bojownikowi z Polski, Jefferson nazwał go „najszlachetniejszym synem wolności, jakiego znałem”. Niemniej ani on, ani nikt inny nie zrealizował rozporządzeń Kościuszki względem niewolników*.

Gdy w Stanach Zjednoczonych po zdobyciu niepodległości rozpoczęła się era gwałtownej ekspansji, Polska – zanim na dobre ją zapomniano – stała się wspomnieniem. Na całym świecie ubolewano nad jej niedolą, oburzano się na narody, które ją pożarły, podziwiano bohaterstwo Kościuszki i jego następców. Wśród angielskich romantyków zapanowała moda na Kościuszkę: na początku XIX wieku peany na jego cześć napisali między innymi Coleridge, Byron i Keats. Fali propolskich sentymentów dali się także ponieść wybitni pisarze amerykańscy, w tym James Fenimore Cooper i Ralph Waldo Emerson, a Edgar Allan Poe

* Siedemdziesięciopięcioletni podówczas Jefferson usprawiedliwiał się, że jest za stary na podjęcie obowiązków egzekutora. Niektórzy historycy snuli domysły, iż obawiał się wyzwolić niewolników. Po toczącej się dziesiątki lat walce w sądzie majątek Kościuszki przekazano w końcu jego potomkom w Polsce.

posunął się do tego, że zgłosił się na ochotnika do walki po stronie Polaków w powstaniu przeciw Rosji, które wybuchło w listopadzie 1830 roku. Ale mimo górnolotnych frazesów, wygłaszanych przez poetów i polityków, nie zrobiono nic konkretnego, żeby pomóc temu środkowoeuropejskiemu krajowi o zachodniej mentalności. Żaden naród nie przesłał broni ani pieniędzy, nikt nie ruszył na pomoc Polsce. Orędownik sprawy polskiej w brytyjskiej Izbie Gmin, Edmund Burke, przyznał, że z punktu widzenia Anglii i reszty Zachodu „Polskę można, w gruncie rzeczy, uznać za [...] kraj na Księżycu". Dwaj najbardziej bezwzględni zaborcy, Rosja i Prusy (które w roku 1871 stały się częścią Cesarstwa Niemieckiego), mogli przez sto dwadzieścia lat z pełną swobodą zacierać wszelkie ślady polskości, bez obaw, że ktoś im w tym przeszkodzi. Polska flaga, hymn, godło i inne symbole narodowe zyskały piętno nielegalnych i wywrotowych. Wojska rosyjskie skonfiskowały tron królów polskich, a pruskie stopiły klejnoty koronne. Śpiewanie polskich pieśni patriotycznych uznano za zdradę.

Dla usprawiedliwienia swych postępków Rosjanie i Niemcy rozpowszechnili mocno wypaczony obraz polskiej historii, który z czasem bardzo zaciążył na wizerunku Polski w świecie. Wymazano wieki jej potęgi i międzynarodowego znaczenia, tolerancję religijną, tradycje wolności i niepodległości. Rosyjscy i niemieccy propagandyści nachalnie prezentowali karykaturalny obraz Polaków, który przetrwał do XXI wieku: beznadziejni romantycy, niewykształceni i niepraktyczni – pełni galanterii, lecz impulsywni; pierwsi do wypitki, bitni, śmiało idący na śmierć, ale z natury niezdolni do samorządności. Ciemięzcy tłumaczyli, że nie prześladują pogrążonego w chaosie kraju, lecz jedynie narzucają mu niezbędny ład i dyscyplinę.

Jednakże w oczach Polaków mocarstwa okupujące ich ojczyznę były tyranami, którym należało przeciwstawiać się za wszelką cenę i na każdym kroku. Bez względu na to, w której części podzielonego kraju przyszło im żyć – rosyjskiej, niemieckiej, austriackiej – z uporem trwali przy narodowej tożsamości i myśleli o buncie. W pierwszej połowie XIX wieku szczególny oddźwięk wywołało nadejście romantyzmu w literaturze i sztuce, potęgując w Polakach poczucie straty i odnawiając ich nadzieje na powrót Polski do dawnej chwały. W roku 1830 i ponownie w 1863 przeciw Rosji powstały tysiące Polaków. Oba powstania brutalnie stłumiono. Wielu powstańców torturowano i stracono. Innych skazano na dożywotnią katorgę, skuto łańcuchami i pognano na Syberię. Ale mimo to polski patriotyzm przetrwał.

Opowieści o odwadze, walce i tragicznych klęskach Polski silnie działały na wyobraźnię młodego mieszkańca Florydy. Osiągnąwszy wiek męski, Merian Cooper był jak naładowany, gotowy do strzału pistolet. Chciał nie tylko bronić swego kraju przed wewnętrznymi i zewnętrznymi wrogami, ale również spłacić – jakoś, kiedyś, gdzieś – stupięćdziesięcioletni dług Ameryki wobec Polski.

Odkąd usłyszał, że na wietrznych wzgórzach Kill Devil w Kitty Hawk bracia Wright przefrunęli skrzypiącym aeroplanem sto dwadzieścia stóp, zauroczyła go, jak mnóstwo innych młodych ludzi, myśl o lataniu. W roku 1915, kiedy w Europie trwała wojna światowa, dwudziestojednoletni Cooper zaciągnął się do Korpusu Wojsk Łączności, w skład którego wchodziło w owych czasach świeżo opierzone lotnictwo amerykańskie. Odznakę lotnika i awans na porucznika przyjął z nieskrywaną radością. W 1917 roku, po przystąpieniu Stanów Zjednoczonych do wojny, otrzymał rozkaz wyjazdu do Francji. Napisał stamtąd do ojca: „Nigdy nie byłem taki szczęśliwy [...] nareszcie jestem na froncie".

Amerykańska eskadra, do której przydzielono Coopera, składała się z siedmiu rozsypujących się dwupłatowców De Havilland, nazywanych przez pilotów „latającymi trumnami". Dwudziestego szóstego września 1918 roku wysłano ją nad Argonny, aby wsparła zmasowaną ofensywę francuską na linię Hindenburga. Amerykanów przechwyciło ponad dwadzieścia niemieckich myśliwców. Podczas zaciekłej walki bombowiec Coopera, trafiony w silnik serią z karabinu maszynowego, stanął w ogniu. Obserwator, podporucznik Edmund Leonard, który był strzelcem pokładowym i „oczami" pilota, został postrzelony w szyję. Gdy de havilland, zataczając kręgi, wolno opadał ku ziemi, mocno poparzony na twarzy i dłoniach Merian odpiął pas bezpieczeństwa i wydostał się z płonącej kabiny na skrzydło. Skok oznaczał pewną śmierć – w tamtych czasach lotnicy wojskowi nie mieli spadochronów – ale Cooper cierpiał tak, że było mu to obojętne. „Pragnąłem tylko jednego: uwolnić się od bólu" – napisał później.

Gdy przygotowywał się do skoku, pewny, że jego obserwator nie żyje, Leonard raptem zamrugał i otworzył oczy. Cooper z trudem powrócił do kabiny, dodał gazu i manipulując drążkiem z pomocą niepoparzonych kolan i łokci, wprowadził „latającą trumnę" – pokrytą płótnem drewnianą ramę, podziurawioną jak durszlak ponad sześćdziesięcioma kulami – w lot nurkowy. Miał nadzieję, że pęd powietrza wytworzony w czasie stromego pikowania ugasi pożar silnika. Tak też się stało. Kilkaset stóp nad ziemią Cooper wyrównał lot i siadł przymusowo na trawiastym polu. Chwilę potem wylądował w pobliżu jeden z niemieckich samolotów. Zgodnie z kodeksem rycerskim obowiązującym u zarania walk powietrznych pilot Luftwaffe zasalutował ciężko rannym wrogom, wziął ich do niewoli i sprowadził pomoc medyczną*.

Resztę wojennych tygodni Cooper i Leonard spędzili w niemieckich szpitalach wojskowych, pod dobrą opieką, a ponieważ byli młodzi, szybko wydobrzeli. Gdy ogłoszono zawieszenie broni, Cooper poczuł się „oszukany". Po wyjściu ze szpitala ten jasnowłosy, krzepki mężczyzna wcale nie miał ochoty wracać do domu i się ustatkować. Amerykańska dziennikarka Marguerite Harrison, która krótko po wojnie poznała go w Warszawie, stwierdziła, że „jest uparty jak muł, zmienny w nastrojach, porywczy" i „pełen sił witalnych, jakby ciało miał naciągnięte na stalowe sprężyny". Cooper chciał się dalej bić. Wkrótce jego marzenie się spełniło – w Polsce.

Gdy wybuchła pierwsza wojna światowa, w której Niemcy i Rosja starły się ze sobą, Polacy dojrzeli szansę zrzucenia niewoli. Kolejną zachętę otrzymali w marcu 1918, pół roku po rewolucji bolszewickiej, gdy nowy sowiecki reżim podpisał z Niemcami i resztą państw centralnych traktat pokojowy w Brześciu Litewskim. Zgodnie z jego postanowieniami bolszewicy zgodzili się nie tylko wycofać z wojny, ale również zrzec się wszelkich carskich roszczeń wobec Polski i kilku innych krajów. Osiem miesięcy później Niemcy skapitulowały, Rosja była zajęta wojną domową, a zwycięscy alianci zasiedli, by na nowo nakreślić granice na mapie Europy.

Na taki właśnie moment czekali Polacy. W dużej mierze dzięki zakulisowym zabiegom słynnego polskiego pianisty, kompozytora i męża stanu, Ignacego Paderewskiego, prezydent Stanów Zjednoczonych Woodrow Wilson dał się przekonać do poparcia sprawy niepodległości Polski. Ósmego stycznia 1918 roku Wilson wystąpił na wspólnym posiedzeniu izb Kongresu, ogłaszając amerykańskie cele wojenne, które stały się znane jako „czternaście punktów". W przedostatnim z nich wezwał do wskrzeszenia samorządnej Polski „ze swobodnym i bezpiecznym dostępem do morza", stwierdzając, że jej „polityczną i ekonomiczną niepodległość oraz nienaruszalność terytorialną powinna gwarantować międzynarodowa umowa". Za jego namową pozostali alianci

* Po wojnie przełożeni Coopera rekomendowali go do Krzyża za Ofiarną Służbę (DSC), podkreślając jego „wyjątkową waleczność i nadzwyczajne bohaterstwo". Cooper odmówił jednak przyjęcia odznaczenia, uważając, że inni lotnicy z jego eskadry bardziej na nie zasługują.

ratyfikowali postanowienie o odrodzeniu Polski. Jedenastego listopada 1918 roku, gdy we Francji podpisywano rozejm, nowy przywódca państwa, marszałek Józef Piłsudski, przybył do Warszawy, by rozpocząć proces odbudowy kraju.

A do odbudowania było co niemiara. W ubiegłym stuleciu zaborcy grabili i niszczyli polską bazę przemysłową, ogałacając fabryki ze wszystkiego, z pasami transmisyjnymi i kablami włącznie. Na dobitkę, jakby tego było mało, przez terytorium Polski przetoczył się wschodni front wojny światowej, obracając kraj w perzynę. Zginęło prawie pół miliona ludzi, a co najmniej jedna trzecia tych, którzy przeżyli, głodowała. Tereny rolnicze strawiła pożoga. Szerzyły się epidemie tyfusu i innych chorób. Lecz mimo zniszczeń i chaosu Polacy szaleli z radości, że znów są wolni.

Trzeciego maja 1919 roku uczcili niepodległość świętem narodowym, Dniem Konstytucji. (Datę tę wybrano, ponieważ pierwsza polska konstytucja została uchwalona trzeciego maja 1791). W brudnej, podupadłej Warszawie na budynkach publicznych, z których niedawno usunięto rosyjskie napisy i dwugłowe carskie orły, powiewały biało-czerwone polskie flagi. W całym mieście stały puste cokoły, z których strącono posągi carów i słynnych rosyjskich generałów. W kawiarniach i restauracjach orkiestry grały polski hymn narodowy i pieśni patriotyczne. Tłumy warszawiaków krzyczały: „Niech żyje Polska!", i tańczyły na ulicach. Obserwujący to huczne święto amerykański dyplomata napisał później: „Niewiele razy w życiu doświadczyłem tak niepohamowanego wybuchu narodowego entuzjazmu jak [...] trzeciego maja 1919 roku".

Nakładający surowe sankcje na pokonane Niemcy traktat wersalski nie był jednak w pełni po myśli Polaków. Po pierwsze, alianccy kartografowie przyznali im mniej terytorium, niż się Polsce historycznie należało. Po drugie, dysponujący całkowitą swobodą w ustalaniu zachodniej granicy Polski z Niemcami alianci mieli ograniczoną władzę w kwestiach wschodniej granicy z Rosją. Po wycofaniu się z wojny w roku 1917 Rosja Sowiecka nie była stroną traktatu wersalskiego i nie czuła się związana jego postanowieniami. Sytuację dodatkowo komplikował fakt, że żadne z państw alianckich nie utrzymywało stosunków dyplomatycznych z Moskwą. W chwili zawierania traktatu pokojowego w Brześciu Litewskim w 1918 roku oraz w czasie rosyjskiej wojny domowej w latach 1919–1920 Wielka Brytania i Stany Zjednoczone, wspierając siły antybolszewickie, wysłały wojsko i wprowadziły ostre sankcje ekonomiczne.

Korzystając z powojennego chaosu, rządy Polski i Sowietów postanowiły wziąć sprawy w swoje ręce i rozwiązać kwestię ziem kresowych – Litwy, Białorusi, wschodniej Galicji, Ukrainy – przy użyciu siły. Przedmiotem sporu było należące kiedyś do Rzeczypospolitej Obojga Narodów terytorium, którego większość zagarnęła podczas rozbiorów carska Rosja. Szczególne znaczenie dla Polaków miały Litwa i wschodnia Galicja (na zachodnich krańcach Ukrainy). Główne miasta tych ziem – Wilno na Litwie i Lwów we wschodniej Galicji – były ważnymi ośrodkami polskiej kultury, zamieszkanymi w większości przez Polaków. Na dodatek wielu najznamienitszych polskich polityków, wojskowych i literatów – między innymi Kościuszko, słynny poeta Adam Mickiewicz, książęca rodzina Radziwiłłów i sam Piłsudski – urodziło się lub żyło na Litwie.

Polskie i sowieckie wojska szybko zajęły pozycje, zabezpieczając roszczenia terytorialne swoich krajów. W styczniu 1919 roku część oddziałów Armii Czerwonej najechała Litwę, opanowała Wilno i ruszyła dalej, podporządkowując sobie prawie całą Białoruś. Podbój Wilna, ukochanego miasta Piłsudskiego, szczególnie zirytował polskiego przywódcę, który wysłał swoich żołnierzy, żeby przepędzili Rosjan. Wyczerpane i przerzedzone wskutek wojny domowej oddziały sowieckie stawiały słaby opór. W kwietniu Polska zajęła Wilno, a następnie stolicę Białorusi – Mińsk, również zamieszkany w części przez Polaków.

Cały rok Polacy z rosnącą obawą obserwowali, jak rewolucyjni bolszewiccy „czerwoni", pokonawszy w wojnie domowej kontrrewolucyjnych „białych", wzmacniają swoje siły na Ukrainie. Przekonany, że przywódca bolszewików Włodzimierz Iljicz Lenin przygotowuje napaść na Polskę, Piłsudski uznał, że jedynym sposobem, by temu zapobiec, jest wyprzedzenie sowieckiego ataku. Pod koniec kwietnia 1920 roku wojska polskie wkroczyły na Ukrainę, a siódmego maja zajęły jej największe miasto, Kijów.

Latem Lenin ruszył z wielką kontrofensywą, rzucając na Ukrainę duży kontyngent Armii Czerwonej pod dowództwem generała Michaiła Tuchaczewskiego i kozacką konnicę z generałem Siemionem Budionnym na czele. Sowiecka armia bez większego trudu pokonała Polaków, zmuszając ich do wycofania się na ziemie ojczyste. Czy Rosjanie powinni kontynuować pogrom? Tak, postanowił Lenin. Odrzuciwszy rady Józefa Stalina i innych oficerów, rozkazał swoim oddziałom najechać Polskę i zająć Warszawę. Stalin przewidywał klęskę. Ostrzegając, że Polacy będą o wiele zacieklej walczyć w obronie swojego kraju niż na Ukrainie, stwierdził: „Łatwiej jest osiodłać krowę niż wprowadzić komunizm w Polsce".

Ale w opinii Lenina sowiecka ofensywa stwarzała okazję do „dźgnięcia Europy bagnetami Armii Czerwonej" – do pierwszego wkroczenia bolszewików na jej teren, do pierwszej próby narzucenia rewolucji siłą. Niecałe dwa lata po odzyskaniu niepodległości Polska stanęła w obliczu śmiertelnego niebezpieczeństwa ponownej jej utraty. Komunistyczne politbiuro utworzyło marionetkowy rząd – Tymczasowy Komitet Rewolucyjny Polski – który miał przejąć polityczną kontrolę nad Warszawą po klęsce polskiej armii. Komitet – kierowany z Moskwy przez budzącego trwogę szefa sowieckiej tajnej policji, Polaka z pochodzenia, Feliksa Dzierżyńskiego – czekał w specjalnym pociągu we wschodniej Polsce na wezwanie do stolicy.

Nie po raz pierwszy ani ostatni polskie apele do Zachodu o broń i przysłanie oddziałów nie zostały wysłuchane. Jedyne „wsparcie" ze strony aliantów nadeszło w postaci propozycji ustanowienia tymczasowej granicy państwa i zawarcia rozejmu. Zasugerowana granica, nazwana linią Curzona od nazwiska ówczesnego ministra spraw zagranicznych Wielkiej Brytanii, nabrała znacznie większego znaczenia podczas drugiej wojny światowej, kiedy Stalin się na nią powołał, by usprawiedliwić swoje roszczenia wobec wschodniej Polski. Jednak w roku 1920 bolszewicy stanowczo odrzucili propozycję Zachodu i Polska została sama.

Właśnie w tym mniej więcej czasie na polską scenę wkroczył Merian Cooper. W 1919 roku Amerykański Urząd Pomocy, agencja rządowa kierowana przez Herberta Hoovera, wysłał młodego pilota, który nadal służył w armii amerykańskiej, z zadaniem dostarczenia żywności głodującym mieszkańcom Lwowa. Kiedy tam przebywał, jego dawno zrodzony podziw dla Polski i Polaków – „narodu, który nie chciał umrzeć", jak to ujął w liście do ojca – jeszcze się pogłębił. „Nazwa żadnego innego kraju nie ma w sobie tyle romantyzmu co słowo «Polska»" – napisał później.

Po wybuchu wojny z Sowietami Cooper pojechał do Warszawy i zaoferował swoje usługi rodzącemu się polskiemu lotnictwu. „Chciałbym działać w Polsce tak, jak Kościuszko i Pułaski działali w moim kraju" – powiedział Józefowi Piłsudskiemu. Z początku niechętny przyjmowaniu obcokrajowców do polskiego wojska, marszałek w końcu się zgodził. Trudno zaprzeczyć, że dla polskiego lotnictwa liczyła się każda pomoc. Brakowało wszystkiego – pilotów, mechaników, załóg naziemnych, lotnisk, nie mówiąc o samolotach. Polacy przejęli kilkaset rozmaitych starych maszyn (austriackich, niemieckich, włoskich, brytyjskich, francuskich), które pozostały na ziemiach polskich po wojnie. Do czynnej służby przywrócono tyle samolotów, ile się dało, były to jednak w najlepszym razie „łatane" siły lotnicze.

Po otrzymaniu zgody Piłsudskiego Cooper wrócił do Paryża, zrezygnował z misji w Urzędzie Pomocy i zaczął namawiać innych amerykańskich pilotów, żeby wybrali się z nim do Polski. W małej paryskiej kawiarence zwerbował pierwszego ochotnika – wysokiego, szczupłego majora o nieprawdopodobnym imieniu i nazwisku Cedric Errol Fauntleroy. Fauntleroy, przyjaciel Coopera, latał we Francji w słynnej eskadrze Eddiego Rickenbackera „Hat in the Ring"

(„Wyzwanie"). Wychował się na małej plantacji niedaleko Natchez w Missisipi. Imiona złotowłosego bohatera książki Frances Hodgson Burnett *Mały lord* zawdzięczał matce, niepoprawnej romantyczce, która czytała mu wiersze Byrona i innych poetów sławiących bohaterskiego Tadeusza Kościuszkę.

Cooper w krótkim czasie zwerbował jeszcze sześciu ochotników. (Do końca wojny polsko-bolszewickiej zebrało się ich siedemnastu). Choć pomysł przedsięwzięcia wyszedł od Coopera, dowództwo powierzono Fauntleroyowi, najstarszemu rangą i przewyższającemu resztę doświadczeniem lotniczym. Jeden z pilotów, Elliott Chess, zaprojektował godło, które starannie wymalowano na wszystkich samolotach eskadry, uhonorowanej imieniem Kościuszki. Widniały na nim czerwona krakowska rogatywka, jaką naczelnik nosił podczas insurekcji 1794 roku, i dwie skrzyżowane kosy, symbolizujące polskich chłopów, którzy ruszyli za nim do boju. Tłem dla tych dwóch symboli były czerwono-białe pasy i niebieskie gwiazdy, reprezentujące amerykańską flagę. Insygnia te przetrwały w Polskich Siłach Powietrznych do ostatnich dni istnienia Dywizjonu Kościuszkowskiego w Anglii.

Merian Cooper (z lewej) i Cedric Fauntleroy, amerykańscy założyciele Eskadry Kościuszkowskiej. Zwraca uwagę godło dywizjonu: krakowska rogatywka i kosy, symbolizujące powstanie przeciw Rosjanom, na tle stylizowanej flagi amerykańskiej. (L. Tom Perry Special Collections, Uniwersytet Brighama Younga).

Gdy jankescy piloci ochotnicy dotarli wreszcie na front we wschodniej Galicji, okazało się, że trafili na całkiem inną wojnę niż ta, w której uczestniczyli we Francji. Zamiast trwać na swoich pozycjach w okopach, obie strony na zmianę przeprowadzały szybkie ataki i się wycofywały. Kiedy Armia Czerwona zaczęła z niepokojącą prędkością zbliżać się do serca Polski, wezwano na pomoc siły lotnicze. Stosując powietrzną taktykę rozwiniętą w czasie pierwszej wojny światowej, Amerykanie i Polacy ostrzeliwali i bombardowali wrogie wojska, zajęte przez bolszewików stacje kolejowe i sowieckie pociągi. Eskadrze Kościuszkowskiej i trzem eskadrom polskim powierzono szczególnie trudne zadanie niedopuszczenia do zajęcia Lwowa przez konarmię generała Budionnego. Kozacy, wyborni jeźdźcy w czarnych papachach, z ostrymi szablami, niecofający się przed łupiestwem, gwałtami i mordami, wszędzie budzili lęk.

Latając od świtu do ciemnej nocy, zaliczając jedną misję po drugiej, amerykańscy i polscy piloci odwrócili sytuację – teraz to oni przyprawiali Kozaków o strach. Z wysokości dwustu metrów ręcznie zrzucali bomby na kozackie oddziały, a potem ostrzeliwali je z karabinów maszynowych w locie nurkowym, wychodząc z niego zaledwie kilkanaście metrów nad ziemią. Po rozproszeniu oddziału gonili uciekających i ostrzeliwujących się Kozaków. Nierzadko samoloty, którym udało się wrócić na lotnisko, były podziurawione kulami. Według raportu polskiego Sztabu Generalnego Eskadra Kościuszkowska ze szczególnym powodzeniem siała „panikę i chaos w szeregach wroga". „Amerykańscy lotnicy pomimo wyczerpania walczą jak szaleni. Bez ich pomocy dawno temu by nas diabli wzięli" – napisał generał Antoni Listowski, dowódca polskiego frontu południowego.

Pod koniec sierpnia uratowano Lwów przed atakiem, a kawalerię Budionnego zmuszono do odwrotu. Największą zasługę przypisano wówczas lotnikom z eskadr walczących na południowym froncie, wśród nich Kościuszkowskiej. Tymczasem na północnym zachodzie wojska Piłsudskiego w spektakularnym kontrataku przepędziły spod Warszawy armię Tuchaczewskiego. Podczas bitwy, która zasłynęła jako „cud nad Wisłą", wzięto do niewoli ponad sto tysięcy czerwonoarmistów. Ci, którzy nie zginęli i uniknęli schwytania, rzucili się do bezładnej ucieczki na wschód.

Pierwsza wojskowa przygoda Lenina na obcej ziemi zakończyła się poniżającą klęską, zadaną przez zbuntowaną dawną kolonię rosyjską. Po negocjacjach pokojowych, których kulminacją był traktat ryski, Sowieci zachowali kontrolę nad dużą częścią Ukrainy, ale oddali Polsce większość spornych ziem, z Wilnem i Lwowem włącznie. Zdaniem brytyjskiego historyka A.J.P. Taylora wojna polsko-sowiecka „w znacznym stopniu określiła bieg europejskiej historii

Merian Cooper w Rydze po ucieczce z rosyjskiego obozu jenieckiego w 1921 roku. (L. Tom Perry Special Collections, Uniwersytet Brighama Younga).

w następnych dwudziestu latach [...] W skrytości ducha, niemal nieświadomie sowieccy przywódcy porzucili sprawę międzynarodowej rewolucji". Przez cztery lata, aż do śmierci, Lenin nie zapomniał o sromotnej klęsce z rąk Polaków. Co ważniejsze, nie zapomniał o niej również Józef Stalin.

Stalin odebrał ją jako osobiste upokorzenie. Będąc komisarzem politycznym na froncie południowym, miał decydujący głos w sprawach Armii Czerwonej. W ostatnich dniach wojny Moskwa poleciła kawalerii Budionnego porzucić kurs na Lwów i skierować się na północ, by wesprzeć maszerującego na Warszawę Tuchaczewskiego. Stalin zmienił ten rozkaz i nakazał Budionnemu kontynuować marsz na Lwów. Kiedy podzielone armie sowieckie poniosły klęskę, Stalinowi groził sąd wojenny. I choć ostatecznie nie został przed nim postawiony, nigdy nie zapomniał, w jakich opałach znalazł się przez Polaków. Po dziewiętnastu latach odpłacił im za to.

Późnym latem 1920 roku Polacy świętowali zwycięstwo i zachowanie niepodległości, ale bez założyciela Eskadry Kościuszkowskiej. Miesiąc przed zakończeniem wojny Merian Cooper znikł za linią wroga i uznano go za poległego. Przez wiele miesięcy nie było żadnej wieści o jego losie.

Pewnego dnia Marguerite Harrison, młodej Amerykance, która poznała Coopera w Warszawie, a obecnie współpracowała z Czerwonym Krzyżem w Moskwie, doręczono list przemycony z sowieckiego obozu jenieckiego. Jego autorem był niejaki Frank Mosher, amerykański pilot schwytany przez bolszewików. Napisał, że jest chory i głoduje. Harrison przesłała mu do obozu odpowiedź, a także żywność i ubranie. Po kilku dniach dostała drugą tajną wiadomość. „Nie nazywam się Mosher – przeczytała. – Jestem Merian C. Cooper z Jacksonville i poznałem panią w Polsce. Pamięta pani, jak tańczyliśmy na balu w hotelu Bristol w Warszawie?"

Cooper wyjaśnił, że podał się za Franka Moshera, bo kiedy go zestrzelono, miał na sobie podpisany takim imieniem i nazwiskiem podkoszulek, który dostał z Czerwonego Krzyża. Ponieważ słyszał, że Kozacy rozstrzeliwują bez pardonu wszystkich oficerów wroga, a w chwili pojmania nic nie zdradzało jego stopnia wojskowego czy związku z Eskadrą Kościuszkowską, powiedział przesłuchującym* (jednym z nich był, jak sądził, sam Stalin), że jest kapralem. W liście błagał rodaczkę, by utrzymała jego tożsamość w tajemnicy, zawiadamiając tylko rodziców, że nie zginął.

Wprawdzie kontakt z Marguerite Harrison mógł być pierwszym krokiem do odzyskania wolności, ale Cooper nie miał ochoty czekać, aż Rosjanie zdecydują, co z nim począć. Przydzielony do oddziału oczyszczającego z lodu tory kolejowe pod Moskwą, uciekł pewnego dnia wraz z dwoma polskimi jeńcami. Trzej zbiegowie zmylili pogoń i po przebyciu siedmiuset kilometrów zamarzniętej równiny dotarli na bezpieczną Łotwę. W maju 1921 roku Cooper wrócił do Warszawy w samą porę, by radośnie powitać towarzyszy broni z Eskadry Kościuszkowskiej tuż przed ich powrotem do Stanów. Zanim odjechali, otrzymali z rąk samego Józefa Piłsudskiego krzyże Virtuti Militari, najwyższe polskie odznaczenie wojskowe. Wracając do ojczyzny, zostawiali za sobą we Lwowie groby trzech towarzyszy.

Polacy wznieśli tam Łuk Chwały z napisem: „Polegli, abyśmy wolni żyli".

* Osobliwym zrządzeniem losu pierwszy przesłuchiwał go Izaak Babel, który w *Dzienniku 1920* napisał: „Frank Mosher. Lotnik, strącili go, Amerykanin, bosy, ale elegancki, szyja jak kolumna, olśniewająco białe zęby, uniform brudny, zaoliwiony [...] Ach, jak zapachniało Europą, kawą, cywilizacją, siłą, starą kulturą..." (przekład Jerzego Pomianowskiego; przyp. tłum.).

ROZDZIAŁ TRZECI

POLSKA „BĘDZIE WALCZYĆ"

Skuteczna obrona nowo odzyskanej wolności nie oznaczała, że Polacy mogą spocząć na laurach. Niemcy i Związek Sowiecki, utraciwszy Polskę, przez następne dziewiętnaście lat knuły, jak ją odzyskać. „Istnienie Polski jest nie do przyjęcia i nie do pogodzenia z żywotnymi interesami Niemiec. Musi ona zniknąć i zniknie [...] Podstawą porozumienia pomiędzy Rosją a Niemcami powinien by powrót do granic z 1914 roku [innymi słowy, likwidacja Polski]" – napisał w roku 1922 dowódca Reichswehry, Hans von Seeckt. Tymczasem na Kremlu Lenin wyraził opinię, że niepodległa Polska będzie solą w oku każdego szanującego się niemieckiego rządu. W tej sytuacji – napisał – Związek Sowiecki może „śmiało liczyć na Niemcy, ponieważ Niemcy nienawidzą Polski i w każdym momencie sprzymierzą się z nami, żeby ją zdusić [...] Niemcy chcą odwetu, a my chcemy rewolucji. Nasze cele są w tej chwili tożsame".

Kiedy w roku 1933 Adolf Hitler został kanclerzem Niemiec, wielu Polaków mocno zaniepokoiło się o przyszłość. Ale Hitler zaczął realizować swój plan od podstaw. W 1936 roku – po odrzuceniu traktatu wersalskiego, wprowadzeniu obowiązkowej służby wojskowej i częściowej odbudowie Luftwaffe i Wehrmachtu – wysłał wojska niemieckie do graniczącej z Francją zdemilitaryzowanej Nadrenii. Francja i Anglia, jedyne zachodnioeuropejskie państwa zdolne powstrzymać nazistów, przyglądały się temu, nie podejmując żadnych kroków. Oba, nie wylizawszy się jeszcze z gospodarczych i społecznych ran pierwszej wojny światowej, zdawały się sądzić, że przy odrobinie szczęścia i ustępstw Hitler po prostu odejdzie.

W Wielkiej Brytanii, dwa lata przedtem, nim Neville Chamberlain wziął parasol i wyruszył wynegocjować z Hitlerem „pokój w naszych czasach", rząd jego torysowskiego poprzednika, Stanleya Baldwina, opowiedział się zdecydowanie za polityką ustępstw. Nielicznych krytyków takiej postawy – najbardziej znanym wśród nich był Winston Churchill – reszta kraju najczęściej nie słuchała. Przyszły premier Harold Macmillan, w tamtym czasie członek parlamentu, wspominał, że „brytyjscy politycy postrzegali Hitlera jako błyskotliwego, acz niezrównoważonego geniusza, którego można ugłaskać uprzejmością, a zdenerwować ostrymi słowami". Większość prasy brytyjskiej myślała podobnie. Tak samo wielu członków brytyjskiej klasy rządzącej – wraz z monarchą, Edwardem VIII – którzy nie dość, że popierali politykę ustępstw, to jeszcze podziwiali Niemcy, a Hitlera w szczególności.

Te nastroje zaczęły zmieniać się dopiero po tym, jak Hitler zagarnął Austrię, a na konferencji w Monachium Chamberlain do spółki z premierem Francji Edouardem Daladierem podali mu jak na tacy Czechosłowację. Kiedy w marcu 1939 roku jej los został przypieczętowany wkroczeniem wojsk hitlerowskich do Pragi, Chamberlain zrobił nagłą woltę i złożył zobowiązanie, że Wielka Brytania wejdzie w ścisły sojusz obronny z następnym krajem, który padnie ofiarą Hitlera. Rzecz w tym, że najpewniejszą kandydatką na taką ofiarę była Polska, a brytyjscy wysocy urzędnicy nie pałali chęcią sprzymierzenia się z rządem w Warszawie.

W przekonaniu Anglików Polacy nie okazali zachodnim aliantom wystarczającej wdzięczności za pomoc we wskrzeszeniu państwa po pierwszej wojnie światowej. Uważając, że Polska powinna zadowolić się terytorium przyznanym na paryskiej konferencji pokojowej, rząd brytyjski zdecydowanie sprzeciwił się jej walce o odzyskanie kresów wschodnich w czasie wojny polsko-sowieckiej 1919–1920. „Na skutek własnej lekkomyślności, niekompetencji i głupoty Polacy zupełnie stracili poparcie tego gabinetu" – oświadczył zirytowany lord Curzon, brytyjski minister spraw zagranicznych. Porównując Wielką Brytanię do lekarza starającego się pomóc choremu, dodał: „Pacjent musi być lojalny, pomocny i posłuszny. Polska nie ma żadnego z tych przymiotów". Brytyjczyków (oraz Francuzów) dodatkowo rozwścieczyły zabiegi głowy państwa polskiego Józefa Piłsudskiego i apodyktycznego ministra spraw zagranicznych Józefa Becka, zmierzające do zażegnania niebezpieczeństwa ze strony Związku Sowieckiego i Niemiec przez zawarcie w latach 1932 i 1934 dwóch – skazanych na porażkę – traktatów o nieagresji.

W marcu 1939 roku Hitler zażądał przekazania Niemcom władzy nad bałtyckim portem Gdańsk (Danzig), który w traktacie wersalskim otrzymał status „wolnego miasta". Zgodnie z postanowieniami traktatu Polsce przyznano wąski pas niemieckiego terytorium, tak zwany korytarz polski, aby zapewnić jej dostęp do Bałtyku. W marcowym ultimatum Hitler zażądał także, by polski korytarz przecięły niemiecka autostrada i tory kolejowe, prowadzące do Prus Wschodnich. W tym czasie Piłsudski już nie żył, a Beck, jeden z „pułkowników" rządzących Polską, odrzucił żądania Hitlera. „Pokój jest rzeczą cenną i pożądaną – powiedział w Sejmie i dodał z typowo polskim, rycerskim uporem: – Ale my w Polsce nie znamy pojęcia pokoju za wszelką cenę. Jest jedna tylko rzecz w życiu ludzi, narodów i państw, która jest bezcenna, i tą rzeczą jest honor". Polska – zapowiedział – „będzie walczyć".

Anthony Drexel Biddle, amerykański ambasador w Polsce, napisał później o zachowaniu rządu polskiego w tym okresie: „Z początku [...] Polska kierowała się pragnieniem obrony własnych interesów, miała też nadzieję natchnąć inne państwa duchem oporu wobec apetytów niemieckiego boa dusiciela [...] Polska była zdania, że jeżeli da się powstrzymać Hitlera, to właśnie teraz". Przez krótki czas to podejście wydawało się słuszne. Trzydziestego pierwszego marca premier Chamberlain oznajmił w Izbie Gmin: „W razie jakichkolwiek działań, które wyraźnie zagrażałyby niepodległości Polski i którym polski rząd [...] uznałby za konieczne przeciwstawić się narodowymi siłami zbrojnymi, rząd Jego Królewskiej Mości będzie się czuł w obowiązku udzielić rządowi polskiemu bezzwłocznie wszelkiego wsparcia, jakie będzie w jego mocy". Dodał, że Francja upoważniła go do złożenia takiej samej gwarancji w jej imieniu.

Deklaracja ta, która zadziwiałaby w ustach każdego brytyjskiego premiera tamtych czasów, zadziwiała tym bardziej w ustach kogoś, kto do niedawna popierał politykę ustępstw. Nie zdarzyło się dotąd, aby brytyjski rząd obiecał wesprzeć militarnie naród z Europy Środkowej czy Wschodniej. Jeszcze bardziej zdumiewało to, że nowa polityka Chamberlaina decyzję o przystąpieniu Wielkiej Brytanii do wojny zostawiała w praktyce Polsce. Miesiąc potem zgodę na rozpoczęcie – w ciągu dwóch tygodni od powszechnej mobilizacji – rozległej ofensywy „większością swoich sił" przeciw każdemu państwu, które zaatakuje Polskę, wyraziła Francja. W późniejszych rozmowach z polskimi wojskowymi generał sir Edmund Ironside, szef Sztabu Generalnego Wielkiej Brytanii, obiecał, że w wypadku niemieckiej inwazji na Polskę Królewskie Siły Powietrzne bezzwłocznie zaatakują Niemcy. Gdyby w Polsce zbombardowano inne cele niż militarne – dodał – brytyjskie bombowce zwrócą się przeciw niemieckim celom cywilnym. Po takim zapewnieniu Brytyjczyków i Francuzów Polacy byli pełni entuzjazmu. „Dziś idziemy ku Przeznaczeniu [...] zwarci, z bronią w zaciśniętych garściach i z sojusznikami!" – triumfował Edward Raczyński, polski ambasador w Wielkiej Brytanii.

Wkrótce Raczyński dostał gorzką lekcję. Kiedy wiosną i na początku lata

Polska przygotowywała się do wojny, Anglików i Francuzów ogarnęły wątpliwości. Korespondent „New York Timesa" w Paryżu doniósł, że Londyn i Paryż ostrzegają po cichu Polaków, żeby nie denerwowali Hitlera. Wielka Brytania nie kwapiła się z dostarczeniem Polsce pieniędzy i sprzętu wojskowego do obrony kraju. Kryzys narastał, a negocjacje w sprawie udzielenia pożyczek i kredytów na dozbrojenie przeciągały się bez konkretnych rezultatów. Hugh Dalton, czołowy parlamentarzysta labourzystowski, wyraził w imieniu swoim i innych zaniepokojenie impasem. „Celem tych negocjacji jest z pewnością uzbrojenie Polski, i to szybkie – oświadczył podczas debaty w Izbie Gmin trzydziestego pierwszego lipca. – Czyżby istniały obawy, że jeśli Polacy dostaną za dużo broni w zbyt krótkim czasie, wbiją się w pychę? [Czyżby istniał] jakiś złowrogi skryty zamysł, żeby utrzymać Polskę słabą i niepewną?" Wreszcie w sierpniu Wielka Brytania, wykluczywszy jakąkolwiek pożyczkę bezpośrednią, przyznała Polsce osiem milionów funtów w kredytach eksportowych, z zastrzeżeniem, że pieniądze te mają być wykorzystane wyłącznie w handlu z Brytyjczykami.

Z perspektywy czasu można zarzucić rządowi Jego Królewskiej Mości niewdzięczność. Niecały miesiąc wcześniej Polska ofiarowała Anglii i Francji dar nieoszacowanej wartości. W lipcu 1939 roku, kiedy toczono negocjacje w sprawie pomocy Polsce, najlepszych brytyjskich i francuskich kryptologów, którzy od dawna bezskutecznie próbowali złamać niemiecki system szyfrowania, zaproszono do niepozornego, lecz dobrze strzeżonego budynku w lesie pod Warszawą. Pokazano im tam nieduże czarne urządzenie, przypominające maszynę do pisania, której klawisze obracały połączone ze sobą bębenki o średnicy kilku centymetrów. Była to wierna replika niemieckiej maszyny szyfrującej Enigma. Brytyjczycy i Francuzi nie mieli pojęcia, że za jej pomocą Polacy od sześciu lat odczytują niemieckie informacje wojskowe i polityczne. Dla swoich gości gospodarze skonstruowali dwa dodatkowe egzemplarze maszyny.

Od dnia odzyskania niepodległości w roku 1918 Polska postawiła na wywiad wojskowy i łamanie szyfrów, biorąc na cel swoich historycznych wrogów, Niemców i Rosjan. Kody sowieckie złamano już w roku 1920, dzięki czemu Polacy mogli między innymi dokładnie ustalić pozycje oddziałów Armii Czerwonej, zagrażających Warszawie w czasie wojny 1919–1920. Na początku kolejnej dekady – wbrew niemieckim kryptografom, którzy z germańską matematyczną precyzją ręczyli, że wyczyn ten zajmie wrogom dziewięćset milionów lat – trzem młodym polskim matematykom udało się rozgryźć szyfr Enigmy. Uzbrojone w dane dostarczone przez matematyków, polskie Biuro Szyfrów zbudowało własną maszynę dekodującą i rozpoczęło odczytywanie niemieckich informacji.

Pod koniec lat trzydziestych Niemcy skomplikowali swoje szyfry, uniemożliwiając Polakom odczytanie wielu – ale nie wszystkich – wiadomości. Mimo to maszyny deszyfrujące Enigma, sprezentowane przez Polaków Brytyjczykom i Francuzom podczas tamtego doniosłego lipcowego spotkania pod Warszawą, stały się fundamentem, na którym Brytyjczycy zbudowali własny legendarny system łamania kodów o nazwie Ultra. Wiele lat po wojnie Gordon Welchman, jeden z czołowych kryptografów Ultry, powiedział, że system ten „nigdy by nie wystartował, gdyby Polacy nie przekazali nam, w samą porę, szczegółowych informacji zarówno o [...] maszynie Enigma, jak i stosowanych procedurach operacyjnych".

Jedną z najpopularniejszych książek w Polsce latem 1939 roku było *Przeminęło z wiatrem* Margaret Mitchell. Zawarte w niej opisy społeczeństwa zniszczonego przez wojnę niosły ładunek melancholii fascynujący ludzi, którzy dużo wiedzieli o tej niszczycielskiej sile i obawiali się, że dowiedzą się jeszcze więcej. W pamiętniku z tego okresu polska pisarka Rulka Langer zanotowała, że myślała o *Przeminęło z wiatrem*, patrząc, jak jej dzieci bawią się w rodzinnym domu na wsi w ostatnie złote dni lata i pokoju. „Nie wiem dlaczego, ale wydało mi się to prorocze" – napisała. Poczucie nieuchronnej straty mogła dodatkowo nasilić świadomość, iż w Polsce jest rzeczywiście dużo do stracenia.

Przez dwadzieścia jeden lat od odzyskania niepodległości Polacy walczyli o zjednoczenie, odbudowanie i zmodernizowanie swojego kraju. W znacznym stopniu im się to udało. Dwa tygodnie po wybiciu się na niepodległość w roku 1918 – na dwa lata przed ratyfikowaniem przez Stany Zjednoczone dziewiętnastej poprawki do konstytucji – Polska przyznała kobietom prawo głosu. Na początku lat trzydziestych o ponad połowę zredukowano analfabetyzm, ustanowiono ambitny program reformy rolnej, zmodernizowano gospodarkę, prawo i oświatę. W miarę zmniejszania się potęgi feudalnego ziemiaństwa wreszcie zaczęła powstawać miejska klasa średnia.

Polska międzywojenna nie była demokracją w stylu zachodnim: wprawdzie marszałek Piłsudski odrzucał faszyzm i totalitaryzm, lecz sprawował rządy bezsprzecznie autorytarne, aresztując i więżąc przeciwników politycznych. Niemniej partie opozycyjne mogły organizować dynamiczne kampanie antyrządowe, a sądy, związki zawodowe i prasa cieszyły się znaczną wolnością. Wpływową część wielkomiejskiej elity stanowili artyści, uczeni i intelektualiści.

Transformacja kraju nigdzie nie była bardziej widoczna niż w stolicy, której godłem jest syrena z tarczą i mieczem, a dewizą *Contemnit procellas* („Opiera się burzom"). Warszawa, z dawien dawna będąca centrum polskiej polityki i kultury, w czasie długich lat rosyjskiej okupacji poszarzała i podupadła. Teraz liczące 1,3 miliona mieszkańców miasto, rozsiadłe na brzegach Wisły, pulsowało kosmopolitycznym życiem. Naprawiono dziurawe ulice, połatano i odmalowano popękane, kruszące się mury. Urocze stare neoklasycystyczne pałace i kościoły poddano renowacji, a panoramę miasta wzbogacono o wiele nowoczesnych biurowców. Na Starówce, gdzie przez stulecia skupiało się bogate i różnorodne życie kulturalne miasta, rzemieślnicy pieczołowicie odrestaurowali kolorowe, kunsztownie zdobione fasady. „Z murów twych, Stare Miasto, zdzierasz kir żałoby" – napisał piewca Warszawy, poeta Or-Ot.

Codziennie o zmierzchu Alejami Ujazdowskimi, najpiękniejszą arterią miasta, z gęstymi szpalerami wysokich, kilkunastometrowych buków, spacerowały tłumy. Równie tłoczno było w licznych parkach, kawiarniach na świeżym powietrzu i w kabaretach. Oficjalnie działało przeszło dwadzieścia pięć teatrów, które tamtego lata wystawiały sztuki Moliera, Szekspira, George'a Bernarda Shawa, a także awangardowych polskich dramaturgów. Popularną wśród zagranicznych dyplomatów Warszawę nazywano „Paryżem Wschodu", z czego sympatyzujący z Francją Polacy byli szczególnie dumni.

Symbolem zachodzących zmian stał się kierujący wielką falą reform prezydent Warszawy Stefan Starzyński. Starzyński z pasją oddawał się sprawom miasta. Od chwili objęcia urzędu w 1934 roku zaczął zwalczać łapownictwo i korupcję w magistracie, modernizować sieć usługową i komunikacyjną. Zachęcał do wznoszenia i renowacji setek budynków, nieraz osobiście nadzorując prace. Wielu Polaków, znanych z zamiłowania do kwiatów, najwyżej ceniło jego starania, by zmienić Warszawę w ogród. Dzięki kampaniom prezydenta, zachęcającym do sadzenia kwiatów jak stolica długa i szeroka, wszędzie – w parkach i na placach, wzdłuż chodników, w ogródkach restauracyjnych, w skrzynkach na parapetach okien, w doniczkach wiszących pod kulistymi kloszami latarń – cieszyły oko bzy, róże, pelargonie i bratki.

Z drugiej strony w latach trzydziestych Polski nie ominęły liczne poważne problemy. Wiele rejonów kraju bezlitośnie dotknął ogólnoświatowy wielki kryzys. Szerzyły się nędza, bezrobocie i korupcja. Rosła autorytarność i nietolerancja rządu kierowanego przez juntę pułkowników, którzy nastali po Piłsudskim. Ograniczono władzę Sejmu, z coraz większą siłą tłumiono strajki i demonstracje antyrządowe. Ludzie, zwłaszcza na prowincji, rywalizowali o pracę i jedzenie, wzmagało się napięcie pomiędzy różnymi grupami etnicznymi i politycznymi.

W tym niegdyś bardzo tolerancyjnym kraju dał o sobie znać, zwłaszcza na wsi i wśród zyskujących coraz większe wpływy prawicowców, antysemityzm. Powszechnie winiono Żydów za kryzys gospodarczy i oskarżano ich o czerpanie z niego korzyści, mimo że większość spośród trzech milionów mieszkających w Polsce Żydów była nawet jak na polskie warunki uboga. W niektórych miastach i miejscowościach wybuchały zamieszki na tle rasowym. Prawicowa Narodowa Demokracja pod przywództwem Romana Dmowskiego, głównego politycznego rywala Piłsudskiego, zaczęła popierać antysemickie posunięcia i opowiadać się za „Polską dla Polaków". Ponieważ nieproporcjonalnie duża liczba polskich Żydów była zaangażowana w działalność organizacji lewicowych, postrzegano ich powszechnie (w pewnej mierze słusznie) jako prosowieckich, a więc (niesłusznie) prorosyjskich, zatem zasługujących na nienawiść. Znalazło to wyraz w oficjalnych i nieoficjalnych antyżydowskich kampaniach propagandowych, zwłaszcza po śmierci sprzeciwiającego się antysemityzmowi Piłsudskiego w roku 1935, kiedy do władzy doszli „pułkownicy". Właśnie wtedy wprowadzono limit Żydów przyjmowanych na uczelnie, a agresywni studenccy bojówkarze często zmuszali żydowskich kolegów, żeby na wykładach stali lub siedzieli w wydzielonych ławach.

Z drugiej strony rzesza Polaków, zbulwersowanych tymi kampaniami, głośno je potępiała. Nawet kiedy po podboju Polski naziści ogłosili dekret o karze śmierci dla każdego udzielającego pomocy Żydom (Polska była jedynym okupowanym przez Niemcy krajem, w którym wydano taki edykt), wiele tysięcy Polaków starało się chronić swoich żydowskich sąsiadów i przyjaciół. W celu niesienia pomocy Żydom polski ruch oporu powołał organizację o nazwie „Żegota" – był to jedyny przypadek podziemnego zinstytucjonalizowania takiej działalności w okupowanym kraju.

Pod koniec lat trzydziestych pojawiły się w polskiej gospodarce oznaki ożywienia; były już podstawy do nadziei, iż tragiczne skutki społeczne wielkiego kryzysu ulegną złagodzeniu. „Nawet biorąc pod uwagę ułomności polskich struktur społecznych i niereprezentatywny charakter rządu, Polska ukształtowała się duchowo jako część Zachodu. Zjednoczenie i odbudowa państwa [po pierwszej wojnie światowej] nastręczyły znacznie większych trudności niż w jakimkolwiek kraju; bez przesady można powiedzieć, że osiągnięcia minionego ćwierćwiecza są nadzwyczajne" – napisał Raymond Leslie Buell, przewodniczący amerykańskiego Towarzystwa Polityki Zagranicznej, po wizycie w Polsce w roku 1938. Wielkie zmiany na lepsze odnotował w tym

Hitlerowsko-sowiecki rozbiór Polski

granice Polski, styczeń 1939

linia Ribbentrop-Mołotow, 1939

ziemie włączone do Rzeszy

ziemie włączone do Związku Sowieckiego

Generalne Guberna-torstwo

● miasta ■ obozy koncentracyjne

samym roku także były prezydent Stanów Zjednoczonych, Herbert Hoover, który zarządzał programem pomocy dla Polski po pierwszej wojnie światowej: „Zobaczyłem [...] naród odmieniony, odrodzony. Poprawił się standard życia. We wszystkich miastach stanęły nowe domy i fabryki. Rozwija się transport i łączność. Upowszechniono oświatę".

Hitler i Stalin nie podzielali tych opinii. Dla nich, jak dla większości dawnych władców Niemiec i Rosji, Polska była krajem zacofanym, niemającym prawa istnieć. Stało się to oczywiste latem 1939 roku, kiedy gorączkowe manewry dyplomatyczne przypieczętowano podpisaniem niesławnego paktu o nieagresji Ribbentrop-Mołotow. Wieść o traktacie wstrząsnęła wieloma rządami (i członkami partii komunistycznych) na całym świecie, najsilniej jednak Brytyjczykami i Francuzami, którzy od miesięcy próbowali nakłonić Stalina do zawarcia przymierza w celu ochrony Polski. Naturalnie Polacy uważali te starania za naiwne, a Stalin podzielał ich zdanie. Cóż bowiem mogły mu zaoferować Francja i Anglia? Niemal pewną wojnę z Niemcami w obronie odwiecznego wroga, którego, tak jak większość wcześniejszych władców Rosji, nienawidził i pragnął zetrzeć z mapy. Hitler natomiast potajemnie zaproponował mu nowy niemiecko-rosyjski rozbiór Polski, w którym ich państwa odzyskiwały terytoria utracone po pierwszej wojnie światowej. W dodatku na tym gorzkim torcie był lukier – osobista zemsta za upokorzenie, jakiego doznał z powodu strat sowieckich w wojnie 1919–1920.

Dwudziestego drugiego sierpnia 1939 roku, dzień przed podpisaniem paktu o nieagresji, Hitler oznajmił swoim generałom: „Celem jest całkowite zniszczenie Polski. Najważniejsza jest szybkość. Pogoń aż do całkowitego unicestwienia".

Już niebawem Polakom miało zabraknąć czasu na czytanie powieści o dawnych wojnach.

Sierpień dobiegał końca. W kipiącej życiem, gwarnej Warszawie wyczuwało się lekkie napięcie i podniecenie, ale nie było paniki. Ludzie przymierzali wydane przez rząd maski gazowe i zabezpieczali okna taśmą. Głośniki radiowe gromko ogłaszały próbne alarmy przeciwlotnicze. Na wezwanie Starzyńskiego do kopania zygzakowatych okopów stawiły się ochotniczo z kilofami i łopatami tysiące warszawiaków – wśród nich śpiewacy operowi, rabini, urzędnicy i artyści. Tymczasem zagraniczni dziennikarze, którzy zlecieli się do stolicy Polski niczym sępy do padliny, co wieczór gromadzili się w przypominającym grotę podziemnym barze Bristolu, najwytworniejszego hotelu, należącego kilkanaście lat wcześniej do Ignacego Paderewskiego.

W ciepłe, pogodne sierpniowe noce tłum oficerów, dyplomatów, polityków, osób z towarzystwa, szpiegów, kochanek i prostytutek dołączał do korespondentów w hotelowym barze i restauracji, by wymieniać się historiami i najświeższymi plotkami. Przy późnej kolacji z polskimi przyjaciółmi w Bristolu sir Howard Kennard, brytyjski ambasador, głośno ubolewał, że dojście Hitlera do władzy pozbawiło dyplomatów wszelkiej satysfakcji z wykonywanego zawodu. „Kiedyś bycie ambasadorem było zajęciem dla dżentelmena – mówił. – Teraz sprowadza się do walki z gangsterami [...] Z równym powodzeniem można by się układać się z Alem Capone".

Obcokrajowców z Bristolu najbardziej dziwiły spokój i pewność siebie Polaków w obliczu nasilającej się presji Niemców. Korespondent CBS William L. Shirer zapisał w dzienniku: „Polacy są zachwycający, to ludzie na wskroś romantyczni, dobrze mi się z nimi jadło, piło i słuchało muzyki. Ale są strasznie nierealistyczni". „Na dobre czy na złe – nazwijcie to beztroską albo chełpliwością, jak chcecie – nie zauważyłem w Polsce śladu defetyzmu. Kiedy słucha się tych ludzi, można by pomyśleć, że to Polska, a nie Niemcy, jest przemysłowym kolosem" – donosił reporter „New York Timesa" Walter Duranty.

Polskie wojsko podjęło jednak pewne kroki dla umocnienia obronności. Na przykład dwudziestego siódmego sierpnia siły powietrzne rozmieściły samoloty bojowe w ogólnokrajowej sieci zamaskowanych, prowizorycznych lądowisk na wiejskich pastwiskach. Wielu Polaków, może nawet większość, szczerze wierzyło, że w razie ataku Niemców Polska – oczywiście z pomocą Francuzów i Brytyjczyków – ich pokona. Byli pewni, że Francja, dysponująca ponoć najsilniejszą armią na świecie, i Wielka Brytania, ze swoim lotnictwem i słynną marynarką wojenną, dotrzymają zobowiązań zapisanych w traktatach. Czyż Hitler odważyłby się na inwazję, mając przeciw sobie tak potężny sojusz? Nawet w Europie wielu sądziło, że nie.

Eskadrę im. Kościuszki, obecnie pod dowództwem kapitana Zdzisława Krasnodębskiego, wysłano na lądowisko polowe niedaleko Warszawy. Eskadra była jedną z pięciu przydzielonych do Warszawskiej Brygady Pościgowej, której powierzono obronę stolicy Polski. Trzydziestopięcioletni Krasnodębski służył w Eskadrze Kościuszkowskiej dziesięć lat – od ukończenia szkoły lotniczej w Dęblinie. Swój przydział nazwał „spełnieniem marzeń". W podchorążówce fascynowała go wyjątkowa historia eskadry i jej tradycje (między innymi doroczny lot do Lwowa trzydziestego maja – w Dniu Pamięci w Stanach Zjednoczonych – aby złożyć wieniec na grobie amerykańskich pilotów założycieli, którzy zginęli podczas wojny polsko-bolszewickiej). Będąc dowódcą tej owianej legendą jednostki, uważał siebie za strażnika jej wiecznego płomienia.

Krasnodębski, syn ziemianina ze wschodniej Polski, był chowany na kawalerzystę, ale, tak jak wielu innych, postanowił zostać pilotem. Dowództwo eskadry, oficjalnie oznaczonej liczbą 111, powierzono mu w 1935 roku. Trzy lata później, gdy pod jego komendę oddano drugą eskadrę, 112, został dowódcą dywizjonu. Podkomendni nazywali skrytego, tajemniczego i przystojnego kapitana „Królem", ponieważ nosił się iście po królewsku (efekt ten ponoć wzmacniał jego niewysoki wzrost – metr sześćdziesiąt parę), a także z szacunku dla jego rzeczowego podejścia do obowiązków. Według jednego z pilotów Krasnodębski „nie był ani robotem, ani chodzącym regulaminem". Niemniej w razie konieczności potrafił wykazać się autorytetem, choćby wobec takich niewylewających za kołnierz zawadiaków i urwipołciów jak Zumbach, Łokuciewski i Ferić.

Krasnodębski zdążył się już ożenić i ustatkować. Jego największym ekscesem był głośny śpiew po kilku wódkach na potańcówkach w dywizjonie. Jeżeli gdzieś w pobliżu znajdowała się akurat żona, obejmowała go w pasie i szeptała: „Czy nie za dużo wypiłeś, Zdzichu?" Wanda, drobna blondynka, była miłością życia „Króla". Kiedy się poznali, chodziła do gimnazjum, on zaś był podchorążym w Dęblinie. Poślubił ją cztery lata po ukończeniu szkoły lotniczej. Mieszkali na przedmieściu Warszawy, w pobliżu lotniska będącego bazą dla eskadr 111 i 112. Kiedy nadszedł rozkaz przerzucić ludzi i samoloty poza miasto, Krasnodębski zapewnił Wandę, że niedługo wróci.

Pod koniec sierpnia zadzierzyści młodzi piloci myśliwscy mało mieli do roboty na prowizorycznym trawiastym lotnisku. Czekali, obserwując pasące się konie i krowy. Prawie wszyscy spodziewali się niemieckiego ataku, ale – przesiąknięci opowieściami o polskim heroizmie, żądni wejścia do narodowego panteonu – ze zniecierpliwieniem wyglądali starcia z Luftwaffe. Mirosław Ferić, który zaczął wówczas prowadzić dziennik, odnotował, że kolega pilot zganił go za to, iż poprzedniego wieczoru nie dość nadskakiwał swojej dziewczynie w klubie. „No trudno – napisał – ja gotowałem się wszystkimi siłami do wojny". Inny pilot wspominał: „Tak jak większość z nas, wierzyłem w szczęśliwe zakończenia. Chcieliśmy walczyć, to nas podniecało, chcieliśmy, żeby stało się to szybko. Nie wierzyliśmy, że może nas spotkać coś złego".

Mirosław Ferić w polskim mundurze lotniczym przed wojną. (Instytut Polski i Muzeum im. gen. Sikorskiego).

Mocno wierzący w swoje umiejętności lotnicze Ferić i jego rwący się do powietrznej walki koledzy nie przejmowali się gorszą jakością ani mniejszą ilością polskiego sprzętu. Niemcy mieli do dyspozycji około półtora tysiąca bombowców i tysiąc sto nowoczesnych myśliwców, wśród których wyróżniały się ultranowoczesne Me-109, podówczas najszybsze samoloty na świecie, oraz Me-110 o dużym zasięgu. Dla porównania Polska miała zaledwie trzysta dziewięćdziesiąt samolotów nadających się do użycia bojowego, w tym około sto pięćdziesiąt myśliwców. Były to polskie P-11 i P-7, oba powolne i przestarzałe. Swego czasu te zaprojektowane pod koniec lat dwudziestych i na początku trzydziestych jednopłaty o mewich skrzydłach należały do najbardziej zaawansowanych technicznie w Europie. Ale rozwijające się technologie szybko zepchnęły je w cień, a polski przemysł lotniczy, spowolniony przez wielki kryzys i zacofanie, pozostał w tyle. Polskie myśliwce nie miały wciąganych podwozi, a kiedy pilot wystrzelił z pary kaemów po bokach, odkrytą kabinę często wypełniał gryzący dym. Nie to jednak było najgorsze. Mechanizmy synchronizujące strzały z obrotami śmigła wykazywały perfidną skłonność do defektów, wskutek czego piloci odstrzeliwali sobie w locie śmigła. „To żałosne” – odnotował w dzienniku William Shirer, obserwując na początku sierpnia ćwiczenia polskich lotników. Samoloty uznał za „strasznie przestarzałe".

Jeszcze bardziej przestarzała była polska doktryna walki powietrznej. Najwyżsi polscy dowódcy wojskowi (podobnie jak francuscy, angielscy i amerykańscy) prawie wcale (w przeciwieństwie do Niemców) nie interesowali się nowymi sposobami wykorzystania samolotów bojowych. Doktrynalnie tkwili wciąż w pierwszej wojnie światowej, w której lotnictwa używano głównie do wsparcia sił naziemnych. Dopiero gdy w powietrzu zawisła nowa wojna, polscy dowódcy zdali sobie sprawę z archaiczności takiego myślenia. W 1939 roku zaczęli na gwałt kupować myśliwce i lekkie bombowce od Francji i Anglii. Ale kraje te, modernizujące właśnie swoje siły powietrzne, nie miały wiele maszyn na zbyciu. W końcu z ociąganiem zgodziły się odstąpić ich tyle, ile to było możliwe, informując Polaków, że dostaw mogą się spodziewać najwcześniej w połowie września.

Tymczasem w Dęblinie porucznik Witold Urbanowicz rozmyślał. Niemcy szykowali się do ataku, Polska była słaba, a jej przywódców cechowało staroświeckie podejście do nowoczesnej wojny. Widział to każdy, kto miał oczy, rozumiał każdy, kto miał rozum. On zaś marnował się w szkole lotniczej na prowincji. Co prawda lubił swoich podchorążych i był utalentowanym instruktorem latania, ale, dalibóg, przede wszystkim wyszkolonym pilotem myśliwskim! W razie wojny chciał w niej walczyć, a nie niańczyć młokosów! Za zbyt otwartą krytykę przełożonych popadł w niełaskę. Jako człowiek nad podziw uparty, a do tego subtelny i wrażliwy, nie płaszczył się przed nikim, szczególnie gdy chodziło o interesy Polski.

Płomienny, bezkompromisowy patriotyzm odziedziczył po dziadku ze strony ojca. Dwa razy wcielony do rosyjskiej kawalerii, dziadek Witolda odsłużył przymusowo czternaście lat w osobistej gwardii cara w Sankt Petersburgu. Kiedy wreszcie pozwolono mu wrócić do domu, włączył się do konspiracji we wschodniej Polsce, saniami rozwożąc w środku zimy antycarskie gazetki, przeznaczone dla miejscowych ziemian. Zadaniem małego Witka, którego zabierał ze sobą, było strzelanie do wilków, czających się w ciemnym lesie, żeby zaatakować konie.

W 1936 roku 111 Eskadrę Kościuszkowską, w której Urbanowicz był zastępcą Krasnodębskiego, przeniesiono tymczasowo do bazy niedaleko granicy polsko-sowieckiej. Pilotom polecono przeganiać sowieckie samoloty zwiadowcze, które

Instruktor pilotażu w Dęblinie, Witold Urbanowicz, prowadzi grupę podchorążych lotnictwa na zaprawie narciarskiej przed wojną. (Jacek Kutzner).

zawędrowały nad sporne ziemie kresowe. Któregoś dnia jeden z nich naruszył polską przestrzeń powietrzną i mimo ponawianych ostrzeżeń nie chciał zawrócić. Rozeźlony Urbanowicz wkroczył do akcji i zestrzelił intruza. Kiedy stanął przed dowódcą eskadry, oświadczył – co było nie do sprawdzenia – że odpowiedział ogniem na ogień. Krasnodębskiemu udało się zatuszować incydent, który mógł mieć poważne skutki a Urbanowicz ucieszył się w duchu z rezultatów swojej małej niewypowiedzianej wojny. „Zaraz potem Rosjanie przestali fotografować nasze umocnienia na wschodniej granicy" – powiedział.

Drugi epizod zdarzył się podczas międzynarodowych zawodów samolotów sportowych na warszawskim lotnisku, gdzie stacjonowała na stałe Eskadra Kościuszkowska. Gdy wartownik zatrzymał trzech Niemców, którzy podeszli pod hangar wojskowy, do którego obcym wstęp był wzbroniony, Urbanowicz, jako oficer inspekcyjny jednostki, przeprowadził dochodzenie. Okazało się, że jednym z zatrzymanych jest sam Willy Messerschmitt, konstruktor najlepszych myśliwców Luftwaffe. Ignorując żądania Niemca, by go natychmiast wypuścić, Urbanowicz kazał mu paść na ziemię, a strażnikowi wycelować karabin w jego plecy. I tak król niemieckich projektantów lotniczych, przeklinając Urbanowicza i strażnika, leżał na mokrej trawie do przybycia niemieckich oficjeli. „Musisz być bardziej dyplomatyczny, Witold!" – skarcił go potem dowódca. Krasnodębski „mylił się, a ja miałem rację – powiedział po latach Urbanowicz, wspominając z goryczą ów incydent – sam się o tym przekonał w czasie wojny, kiedy aż dwa razy zrąbały go messerschmitty".

Taka postawa sprawiła, że w końcu został przeniesiony do Dęblina na stanowisko instruktora pilotażu. Spędzał tam wolny czas, rozmyślając nad nadciągającą wojną, strapiony, że został odsunięty na boczny tor. Wspominał wyjazd na urlop w roku 1938 do zajętego przez nazistów Wiednia. Kiedy po całym dniu zwiedzania wrócił do hotelu, odkrył, że jego pokój został przeszukany, prawdopodobnie przez gestapo. Później, w nocnym klubie, okupujący jeden ze stolików lotnicy Luftwaffe wzięli jasnowłosego, niebieskookiego, ubranego po cywilnemu Polaka za swego ziomka i zaproponowali mu sznapsa. Urbanowicz odmówił. Wezwano policję, która go wylegitymowała. „Jestem polskim lotnikiem" – oznajmił z dumą. Niemców to rozbawiło. „Spotkamy się kiedyś w powietrzu nad Polską" – rzekł jeden z nich z zimnym uśmiechem. Urbanowicz zmierzył go spojrzeniem i odparł: „Mam nadzieję". Teraz zaś zastanawiał się, czy nadzieja ta nie była płonna.

Dwudziestego dziewiątego sierpnia rząd polski podjął decyzję o powszechnej mobilizacji, a następnie odwołał ją pod naciskiem Brytyjczyków i Francuzów. Nieświadome, że ponad dwa tygodnie wcześniej Niemcy przeprowadziły mobilizację, Londyn i Paryż, nie chcąc urazić Hitlera, poprosiły Polaków o dwudziestoczterogodzinną zwłokę. Chcąc zademonstrować spolegliwość Polski jako sprzymierzeńca, minister spraw zagranicznych Beck przystał na to.

Na papierze polska armia budziła respekt. Czwarta co do wielkości w Europie, w czasach pokoju liczyła trzysta tysięcy żołnierzy, a do tego dwa miliony wyszkolonych rezerwistów. W jej skład wchodziło trzydzieści dziewięć dywizji piechoty, dziesięć brygad kawalerii, trzy brygady piechoty górskiej oraz dwie brygady pancerne. Stan ten był z grubsza porównywalny z armią niemiecką, w której trzydziestu dziewięciu dywizjach piechoty, sześciu dywizjach pancernych, trzech dywizjach piechoty górskiej, czterech dywizjach „lekkich" i jednej brygadzie kawalerii służyło blisko dwa miliony żołnierzy. Jednakże polskie dane skrywały poważne niedostatki, zarówno pod względem jakości, jak i ilości wyposażenia i broni. A poza tym, w przeciwieństwie do Niemców, wzorem swych głównych sojuszników Polacy nie docenili szturmowej roli czołgów. Polskie czołgi, zgodnie ze swoją żałośnie anachroniczną funkcją wspierającą, były małe, powolne, lekkie i niedostatecznie uzbrojone. Można rzec, że były ruchomymi karabinami maszynowymi. Polskiej armii brakowało ponadto ciężkiej artylerii oraz nowoczesnych systemów łączności i transportu.

William Shirer z CBS, świadom ogromnej przewagi Niemiec w uzbrojeniu, orzekł, że „pomimo męstwa i uporu” Polacy nie wytrzymają długo szturmu agresora. Polska „niewątpliwie przewyższa Niemców w kawalerii konnej – stwierdził. – Ale czy jej dowództwo zamierza posłać konie na czołgi?” Polscy przywódcy istotnie wierzyli, że legendarna polska kawaleria odegra ważną rolę w odparciu niemieckiej inwazji dzięki szybkim natarciom na pozbawionych dróg równinach. Kawaleria, która przestała polegać wyłącznie na szarżach z szablami i lancami, operowała jak wysoce mobilna piechota, uzbrojona w kaemy i karabiny przeciwpancerne.

Ale nawet przy pełnej mobilizacji i wyposażeniu w najnowocześniejszy sprzęt wojsko polskie i tak miałoby zatrważająco małe szanse na zwycięstwo. Musiało bowiem bronić pozbawionej naturalnych linii obronnych granicy o długości ponad dwóch i pół tysiąca kilometrów, otoczonej z trzech stron przez Wehrmacht. Z uwagi na tak niekorzystne położenie strategiczne Francuzi zaproponowali Polakom, aby w razie niemieckiej napaści oddali bez walki zachodnie województwa i zajęli pozycje za trzema dużymi rzekami w centrum kraju. Ta propozycja była jednak dla Polski nie do przyjęcia. Oznaczałaby bowiem porzucenie głównych miast, wraz z wielką liczbą ludności i zapleczem przemysłowym. Dlatego polscy dowódcy postanowili, że armia będzie bronić granic kraju tak długo, jak to możliwe, czekając, aż Wielka Brytania i Francja – zgodnie ze zobowiązaniami – zaatakują Niemcy od zachodu.

O świcie pierwszego września 1939 roku Witold Urbanowicz wystartował z lotniska w Dęblinie. Towarzyszył mu jeden z podchorążych. Przyszła pora na jeszcze jedną lekcję ostrej walki jeden na jeden pod kierunkiem instruktora, z racji manier i wysokiej kultury nazywanego przez dęblińskie orlęta „Anglikiem”. Dwa P-7 leciały w szyku o bladym brzasku, dopóki Urbanowicz nie dał znaku do rozpoczęcia symulowanego starcia. Kiedy kładł samolot na skrzydło, dostrzegł, że koło kabiny przeszły smugi... pocisków zapalających? Ułamek sekundy później znowu. Kto załadował chłopakowi ostrą amunicję? – pomyślał. I jeszcze większa tajemnica: jak, u licha, temu „robaczkowi" udało się wziąć na celownik jego, „Kobrę" Urbanowicza*? Bardzo niezadowolony, dał podchorążemu znak, żeby zaraz wylądował. Gdy kołował do hangaru, drogę zajechał mu inny samolot. Z kabiny wyskoczył kolega instruktor.

„Witold, ty żyjesz?! – zawołał, podbiegając. – Nie trafili cię?"

Urbanowicz zdenerwował się jeszcze bardziej.

„Co jest, do pioruna ciężkiego?!" – wykrzyknął.

„Ofiaruj metrową świecę w kościele – rzekł przyjaciel. – Przed chwilą zaatakował cię messerschmitt!"

Znowu przyszła do Polski wojna, tym razem z niewyobrażalną prędkością i furią. W ciemnościach przed świtem blisko dwa miliony niemieckich żołnierzy, z prowadzącymi natarcie setkami czołgów i samolotów, napadło na kraj sąsiada od północy, południa i zachodu. W kilka godzin dywizje pancerne uderzyły w sam środek Polski, bynajmniej nie wspierając, jak chciała polska doktryna wojenna, piechoty, ale ją poprzedzając, przy czym każdy czołg stanowił sam w sobie morderczą broń. Takiej wojny jeszcze świat nie widział. Tak wyglądał blitzkrieg, „wojna błyskawiczna". Gdy zmotoryzowana piechota i wojska pancerne miażdżyły opór na ziemi, chmary wyjących bombowców nurkujących i myśliwców Luftwaffe bombardowały i ostrzeliwały lotniska, miasta, miasteczka, mosty, drogi i węzły kolejowe, zatkane przez tłumy rezerwistów zdążających do jednostek, w których dramatycznie brakowało ludzi.

W pierwszej fali ataku na Warszawę wyruszyło osiemdziesiąt bombowców i myśliwców. Na spotkanie im wyleciała Eskadra Kościuszkowska wraz z czterema innymi. W krótkich, lecz zaciętych pojedynkach marzycielscy Polacy wreszcie mogli się przekonać, „jak to jest naprawdę". Niemieckie maszyny – szybsze, bardziej zwrotne, lepiej uzbrojone, osiągające większy pułap – przerastały o kilka klas polskie zabytkowe myśliwce, atakując z góry i grzejąc w nie ze wszystkich luf. Nawet ścigając niemiecki bombowiec, polski pilot czuł się – jak wspominał jeden z uczestników starć – niczym pieszy próbujący dogonić samochód wyścigowy.

* „Kobrą" nazwali Urbanowicza podchorążowie z Dęblina po tym, jak pouczył ich: „Myśliwiec w powietrzu powinien zamienić się w kobrę; atak musi być zdecydowany, błyskawiczny i skuteczny". Witold Urbanowicz, *Początek jutra*, Znak, Kraków 1966, s. 33 (przyp. tłum.).

Ale polscy piloci byli o niebo lepsi od swoich samolotów. Wiedzieli, że mają pewną – choć niewielką – szansę w walce z Luftwaffe, wzbijając się ponad niemieckie bombowce i nurkując z góry lub atakując je czołowo i strzelając z bardzo bliska. Ćwiczyli to po wielekroć podczas szkoleń. Teraz przyszło im to robić na najprawdziwszej wojnie. Rzucali się na najeźdźców zażarcie, w parę chwil zmieniając czyste jesienne niebo w kłębowisko dymu i samolotów. Nie udało im się wprawdzie powstrzymać pierwszego nalotu na piękną Warszawę, ale znacząco go osłabili. Niemcy stracili sześć bombowców, Polacy tylko trzy myśliwce.

Jednakże bezlitosna Luftwaffe posyłała na polską stolicę bombowce fala za falą. Dla broniących miasta lotników kilka następnych dni zlało się w jeden wyczerpujący ciąg lotów bojowych. Ledwie powrócili z jednego, zaraz byli wysyłani na następny. W końcu zadanie ich przerosło. Nie dość, że niemieckie samoloty były zdecydowanie lepsze technicznie, to dominowały liczebnie: do uderzenia na Polskę użyto ich prawie tysiąc czterysta, a w odwodzie czekało kolejne tysiąc. Luftwaffe miała przewagę cztery do jednego w ogólnej liczbie maszyn i dziewięć do jednego w myśliwcach.

O braku szans na zwycięstwo Mirosław Ferić przekonał się ostatecznie trzeciego dnia walk, kiedy messerschmitt 110 podziurawił kulami jego P-11 i dosłownie odstrzelił mu drążek sterowy. Gdy samolot wszedł w lot nurkowy, Ferić próbował wyskoczyć, ale rosnąca siła odśrodkowa wbiła go w fotel. Widząc, jak pędzą ku niemu wirujące zielone pola i lasy, głośno klął w „bezsilnej złości" i się modlił. Wreszcie po kilku następnych zwitkach korkociągu wypadł z samolotu, ale na tak niskiej wysokości, że „parasol" otworzył się tuż przed lądowaniem w lesie. Poobijany i poturbowany, z kontuzjowanym krzyżem, ściągnął spadochron i zgięty wpół jak starowinka powoli wydostał się na leśną drogę. Tam przystanął na chwilę, zadarł głowę i patrzył, jak inni polscy piloci próbują się mierzyć z silniejszym przeciwnikiem.

Po pięciu dniach walk Niemcy mogli już bombardować bez przeszkód, co chcieli. Ocalałe polskie samoloty wojskowe przeprowadzały jeszcze sporadyczne kontrataki, ale z miernym skutkiem. Przepełniony goryczą Ferić zapisał w dzienniku: „«Piękna polska jesień» – żeby ją pokręciło za tę piękność". Z powietrza on i koledzy oglądali zniszczony krajobraz, nie mogąc zapobiec dalszej jego dewastacji. Warszawska Brygada Pościgowa zniszczyła co najmniej trzydzieści cztery niemieckie samoloty i uszkodziła dwadzieścia dziewięć – sama Eskadra Kościuszkowska zaliczyła osiem strąceń – ale utracono trzydzieści sześć przestarzałych myśliwców, dwie trzecie pierwotnego składu. Nie wszystkie uległy zniszczeniu w walce: kilka porzucono z powodu braku części zamiennych.

Gdy naród był o krok od całkowitej klęski, Ferić i pozostali członkowie brygady miotali się bezradni. Niemożność uchronienia ojczyzny przed zniszczeniem była dla nich straszliwym ciosem, a wiernych wyznawców rycerskich ideałów polskiej kawalerii dodatkowo rozwścieczała buta i brutalność niemieckich najeźdźców, terror blitzkriegu. „Każdy z nas w domu i w szkole nabrał zaufania do podstawowych zasad etycznych, także i w walce. Wiary w konieczność ich zachowywania, w ich nienaruszalność" – napisał Urbanowicz.

Bardzo prędko przekonali się, że jest inaczej. Na samym początku wojny Stanisław Skalski, szkolny kolega Łokuciewskiego i Fericia z Dęblina, po zestrzeleniu koło Torunia niemieckiego samolotu zwiadowczego natychmiast wylądował przy rozbitej maszynie i opatrzył rany zaskoczonych pilota i obserwatora Luftwaffe. Trzeciego września, w trakcie serii ostrych pojedynków powietrznych z udziałem 112 Eskadry, messerschmitt 110 zestrzelił samolot Zdzisława Krasnodębskiego. Polski dowódca wyskoczył z płonącej kabiny. Gdy opadał bezradnie na spadochronie, zobaczył, że messerschmitt zawraca i kieruje się prosto na niego, terkocząc karabinami maszynowymi. Już szykował się na śmierć, gdy lecący na pełnej szybkości polski myśliwiec zaatakował i przegonił Niemca. Lekko poparzony Krasnodębski uszedł z życiem. Ale wielu polskich lotników ratujących się skokiem na spadochronie nie miało tyle szczęścia – strzelano do nich jak do tarcz na strzelnicy. Niemieckie myśliwce ostrzeliwały często nawet tych, którzy bezpiecznie wylądowali na ziemi.

W ten sposób Polacy dowiadywali się, jak bardzo są w tyle za XX wiekiem. (Po takiej nauczce niektórzy zaczęli się z czasem odpłacać Niemcom wet za wet). W drugiej wojnie światowej rycerskość odeszła do lamusa. „Nie będę wojował z kobietami i dziećmi. Rozkazałem mojemu lotnictwu, by ograniczyło się do ataków na cele wojskowe" – obiecał pierwszego dnia wojny Hitler. Jednakże w tajnej dyrektywie upoważnił dowódców wojskowych do zabijania „bezlitośnie i bez pardonu mężczyzn, kobiet i dzieci polskiego pochodzenia i polskiej mowy. Tylko tak zdobędziemy potrzebną nam przestrzeń życiową". „Bądźcie bez litości! – rozkazał. – Bądźcie brutalni! [...] Ta wojna ma być wojną na wyniszczenie".

Od pierwszych dni września Luftwaffe, mająca miażdżącą przewagę nad polskim lotnictwem, latała swobodnie nad Polską, siejąc śmierć i przerażenie. „To, co się działo, pachniało barbarzyństwem" – wspominał Urbanowicz. Niemcy razili z karabinów maszynowych kobiety i dziewczęta kopiące kartofle na polu. Bombardowali kościoły i szpitale położnicze. Ostrzeliwali dzieci odpro-

Młoda Polka rozpacza nad ciałem siostry, zabitej przez bombowiec nurkujący sztukas na początku września 1939 roku, gdy kopały ziemniaki na polu pod Warszawą. (Archiwum Hultona).

wadzane w bezpieczne miejsce po zbombardowaniu przedszkola. Podczas jednego z nalotów zanurkowali nad warszawskim cmentarzem, otwierając ogień do żałobników uczestniczących w pogrzebach ofiar wcześniejszych bombardowań.

W Sulejowie niemieckie bombowce wznieciły pożary w centrum miasta, a uciekających do pobliskiego lasu mieszkańców dopadły z upiornym wyciem syren sztukasy Ju-87. „Ludzie padali, palili się – wspominał jeden z ocalonych. – Tamtej nocy niebo było czerwone od łun nad płonącym miastem".

Zdawało się, że w ogniu stanęła cała Polska.

ROZDZIAŁ CZWARTY

„CZEKAMY...”

Tak jak Polakom, generałowi Adrianowi Cartonowi de Wiart, szefowi brytyjskiej misji wojskowej w Polsce, nieobce były potworności walki zbrojnej. W czasie pierwszej wojny światowej stracił dłoń pod Ypres, nad Sommą postrzelono go w głowę i w staw skokowy, a w Passchendaele w biodro. Nie był jednak przygotowany na masową rzeź, jaką ujrzał w Polsce we wrześniu 1939 roku. „Zobaczyłem – napisał – odmienione, odarte z chwały oblicze wojny, już nie żołnierzy ruszających w bój, ale pobojowisko zabitych kobiet i dzieci”.

Mimo to koledzy generała Cartona de Wiart, jego przełożeni w Whitehallu i oficjele z pałacu Quai d'Orsay wciąż się wahali. Zgodnie z zawartym z Polską układem rząd Wielkiej Brytanii powinien zareagować na hitlerowską napaść „bezzwłocznym” wypowiedzeniem wojny Niemcom i udzieleniem „wszelkiego wsparcia, jakie będzie w jego mocy”. Podobne zobowiązania ciążyły na Francji. Nagłość hitlerowskiego ataku zaskoczyła jednak domniemanych sojuszników Polski. Nie byli ani gotowi, ani skorzy do działania. Zresztą premier Chamberlain nigdy nie miał takiego zamiaru. Od początku zakładał, że do powstrzymania Niemców wystarczy jego podpis na układzie. Gdy stało się inaczej, wraz ze swoim francuskim odpowiednikiem, Edouardem Daladierem, zaczął gorączkowo zabiegać o to, żeby Hitler znów zasiadł przy stole negocjacyjnym. Obaj, wbrew wszelkim dowodom i doświadczeniu, nadal wierzyli, że więcej osiągną, układając się z nim, niż honorując zawarte umowy i wypowiadając wojnę. Ich spóźnione „twarde stanowisko” wobec Hitlera polegało na wyznaczeniu mu nowego nieprzekraczalnego terminu na odpowiedź w sprawie dalszych rozmów.

W sobotę drugiego września Chamberlain obwieścił wypełnionej i zdumionej niższej izbie parlamentu ostateczny plan negocjacji. „Nigdy nie widziałem takiego poruszenia w Izbie Gmin, takiego głębokiego wstrząsu, jak tamtego popołudnia – wspominał generał brygady Edward Spears, czołowy poseł torysowski. – Nawet najbardziej bezkrytycznym zwolennikom rządu zaświtało w głowach, że zagrożony jest honor Wielkiej Brytanii, na którego straży stoimy".

Do najbardziej rozgniewanych należał sześćdziesięcioszescioletni Leo Amery, były pierwszy lord admiralicji, bliski przyjaciel Chamberlaina, konserwatywny poseł z okręgu wyborczego w Birmingham, rodzinnym mieście premiera. „Przez całe dwa dni [...] Polacy byli bombardowani i masakrowani, a my wciąż rozważaliśmy, ile czasu dać Hitlerowi na odpowiedź, czy zamierza wypuścić ze szponów ofiarę! [...] Czy to dreptanie w miejscu było wstępem do kolejnego Monachium?" – napisał później. Miał wrażenie, że niemal wszyscy, niezależnie od przynależności partyjnej, szukają łatwego wyjścia. Dlatego kiedy wiceprzewodniczący labourzystów Arthur Greenwood wstał, żeby odpowiedzieć premierowi, niski okularnik Amery zerwał się z ławy po rządowej stronie Izby i wezwał go, żeby wzniósł się ponad partyjne podziały i „przemówił w imieniu Anglii!".

Greenwood tak właśnie zrobił. „Jestem poważnie zaniepokojony – oznajmił, patrząc na Chamberlaina. – Trzydzieści osiem godzin temu miał miejsce akt agresji. Z tą chwilą [...] automatycznie wszedł w życie jeden z najważniejszych układów naszych czasów [...] Zastanawiam się, jak długo będziemy się wahać w momencie, kiedy Wielka Brytania i wszystko, co ona – i cywilizowany świat – sobą reprezentują, znalazły się w niebezpieczeństwie".

Amery i Greenwood nie byli osamotnieni w sprzeciwie wobec Chamberlaina. Nie byli nawet jego głównymi oponentami. Na honor ten zasłużył sześćdziesięcioczteroletni, przysadzisty, łysiejący konserwatysta ze słabością do cygar i dobrej brandy – Winston Spencer Churchill. Późnym wieczorem, po parlamentarnej debacie, gdy nad jego domem w pobliżu Westminsteru niebo rozdzierały gromy i błyskawice, zdenerwowany zadzwonił do Edwarda Raczyńskiego, polskiego ambasadora w Wielkiej Brytanii. „Ufam, ufam... – wykrztusił – że Anglia dotrzyma swego..." Głos uwiązł mu w gardle, rozpłakał się.

Francuski ambasador w Warszawie zasypywał Daladiera i ministra spraw zagranicznych Georges'a Bonneta telegramami, donosząc o bezustannym niemieckim bombardowaniu polskich cywilów i nalegając na natychmiastowe podjęcie działań. „Czas ustępstw minął" – oznajmił. Ale francuscy przywódcy, tak jak ich brytyjscy partnerzy, wciąż udzielali wykrętnych odpowiedzi, aż w końcu polski ambasador we Francji, Juliusz Łukasiewicz, rzucił Bonnetowi w twarz: „Tak nie może być! Nie może! Dobrze pan o tym wie! Umowa jest umową i trzeba ją respektować! [...] Czy zdaje pan sobie sprawę, że każda godzina, o którą opóźniacie atak na Niemcy, oznacza [...] śmierć tysięcy polskich mężczyzn, kobiet i dzieci?" Palący jednego papierosa za drugim francuski minister odpowiedział z niemal równą pasją: „A więc chce pan, żeby masakrowano kobiety i dzieci Paryża?"

Zdenerwowanie rosło, gdyż coraz wyraźniej było widać, że dzieją się rzeczy straszne. Trzeciego września nawet Neville Chamberlain zrozumiał daremność swojej polityki. Dokładnie pięćdziesiąt trzy godziny po rozpoczęciu przez Hitlera blitzkriegu w Polsce rząd brytyjski wreszcie wypowiedział wojnę Niemcom. Sześć godzin później w jego ślady poszedł rząd francuski.

Rozpoczęła się druga wojna światowa.

W Warszawie, gdy radio nadało komunikat o wypowiedzeniu przez Anglię wojny, po chwilowej ciszy wybuchła wrzawa. Mieszkańcy wylegli z domów na zasłane gruzem ulice, płacząc, krzycząc z radości, śpiewając i wiwatując. Trąbiły klaksony. Ludzie całowali sąsiadów i przyjaciół, tańczyli na chodnikach. Wczesnym popołudniem przed ambasadą brytyjską w Alejach Ujazdowskich zebrało się ponad sto tysięcy warszawiaków. Upojeni radością, wymachując zaimprowizowanymi flagami brytyjskimi, odśpiewali polski hymn narodowy i próbowali zaśpiewać *God Save the King*. „Oczywiście nikt nie umiał, ale bardzo się staraliśmy" – zapisała Rulka Langer. Kiedy na balkon wyszli brytyjski ambasador sir Howard Kennard i Józef Beck, nieprzebrany tłum powitał ich głośnym krzykiem. Zgiełk jeszcze się wzmógł, gdy Kennard zawołał: „Niech żyje Polska! Będziemy walczyć ramię w ramię przeciw agresji i niesprawiedliwości!" Ambasadora i Becka obsypano kwiatami. Niebawem brodzili w nich po kolana.

Gdy kilka godzin później do Warszawy dotarła wiadomość o wypowiedzeniu wojny przez Francję, tłumy poszły z kwiatami pod ambasadę francuską, śpiewając *Marsyliankę* i krzycząc: *Vive la France!* Rozradowani studenci pochwycili francuskiego attaché wojskowego, gdy próbował dostać się do ambasady, i dla żartu podrzucili biedaka do góry. Kobiety porywały do tańca policjantów wyznaczonych do powstrzymywania napierających mas.

W ciągu tych kilku godzin trzeciego września Polacy czuli, że nie są sami. Przez stulecia uważali – nawet jeśli zgoła nikt nie podzielał ich mniemania – że są nierozerwalnie związani z Zachodem. Geograficzne oddzielenie od Francji i innych państw zachodnioeuropejskich nie osłabiło ich podziwu dla wszystkiego co zachodnie. „Dla Polaków Zachód jest [...] wyśnioną krainą, rajem utraconym" – napisał brytyjski historyk Norman Davies. I oto wreszcie zachodni przyjaciele Polski stanęli w jej obronie. Czas pokazał, że były to – napisał inny historyk – „ostatnie godziny niepohamowanej radości i szczęścia" narodu polskiego na najbliższe pół wieku.

W Wielkiej Brytanii i Francji nikt się nie cieszył. W pierwszym dniu wojny nie było „ani orkiestr, ani wiwatów, ani harmidru; tylko zapierające dech mieszane uczucie ulgi i nieznośnego żalu" – odnotowała w liście do przyjaciół angielska pisarka Margery Allingham. We Francji wielkie nagłówki obwieszczały: *C'est la Guerre!* Ale te nagłówki – donosił paryski korespondent CBS, Eric Sevareid – „nie przekładały się na prawdziwą «Wojnę!». Było to wciąż tylko *C'est la Guerre!*, jedno z tych wypowiadanych od niechcenia zdań w rodzaju: «Najtrudniejsze jest pierwsze sto lat, stary» albo «Nieszczęścia chodzą parami»". Francuzi szli na wojnę z niewzruszonym „przekonaniem, że żadnej osoby, żadnej głowy nie warto poświęcać dla jakiejkolwiek sprawy".

Czwartego września „New York Times" przewidywał z zadufaniem, że „za dzień, dwa" brytyjskie i francuskie wojska staną do walki z Niemcami. Miarą trafności tej prognozy jest to, co nazwiemy walką. Rządy Anglii i Francji natychmiast ogłosiły, że „stanowczo pragną" oszczędzić niemiecką ludność cywilną i zabytki historii. Mimo przyrzeczenia, jakie kilka miesięcy wcześniej złożył Polakom generał Ironside, brytyjskim i francuskim wojskom wydano rozkaz atakowania wyłącznie „celów militarnych w najwęższym znaczeniu tego słowa". Z obawy przed poruszeniem opinii publicznej wyciszano informacje, że Niemcy masakrują tysiące polskich cywilów, bombardują i palą polskie miasta, niszczą polski potencjał produkcyjny, obracają w pył polskie zabytki. Leo Amery powiedział o Neville'u Chamberlainie: „Czując wielki wstręt do wojny, był zdecydowany jak najmniej się w nią angażować".

Chociaż depesze ambasadora Kennarda z Warszawy były coraz bardziej naglące w tonie, rząd zwodził parlament, BBC i prasę, wywierając na nie nacisk, by minimalizowały kryzys. W jednej z depesz Kennard przekazał, że „ostrzeliwanie cywilów z karabinów maszynowych jest na porządku dziennym". Przebywający w Polsce z brytyjską misją wojskową młody oficer, który z dachu ambasady brytyjskiej w Warszawie widział, jak niemieckie samoloty strzelają do kobiet i dzieci, po powrocie do Londynu złożył bezpośredni raport, błagając swoich zwierzchników, żeby pomogli Polakom. Mimo to rząd Chamberlaina poinformował parlament, że Niemcy bombardują w Polsce tylko cele wojskowe.

Clare Hollingworth, korespondentka „Daily Telegraph" w Polsce, widziała nisko lecące samoloty ostrzeliwujące dziesiątki cywilów, z którymi uciekała wiejskimi drogami przed Luftwaffe. Ale gdy opowiedziała o tym brytyjskim dyplomatom, usłyszała od nich, że nie ma po co przesyłać tych wieści do Anglii, bo niemal wszystkie relacje o niemieckich mordach są blokowane. „Ta milcząca zgoda na cierpienia naszych sojuszników i zaniechanie odwetu, byle tylko Londyn ocalił skórę", tak ją rozzłościła, że natychmiast wysłała trzy telegramy do redakcji, relacjonując, co się dzieje. Kiedy wróciła do Londynu, dowiedziała się, że żaden z nich nie doszedł.

Na posiedzeniu gabinetu wojennego czwartego września sir Cyril Newall, brytyjski szef sztabu sił powietrznych, sprzeciwił się wszelkim próbom udzielenia pomocy Polsce przez RAF. Brytyjskie samoloty trzeba trzymać w rezerwie na wypadek niemieckiego ataku na Francję i Wielką Brytanię – oznajmił. W reakcji na to oświadczenie Winston Churchill, który wszedł do konserwatywnego rządu jako pierwszy lord admiralicji, zaczął się głośno zastanawiać, czy gabinet nie powinien wykazać większej troski o napadniętego sojusznika. Zaapelował, żeby armia francuska i RAF bezzwłocznie zaatakowały linię Zygfryda, ciąg niemieckich fortyfikacji od strony Francji. Inni członkowie gabinetu zgodzili się z nim, że atak jest „życiową koniecznością". Co więcej, uznali jednomyślnie, że byłoby „niehonorowo" nie zaatakować.

Mimo to ograniczono się jedynie do wysłania kilku symbolicznych patroli w kierunku linii Zygfryda, paru lotów zwiadowczych nad Niemcami i zrzucenia milionów ulotek propagandowych informujących Niemców, że „nie mają środków do prowadzenia długotrwałej wojny" i „znajdują się na skraju bankructwa". Ulotki te stały się niebawem przedmiotem drwin w Wielkiej Brytanii. Mollie Panter-Downes, londyńska korespondentka „New Yorkera", nazwała je „Klubem Ulotki Miesiąca dla Trzeciej Rzeszy". W tym samym czasie krążył też dowcip o pilocie RAF-u, który wyrzucił z samolotu nierozwiązaną paczkę z ulotkami. „Co ty robisz? Chcesz kogoś zabić?" – zbeształ go dowódca.

Bojaźliwość rządu Chamberlaina przeraziła Edward Spearsa i wielu jego podobnie myślących kolegów z parlamentu. To „haniebne wojować konfetti z bezlitosnym wrogiem, który niszczy cały naród – oświadczył Spears Kingsleyowi Woodowi, szefowi Ministerstwa Lotnictwa. – Ośmieszyliśmy się, organizując taki karnawał. Był potrzebny jak rozszalałemu maniakalnemu mordercy pogadanka wychowawcza". Z Woodem spotkał się też Leo Amery. Gdy zaproponował, żeby RAF zrzucił bomby zapalające na Schwarzwald, gdzie były niemieckie składy amunicji, Wood się zatrwożył. „Czy zdaje pan sobie sprawę, że to teren prywatny? – spytał. – Pewnie zaraz zażąda pan, żebym zbombardował Zagłębie Ruhry!"

Osamotnieni w walce, choć z tlącą się wciąż nadzieją na francuską i brytyjską pomoc, Polacy próbowali stawić opór germańskiej nawałnicy. Ich bombardowane przez Luftwaffe, osaczone przez wojska pancerne oddziały wycofywały się na południowy wschód, z zamiarem przegrupowania się na znacznie węższym froncie, żeby – przy wsparciu sojuszników – przejść do kontrataku. Ale niemiecka napaść doprowadziła do załamania się scentralizowanych systemów łączności i zaopatrzenia polskiej armii. Siódmego września sytuacja jeszcze się pogorszyła, kiedy Naczelny Wódz, marszałek Edward Rydz-Śmigły, z niewyjaśnionych przyczyn postanowił uciec wraz z resztą rządu z Warszawy i przeniósł swój sztab na wschód. Znaczna część kraju została pozbawiona rządu, a znaczna część wojska dowództwa. „Polacy w znakomitej większości nigdy nie wybaczą Rydzowi-Śmigłemu tej dezercji – zanotował współpracujący z polskim dowódcą Adrian Carton de Wiart. – Do głowy by mi nie przyszło, że odrzuci on ciężar odpowiedzialności, żeby w histerycznej ucieczce ratować własną skórę. Jego zachowanie zaprzeczało wszystkiemu, co wiedziałem o Polakach".

Dzień przed rozpoczęciem exodusu Eskadrze Kościuszkowskiej wraz z resztą Warszawskiej Brygady Pościgowej, dysponującej w owej chwili tylko dziewiętnastoma sprawnymi myśliwcami oraz kurczącymi się zapasami paliwa i części zamiennych, polecono wycofać się do bazy pod Lublinem w południowo-wschodniej Polsce. Rozkaz ten był powalającym ciosem. Oznaczał bowiem, że Warszawa zostanie bez osłony lotniczej, a jej mieszkańcy będą zdani na łaskę Luftwaffe. Lecąc z innymi pilotami na południe, Mirosław Ferić wszędzie widział i czuł żywioł wojny. „Tyle zniszczenia, a my bezsilni" – zapisał w dzienniku. Gdy w drodze do Lublina przeleciał nad Dęblinem, na widok ogromnych szkód napłynęły mu do oczu łzy. Budynki, w których spędził tyle czasu jako podchorąży, były rozwalone, lotniska ziały lejami po bombach. „Jeden obraz nędzy i spustoszenia" – podsumował.

W Lublinie brygada też zastała zamęt. Nie było rozkazów, nie było ekip naziemnych, nie było paliwa ani łączności z dowództwem. Ściągając benzynę z baków samochodów i ciężarówek, przetrzebione eskadry podjęły działania w ograniczonym zakresie. W ciągu dwóch dni zestrzeliły kolejne trzy samoloty Luftwaffe. Ferić i jego koledzy wmawiali sobie, że wkrótce nadejdzie rozkaz do silnego kontrataku. „Mimo dość szybkiego cofania się nie myśleliśmy nawet o zupełnej przegranej" – napisał. A potem rozkazano im przemieścić się jeszcze dalej na wschód.

Tymczasem jeden z pilotów Eskadry Kościuszkowskiej rozpaczliwie próbował do niej dołączyć. Jana Zumbacha, którego w dzieciństwie olśnił pokaz lotniczy, wybuch wojny zaskoczył w Zaleszczykach na południu Polski, gdzie kurował się po skomplikowanym złamaniu nogi w wypadku lotniczym pięć miesięcy wcześniej. Na wieść o niemieckiej napaści pokuśtykał o kulach na stację i kupił bilet do Warszawy. W czasie jazdy pociąg dwukrotnie ostrzelali i zbombardowali Niemcy, ale Zumbachowi udało się dotrzeć do celu. Powiedziano mu, że jego eskadra gdzieś walczy, ale nikt nie wiedział dokładnie gdzie. Kiedy zaproponował, że może latać małym samolotem na misje łącznikowe do dywizji w polu, z którymi brak łączności, przełożeni popatrzyli z powątpiewaniem na jego kule. „Ja nie latam nogami! – wybuchnął. – Wystarczy mi głowa, ręce i stopy, a te są sprawne!" Dali mu samolot.

Sytuacja Zumbacha – polskiego oficera, który za wszelką cenę pragnął dołączyć do walki – powtarzała się we wszystkich rodzajach służb w całym kraju. W szkole lotniczej w Dęblinie Witold Urbanowicz otrzymał rozkaz ewakuacji pięćdziesięciu podchorążych na wschód do Rumunii, gdzie jakoby czekały na nich angielskie samoloty. Mieli nimi wrócić i walczyć na terenie Polski. Na wieść o tym planie podchorążowie o mało co nie wzniecili buntu. „Uciekną, żeby się tu bić na piechotę – rozważał Urbanowicz. – Uczuciowo byłoby to zrozumiałe. [Ale] na ziemi, z karabinem w ręce [...] są warci akurat tyle, co każdy żołnierz piechoty. W powietrzu są warci o wiele więcej [...] Moim zadaniem było wyprowadzić podchorążych tam, gdzie mogli wejść znowu do kabin myśliwców".

Prawdę mówiąc, był rozgoryczony bardziej niż oni. W pierwszych dniach wojny wraz z pięcioma innymi instruktorami z Dęblina utworzył prowizoryczną eskadrę myśliwską, próbując ochronić szkołę i należące do niej lotniska przed niemieckimi bombowcami. W kilku ostrych starciach wykorzystali stare treningowe P-7 do granic możliwości. Ale ten „rozpaczliwy sprzęt" nie mógł skutecznie przeciwstawić się Luftwaffe i obronić szkoły przed ciężkim bombardowaniem. Kiedy P-7 Urbanowicza został zniszczony na ziemi, on sam poprosił przełożonych w Warszawie, żeby pozwolili mu dołączyć do Eskadry Kościuszkowskiej. W odpowiedzi usłyszał, że ewakuowano ją do Lublina. A poza tym Brygada Pościgowa najbardziej potrzebowała w tej chwili maszyn, a nie pilotów. Kazano mu zapomnieć o eskadrze i doprowadzić podchorążych do Rumunii.

Przygnębiony Urbanowicz powrócił do ruin Dęblina. Zdając sobie sprawę, że musi ograniczyć bagaż, oddał radio i kilka nowych jedwabnych koszul sprzątaczce kwater oficerskich, a frak staremu portierowi z kasyna. Potem zebrał podchorążych, znalazł jakiś autobus i wyruszyli w drogę – kolejnych pięćdziesięciu jeden uchodźców we wzbierającej rzece, płynącej na wschód.

W Polsce panował chaos. Wojsko, któremu pozostało niewiele poza odwagą i determinacją, nie chciało skapitulować. Żołnierze sami wycofywali się i przegrupowywali, z całych sił walcząc dalej z nieubłaganie nacierającym wrogiem w wojnie, jakiej świat jeszcze nie widział. Dziesiątego września osiem polskich dywizji rozpoczęło kontratak, przekraczając rzekę Bzurę na zachód od Warszawy. Przez trzy dni powstrzymywały one niemiecką Ósmą Armię, biorąc do niewoli półtora tysiąca jeńców z jednej tylko dywizji. Niemiecki oficer tak opisał polskich żołnierzy: „Nie szli z pochylonymi głowami jak ludzie w ulewnym deszczu – tak najczęściej atakuje piechota – lecz posuwali się naprzód, trzymając głowy wysoko niczym pływacy pokonujący fale. Pewnie i bez wahania”. Wyjątkowość Polaków dostrzegł kompetentny niemiecki oficer tej klasy co twórca pancernego blitzkriegu, generał Heinz Guderian, który wbrew oficjalnej nazistowskiej propagandzie stwierdził, że nawet w obliczu klęski byli „twardym i odważnym przeciwnikiem”.

W Berlinie, gdzie propaganda znajdowała większy posłuch, polski opór wobec inwazji uważano za irytującą przeszkodę, afront dla niezwyciężonego teutońskiego ducha. „Ta wojna wymaga porządku, musi być prawidłowa!” – oświadczył korespondentom zagranicznym na konferencji prasowej rzecznik niemieckiego rządu. Dziennikarze wybuchnęli szyderczym śmiechem. „«Prawidłowa wojna», akurat! – napisał później John Raleigh z «Chicago Tribune». – Z płonącymi polskimi wsiami”.

Pomimo pożogi kontrofensywa nad Bzurą zepchnęła Niemców – chwilowo – do defensywy, a polskie garnizony w Warszawie i Lwowie nadal się broniły. Gdyby Polacy wytrzymali do siedemnastego września – dnia, w którym Francja, zgodnie z umową, powinna uderzyć w odwecie na Niemcy – mogliby przeprowadzić znacznie ambitniejszy kontratak. Hitler rzucił na Polskę większość swoich wojsk pancernych, zmotoryzowanych i powietrznych. Wystawił tym samym na atak z zachodu osłabione fortece linii Zygfryda na granicy francusko-niemieckiej. „Przygotowana była tylko inwazja na Polskę – przyznał po wojnie feldmarszałek Alfred Jodl, szef niemieckiego Sztabu Generalnego. – Stacjonujące [na zachodzie] wojska były tak słabe, że nie byliśmy w stanie obsadzić równocześnie wszystkich bunkrów”.

Ale kiedy siedemnastego września Związek Sowiecki napadł na Polskę, niepomna zawartej umowy Francja nie zrobiła nic. Los Polski był przesądzony.

Podpisany w 1939 roku przez Niemcy i Związek Sowiecki traktat był czymś więcej niż zwykłym paktem o nieagresji. Zawierał plan zniszczenia narodu. Jego tajne klauzule pozwalały Stalinowi na swobodne wkroczenie do Polski od wschodu po niemieckiej napaści z zachodu. Siedemnastego września przyglądający się od ponad dwóch tygodni hitlerowskiej agresji Sowieci sami stali się agresorami. Po raz kolejny, jak wielokrotnie w przeszłości, Niemcy i Rosjanie dokonali zbiorowego gwałtu na Polsce.

Kampania sowiecka była niezwykle łatwa i odniesiona kosztem niewielkich ofiar. W ciągu niewielu dni Armia Czerwona zajęła większą część wschodniej Polski, wraz ze Lwowem i Wilnem – miastami, które bolszewicy utracili w wojnie 1919–1920. Pod okupacją sowiecką znalazł się obszar o powierzchni około dwustu tysięcy kilometrów kwadratowych, zamieszkany przez mniej więcej trzynaście milionów ludzi, z czego jedną trzecią stanowili Polacy, jedną trzecią Ukraińcy, a resztę Żydzi, Białorusini i inne narodowości. Sowieci wzięli do niewoli przeszło dwieście trzydzieści tysięcy polskich żołnierzy, nie tracąc nawet tysiąca swoich. Olbrzymie terytorium zagrabione przez Stalina stanowiło nagrodę za danie Hitlerowi wolnej ręki. Nazajutrz po niespodziewanym ataku na Polskę „New York Times" obwieścił we wstępniaku: „Niemcy upolowały ofiarę. Część trupa, którego nie pożarły, zagarnie Rosja Sowiecka w szlachetnej roli hieny przy niemieckim lwie".

Po wkroczeniu wojsk sowieckich wielu Polaków sądziło, że przybyły, by ich bronić. Wkrótce przekonali się, jak bardzo się mylili. Patrolujące niebo samoloty Armii Czerwonej ostrzeliwały ludzi na polach i drogach. W dziesiątkach miast i miasteczek sowieckie oddziały urządzały dzikie, bezładne strzelaniny. W Dubnie krasnoarmiejcy ustawili na rogach ulic kaemy i zasypali kulami okoliczne budynki, zabijając wielu mieszkańców.

Sowiecka agresja spotkała się z potępieniem na całym świecie. Ale nie zrobiono nic, żeby ją powstrzymać. W Londynie rząd Chamberlaina wyraził „oburzenie i zgrozę", lecz nie złożył nawet formalnego protestu. Gdy dwudziestego września premier oświadczył w parlamencie, że Wielka Brytania i Francja „nie zapomniały o swoich zobowiązaniach [wobec Polski], a ich wola kontynuowania walki nie osłabła", jego krytycy parsknęli śmiechem.

Sowiecka inwazja oznaczała załamanie się znaczącego zbrojnego oporu w Polsce. Mimo to rząd i wojsko nie kapitulowały. Tuż przed wybuchem wojny trzy polskie niszczyciele wymknęły się z portów i popłynęły do Wielkiej Brytanii; później dołączyły do nich dwa polskie okręty podwodne. Siedemnastego września dziesiątki tysięcy żołnierzy i lotników zdążało ku granicom kraju – nie po to, żeby uciec, lecz żeby się zreorganizować i podjąć dalszą walkę z zewnątrz. Większość przedostała się do Rumunii, wraz z rzeką uchodźców cywilnych z wozami, furmankami, rowerami i wózkami dziecięcymi wyładowanymi dobytkiem. Nieliczni polscy piloci, wśród nich Zdzisław Krasnodębski, przelecieli granicę na kilku ostatnich sprawnych samolotach wojskowych.

Na Virginii Cowles, amerykańskiej dziennikarce piszącej dla londyńskiego „Sunday Timesa", duże wrażenie zrobiła „niezłomna duma" polskich lotników, z którymi przeprowadziła wywiad na lotnisku pod Bukaresztem. Byli wyczerpani, nieogoleni, stalowoniebieskie mundury mieli brudne i podarte, lecz mimo odniesionych ran i innych obrażeń „nie błagali o litość, nie prosili o jakąkolwiek pomoc, tylko pragnęli żarliwie uciec z Rumunii do Francji i dołączyć do francuskiego lotnictwa". Jeden z nich, który w wyniku niemieckich bombardowań stracił całą rodzinę, krzyknął do towarzyszącego dziennikarce brytyjskiego attaché lotniczego: „Co oni z nami zrobią?! Przecież nas nie zamkną! Musimy walczyć dalej!"

Wielu wędrujących pieszo lotników i żołnierzy wahało się przed przekroczeniem granicy, bo nie miało pewności, czy kiedykolwiek wrócą do ojczyzny. „To była straszna chwila – wspominał jeden z pilotów. – Wszyscy mieliśmy łzy w oczach". Niektórzy całowali biało-czerwone szlabany, inni ziemię. Prawie każdy brał ze sobą jej grudkę, kamyk albo kwiat – coś, co przypominałoby mu ojczyznę. „Nigdy nie widziałem tylu płaczących ludzi" – powiedział inny pilot.

Podczas gdy tysiące Polaków opuszczało kraj z nadzieją, że będą mogli gdzie indziej podjąć walkę, warszawiacy ze swoim nieugiętym prezydentem i garnizonem wojska przydzielonym do obrony stolicy nadal stawiali opór. Po ucieczce z Warszawy siódmego września przywódców i ministrów prezydent Starzyński ogłosił przez radio i miejskie megafony, że Warszawa nigdy się nie podda. Powiedział mieszkańcom, że jest gotów poświęcić miasto, które ukochał i o które tak bardzo się troszczył, ponieważ stawka w tej walce jest o wiele wyższa. Warszawa przestała być jednym z miast; reprezentuje Polskę. Opór stolicy pozwala trwać narodowi. Tak było w przeszłości. Tak będzie teraz. „Los złożył w nasze ręce obowiązek obrony honoru Polski". Władysław Szpilman*, młody warszawski pianista, widział w Starzyńskim „serce i duszę obrony [Warszawy], prawdziwego bohatera miasta [...] Wszyscy oczekiwali

* Władysław Szpilman, Żyd, jest bohaterem filmu *Pianista*, opartego na jego autobiograficznej książce, w której opisał, jak ukrywał się w czasie wojny przed Niemcami.

niecierpliwie jego przemówień i czerpali z nich odwagę. Dopóki prezydent nie miał wątpliwości, nikt nie tracił otuchy".

Wśród czerpiących otuchę z przemówień Starzyńskiego była Wanda Krasnodębska, żona późniejszego dowódcy Dywizjonu Kościuszkowskiego. Wanda w ostatniej chwili uciekła z warszawskiego mieszkania rankiem pierwszego dnia wojny, gdy Luftwaffe bombardowała pobliskie lotnisko. Nie wiedząc, czy mąż żyje, czy zginął, przeniosła się do krewnych i w miarę możliwości starała się nieść pomoc uciekającym przed niemieckimi bombami, które kwartał za kwartałem rujnowały oblężone miasto.

Po siódmym września Warszawa została praktycznie odcięta od reszty kraju, ale wciąż broniło jej przeszło sto tysięcy żołnierzy. Zapasy żywności i amunicji szybko się zmniejszały, pod sklepami spożywczymi ustawiały się długie kolejki, bo głód był silniejszy od strachu przed bombami i kulami. Mimo wszystko stolica starała się zachować pozory normalnego życia. Każdego ranka usuwano gruz po nocnych nalotach i zamiatano chodniki. Nadal ukazywały się gazety, w mieście nadal był prąd, z kranów nadal ciekła woda i (dzięki monterom, pracującym niestrudzenie mimo bombardowań) działała większość telefonów. Codziennie nadawano przez radio mocne, buntownicze dźwięki poloneza A-dur Chopina i otwierano kawiarnie, choć zamiast ciastek podawano w nich czarny chleb z marmoladą, a zamiast prawdziwej kawy zbożową.

Opór Warszawy rozwścieczył Hitlera, który przybył wkrótce po inwazji i przez kilka dni czekał na obrzeżach miasta w nadziei, że wkroczy do niego – jak wyraził się William Shirer – „niczym zwycięski Cezar". Ponieważ Warszawa walczyła dalej, był zmuszony do zmiany planów, czego organicznie nie znosił. Zamiast wygłosić zwycięską mowę w stolicy Polski, jak chciał, musiał wygłosić ją w Gdańsku, z twarzą „poczerwieniałą z histerycznej wściekłości" – doniósł Shirer. Warszawa zapłaciła za to upokorzenie. Hitler uczynił z niej przykład dla innych miast, na tyle głupich, by wchodzić mu w paradę.

Do bombardowań dodał ogień ciężkiej artylerii. Kanonada była tak silna, że człowiek czuł się, „jakby tkwił w środku stalowego bębna – wspominał pewien warszawiak. – Wstrząsy przenikały aż do serca". Z każdym dniem ostrzał się wzmagał, aż całą Warszawę spowił siwy całun dymu tak gęstego, że czasami nie można było dojrzeć drugiej strony ulicy. Potrzaskały niemal wszystkie szyby w oknach we wszystkich jeszcze stojących budynkach. Wszędzie walały się trupy i kawałki rozerwanych ciał. Ekipy wyznaczone do grzebania zabitych były na skraju wyczerpania fizycznego i psychicznego. Ukwiecone do niedawna skwery i ogrody zamieniono w prowizoryczne cmentarze. Także trawiaste pobocza głównych ulic i alej usiały dziesiątki grobów, niejednokrotnie oznaczonych kwiatami i zniczami. Warszawiacy się nie poddawali, ale radość zgasła. Wyczerpani, przerażeni, głodujący ludzie o zaczerwienionych oczach i wymizerowanych, znękanych twarzach kulili się w domach albo przemykali ulicami w poszukiwaniu jedzenia. Do koni, które zabiły bomby i pociski artylerii, dopadały kobiety i wykrawały kawały mięsa, aż nie zostawało nic oprócz kości.

W Wielkiej Brytanii rząd i prasa dawały świadectwo cierpieniom Polski, uciekając się do pustosłowia. „Polakom być może ulży w jakimś stopniu świadomość, że ich udręczony kraj darzą współczuciem, ba, szacunkiem, nie tylko sojusznicy w zachodniej Europie, lecz wszyscy cywilizowani ludzie na świecie" – napisano we wstępniaku „Timesa". Dwudziestego września zaś BBC zwróciło się do mieszkańców Warszawy: „Cały świat podziwia waszą odwagę [...] My, wasi alianci, będziemy kontynuować walkę o przywrócenie wam wolności. Jeśli możecie, odpowiedzcie na nasze przesłanie".

Stefan Starzyński odpowiedział, dając jasno do zrozumienia, że słowa otuchy, choć przyjęte z wdzięcznością, są bezużyteczne. „Kiedy z Wielkiej Brytanii i Francji nadejdzie konkretna pomoc, żeby ulżyć nam w tej strasznej sytuacji? – zwrócił się z pytaniem do BBC. – Czekamy na nią". Urażone tym brytyjskie Ministerstwo Spraw Zagranicznych posłużyło się wykrętną logiką, argumentując, że samo wypowiedzenie wojny Hitlerowi stanowi pomoc dla Polski. Owszem, RAF nie dotrzymał dotąd obietnicy, że zbombarduje niemieckie cele, ale Polacy mogą być pewni, iż groźba brytyjskich nalotów wystarczy, aby Niemcy stracili wiarę w siebie. Na zasypywanych gradem bomb i pocisków artyleryjskich Polakach nie zrobiło to oczywiście wrażenia, tym bardziej że rząd francuski był jeszcze mniej aktywny od brytyjskiego.

Na początku trzeciego tygodnia wojny Warszawę otoczył pierścień złożony z trzynastu niemieckich dywizji piechoty i przeszło tysiąca dział. W ciągu jednego dnia na osobisty rozkaz Hitlera ponad czterysta bombowców, fala za falą, zrzuciło na miasto bomby burzące i zapalające. Na domiar złego Niemcy codziennie wystrzeliwali trzydzieści tysięcy pocisków artyleryjskich, „zasypując stolicę Polski deszczem rozgrzanego metalu – napisał oficer Wehrmachtu. – Patrząc w stronę Warszawy, widzieliśmy słupy dymu wznoszące się leniwie, jakby z olbrzymich cygar".

Miasto zmieniło się w gigantyczne ognisko – łuna była widoczna na wiele kilometrów. „Chmury na niebie były czerwone jak krew" – donosił ten sam oficer. Po Zamku Królewskim, Operze, Teatrze Narodowym, gmachach rządowych, starych pałacach, teatrach, kawiarniach i wielu innych budynkach pozostały dymiące zgliszcza. W nieco ponad dwa tygodnie zniszczona została całkowicie lub częściowo prawie połowa miasta i zginęło przeszło sześćdziesiąt tysięcy mieszkańców. Nawet w obliczu takich strat i zniszczeń warszawiacy nie tracili nadziei na brytyjską i francuską pomoc. Ludzie rozglądali się po niebie, wypatrując alianckich bombowców. „Znasz Anglików. Dużo czasu zajmuje im podjęcie decyzji, ale teraz to już na mur przylecą" – zapewniał znajomego członek straży przeciwlotniczej.

Dwudziestego trzeciego września, nieogolony, zaniedbany Stefan Starzyński powiedział przez radio o zniszczonej Warszawie: „Tam, gdzie miały być wspaniałe sierocińce, gruzy leżą [...] tam, gdzie miały być parki, dziś są barykady gęsto trupami pokryte". Ale z ruin swojego miasta czerpał odwagę. „Chciałem, by Warszawa była wielka – mówił ochrypłym ze wzruszenia głosem. – Dziś Warszawa broniąca honoru Polski jest u szczytu swej wielkości i sławy". Było to ostatnie przemówienie prezydenta stolicy do mieszkańców ukochanego miasta. Potem zaległa cisza. W warszawską elektrownię trafiła bomba. Radio Warszawa zamilkło.

Jakimś cudem Warszawa utrzymała się jeszcze przez pięć dni. Dopiero dwudziestego ósmego września, kiedy nie było już wody, żywności, lekarstw, elektryczności ani amunicji, stolica poddała się Niemcom. Po jej kapitulacji Walter Schellenberg, szef wywiadu SS, osłupiał, gdy zobaczył, „co stało się z tym pięknym miastem, które znałem – ruiny, wypalone domy, głodujący, rozpaczający ludzie [...] Warszawa umarła".

Piątego października armia polska stoczyła ostatnią bitwę tej kampanii. Koniec nadszedł w Kocku, niewielkim mieście na północ od Lublina. Przez trzydzieści pięć dni Polska walczyła z najazdem nieporównanie silniejszych Niemiec i ich nowego sojusznika, Związku Sowieckiego. Ale nawet klęska na własnej ziemi nie przekonała Polaków, że konflikt dobiegł końca. Do dziesiątków tysięcy żołnierzy i oficerów, którzy zbiegli za granicę pod koniec września, dołączyło w trakcie wojny ponad sto tysięcy innych – pod przywództwem rządu na uchodźstwie, który nie skapitulował.

Choć w kampanii wrześniowej wojsko polskie poniosło poważne straty (siedemdziesiąt tysięcy zabitych, sto czterdzieści tysięcy rannych), to zadało też stosunkowo silny cios wrogowi. Poległo szesnaście tysięcy niemieckich żołnierzy, a około trzydziestu tysięcy odniosło rany. Poza tym Niemcy stracili w walkach około jednej czwartej czołgów i jednej piątej samolotów. W depeszy do Ministerstwa Spraw Zagranicznych, wysłanej wkrótce po zakończeniu polskiej kampanii, brytyjski ambasador w Jugosławii poinformował, iż dowiedział się, że niemieckie straty w ludziach i sprzęcie były „nieporównanie większe",

Rynek Starego Miasta w Warszawie – widok przed wojną i po wojnie. (Biblioteka Kongresu).

niż to Niemcy przyznawali. I że polscy piloci wykazali się „niewiarygodną" dzielnością.

Po latach historyk John Lukacs napisał: „Polska, niezależnie od dawnych wad i szaleństw, znów odnalazła swojego ducha. Hardo i wytrwale przeciwstawiała się niemieckim groźbom i rosyjskiemu okrążeniu. A kiedy nadszedł koniec, padła w bitwie szlachetnie i z godnością, jaką trudno znaleźć w naszym stuleciu".

Mimo to w czasie wojny w większości państw Europy i w Stanach Zjednoczonych utrwaliło się fałszywe przekonanie, że Polacy wykazali się nieudolnością militarną i brakiem woli walki z wrogiem. W najlepszym razie przedstawiano ich jako nieco komicznych XIX-wiecznych romantyków. „Pańscy Polacy niewiele zdziałali!" – przygryzł generał Ironside Adrianowi Cartonowi de Wiart, gdy ten wrócił do Londynu po klęsce Polski. Carton de Wiart, który widział polskie wojsko w walce, odparował: „Zobaczymy, mój panie, jak się spiszą inni". Po wojnie stwierdził: „Nikt, kto tam nie był, nie jest w stanie wyobrazić sobie, z czym zmierzyli się Polacy [...] Zbrojna potęga Niemiec stanęła przeciw masie ludzkich ciał i gdyby [sam] heroizm mógł uratować Polaków, ich historia wyglądałaby inaczej".

Przekonanie o polskim dyletanctwie wzmocniły dwa mity tej kampanii – oba autorstwa niemieckich propagandystów – przytaczane jako prawdziwe w niemieckich i alianckich biuletynach informacyjnych i powtarzane w wielu opracowaniach historycznych poświęconych drugiej wojnie światowej. Według pierwszego polskie lotnictwo zostało zniszczone na ziemi w ciągu dwudziestu czterech godzin. Według drugiego obrona Polski polegała głównie na odważnych, ale beznadziejnych szarżach kawalerii na niemieckie czołgi. Rzeczywistość była inna: jeszcze przed hitlerowską napaścią Polacy rozmieścili prawie wszystkie samoloty pierwszej linii na zakamuflowanych lotniskach polowych, co tłumaczy fakt, dlaczego polskim pilotom, zanim stracili większość swoich maszyn, udało się zestrzelić sto dwadzieścia sześć niemieckich, a setki innych uszkodzić. Co do kawalerii, nie było żadnych samobójczych szarż, tylko odosobnione przypadki, kiedy zaskoczone przez czołgi oddziały próbowały wydostać się z pułapki. Legenda wzięła początek od incydentu w pierwszym dniu walk, kiedy dwa polskie oddziały kawalerii przypuściły szarżę na niemiecki batalion piechoty. W czasie bitwy nadjechały niemieckie wozy pancerne, zabijając dwudziestu kilku polskich ułanów wraz z końmi. Następnego dnia Niemcy przyprowadzili na pole bitwy zagranicznych korespondentów i pokazali im trupy ludzi i zwierząt, z komentarzem, że taka szarża jest typowa dla polskiego wojska.

W dniu upadku Warszawy Joachim Ribbentrop i Wiaczesław Mołotow, ministrowie spraw zagranicznych Niemiec i Związku Sowieckiego, podpisali dokument oficjalnie sankcjonujący czwarty rozbiór Polski. W wygłoszonym później przemówieniu Mołotow chełpił się: „Jeden szybki cios zadany Polsce przez Niemców, a drugi przez Armię Czerwoną, i nic nie zostało z tego poronionego płodu traktatu wersalskiego”.

Piątego października Hitler dotarł do Warszawy. Z trybuny w Alejach Ujazdowskich, niedaleko ambasady brytyjskiej, gdzie przed miesiącem zgromadziły się wiwatujące tłumy, przyjął defiladę swoich wojsk. Wciąż się pieniąc ze złości na Polaków, którzy mieli czelność bronić swojej stolicy, pouczył towarzyszących oficjelom zagranicznych korespondentów: „Panowie, przekonaliście się na własne oczy, jakim karygodnym szaleństwem była próba obrony tego miasta [...] Chciałbym, żeby pewni mężowie stanu w innych krajach, którym marzy się zamienienie Europy w drugą Warszawę, mieli okazję zobaczyć, tak jak wy, co naprawdę oznacza wojna”.

Wcześniej tego dnia, pod zakrywającymi słońce chmurami dymu, obwieziono korespondentów po mieście, które było niegdyś Paryżem Wschodu. „Makabryczna przejażdżka” – podsumował tę wycieczkę korespondent „Chicago Tribune”, John Raleigh. Ze zwałów gruzu, które kiedyś były domami, sterczały ręce i nogi, w powietrzu unosił się obrzydliwy odór śmierci. Główne bulwary stolicy były podziurawione głębokimi lejami. Szyny tramwajowe powykręcane jak precle. Oszołomieni ludzie przemierzali ruiny, przystawali i grzebali w stertach cegieł, szukając czegokolwiek, co mogłoby się jeszcze przydać – ramy łóżka, garderoby, sprzętów domowych. Na rogu jednej z ulic Raleigh spostrzegł chłopczyka w podartym, brudnym ubraniu, ze śladami łez na usmolonych policzkach. Malec obejmował się rękami, jego ciałem wstrząsał szloch. „Nic lepszego nie mogło spotkać Polski – powiedział korespondentom hitlerowski przewodnik. – Ucywilizujemy ją skutecznymi niemieckimi metodami”.

Na krótko przed wkroczeniem Niemców do Warszawy przywódcy polskiego rządu przysłali z Rumunii samolot po Stefana Starzyńskiego. Kierujący obroną stolicy prezydent odmówił ewakuacji. Później hitlerowcy wzięli go wraz z dwunastoma innymi czołowymi obywatelami Warszawy jako zakładnika i obwinili o „niepokorną postawę” miasta. W grudniu Starzyńskiego odesłano do Dachau. Tam, cztery lata później, został rozstrzelany.

Jeszcze przed zakończeniem walk w Polsce na jej teren wkroczyły oddziały Einsatzgruppen, specjalnych jednostek eksterminacyjnych. Ich zadaniem – jak wyraził się Reinhard Heydrich, szef służb bezpieczeństwa Rzeszy, jeden z głównych autorów hitlerowskiego „ostatecznego rozwiązania" – było „uprzątnięcie Żydów, inteligencji, kleru i arystokracji". Żaden obywatel Polski nie był bezpieczny, niezależnie od wyznania, narodowości i pozycji społecznej. Trzeciego i czwartego września ponad tysiąc mieszkańców Bydgoszczy, w tym kilkudziesięciu harcerzy w wieku od dwunastu do szesnastu lat, wprowadzono na Stary Rynek i rozstrzelano, ustawiając grupami pod murem. Kiedy admirał Wilhelm Canaris, szef hitlerowskiej Abwehry, przyjechał do Polski na początku września, żeby przyjrzeć się postępom kampanii, jego wywiad odnotował „krwawą orgię" w całym kraju. W sprawie mordów Canaris złożył protest na ręce feldmarszałka Wilhelma Keitla, szefa niemieckich sił zbrojnych. Na próżno. Przyjaciele relacjonowali, że powrócił do Berlina „zupełnie załamany brutalnymi działaniami" swoich ziomków*.

Pierwsze dni wojny, tak straszne dla Polski, były dopiero początkiem jej gehenny.

* Dziewiątego kwietnia 1945 roku Canaris został powieszony przez SS za udział w nieudanej próbie zamachu na Hitlera w lipcu 1944 roku.

ROZDZIAŁ PIĄTY

„TURYŚCI SIKORSKIEGO"

Wielu pilotów przekraczało granicę Rumunii z przekonaniem, że wreszcie trafili do kraju, na który mogą liczyć. Polska i Rumunia utrzymywały dobre stosunki na długo przedtem, nim po pierwszej wojnie światowej skrzętni kartografowie sprezentowali obu państwom krótki odcinek wspólnej granicy (wymazany z map przez innych skrzętnych kartografów po drugiej wojnie). Choć zawarty przez Polskę i Rumunię w 1921 roku traktat o wzajemnej obronie nie miał wielkiego znaczenia geopolitycznego, to nieco zwiększył ich poczucie bezpieczeństwa w coraz mniej bezpiecznej Europie. Kiedy Niemcy napadły na Polskę, nikt nie oczekiwał, że rząd rumuński wyśle na odsiecz wojsko. Nie wysłał. Ale zgodził się – za co polscy piloci byli bardzo wdzięczni – przyjąć dostawę nowych myśliwców dla polskiego lotnictwa, wysyłanych opieszale przez Francuzów i Anglików.

Wśród tych, którzy w okresie wrześniowego chaosu przedostali się, choć nie jednocześnie, do różnych miejscowości w Rumunii, byli piloci i personel naziemny dwóch warszawskich eskadr Zdzisława Krasnodębskiego oraz podchorążowie z Dęblina pod dowództwem Witolda Urbanowicza. Był też Jan Zumbach, który mimo złamanej nogi nie zaprzestał pogoni za kolegami z Eskadry Kościuszkowskiej.

Siedemnastego września małym nieuzbrojonym samolotem łącznikowym, przydzielonym mu kilka dni wcześniej przez dowództwo, Zumbach wleciał w rumuńską przestrzeń powietrzną i wylądował na lotnisku w pobliżu miasta Cernauti. Zgasił silnik i podpierając się laską, wygramolił z kabiny. Ale zamiast spodziewanych towarzyszy broni podeszli do niego rumuńscy żołnierze i kazali oddać broń. Widząc, że polscy piloci, którzy przybyli tam wcześniej, zaganiani są „jak stado baranów" do pobliskich hangarów, Zumbach przezornie ukrył broń w kieszeni kurtki. Gdy żołnierze dali znak, żeby wszedł do hangaru, zaproponował, że wpierw przestawi samolot w bezpieczniejsze miejsce. Kilka minut później znów znalazł się w powietrzu, patrząc z góry na krzyczących, wymachujących pięściami Rumunów.

Tak jak inni lotnicy, którzy opuścili kraj, nie wiedział, że Rumunia, wystraszona tempem, w jakim Niemcy i Sowieci rozprawili się z Polską, ogłosiła neutralność, wycofując zgodę na przyjęcie francuskich i brytyjskich samolotów. Od tej chwili wszystkich przekraczających rumuńską granicę polskich uchodźców politycznych i wojskowych zatrzymywano i zamykano w obozach internowania. Pilotów i załogi naziemne dwóch warszawskich eskadr umieszczono w pozbawionych podłóg barakach pod mieściną Babadag. Spali tam na zarobaczonych, zapchlonych siennikach, rękami trzepali roznoszące malarię komary i wkrótce zaczęli tracić nadzieję, że uda im się jeszcze powalczyć na wojnie.

Podobnie powitano w Rumunii podchorążych z Dęblina. Ale Urbanowicz, tak jak Zumbach, ani myślał się podporządkować. Tuż przed opuszczeniem Polski odkrył w kieszeni liścik od młodej przyjaciółki, z którą dopiero co pożegnał się w Warszawie. Znalazł w nim cytat z modlitewnika żołnierskiego: „Nie będziesz miał innych celów na ziemi, dopóki twój kraj wolny nie będzie". Wziął sobie to przesłanie do serca: skoro nie może latać, w inny sposób włączy się do walki. Podchorążych, których odwiódł od pójścia w jego ślady, przekazał pod komendę innego oficera. A potem, rozpalony żądzą odwetu, z powrotem przekroczył granicę Polski i ruszył na piechotę w stronę Warszawy.

Nie zaszedł daleko. Tego samego wieczoru żołnierze Armii Czerwonej schwytali go w lesie i wraz z kilkoma innymi polskimi jeńcami wojennymi zabrali do opuszczonej szkoły. Siedząc tam z rękoma związanymi na plecach, uznał, że woli już trafić do rumuńskiego obozu dla uchodźców niż do sowieckiego łagru. Kiedy wartownik zasnął, Urbanowicz i leżący plecami do niego ogniomistrz przez kilka godzin próbowali uwolnić się nawzajem z więzów. Gdy wreszcie im się to udało, podnieśli się z podłogi i rozbiwszy krzesłem lampę naftową, jeden po drugim wyskoczyli przez otwarte okno w ciemną noc i wzięli nogi za pas, każdy w swoją stronę.

Urbanowicz usłyszał krzyki, strzały, tupot biegnących. Ze szkolnego podwórza wydostał się na drogę. Biegnąc poboczem, ogrodami i przez łąkę, zwalił się do dołu. „Uderzam kolanem w kamień. Przeraźliwy ból, nie mogę

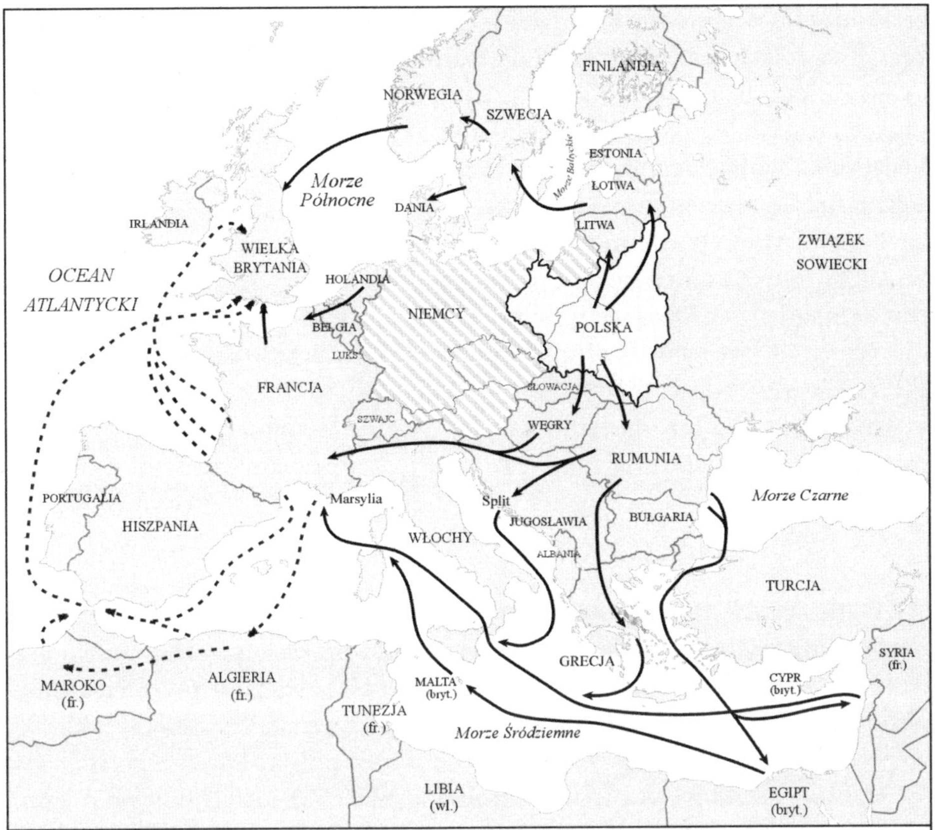

Szlaki ewakuacyjne w latach 1939–1940

——→ 1939 - - - - - - - -→ 1940

wstać, słyszę jednak szum potoku – wspominał. – Doczołguję się do brzegu i zanurzam w wodę. Bardzo zimna [...] W bezwładnej nodze pulsuje ból [...] jestem zupełnie wyczerpany. Słyszę jakieś głosy nad rzeczką. Ostatkiem sił zsuwam się głębiej w wodę, po szyję – tak że tylko twarz mam nad wodą. Chowam tę twarz pod nawisłe z brzegu gałęzie wikliny, z drugiej strony wystaje [...] duży kamień. Trzy czarne cienie na tle nieba [...] Płasko puszczona seria – jedna, druga [...] Bryzgi wody biją w twarz. Poczciwy kamień. Tamci wreszcie odchodzą. Ręce mi zgrabiały, [...] dygocę. Czekam. Poruszam ostrożnie nogą. Piekielnie boli. [...] Powoli, powolutku przeprawiam się na drugi brzeg i wyłażę. Staję na nogi, trzęsę się jak paralityk, zęby mi dzwonią. Każdy krok wydaje mi się ostatnim, ale idę. Muszę iść [...] Kuśtykam, znajduję jakiś kij, podpieram się, idę w las [...]

zaszywam się w gęste zarośla". Mokry, głodny, wyczerpany i obolały, utykając ruszył na południe. Z powrotem do Rumunii.

Stracił poczucie czasu i nie wiedział, jak daleko zaszedł. Po drodze spotkał innych polskich wojskowych uciekinierów, którzy podzielili się z nim jedzeniem i wiadomościami o rozmieszczeniu i ruchach oddziałów sowieckich. W końcu przedostał się przez granicę i odszukał swoich podchorążych. Pociągiem dojechali do Slatiny i pod eskortą pomaszerowali do koszar w obozie przejściowym. Niebawem zjawił się tam polski kurier, który przekazał Urbanowiczowi trochę pieniędzy i fałszywe papiery. „Rozda je pan podchorążym, a potem niech rozdzielą się na małe grupki i na własną rękę przedostaną do Bukaresztu. Przerzucimy was do Francji" – powiedział.

Urbanowicz od razu poczuł się lepiej. Nareszcie powstał jakiś plan. Podejmowano decyzje, wprowadzano je w życie. Chaos się kończył.

We Francji zaczął działać nowy polski rząd. Powstał po upadku przedwojennej junty wojskowej, której licznym przywódcom przyszło spędzić niemal całą wojnę na internowaniu w Rumunii. Na jego czele, jako premier i głównodowodzący Polskich Sił Zbrojnych, stanął generał Władysław Sikorski, wyprężony jak struna, szanowany bohater wojny polsko-bolszewickiej 1919–1920. Sikorski, który w pierwszej połowie lat dwudziestych był premierem i ministrem spraw wojskowych, przeciwstawił się w roku 1926 zamachowi stanu Piłsudskiego, a potem represjom junty. W rezultacie odsunięto go w cień życia politycznego i wojskowego. Dopiero po niemiecko-sowieckiej napaści i upadku Polski nowy prezydent, Władysław Raczkiewicz, zwrócił się do niego z prośbą o utworzenie rządu na uchodźstwie. Sikorski wybrał do swojego gabinetu ludzi reprezentujących szerokie spektrum polskich partii politycznych, w większości o inklinacjach liberalnych i zdecydowanie przeciwnych dawnemu rządowi.

Od chwili przejęcia władzy sprawą pierwszorzędną stało się dla niego ściągnięcie z Rumunii i innych krajów polskich żołnierzy i wykorzystanie ich w walce. Zamysł ten poparły Anglia i Francja. Oba państwa kompletnie zawiodły Polskę w sytuacji kryzysowej, ale odkąd same znalazły się w stanie wojny z Niemcami, przygotowując się do obrony własnej ziemi i nieba, potrzebowały każdej pary zdatnych rąk. Przekonawszy się, do czego zdolna jest Luftwaffe, rządy Anglii i Francji poleciły swoim ambasadom w Bukareszcie dopomóc w potajemnej ewakuacji polskiego wojska. W rozkazie podkreślono, że najpierw należy dotrzeć do dobrze wyszkolonych polskich pilotów i załóg lotniczych.

Czas naglił. Początkowo rumuńskie obozy dla Polaków nie były pilnie strzeżone, a strażnicy patrzyli przez palce na próby ucieczki, zwłaszcza jeśli przedtem zostali przekupieni. Ale Berlin naciskał Bukareszt, żeby to naprawił, przypominając władzom Rumunii o zobowiązaniach wynikających ze świeżo ogłoszonej neutralności i oskarżając je o wrogość wobec Rzeszy, w czym kryła się zawoalowana groźba inwazji. Naziści nie ograniczali się do ostrzeżeń z daleka. Swoje zamiary wyłożyli dobitniej, wysyłając do Rumunii bezwzględnych agentów gestapo. Polacy obawiali się, że już wkrótce drogi ucieczki zostaną odcięte.

By przyśpieszyć bieg spraw, polski rząd na uchodźstwie zorganizował potajemną sieć przerzutu godną tytułowego bohatera powieści baronowej Orczy *Szkarłatny Kwiat*. W Bukareszcie generał Stanisław Ujejski, dowódca polskiego lotnictwa, zorganizował tajny sztab ewakuacyjny w prywatnym mieszkaniu, wykorzystując w charakterze biurek wszystkie dostępne płaskie powierzchnie – stół w salonie, fortepian, duże łoże, podłogę. Tymczasem w suterenie, pod biurem polskiego attaché wojskowego, pracownicy polskiej ambasady podrabiali paszporty i wizy, wymyślając fałszywe nazwiska (prawdziwe nazwiska właścicieli owych dokumentów przesłano do Paryża szyfrówkami). Wielu Polaków uciekło na własną rękę, innym pomogli kurierzy, w tym kilka młodych kobiet, które dostarczały do obozów pieniądze, cywilne ubrania i podrobione papiery. Ryzykując w najlepszym razie aresztowanie, kurierzy często przekupywali obozowych dowódców i strażników, żeby podczas ucieczki internowanych patrzyli w inną stronę.

Do obozu w Babadag przybył pewnego dnia kurier, który przekazał lotnikom z dwóch warszawskich eskadr takie same instrukcje, jakie otrzymali podchorążowie z Dęblina: „Weźcie pieniądze i paszporty, utwórzcie małe grupy i dotrzyjcie do Bukaresztu". Tego samego wieczoru pierwsza grupa pilotów rozpłynęła się w mroku nocy. Nazajutrz rano podejrzliwy komendant rumuńskiego obozu zarządził apel. Witold Łokuciewski, jeden z dwóch oficerów, którzy zostali z resztą żołnierzy, wyjaśnił, że nieobecni na apelu pomagają miejscowym chłopom w polu. Rumun, bardzo niezadowolony, kazał Łokuciewskiemu podpisać oświadczenie, że wszyscy nieobecni członkowie warszawskiego dywizjonu są usprawiedliwieni. Następnej nocy wymknęli się kolejni Polacy. Komendant obozu znów zarządził zbiórkę i ostrzegł, że tym razem mają być obecni wszyscy. Łokuciewski zagrał na zwłokę. Wkrótce potem uciekł wraz z ostatnimi lotnikami.

W całej Rumunii młodzi Polacy przemykali się lasami i polami, zabierali się przygodnie ciężarówkami, jechali na gapę pociągami i unikając niemieckich agentów i wojskowych patroli, starali się dostać do rumuńskiej stolicy. Jan Zumbach, gdy wyczerpało mu się paliwo, wylądował przymusowo samolotem łącznikowym, po czym wskoczył do pociągu towarowego, a Witold Urbanowicz ze swoimi podchorążymi wymknął się eskorcie na prowincjonalnej stacyjce i wsiadł do ruszającego właśnie ekspresu.

Gdy lotnicy dotarli wreszcie do Bukaresztu, dostali od polskich urzędników pieniądze oraz adresy bezpiecznych hoteli i ośrodka ewakuacyjnego. Ostrzeżono ich także, że w mieście roi się od agentów gestapo, którzy szukają polskich pilotów i żołnierzy. „Pozbądźcie się wszystkiego, co mogłoby wskazywać, że jesteście wojskowymi" – usłyszeli. Większość, choć niechętnie, posłuchała rady, lecz inni nie umieli rozstać się z osobistymi rzeczami, które zabrali z kraju. Niektórzy zachowali lotnicze skrzydełka, inni oficerskie kordziki. Jeden pilot za nic nie chciał się rozstać z drewnianym śmigłem, które odkręcił od swego samolotu. Taszczył ten nieporęczny kawał drewna z Polski do Rumunii, stamtąd do Francji, a wreszcie do Anglii*.

W ośrodku ewakuacyjnym tylu Polaków ustawiało się w kolejce do zdjęcia paszportowego, że fotograf przez cały dzień nie miał właściwie kiedy wysunąć głowy spod czarnej płachty. Młode kobiety wydające podrobione paszporty ze szczególnym upodobaniem przypisywały rodakom najosobliwsze profesje. Największą popularnością cieszyli się duchowni. I tak narwany, uganiający się za spódniczkami Zumbach został seminarzystą, a Urbanowicz – też kobieciarz, choć kulturalny i elegancki niczym gwiazdor filmowy – zakonnikiem.

Z Bukaresztu wielu lotników skierowało się na wschód do Konstancy i Bałcziku, portów nad Morzem Czarnym. Ładowano ich po kilkuset naraz na statki handlowe pod różnymi banderami, między innymi na polskie jednostki, które uniknęły przechwycenia przez Niemców. Urbanowicz i Zumbach znaleźli się wśród siedmiuset pięćdziesięciu Polaków stłoczonych na starym, brudnym greckim frachtowcu „St. Nicholas" („Święty Mikołaj"), który, o ile nie był wykorzystywany do takiego czy innego przemytu, przewoził nielegalnie Żydów do Palestyny. Podczas ostatniego rejsu transportowano nim owce, po których pozostał potworny smród. Najgorsze jednak było to, że kiedy „Święty Mikołaj" miał odpłynąć, rumuńscy wojskowi bez wyjaśnienia zabronili kilku

* Śmigło to spoczywa dziś w kącie Instytutu Polskiego i Muzeum im. gen. Sikorskiego, gdzie mieszczą się archiwa Polskich Sił Zbrojnych i rządu na uchodźstwie z czasów drugiej wojny światowej.

lotnikom wejścia na pokład. Znów ich przekupiono. Gdy statek odbijał od nabrzeża, Rumuni odwrócili się plecami, a Polacy wskoczyli do zanieczyszczonej olejami wody. Dogonili „Świętego Mikołaja" wpław, nim opuścił port, i zostali wyciągnięci na pokład, wyczerpani, ale szczęśliwi.

Dla lotników na pokładzie „Świętego Mikołaja" wyjazd z Rumunii miał dobre i złe strony. Wreszcie wyruszyli w okrężną podróż do Francji. Liczyli, że wkrótce znów będą latać i walczyć z Niemcami, przybliżając tym samym dzień powrotu do ojczyzny. Z drugiej strony jednak po raz pierwszy od wybuchu wojny mieli czas rozmyślać o potworności kataklizmu, który zagarnął ich wraz z całą Polską i któremu nie zdołali zapobiec. „Wracał niepokój: o bliskich w kraju, o przyszłość – wspominał Urbanowicz. – I zaczynały się od nowa niekończące się rozmowy, wracał Wrzesień i padały znowu zapytania, na które nie zawsze jeszcze można było znaleźć odpowiedź". Jedynym pocieszeniem była myśl, że wkrótce dołączą do francuskich sprzymierzeńców, którzy zaopatrzą ich w samoloty i amunicję. Pomimo obojętności, jaką okazali Francuzi podczas niedawnej kampanii, Polacy byli pewni, że tym razem się na nich nie zawiodą.

W sumie po niemieckiej inwazji – dzięki podziemnej sieci utworzonej przez rząd na uchodźstwie – ewakuowało się z Polski przeszło dziesięć tysięcy pilotów i członków personelu naziemnego, a do tego tysiące polskich żołnierzy i marynarzy. Nie byli zwykłymi uchodźcami, lecz kombatantami, zdeterminowanymi, żeby znów ruszyć do boju. Dopóki Niemcy nie zatrzasnęli drzwi, głównym punktem przerzutowym dla wojsk powietrznych była Rumunia. Inni Polacy ewakuowali się na południe, przez Słowację docierając na Węgry, i na północny wschód, na Litwę i Łotwę. Ale niezależnie od tego, gdzie przyszło im się wpierw zatrzymać, czekały ich dni, tygodnie, a czasem miesiące, niebezpiecznej, wyczerpującej tułaczki. Część lotników dotarła statkiem przez Bałtyk do Szwecji, a stamtąd do Danii, Holandii i Belgii. Inni z Morza Czarnego przez Śródziemne do Libanu i Egiptu. Jeszcze inni pociągami, samochodami albo pieszo przemierzyli Jugosławię, Grecję i Włochy. Niektórzy pokonali na nartach Karpaty na południu Polski lub skierowali się na wschód, do sowieckich portów, skąd odpłynęli jako pasażerowie na gapę statkami handlowymi. Znaleźli się nawet tacy, którzy podążyli na zachód, przekradając się przez Niemcy, lub przebyli pustynię Kara-kum, docierając do Iranu, a stamtąd do Afryki Północnej i Francji.

Ta niezwykła epopeja nie miała sobie równych w żadnym innym kraju podbitym przez Hitlera w drugiej wojnie światowej. By posłużyć się słowami jednego z pilotów, tysiące Polaków wędrowało „niczym liście niesione przez wiatr albo szczątki wraku unoszone przez fale. Wiedzieliśmy tylko tyle, że za wszelką cenę musimy się przedostać na jedyny istniejący front". Miał na myśli Francję. Koniecznie chcieli dostać się do kraju, który Urbanowicz nazwał „krajem naszych marzeń".

Polacy nie wątpili, że Francuzi będą bronić własnego państwa przed atakiem Niemców. Bronili go przecież w pierwszej wojnie światowej, czyż nie? Mieli ogromną armię – osiemset tysięcy ludzi pod bronią – i pozornie silne lotnictwo. Niepodobna, by Hitler nadmuchał im w kaszę. Polacy nie rozumieli jednak, że kataklizm pierwszej wojny światowej, który ich ojczyźnie przyniósł niepodległość, Francję pchnął na równię pochyłą demoralizacji. Od zawieszenia broni minęło zaledwie dwadzieścia jeden lat, mniej niż jedno pokolenie, a nad francuską ziemią nadal krążyły duchy Verdun, Marny i Sommy.

Witold Łokuciewski i jego towarzysze odczuli to zaraz po przybyciu z Rumunii do Paryża na początku października 1939 roku. Początkowo Łokuciewski był oczarowany Miastem Światła, a zwłaszcza młodymi paryżankami. Przystojny pilot szybko znalazł dziewczynę – studentkę Sorbony, córkę właściciela spółki produkującej samochody Renault. Ale jego zachwyt bardzo szybko wyparły rozczarowanie i oburzenie. Francja nie była krajem w stanie wojny, żyła jak w bajce. Tak niedawno Witold i koledzy widzieli płonącą Warszawę i mordowanych rodaków. A teraz trafili do miasta, w którym wolny czas zabijano popijaniem aperitifów na kawiarnianych tarasach lub obstawianiem koni w Auteuil. Francuscy żołnierze, zamiast maszerować na wojnę, zabawiali się w restauracjach i nocnych klubach, a tańczące chórzystki w kabaretach śpiewały: „Rozwiesimy pranie na linii Zygfryda".

Pewnego wieczoru, niedługo po przybyciu do Francji, piloci z dwóch warszawskich eskadr Zdzisława Krasnodębskiego wybrali się na kolację do paryskiej restauracji. Był jedenasty listopada – w Polsce Święto Niepodległości, a we Francji i w Wielkiej Brytanii Dzień Zawieszenia Broni, upamiętniający zakończenie pierwszej wojny światowej. Zanim zaczęli jeść, dowódca wzniósł toast. „Następną rocznicę niepodległości Polski będziemy obchodzić w ojczyźnie, ponieważ mamy lojalnych sprzymierzeńców, którzy dadzą nam nowoczesne samoloty i razem z nami staną do walki z wrogiem – powiedział w przypływie optymizmu Krasnodębski. – Nasze zwycięstwo jest pewne".

Francuzi chętnie by mu przyklasnęli. Oni także wierzyli, że zwycięstwo jest pewne, ale nie w bezpośredniej walce, jak sobie wyobrażał. Spodziewali się, że zwycięstwo nadejdzie, kiedy Niemcy opadną z sił, atakując niezawodny francuski system obronny. Niewiele się nauczyli z blitzkriegu w Polsce; nie doceniali umiejętności Polaków i ich odważnych, desperackich prób oporu. Dając posłuch fałszywej nazistowskiej propagandzie, uważali, że Polacy utracili państwo wskutek niekompetencji, ich lotnictwo zostało zniszczone na ziemi, a kawaleria – *mon Dieu!* – szarżowała na czołgi! Te kaczki dziennikarskie, w parze z powszechną tendencją do oczerniania Polaków, sprawiły, że Francuzi stali się ślepi na własną słabość militarną i przesadnie uwierzyli w bezpieczeństwo, jakie gwarantowała im linia Maginota – pas potężnych umocnień wzdłuż północno-wschodniej granicy z Niemcami. Kiedy polscy piloci próbowali uzmysłowić francuskim kolegom gwałtowność blitzkriegu i absolutną nieskuteczność obrony w stylu pierwszej wojny światowej, słuchano ich z nieskrywanym niedowierzaniem, a czasem wręcz z pogardą.

Francuscy stratedzy wojskowi, ulegając temu samemu klimatowi nudy, zakłamania i buty co cywile, nawet nie rozważali możliwości prowadzenia wojny aktywnej, a nie czysto defensywnej. Pomiędzy październikiem 1939 a majem 1940 roku byli pewni, że jeśli Niemcy przypuszczą atak przez Belgię, to przetną równinę na północ od Namur, nie zapuszczając się na znacznie trudniejszy, gęsto zarośnięty teren Ardenów, nie do przebycia – ich zdaniem – dla czołgów. Z tego względu francuskie naczelne dowództwo wycofało wojska na pozycje obronne w przekonaniu, że licząca czterysta pięćdziesiąt kilometrów długości i do sześćdziesięciu kilometrów szerokości, składająca się z podziemnych umocnień, zapór z drutu kolczastego, bunkrów, przeciwczołgowych pułapek na czołgi i gniazd karabinów maszynowych linia Maginota przynajmniej na tyle spowolni Niemców, że da czas na stosowne rozmieszczenie wojsk.

Trudno o większą pomyłkę. Nie dość, że Niemcy przeszli przez Ardeny, to większość francuskich oddziałów nie rwała się do walki. Generała Alana Brooke'a, dowódcę jednego z dwóch korpusów Brytyjskich Sił Ekspedycyjnych we Francji, zaszokował widok francuskiego wojska. „Nigdy w życiu nie widziałem takiego niechlujstwa i rozgardiaszu. Żołnierze nieogoleni, konie nieoporządzone, niepasujące mundury i siodła, brudne pojazdy, całkowity brak dumy z siebie i swoich jednostek. Ale najbardziej wstrząsnęły mną [...] miny żołnierzy, niezadowolone, nieposłuszne spojrzenia, a kiedy padł rozkaz «w lewo patrz», prawie nikt nie usłuchał".

Pomimo że rząd francuski początkowo zachęcał polskich lotników do przyjazdu do Francji, wyglądało na to, że przed ich przybyciem zmienił zdanie. Dla wielu Francuzów obecność uchodźców była niemile widzianym, nieprzyjemnym przypomnieniem o realnym zagrożeniu wojną. Brytyjski attaché lotniczy we Francji odnotował, że Francuzi „przyjęli Polaków [...] bez odpowiedniego przygotowania, podkopując tym bardzo poważnie ich morale i zdrowie, z powodu fatalnych warunków, w jakich ich trzymano".

Kiedy Urbanowicz i jego podchorążowie przypłynęli statkiem do Marsylii, zabrano ich na lotnisko w Istres, kwaterując w prymitywnych barakach z powybijanymi szybami, bez ogrzewania, jakichkolwiek sprzętów, z cementową podłogą, skąpo przyprószoną słomą, na której mieli spać. Kazano im płacić za gorący prysznic i posiłki. Traktowani przez Francuzów protekcjonalnie, podejrzliwie i wrogo, musieli wysłuchiwać oskarżeń, że to Polska rozpoczęła tę wojnę, a przynajmniej przyczyniła się do jej wybuchu. „Nie nawiązaliśmy z oficerami francuskimi żadnych stosunków towarzyskich – napisał Urbanowicz. – Separowali się od nas tak, jakbyśmy byli jeńcami wojennymi wrogiej armii". Polacy spodziewali się przydziału do jednostek operacyjnych i rychłego przystąpienia do walki. Tymczasem polski rząd na uchodźstwie wciąż pertraktował z Francuzami, a piloci tkwili niemal jak więźniowie w przypominających slumsy koszarach i nikt nie pytał ich o zdanie.

Nie mając nic do roboty i tęskniąc za domem, przygnębieni Polacy, w większości w cywilnych ubraniach zdobytych w Rumunii, spędzali dnie na niekończących się dyskusjach o krótkotrwałej walce z Niemcami i na snuciu domysłów, co dzieje się w ojczyźnie pod niemiecko-sowiecką okupacją. Niektórzy jeździli czasem na przepustki do Marsylii, poznając młode kobiety i zwiedzając miasto. Ale te miłe chwile mącił widok bezkarnie latających samolotów Luftwaffe. „Żeby tak mieć na lotnisku parę dobrych maszyn myśliwskich!" – marzył Urbanowicz. Jedna z anegdot, być może nie do końca prawdziwa, dobrze ilustruje, jak w owym czasie polscy uchodźcy patrzyli na swoich francuskich sprzymierzeńców. Kiedy pewnej nocy rozległy się odgłosy przypominające strzały, jeden z lotników zawołał, że to na pewno artyleria przeciwlotnicza. Ale gdy Polacy wybiegli z baraku, pełni nadziei, że nareszcie do Francji dotarła wojna, okazało się, że to strzelają korki od szampana we francuskim kasynie.

Sfrustrowany Urbanowicz miał dość. Gdy pojawiła się okazja wyjazdu do Anglii i wstąpienia do Królewskich Sił Powietrznych, znalazł się na liście wyznaczonych. Pod koniec stycznia 1940 roku, wraz z niewielką grupą polskich pilotów i mechaników, przepłynął na drugi brzeg kanału La Manche. Ale gdy Polacy wylądowali na wyspie, Brytyjczyków, podobnie jak wcześniej Francuzów, ogarnęły wątpliwości. Ministerstwo Lotnictwa oświadczyło, że może wykorzystać tylko trzystu polskich pilotów, których skieruje do dywizjonów

Zdzisław Krasnodębski. (Stanisław Błasiak).

bombowych. To tak, jakby powiedzieć kierowcy formuły 1, że odtąd będzie jeździł po torze autobusem. Ale Urbanowiczowi tak bardzo zależało na tym, żeby walczyć, iż gotów był latać nawet na bombowcach. Byle tylko wyrwać się z gnuśnej Francji, „kraju naszych marzeń" sprzed kilku tygodni. „Po wyjściu z Francji było tak, jakbyśmy wzięli porządny, letni prysznic" – wspominał.

Tymczasem na początku 1940 roku we Francji wreszcie zdecydowano się dopuścić Polaków do treningów na francuskich samolotach i przydzielić ich do jednostek. Trzymiesięczne szkolenie mieli odbyć na lotnisku w Lyon-Bron. Tam, latając głównie na starych gratach, tak szybko dowiedli wysokich umiejętności lotniczych, że większość ukończyła kurs w miesiąc. Ale Francuzom nie śpieszyło się, żeby wykorzystać Polaków w akcji. Choć mogli wybierać spośród setek otrzaskanych w boju myśliwców, rwących się do walki, do końca marca utworzyli tylko jeden polski dywizjon, a do francuskich jednostek frontowych przyjęli zaledwie osiemnastu polskich pilotów. „Dla tych z nas, którzy pałali chęcią odpłacenia Niemcom tą samą monetą, był to długi okres podupadania na duchu" – wspominał Jan Zumbach.

Nielicznym Polakom, przydzielonym do zadań myśliwskich, radość z ponownej możliwości latania mącił brak zaangażowania francuskich pilotów. Czasem odnosiło się wrażenie, że Francuzom jest właściwie obojętne, czy Niemcy podbiją ich kraj. Wracając z rutynowego patrolu z czterema Francuzami, polski pilot dostrzegł niemiecki bombowiec i zaproponował atak. „Rób, co chcesz. My wracamy" – odpowiedział przez radio dowódca eskadry. Polak dogonił i zestrzelił niemiecki samolot. Kiedy wrócił do bazy, francuscy piloci pili szampana w kasynie.

Gdy lotnicy polscy przydzieleni do frontowej bazy w Luxeuil, niedaleko granicy niemieckiej, namawiali Francuzów do nalotów na terytorium wroga, usłyszeli, że Niemcy są za słabi, by zaatakować, i że wojna niedługo się skończy. Gdy radzili ukryć i zamaskować samoloty, Francuzi puszczali ich przestrogi mimo uszu. Nie zrobiono nic nawet wtedy, gdy na początku kwietnia Niemcy przerwali „dziwną wojnę", zajmując Danię i Norwegię. W chwili niemieckiego ataku powietrznego na Francję, wczesnym rankiem dziesiątego maja 1940 roku, samoloty w Luxeuil stały w równych rzędach na murawie lotniska. Niemal wszystkie zostały zniszczone na ziemi.

Korzystając z pięknej suchej wiosny w Europie i ośmiu miesięcy alianckiej bezczynności, Hitler wysłał pancerne zagony na Luksemburg, Holandię i Belgię, a Luftwaffe do bombardowania celów we wszystkich trzech krajach. W ciągu zaledwie kilku godzin większość holenderskich i belgijskich sił powietrznych przestała istnieć. Po pięciu dniach Holandia się poddała, Belgia była bliska kapitulacji, a wojska wycofującej się armii francuskiej i Brytyjski Korpus Ekspedycyjny kierowały się ku plażom Dunkierki. Tam w ciągu następnych dwóch tygodni zgromadziły się setki tysięcy żołnierzy, rozpaczliwie wypatrujących ratunku z drugiej strony Kanału.

Trzynastego maja Francja po raz pierwszy odczuła pełną siłę furii Hitlera. Grupa niemieckich armii, składająca się z przeszło półtora miliona żołnierzy i półtora tysiąca czołgów pod dowództwem feldmarszałka Rudolfa Gerda von Rundstedta, ruszyła do natarcia – wbrew oczekiwaniom Francuzów – przez Ardeny, obchodząc osławioną linię Maginota i przedzierając się przez najsłabiej ufortyfikowany sektor francuskiej granicy*. W tym samym czasie druga

* Dwa dni wcześniej Francja, która tak kpiła z Polaków, wysłała w Ardeny cztery dywizje kawalerii z zadaniem spowolnienia czołgów Hitlera. Nie udało się.

duża grupa armii niemieckich zaatakowała bliżej morza, z Niderlandów. Nie minęły dwa dni, a francuski premier Paul Reynaud zatelefonował do Winstona Churchilla, który dziesiątego maja zastąpił skompromitowanego Neville'a Chamberlaina na stanowisku premiera Wielkiej Brytanii. „Zostaliśmy pokonani – powiedział. – Przegraliśmy bitwę". Choć część żołnierzy francuskich stawiła czoło nieprzyjacielowi i walczyła bohatersko, wielu innych zawiodło. Generałowi Erwinowi Rommlowi, dowódcy Siódmej Dywizji Pancernej, można zarzucić tylko lekką przesadę w opinii o triumfie Niemców we Francji. „Nigdzie nie natrafiliśmy na opór – powiedział. – Setki francuskich żołnierzy, wraz z oficerami, poddawało się na sam nasz widok".

Dla Francji i pozostałych zaatakowanych państw nowa, nieznana forma wojny okazała się koszmarem, Polacy zaś doświadczyli powtórki z historii: kolumny pancerne wchodziły w linie obronne aliantów jak w masło, a wyprzedzająca szturm czołgów Luftwaffe bombardowała mosty, drogi, stacje kolejowe i strzelała do wszystkich bez różnicy, żołnierzy i cywilów.

Wobec coraz większych strat i masowego odwrotu francuskich i brytyjskich wojsk lądowych Francja zwróciła się do RAF-u z prośbą o przysłanie dodatkowych brytyjskich dywizjonów, by wsparły te dziesięć, które już walczyły. Mimo to francuskie lotnictwo powątpiewało w przydatność polskich pilotów. Do francuskich dywizjonów przyjęto tylko kilku Polaków, innych przydzielono do „kluczy kominowych" – obrony powietrznej fabryk i baz lotniczych, najczęściej daleko od linii frontu. W sumie zaledwie stu pięćdziesięciu polskich pilotów, spośród tysiąca sześciuset będących do dyspozycji, wzięło czynny udział w bitwie o Francję.

Zdzisław Krasnodębski dowodził pierwszym polskim „kluczem kominowym" nad przemysłowym miastem Etampes. Klucz składał się z kilku źle utrzymanych samolotów, w większości przestarzałych. Latający jednym z nich Jan Zumbach „kipiał ze złości", gdy traktowano Polaków jak pilotów drugiej kategorii i zlecano im marginalne zadania. „Wysyłali nas na cały dzień do «pilnowania kominów» tutejszych fabryk, a my chcieliśmy dobrać się do sztukasów, które miały używanie, waląc w [...] wojska wycofujące się do Dunkierki" – wspominał. Jego francuscy koledzy „w ogóle odmówili walki, twierdząc, że ta wojna jest *cause de Polonais*".

Zumbacha i innych Polaków zdumiewała nie tylko bierność L'Armée de l'Air, ale także niechęć do wysłania na front wszystkich dostępnych pilotów. Trzeciego czerwca, gdy Zumbach, Krasnodębski i inni polscy i francuscy lotnicy z Etampes jedli obiad, wpadł żołnierz z meldunkiem, że w sektorze dostrzeżono niemieckie samoloty. Polacy zerwali się z miejsc, zawyły syreny alarmowe. „Po co ten pośpiech? – osadził ich francuski dowódca. – Nie skończyliśmy obiadu".

Ale Zumbach, Krasnodębski i inni Polacy wypadli z jadalni i popędzili do samolotów. Wchodząc do kabiny, Zumbach krzyknął do polskiego mechanika, który uruchomił mu silnik, by się krył. Ten jednak zlekceważył ostrzeżenie. Dokoła zaczęły wybuchać bomby. Gdy biegł uruchomić samolot innego Polaka, odłamek urwał mu lewą rękę.

W starciu z przeszło dwudziestoma kilkoma niemieckimi bombowcami i myśliwcami Polacy zrozumieli, że w gruncie rzeczy są sami. Dołączył do nich tylko jeden francuski pilot; inni, gdy wreszcie wystartowali, puścili się w pościg za pojedynczym bombowcem. Nękany przez eskortujące messerschmitty, Zumbach natarł na bombowce, ale okazało się, że w jego myśliwcu Morane zacięły się kaemy. Po fakcie dowiedział się, że nie czyszczono ich od ponad miesiąca. W końcu Krasnodębski nie wytrzymał. Sytuacja – apatia Francuzów, brak koordynacji i współpracy w walce – stała się nie do zniesienia. Zażądał od Francuzów, żeby pozwolili jego pilotom latać samodzielnie.

Nawet w jednostkach frontowych Francuzi wykazywali irytująco małą waleczność. „Dla nich Niemiec w powietrzu to coś, przed czym zamyka się oczy, aby go, broń Boże, długo nie widzieć" – napisał jeden z polskich pilotów.

Ludwik Paszkiewicz, pilot z warszawskiej 112 Eskadry, który później dołączył do Dywizjonu Kościuszkowskiego w Anglii, wspominał, że jednostka francuska, do której go przydzielono, „wyraźnie unikała nieprzyjaciela". W ciągu miesiąca lotów z Francuzami Paszkiewicz niejeden raz słyszał, że „muszą oszczędzać siły, aż dostaną nowe samoloty. Bardzo mnie to dziwiło, ponieważ mówili to w krytycznych chwilach niemieckiej ofensywy". Tuż przed upadkiem Francji jego eskadrze wydano wreszcie rozkaz ataku z lotu koszącego na kolumnę pancerną Wehrmachtu w Normandii. Francuscy piloci odmówili wykonania rozkazu, oświadczając, że atakowanie wozów pancernych to zbyt duże ryzyko. W rezultacie Paszkiewicz ostrzelał kolumnę w pojedynkę.

Czternastego czerwca, zaledwie miesiąc po rozpoczęciu inwazji, oddziały niemieckie wkroczyły do Paryża. Tydzień później marszałek Henri-Philippe Pétain, wielki francuski bohater pierwszej wojny światowej, który w drugiej wojnie okrył się niesławą największego defetysty, podpisał zawieszenie broni. Zawierało ono tajny protokół w sprawie uniemożliwienia ewakuacji polskich żołnierzy. Zgodnie z nim generał Maxime Weygand, dowódca wojsk francuskich, rozkazał Polakom złożyć broń. Ale premier Sikorski z miejsca odrzucił ten rozkaz. Jego żołnierze, którzy nie poddali się w Polsce, w żadnym wypadku nie poddadzą się we Francji – oświadczył.

Podczas kampanii francuskiej polskie siły zbrojne liczyły około osiemdziesięciu pięciu tysięcy żołnierzy, z czego jedenaście procent stanowili lotnicy. W tej różnorodnej grupie byli profesorowie uniwersytetów, górnicy, poeci, księża, studenci i co najmniej jeden wysoki rangą dyplomata. Józef Lipski, były polski ambasador w Niemczech, po wybuchu wojny wyjechał z Berlina i zaciągnął się do wojska jako szeregowiec. „Miałem znowu stanąć twarzą w twarz z Niemcami – wspominał – lecz tym razem z bronią znacznie silniej przemawiającą do niemieckiej mentalności niż nota dyplomatyczna".

Polacy wyróżniali się w ciężkich walkach, niejednokrotnie osłaniając odwrót Francuzów. Trzynastego czerwca polska brygada pancerna odparła atak niemiecki pod Montbard i rozpoczęła kontrofensywę, zadając Niemcom duże straty. W Belfort Druga Dywizja Strzelców Pieszych stawiała Niemcom opór przez sześć dni, pod ostrzałem trzykrotnie silniejszym od własnego. Generał Weygand wyraził opinię, że gdyby miał kilka polskich dywizji więcej, być może powstrzymałby niemiecką nawałę.

Po podpisaniu zawieszenia broni polscy lotnicy i żołnierze byli niemal tak zrozpaczeni jak po upadku swojej ojczyzny. Francja, którą wraz z wieloma rodakami od dawna idealizowali, słynąca w świecie z wojskowej potęgi, została rzucona na kolana. Panował nastrój „kompletnej rezygnacji i klęski" – wspominał Jan Zumbach. Podczas gdy jemu i innym Polakom wieść o kapitulacji Francji wycisnęła z oczu łzy, po drugiej stronie lotniska, w kasynie francuskim, „szampan lał się strumieniami – zapamiętał Krasnodębski – bo skończyła się wojna".

Stosunkowo niewielu Francuzów – do godnych odnotowania wyjątków należał generał Charles de Gaulle i jego zwolennicy – podjęło próbę ucieczki z kraju i dalszego oporu poza jego granicami. Ale Polacy we Francji już szykowali się do wyjazdu. Osiemnastego czerwca generał Sikorski poleciał do Londynu na pilne spotkanie z Churchillem. Odpowiedź na pytanie, czy Wielka Brytania pomoże uratować polskich żołnierzy, żeby znów mogli walczyć, była szybka i jednoznaczna. „Proszę przekazać swojej armii we Francji, że jesteśmy waszymi towarzyszami broni na śmierć i życie – zadeklarował Churchill. – Razem zwyciężymy albo razem zginiemy".

Na drugi dzień Sikorski oznajmił za pośrednictwem BBC, że Polska będzie nadal stawiać opór. Rozkazał Polakom we Francji udać się natychmiast do portów na południu. Brytyjskie i polskie statki już po nich płynęły.

Tak więc „turyści Sikorskiego" – jak szyderczo nazwał Polaków przez radio szef nazistowskiej propagandy Joseph Goebbels – znów ruszali w drogę. I znów okazało się, że wyjazd utrudniają im nie tylko Niemcy, ale także wczorajsi sprzymierzeńcy. Polskim pilotom polecono opuścić Francję wszelkimi samolotami, jakie im wpadną w ręce, lecz w wielu przypadkach uniemożliwiły to władze. Kiedy Zumbach chciał w Bordeaux „pożyczyć" morane'a, Francuzi obstawili samoloty strażnikami. Nie mając wyboru, zrezygnował z myśliwca i dojechał okazją do portu. Witold Łokuciewski, który latając w „kluczu kominowym" w Ramorantin, kilka dni wcześniej zestrzelił niemiecki bombowiec, umówił się potajemnie z kolegami z eskadry, że nazajutrz przed brzaskiem wskoczą do samolotów i polecą do Afryki Północnej. Jednakże po przybyciu na lotnisko odkryli, że zbiorniki z paliwem w ich maszynach są podziurawione przez kule – sprawka francuskich oficerów, usłyszeli. Pozostało więc dopłynąć do Anglii statkiem. Na jeszcze innym lotnisku Polacy, którym udaremniono próbę przejęcia samolotów, zarekwirowali z bronią w ręku francuskie pojazdy wojskowe i ruszyli w kierunku morza.

Ale kilku udało się zdobyć samoloty. Jeden z pilotów (później latał w Dywizjonie Kościuszkowskim) wsiadł do morane'a, wystartował i poleciał kursem na francuskie Maroko. Nie uzupełnił paliwa i nad Majorką zorientował się, że zbiorniki są prawie puste. Miał dwa wyjścia, oba kiepskie: było za późno, by zawrócić do okupowanej Francji, a skręcając na zachód i lądując w neutralnej, lecz faszystowskiej Hiszpanii, zostałby internowany. „Niech żyje Polska!" – powiedział do siebie i poleciał prosto. Silnik zgasł, gdy samolot przelatywał nad wybrzeżem Afryki Północnej. Chwilę później zlany potem pilot wylądował lotem ślizgowym w winnicy pod Algierem.

Tymczasem trzy tysiące żołnierzy z polskiej Brygady Karpackiej, którym nie udało się przedostać przez Morze Śródziemne na zachód i którzy zgrupowali się w kontrolowanej przez Francuzów Syrii, otrzymało od władz francuskich rozkaz złożenia broni. Dowódca brygady, generał Stanisław Kopański, odmówił jego wykonania. Zapowiedział, że jeżeli Francuzi spróbują rozbroić brygadę, to Polacy, z wielkim żalem, zwrócą się przeciw byłym sprzymierzeńcom. Zagrożony aresztem Kopański (z pomocą życzliwego francuskiego generała) z powodzeniem przeprowadził brygadę do kontrolowanej przez Brytyjczyków Palestyny.

Dwudziestego czwartego czerwca, dwa dni po podpisaniu przez Francję zawieszenia broni, ostatnie polskie oddziały, którym deptały po piętach wojska niemieckie, odpłynęły z portu Saint-Jean-de-Luz. Część Polaków, którym po kapitulacji Francji nie udało się uratować drogą morską, ruszyła w stronę Szwajcarii. Jeden z pilotów dotarł do Genewy, pożyczoną łódką przepłynął jezioro, a potem uczepiony pod wagonem pociągu wyruszył w stronę Jugosławii. Gdy dotarł do Palestyny, zgłosił się do władz brytyjskich, zasalutował i oznajmił, że jest gotów latać.

W sumie przeszło siedemdziesiąt pięć procent polskich lotników – około ośmiu tysięcy ludzi – przedostało się z Francji do Wielkiej Brytanii. Wojska lądowe nie miały tyle szczęścia. Większość żołnierzy, którzy walczyli we Francji, zginęła, dostała się do niemieckiej niewoli lub została internowana w Szwajcarii. Kanał La Manche pokonało tylko około dwudziestu tysięcy ludzi, wielu dzięki pamiętnej brytyjskiej operacji ratunkowej w Dunkierce. Wraz z przybyłymi wcześniej marynarzami marynarki wojennej liczba polskich wojskowych w Anglii znacznie przekroczyła trzydzieści tysięcy.

Dotarli – by użyć własnych słów lotników – na „Wyspę Ostatniej Nadziei”.

ROZDZIAŁ SZÓSTY

„KIEDY ZACZNIEMY LATAĆ?"

„Nie masz większych durniów na świecie od Anglików – oświadczył amerykańskiemu gościowi Winston Churchill. – Są za bardzo beztroscy, żeby się przygotować [do wojny]. Dopiero w ostatniej chwili mobilizują się na gwałt i walczą jak szatany". Właśnie szykował rodaków do największego konfliktu w długiej historii kraju i perspektywa takiej walki najwyraźniej go radowała. Pod tym względem był bliski Polakom.

Usposobieniem i zapatrywaniami nowy premier zaiste mniej przypominał swych flegmatycznych rodaków niż egzotycznych cudzoziemców, których przyjął na brytyjskiej ziemi. Tak jak oni był skończonym romantykiem. Nad wszystko stawiał honor. Przed wojną, z garścią innych członków parlamentu, przeciwstawił się prowadzonej przez rząd polityce ustępstw wobec Hitlera. Nie wiedział, co to uległość. Świat, postrzegany przez innych w różnych odcieniach szarości, dla niego był – przynajmniej w kwestiach dotyczących życia i śmierci, pokoju i wojny – zdecydowanie czarno-biały: siły absolutnego dobra walczyły w nim z siłami bezwzględnego zła. Patriotyzm i duma narodowa były dla Churchilla najważniejsze, mimo że liczni Brytyjczycy podzielali odczucia studentów Oksfordu, którzy w roku 1933 ogłosili, iż pod żadnym warunkiem nie będą walczyć za króla i ojczyznę.

Choć urodzony w pałacu Blenheim Churchill, w prostej linii potomek pierwszego księcia Marlborough, należał bezsprzecznie do arystokratycznej elity Anglii, brakło mu towarzyskiego poloru, który z takim pietyzmem kultywowały brytyjskie wyższe sfery. Także w tym był podobny do wielu Polaków – zmienność nastrojów, swada, porywczość, gwałtowny temperament nie były cechami mile widzianymi w kulturalnym, trzymającym w ryzach uczucia, dobrze wychowanym towarzystwie, w którym się obracał.

Ale najważniejszą cechą wspólną premiera Wielkiej Brytanii i Polaków była wola walki z wrogiem mimo jego ogromnej przewagi. Kiedy w maju 1940 roku po upadku rządu Neville'a Chamberlaina Churchill wprowadził się na Downing Street 10, niewielu Brytyjczyków miało ochotę walczyć.

Do najazdu Hitlera na Holandię, Belgię i Francję większość brytyjskiej opinii publicznej nie traktowała wojny z Niemcami zbyt serio. Wprawdzie wejść do budynków rządowych w Londynie strzegły worki z piaskiem i zasieki z drutu, a w parkach rozmieszczono baterie przeciwlotnicze, lecz restauracje, teatry, kluby nocne tętniły życiem. Mecze piłki nożnej i krykieta wciąż ściągały tłumy. Szlachta polowała z psami. Wchodzące do towarzystwa panny nadal ochoczo tańczyły walca na oficjalnych balach. Z perspektywy Londynu „ta wojna wydaje się niemal niezobowiązująca – donosił słuchaczom londyński korespondent radia CBS, Edward R. Murrow. – Brytyjczycy wyczerpali swój zasób słów potępienia, stwierdzili, że słuszność jest po ich stronie, i uznali, że Niemcy da się bez większego zachodu zdusić na odległość".

Ich „pełne wyższości wyspiarskie samozadowolenie" – jak nazwał tę postawę pewien pilot RAF-u – upadło wraz z Francją. Mimo bohaterskiej ewakuacji z rejonu Dunkierki ponad dwustu tysięcy brytyjskich żołnierzy oraz tysięcy francuskich, belgijskich i polskich Brytyjczykom zajrzała w oczy klęska. Stanowiąc ponad wszelką wątpliwość następny cel Hitlera, mogli wystawić do boju jedynie dwadzieścia dywizji, ledwie dziesiątą część tego co Niemcy. Podczas obrony Holandii, Belgii, Francji, a także pod Dunkierką, poległo kilkuset najbardziej doświadczonych pilotów RAF-u, nie wspominając o stracie uzbrojenia, sprzętu i ponad dwustu tysięcy żołnierzy. W rezultacie w całej Wielkiej Brytanii pozostało tylko sześćset tysięcy karabinów i pięćset dział, w większości przestarzałych, powyciąganych z muzeum. „Żaden wielki naród nie stanął tak bezbronny wobec wrogów" – napisał Churchill. „Trudno o bardziej ponurą sytuację [...] Widzę, że po latach niefrasobliwych przygotowań jesteśmy kompletnie nieprzygotowani" – zanotował w czerwcu 1940 roku w swoim pamiętniku sir Alexander Cadogan, sztywny stały podsekretarz stanu brytyjskiego MSZ.

Większość świata już skazała Anglię na pożarcie. Jakże ta mała wyspa, mimo chwalebnej militarnej przeszłości, mogła oprzeć się najeźdźcy, zmiatającemu wszystkie kraje na swej drodze niczym kręgle? W Waszyngtonie wysocy urzędnicy z Pentagonu odradzili prezydentowi Franklinowi Rooseveltowi udzielenie Wielkiej Brytanii pomocy wojskowej, której po wielekroć natarczywie domagał się Churchill. Amerykańscy generałowie i admirałowie, realiści, nie widzieli nadziei dla jego kraju. „Do kwietnia [Amerykanie] byli tak pewni wygranej aliantów, że uważali pomoc za zbędną. Teraz zaś są tak pewni naszej przegranej, iż uznali ją za zbyteczną – napisał Churchill do lorda Lothiana, ambasadora Wielkiej Brytanii w Waszyngtonie. – Dotąd nie otrzymaliśmy od Stanów Zjednoczonych żadnej wartej wzmianki pomocy". Rzeczywiście, Roosevelt zaproponował zirytowanemu Churchillowi, by w wypadku porażki Wielkiej Brytanii rozważył przerzucenie brytyjskiej floty do Kanady, gdzie będzie bezpieczna i w razie konieczności pomoże w obronie Ameryki.

Zresztą sami Brytyjczycy nie bardzo wierzyli, że są w stanie odeprzeć atak Hitlera. W ankiecie przeprowadzonej po upadku Francji tylko około połowy ludności było zdania, że naród powinien walczyć dalej. „Wszyscy chodzą z takimi minami, jakby chcieli włożyć głowy do piecyków gazowych" – stwierdzono w jednym z raportów rządowych.

Grupa żarliwie proniemieckich angielskich arystokratów nalegała na rząd, by bezzwłocznie zawarł pokój z Hitlerem. Książę Bedfordu posunął się aż do wystąpienia z prywatną inicjatywą pokojową. Nawet wśród ministrów Churchilla istniała silna opozycja przeciw kontynuowaniu wojny. Na posiedzeniu gabinetu dwudziestego siódmego maja minister spraw zagranicznych, lord Halifax, wysunął wniosek, żeby Wielka Brytania poważnie rozważyła kwestię rozmów pokojowych z Niemcami, „co ocali kraj przed katastrofą, której można uniknąć".

Sześćdziesięciopięcioletni premier przeciwstawił temu defetyzmowi i zwątpieniu zdecydowanie, odwagę i szekspirowską elokwencję. „Pytacie, co jest naszym celem? – powiedział trzynastego maja w Izbie Gmin, trzy dni po objęciu urzędu. – Odpowiem jednym słowem: zwycięstwo! Zwycięstwo za wszelką cenę, zwycięstwo wbrew wszelkiemu terrorowi, zwycięstwo bez względu na to, jak długa i ciężka będzie droga, ponieważ bez zwycięstwa nie przetrwamy!" Te słowa i uczucia pozostały jego kamieniem probierczym nawet w najczarniejszych dniach wojny, aż do końca. Ale w słowach tych były również ufność i zapowiedź zwycięstwa. „Podjąłem się tego zadania z nadzieją i optymizmem [...] Czuję się upoważniony żądać pomocy od wszystkich, dlatego mówię: «Połączmy siły i idźmy naprzód»".

W mowie tej, jak w wielu niezapomnianych późniejszych mowach premiera, w jego determinacji, by naród zachował wolność, słychać echo Szekspirowskiego *Króla Jana*: „Nie legła Anglia i nigdy nie legnie u stóp wzgardliwych dumnego zdobywcy"*. Tak jak osiem miesięcy wcześniej Polacy, Churchill jasno postawił sprawę: poświęci wszystko dla ocalenia honoru ojczyzny. Przedstawiając wojnę jako bohaterską krucjatę, nawiązał do zwycięstwa Nelsona pod Trafalgarem,

* Przekład Stanisława Koźmiana (przyp. tłum.).

do pokonania hiszpańskiej Armady i innych triumfów narodowych. Swoimi płomiennymi oracjami, pełnymi natchnienia i nadziei, niemal w pojedynkę zmienił nastawienie rodaków do wojny. Wytrącając Brytyjczyków z letargu, narzucił im – jak wspomina brytyjski filozof Isaiah Berlin – „swoją wyobraźnię i wolę” i tchnął w nich „takiego ducha, że w końcu zbliżyli się do jego wymarzonego ideału i zaczęli postrzegać siebie jego oczami”. W ten sposób premier „zmienił tchórzy w zuchów”.

Wróciwszy do Londynu w czerwcu 1940 roku po miesięcznym pobycie we Francji, Somerset Maugham natychmiast dostrzegł zmianę, jaka dokonała się w rodakach. „Brytyjczycy wreszcie zdali sobie sprawę, że walczą o życie, i w obronie wolności stali się gotowi do wszelkich poświęceń”.

Tego krytycznego lata Londyn stał się domem dla rządów pięciu okupowanych przez nazistów krajów: Polski, Czechosłowacji, Holandii, Belgii i Norwegii. Churchill podkreślał, że wszystkie rządy na uchodźstwie znajdą w Anglii gościnę, lecz szczególnie ciepło odnosił się do Polaków, w których pozornej obronie Wielka Brytania i Francja wypowiedziały wojnę Niemcom. A poza tym, kierując się na Zachód, Polacy masowo dali wyraz swojej postawie. Odkąd Hitler zaczął pożerać Europę, do brytyjskich brzegów w krótkim czasie dotarło ponad trzydzieści tysięcy polskich lotników, żołnierzy i marynarzy, gotowych stanąć w obronie Anglii i wznowić walkę za Polskę. W tamtym czasie stanowili największą – sześciokrotnie liczniejszą od wojsk innych krajów – zagraniczną siłę militarną w Wielkiej Brytanii. Było wśród nich co najmniej osiem i pół tysiąca żołnierzy wojsk powietrznych. (Na drugim miejscu plasowali się żołnierze lotnictwa czechosłowackiego, w liczbie tysiąca dwustu pięćdziesięciu). Przed końcem wojny szeregi polskich żołnierzy, marynarzy i lotników walczących po stronie aliantów wzrosły do ponad dwustu tysięcy.

Ale oprócz ich liczebności i woli walki jeszcze jedno spodobało się Churchillowi w Polakach. Ten z usposobienia romantyk, podziwiający waleczność i męstwo, znalazł w nich jedno i drugie. Wkrótce po batalii o Francję powiedział przy lunchu zaproszonym gościom, iż mimo braku nowoczesnego sprzętu, a także błędów rządu i dowódców, polskie wojsko stawiło niemieckiej agresji silniejszy opór i wykazało nieporównanie większego ducha bojowego niż Francuzi. Wstrząśnięty haniebną klęską Francji, premier docenił niezłomność Sikorskiego, kontrastującą z defetyzmem szefa rządu Vichy, marszałka Pétaina, który tak łatwo skapitulował przed Hitlerem. Polacy „to nasi najbitniejsi sprzymierzeńcy" – napisał w pamiętniku John Colville, jeden z osobistych sekretarzy Churchilla.

Ale nie wszyscy w rządzie brytyjskim byli pod takim urokiem Polaków jak premier. Część wyższych oficerów i dyplomatów, którzy walnie przyczynili się do decyzji o nieudzieleniu pomocy napadniętej przez Hitlera Polsce, zakwestionowała – po części z brytyjskiej imperialnej buty – przydatność polskich ochotników. „Brytania nie zabiega o sojusze, ona na nie się godzi" – oświadczył kiedyś z wyższością lord Salisbury. Inne ważne figury w Whitehallu, wbrew dramatycznej sytuacji na wiosnę i w lecie 1940 roku, dowodziły, że Brytania obejdzie się bez pomocy nieoświeconego środkowoeuropejskiego kraju, który dla większości Brytyjczyków jest co najwyżej „nazwą na mapie".

Wprawdzie brytyjska opinia publiczna, w przeciwieństwie do swych licznych oficjeli, przyjęła Polaków przyjaźnie i z wielką sympatią, ale wyspiarze niewiele wiedzieli o przybyszach, o ich pochodzeniu i tradycji. Kulturalne, historyczne i religijne związki obu krajów były skromne, nieporozumienia i różnice charakterów nieuniknione. „Poza tym, że jest taki kraj jak Polska, że leży pomiędzy Rosją i Niemcami, że Piłsudski, Paderewski i Chopin to Polacy, przeciętny Anglik nie wiedział praktycznie nic" – napisał Geoffrey Marsh, oficer RAF-u, który szkolił polskich lotników Dywizjonu 303. „Przeciętny Anglik" Marsha wyobrażał sobie, że Polska „jest o jakieś sto lat" opóźniona w stosunku do Wielkiej Brytanii i że „jej mieszkańcy żyją w stanie kompletnej ciemnoty". Skutkiem tych błędnych przekonań były „naiwne pytania w rodzaju: «Czy w Warszawie macie tramwaje?», «Czy w Krakowie są kina?»", po których Polakom opadały ręce. Chcąc wspomnieć o nieznanym i tajemniczym kraju, o którym jego rodacy nie mieli bladego pojęcia, Szekspir wymienił w *Hamlecie* królestwo polskie. Czterysta lat później Polska wciąż była dla Anglików „inną Europą" – egzotyczną, nieznaną, trochę dziką.

Niewiedza okazywała się jednak wzajemna. Polscy piloci – jak ujął to jeden z nich – „znali Szekspira i Sherlocka Holmesa" i „słyszeli o osławionej angielskiej mgle". Lecz poza tym niewiele wiedzieli o Wielkiej Brytanii i słabo ją rozumieli. Niektórzy przyjechali z przekonaniem, że „typowy Anglik temperamentem mało różni się od ryby". Co gorsza, pilotom powiedziano: „Możesz szukać całe życie, ale jak Anglia długa i szeroka nie znajdziesz pięknej kobiety". (Ku ich ogromnej uldze ów stereotyp niebawem legł w gruzach).

Do nieporozumień natury ogólnej dochodziła kwestia wojny i sposobów jej prowadzenia. Bogaci w dotychczasowe doświadczenia Polacy, w tym piloci, bez złudzeń oceniali postawę brytyjskich sojuszników. Ogłuszeni i oburzeni niekończącą się serią zdrad aliantów, z trudem znosili angielską niefrasobliwość w obliczu hitlerowskiego zagrożenia. „Ciągle jeszcze wirowało mi w głowie po beznadziejnie heroicznym polskim bałaganie i beztroskim bałaganie francuskim – wspominał polski lotnik. – Dlatego z pewną obawą oczekiwałem na pierwsze oznaki trzeciego rodzaju bałaganu – bałaganu brytyjskiego".

Nie najlepsze też było przyjęcie uchodźców z Polski przez Ministerstwo Lotnictwa i RAF. Brytyjczycy, tak jak Francuzi, dali wiarę kłamstwom niemieckiej propagandy o nieporadności oporu Polaków w kampanii wrześniowej. Wyżsi oficerowie RAF-u, już i tak powątpiewający w umiejętności polskich pilotów, uwierzyli, że w konfrontacji z Luftwaffe Polacy stchórzyli. Też mi piloci myśliwscy! Jeśli znów chcieli latać, to powinni być szczęśliwi z przydziału do lotnictwa bombowego. A tymczasem – zdaniem Ministerstwa Lotnictwa – wymagali obróbki i oszlifowania, musieli się nauczyć podstaw angielskiego, ochłonąć, skończyć z gadaniną o przeklętych frycach i, dalibóg, dostosować się do wymogów Królewskich Sił Powietrznych. Nade wszystko jednak winni ukrócić „wrodzony indywidualizm i egotyzm", okazać zdyscyplinowanie i starego dobrego brytyjskiego ducha współpracy, „biorąc przykład" z angielskich kolegów. „Jeśli polskie oddziały w tym kraju mają osiągnąć sprawność – napisano w raporcie – ich dowódcami muszą być Brytyjczycy".

Taka, skądinąd zrozumiała, protekcjonalność rozsierdziła Polaków. Większość lotników przybyłych do Wielkiej Brytanii na przełomie roku 1939 i 1940 była doświadczonymi pilotami myśliwskimi. To, że nie obronili ojczyzny, nie miało nic wspólnego z ich umiejętnościami. Gdyby tylko dano im nowoczesne myśliwce – spitfire'y lub przynajmniej hawker hurricane'y – pokazaliby herbaciarzom, jak się lata. Wprawdzie – byleby tylko znowu walczyć – zgodzili się przesiąść na bombowce, ale nie tryskali z tego powodu szczęściem. Wielu od wczesnych lat młodzieńczych latało w polskich aeroklubach, a większość szczyciła się ukończeniem szkoły w Dęblinie, jednej z najbardziej wymagających wyższych szkół lotniczych na świecie. Witold Urbanowicz i kilku innych było tam instruktorami lotnictwa bojowego. Polacy mieli też doświadczenie w walkach z Luftwaffe, czego wielu Anglików nie mogło o sobie powiedzieć. A poza tym ani im się śniło ochłonąć i skończyć z gadaniną o przeklętych frycach!

Urbanowicz powiedział to w oczy samemu generałowi, sir Hugh Dowdingowi, dowódcy lotnictwa myśliwskiego RAF-u, który – jak później przyznał – żywił zrazu „pewne wątpliwości" co do Polaków. Dowding – wysoki, szczupły, małomówny, typowy angielski dżentelmen – pojechał do portu Eastchurch w hrabstwie Kent, gdzie zakwaterowano pierwszy kontyngent Polaków, żeby ich powitać i zaznajomić z cnotą cierpliwości. Stanął tam przed grupą kłótliwych, rozemocjonowanych młodych zapaleńców, niezbyt skorych do okazywania należnego szacunku jego randze i stanowisku. Dowding, nazywany przez podwładnych „Stuffy" („Sztywniak"), wygłosił uprzejme, neutralne przemówienie, które tłumacz przełożył na polski. Kiedy spytał, czy są jakieś pytania, poderwał się Urbanowicz. „Kiedy zaczniemy latać?" – wypalił. Generał odparł, że zależy to od „wielu okoliczności". „Kiedy polscy myśliwscy pójdą na przeszkolenie?" – nie dał za wygraną Urbanowicz. Dowding posłał mu lodowate spojrzenie. „Najpierw zostaną przeszkolone polskie załogi bombowe" – odparował. Krótko mówiąc, Polacy, czy im się to podobało, czy nie, mieli latać „autobusami".

Podczas negocjacji z Brytyjczykami na początku 1940 roku generał Sikorski zażądał, żeby polscy żołnierze, lotnicy i marynarze służyli w niezależnych oddziałach pod polskim dowództwem. Niemożliwe – odparli Brytyjczycy. W Whitehallu zdecydowano, że po wcieleniu do brytyjskiej armii Polacy podlegać będą brytyjskim dowódcom i regulaminowi Królewskich Sił Zbrojnych*. Powstały w Ministerstwie Lotnictwa plan wykorzystania polskich lotników był jeszcze bardziej upokarzający. Przewidywał, że Polacy nie wejdą w skład Królewskich Sił Powietrznych, których trzon stanowili absolwenci akademii lotniczej w Cranwell. Zamiast tego mieli trafić do utworzonej przed wojną cywilnej lotniczej Rezerwy Ochotniczej, której zadaniem było stworzenie wraz ze Służbą Pomocniczą RAF-u drugiej linii obrony.

Różnica pomiędzy Służbą Pomocniczą a Rezerwą Ochotniczą zasadzała się na pochodzeniu. W skład dywizjonów pomocniczych wchodzili przede wszystkim dobrze urodzeni młodzi mężczyźni, absolwenci elitarnych angielskich szkół prywatnych, dla których latanie było weekendową rozrywką dżentelmena. Wielu było stać na własne samoloty. Nie brakowało wśród nich arystokratów. Piloci należący do Rezerwy Ochotniczej też byli przed wojną lotnikami od święta, ale jako biznesmeni w pierwszym lub drugim pokoleniu, sklepikarze, urzędnicy bankowi i tym podobni stali na niższym szczeblu brytyjskiej drabiny społecznej, po której bardzo trudno było się wspinać. Powiadano, że pilot RAF-u to oficer starający się być dżentelmenem, pilot Służby Pomocniczej to dżentelmen starający się być oficerem, a lotnik z Rezerwy Ochotniczej to parweniusz starający się być jednym i drugim. Bardzo drażliwych na punkcie

* Brytyjczycy poinformowali Sikorskiego, że po zakończeniu wojny Polskę obciąży się kosztami utrzymania jej wojsk w Wielkiej Brytanii.

godności osobistej Polaków, mających siebie za oficerów i dżentelmenów, oburzała sugestia, iż nimi nie są.

Inne warunki naszkicowane w umowie wstępnej rozbudziły jeszcze większe zastrzeżenia. Zakładały bowiem, że cały polski personel złoży przysięgę na wierność polskiemu rządowi na uchodźstwie i brytyjskiemu królowi. Część polskich lotników, w tym podchorążowie szkoły w Dęblinie, których Urbanowicz wyprowadził z Polski, stanowczo odmówiła złożenia przysięgi Jego Królewskiej Mości, nie ze względu na antybrytyjskie nastawienie, lecz dlatego, że podwójna lojalność była dla nich nie do przyjęcia. Wymagano też, aby nosili mundury RAF-u, z polskim orłem na czapce i naszywką „Poland" na rękawie. Wszyscy piloci, bez względu na posiadany stopień, mieli rozpocząć służbę od rangi *pilot officer*, najniższego stopnia oficerskiego w RAF-ie, odpowiednika podporucznika w lotnictwie polskim. Awanse na wyższe stopnie przewidywano po ukończeniu szkolenia i przydziale do jednostek. Wreszcie Polacy mieli dowodzić wspólnie ze swymi brytyjskimi odpowiednikami.

W trakcie przeciągających się negocjacji nad wymienionymi warunkami stało się jasne, że w RAF-ie nie mają zielonego pojęcia, co zrobić z setkami młodych lotników napływających do Eastchurch. Pod koniec lutego było ich tam dwa tysiące. „Przyszłość tych Polaków rysuje się bardzo mgliście" – napisał w raporcie z dwudziestego dziewiątego lutego 1940 roku urzędnik Ministerstwa Lotnictwa. Wprawdzie Brytyjczycy okazali się znacznie uprzejmiejsi dla gości niż ich sąsiedzi zza Kanału, a warunki mieszkalne w Eastchurch o niebo lepsze niż zakwaterowanie w obskurnych koszarach we Francji, ale Polacy dopatrzyli się u nich tej samej obojętności co u Francuzów, tej samej niechęci do pozwolenia im na latanie – a przecież to potrafili najlepiej. Dni w Eastchurch wypełniały głównie lekcje angielskiego, musztra na placu apelowym i intensywna nauka regulaminów RAF-u. Nawet gdy niektórzy dostali wreszcie przydział na szkolenie do pobliskich baz lotniczych, to widoki na walkę pozostały teoretyczne.

„Bardzo mnie niepokoi sytuacja kontyngentu Polskich Sił Powietrznych w Anglii – napisał do Ministerstwa Lotnictwa oficer wywiadu RAF-u, podpułkownik Cyril Porri, pod koniec maja, kiedy bitwa o Francję osiągnęła apogeum. – Nie zanosi się na to, żeby w kilku najbliższych miesiącach można było użyć Polaków w działaniach bojowych aliantów, choć są w dyspozycji od grudnia zeszłego roku. Trudno się oprzeć wrażeniu, że w obecnej kryzysowej sytuacji wzrośnie zniecierpliwienie i niezadowolenie wśród takiej masy żołnierzy, którzy przybyli tu, żeby wspomóc wojska sojusznicze".

Porri nie doceniał rozmiarów tych nastrojów. Doprowadzeni do szału bezczynnością i rosnącą obawą o los bliskich w kraju, Polacy buntowali się przeciw brytyjskiej „tępocie", utrwalając tym samym opinię Anglików, że są bandą niezdyscyplinowanych zawadiaków. Polscy lotnicy bez przerwy narzekali i sprzeczali się z przydzielonymi im dowódcami brytyjskimi. Tych, którzy już byli w boju, przymusowe szkolenie lotnicze irytowało i nudziło. Dla rozrywki przelatywali czasem „kosiakiem" nad lotniskiem, robili niebezpieczne akrobacje nad zielonymi angielskimi polami i na wszelkie inne sposoby doprowadzali do pasji brytyjskich przełożonych. „Jesteście tu po to, żeby szkolić się do walki z Niemcami według naszych metod, a nie po to, żeby się wygłupiać i kłócić – obwieścił na tablicy swym niesubordynowanym polskim podkomendnym zirytowany dowódca jednej z baz. – Jeżeli sami nie weźmiecie się w karby dyscypliny, to nic z was nie będzie".

Zachowanie lotników zaalarmowało nawet polskich dowódców. „Bądźmy dżentelmenami, panowie – skarciła ich gazeta Polskich Sił Powietrznych. – Przyjrzyjmy się Anglikom, obserwujmy ich, uczmy się od nich zalet i przyswajajmy je sobie. Nie jesteśmy turystami, którzy nie muszą przystosowywać się do zwyczajów tego kraju. Jesteśmy żołnierzami wojska polskiego, na nas zwrócone są oczy wszystkich Anglików".

Polakom sprzyjał czas, a ściślej jego brak. W czerwcu najwyżsi oficerowie Królewskich Sił Powietrznych, coraz bardziej świadomi, że Anglię czeka zmasowany wściekły atak niemieckiej potęgi, zostali wreszcie zmuszeni do rozważenia, jak najlepiej wykorzystać polskich lotników. Niemcy przerzucali w tym czasie do baz w północno-zachodniej Francji i podbitych Norwegii, Danii, Belgii i Holandii ponad dwa i pół tysiąca myśliwców i bombowców z trzech flot powietrznych, by po osiągnięciu supremacji w powietrzu przez Luftwaffe przystąpić do morsko-lądowej operacji „Lew Morski" – inwazji na Wielką Brytanię przez kanał La Manche. Do dręczonych wątpliwościami wyższych oficerów RAF-u w końcu dotarło, że nie mają wyjścia: muszą się zdać na Polaków, i to jako pilotów myśliwców.

Podczas batalii o Francję i ewakuacji z Dunkierki Wielka Brytania poniosła znaczne straty w ludziach i samolotach. W chwili niemieckiego ataku na Francję stacjonowało tam sześć angielskich dywizjonów myśliwskich. Później, mimo zdecydowanego sprzeciwu dowódcy lotnictwa myśliwskiego, Dowdinga, dosłano dalsze cztery. Dowding przekonywał Churchilla i innych w Whitehallu, że wysłanie tylu dywizjonów za granicę fatalnie się odbije na obronności kraju. A ponadto był przekonany, że bynajmniej niekwapiąca się do walki Francja jest skazana na porażkę i że angielskich pilotów poświęca się na darmo. Tego zaś nie mógł znieść, gdyż pod maską powagi generała kryła się głęboka ojcowska troska o młodych lotników, których czule nazywał „moimi myśliwcami”.

Niedoświadczeni w walce, trzymający się sztywno wyuczonych procedur młodzi angielscy piloci, którzy polecieli do Francji, nie mieli pojęcia, w co się pakują. Podobnie zresztą jak ich dowódcy. „Z punktu widzenia Królewskich Sił Powietrznych bitwa o Francję była kompletnym chaosem – ocenił tę batalię brytyjski pilot. – Wywiad nie istniał. Szwankowała łączność. Wszystko wyglądało na robione *ad hoc*”. W ciągu zaledwie trzech tygodni walk nad Holandią, Belgią i Francją zginęło bądź przepadło bez śladu ponad trzystu pilotów RAF-u, czyli niemal jedna trzecia stanu całego lotnictwa myśliwskiego. Ponad stu innych trafiło do niewoli. W trakcie samej operacji pod Dunkierką RAF stracił około osiemdziesięciu pilotów i stu samolotów.

„Samoloty utracone we Francji zastąpiliśmy innymi, a potem wysłaliśmy następne i te również przepadły – powiedział dowódca dywizjonu Ted Donaldson. – Tylko w naszym dywizjonie straciliśmy kilkadziesiąt samolotów [...] Kiedy wreszcie wycofano nas do Anglii, byliśmy w opłakanym stanie”. W sumie RAF stracił prawie tysiąc maszyn, około połowy sprzętu bojowego z pierwszej linii – i to na samym początku niemieckiej ofensywy w Europie Zachodniej – a jedynym tego skutkiem była kapitulacja Francji.

Walcząc o odbudowanie mocno nadwerężonych sił, Dowództwo Lotnictwa Myśliwskiego stanęło w obliczu rychłej walki z całkowicie pewnym własnej potęgi, na pozór niezwyciężonym wrogiem. Dowódca Luftwaffe, marszałek Rzeszy Göring, zapewnił Hitlera, że do jesieni Wielka Brytania i jej imperium zostaną zmiażdżone. Dysponując tysiącem czterystu bombowcami i bombowcami nurkującymi oraz tysiącem myśliwców, wierzył święcie, że jego piloci – doświadczeni uczestnicy walk w Polsce, Holandii, Belgii i Francji – zmiotą RAF. A wtedy Niemcy będą bombardować Wielką Brytanię, aż skapituluje, albo dokonają rozważanej przez Hitlera inwazji.

W połowie lipca Luftwaffe zaczęła atakować konwoje na kanale La Manche i cele na południowym wybrzeżu Anglii. Wprawdzie Brytyjczycy nie najgorzej radzili sobie z tymi atakami zaczepnymi, ale zmasowanym niemieckim nalotom RAF mógł przeciwstawić w sumie zaledwie około siedmiuset myśliwców – hurricane'ów i szybszych od nich spitfire'ów. Gorzej, że na jeden samolot przypadało mniej niż dwóch pilotów. Aby zachować w walce z Niemcami kontrolę nad przestrzenią powietrzną kraju, potrzeba było znacznie więcej i maszyn, i załóg. W wielkim pośpiechu zaczęto montować nowe hurricane'y i spitfire'y, a Dowding robił wszystko, żeby uzupełnić niedobory w ludziach.

Między innymi przejmował pilotów z lotnictwa bombowego i obrony wybrzeża i ściągał ochotników z takich krajów jak Kanada, Australia, Nowa Zelandia i Stany Zjednoczone. Wysyłał do boju nawet lotników ze świeżego naboru, młodzików, którzy na hurricane'ach i spitfire'ach wylatali mniej niż dziesięć godzin. Ale mimo to ludzi wciąż było za mało. Dlatego wbrew temu, co podpowiadał mu rozsądek, wydał nowy rozkaz: wyszkolcie Polaków na pilotów myśliwskich i wcielcie ich do słabo obsadzonych dywizjonów RAF-u.

Wśród wybrańców znalazł się Witold Urbanowicz.

Chociaż Urbanowicz praktycznie nie znał angielskiego, po niespełna tygodniu przekonał Brytyjczyków, że wie, co robić za sterami myśliwca. W pierwszym dniu szkolenia wraz z innymi pilotami z grupy przeszedł sprawdzian w treningowym dwupłacie Tiger Moth (Ćma Tygrysia), „znacznie wolniejszym od jaguara [samochodu]" – jak zażartował. Następnego dnia odbył szkolenie podstawowe z procedur kontroli naziemnej i nawigacji. A potem po raz pierwszy poleciał hurricane'em. Instruktorom w zupełności wystarczyło to, co zobaczyli. Kiedy nadszedł weekend, samochodem służbowym dowieziono go na lotnisko Tangmere w Hampshire, należące do położonej kilkanaście kilometrów od Kanału bazy kilku dywizjonów RAF-u, w tym jednostki, do której dostał przydział.

W Tangmere od razu poczuł się jak w domu. Obfitość żółtych róż na trawniku przed kasynem oficerskim przywołała wspomnienia o różach w Dęblinie. W pokoju, do którego zaprowadził go ordynans, zastał nowego przyjaciela, smutnego psiaka zwiniętego na wygodnym fotelu. Ordynans wyjaśnił, że pies należał do poprzedniego lokatora, lotnika, którego zestrzelono kilka godzin temu. Urbanowicz dowiedział się, że w ciągu tygodnia zginęło trzech pilotów mieszkających w tym pokoju.

Nie należał jednak do osób, których długo trzymają się czarne myśli. W kasynie oficerskim otoczyła go gromada przyjaznych brytyjskich pilotów. Ich ciepłe, choć typowo powściągliwe powitanie i jawne zamiłowanie do życiowych przyjemności – takich jak piwo pite ze srebrnych pucharów – różniły się o całe niebo od przykrych doświadczeń, jakich doznał we Francji. Elegancja stylu życia, przypominająca to w Dęblinie, uradowała lotnika, którego polscy koledzy nazywali „Anglikiem". Uradowały go też ich zwyczaje. Kiedy opróżnił

Witold Urbanowicz przed swoim hurricane'em podczas bitwy o Wielką Brytanię. (Instytut Polski i Muzeum im. gen. Sikorskiego).

pierwszy puchar, odkrył, że ma on podwójne dno, z kostkami do gry pomiędzy warstwami kryształu. Do zwyczaju należało potrząsanie pucharami po wypiciu piwa. Ten, kto wyrzucił najwięcej oczek, stawiał kolejkę. Urbanowicz uznał, że trafił we właściwe miejsce i na właściwych ludzi.

Pierwsze wrażenie potwierdziło się tego samego dnia wieczorem, gdy wprowadzono go do jadalni z dębowymi lśniącymi stołami, świecami w srebrnych lichtarzach i kolacją podaną przez ładne umundurowane waafki, przedstawicielki Pomocniczej Lotniczej Służby Kobiet (WAAF – Women's Auxiliary Air Force). W pubie, do którego dowódca dywizjonu zabrał Urbanowicza po kolacji, spotkali więcej młodych kobiet, rywalizujących ze sobą o zaszczyt nauczenia angielskiego szczupłego, całującego w rękę blondyna w pięknym mundurze RAF-u.

Nazajutrz, ósmego sierpnia, znów dała znać o sobie wojna. W pierwszym locie bojowym Urbanowiczowi przyszło lecieć na „ogonie" jako „Charlie", ostatni w dywizjonie, z zadaniem ochrony tyłów. Taka taktyka była dla niego czymś nowym – nowym i niezbyt miłym, bo „Charliego" mógł z łatwością zestrzelić messerschmitt, a niczego nieświadoma reszta pilotów poleciałaby dalej. Ale kiedy Urbanowicz wzbił się hurricane'em w powietrze, doszedł do wniosku, że strzeżenie tyłów formacji nie jest aż takie złe. Jego dywizjon wraz z innymi, które wystartowały z Tangmere, skierował się nad Kanał w ciasnych kluczach, jak na defiladzie. Przyzwyczajonego do latania w luźnym, płynnym, zmiennym szyku Polaka zdumiała taka taktyka. Jak angielscy piloci mogli obserwować niebo, by wytropić przeciwnika, skoro cały czas musieli uważać, żeby się ze sobą nie zderzyć? Jak mogli wykonywać błyskawiczne uniki przed szturmującym wrogiem i sami atakować, skoro lecieli dosłownie skrzydło w skrzydło?

Znajdowali się na wysokości osiemnastu tysięcy stóp nad kanałem La Manche. W dole ciemniała jak malutka grudka ziemi wyspa Wight. Oślepiony przez słońce i błyszczącą wodę, Urbanowicz miał wrażenie, że zawisł w potężnej kryształowej kuli. Tak jak go nauczono, zmrużył oczy, rozejrzał się po niebie i zobaczył je – nadciągające chmarą od Francji messerschmitty, pilnujące jak kwoka wyprawy niemieckich bombowców. Zameldował o tym przez radio dowódcy dywizjonu, a ten polecił pilotom skręcić na wroga. Wreszcie spełniło się marzenie Polaka: czekała go walka na mniej więcej równych warunkach z Niemcami, za sterami mocnego, solidnego myśliwca, w otoczeniu doświadczonych towarzyszy. Nareszcie mógł się przekonać, ile jest wart. Na policzkach poczuł gorąco, serce zabiło mu szybciej. Sprawdził swoje osiem karabinów maszynowych i celownik, poprawił okulary i maskę tlenową.

Nie spuszczając z oka nadlatujących messerschmittów, Urbanowicz dostrzegł cztery inne maszyny zbliżające się od strony Anglii. Z początku sądził, że nadlatują posiłki RAF-u, ale wkrótce zobaczył, że są to Me-109. Wracały do bazy, waliły wprost na niego. Niemal bez zastanowienia zawrócił i znienacka zaatakował trzy przed sobą. Rozprysły się „jak kryształ pod młotem", ale czwarty nie dał za wygraną. Doszło do pojedynku. Hurricane i messerschmitt walczyły z sobą, zataczając ciasne koła. W pewnej chwili niemiecki pilot nagle zmienił kurs i zanurkował na pełnym gazie. Urbanowicz pomknął za nim i zbyt późno się zorientował, że Niemiec pociągnął go prosto w rój messerschmittów. Jeszcze nigdy nie widział tylu czarnych krzyży naraz. „Jakbym znalazł się na latającym cmentarzu" – napisał we wspomnieniach. Zaskoczony, dalej trzymał się ogona swojej zdobyczy. W chaosie walki z Anglikami inne messerschmitty go nie atakowały.

Me-109, za którym gonił, znowu zmienił kurs, zanurkował ku morzu, lecz w ostatniej chwili wyrównał lot i skierował się w stronę angielskiego brzegu, dotykając grzbietów fal i próbując zgubić prześladowcę. Kiedy Niemiec poderwał maszynę, żeby ominąć skały Dover, Urbanowicz z bliska otworzył ogień. Messerschmitt przewrócił się na plecy, wybuchł jak bomba i runął do wody. Podmuch był tak silny, że hurricane'a podrzuciło, a jego wiatrochron ochlapała morska woda zmieszana z olejem.

Urbanowicz okrążył miejsce upadku wroga i skierował się do bazy. Oszołomiony po ostrych zakrętach i nurkowaniach, był zbyt zmęczony, żeby myśleć o swym pierwszym zestrzelonym Niemcu. Na ziemi spojrzał w lustro i zobaczył przekrwione oczy w czerwonych obwódkach od ciasnych okularów lotniczych. Mimo nieznośnego upału padł na pryczę w namiocie dla załóg, nie ściągnąwszy kamizelki ratunkowej, tak zwanej maewestki, ani futrzanych butów. Zasnął błyskawicznie. Lecz niebawem znów musiał wzbić się w powietrze.

Ósmego sierpnia piloci myśliwscy RAF-u w całym kraju zebrali się w salach odpraw swoich dywizjonów, żeby wysłuchać doniosłego rozkazu dnia: „Rozpoczyna się bitwa o Wielką Brytanię. Lotnicy Królewskich Sił Powietrznych, w waszych rękach spoczywa los pokoleń". Los pokoleń spoczął zatem w rękach bardzo młodych ludzi, w tym wielu nastolatków, „chłopaczków – jak napisała amerykańska dziennikarka Virginia Cowles – jasnowłosych, z różowymi policzkami, którzy wyglądali jak uczniaki". Dla Winstona Churchilla piloci myśliwscy RAF-u byli „wspaniałymi mężczyznami, kwiatem młodzieży", współczesnymi rycerzami Okrągłego Stołu, krzyżowcami, „którym przypadł w udziale zaszczyt ocalenia kraju, wyspiarskiej ojczyzny i wszystkiego, co jest im drogie, przed najbardziej morderczymi atakami" wroga. Jego romantyczny pogląd na wojnę w powietrzu podzielało wielu młodych lotników, widzących w zbliżającym się starciu wspaniałą przygodę. Pod tym względem nie różnili się od polskich pilotów z września 1939 roku.

Zanim rozpoczęła się walka, Geoffrey Page, który potem, po zestrzeleniu jego samolotu w bitwie, doznał ciężkich poparzeń, wyobrażał sobie, że wojna w powietrzu „będzie po arturiańsku rycerska". „Paradoksalnie – napisał – śmierć i rany w niej nie występowały. Nie widziałem wówczas drugiej strony medalu, pełnej odrażającej brutalnej przemocy, strachu, bólu i śmierci. Nie znałem uczucia zemsty". „Mam absolutną pewność, że moi rówieśnicy nie wiedzieli nic, nie mieli pojęcia, co się dzieje – wtórował mu inny uczestnik bitwy, lotnik

Paddy Barthropp. – Tej paczce rozdokazywanych małych Johnów Wayne'ów w głowie było tylko piwo, kobiety i spitfire'y".

Dla wielu „młodych myśliwców" generała Dowdinga, którzy wystartowali do walki po ósmym sierpnia 1940 roku, był to pierwszy lot bojowy w życiu. Zaledwie dziesięć procent z nich przeszło intensywny trening strzelecki. Niewielu potrafiło prawidłowo celować: atakując wroga, otwierali ogień z odległości co najmniej pięciuset jardów, a odskakiwali w momencie dochodzenia do odległości skutecznego strzału. Wprawdzie szybko nauczyli się walczyć, ale zanim mogli wykorzystać zdobytą wiedzę w praktyce, ginęli.

Kiedy Luftwaffe rozpoczęła zmasowane ataki na brytyjskie lotniska, gwałtowny wzrost zapotrzebowania RAF-u na doświadczonych pilotów zmusił Ministerstwo Lotnictwa do rozpatrzenia pretensji Polaków i zgody na niektóre z ich żądań. Na początku sierpnia rząd brytyjski i rząd polski na uchodźstwie podpisały porozumienia w sprawie wycofania polskich pilotów z Ochotniczej Rezerwy RAF-u i oficjalnego uznania za żołnierzy Polskich Sił Powietrznych. Obowiązywała ich wyłącznie przysięga na wierność ojczyźnie. Zażądano jednak, by nosili angielskie mundury (z polskimi guzikami, oznaczeniami stopni wojskowych i polskim godłem na czapkach) oraz podporządkowali się RAF-owi pod względem organizacji, szkolenia, sprzętu wojskowego, dyscypliny, awansów i operacji bojowych. Trudno było oczekiwać, żeby ministerstwo mogło pójść na jeszcze większe ustępstwa.

Ale wszystko to przyćmiła kolejna decyzja RAF-u, ogłoszona w lecie 1940 roku. Miały powstać bezzwłocznie dwa nowe dywizjony myśliwskie. A latać w nich mieli sami Polacy.

ROZDZIAŁ SIÓDMY

BITWA W NORTHOLT

Major lotnictwa Ronald Kellett, świeżo mianowany dowódca nowego Dywizjonu 303, wcale nie był uszczęśliwiony tym zaszczytem. Anglia stała w obliczu zmasowanego szturmu Hunów, a jemu wydano rozkaz zorganizowania, wyszkolenia i utrzymania w ryzach gromady cholernych Polaków.

Niski, muskularny Kellett był zdania, że Wielka Brytania powinna walczyć z Niemcami własnymi siłami, bez pomocy tak zwanych aliantów. Choć był półkrwi Francuzem, z ogromną pogardą traktował lękliwą postawę Francji wobec hitlerowskiej agresji. Co do Polaków, to podzielał opinię wyrażoną przez kapitana Johna Kenta, jednego z dwóch przydzielonych do Dywizjonu 303 brytyjskich dowódców eskadr: „O polskim lotnictwie wiem jedynie tyle, że stawiało opór Luftwaffe przez jakieś trzy dni, dlatego trudno przypuszczać, że spisze się lepiej w Anglii".

Sprawę pogarszał, jego zdaniem, przydział Dywizjonu 303 na lotnisko w Northolt, do kluczowej bazy w tym sektorze RAF-u, leżącej zaledwie czternaście mil od centrum Londynu, którego broniła najważniejsza 11 Grupa Lotnictwa Myśliwskiego. Drugi nowo utworzony polski dywizjon przydzielono do Grupy 12 i bezpiecznie upchnięto w Leconfield w Yorkshire, gdzie nie mógł za bardzo zaszkodzić. Jednakże dwadzieścia jeden dywizjonów Grupy 11 stało na frontowej linii – ich zadaniem była ochrona samej stolicy, a do tego reszty południowo-wschodniej Anglii, z jej licznymi portami, ludnością i historią. Dywizjony tej grupy miały rozstrzygnąć o losach całego kraju, a Kellett mocno wątpił, czy Polacy z Dywizjonu 303 sprostają temu zadaniu.

Nikt nie raczył mu wyjaśnić, dlaczego obarczono go dowództwem polskiego dywizjonu. Podejrzewał, że ze względu na znajomość francuskiego. Pewna liczba Polaków znała co nieco ten język, a dowódca powinien przecież jakoś się porozumiewać z podwładnymi. Co nie zmieniało jego odczucia, że zwekslowano go na boczny tor.

Trzydziestojednoletni Kellett, w cywilu londyński makler giełdowy, nie przepadał za zawodowymi pilotami. Był oficerem Służby Pomocniczej, jednym z tych bogatych niedzielnych lotników, którymi zawodowi pogardzali, mając ich za dyletantów. Urodził się w Durham na północy Anglii jako syn człowieka, który dzięki ambicji i twardemu kapitalistycznemu instynktowi wszedł w posiadanie kilku kopalń węgla. Pochodził więc z zamożnej rodziny. Uczył się w prywatnej szkole Rossall w Lancashire, na wakacje jeździł do Szwajcarii – zimą szusował na nartach w Davos, lato spędzał w Chamonix, w domu należącym do krewnych jego urodzonej we Francji matki.

Nie był jednak typowym Anglikiem z bogatej rodziny. Gdy skończył czternaście lat, porzucił szkołę Rossall i niedługo potem zaczął pracować na giełdzie w Liverpoolu jako goniec. W wieku zaledwie dwudziestu jeden lat wrócił do rodzinnego miasta i w jednym z najmocniejszych okręgów wyborczych labourzystów wystartował w wyborach do parlamentu jako kandydat torysów. Oczywiście przegrał, ale dzięki kampanii wyborczej nawiązał kontakt z Haroldem Macmillanem i innymi obiecującymi młodymi politykami konserwatywnymi tamtych czasów. Te koneksje przydały mu się po latach. Na przykład wtedy, gdy jako makler giełdowy postanowił wstąpić do należącego do sił pomocniczych Dywizjonu 600, zwanego Londyńskim. Najpierw odrzucono jego podanie, podejrzewał, że z powodu uprzedzeń klasowych. W przeciwieństwie do większości młodych ludzi służących w Dywizjonie 600 nie należał do ziemiaństwa. Był nuworyszem, kimś, kto nie pozbył się słomy z butów. Kellett nie dał jednak za wygraną i z pomocą kolegów z Partii Konserwatywnej (tak przynajmniej sądziła jego rodzina) w końcu został przyjęty do dywizjonu.

Co prawda kochał latać, lecz przed wojną traktował samolot RAF-u jako wytrych do drzwi angielskiej socjety, a nie oręż do zwalczania wrogów Anglii. Ten jasnowłosy, niebieskooki dowcipny kawaler, „flirciarz jakich mało", o przydomku „Boozy" („Rausz"), był mimo swego nuworyszostwa chętnie widzianym gościem na weekendowych polowaniach. Często wysyłał przyczepą konia, a potem w piątkowy wieczór leciał na raut samolotem z bazy Dywizjonu 600 w Hendon. Kiedyś, wracając z któregoś z takich weekendów do Londynu, odkrył, że kończy mu się paliwo. Wylądował na wiejskiej drodze, dokupił w pobliskiej stacji benzyny, a rachunek kazał przesłać Ministerstwu Lotnictwa.

Ale przed drugą wojną światową czas kawalerskich szaleństw Boozy'ego dobiegł końca. Po ożenku z córką znanego chirurga beztroskie podejście Kelletta do latania i życia znikło jak skalpelem uciął. Stał się szorstki i obcesowy, do pasji doprowadzało go, gdy ktoś bagatelizował zagrożenie Anglii ze strony Hitlera. „Ojciec traktował wojnę bardzo, bardzo serio – przyznał jego syn Jonathan. – Był starszy od większości pilotów i bardzo się martwił, czy zdołamy odeprzeć Niemców".

Powołany do służby czynnej na tydzień przed wypowiedzeniem przez Wielką Brytanię wojny Hitlerowi, w maju 1940 roku Kellett otrzymał zadanie sformowania i przeszkolenia nowej jednostki zawodowych pilotów, Dywizjonu 249. Był surowym dowódcą i wściekał się na lotników, którzy z niedostateczną pilnością przykładali się do ćwiczeń. Któregoś dnia, kiedy kilku z nich spóźniło się na służbę, uznał to za „absolutnie niewybaczalne" i rozkazał wałkoniom biegać wokół lotniska. „Zmuszanie zawodowych oficerów do czegoś takiego było rzeczą niesłychaną – powiedział Jonathan Kellett. – Wokół boiska ganiało się niższe szarże, nigdy oficerów". Kellett pozostał nieugięty. „Nie oczekujcie od Niemców, że odłożą ataki, aż się na nie przygotujecie!" – oświadczył.

Dwa miesiące później, kiedy Dywizjon 249 regularnie patrolował wybrzeże Yorkshire, natykając się sporadycznie na niemieckie samoloty rozpoznawcze, Kellett otrzymał przeniesienie do Northolt. Zły humor z powodu nowego przydziału pogorszył mu się jeszcze bardziej, gdy na miejscu przekonał się, że przydzieleni do Dywizjonu 303 Polacy nie dojechali. Zastał tam tylko szkieletową obsadę RAF-u, w tym Johna Kenta. (Drugi oficer, kapitan Athol Forbes, zameldował się później). Nie pomogło też, że Kent był oficerem zawodowym i szczycił się tym.

Wychowany na prerii pod Winnipeg, wysoki, tyczkowaty Kanadyjczyk zakochał się w lataniu, gdy miał cztery lata. W wieku lat osiemnastu, jako najmłodszy w kraju, zdobył licencję pilota cywilnego. W roku 1933 przeniósł się do Anglii, wstąpił do RAF-u i szybko zdobył sobie opinię jednego z najlepszych lotników. Ambitny Kent bywał arogancki, lecz wszyscy przyznawali, że umie latać. W RAF-ie oblatywał zarówno hurricane'y, jak i spitfire'y. Po napaści Niemiec na Francję palił się do walki, tak więc na wieść o przydziale do Dywizjonu 303, podobnie jak Kellett, „bardzo się zniechęcił i rozczarował". „Tego już było za wiele – wspominał. – Żeby po tylu staraniach i wysiłkach dostać przydział do zagranicznego dywizjonu, który jeszcze nie został sformowany?!" A jakby tego było mało, na dobitkę przyszło mu służyć pod dowództwem Kelletta – oficera Służby Pomocniczej!

Początki Dywizjonu 303 nie wróżyły nic dobrego.

Drugiego sierpnia wreszcie zjawili się Polacy. Większość ich latała we Francji. W ciemnoniebieskich francuskich mundurach lotniczych, niektórzy w zawadiacko przekrzywionych beretach, wydali się Kellettowi obcy i egzotyczni. Po przyjeździe na wyspę zakwaterowano ich w zaniedbanym nadmorskim kąpielisku Blackpool na północy Anglii. Z dwudziestu jeden pilotów i stu trzydziestu pięciu członków personelu naziemnego przysłanych do Northolt niemal wszyscy wywodzili się z eskadr myśliwskich broniących we wrześniu Warszawy – 111 (im. Kościuszki) i 112. W ciągu następnych kilku dni dojechało jeszcze trzynastu pilotów, wśród nich Witold Urbanowicz.

Na papierze dywizjony myśliwskie w RAF-ie składały się z osiemnastu–dwudziestu jeden samolotów. Dwanaście winno być cały czas gotowych do lotu, a maksimum dziewięć pozostawać w rezerwie. Każdy dywizjon, który w punkcie wyjścia liczył około dwudziestu ośmiu pilotów i stu trzydziestu członków personelu naziemnego, dzielił się na dwie eskadry, A i B. Eskadrę tworzyły dwa klucze po trzy samoloty. Kluczy było w sumie cztery – „czerwony", „żółty", „niebieski" i „zielony".

RAF oznaczył nowy polski dywizjon sucho liczbą „303", ale Polacy woleli go nazywać Dywizjonem Kościuszkowskim, na pamiątkę sławnego elitarnego oddziału o międzynarodowych tradycjach, w którym niejeden z nich służył w ojczyźnie. Kadłuby swoich hawker hurricane'ów, tuż przy kabinach, ozdobili godłem dywizjonu – czerwoną krakuską i skrzyżowanymi kosami na tle czerwono-białych pasów i gwiazd – dumni z jego historycznej symboliki.

Na mocy angielsko-polskiego układu wojskowego każda wyższa funkcja w dywizjonie miała podwójną obsadę. I tak polskim odpowiednikiem Kelletta w Dywizjonie 303 był „Król" Zdzisław Krasnodębski, a polskimi dowódcami eskadr, dublującymi funkcje Kenta i Forbesa – Witold Urbanowicz, który wreszcie dołączył do dawnych kolegów z byłej 111 Eskadry Kościuszkowskiej, oraz Ludwik Paszkiewicz, który w Polsce był w składzie Eskadry 112.

A prócz nich byli inni piloci, grupa niezwykłych ludzi, pragnących znowu latać, walczyć, wygrać tę wojnę – nie tylko dlatego, że naziści byli wcielonym złem, lecz przede wszystkim dlatego, że chcieli odzyskać swój kraj i rodziny, wrócić do poprzedniego życia. Uczucia te podzielali w większym lub mniejszym stopniu prawie wszyscy należący do antyhitlerowskiego przymierza. Lecz niewielu tak mocno i tak długo jak Polacy.

Najbarwniejszą postacią w dywizjonie był chyba Jan Zumbach, którego sardoniczny humor, grzmiący głos („nasz złotousty megafon", jak nazwał go

Jan Zumbach ze skrzydła swojego samolotu przygląda się wymalowanemu Kaczorowi Donaldowi i godłu Dywizjonu im. Kościuszki. (Instytut Polski i Muzeum im. gen. Sikorskiego).

kordialnie Mirosław Ferić) i łobuzerski fason sprawiały, że wszędzie rzucał się w oczy. W swoich zapiskach Ferić zanotował: „Wczoraj Zumbach wrócił z urlopu, więc już o spokoju i ciszy nie ma mowy".

Zumbacha znano w Anglii pod kilkoma przydomkami, z których najpopularniejsze były „Johnny" (angielski odpowiednik jego imienia) oraz „Donald", ze względu na spadzisty, osobliwie zadarty na czubku nos, przypominający dziób Kaczora Donalda. Zumbach nie miał nic przeciwko temu. Na wszystkich myśliwcach, którymi latał w czasie wojny, kazał ekipom naziemnym malować Donalda, na tyle wiernie, na ile było na to stać malarzy amatorów.

Popularny w dywizjonie był też Mirosław Ferić, zwany – z powodów, które zatarł czas – „Oxem", czyli „Wołem", choć już we wrześniu 1939 roku zaczął wystawiać tę popularność na szwank, wpadłszy na pomysł codziennego zapisywania wydarzeń w oddziale. Nie był to dziennik urzędowy, lecz prywatny, w którym utrwalał własne myśli, uczucia i poczynania podczas daremnej walki z niemieckim najeźdźcą. Wkrótce jednak zaczął prosić o wpisy kolegów pilotów. A właściwie domagać się. „Należy zaznaczyć, że zmuszony zostałem do pisania, którego organicznie nie znoszę. Taki mam piórowstręt, tym bardziej że

«Ox» leży obok mnie i patrzy na paluchy" – napisał któregoś wieczoru jeszcze w Polsce jeden z nich.

We Francji Ferić nie odpuścił ani na jotę. Pewnego dnia zapisał w dzienniku: „Chodziłem cały tydzień za nimi, ale jeszcze będę chodził tak długo, aż postawię na swoim i księga powoli zapełni się ich przeżyciami i wrażeniami". Po przybyciu dywizjonu do Northolt zaznaczył, że to samo będzie robił tutaj. Reakcję kolegów łatwo było przewidzieć. „Dlaczegoż obdarzają mnie tak dosadnymi epitetami?" – zapisał urażony.

Zumbach i Ferić należeli do trójki pilotów, których w dywizjonie z racji ich wyczynów na ziemi i w powietrzu nazywano „trzema muszkieterami". Trzecim był przyjacielski, rozmowny i towarzyski Witold Łokuciewski, nazywany zdrobniale „Tolem". Koledzy zazdrościli mu łatwości, z jaką podbijał serca kobiet. Był uroczym flirciarzem, przystojnym jak gwiazdor filmowy. „Baby leciały na niego – wspomina były pilot dywizjonu. – Uważaliśmy, że trochę zadziera nosa. A może po prostu mu zazdrościliśmy".

Grupa pilotów Dywizjonu Kościuszkowskiego. Od lewej stoją: Witold Łokuciewski, Mirosław Ferić i John Kent. Pierwszy z prawej to Zdzisław Henneberg, trzeci od prawej Jan Zumbach. (Imperial War Museum).

Witold Łokuciewski w kabinie swojego samolotu. (Instytut Polski i Muzeum im. gen. Sikorskiego).

Kolejnym pilotem dywizjonu był Jozef František, niezwykły Czech – niektórzy uważali go za postrzeleńca – latający z nieporównanym zapamiętaniem. Od pierwszych dni służby w czeskim lotnictwie František zasłynął zarówno z wyjątkowych umiejętności lotniczych, jak i braku dyscypliny. Po kapitulacji Czechosłowacji uciekł w 1939 roku do Polski i odtąd, opętany myślą o wyrównaniu rachunków z Niemcami, zaczął się uważać za jej honorowego obywatela.

Po przeszkoleniu w Dęblinie został instruktorem lotniczym, ale wciąż miał problemy z dyscypliną. Pewnego gorącego dnia lata, krótko przed napaścią Niemiec na Polskę, odłączył się nagle od ćwiczącej formacji. Z początku inni piloci sądzili, że nawalił mu silnik. Ale potem pojawił się w oddali, raz po raz nurkując nad brzegiem Wisły. Podleciawszy bliżej, przekonali się, co wyprawia: fruwał nisko nad grupą młodych miłośniczek słońca, które opalały się nago na brzegu rzeki. Kiedy podczas kolejnego przelotu dziewczęta rozpierzchły się po krzakach, zanurkował tak nisko, że o mało co nie wpakował się w zakotwiczoną żaglówkę. Po wylądowaniu otrzymał naganę od Witolda Urbanowicza. „Wielu doskonałych pilotów zabiło się z braku dyscypliny" – upomniał go przełożony.

František odparł, że wie o tym, ale „jak zobaczyłem te panny na piasku, nerwy mnie poniosły".

Jednakże w walce nerwy miał stalowe. Po napaści Niemiec na Polskę, latając na zwiad nieuzbrojonym samolotem, co najmniej dwa razy obrzucił granatami kolumny niemieckiej piechoty.

Kellett, Kent i inni brytyjscy oficerowie w Northolt wiedzieli niewiele albo zgoła nic o dokonaniach i poniewierce swych polskich podwładnych. Zresztą nie bardzo ich to ciekawiło. Nieświadomi, że dostali pod komendę jednych z najlepszych pilotów w Królewskich Siłach Powietrznych, mieli wielkie opory przed dopuszczeniem ich do latania. Mimo wyraźnego wzmożenia niemieckiej aktywności nad Kanałem i wybrzeżem Anglii RAF twardo obstawał, żeby przed wejściem do akcji personel dywizjonu nauczył się brytyjskiej taktyki i podstaw języka. Przy tym ostatnim punkcie upierał się niezłomnie pułkownik Stanley Vincent, czterdziestotrzyletni weteran pierwszej wojny światowej, dowódca bazy lotniczej w Northolt. „Nie pozwolę im rozbijać się po niebie, dopóki nie zrozumieją, co się do nich mówi" – oświadczył. Był to całkiem zrozumiały wymóg, lecz Polacy zaczęli się obawiać, że Anglicy nie pozwolą im się bić.

Tak zaczęła się bitwa w Northolt, pełen napięcia, trwający miesiąc konflikt Polaków z Brytyjczykami. Od wtargnięcia Niemców do Polski minął blisko rok. Przez ten czas polscy piloci doświadczyli wyłącznie gorzkich rozczarowań, przyprawiających o rozpacz. Spragnieni walki, po raz kolejny przekonali się – jak wyraził się Zumbach – że „nie spuszczą nas ze smyczy". Dodatkowo dręczyła ich świadomość, że co najmniej czterdziestu polskich pilotów już walczy. Ale ci latali w dywizjonach, w których oprócz nich walczyli sami Brytyjczycy. Innymi słowy, mieli opiekunów.

Wszystko to tylko wzmagało niezadowolenie Polaków, które brało się stąd, że Dywizjonowi im. Kościuszki rozkazywali nadęci, wyniośli brytyjscy oficerowie. Polacy nie mieli ochoty wysłuchiwać uwag o ich zdolnościach językowych i taktyce, a już zwłaszcza od typów pokroju Kelletta, który nie dość, że nie znał słowa po polsku, to ani dnia nie spędził w walce. „Nie znosimy, żeby nam rozkazywano, o wszystko się kłócimy" – napisał jeden z polskich pilotów. Słynącego z niezależności Witolda Urbanowicza, który zdążył zestrzelić dwa niemieckie samoloty, po przyjeździe do Northolt szczególnie zirytowało, że rozkazy wydaje mu obcesowy, szorstki Kellett, „ponury, nerwowy, nietaktowny". Po wojnie

Kellett przyznał, że tarcia pomiędzy oficerami brytyjskimi a Polakami były „czasem bardzo ostre".

Polscy lotnicy buntowali się na różne sposoby. Wciąż napominano ich za rozwydrzenie, nieprzestrzeganie regulaminu mundurowego (rozpięte bluzy, brak pasów, nieregulaminowe koszule i buty), wkradanie się w nocy do kwater dziewcząt z WAAF-u, przemycanie ich do swoich pokojów. „Byli prawem dla samych siebie" – wspominał brytyjski mechanik.

Lecz ponieważ był to ich kraj i ich wojsko, Brytyjczycy w końcu postawili na swoim. Najważniejsza pozostała nauka języka. Według Kenta tylko jeden polski pilot mógł się popisać znajomością angielskiego, która zresztą ograniczała się do zdania: *Come on, boys!* Przesadzał. Kilku pilotów liznęło co nieco angielskiego podczas sześciotygodniowego pobytu w Blackpool. Pewna młoda Angielka, którą Ferić poznał na tamtejszym deptaku, nauczyła go słów piosenek *Roll Out the Barrel* i *It's a Long Way to Tipperary*, a Krasnodębski przyswoił sobie pożyteczne zdanie: *Four whiskeys, please*. Niemniej wyspiarze mieli rację. Żaden z polskich pilotów nie znał podstawowego angielskiego słownictwa lotniczego.

Tak więc każdego ranka Polacy wsiadali do autobusu i jechali do szkoły językowej w bazie RAF-u w Uxbridge niedaleko Northolt. Tam poznali szyfrowe słowa RAF-u: *angels* („anioły") – na określenie wysokości w stopach, *pancake* („naleśnik") – na lądowanie, *bandits* („bandyci") – na samoloty nieprzyjaciela, *tally ho* („bierz go") – na atak na wroga. Nauczyli się też liczyć do dwunastu, by rozumieć zegarowy system podawania kierunków, na przykład: „bandyci na dwunastej".

W którejś chwili RAF wyszedł z idealnym w zamierzeniu pomysłem szkolenia i egzaminowania Polaków z taktyki walki bez narażania samolotów i ludzi. Polecono im jeździć wokół boiska piłkarskiego w Uxbridge – w takich formacjach bojowych jak w powietrzu – na większych od zwykłych, trójkołowych rowerach, wyposażonych w radia, kompasy i prędkościomierze. Z zaimprowizowanego stanowiska dowodzenia na wierzchołku trybun przekazywano „myśliwcom" rozkazy „przechwycenia" przeciwnika. Upokorzeni Polacy byli wściekli – im, wytrawnym, zaprawionym w walce pilotom, kazano pedałować dookoła boiska na trójkołowcach! „To się nazywa animusz – powiedział Vincent do Kenta. – Nienawidzą mnie teraz bardziej niż Niemców". Niewiele się pomylił. „Anglicy marnowali nasz czas na jakieś dziecinady, a przecież wszyscy byliśmy zawodowymi pilotami" – wyrzekał Zumbach.

Tak czy siak, lekcje trwały. Polacy uczyli się określać odległość w milach zamiast w kilometrach, objętość paliwa zaś w galonach, a nie w litrach. Na początku szkolenia na hurricane'ach borykali się z wieloma nieznanymi, skomplikowanymi, nowoczesnymi przyrządami lotniczymi. Nieprzyzwyczajeni do radionadajników w kabinach, często naruszali obowiązujące procedury łączności lub nie reagowali prawidłowo. W polskich samolotach, chcąc przyśpieszyć, cofasz przepustnicę, w brytyjskich – pchasz do przodu. Anglicy robili wszystko na odwrót. Nie dość, że jeździli lewą stroną drogi, to nawet uchwyt linki otwierającej spadochron umieścili po tej ręce. „Musieliśmy odwrócić wszystkie wyćwiczone odruchy" – napisał Zumbach.

Zdarzyło się kilka przyziemień poza pasem startowym i lądowań ze schowanymi kołami, gdyż większość pilotów nie latała dotąd samolotami z wciąganym podwoziem. „Jak, do diabła, chcecie walczyć z Niemcami, skoro w ogóle nie umiecie latać na tych cholernych maszynach?!" – wydarł się na Františka Kent, kiedy Czech rozbił hurricane'a, lądując ze schowanym podwoziem. František, który nie rozumiał, co mówi Kanadyjczyk (choć z pewnością domyślał się, o co chodzi), kiwając głową, jakby wszystko było jasne, powtarzał raz po raz: *Oui, oui, mon commandant!* W końcu na krańcu pasa startowego ustawiono członka personelu naziemnego z pistoletem sygnałowym, by rakietami świetlnymi przypominał wracającym pilotom o wypuszczeniu podwozia.

Grupa pilotów Dywizjonu Kościuszkowskiego podrzuca swojego dowódcę podczas świętowania z jakiejś okazji w Northolt. (Stanisław Błasiak).

Jako polski dowódca dywizjonu, Krasnodębski znalazł się w trudnej sytuacji. Doceniał wagę szkolenia, lecz uważał, że RAF doprowadził je do granic absurdu. Anglicy traktowali otrzaskanych w boju lotników jak nierozgarniętych uczniaków. Przywiązany do upartych młodych ludzi, których wywiódł z kraju na tysiącmilową tułaczkę, w poczuciu głębokiej odpowiedzialności starał się utrzymać w ryzach ich gniew, jednocześnie próbując przekonać Vincenta i Kelletta, że czas przejść do następnego etapu.

Polski dowódca dobrze wiedział, że bezczynność tylko podsyca i tak już dużą frustrację pilotów i poczucie winy, że nie obronili Polski, że uciekli i zostawili ojczyznę, a w niej rodziny, cierpiące pod jarzmem niemiecko-sowieckiej okupacji. „A że tylko dzięki tak słabemu lotnictwu tak szybko nas podbito, temu nikt zaprzeczyć nie może!" – rozpamiętywał w swoim dzienniku porażkę Mirosław Ferić.

Nieuzasadnione poczucie winy gryzło również Krasnodębskiego. Miał za dużo czasu – wciąż rozmyślał o żonie i martwił się o jej los. Choć stracił z nią kontakt, z kraju przedostała się wieść, że Wanda wstąpiła do szybko rozwijającego się w Warszawie ruchu oporu. Naziści traktowali okrutnie wszystkich Polaków, ale ze szczególnym bestialstwem – schwytanych członków walczącego podziemia.

Czy polskim pilotom podobało się to, czy nie, szkolenie trwało. Podobnie jak tarcia z angielskimi dowódcami, choć oficerowie RAF-u zaczęli okazywać podwładnym nieco więcej zrozumienia i szacunku. Polacy uczyli się angielskiego, a Brytyjczycy liznęli polszczyzny. Kellett przyswoił sobie słowa oznaczające ważne części samolotu, takie jak „klapy" i „podwozie". Bardziej skrupulatny i sumienny od niego Kent nauczył się określeń wszystkich czynności związanych ze startem, lotem i lądowaniem. Polskie słowa zapisał fonetycznie na nogawce spodni, żeby wydając w powietrzu rozkazy, mieć je na widoku. (Ubawieni jego sumiennością Polacy ochrzcili go „Kentowski").

Mimo lądowań na brzuchu i początkowych problemów Kellett, Kent i Forbes szybko się przekonali, że piloci spod znaku Kościuszki to świetni fachowcy. Na Kencie zrobiły wrażenie zarówno umiejętności lotnicze, jak i niebywały refleks Polaków, a Kellett stał się z czasem ich obrońcą i orędownikiem. Natychmiast reagował na wszelkie lekceważące uwagi angielskich oficerów o Polakach (uwagi, których na początku sam im nie szczędził). Postawił się nawet Hugh Dowdingowi. Kiedy podczas wizyty w Northolt dowódca brytyjskiego lotnictwa myśliwskiego spytał go, czy pokazał Polakom „ścianę, pod którą rozstrzeliwujemy pilotów zabijających swoich", odparł, że, dzięki Bogu, jego podwładni świetnie odróżniają samoloty brytyjskie od niemieckich. Przypomniał mu też, że Polacy widzieli maszyny Luftwaffe „w naturze".

Innym razem Kellett wyraził swój rosnący podziw dla Polaków konkretniej. Pod koniec sierpnia polscy oficerowie, w przeciwieństwie do żołnierzy i podoficerów, z powodu biurokratycznego bałaganu nie dostali żołdu. Sytuacja była o tyle przykra, że po dopasowaniu właśnie otrzymanych mundurów RAF-u nie mieli z czego zapłacić krawcowi za poprawki. Kellett wypisał więc czek i polecił oficerowi rachunkowemu w Northolt, żeby nie czekając na nadejście poborów, wypłacił Polakom pieniądze z jego osobistego konta.

Po raz kolejny interweniował, gdy zamiast normalnego samochodu do przewozu pilotów z kasyna na lotnisko przydzielono dywizjonowi sponiewieraną, starą ciężarówkę. Tak być nie może – oświadczył. Skoro inne dywizjony mają samochody (jeden z kanadyjskich chwalił się rolls-royce'em z 1911 roku, który prowadził angielski szofer w liberii), to jego, dalibóg, nie będzie gorszy! Dlatego sprowadził własnego rollsa, przestronny kabriolet z 1924 roku, który mógł dowozić do samolotów aż dwunastu pilotów naraz. Polscy mechanicy dopieszczali jego automobil niemal tak jak hurricane'y pilotów. Był to „czynnik wspaniale podnoszący morale" dywizjonu – ocenił Kellett.

Ale jeśli sądził, że Polacy pogodzą się z odkładaniem w nieskończoność lotów bojowych, to się mylił. Ograniczenie aktywności wypoczętych, żądnych czynu, doświadczonych pilotów do ćwiczeń – i to w chwili szturmu Luftwaffe, godzącego w samo serce Dowództwa Lotnictwa Myśliwskiego – uważali oni, łagodnie mówiąc, za cudaczne.

Na trzynasty sierpnia Hermann Göring zaplanował „Adler Tag" („Dzień Orła"), początek zmasowanego ataku lotniczego na Anglię. Z tą chwilą Niemcy rozpoczęli powietrzny blitz, uderzając na lotniska-bazy dywizjonów 11 Grupy Myśliwskiej, instalacje radarowe i fabryki samolotów na południu kraju. „Nadszedł decydujący moment w wojnie powietrznej z Anglią – oznajmił Göring. – Naszym pierwszym celem musi być zniszczenie myśliwców wroga". Dzień po dniu setki niemieckich bombowców, osłaniane przez roje myśliwców, przelatywały nad kanałem La Manche z zadaniem zrównania z ziemią brytyjskiej obrony.

Przeciwko wielkim formacjom wroga rzucono ponad trzysta hurricane'ów i spitfire'ów 11 Grupy. Dni były pogodne i gorące, a podrywani alarmami piloci RAF-u wzbijali się w powietrze od świtu do zmierzchu, przez mniej więcej piętnaście godzin na dobę. Ich życie osiągnęło nagle szaleńczą aktywność – po zażartych walkach gorączkowo uzupełniali paliwo i amunicję na lotniskach, które niemieckie naloty zamieniały w księżycowy krajobraz. Napięcie emocjonalne i zmęczenie fizyczne, spowodowane kilkoma lotami bojowymi dziennie, zbierały obfite żniwo. Niektórzy lotnicy byli tak wyczerpani po akcji, że tuż po lądowaniu zasypiali w kabinach. Nerwy mieli w strzępach, tracili chęć do walki. Mnożyły się błędy, w tym przy lądowaniach, zdarzały wypadki.

W tym czasie zarówno RAF, jak i Luftwaffe doznały wielkich strat w ludziach i sprzęcie. Samoloty można było zastąpić – o to troszczył się brytyjski przemysł lotniczy – ale nie pilotów. Pomiędzy ósmym a osiemnastym sierpnia poległo, zostało poważnie rannych bądź zaginęło w akcji stu pięćdziesięciu czterech myśliwców RAF-u, ale lotników, którzy mogliby ich zastąpić, było ponaddwukrotnie mniej, i to mimo wojennej mobilizacji. W trzecim tygodniu sierpnia Dowództwu Lotnictwa Myśliwskiego brakowało ponad dwustu pilotów. Dziewiętnastego sierpnia RAF drastycznie skrócił czas szkolenia nowych. Już wcześniej zredukowano go z pół roku do miesiąca, a teraz obcięto do dwóch tygodni – dwóch tygodni na naukę latania i prowadzenia walki z prędkością ponad trzystu mil na godzinę.

Spośród absolwentów schodzących z tej produkcyjnej taśmy szkoleniowej tylko garstka strzelała w życiu do ruchomych celów: trening strzelecki polegał często na atakowaniu chmur lub piaszczystych łach. Niektórzy w ogóle dotąd nie strzelali. Dopiero na własnej skórze przekonywali się, w jakim tempie toczy się bitwa w powietrzu: w jednej chwili byłeś w środku mętliku nurkujących, śmigających maszyn, a w następnej dziesiątki mil dalej, mając przed sobą puste niebo. Nie zdawali sobie sprawy, do jakich karkołomnych akrobacji będą zmuszeni, żeby ujść z życiem. Nie wiedzieli nic o obciążeniu fizycznym, o psychicznym stresie i bólu. O przeciążeniach, na jakie byli narażeni. O przypadkach zamroczenia podczas pikowania, przypominającego – jak opisał to pewien lotnik – „siedzenie z otwartymi oczami w ciemnej piwnicy, w której zgasło światło". Świeżo upieczeni piloci nie mieli pojęcia o hałasie i kompletnym chaosie podniebnej walki: o ryku maszyn, grzechocie karabinów, zaskakującym odrzucie strzelających działek, o widoku i dźwięku eksplodujących samolotów, ostrzeżeniach wykrzykiwanych przez radio głosami innych pilotów, żałosnych wezwaniach o pomoc, gdy kule, płomienie albo jedne i drugie wdzierały się do kabiny, dopadając siedzącego w niej człowieka.

Mimo to nowych chłopców z dnia na dzień wrzucano w paszczę wojny. Kiedy na lotnisko w Croydon przybyło dwóch żółtodziobów, od dowódcy dywizjonu usłyszeli: „Przykro mi, ale dzisiaj lecicie do walki". Godzinę później jeden nie żył, a drugi był ciężko ranny. Nie zdążyli nawet rozpakować rzeczy.

„Brałeś nieświadomego młokosa, wsadzałeś go do samolotu i mówiłeś: «Leć i walcz z Niemcami» – wspomina generał Christopher Foxley-Norris, jeden z «nieświadomych młokosów», który miał szczęście wyjść cało z bitwy o Wielką Brytanię. – Nie przeżyła większość tych, którzy trafili do Grupy 11. Nie mogli przeżyć. Nie mieli żadnej szansy. Ale nie można było temu zapobiec. Ktoś musiał siadać do kabin". Inny dawny pilot RAF-u, przejrzawszy wiele lat po bitwie księgę z nazwiskami pilotów ze swojego dywizjonu, powiedział: „Niektórych w ogóle nie pamiętam. Przewinęli się przez dywizjon i zostali zestrzeleni, nim zdążyłem ich poznać".

Podczas tamtych dni „wytężonej walki i nieustannych obaw" – jak określił to Winston Churchill – Niemcy napierali nieubłaganie. Z końcem sierpnia naloty na lotniska RAF-u i stacje radarowe tak się nasiliły, że kontrolerzy lotów 11 Grupy Myśliwskiej byli zmuszeni decydować, który atak powinny odeprzeć najpierw ich przetrzebione dywizjony. Zdarzało się, że klucz trzech samolotów lub eskadrę złożoną z sześciu myśliwców wysyłano przeciw setce wrogich maszyn. „Niemcy z reguły operowali siłami zdecydowanie przewyższającymi liczebnie nasze dywizjony obrony" – napisano w powojennym oficjalnym sprawozdaniu RAF-u z bitwy o Wielką Brytanię. W bój wysyłano przeważnie pojedyncze dywizjony myśliwców, które walczyły z formacjami wroga, liczniejszymi od nich niekiedy ponad dziesięć razy.

Lotnictwo Myśliwskie było w bardzo trudnej sytuacji. Dzień w dzień bombowce Luftwaffe bombardowały Manston, Biggin Hill, Kenley i inne lotniska Grupy 11. W ciągu dwóch tygodni, począwszy od dwudziestego czwartego sierpnia, zginęło lub zaginęło stu trzech pilotów, a stu dwudziestu czterech odniosło poważne rany – to blisko jedna czwarta wszystkich myśliwców RAF-u. „Straty w ludziach stały się bardzo poważne – wspominał Dowding. – Przetrzebienie i wyczerpanie nowych dywizjonów następowało tak szybko, że nie można było nadążyć z organizowaniem świeżych i wypoczętych. Pilotów myśliwskich [...] nie dało się wyszkolić w liczbie wystarczającej do załatania coraz większych wyłomów w szeregach walczących". Ronald Kellett wybuchnął kiedyś przy Zdzisławie Krasnodębskim, że „dywizjony, które teraz rzucają do walki, są tak beznadziejne, że nie mają najmniejszych szans".

Choć tak bardzo brakowało personelu, Polaków z Dywizjonu Kościuszkowskiego wciąż nie dopuszczano do boju. Czternastego sierpnia wszedł do akcji drugi polski dywizjon myśliwski, 302 (znany jako Dywizjon Poznański), należący do Grupy 12, lecz ponieważ wyznaczono mu zadanie ochrony środkowej Anglii, walczył jedynie sporadycznie. Zdecydowany zachować sieć obrony w całym kraju, Dowding obstawał przy utrzymaniu dywizjonów z Grup 10, 12 i 13 głównie w odwodzie. Ich zadaniem było patrolować przydzielone im części wyspy – Grupa 10 strzegła południowego zachodu, Grupa 12 środkowej Anglii, a Grupa 13 północnej. Mieli również czasowo zastępować przemęczone dywizjony Grupy 11 i włączać się do walki w okresach szczególnie zaciekłych ataków wroga.

Dziewiętnastego sierpnia generał Keith Park, dowódca Grupy 11, poinformował kontrolerów lotniczych i dowódców sektorów, że dopuszcza do lotów polski Dywizjon 303, ale tylko do ochrony lotnisk w czasie, gdy inne dywizjony grupy, biorące udział w walkach, będą tankować na ziemi paliwo. Dwudziestego ósmego i dwudziestego dziewiątego sierpnia, kiedy Niemcy szykowali się do najbardziej zmasowanego szturmu na Anglię, pilotom Dywizjonu Kościuszkowskiego polecono odbyć ćwiczenia w strzelaniu. Trzydziestego sierpnia bombowce Luftwaffe przeprowadziły udany nalot, pozbawiając prądu siedem stacji radarowych i przerywając na jakiś czas ich działanie. Biggin Hill i inne lotniska oberwały jak nigdy dotąd. A mimo to Polacy trenowali w tym dniu symulowane ataki, których celem były brytyjskie bombowce – blenheimy. Zdegustowany Jan Zumbach nazwał to ćwiczenie „zabawą z blenheimami".

Tego dnia, o czwartej piętnaście po południu, kiedy dywizjon frunął nad zielonymi polami Hertfordshire, przygotowując się do kolejnego nudnego ćwiczenia, porucznik Ludwik Paszkiewicz dostrzegł tysiąc stóp wyżej dużą formację niemieckich bombowców i myśliwców, którą atakowała garstka myśliwców RAF-u. „Halo, Apany lider, bandyci na dziesiątej" – zameldował przez radio Kellettowi. Kellett nie odpowiedział. Dywizjon dostał rozkaz ćwiczyć, a nie atakować wroga. Zgodnie z procedurą RAF-u, gdyby w okolicy przypadkiem pojawiła się Luftwaffe, zadaniem dywizjonu była ochrona celów ćwiczebnych, blenheimów, i odprowadzenie ich bezpiecznie do Northolt.

Paszkiewicz miał inny pomysł. Choć czupurnością nie dorównywał większości polskich kolegów, był przeogromnie nieszczęśliwy, że Anglicy nie dają mu walczyć. Wprawdzie w Warszawie służył w 112 Eskadrze, lecz w chwili najazdu Niemiec na Polskę przebywał w Paryżu z delegacją wojskową, omawiając sprawę zakupu broni, toteż stracił szansę, by walczyć za ojczyznę. Później latał we Francji, ale jednostka, do której go przydzielono, robiła wszystko, by uniknąć walki. Po upadku Francji Paszkiewicz spędził sześć tygodni w Blackpool, kręcąc młynka palcami, a przez cztery następne słuchał, jak angielscy oficerowie mówią mu to, co dobrze wie. A teraz wypatrzył wroga. Pal sześć procedury RAF-u!

Paszkiewicz wyłamał się z szyku i dodawszy gazu, z rykiem ruszył na Niemców. Messerschmitt przed nim wszedł w ciasny zakręt i ostro zanurkował, ścigany przez hurricane'a. Paszkiewicz popędził za nim. Gdy niemiecki myśliwiec wyrównał lot, dwa hurricane'y zaatakowały go z bliska. Podlatując do Niemca tak, że o mało się z nim nie zderzył, Paszkiewicz strzelał aż do chwili, gdy zobaczył buchające płomienie. Messerschmitt wpadł w korkociąg, rąbnął o ziemię i eksplodował. Dopiero wtedy Paszkiewicz rozejrzał się za resztą dywizjonu, ale nikogo nie zobaczył. Po powrocie do Northolt, żeby pokazać, jak świetnie się czuje po strąceniu niemieckiej maszyny, wykręcił nad lotniskiem zwycięską beczkę.

Gdy tylko wysiadł z kabiny, wezwano go do biura komendanta bazy. Powitał go zagniewany pułkownik Vincent. „Loty ćwiczebne są lotami ćwiczebnymi! – wybuchnął. – A to znaczy, że nie wolno odłączać się od formacji, szukać przygód na niebie i na oślep kropić do Niemców! Najważniejsze jest bezpieczeństwo pańskiego dywizjonu i blenheimów!" Pułkownik grzmiał jeszcze kilka chwil, aż w końcu głos mu złagodniał i na twarzy pojawiła się zapowiedź uśmiechu. Dodał, że mimo to czuje się w obowiązku – „choć rozsądek podpowiada mi coś innego" – pogratulować Paszkiewiczowi pierwszego zestrzelenia zapisanego na konto dywizjonu.

Tego samego dnia wieczorem Kellett zadzwonił do Dowództwa Lotnictwa Myśliwskiego, wyjaśnił, co się stało, i oświadczył: „W tych okolicznościach, panie generale, możemy uznać, że nadają się do działań bojowych". Straciwszy w ciągu tygodnia blisko stu pilotów, dowództwo nie miało ochoty się spierać. Nazajutrz, w przeddzień rocznicy napaści Niemiec na Polskę, Dywizjon Kościuszkowski wyznaczono do pierwszego lotu na wroga.

Tymczasem w kasynie oficerskim rozradowany Paszkiewicz (dla kolegów „Paszko") zapisał w dzienniku Fericia: „Tak strzelałem po raz pierwszy w życiu do samolotu nieprzyjacielskiego". Tego wieczoru, w towarzystwie równie radosnych kolegów, strzelił sobie jeszcze jednego pierwszego. Człowiek, którego „trzeźwość – wedle słów Jana Zumbacha – była tak przysłowiowa, że można było zwątpić w jego polskość", upił się jak bąk.

ROZDZIAŁ ÓSMY

„MÓJ BOŻE, ONI NAPRAWDĘ ICH KOSZĄ!"

Gorącego, słonecznego ranka trzydziestego pierwszego sierpnia myśliwcy z Dywizjonu Kościuszkowskiego spoczywali na leżakach lub wygniatali trawę przed barakiem dispersalu w Northolt. Ubrani w żółte kamizelki ratunkowe, denerwowali się i niecierpliwili, z nadzieją oczekując na dzwonek telefonu i wezwanie do walki. Słońce było coraz wyżej, grzało coraz mocniej, a wokół nich na ziemi przybywało niedopałków. Pot przesiąknął przez mundury, zwilżył twarze. Czekali.

Wprawdzie od trzynastego sierpnia zażartość walk stale rosła, jednakże wyczuwali, że tego dnia nad Anglią dzieje się więcej niż zwykle. Stacjonujący wraz z nimi w Northolt dywizjon kanadyjski wyleciał o ósmej rano i jeszcze nie wrócił. W którejś chwili grupa Polaków obstąpiła majora Kelletta, dopytując się, kiedy nadejdzie ich kolej. „Niedługo – wykręcił się sianem Kellett. – Ale nie wylecicie na hura, na prywatną wojenkę! Działamy zespołowo, a przede wszystkim aż do odwołania będziecie wykonywać moje rozkazy".

Przed południem zaczęli wracać do Northolt mocno pokiereszowani Kanadyjczycy, a ściślej – ich niedobitki. Stracili cztery samoloty, a trzech poparzonych pilotów trafiło do szpitala. Z każdą upływającą minutą stawało się jasne, że Niemcy rzucili wszystko, co mieli, do ataku na lotniska, bazy myśliwców i arcyważne stacje radarowe wokół Londynu. Tylko tego jednego upalnego dnia Luftwaffe wysłała tysiąc czterysta samolotów, które bombardowały i strzelały niemal do woli. Po raz kolejny dotkliwie uszkodzono kluczowe lotnisko Biggin Hill w sektorze na południe od Tamizy, trafiając bombą wprost w stanowisko dowodzenia.

Nadeszło południe. Godzina druga. Czwarta. Ale upał był niczym w porównaniu z frustracją i złością, jaką odczuwali Polacy. Co za głupią grę prowadzili znów z nimi Anglicy? Wreszcie tuż po szóstej, kiedy letnie słońce wciąż stało wysoko, w dispersalu zadzwonił telefon. Znad Kanału nadciągało w stronę Anglii co najmniej dwieście maszyn i wyglądało na to, że zamierzają jeszcze raz zrąbać Biggin Hill. Na ich spotkanie wysłano w powietrze trzynaście dywizjonów. Wśród nich – nareszcie! – Dywizjon Kościuszkowski.

Piloci Dywizjonu Kościuszkowskiego odpoczywają przed barakiem dispersalu na lotnisku w Northolt. Z lewej Ludwik Paszkiewicz, z prawej Witold Łokuciewski. (Jacek Kutzner).

Polakom, pilotom i personelowi naziemnemu, nie trzeba było dwa razy powtarzać. Popędzili do hurricane'ów, zatrzymując się tylko na chwilę, żeby włożyć spadochrony, i wspięli się do kabin. Zapuścili silniki. Samoloty ożyły z rykiem. Obsługa naziemna usunęła klocki i odskoczyła. Patrzyła, jak myśliwce podskakują na nierównym gruncie, przyśpieszają, wzbijają się w powietrze i formują szyk. Od momentu, gdy zadzwonił telefon, minęły dwie minuty.

Dwie eskadry dywizjonu – Eskadrę A Ronalda Kelletta i Eskadrę B Athola Forbesa – skierowano na Dorking, ale prochu powąchali tego dnia tylko piloci pierwszej. Po dwudziestu minutach sześć lecących na wschód od Biggin Hill hurricane'ów napotkało około sześćdziesięciu niemieckich dornierów, osłanianych przez myśliwce. Gdy eskadra szykowała się do ataku na bombowce, któryś z Polaków wypatrzył i wskazał Kellettowi kilka messerschmittów. „Wybierzcie cele i załatwcie je" – odparł brytyjski dowódca Dywizjonu 303. Rok temu, z dokładnością do jednego dnia, Luftwaffe walnie przyczyniła się do zniszczenia Polski i upokorzenia polskiego lotnictwa. Teraz po dwunastu miesiącach poczucia bezsiły, niepokoju, udręki i gniewu nadszedł czas wyrównania rachunków.

Prowadzony przez Kelletta klucz „czerwony" zanurkował od strony słońca, spadając na zaskoczonego wroga jak stado mściwych furii. Kilka chwil później trzy messerschmitty runęły na ziemię. Gdy na Kelletta i jego skrzydłowych ruszyły inne niemieckie myśliwce, od tyłu zaatakował je klucz „żółty". Siedzącego messerschmittowi na ogonie Mirosława Fericia zdumiało, że tak łatwo wziął szwaba na celownik. „Jego kadłub już zajmuje całą średnicę koła świetlnego" – napisał w dzienniku. Posłał krótką serię, ze dwadzieścia pocisków, „zaskoczony i zdziwiony, że to tak łatwo, jakoś zupełnie inaczej niż w Polsce, gdzie człek się naprawdę męczył, pocił, denerwował i w końcu nic nie zrąbał lub sam został zrąbany". Tu zaś wynik był „natychmiastowy i cudowny". Po kilku sekundach messerschmitt pociągnął za sobą warkocz ognistego dymu. Pilot wydostał się z kabiny i wyskoczył, a nad nim wykwitł spadochron. Patrząc, jak opada, Ferić pomyślał o Warszawie, o tym, co zrobili z nią Niemcy, o kobietach i dzieciach zamordowanych przez takich lotników jak ten. Przemknęło mu przez głowę, że mógłby go rozwalić, ale nie zdobył się na strzał do bezbronnego. Jednak nie z powodu skrupułów. Było za dużo świadków. Dlatego postanowił zostawić fryca na ziemi dziadkom z angielskiej Gwardii Krajowej.

W niespełna kwadrans cała szóstka z Eskadry A, w tym Kellett, zestrzeliła po messerschmitcie. O siódmej dywizjon był już w komplecie na lotnisku. W pierwszej prawdziwej ostrej walce nie stracił żadnego pilota ani samolotu, a przed wylądowaniem Ferić i kilku innych wykręcili nad lotniskiem zwycięskie beczki.

W dywizjonie zapanowała euforia. Po złożeniu meldunków z akcji oficerowi wywiadu piloci zapałali nagłą chęcią wpisania się do dziennika Fericia. „Jeśli tak będzie dalej, to będziemy zapisywali całe tomy" – triumfował Ferić w swoim wpisie. Nadeszły też gratulacje z dowództwa RAF-u. Późnym wieczorem dywizjon otrzymał wiadomość od szefa sztabu lotnictwa, sir Cyrila Newella. „Wspaniała walka, Dywizjonie 303. Jestem zachwycony. Pokazaliście wrogowi, że polscy piloci są stanowczo górą". A Stanley Vincent napisał: „Gratuluję wspaniałego pierwszego dnia walki".

Najbardziej znane zdjęcie pilotów Dywizjonu Kościuszkowskiego. Wraz z innymi fotografiami polskich pilotów RAF-u przeszmuglowano je podczas wojny do okupowanej Polski. Pierwsi dwaj od lewej to Mirosław Ferić i John Kent. W środku (z okularami lotniczymi na czapce) Jan Zumbach. Czwarty od prawej Witold Łokuciewski. (Imperial War Museum).

Dywizjon Kościuszkowski ustanowił piękny rekord zestrzeleń w bitwie o Wielką Brytanię. Ale jego wkład w zwycięstwo był bez wątpienia najbardziej potrzebny właśnie tego pierwszego dnia. Trzydziestego pierwszego sierpnia angielskie lotnictwo myśliwskie poniosło najcięższe straty w całej bitwie – zginęło czternastu pilotów i zostało strąconych trzydzieści dziewięć myśliwców. Straty Niemców wyglądały tak samo. Piloci Dywizjonu 303 mieli w tym piętnastoprocentowy udział. Bez strat własnych!

Chociaż następnego dnia dywizjon startował alarmowo, nie napotkał żadnych samolotów wroga. Dopiero drugiego września po południu Polacy znów wkroczyli do akcji dwiema eskadrami A i B, wysłanymi w celu przechwycenia dwóch niemieckich formacji nad hrabstwem Kent. Tym razem Luftwaffe nie dała się zaskoczyć. W okamgnieniu dziesiątka messerschmittów 109 oderwała się od grupy bombowców i zanurkowała od strony słońca na Polaków. Dojrzawszy w jego blasku nadlatujące myśliwce, dwudziestojednoletni sierżant Jan

Rogowski o dziecięcej twarzy skierował hurricane'a prosto na nie, rozpraszając ich szyk i nie dopuszczając do zaskoczenia. „Zrobił się wielki zamęt" – wspominał potem John Kent – w którym brązowo-zielone hurricane'y znów wzięły górę nad messerschmittami.

Niemieccy piloci, pokonując wielkie odległości, musieli się martwić o to, czy starczy im paliwa. Kiedy więc zawrócili na drugi brzeg Kanału, Polacy pogonili za nimi. Wprawdzie większość zrezygnowała z pościgu i wróciła do Northolt, jak tylko Niemcy opuścili brytyjskie niebo, ale Ferić i Zdzisław Henneberg, były instruktor z Dęblina, kontynuowali pogoń za dwoma Me-109 aż do brzegów Francji. Kiedy Ferić, zbliżywszy się do zwierzyny, posłał krótką serię z karabinów maszynowych, samolotem mocno szarpnęło i wiatrochron ochlustał czarny olej, prawie całkiem przesłaniając widok. Oberwał. Niechętnie zrezygnował z ataku i zawrócił nad Kanał. Gdy otwierał osłonę kabiny, chcąc oczyścić przednią szybę, zobaczył, że z gwałtownie dygoczącego silnika wydobywa się czarny dym.

Zdecydował, że dotrze do Anglii lotem ślizgowym. Zgasił dymiący silnik, zdając sobie sprawę, że bez możliwości sterowania samolotem, ciągnąc za sobą smugę dymu, będzie łatwą zdobyczą dla każdego niemieckiego myśliwca wracającego znad Anglii do Francji. Sekundy upływały, pod sobą wciąż miał wodę, a wysokościomierz sygnalizował stałe opadanie: 8000 stóp... 7200... 6800. Ferić wstrzymał oddech, bo w zamglonej dali pojawiły się dwa samoloty. Okazało się, że to hurricane'y, na ich kadłubach widniało godło jego dywizjonu. Samoloty zawróciły i podleciały do niego z boków na tyle blisko, że rozpoznał w ich kabinach Witolda Łokuciewskiego i Ludwika Paszkiewicza. Kilka chwil później do dwójki aniołów stróżów, pragnących, by cało wrócił do bazy, dołączył trzeci, Jan Rogowski.

Na horyzoncie zamajaczyły klify Dover. Ferić zadawał sobie pytanie, czy leci wystarczająco szybko, żeby je przeskoczyć. Wysokościomierz wskazywał 5000 stóp... 4500... 4000. Ustawił hurricane'a tak, żeby miał jak najlepsze noszenie. A potem pozostało mu tylko lecieć... albo utracić samolot, a być może i życie, wodując lub skacząc do Kanału. Wsłuchiwał się w świst wiatru omiatającego osłonę kabiny i wpatrywał w wysokościomierz. Jego wskaźnik zbliżył się do 2700 stóp. Był już tak nisko, że widział pojedyncze fale. Zarazem jednak rosła w nim nadzieja, że uda mu się dolecieć do lądu. I niebawem doleciał – na wysokości 900 stóp.

Dostrzegłszy duże pole blisko brzegu, mocniej zapiął pasy i przygotował się do przymusowego lądowania. Hurricane ciężko zderzył się z ziemią, podskakując przejechał kilkaset stóp i znieruchomiał. Był mocno uszkodzony – śmigło miał pogięte, podwozie zaklinowane, poszycie w wielu miejscach powgniatane i zdarte jak skórka z pomarańczy. Ferić wyszedł z tej przygody jedynie z zadrapaniami i lekką reprymendą (skierowaną również do Henneberga) w postaci telegramu od generała Keitha Parka: „Dowódca Grupy docenia ducha bojowego, który zaniósł dziś dwóch polskich pilotów w pogoni za wrogiem nad wybrzeże Francji. Ale takie zachowanie nie jest opłacalne ani rozsądne, kiedy wokół Londynu jest tyle okazji do postrzelania".

Po ekscytujących i pełnych sukcesów pierwszych dwóch dniach walk dwa następne przyniosły Polakom zawód. Trzeciego września dywizjon stoczył dwie krótkie, mało znaczące potyczki z samolotami nieprzyjaciela. I tylko František zaliczył drugie strącenie, zestrzeliwując nad Kanałem Me-109. Czwartego września w ogóle nie doszło do kontaktu z Niemcami.

Jednakże piątego września piloci z naddatkiem odbili sobie bezczynność. Tego dnia Luftwaffe przeprowadziła dwadzieścia dwa naloty na Anglię, uderzając z całą mocą nie tylko w lotniska i fabryki, ale także w tuziny miast i miasteczek, od Londynu po Liverpool. Dolatując do ujścia Tamizy, dowodzony przez Kelletta klucz „czerwony" napotkał dużą niemiecką formację bombardującą londyńskie doki. W powtórce z trzydziestego pierwszego sierpnia Kellett i jego skrzydłowi błyskawicznie zaatakowali grupę. Upolowanie ofiar zajęło wszystkim trzem kilka chwil. Sierżant Stanisław Karubin pogonił za drugą 109-tką, cały czas strzelając i zmuszając ją do schodzenia coraz niżej, aż do wierzchołków drzew. Kiedy skończyła mu się amunicja, popędził prosto na messerschmitta i minął go o jardy. Spłoszony Niemiec stracił kontrolę nad maszyną i rozbił się, uderzając w ziemię.

Klucz „niebieski" pod dowództwem Athola Forbesa też odniósł sukces, strącając trzy bombowce i jednego myśliwca. W sumie zaliczono Polakom zniszczenie ośmiu samolotów wroga. Stanowiło to dwadzieścia procent zwycięstw RAF-u tego dnia.

Po pierwszych podniecających i wyczerpujących dniach walki mogło się wydawać, że Dywizjon Kościuszkowski jest nie do pokonania. Odniósł tyle zwycięstw, a nie stracił dotąd żadnego pilota. Jedynym zgłoszonym urazem był złamany bark. Ale szczęśliwa passa, jak wiadomo, nie trwa wiecznie.

Szóstego września, tuż przed dziewiątą rano, Dywizjon Kościuszkowski wraz z resztą Grupy 11 wzbił się w powietrze na spotkanie ogromnej niemieckiej powietrznej armady trzystu–czterystu samolotów, rozciągniętych w formacjach

Zdzisław Krasnodębski drzemie między lotami bojowymi podczas bitwy o Wielką Brytanię, z głową na poduszce z worków z piaskiem obok dispersalu. (Stanisław Błasiak).

na przestrzeni blisko dwudziestu mil. W każdych okolicznościach było to trudne zadanie, a dla Polaków tym trudniejsze, że wyznaczony za późno czas startu pozbawił ich elementu zaskoczenia wroga. Musieli w najkrótszym czasie wzlecieć jak najwyżej, żeby mając pod kontrolą możliwie największy obszar nieba, wybrać cele i zdobyć niewielką przewagę nad szybszymi 109-tkami. Niestety, wznoszący się samolot traci na prędkości i zdolnościach manewrowych. Kiedy dywizjon wzbijał się w górę, mrużący oczy w mlecznobiałym, oślepiającym blasku słońca piloci za późno odkryli, że lecą wprost na formację niemieckich bombowców, osłanianych przez messerschmitty. Nie mogąc uniknąć walki, zaatakowali, ale szybko opadła ich zgraja 109-tek. Niebo przecięły kule i dym po pociskach smugowych.

Prowadzący klucz „żółty" Zdzisław Krasnodębski właśnie wziął na celownik niemiecki bombowiec, kiedy został trafiony z tyłu. Kule strzaskały tablicę przyrządów i przedziurawiły zbiornik, bo nagle rozeszła się woń paliwa i do kabiny zaczęła się wlewać benzyna. Kiedy się zapaliła, w jednej sekundzie pilota otoczyły płomienie. Mocując się z pasami, nie mogąc ich rozpiąć, na chwilę pożegnał się z życiem. Ale piekący ból poparzonych rąk i twarzy podziałał jak ostroga. Krasnodębski znów zaczął walczyć z pasami. Gdy się wreszcie uwolnił, zerwał maskę tlenową, odsunął osłonę kabiny, przekręcił samolot na plecy i wypadł w zimne powietrze gdzieś nad Farnborough, ciągnąc za sobą smugę z dymiącego ciała i kombinezonu.

Kiedy spadał, otumaniony bólem, przypomniał sobie swój poprzedni skok ze spadochronem, nad Polską. O mało co nie zginął wtedy od kul z messerschmitta. Zapamiętał tę lekcję. Tym razem zaczekał z otwarciem spadochronu, żeby nikogo nie skusić do strzelania. Spadając w poświście lodowatego wiatru, do rączki otwierającej spadochron sięgnął około dziesięciu tysięcy stóp nad ziemią. Sięgnął raz, drugi. Nie mógł jej znaleźć! Ziemia zbliżała się szybko. Rozpaczliwie obmacując poparzonymi palcami worek spadochronu, wreszcie natrafił na uchwyt i mocno szarpnął. Wypełniająca się powietrzem czasza poderwała go w górę. Kiedy spływał w dół, a płomienie przeżerały się przez mocny materiał kombinezonu lotniczego, usłyszał grzmot nadlatującego samolotu. „Mój Boże! – pomyślał. – Znowu?!" Tym razem jednak nie był to messerschmitt, tylko hurricane. Krążył nad nim dopóty, dopóki nie dotknął ziemi. Później okazało się, że był to myśliwiec Witolda Urbanowicza, „który w pierwszym momencie biorąc mnie za Niemca, chciał zmienić kierunek mojej drogi, nie na ziemię, a wprost do nieba (?). Uratowała mnie żółta maewestka, którą rozpoznał". Urbanowicz nigdy się nie przyznał do tak krwiożerczych intencji*.

Krasnodębski wylądował na ziemi ledwo przytomny. Natychmiast otoczyli go członkowie miejscowej Gwardii Krajowej, którzy wypadli z krzaków, mierząc groźnie z zabytkowych karabinów z pierwszej wojny światowej. Pomimo oszołomienia, bólu poparzonych rąk i sczerniałej twarzy oraz bardzo słabej znajomości angielskiego udało mu się jakoś przekonać Anglików, że walczy po ich stronie. Wkrótce znalazł się w ambulansie jadącym do szpitala w Farnborough.

Do tego samego szpitala trafił również Ronald Kellett, którego hurricane oberwał w chwili, gdy major strącał heinkla. Jego myśliwcowi odstrzelono spore

* Rozwścieczeni na Niemców za strzelanie do ratujących się skokiem na spadochronie polskich i brytyjskich pilotów, Polacy rewanżowali się niekiedy pięknym za nadobne, strzelając do skaczących lotników Luftwaffe.

kawały obu płatów, ster kierunku ledwo działał, a ster wysokości – wcale. Nie mogąc wyskoczyć ze spadochronem, bo zacięła się osłona kabiny, Kellett nie miał wielkiego wyboru. Udało mu się zmniejszyć prędkość do stu czterdziestu mil na godzinę i wylądować na porytym bombami pasie startowym w Biggin Hill, pędząc do samego końca, nim wreszcie zahamował. Z pobliskiej ziemianki wypadł lotnik, rozwalił siekierą osłonę kabiny i wyciągnął oszołomionego, lekko rannego pilota. W chwili gdy dotarli do schronu przeciwodłamkowego, lotnisko znów zaatakowali Niemcy, bombardując pas, na którym wylądował. Po nalocie zabrano majora do szpitala. Kiedy opatrzono mu ranę na nodze, powrócił do swych obowiązków.

Był to bardzo ciężki dzień dla Dywizjonu Kościuszkowskiego. Polakom zatwierdzono strącenie kolejnych siedmiu niemieckich maszyn – nadzwy-

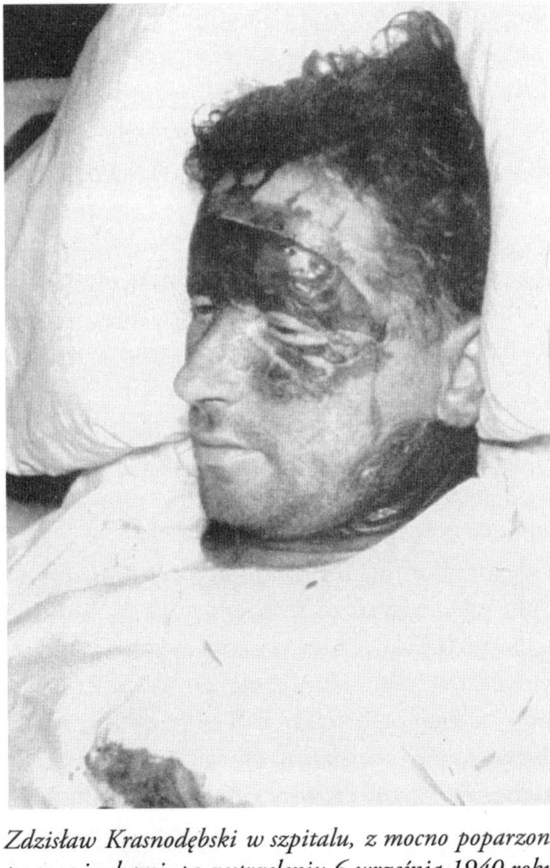

Zdzisław Krasnodębski w szpitalu, z mocno poparzoną twarzą i rękami, po zestrzeleniu 6 września 1940 roku. (Stanisław Błasiak).

czajny wynik, zważywszy na trudności, jakie napotkali – ale czterech pilotów zostało rannych i zestrzelono cztery samoloty. Najbardziej przykra była strata Krasnodębskiego, ogólnie lubianego polskiego dowódcy dywizjonu. „Król" był jego duszą, tym, który – zdaniem Urbanowicza – zrobił najwięcej, żeby z grupy niesfornych indywidualistów stworzyć wspaniały zwycięski zespół. „Nie odniósł w powietrzu wielu zwycięstw – powiedział o nim. – Odniósł za to zwycięstwo na ziemi, szkoląc i wychowując młodych oficerów pod swoją komendą".

Wieczorem Urbanowicz i lekarz Dywizjonu 303 odwiedzili Krasnodębskiego w szpitalu. Leżał w łóżku, przytomny, ale poparzoną twarz, ręce i nogi miał w bandażach. „Jak dziś wypadliśmy?" – spytał słabym głosem. Urbanowicz wymienił mu zwycięstwa i straty. „Mam nadzieję, że nie będą mnie tu trzymać długo – powiedział Krasnodębski. – Chcę do was dołączyć jak najszybciej". Później lekarz dywizjonu dowiedział się, że major, który walczył w Anglii zaledwie przez tydzień, będzie musiał spędzić w szpitalu miesiące, a może lata. Zdaniem angielskich lekarzy było mało prawdopodobne, żeby ten dzielny człowiek, który żył dla latania, kiedykolwiek wrócił za stery samolotu.

Gdy następnego popołudnia, siódmego września, pierwsza fala niemieckich samolotów przewaliła się nad wybrzeżem Anglii, nic nie zapowiadało, że tego dnia naloty będą się bardzo różnić od dziesiątków wcześniejszych, jakich Niemcy dokonali w ciągu ostatnich trzech tygodni. Dokładnie o piętnastej pięćdziesiąt cztery kontrolerka WAAF-u ze stacji sektora Grupy 11 w Uxbridge umieściła na wielkiej stołowej mapie znacznik, wskazujący, że radar wychwycił grupę ponad dwudziestu samolotów wroga. Po niespełna minucie liczba ta skoczyła do kilku setek bombowców i myśliwców, tworzących flotyllę jeszcze potężniejszą od wczorajszej, która dokonała tak ogromnych zniszczeń. „W życiu nie widziałem tylu maszyn naraz – zwierzył się zdumiony pilot jednego z jedenastu dywizjonów RAF-u, którym natychmiast kazano wystartować. – Jak okiem sięgnąć, widać było tylko niemieckie samoloty, nadciągające fala za falą". Dopiero gdy wrogie zagony przeleciały nad Biggin Hill, Kenley, Manston i innymi mocno zniszczonymi lotniskami, stało się oczywiste, że Niemcy jeszcze raz zmienili strategię. Za nowy, główny cel obrali Londyn.

Notabene Luftwaffe bombardowała stolicę od ponad tygodnia. Ataki te, choć niezmasowane i nieciągłe, do tego stopnia rozsierdziły Churchilla, że wydał rozkaz przeprowadzenia pierwszych nalotów na Berlin. Te z kolei rozsierdziły Hitlera, którego wybuchowe usposobienie, tak otwarcie zademonstrowane w przypadku Polski, objawiało się często w napadach irracjonalnej wściekłości. „Atakują nasze miasta?! No, to zetrzemy ich miasta z powierzchni ziemi!" – piorunował.

W dodatku Hitler i Göring zdążyli sobie wmówić, że Luftwaffe unieszkodliwiła RAF, dlatego teraz może skoncentrować się na Londynie i innych miastach. Wprawdzie się przeliczyli, ale niewiele minęli z prawdą. Po dwóch tygodniach walk Królewskie Siły Powietrzne, którym zestrzelono dwieście dwadzieścia siedem samolotów i zniszczono wiele lotnisk i stanowisk dowodzenia, były o krok od klęski. Dowództwo Lotnictwa Myśliwskiego potrzebowało przede wszystkim czasu na przegrupowanie sił. I dostało go w prezencie od Hitlera. „W walkach pomiędzy dwudziestym czwartym sierpnia a szóstym września szale przechyliły się na niekorzyść Dowództwa Lotnictwa Myśliwskiego – napisał Churchill. – Gdyby wróg nie zaprzestał ciężkich ataków [na instalacje i system łączności RAF-u], skomplikowana struktura lotnictwa myśliwskiego mogłaby się załamać".

Ale wróg tymczasem przystąpił do ośmiotygodniowego zmasowanego bombardowania Londynu. Te tygodnie były najdramatyczniejszym rozdziałem ośmiomiesięcznego terroru zwanego blitzem.

W Northolt piloci Dywizjonu Kościuszkowskiego od wielu godzin byli w stanie gotowości bojowej. Pocąc się w nieprzewiewnych kamizelkach ratunkowych, wystawieni na niemiłosierne promienie słońca, czekali w swoich samolotach. Czterech z nich w hurricane'ach pożyczonych od dywizjonu kanadyjskiego w miejsce utraconych wczoraj. O szesnastej czterdzieści pięć w słuchawkach zatrzeszczał rozkaz: „Trzysta trzy, start! Trzysta trzy, start!" W niebo wystrzeliły czerwone rakiety. Samoloty ruszyły, podskakując na nierównościach lotniska, i pół minuty później znalazły się w powietrzu.

Polacy połączyli siły z Dywizjonem 1, również stacjonującym w Northolt. Obie jednostki otrzymały rozkaz lotu na wschód, w stronę londyńskich doków, na których miała się niebawem skupić furia Luftwaffe. Zbliżając się do przedmieść stolicy, Jan Zumbach dostrzegł w dole przypominające waciki obłoczki po wybuchach pocisków angielskiej obrony przeciwlotniczej, a po chwili, z prawej, około czterdziestu dornierów w obstawie messerschmittów. Leciały zrzucić bomby. Czekał niecierpliwie na rozkaz ataku, ale dowodzący tego dnia dywizjonem Athol Forbes nie zmienił kursu, najwyraźniej nieświadom obecności wroga. Zawiedzionego Polaka aż „skręcało". Wiedział, że jeżeli dywizjon nie zaatakuje w ciągu najbliższych sekund, na Londyn spadnie grad ponad czterdziestu ton bomb.

I wtedy przez radio usłyszał okrzyk po polsku: „Do ataku! Za mną!" Był to głos prowadzącego klucz „żółty" Ludwika Paszkiewicza, który jeszcze raz wziął sprawy w swoje ręce. Zahuśtał skrzydłami, wyszedł z szyku, skręcił w prawo i zanurkował. Za nim podążyli jego skrzydłowi, później klucze Henneberga i Urbanowicza, a na końcu klucz Forbesa, który wreszcie pojął, co się dzieje. Dywizjon zatoczył wielki łuk i runął w dół, mając z tyłu słońce. „Zaatakowaliśmy wściekle, otwierając ogień z czterystu pięćdziesięciu jardów i odskakując od wrogów dopiero, gdy wypełnili nam celowniki" – napisał w sprawozdaniu Forbes.

Jan Zumbach przed hurricane'em. (Jacek Kutzner).

Gdy przyszła kolej Zumbacha, ten nacisnął spust, ale na darmo. Zapomniał odbezpieczyć broń. Klnąc na czym świat stoi, położył samolot w tak ciasny zakręt, że siła odśrodkowa wbiła go w fotel. Zdążył jednak ponownie wziąć Niemca na celownik i po kilku seriach dornier zamienił się w ścianę płomieni. Zumbach zanurkował za następnym i z łatwością wziął go na celownik. Nacisnął spust i chwilę później drugi bombowiec również eksplodował. Żeby nie zderzyć się z kulą ognia, polski pilot znów skręcił tak gwałtownie, że aż go zamroczyło. Hurricane zaczął spadać. Zumbach odzyskał przytomność i wyszedł z lotu nurkowego zaledwie kilkaset stóp nad ziemią.

Do tego czasu dywizjon zniszczył prawie jedną czwartą niemieckiej formacji bombowej. „Byliśmy jak tuzin myśliwskich psów rozrywających na strzępy dzika” – powiedział Urbanowicz. Forbes, zafascynowany tym, co widział, również użył myśliwskiego porównania, stwierdzając, że „dorniery spadały z nieba jak kuropatwy, czasem po dwa naraz”. Ocalałe bombowce rozprysły się w panice i nie zrzuciwszy bomb, zawróciły do Francji. Teraz Polacy zajęli się messerschmittami, zaatakowanymi wcześniej przez Dywizjon 1.

Marian Pisarek, który przed wstąpieniem do lotnictwa był w Polsce oficerem piechoty, strącił 109-tkę, ale i sam oberwał od innego niemieckiego myśliwca. Tego dnia zestrzelono trzech pilotów Dywizjonu 303. Opuszczając kabinę, Pisarek zahaczył lewą stopą o krawędź i zawisł na płonącym samolocie, który wpadł w korkociąg. Po rozpaczliwych wysiłkach pilotowi udało się wreszcie uwolnić nogę z buta. Spadochron otworzył się kilka tysięcy stóp nad ziemią. Polak wylądował w ogrodzie podmiejskiego domu, pośrodku wychuchanego rosarium. Właściciel palnął oszołomionemu młodemu pilotowi małe kazanie o poszanowaniu cudzej własności. Ale angielskie zamiłowanie do porządku wkrótce ustąpiło pola serdeczności. Anglik zaprosił Pisarka do domu i napoił herbatą. Wchodząc tam w jednym bucie, utykający, strasznie zażenowany myśliwiec starał się ukryć wielką dziurę w skarpecie*.

Gdy triumfujące hurricane'y wracały do bazy w Northolt, beczki na znak zwycięstwa kręcono jedną po drugiej. „Tańcowaliśmy z radości” – wspominał Zumbach. W ciągu kwadransa Polacy zestrzelili czternaście niemieckich maszyn, nie licząc czterech „prawdopodobnych” strąceń. Paszkiewicz i Zumbach zaliczyli dublety. Urbanowicz jedno pewne, jedno „prawdopodobne”. Łokuciewski też jedno. Tuż po strzale jego Niemiec „pękł jak bańka mydlana”. Ale jeszcze ważniejsza od liczby zestrzeleń okazała się zdumiewająca łatwość, z jaką Dywizjon Kościuszkowski rozpędził formację niemieckich bombowców, zanim uderzyła na Londyn. Ten i tak już wystarczająco straszny dzień byłby jeszcze straszniejszy, gdyby te czterdzieści dornierów przedarło się nad cel.

Radość Polaków z własnych sukcesów ostudziły wieści o rozmiarach zniszczeń, jakich mimo to dokonali Niemcy. W tym pierwszym nalocie blitzu zginęły setki londyńczyków, a tysiące odniosły rany i straciły dach nad głową. Widok ogromnych słupów dymu i krwistoczerwonych łun nad londyńskim

* But Pisarka odnalazł się w maju 1976 roku, kiedy archeolodzy odkopali w pobliskim ogrodzie fragment jego rozbitego hurricane'a.

East Endem przypomniał polskim lotnikom o bezpardonowym ataku, jaki przed rokiem przypuszczono na ich stolicę. Ale Londyn, który czekało pięćdziesiąt siedem nocy bombardowań, okazał się miastem nieujarzmionym jak Warszawa, a londyńczycy, jak warszawiacy, byli gotowi poświęcić wszystko w imię niepodległości, wolności i honoru. Podczas wojny Winston Churchill powiedział o swoich rodakach, że „wpojono im umiłowanie wolności ponad własne życie".

W pierwszym tygodniu walki osiągnięcia Dywizjonu Kościuszkowskiego były tak imponujące, że niektórzy członkowie Dowództwa Lotnictwa Myśliwskiego nie dawali im wiary. Wśród wątpiących był szef bazy w Northolt, Stanley Vincent, którego dręczyło pytanie, czy Polacy aby nie zawyżają w raportach z akcji liczby zestrzeleń.

Gdy podzielił się swoimi wątpliwościami z Kellettem, ten odparł, że przy zaliczaniu strąconych samolotów ściśle przestrzega reguł. Co więcej – podkreślił – raporty dywizjonu zaniżają osiągnięcia pilotów. Vincent nie dał się przekonać. Polecił oficerowi wywiadu „potraktować te wyniki z dużą ostrożnością, przeczesać je gęstym grzebieniem". Po krótkim śledztwie oficer zameldował, że nie znalazł żadnych rozbieżności. Wciąż sceptyczny Vincent postanowił zbadać rzecz osobiście. Jedenastego września podążył swoim hurricane'em za Dywizjonem 303 nad Horsham, gdzie Polacy starli się z lecącą na Londyn dużą formacją bombowców wroga. Trzymając się nad dywizjonem, zobaczył, jak dwa hurricane'y oderwały się od eskadry i z „prawie samobójczym impetem" niemal pionowo zanurkowały ku niemieckim bombowcom. Gdy wystraszeni zajadłością ataku niemieccy piloci nie utrzymali szyku, Polacy zaczęli zestrzeliwać rozproszone dorniery jeden po drugim. Kilka razy w trakcie tej bitwy polscy myśliwcy otwierali ogień w ostatniej chwili, o mało nie zderzając się ze zwierzyną, ale wyniki tej taktyki były dla Niemców druzgoczące. „Raptem – relacjonował Vincent – niebo zapełniło się płonącymi samolotami, spadochronami i kawałami rozwalonych skrzydeł. Wszystko rozegrało się z oszałamiającą prędkością". Będąc doświadczonym pilotem, pułkownik próbował włączyć się do walki, ale ilekroć zbliżał się do niemieckiego bombowca, „drogę przecinał mi nurkujący Polak i musiałem się cofać, żeby nie oberwać". Trzymając się roztropnie z boku, Vincent wreszcie uwierzył. „Mój Boże, oni naprawdę ich koszą!" – powiedział do oficera wywiadu, gdy wylądował w Northolt.

Dowódca bazy, który od tego dnia stał się zaprzysięgłym orędownikiem polskich „kosynierów", nie był ich jedynym wielbicielem. Do połowy września piloci z Dywizjonu Kościuszkowskiego stali się nieoficjalnymi bohaterami królestwa. Przedstawiciele rządu, wyżsi oficerowie RAF-u, premier i sam król przy różnych okazjach oddawali honory ludziom, którzy w nieco ponad tydzień zestrzelili blisko czterdzieści samolotów wroga*. „BBC przesyła gorące pozdrowienia słynnemu polskiemu Dywizjonowi 303 wraz z serdecznymi gratulacjami za wspaniałe osiągnięcia i życzy mu wszystkiego najlepszego. Wy używacie przestworzy do swoich wspaniałych wyczynów, a my do rozgłaszania ich światu. Niech żyje Polska!" – winszował dyrektor naczelny BBC.

Większość tych hołdów trafiła do dziennika Fericia, który je starannie przepisał. Podczas bitwy o Wielką Brytanię ani razu nie stracił z oczu celu: udokumentować osiągnięcia dywizjonu w skromnym zeszycie, z którym się nie rozstawał. Kiedy jego kolegom, zwłaszcza Zumbachowi, zdarzało się odmawiać pisania o zwycięstwach, robił to za nich. „Zawziąłem się, by pisać tę księgę i ratować to, co mogłoby zaginąć w niepamięci, to, co dla nas jest teraz najdroższe – czyny bojowe i bohaterskie naszych pilotów".

Nadal jednak nie doceniano jego poświęcenia. „«Ox», popularnie «Szkotem» zwany, stał się istną plagą pilotów – narzekał Zumbach w połowie września. – Jeszcze bidak taki nie wyszedł z maszyny, a już go ktoś łapie za krawat, wciska pióro i księgę i syczy złowrogo w ogłuchłe w walce i pikowaniu ucho: pisz zaraz!" Koledzy przekonali się, że przed namolnym Fericiem trudno uciec. „A jednak w końcu mnie dopadł! (Myślę tymczasem o «Oksie»). Zjechał do szpitala niby w odwiedziny, ale z księgą, i kazał pisać" – zanotował w dzienniku dwudziestego pierwszego września ranny pilot dywizjonu.

Znacznie mniej romantyczny od Fericia Zumbach, nieskory do chełpienia się bohaterstwem swoim i innych, gdy już raczył wpisać się do jego dziennika, często parodiował rozbuchany, kwiecisty styl niektórych kolegów. Pisząc o zapamiętałej walce siódmego września, zaczął słowami: „Słońce było takie jak dziś. Palące jego promienie wydobywały przedziwny zapach z ziemi, tak odurzający jak ciało kochanej dziewczyny. Gdzieś ukryty w gąszczu bzu zawodził swe trele słowik. Nastrój ten w pewnym momencie przerwał ryk syren..."

Tak powinien zacząć swoją relację pisarz – zaznaczył. „Ponieważ nim nie jestem, napiszę, jak było naprawdę. Otóż słońce było, ale wcale nie takie jak

* W którymś momencie Ronald Kellett wysłał do dowództwa list ze stwierdzeniem, że dowody uznania są wprawdzie miłą rzeczą, ale może czas poprzeć je konkretami. Aluzję zrozumiano i niebawem do Northolt nadeszła skrzynka whisky.

dziś, bo dzisiaj jest deszcz i chmury. Bzu wcale na lotnisku nie ma, a słowik jest zwierzęciem zupełnie nieznanym w Anglii*. Zapachu też nie było [...] Jedno tylko było, a mianowicie alarm".

Podczas gdy Jan Zumbach bagatelizował zwycięstwa własne i kolegów, Brytyjczycy, z premierem włącznie, wprost przeciwnie. Któregoś wrześniowego wieczoru przy kolacji na Downing Street 10 tematem głównym stały się sukcesy polskich pilotów. „Wszyscy byli zgodni, że wspaniali z nich wojownicy" – napisał o tej wieczornej rozmowie John Colville. Do różnicy zdań doszło tylko w kwestii, ile warci są Polacy. Winston Churchill stwierdził autorytatywnie, że jeden Polak wart jest trzech Francuzów, co spotkało się ze

Jan Zumbach i Mirosław Ferić z maskotką dywizjonu. (Imperial War Museum).

zdecydowanym protestem dowódcy brytyjskiego Korpusu Ekspedycyjnego we Francji, lorda Gorta, i do niedawna tak sceptycznego wobec polskich myśliwców generała lotnictwa, sir Hugh Dowdinga. Ich zdaniem bliższy prawdy był stosunek jeden do dziesięciu.

W pałacu Buckingham sekretarz króla Jerzego VI, Alexander Hardinge,

* Zumbach oczywiście mylił się co do słowika.

z podziwem nazywał polskich pilotów „absolutnymi tygrysami”. „Trudno oprzeć się wrażeniu – napisał w liście do lorda Hamiltona – że gdyby wszyscy nasi sojusznicy byli Polakami, to do tej pory ta wojna potoczyłaby się całkiem inaczej”. Cytowano też słowa majora RAF-u, który powiedział o polskich pilotach: „Są fantastyczni, lepsi od najlepszych z nas. Przewyższają nas pod każdym względem”.

Wciąż od nowa zadawano pytanie: dlaczego Polacy są tak dobrzy? Odpowiedź była złożona. Prawie wszyscy polscy piloci, na ogół starsi od brytyjskich kolegów, wylatali na różnych samolotach setki godzin, a ponadto zdobyli doświadczenie w walkach w Polsce i Francji. Nie wpojono im, jak lotnikom brytyjskim, bezkrytycznej wiary w skomplikowaną aparaturę radiową i sieć radarów, a latania nauczyli się na prymitywnych, przestarzałych maszynach. Dzięki temu – jak stwierdził brytyjski instruktor lotnictwa – „wybornie znali się na samolotach i sztuce pilotażu”. Choć doceniali wartość takich narzędzi jak radio i radar, Luftwaffe wykrywali głównie wzrokiem. „W przeciwieństwie do brytyjskich pilotów, szkolonych [...] żeby lecieć, gdzie każą, polscy piloci cały czas się rozglądają, wypatrując wroga” – stwierdził angielski lotnik. Żeby przed wojną zostać w Polsce pilotem, kandydat musiał mieć sokoli wzrok, a polscy myśliwcy ciężko pracowali nad tym, by zachować i rozwijać umiejętność dostrzegania odległych obiektów.

Wyrażając się z wielkim podziwem o dwóch polskich lotnikach przydzielonych do jego dywizjonu, brytyjski pilot wspominał, jak leżąc na polówkach w baraku dispersalu, bez najmniejszego trudu śledzili dla wprawy wędrówki much po ścianach. W późniejszym okresie wojny Witold Urbanowicz, na krótko przydzielony do grupy myśliwców, która zastąpiła legendarne Latające Tygrysy w Chinach, zdumiał młodych amerykańskich kolegów ostrością wzroku. „Dla mnie pułkownik Urbanowicz był jak swami [hinduski mistrz], jak jasnowidz, był kimś, kto wszystko widzi i wszystko wie – wyznał jeden z nowych pilotów grupy, Donald Lopez. – Po walce wymieniał tyle szczegółów, że wierzyć się nie chciało. Widział wszystko, co się zdarzyło i co każdy z nas robił”.

Z wyjątkową koncentracją Polaków szła w parze wyjątkowa odwaga. Brytyjskich pilotów nauczono latać i walczyć ostrożnie. Zalecano im nie podchodzić za blisko wroga i otwierać do niego ogień z odległości nie mniejszej niż sto pięćdziesiąt jardów. Polakom natomiast wpojono agresywność, nawyk atakowania po kawaleryjsku, otaczania i zastraszania wroga, który zmuszony do odwrotu stawał się łatwiejszym celem. Po krótkich wstępnych seriach ze stu pięćdziesięciu, dwustu jardów, posłanych dla postrachu, żeby zagrać przeciwnikowi na nerwach, polscy piloci zbliżali się do niego na odległość prawie bezpośredniego strzału i dokańczali dzieła. „Atakując wrogie bombowce i myśliwce, podchodzili tak blisko, że zdawało się, że się z nimi zderzą" – wspominał Athol Forbes. Właśnie wtedy przypuszczali niszczycielską szarżę, „odłupując kawałki od wszystkich części niemieckiego bombowca i unieszkodliwiając go za jednym atakiem".

Z tej powietrznej wojny nerwów najczęściej wychodzili zwycięsko. Kilka razy zdarzyło się – raportował Forbes – że na widok szykujących się do ataku polskich hurricane'ów niemieckie załogi wyskakiwały z bombowców jeszcze przed strąceniem. Nawet biorąc poprawkę na przesadę obecną w relacjach wojennych, sprawność, z jaką Dywizjon Kościuszkowski rozbijał i zmuszał do odwrotu formacje bombowe Luftwaffe, odegrała w obronie Wielkiej Brytanii równie ważną rolę jak talent Polaków do zestrzeliwania samolotów. Brawurowy polski styl walki okazał się tak skuteczny, że czasem stosowali go także Ronald Kellett i John Kent. Dowodząc tymi „niebywale dzielnymi ludźmi", Kent lubił sobie wyobrażać, że prowadzi do boju oddział słynnej polskiej kawalerii. „Można powiedzieć, że Polacy przenieśli taktykę kawaleryjskich szarż, a już na pewno ich ducha, z ziemi w powietrze" – powiedział.

Za sprawą Polaków Kellett zrezygnował również z latania w zwartych kluczach w kształcie litery „V" i przestarzałej, przedwojennej podręcznikowej taktyki RAF-u*. Sztywne formacje ze strzegącym tyłów pilotem, zwanym *weaver* („tkacz"), były – zdaniem jednego z polskich lotników – „samobójcze". Tak samo sądzili wszyscy Polacy z polskich i brytyjskich dywizjonów. Nienawidzili latania w zwartym szyku, bo zamiast skupić się na wyszukiwaniu wzrokiem wroga, musieli cały czas uważać, żeby nie zderzyć się z kolegami. Twierdzili, że luźne, rozciągnięte formacje samolotów lecących na nieco innych wysokościach są znacznie skuteczniejsze, choćby dlatego, że nikt nikomu nie zasłania nieba.

Idiotyzmem wydawały się im ataki według szablonu (założenie, że Niemcy zachowają się zgodnie z angielskimi podręcznikami lotniczymi). Na najnowsze niemieckie manewry piloci Dywizjonu Kościuszkowskiego reagowali ciągłą zmianą wariantów taktycznych. „Wymagał tego zdrowy rozsądek – powiedział po wojnie Kellett. – A poza tym, gdy atakowałeś, nie było czasu martwić się, co robią inni". Innymi słowy, walka niezwykle rzadko przebiegała według podręcznika. Gdy zaczynało się strzelanie, każdy pilot działał na własną rękę.

Do pewnego stopnia, bo Polacy wyznawali zasadę, że w miarę możliwości

* Po bitwie o Wielką Brytanię Hugh Dowding przyznał, że latanie w zwartych formacjach i skomplikowana bojowa taktyka RAF-u pozostawia wiele do życzenia.

jeden drugiego powinien bronić. Starali się więc pomagać zagrożonym kolegom. W wielu raportach z akcji są wzmianki, że eskortowali uszkodzone samoloty i osłaniali przed niemieckim ostrzałem pilotów zmuszonych do skoku ze spadochronem. Podczas jednego z lotów bojowych na początku września John Kent, ścigając niemiecki bombowiec, zorientował się, że od tyłu nadlatuje Me-109. W tym momencie przed messerschmittem „wystrzelił jak błyskawica" hurricane Henneberga i zmusił go do odwrotu. Henneberg towarzyszył Kanadyjczykowi jako osłona, dopóki ten nie zestrzelił bombowca i nie skrył się w chmurach. W Northolt Kent podziękował Hennebergowi za przegonienie Niemca z ogona. „Nie ma za co – odparł Polak. – Przy okazji, gonił pana nie jeden messerschmitt, tylko sześć".

Pięciu pilotów Dywizjonu Kościuszkowskiego przy ogonie hurricane'a. Od lewej: Mirosław Ferić, Bogdan Grzeszczak, Jan Zumbach, Zdzisław Henneberg i John Kent. (Imperial War Museum).

Ronald Kellett, którego Polacy też nieraz osłaniali, podkreślił, że to dzięki nim przeżył bitwę o Wielką Brytanię. „Jeżeli dowódcy nie mają wsparcia lecących za nimi, stają się łatwym łupem myśliwców wroga – napisał po wojnie. – To, że dowodzący tym dywizjonem i eskadrami trzej angielscy piloci przeżyli bitwę, jest ogromną zasługą polskich lotników".

Innym ważnym, często przeoczanym źródłem sukcesów dywizjonu była wyjątkowa fachowość i oddanie członków polskiego personelu naziemnego. „Nie wierzę, żeby jakiś dywizjon miał lepszą [...] obsługę techniczną niż trzysta trzeci" – napisał Kellett. Od pierwszych dni kampanii wrześniowej w Polsce polscy mechanicy lotniczy zasłynęli z matczynej troski, jaką otaczali powierzone im maszyny. W swoim dzienniku Mirosław Ferić wspomina, jak drugiego dnia wojny jego mechanik podarował mu specjalną szczotkę do czyszczenia podczas lotu przedniej szyby P-11. Kiedy dwa dni potem Fericia zestrzelono, „mój mechanik [...] długi czas nie mógł się uspokoić po [...] stracie" myśliwca.

Po sformowaniu dywizjonu Kellett zarządził, aby członkowie personelu naziemnego pełnili służbę w tym samym czasie co piloci – od pół godziny przed wschodem słońca do pół godziny po zachodzie. Ale w gorących tygodniach bitwy o Wielką Brytanię dywizjonowi mechanicy pracowali na okrągło, żeby myśliwce mogły latać. Łatali i naprawiali uszkodzone hurricane'y tak sprawnie, że tylko cztery razy podczas bitwy zdarzyło się, iż dywizjon nie wystartował w pełnym składzie dwunastu maszyn. Wyczyn ten z pewnością zwiększył jego skuteczność.

Kulminacyjny dzień bitwy o Wielką Brytanię – piętnasty września 1940 roku – okazał się najważniejszą próbą umiejętności personelu naziemnego. Pod koniec zażartych walk Kellett oznajmił, że dziewięć samolotów dywizjonu nadaje się na złom. Miały poodstrzelane stateczniki, kable w strzępach, skrzydła i silniki posiekane kulami, chłodnice rozwalone. Ale mechanicy postanowili udowodnić dowódcy, że się myli.

Po całonocnej harówce wszystkie dziewięć hurricane'ów stanęło rankiem na pasie, gotowe do boju.

ROZDZIAŁ DZIEWIĄTY

„JAK WIELE IM ZAWDZIĘCZAMY"

Bitwa o Wielką Brytanię trwała już od miesiąca, RAF jednak wciąż walczył, a Londyn po tygodniu ciężkich bombardowań dzielnie się trzymał. Hitler nie mógł zrozumieć, jak to jest możliwe. Z wyliczeń Luftwaffe wynikało niezbicie, że angielskie lotnictwo myśliwskie zostało zdziesiątkowane. Nie było wątpliwości, że wystarczy jeden szturm, by zapanować nad brytyjskim niebem i rozpocząć zaplanowaną inwazję.

Ale nie tylko Rzesza miała kiepski wywiad. Brytyjskie szacunki niemieckich strat w ludziach i samolotach były zawyżone prawie dwukrotnie. Jednakże Niemcy zawyżyli brytyjskie straty pięciokrotnie. Hitler, Göring i inni błędnie uwierzyli w bliskość zwycięstwa. Choć Führer miał pewne obiekcje co do operacji „Lew Morski", postanowił dać Göringowi jeszcze jedną szansę na przygotowanie *Götterdämmerung* na wyspie. W związku z tym Göring wydał rozkaz: piętnastego września wszystkie dostępne siły Luftwaffe dokonają zmasowanego uderzenia, które ostatecznie zgniecie opór RAF-u.

Wczesnym rankiem w powietrzu wisiała lekka mgiełka. Gdy się rozproszyła, nastał kolejny upalny letni dzień – wymarzony dla Luftwaffe. Słońce wciąż wspinało się po łuku, kiedy brytyjskie radary zaczęły wychwytywać wielkie masy samolotów w okolicach francuskich lotnisk. W południe potężny rój bombowców i myśliwców przekroczył wybrzeże Francji.

Na spotkanie tej pierwszej niemieckiej fali wysłano siedemnaście dywizjonów myśliwskich, w tym dwa polskie, Kościuszkowski i Poznański. Po starcie z Northolt Dywizjon Kościuszkowski dołączył do brytyjskiego 229, z zadaniem przechwycenia samolotów wroga na południe od Londynu. Kiedy trzy klucze Polaków rzuciły się na bombowce, czwarty wraz z dywizjonem brytyjskim zaatakował dziesiątki eskortujących messerschmittów. W parę sekund rozgorzała zażarta, bezładna walka, a jej uczestnicy wpadli w „straszliwą kołomyję kokard [RAF-u], czarnych krzyży [Luftwaffe], płomieni, przecinających się smug pocisków, tańca obracających się skrzydeł i opadających spadochronów". A pośród tego zamętu Jan Zumbach zatańczył własną „poleczkę" z Me-109. Niemiec zaczął kluczyć, robić esy-floresy, na wszelkie sposoby próbując zgubić hurricane'a. „Żeby przerwać ten jego sen promienny, dla dodania mu odwagi co chwila podpuszczałem mu seryjkę [...] Postanowiłem odczekać, aż mu się ta zabawa znudzi i poleci po prostej". Kiedy Niemiec tak właśnie postąpił, Zumbach ostrzelał go z bezpośredniej odległości i natychmiast odskoczył, gdy messerschmitt eksplodował.

W bitwę zaangażowały się wszystkie dywizjony Grupy 11 i nad południową Anglią doszło do dziesiątków myśliwskich pojedynków. W powietrzu roiło się od samolotów, które robiły uniki, nurkowały, krążyły, strzelały i spadały. W podziemnej sali dowodzenia w Uxbridge pełen obaw premier Winston Churchill zwrócił się do stojącego obok generała Keitha Parka, dowódcy Grupy 11. „Jakie mamy rezerwy?" – spytał. „Żadnych" – odparł Park. Tego dnia Churchill zapisał w pamiętniku: „Trudności były wielkie, rezerwy minimalne, stawka przeogromna".

RAF wytrzymał pierwszy szturm, lecz zapłacił słoną cenę. Wiele dywizjonów straciło samoloty, które Niemcy zniszczyli lub poważnie uszkodzili. Dywizjon Kościuszkowski, który w pierwszym locie bojowym zaliczył dziesięć strąceń, po południu miał zaledwie dziewięć samolotów z dwunastu. Ale rany odniósł tylko jeden pilot, Witold Łokuciewski. Wprawdzie najpierw zestrzelił 109-tkę, lecz potem sam został trafiony. Pocisk z działka wyrąbał wielką dziurę w skrzydle jego hurricane'a, a odłamki przebiły kabinę i raniły Łokuciewskiego w nogi. Mocno krwawiąc, pilot zdołał zapanować nad samolotem i dociągnąć do Northolt. Po twardym lądowaniu bez klap na dużej prędkości wydostał się z kabiny i stracił przytomność.

A był to dopiero początek dnia. Druga fala niemiecka nadciągnęła niespełna trzy godziny po pierwszej – setki bombowców i myśliwców przewaliły się nad polami hrabstwa Kent, lecąc na Londyn. Do boju wysłano wszelkie hurricane'y i spitfire'y, którym zdążono uzupełnić paliwo i amunicję, oraz myśliwce z pięciu dywizjonów Grupy 12. Nad Gravesend dziewięć hurricane'ów Dywizjonu Kościuszkowskiego napotkało olbrzymią formację wroga, którą Kellett ocenił po akcji na czterysta maszyn. Ciągnących się milami stad bombowców strzegły z boków i od góry niczym owczarki dziesiątki myśliwców. Licząca cztery samoloty eskadra Kelletta zaatakowała grupę bombowców ze skosu.

Pozostałych pięć hurricane'ów dywizjonu pod wodzą Urbanowicza poleciało na następną formację. Kiedy do obrony bombowców skoczyły messerschmitty, do nawalanki włączył się dywizjon angielski.

Doszło do powtórki porannej walki. Nagle, jak okiem sięgnąć, wykwitły ognie płonących maszyn i czasze spadochronów. „Nigdy nie widziałem takiej powietrznej zabawy – napisał potem jeden z pilotów dywizjonu. – Człowiek wprost modlił się, by nie zwalił mu się na «parasol» jakiś kawałek płonących szczątków. Tylu nas poszło ze spadochronami w dół, iż obawiałem się, że na ziemi wezmą nas za jakąś cholerną dywizję spadochronową i wystrzelają z dubeltówek albo nadzieją na swoje piki”. Na spadochronach wyskoczyło tylu Polaków i Niemców naraz, że „szkopy nie strzelały do spadochronów. Przyczyna: zbyt wiele spadało ich własnych”.

W tej drugiej bitwie zestrzelono dwa samoloty Dywizjonu 303, jeden pilot zginął. Pięć z siedmiu samolotów, które powróciły do Northolt, było mocno poharatanych. Dywizjonowi zaliczono sześć kolejnych zwycięstw – tego dnia w sumie szesnaście. Równie ważne było to, że pilotom udało się rozbić i rozproszyć niemieckie bombowce, wiele zmuszając do zawrócenia przez Kanał, zanim dotarły nad cel.

W sumie w przełomowych powietrznych starciach piętnastego września brało udział prawie siedemdziesięciu Polaków – z dywizjonów Kościuszkowskiego i Poznańskiego oraz przydzielonych do jednostek brytyjskich – czyli niemal dwadzieścia procent wszystkich lotników RAF-u. Winston Churchill nazwał potem walki owego dnia „jedną z decydujących bitew tej wojny”*. Luftwaffe zaatakowała Anglików niemal wszystkimi siłami, ale nie osiągnęła najważniejszego celu – nie wyeliminowała RAF-u jako siły obronnej. Londyn i inne angielskie miasta czekało w najbliższych miesiącach jeszcze więcej niemieckich nalotów, zniszczenia i śmierci**. Ale mit o niezwyciężoności Luftwaffe runął

* Kiedy późno po południu Churchill opuścił dowództwo Grupy 11, był „kompletnie, do cna wyczerpany – napisała we wspomnieniach jego synowa, Pamela Churchill. – Tak jakby osobiście odparł atak niemieckich bombowców”.

** W czasie londyńskiego blitzu, który trwał do następnej wiosny, życie straciły 40 553 osoby. Kolejne zginęły w roku 1944, kiedy Niemcy użyli latających bomb V-1 (poprzedników pocisków Cruise) i rakiet V-2 (poprzedników balistycznych pocisków międzykontynentalnych), potęgujących piekło terroru w miastach. Do tego piekła wnieśli wielki wkład również alianci w takich miastach jak Drezno, Tokio, Hiroszima i Nagasaki.

raz na zawsze piętnastego września 1940 roku. Dwa dni później Hitler uznał, że ma dość, i wstrzymał operację „Lew Morski" aż do odwołania.

Dwudziestego szóstego września Dywizjon Kościuszkowski odwiedził król Jerzy VI i pogratulował pilotom i personelowi naziemnemu wspaniałych osiągnięć. Gdy lotnicy paradowali przed nim w Northolt, Jego Wysokość wpisał się do dziennika Fericia. Mimo drobnych problemów językowych królewska wizyta była wielkim wydarzeniem. Jeden z pilotów, nie zrozumiawszy pytania monarchy, użył zwrotu wyuczonego na szkoleniu radiotelefonicznym: „Powtórz pan". Niestosowność tej odpowiedzi wywołała znaczne poruszenie w świcie króla. Na szczęście dla zakłopotanego młodego pilota chwilę później ogłoszono alarm bojowy.

Wizytując Dywizjon Kościuszkowski w bazie w Northolt podczas bitwy o Wielką Brytanię, Jerzy VI ściska rękę Mirosławowi Fericiowi. Obok Fericia – Jan Zumbach. Tuż za królem stoi major Ronald Kellett, a za Kellettem – Witold Urbanowicz. Wkrótce potem dywizjon wyleciał do boju. Jego pilotom, którzy nie ponieśli strat, zaliczono podczas tej akcji jedenaście strąceń. (Instytut Polski i Muzeum im. gen. Sikorskiego).

Lecąc na Portsmouth, by zapobiec kolejnemu niemieckiemu nalotowi, dywizjon spadł od strony słońca na niespodziewającą się ataku formację bombowców. Wszystko „poszło idealnie – napisał potem Kellett. – Wróciliśmy do

Northolt ogromnie zadowoleni z siebie i szczęścia, jakie nam przyniósł Król". Nie ponieśli żadnych strat, zaliczając jedenaście strąceń pewnych i jedno „prawdopodobne". Dywizjon Kościuszkowski zbliżał się do setki zestrzelonych samolotów.

Kellett chyba jednak przesadził z oceną nastroju pilotów. Strach, fatalizm i wywołane niemal ciągłą walką przemęczenie w końcu zaczęły zbierać żniwo.

Nazajutrz po wizycie króla, gdy piloci gawędzili, czekając na kolejny alarm, dyskusja zeszła na niemieckie naloty, powietrzne pojedynki i osobiste dokonania. Po latach Witold Urbanowicz wspomniał w rozmowie, że któryś postawił pytanie: „Czego byś pragnął najbardziej na świecie?" Wywołało ono śmiechy i żarty. Sporo odpowiedzi dotyczyło, oczywiście, kobiet. Tylko Ludwik Paszkiewicz milczał. Pilot, który strącając trzydziestego sierpnia niemiecki samolot, przekonał wreszcie Dowództwo Lotnictwa Myśliwskiego, że polski dywizjon jest gotów do walki, był tego dnia dziwnie zamyślony. „Nie zmarnować ostatniej kuli" – odparł, gdy kolega wymusił na nim odpowiedź.

W tym momencie zadzwonił telefon.

Wkrótce potem dywizjon wyleciał na południe, żeby powstrzymać kolejny nalot na Londyn. Nad Horsham Polacy napotkali formację około trzydziestu bombowców, osłanianych przez pięćdziesiąt–sześćdziesiąt messerschmittów. Gdy hurricane'y zaatakowały od tyłu i zbliżyły się do zwierzyny, opadły ich Me-109. W ogólnym zamęcie, zmuszony do walki z kilkoma myśliwcami wroga naraz, Urbanowicz zauważył, że trzy dorniery próbują wymknąć się z kotła. Zanurkował za nimi, ale nim zdążył wystrzelić, inny hurricane „spadł jak błyskawica" i zaatakował bombowce. Jeden z nich stanął w płomieniach i runął ku ziemi. Tuż po tym myśliwiec kolegi został trafiony i zmieniwszy się w kulę ognia, również wpadł w korkociąg. Urbanowicz śledził go z obawą, lecz nie zobaczył spadochronu. Kiedy po akcji powrócił do Northolt, dowiedział się, że pilotem tym był „Paszko". Ludwik Paszkiewicz nie zmarnował ostatniej kuli.

Podczas tego zadania zginął jeszcze jeden pilot dywizjonu, sierżant Tadeusz Andruszkow. On i Paszkiewicz byli piątą i szóstą ofiarą śmiertelną w dywizjonie w bitwie o Wielką Brytanię. Jak na RAF, nie był to wysoki procent zabitych. Polakom, stosującym taktykę „nie strzelaj, dopóki nie zobaczysz białek ich oczu", często zarzucano lekkomyślność. Niesprawiedliwie. Straty w ludziach, które polski dywizjon poniósł w walce, były o ponad siedemdziesiąt procent niższe od strat w innych dywizjonach RAF-u.

Ale statystyka nie mogła być pocieszeniem dla bardzo zżytej paczki wojowników, którzy tyle przeszli od września 1939 roku. Po śmierci Paszkiewicza cyniczny zazwyczaj Zumbach dał upust bólowi w epitafium zapisanym w dzienniku Fericia: „Oddał swe życie gdzieś tam wysoko, tam gdzie sprawy ziemi są tak odległe, blask słońca tak czysty, a Bóg tak blisko".

Każda strata przypominała też ocalonym, że mogą być następni. „Wielu zadaje mi pytanie: «Bałeś się latać i walczyć?» Odpowiadam im: «Oczywiście, bez przerwy. Zawsze się denerwowałem» – wyznał Urbanowicz. A jednak napięcie emocjonalne, jakiego z pewnością doświadczali Polacy, było zapewne mniejsze niż u wielu innych pilotów walczących od końca lipca. Dla większości najgorsza była nie walka, tylko czekanie na nią. „Bywało, że czekałeś w gotowości bardzo długo – powiedział jeden z brytyjskich lotników. – Życie w ciągłym napięciu strasznie wykańczało. Był to nie tyle strach, co bezustanny niepokój". Niektórzy z pilotów RAF-u zaczęli reagować na zwiastujący walkę dzwonek odruchami warunkowymi. Cichy trzask dywizjonowego telefonu, nim jeszcze zaczął dzwonić, lub buczenie w megafonie przed ogłoszeniem alarmu wywoływało u nich czasem poty albo napad niekontrolowanych torsji.

Pod koniec września stres najbardziej dał się we znaki Jozefowi Františkowi, Czechowi, który ze swoimi siedemnastoma potwierdzonymi strąceniami był czołowym myśliwcem RAF-u. Z początku wydawało się, że w przeciwieństwie do innych František nie zna strachu. Kiedy w nocy rozbrzmiewały syreny alarmowe, spokojnie leżał zwinięty na łóżku, obrzucając grubym, niepochlebnym słowem tych, co biegli do schronu. Ale ostatnimi czasy zaszła w nim zmiana. Teraz to on był wśród pierwszych, którzy zrywali się na dźwięk syreny. Pytany, czy nic mu nie jest, odpowiadał, że bezpieczny czuje się tylko w powietrzu.

Każdy miał w zanadrzu jakąś anegdotę o stalowych nerwach Františka w walce. Stanley Vincent wspominał, jak podczas któregoś z lotów dostrzegł, że Czech nic sobie nie robi z siedzącego mu na ogonie messerschmitta. Po powrocie do Northolt udzielił Jozefowi reprymendy.

„Nie wolno ignorować myśliwca, który siedzi ci na ogonie!" – skarcił go.

„On nie mógł do mnie strzelać – odparł František. – Byłem za blisko bombowca". Wyjaśnił, że zabił tylnego strzelca i atakował bombowiec, wykorzystując go jednocześnie jako osłonę. Gdyby ten z messerschmitta otworzył ogień, trafiłby również w dorniera.

František był śmiały i sympatyczny. Pod dość surową twarzą o męskich rysach, wysokim czole, wydatnych policzkach, silnych łukach brwi i cienkich ustach, których nigdy nie ożywiał uśmiech, krył się chłopięcy duch. Szybko dostrzeżono jego wesołość, entuzjazm i łatwość, z jaką się dziwił. W jednym z raportów z walki opisał, jak wyskoczył z trafionego hurricane'a na spadochronie i wylądował na polu kapusty. Miejscowy policjant zabrał go do Brighton, skąd, ze spadochronem pod pachą, wrócił pociągiem do Northolt. „Na stacji dziewczęta dały mi czekolady, a ludzie robili zdjęcia – napisał. – Jestem bardzo wdzięczny, że wszyscy traktowali mnie tak życzliwie".

Jozef František, jedyny nie-Polak w Dywizjonie Kościuszkowskim, as lotniczy, który w bitwie o Wielką Brytanię odnotował najwięcej strąceń w RAF-ie. (Instytut Polski i Muzeum im. gen. Sikorskiego).

Mimo swojego uroku František potrafił drażnić. Była w nim pewna buta, przekora, z jaką przyjmował rozkazy. Bywał też czasem do tego stopnia zapalczywy i niedzisiejszy, że irytował nawet zapalczywych, niedzisiejszych Polaków. W wydanej podczas wojny książce o Dywizjonie Kościuszkowskim polski autor Arkady Fiedler napisał, że František „właściwie wyrodził się ze wszystkich ludzi naszego wieku: miał bujność romantyka, żar średniowiecza i był jak wulkan wyrzucający lawę nie tam, dokąd ludzie przywykli".

Od lipcowego dnia 1939 roku, w którym przyjechał do Dęblina, František sprzymierzył się z Polską nie tylko fizycznie, ale i duchowo. Kiedy w Anglii pytano go o narodowość, odpowiadał niezmiennie: „Jestem Polakiem". Dumny z przynależności do Dywizjonu Kościuszkowskiego, wielokrotnie odmawiał przejścia do jednostki czeskiej. Ale kiedy wzbijał się w powietrze, to latał tak, jakby był na niebie sam, w pojedynkę walcząc z „adolfiakami".

Raz po raz odłączał się od formacji, osłabiając obronność dywizjonu, i leciał nad wybrzeże. Tam zaczajał się na niemieckie samoloty wracające na kontynent. Podczas tych samotnych wycieczek nieraz zaliczał zestrzelenie, czasem nawet dwa lub trzy. Postawiło to jego przełożonych przed dylematem. Często złościł ich ten nawyk, nazywany „metodą Františka", lecz nie mogli sobie pozwolić na utratę pilota, który ma takie sukcesy. Jego słabość do polowań w pojedynkę była „niezwyciężoną chorobą, nieodpartym popędem – napisał Fiedler. – W grę wchodziła nie tylko ambicja pokonania jak największej ilości wrogów; tkwiło to głębiej, w samej strukturze duchowej Františka [...] W powietrzu musiał wyżywać się sam, sam jeden. Tam nie uznawał towarzystwa, nie znosił skrępowania, zrywał więzy".

Po jednym z takich wypadów Urbanowicz, któremu po zestrzeleniu Krasnodębskiego powierzono obowiązki polskiego dowódcy dywizjonu, przeprowadził z Františkiem rozmowę. Czech tłumaczył się, że zobaczył „skurczybyka z czarnymi krzyżami" i nie wytrzymał, ale Urbanowicz nie dał się przekonać. Zabronił mu opuszczać szyk bez pozwolenia. Dwa dni później František złamał ten rozkaz.

Trzeba było coś z tym zrobić. Narażał życie kolegów i podkopywał karność dywizjonu. Co gorsza, jego „metodę" zaczęli stosować inni piloci. Mimo że naśladowcy Františka z reguły wstrzymywali się z polowaniem samopas do zakończenia głównej akcji dywizjonu, to takie harcowanie łatwo mogło się wymknąć spod kontroli. Wreszcie Kellett i Urbanowicz znaleźli wyjście. Oświadczyli oficjalnie, że Czech jest „gościem dywizjonu", dzięki czemu mogli zachować twarz, a on mógł robić to, co i tak by robił. Następnego dnia František – wreszcie wolny – sprzątnął trzy niemieckie maszyny.

Ale im więcej latał, im więcej miał sukcesów, tym bardziej gasł, był coraz bardziej lękliwy, a animusz uchodził z niego jak przez otwarty zawór. Każdy pilot ma swoje zmory, ale zmory Františka zaczęły brać nad nim górę.

Ósmego października członkowie dywizjonu, tym razem wraz z Františkiem, wystartowali na rutynowy patrol. Jakiś czas latali nad Londynem, a kiedy nie znaleźli Niemców, zawrócili do Northolt. Tuż przed lądowaniem František znów się oddalił. Patrzyli, jak wolno odlatuje w stronę wybrzeża. W końcu huk silnika ucichł i samolot znikął im z oczu. Nikt się tym nie przejął. František był Františkiem – błędnym, opętanym rycerzem. Byli pewni, że wróci, gdy zacznie mu brakować paliwa, prawdopodobnie z kolejnymi 109-tkami na koncie.

Kilka godzin później nadeszła wiadomość, że Czech rozbił się pod miastem Ewell w hrabstwie Surrey. Gdy lądował przymusowo na polanie, jego samolot przerzuciło w powietrzu na plecy i wyrżnął w ziemię. Zwłoki Františka ze skręconym karkiem znaleziono w pobliżu. W hurricanie nie było dziur po kulach, żadnego dowodu, że z kimś walczył. Niektórzy podejrzewali, że zginął, popisując się ewolucjami przed przyjaciółką, która mieszkała w tamtej okolicy. Ale inni wiedzieli swoje. Byli pewni, że Františka dopadły wreszcie jego demony.

Ta śmierć jest „nie tylko wielką stratą" – oświadczył John Kent – ale i „bardzo niepokojącą".

Trzy dni później Dywizjon Kościuszkowski wycofano z frontu i posłano na wypoczynek do Leconfield w środkowej Anglii. W ciągu zaledwie sześciu tygodni, decydujących o wyniku bitwy o Wielką Brytanię, jego pilotom zaliczono sto dwadzieścia sześć pewnych zestrzeleń samolotów wroga, czyli ponad dwa razy więcej niż jakikolwiek inny dywizjon RAF-u w tym czasie*. Dziewięciu spośród trzydziestu czterech jego członków zasłużyło sobie na tytuły „asów", którzy zestrzelili co najmniej pięć maszyn nieprzyjaciela. Wiele lat później historyk bitwy o Wielką Brytanię napisał: „Choć wyposażony w hurricane'y, najmniej skuteczne z [...] naszych myśliwców, Dywizjon 303

* Kiedy w roku 1947 udostępniono akta Luftwaffe, RAF porównał własne dane dotyczące zestrzeleń samolotów wroga z danymi niemieckimi. Badacze doszli do wniosku, że w czasie bitwy o Wielką Brytanię RAF zniszczył nie 2692 samoloty Luftwaffe, tylko 1733. Ponieważ Polskie Siły Powietrzne tuż po wojnie musiały się rozwiązać, nie doszło do oficjalnego powtórnego oszacowania polskich zestrzeleń. Zdaniem części współczesnych polskich ekspertów lotniczych dane te należałoby okroić w tej samej proporcji co w przypadku RAF-u. Patrz: Cynk, *PAF*, s. 193.

okazał się według wszelkich miar najbardziej groźną jednostką myśliwską [w RAF-ie i Luftwaffe] w tej bitwie".

Przed wyjazdem Polaków wpadł do Northolt Winston Churchill, aby do gratulacji króla dołączyć własne. Ronald Kellett (którego żona w najdramatyczniejszym okresie bitwy powiła córkę) skorzystał z jego wizyty i poruszył delikatną sprawę. Po tym wszystkim, co dywizjon zrobił dla Wielkiej Brytanii, RAF wciąż nie zatwierdził automatycznej wypłaty oficerskich poborów dla pilotów. Kellett, który już drugi miesiąc pokrywał je z własnego konta, co zakwestionował oficer z rachuby, spytał premiera, czy zgodzi się z nim, że minęły już czasy wojny krymskiej, kiedy dowódcy musieli płacić żołd żoł-

Czterech z dziewięciu asów – Witold Urbanowicz, Jan Zumbach, Mirosław Ferić i Zdzisław Henneberg – dumnie prezentuje Lotnicze Krzyże Walecznych, którymi nagrodził ich RAF w grudniu 1940 roku. (Imperial War Museum).

nierzom z własnej kieszeni. „Trzeba im zapłacić" – zgodził się Churchill. Już następnego dnia RAF zatwierdził automatyczną wypłatę poborów dla oficerów Dywizjonu im. Kościuszki.

Tuż przed opuszczeniem Northolt premier nachylił się do Kelletta i szepnął mu w zaufaniu: „Dowódcę dywizjonu lotniczego cenię sobie w tych czasach na równi z ministrem gabinetu. Tylko proszę nikomu tego nie powtarzać".

W grudniu generał dywizji William Sholto Douglas, który w październiku zastąpił Hugh Dowdinga na stanowisku dowódcy lotnictwa myśliwskiego, przybył do Leconfield, żeby nagrodzić pięciu z dziewięciu asów dywizjonu Lotniczym Krzyżem Walecznych (DFC) – najwyższym oficerskim odznaczeniem RAF-u za osiągnięcia bojowe i męstwo. Wśród odznaczonych był Witold Urbanowicz, który jako trzydziestojednoletni instruktor lotniczy szkoły w Dęblinie martwił się, że nie będzie miał szansy powalczyć. W bitwie o Wielką Brytanię zestrzelił piętnaście niemieckich samolotów, najwięcej z Polaków. (Najwięcej zestrzeleń ze wszystkich pilotów, bez względu na nację, miał Czech František). Oprócz Urbanowicza Lotnicze Krzyże Walecznych otrzymali Jan Zumbach i Zdzisław Henneberg z ośmioma zestrzeleniami, Mirosław Ferić z siedmioma (i jednym „prawdopodobnym") oraz pośmiertnie Ludwik Paszkiewicz z sześcioma. František, który zestrzelił siedemnaście niemieckich maszyn, miał w czasie bitwy stopień sierżanta, dlatego – według regulaminów angielskiego lotnictwa – nie kwalifikował się do odznaczenia. Przed śmiercią przyznano mu najwyższe podoficerskie odznaczenie RAF-u, Lotniczy Medal Walecznych (DFM).

W późniejszych latach historycy wojskowi uznali powszechnie, że bitwa o Wielką Brytanię skończyła się trzydziestego pierwszego października 1940 roku, choć większość Brytyjczyków, z pilotami włącznie, wcale nie odczuła, że batalia dobiegła kresu. Naloty bombowe na Londyn oraz inne miasta i cele trwały do połowy maja 1941 roku. Miesiąc później Niemcy zaatakowały Związek Sowiecki. Niemniej bitwa o panowanie w powietrzu zakończyła się w październiku 1940 roku i spadek zdolności obronnych Wielkiej Brytanii został zahamowany. RAF, który w walkach powietrznych stracił dziewięćset piętnaście myśliwców*, powoli rósł w siłę. W przeciwieństwie do Luftwaffe,

* Liczba ta nie obejmuje samolotów zniszczonych na ziemi.

która po utracie pomiędzy dziesiątym lipca a trzydziestym pierwszym października tysiąca siedmiuset trzydziestu trzech samolotów, myśliwców i bombowców, nigdy już nie pozbierała się na tyle, by przypuścić kolejną zmasowaną ofensywę na nieprzyjaciela.

Ofiarą tej bitwy padła również wiara w niezwyciężoność Niemiec. Od czterech lat, zapoczątkowanych zuchwałym wkroczeniem Wehrmachtu do Nadrenii, armia niemiecka zalewała Europę Zachodnią jak nieubłagana lawa. Teraz powstrzymano jej ekspansję, a naziści lada moment mieli skierować uwagę na wschód. Krok ten okazał się największym błędem Hitlera. Bitwa o Wielką Brytanię była pierwszą od 1918 roku wielką batalią, którą Niemcy przegrali.

W następnych latach nawet oni przyznawali, że bitwa o Anglię była punktem zwrotnym. Po wojnie grupa rosyjskich historyków przeprowadziła rozmowę z feldmarszałkiem Gerdem von Rundstedtem, dowódcą niemieckich wojsk w kampanii 1940 roku w Niderlandach i Francji oraz w roku 1944 w Normandii. Na pytanie Rosjan, jaką bitwę uważa za przełomową w tej wojnie, odparł bez wahania, że bitwę o Anglię. Gdyby Luftwaffe rozbiła RAF, Niemcy z pewnością pokonałyby Rosję. W panowaniu nad światem mogły przeszkodzić Hitlerowi jedynie, słabe wówczas militarnie, Stany Zjednoczone.

Zawzięty opór Anglii był też decydującym czynnikiem przełamania izolacjonizmu Ameryki i wzrostu społecznego poparcia dla udzielenia *lend-lease* – wysłania znajdującym się w wielkiej potrzebie Brytyjczykom drogą morską pomocy i dostaw wojskowych. Od samego początku bitwy amerykańscy dziennikarze i korespondenci radiowi w Londynie, w szczególności zaś Edward R. Murrow i jego koledzy z CBS, bardzo żywo i szczegółowo opisywali heroizm pilotów RAF-u i odwagę Anglików oblężonych przez Luftwaffe. Na początku września 1940 roku ankieta Gallupa wykazała, że tylko szesnaście procent Amerykanów popiera zwiększenie pomocy Stanów dla Wielkiej Brytanii. Miesiąc później, kiedy huk wybuchających bomb dotarł przez radio do amerykańskich mieszkań, liczba ta skoczyła do pięćdziesięciu dwóch procent.

O pilotach broniących Wielkiej Brytanii Winston Churchill powiedział w sierpniu 1940 roku: „Nigdy w dziejach ludzkich konfliktów tak wielu nie zawdzięczało tak wiele tak nielicznym". Pielęgnowane przez Brytyjczyków przekonanie o walce garstki „nielicznych" ze znacznie liczebniejszą potęgą Luftwaffe zostało w ostatnich latach podważone przez część historyków, którzy zwrócili między innymi uwagę, że brytyjskich pilotów będących do dyspozycji w czasie bitwy było więcej niż niemieckich. Działo się tak dlatego, iż brytyjscy piloci, którzy po skoku z samolotu lądowali bezpiecznie w kraju lub zostawali wyłowieni z Kanału przez lotniczą morską służbę ratowniczą, zwykle wracali za stery myśliwców. Natomiast niemieckich skoczków chwytano i do końca wojny eliminowano z walki.

Niemniej liczba dostępnych pilotów nie znaczy sama w sobie aż tak wiele. Anglia broniła się, a jej myśliwcy byli na każde wezwanie, codziennie, siedem dni w tygodniu, od świtu do zmierzchu gotowi do natychmiastowej akcji. Wielu pilotów RAF-u uczestniczących w najważniejszych, późniejszych fazach bitwy było niedoszkolonymi młodzikami, bardziej podatnymi od swych zahartowanych poprzedników na zgubne działanie lęku i nieustannego napięcia. „W rozmowach z generałem Dowdingiem [...] wyczuwało się, że Lotnictwo Myśliwskie działa na granicy wydolności [...] Ale papierowe wykresy nie oddają fizycznego i psychicznego zmęczenia pilotów; ludzka wytrzymałość ma swoje granice" – napisał w pamiętnikach Winston Churchill. Sam Dowding pod koniec batalii oświadczył, że „bojowość większości dywizjonów spadła do poziomu jednostek szkoleniowych, zdolnych wyłącznie do akcji przeciwko formacjom [bombowym] bez eskorty".

Dlatego obecność stu czterdziestu dwóch dobrze wyszkolonych, zaprawionych w boju Polaków – siedemdziesięciu sześciu w dywizjonach brytyjskich, sześćdziesięciu sześciu w dwóch dywizjonach polskich – okazała się kluczem do zwycięstwa. „Nie było żadnych wątpliwości – napisał po latach John Kent. – Polacy walczyli ze znacznie większym sercem niż my". Wśród czterystu pilotów myśliwskich, którzy we wrześniu i październiku bronili Londynu i arcyważnego terenu na południe od stolicy, było zawsze od pięćdziesięciu do stu polskich. Czasem w walkach brało udział aż dwadzieścia procent samolotów pilotowanych przez Polaków, a dokonanych przez nich zestrzeleń było procentowo jeszcze więcej. Na przykład dwudziestego szóstego września, kiedy Jerzy VI odwiedził Dywizjon Kościuszkowski w Northolt, Polacy strącili czterdzieści osiem procent samolotów zestrzelonych przez RAF. Po wojnie podpułkownik Thomas Gleave, podczas bitwy o Wielką Brytanię pilot myśliwca, a potem dowódca bazy w Northolt, powiedział o Polakach: „Zastanawiam się, czy ludzkość zdaje sobie sprawę, jak wiele im zawdzięczamy. Walczyli za angielską ziemię z zapamiętaniem, ujętym w karby umiejętności popartych niezłomną odwagą, tak wielką, jakby walczyli o własny kraj".

W opinii licznych pilotów i dowódców RAF-u udział Polaków w tej bitwie, zwłaszcza tych z Dywizjonu 303, przesądził o zwycięstwie. Takiego zdania był między innymi Ronald Kellett. Podobnie generał Frederick Rosier, który na początku 1943 roku objął dowództwo bazy w Northolt. „Brak wyszkolonych pilotów uniemożliwiłby nam pokonanie Luftwaffe i zwycięstwo w bitwie o Wielką Brytanię, gdyby [...] miejsca w szeregu nie zajęli lotnicy z Polski" – powiedział brytyjski minister lotnictwa, sir Archibald Sinclair. Ale najbardziej wymowny komentarz dał prawdziwy autorytet lotniczy, sir Hugh Dowding, początkowo tak niechętny posłaniu Polaków do walki. Wkrótce po bitwie oznajmił: „Gdyby nie wspaniałe polskie dywizjony i ich niedościgłe męstwo, nie zaryzykowałbym twierdzenia, że wynik tej bitwy byłby taki sam".

W ciągu trzech miesięcy tak lekceważąco traktujący Polaków RAF diametralnie zmienił opinię. Wręcz zaczął się ich domagać. Pod koniec 1940 roku Polskie Siły Powietrzne w Anglii liczyły pięć dywizjonów myśliwskich i dwa bombowe. Wiosną 1941 roku do walki było gotowych sześć nowych dywizjonów złożonych z polskich myśliwców, a RAF zrezygnował z wymogu obsadzania stanowisk dowódczych oficerami brytyjskimi. (Nim wojna się skończyła, Polacy dowodzili nawet dywizjonami złożonymi w większości z wyspiarzy).

Witold Urbanowicz (w środku), który w bitwie o Wielką Brytanię zastąpił na stanowisku dowódcy polskiego dywizjonu rannego Zdzisława Krasnodębskiego, cieszy się z innymi pilotami wolną chwilą. (Instytut Polski i Muzeum im. gen. Sikorskiego).

Ale zderzenie kultur i tradycji wciąż doprowadzało do nieporozumień. Wielu oficerów i pilotów RAF-u, nauczonych skrywać uczucia, raziła wylewność i żywiołowe reakcje Polaków, słynących nie tylko z latania, lecz także z głośnych popijaw i uganiania się po służbie za spódniczkami. „Były wszelkie możliwe kłopoty z dyscypliną – skarżył się brytyjski dowódca Dywizjonu Poznańskiego. – [Polacy] często sprowadzali sobie na kwatery panie, na co krzywiono się w kasynie oficerskim”.

Polacy z Dywizjonu 303 ze swej strony wciąż mieli za złe Kellettowi i innym przełożonym brytyjskim, że za późno dostrzegają podczas akcji niemieckie samoloty i nie potrafią skutecznie atakować. Pełniący obowiązki polskiego dowódcy dywizjonu Urbanowicz nie przestał drzeć kotów z Kellettem. „Zawsze mówił mu, co myśli – wspominał jeden z pilotów. – Nie wahał się mu postawić. Wciąż dochodziło między nimi do tarć”.

A jednak kiedy zgodnie z rozkazami Kellett, Kent i Forbes z końcem roku opuścili dywizjon, wcześniejsze nieporozumienia poszły w kąt, a pożegnanie było miłe i pełne szacunku. „Miałem z wami moc utrapień, ale z chęcią przeżyłbym je od nowa” – wyznał w pożegnalnym wpisie do dziennika Fericia brytyjski adiutant D.A. Upton. Podpisał się „Uptonski”.

John Kent, cztery miesiące wcześniej tak przygnębiony perspektywą latania z gromadą Polaków, stał się ich zwolennikiem. Pewnego wieczoru w nocnym klubie doskoczył do brytyjskiego oficera, który nie wstał, kiedy grano polski hymn *Jeszcze Polska nie zginęła**, postawił winowajcę na baczność i rozbił mu nos. Po wielu latach wspominał, że gdy pod koniec 1940 roku rozstawał się z dywizjonem, piloci wydali na jego cześć „fantastyczne przyjęcie”. Przed wyjazdem do nowej jednostki napisał w dzienniku Fericia: „Z prawdziwym żalem i smutkiem rozstaję się z dywizjonem, najlepszym, jaki widział RAF. Czas spędzony z wami uważam za najwspanialszy i najbardziej pouczający w moim życiu”. A we wpisie dokonanym nieco później dodał: „Ogromne dzięki za to, że przeżyłem, i za nauczenie mnie, jak się walczy”.

Dowódca bazy w Northolt, Stanley Vincent, dał wyraz swojej sympatii dla Polaków w zabawnej rymowance, żartując z ich początkowych kłopotów z hurricane'ami i z powodzenia u Angielek:

* *Jeszcze Polska nie zginęła* to w wolnym przekładzie: „Polska nadal żyje”. Ale Polacy, głęboko świadomi swej tragicznej historii, przywiązani są do bardziej pesymistycznego i dosłownego znaczenia tych słów: „Polska jeszcze nie zginęła”. Pierwsza linijka hymnu brzmi zatem: „Jeszcze Polska nie zginęła, póki my żyjemy”.

Polak zawsze...
W oko wpada,
Gdy maszyną swoją siada,
Gdzie tylko się da...
Raz ląduje w rowie,
Drugi raz na głowie...
Gdzie tylko się da.

Panie wielbią go
Tak jak nikogo.
Kocha się, o Boże,
Gdzie tylko może,
Gdzie tylko się da!

Lotnicy z Dywizjonu imienia Kościuszki, kiedyś tak nieufni wobec Anglików, odpłacili im równym szacunkiem. Zapraszając brytyjskich dowódców na swoje imprezy, z zadowoleniem spostrzegli, że sztywni dotąd przełożeni dobrze się bawią. Szczególnie troszczący się o polskich pilotów Vincent, który stał się ich ulubieńcem, uczestniczył kiedyś jako gość honorowy w przyjęciu z okazji zestrzelenia przez dywizjon setnego samolotu. Gdy popłynęło wino, które otworzyło serca, Polacy zapoznali go ze starym polskim zwyczajem – podrzucaniem na wiwat trzy razy w powietrze. „Nigdy dotąd nie wzbiłem się tak wysoko bez skrzydeł" – wspominał później, zachwycony.

To samo zafundowali Polacy generałowi brygady Traffordowi Leigh-Mallory'emu na kolacji wkrótce po przylocie dywizjonu do Leconfield. Kellett poinformował bardzo dystyngowanego dowódcę Grupy 12, że po posiłku zostanie przez nich uhonorowany. Przedtem jednak musi opróżnić kieszenie. „Innego ostrzeżenia nie dostał, ale kiedy przeszliśmy do holu, piloci chwycili go i zgodnie z planem trzykrotnie podrzucili pod sufit – wspominał Kellett. – Wzleciał w górę sztywny jakby kij połknął, ale mimo zaskoczenia był zadowolony".

W październiku 1941 roku, kiedy Kent, Kellett i Athol Forbes otrzymali najwyższe polskie odznaczenie wojskowe, krzyż Virtuti Militari, generał Sikorski wydał na ich cześć wystawny lunch. A potem polscy lotnicy z Dywizjonu Kościuszkowskiego zabrali trzech brytyjskich pilotów na rajd po Londynie. Po kolacji w eleganckim hotelu odwiedzili liczne nocne kluby. „Kilku z nas wylądowało o piątej rano w czyimś mieszkaniu na Park Lane, pijąc różowego szampana, którego nalewał stojący za barem z lustrami polski oficer – zapamiętał Kent. – Dotąd nie wiem, do kogo należało to mieszkanie, ale było to niezapomniane przeżycie".

Kiedy tuż po klęsce Francji Polacy przyjechali do Anglii, wielu wątpiło, czy Brytyjczycy będą walczyć. Ich obawy okazały się bezpodstawne. Brytyjski opór wobec Hitlera spełnił ich wymagania. Jeden z czołowych pisarzy polskich, Antoni Słonimski, wspominał, jak „przegrani i zdradzeni" czuli się on i rodacy po przybyciu do Anglii, kiedy Polska wpadła w łapy Niemców. „Dzięki Anglii poczuliśmy siłę i słuszność naszej wspólnej sprawy" – napisał. Polacy byli wdzięczni Anglikom za wiele rzeczy. Przede wszystkim zaś byli wdzięczni „za odnowienie w nas wiary w ludzkość i zwycięstwo [...] Nie zapomnimy prawości i ideałów, którymi kieruje się ten wielki naród".

ROZDZIAŁ DZIESIĄTY

„BOŻYSZCZA ANGLII"

W przeciwieństwie do RAF-u, który z początku okazał polskim pilotom nieufność, ludność cywilna powitała ich z jednoznaczną sympatią. Byli sprzymierzeńcami z prawdziwego zdarzenia. Kiedy po przybyciu maszerowali ulicami brytyjskich miast portowych, przyjmowano ich oklaskami, wiwatami i okrzykami: „Niech żyje Polska!" W Londynie i innych miastach konduktorzy odmawiali przyjmowania od nich opłat za przejazdy, kelnerzy nie pozwalali płacić za posiłki, a bywalcy pubów stawiali tyle piw, ile polscy goście byli w stanie wypić. Pamiętając, jak źle potraktowali go Francuzi, jeden z zachwyconych Polaków krzyknął: „Mój Boże, tu dopiero jest życie!"

Podczas bitwy o Wielką Brytanię przyjacielskość rozkwitła w kult bohaterów – szczególną czcią otaczano polskich pilotów z Dywizjonu Kościuszkowskiego. Brytyjscy i amerykańscy dziennikarze tłumnie odwiedzali Northolt, żeby dowiedzieć się czegoś więcej o pełnych brawury młodych myśliwcach. „Polacy latający w RAF-ie wyrastają na legendarnych bohaterów tej wojny – przekazał swoim czytelnikom w czerwcu 1941 roku korespondent «New York Timesa», Robert Post. – Wystarczy, że spotka się paru lotników, a rozmowa schodzi na temat nowych wyczynów któregoś z polskich pilotów [...] Mało powiedzieć, że Polaków się docenia, ich się niemal wielbi". Tego samego zdania był jeden z najbardziej znanych amerykańskich korespondentów wojennych, Quentin Reynolds. „Polscy lotnicy są w tej chwili prawdziwymi bożyszczami Anglii" – napisał w „Collier's Weekly".

W dziennikach i tygodnikach pojawiły się artykuły zatytułowane: POLSKIE ANIOŁY ZEMSTY, POLSKA KAWALERIA POWIETRZNA, POLSKIE CHWATY, a jeden z licznych znakomitych dni Dywizjonu Kościuszkowskiego w powietrzu skwitowano tytułem NIESAMOWICI POLACY ZNOWU GÓRĄ! 7:0. W artykułach tożsamość pilotów skrywano pod fałszywymi nazwiskami bądź inicjałami („major K", „porucznik Z"), żeby niemieccy i sowieccy okupanci nie mogli zemścić się na ich rodzinach. Ta tajemniczość podsycała romantyczną aurę wokół Polaków.

Gdy legenda Dywizjonu im. Kościuszki nabrała kształtów, Jan Zumbach trafił na afisze obligacji wojennych. OSZCZĘDNOŚCI WOJENNE DODADZĄ SKRZYDEŁ ZWYCIĘSTWU – głosił jeden z plakatów z kolorowym zdjęciem uśmiechniętego „Donalda" Zumbacha, siedzącego w kabinie spitfire'a z widocznym kosynierskim godłem na kadłubie. Przy takim rozgłosie i reklamie bazę Northolt zasypały przesyłki od wielbicieli. Szkoła w Ruislip, nieopodal Northolt, przysyłała „dzielnym polskim myśliwcom" czterysta pięćdziesiąt papierosów. Uczennice ze szkoły w Glasgow przekazały swoje kieszonkowe – całe dziesięć szylingów. Na londyńskim przedmieściu Willesden zebrano pieniądze, by dołożyć się do zakupu spitfire'a, pod warunkiem że będzie nim latał Polak.

Listy i podarki nadeszły aż ze Stanów Zjednoczonych. W odpowiedzi na apel burmistrza Nowego Jorku, Fiorella LaGuardii, polskim dywizjonom wysłano ponad cztery tysiące książek po polsku i angielsku. Grupa brytyjskich kamerdynerów w Nowym Jorku zorganizowała bal dobroczynny, żeby zebrać pieniądze na budowę klubu polskich lotników w Londynie. Ale zapewne najmilsze były listy od dwóch amerykańskich założycieli Eskadry Kościuszkowskiej. Polacy bardzo sobie cenili związki z jankesami, którzy walczyli w wojnie polsko-bolszewickiej 1919–1920. Dlatego listy od Meriana Coopera i Cecila Fauntleroya starannie wklejono na honorowych miejscach do dywizjonowej kroniki. A kiedy w marcu 1941 roku Cooper, słynny już hollywoodzki producent filmowy, odwiedził dywizjon, do którego powstania się przyczynił, Zumbach, Ferić i inni cieszyli się jak sztubacy.

Po powrocie do Stanów z Polski w roku 1921 Cooper odbył wyprawy do Turcji i Laosu, dzięki którym stał się cenionym dokumentalistą, trafił do Hollywood i na początku lat trzydziestych przekonał wytwórnię RKO do realizacji filmu o wielkim gorylu. Filmem tym był *King Kong*, który Cooper współreżyserował na podstawie własnego scenariusza. Odniósłszy olbrzymi sukces finansowy, został szefem produkcji RKO. Zawdzięczamy mu szereg klasycznych filmów, w tym *Małe kobietki*, a także stworzenie duetu Fred Astaire i Ginger Rogers. Później zawiązał spółkę z Johnem Fordem i wyprodukował kilka spośród najlepszych dzieł tego reżysera, między innymi *Nosiła żółtą wstążkę*, *Fort Apache*, *Spokojny człowiek* i *Poszukiwacze*.

Jan Zumbach na plakacie reklamującym obligacje wojenne. Na kadłubie wyraźnie widać godło polskiego dywizjonu. (Instytut Polski i Muzeum im. gen. Sikorskiego).

Ale największą pasją Coopera pozostało latanie. Kiedy dziewięć miesięcy po jego wizycie w Northolt Stany Zjednoczone przystąpiły do drugiej wojny światowej, czterdziestosiedmioletni producent powrócił do lotnictwa i został szefem sztabu generała Claire'a Chenneaulta w Chinach. Później mianowano go zastępcą szefa sztabu lotnictwa amerykańskiego na Pacyfiku pod dowództwem generała Douglasa McArthura.

Merian C. Cooper, z Mirosławem Fericiem i Janem Zumbachem, podczas wizyty w bazie Dywizjonu Kościuszkowskiego w Northolt w marcu 1941 roku. (L. Tom Perry Special Collections, Uniwersytet Brighama Younga).

Mając tyle życiowych osiągnięć, Amerykanin był szczególnie dumny z założenia Eskadry im. Kościuszki. Kiedy w marcu 1941 roku odwiedził Northolt, ustawieni w dwuszeregu piloci powitali go okrzykiem: „Chwała bohaterom!" Tym samym, którym w roku 1921 pożegnano jego, Fauntleroya i innych jankesów, opuszczających Polskę.

Cooper, w zawadiacko przekrzywionym kapeluszu, palący wrzoścową fajkę, był wyraźnie wzruszony. Zapewnił Polaków, że dokonania amerykańskich pilotów Eskadry im. Kościuszki są „fraszką w porównaniu z waszymi wspaniałymi osiągnięciami". Powiedział, że szczególnie wzruszył go widok godła – krakuski, skrzyżowanych kos, gwiazd i czerwono-białych pasów – na ich hurricane'ach. Właśnie to godło napełniało ogromną dumą jego i innych pilotów z pierwszego składu eskadry, bo symbolizowało „przyjaźń Stanów Zjednoczonych i Polski zapisaną na kartach historii"*.

Tego samego roku polskich pilotów odkryła kinematografia. Wytwórnia RKO nakręciła w Anglii film *Niebezpieczny księżyc*, którego bohater, polski wirtuoz fortepianu, wkrótce po napaści Niemców na Polskę zostaje pilotem. Ucieka do Anglii i walczy w bitwie o Wielką Brytanię. Główną rolę zagrał popularny aktor austriacki, Anton Walbrook. Film cieszył się wielkim powodzeniem, szczególnie wśród młodych Angielek, zakochanych w sentymentalnym amancie. Kilka tygodni później na ekrany weszła nakręcona w Ameryce farsa *Być albo nie być w* reżyserii Ernsta Lubitscha, z Jackiem Bennym w roli trzeciorzędnego polskiego aktora i dyrektora teatru, którego żona, sławna aktorka, grana przez Carole Lombard, ma romans z przystojnym polskim pilotem (Robert Stack). Po najeździe Niemców na Polskę pilot przedostaje się do Anglii, a za nim (w wyniku mocno skomplikowanej intrygi) Benny, Lombard i reszta obsady.

Polscy piloci stali się więc prawdziwymi znakomitościami. Szczytem mody było gościć Polaków na koktajlach i proszonych kolacjach. W lutym 1941 roku czołowa bywalczyni salonów, Jean Smith-Bingham, „zaadoptowała" Dywizjon Kościuszkowski i wydała na jego cześć szumne przyjęcie w hotelu Dorchester z kolacją i tańcami. Wśród gości było wiele innych wytwornych dam pokroju pani Smith-Bingham. „Co druga posiadała tytuł – zapisał rozbawiony polski pilot w kronice dywizjonu – ale więcej niż co druga posiadała «swoje lata», choć było kilka młodych a uroczych cór Albionu". Relacjonując szczegółowo, na dwóch stronach, owo wydarzenie, elitarny brytyjski „Tatler" odnotował, że „należało do najweselszych i najbardziej zabawnych, jakie Londyn widział od miesięcy". Towarzyski sukces przyjęcia Jean Smith-Bingham zapoczątkował nową modę: w następnych dniach inne panie z londyńskich wyższych sfer na wyścigi rzuciły się do adoptowania innych polskich dywizjonów.

* Później Cooper zebrał pieniądze od innych Amerykanów, dawnych członków Eskadry im. Kościuszki, kupił srebrne pudełko na papierosy i przesłał je Polakom w Northolt. Była na nim wygrawerowana inskrypcja: „Od starej gwardii dla nowej gwardii", a pod nią nazwiska amerykańskich pilotów, którzy walczyli w wojnie polsko-bolszewickiej.

Piloci Dywizjonu Kościuszkowskiego ze swoją „matką", Jean Smith-Bingham, która wydała na ich cześć przyjęcie w hotelu Dorchester. Pierwszy z lewej stoi Mirosław Ferić, piąty z lewej Witold Łokuciewski, za plecami gospodyni Jan Zumbach. (Instytut Polski i Muzeum im. gen. Sikorskiego).

Na pewnym przyjęciu w Londynie do Tadeusza Andersza, pilota myśliwskiego, przydzielonego do nowo sformowanego polskiego Dywizjonu 315 (Dęblińskiego), podeszła atrakcyjna blondynka i spytała, czy jego dywizjon ma już „matkę". Okazało się, że to Virginia Cherrill, aktorka filmowa, która zagrała kilka głównych ról, w tym u boku Charliego Chaplina w *Światłach wielkiego miasta*. Po rozwodzie z Carym Grantem poślubiła hrabiego Jersey. Kiedy Andersz poinformował lady Jersey, że jego dywizjon wciąż jest sierotą, spytała, czy może mieć zaszczyt zaadoptowania go. Na wieść o prośbie aktorki pragmatyczny dowódca Dywizjonu Dęblińskiego wybuchł, wykrzykując między innymi: „Czy ta głupia kobieta nie rozumie, że jest wojna?!" Ale lady Jersey nie zniechęciła jego negatywna reakcja. Tak długo nękała biedaka telefonami, aż w końcu ustąpił.

Dopiąwszy swego, nie spoczęła na laurach. Starając się dogodzić podopiecznym, wydawała na ich cześć jedno przyjęcie za drugim, czasem w domu w Londynie, czasem w posiadłości na prowincji. (Dbała o to, żeby „nie zapraszać dziewcząt ładniejszych od niej" – wspominał Andersz). Uczestniczyła w bożonarodzeniowych obiadach w dywizjonie, wysyłała paczki pilotom siedzącym w stalagach, a tym w Anglii oddawała stare jedwabne pończochy, by podczas lotów na dużych wysokościach obwiązywali sobie nimi marznące kolana. Raz, gdy jakiś dziennikarz przeprowadzał z nią wywiad w wiejskiej rezydencji, usłyszeli ryk samolotu. Wyjrzeli przez okno i zobaczyli, że nad domem krąży nisko spitfire. „To jeden z moich Polaków – obwieściła lady Jersey. – Jestem ich matką".

W całej Anglii twierdze brytyjskiego systemu klasowego padały przed Polakami. Gdy jeden z zestrzelonych pilotów Dywizjonu Kościuszkowskiego wylądował, oszołomiony, na spadochronie w pobliżu ósmego dołka na ekskluzywnym polu golfowym, gracze uparli się, żeby zawieźć go na kielicha do domu klubowego. Innego pilota zniosło w zagajnik sąsiadujący z prywatnym kortem tenisowym na londyńskim przedmieściu. Śledzący jego lot trzej członkowie klubu, którzy czekali na czwartego do cotygodniowego debla, pomogli Polakowi wyplątać się z gałęzi i rezygnując ze stałego partnera, zaproponowali grę. Gdy młody pilot wyraził zgodę, otrzymał biały flanelowy strój i niebawem, przebrany, z pożyczoną rakietą w ręku, znalazł się na korcie. „W dzienniku klubowym można przeczytać: «Dwudziestego trzeciego sierpnia polski oficer, wprowadzony przez państwa...» Oto jak Polak [...] wkroczył do najświętszego dla Anglików miejsca, klubu tenisa ziemnego, do którego wstęp mają wyłącznie «mili ludzie»" – opisał tę historię jeden z rzeczonych graczy Richardowi Cobbowi, młodemu historykowi po Oksfordzie, uczącemu polskich pilotów angielskiego.

Ale za te niewątpliwie przyjemne wycieczki w świat miejscowej śmietanki towarzyskiej Polacy płacili swoją cenę. Wraz z wieloma Brytyjczykami z przykrością odkrywali, że – choć kraj toczy wojnę, a w miastach szerzą się pożary i śmierć – angielskie wyższe sfery zachowują się tak, jakby nic się nie stało, nic się nie zmieniło. Nie dość, że widzieli nieszczęścia, jakie spadły na ich naród, to jeszcze dręczyła ich myśl, że bliscy i przyjaciele, których musieli zostawić w kraju, żyją pod niemiecko-sowiecką okupacją. Tymczasem oni tu, na wyspie, fetowani i rozpieszczani przez miejscową elitę, idealizowani w filmach i gazetach, mimo poczucia winy dobrze się bawili, a ich po angielsku beztroscy gospodarze zachowywali się tak, jakby Anglia była wieczna. Z jednej strony taka postawa oburzała, lecz z drugiej była jedną z najmocniejszych stron Brytyjczyków. „Na ziemi, mimo żelastwa spadającego z nieba, na ogół wszystko szło swoim trybem – odnotował Richard Cobb. – Trzeba było sprzątnąć z pól chmiel, starsze panie nie przerywały brydża, a starsi dżentelmeni wciąż musieli zażywać świeżego powietrza i przywracać w klubach świetność imperium".

Ale brytyjska beztroska nie ograniczała się do dam z socjety, wiekowych pań grających w brydża i pochrząkujących starszych dżentelmenów w klubach. Nawet wysocy funkcjonariusze państwowi, którzy lepiej od innych rozumieli, co zagraża Wielkiej Brytanii, brali niekiedy rozwód z wojenną rzeczywistością. Dla niektórych podniebne pojedynki były swoistą rozrywką, formą relaksu. Na przykład lord Halifax, brytyjski minister spraw zagranicznych, znajdował wytchnienie od trosk i nerwowych napięć podczas weekendów z przyjaciółmi, obserwując z ogrodu „letnią powietrzną bitwę i z a p o m i n a j ą c o w o j n i e" (podkreśl. autorów). Podobnie młody arystokrata, John Colville. Ulubiony prywatny sekretarz Churchilla opisał w swoim dzienniku pewien weekend na wsi i miał świetny „widok jak z trybuny głównej" na nurkujące nad pobliskim lotniskiem sztukasy i bombowce Luftwaffe, spadające w płomieniach na ziemię. „Gdy powrócił spokój, usiedliśmy na tarasie w znakomitych humorach, podbudowani tym, co widzieliśmy" – napisał o sobie i dwóch goszczących u niego młodych paniach. Po podwieczorku grał z jedną z nich, sanitariuszką ochotniczką, w tenisa, dopóki nie wezwano jej do szpitala do ofiar popołudniowej bitwy.

W początkowych latach wojny, mimo braków w zaopatrzeniu i racjonowania żywności, londyńczycy z pieniędzmi i koneksjami zachowali w dużej mierze standard życia, do jakiego przywykli. „Londyn żyje dobrze – zanotował w listopadzie 1940 roku Henry Channon, niestroniący od uciech członek parlamentu, po wieczorze w hotelu Dorchester. – Nigdy nie widziałem takiej wystawności, takiej rozrzutności, takich gór jedzenia, tak zatłoczonego parkietu". Drzwi w eleganckich hotelach, jak Dorchester czy Savoy, wciąż pilnowali portierzy w cylindrach. W Connaught na podwieczorek wciąż mogłeś zamówić truskawki ze śmietaną. W menu restauracji Scotta na Piccadilly wciąż figurowało osiem rodzajów ostryg. W bród było szampana i wędzonych łososi. W październiku 1940 roku Quentin Reynolds zapisał w swoim dzienniku, że jedyną materialną uciążliwością, jakiej doświadcza w Londynie, jest brak przyzwoitego martini. „Od czerwca nie ma oczywiście dostaw francuskich wermutów" – zanotował.

Nawet conocne niemieckie bombardowania nie odstraszały od kultywowania zakorzenionych nawyków towarzyskich. Któregoś wieczoru w Carlton Club, twierdzy torysów na Pall Mall, nad gawędzącym z kilkoma młodszymi członkami gabinetu Haroldem Macmillanem zapadł się dach. Bomba niemal kompletnie zdemolowała budynek, ale ku zdumieniu wszystkich zginęła tylko jedna osoba. Obsypani popiołem, z twarzami czarnymi od brudu i dymu, Macmillan i ministrowie, cali, choć na chwiejnych nogach, wygramolili się z ruin i przeszli na drugą stronę ulicy do hotelu Carlton – na kolację. (Zanim jednak *maître d'hôtel* wpuścił ich na salę, musieli się trochę ogarnąć).

Życie większości londyńczyków podczas blitzu wyglądało oczywiście zgoła inaczej. Strach, rozpacz po utracie bliskich, ból i gniew przeważały nad obojętnością i brawurą. A jednak zarówno w tamtym czasie, jak i przez prawie całą wojnę Londyn odurzał niespożytą energią. „Gdy idziesz ulicami [...] masz wrażenie, że przechodnie pulsują życiem" – odnotował Quentin Reynolds. W tej wojnie, tak jak w innych, nieustanna groźba śmierci wzmagała zapotrzebowanie na radość i uroki życia. Dlatego banalne hasło z wojennego filmu fabularnego: „Używajmy życia, bo jutro umrzemy", znajdowało oddźwięk na wilgotnych londyńskich ulicach, stacjach metra, w wyziębionych mieszkaniach, zatłoczonych schronach przeciwbombowych, hotelach, restauracjach, pubach, pałacach, wojskowych pokojach operacyjnych i sypialniach. Takie były z pewnością odczucia pilotów RAF-u – zwłaszcza romantycznych Polaków – i nie bez przyczyny, zważywszy na to, jak małe mieli szanse na przeżycie. „Życie? – napisał jeden z polskich pilotów. – Mierzyło się je na dni i godziny, a czasem minuty. Człowiek upijał się jego czarem, ekscytował tempem i intensywnością".

Do Londynu jechało się z Northolt metrem niecałą godzinę. Lotnicy z Dywizjonu Kościuszkowskiego, podobnie jak inni żołnierze brytyjscy i alianccy, odbywali tę podróż tak często, jak pozwalały im na to obowiązki, portfele i kondycja. Szczególnym wzięciem cieszyły się nocne kluby – zadymione, ciemne, kuszące lokale w rodzaju klubu 400, z Tiny Timem Claytonem i jego Whispering 400 Band, czy Café de Paris, gdzie szefem orkiestry był legendarny Ken „Snakehips" Johnson. Na zatłoczonych parkietach pary kołysały się w rytm *Night and Day*, *I've Got You Under My Skin*, *A Nightingale Sang in Berkeley Square* i innych rzewnych przebojów. Pod sufit wzbijały się kłęby papierosowego dymu, atmosfera była gęsta od seksu, a tradycyjna moralność szła tymczasem w kąt. Jeden z polskich pilotów bez ogródek wyznał, co ciągnęło go do stolicy. „W Londynie – napisał w swoim dzienniku – czekały usta czerwone jak róże".

Polacy szybko zdobyli sobie opinię szarmanckich. John Colville spytał kiedyś znajomą hrabiankę, służącą w WAAF-ie jako kierowca, jak jej się wozi polskich oficerów. „Przez cały dzień mówię «tak jest, sir», a przez całą noc «nie, sir»" – odparła. Dyrektorka prywatnej szkoły dla angielskich dziewcząt trafiła na strony gazet, kiedy przestrzegła klasę maturalną przed niebezpieczeństwami zewnętrznego świata, kończąc przemowę słowami: „I pamiętajcie, trzymajcie się z dala od ginu i polskich lotników"*.

Polaków nie powstrzymywała nawet słaba znajomość angielskiego. „Pół godziny spokoju nie miałem, bo wciąż mnie proszono o przełożenie na angielski listu miłosnego albo listu od znajomej Angielki" – wspominał RAF-owski nauczyciel języka angielskiego. A inny, zasypywany podobnymi prośbami, ułożył dla Polaków ze swojego dywizjonu szereg epistolarnych szablonów. Zakres tematyczny tych listów rozciągał się od prostych próśb o spotkanie po namiętne wyznania miłosne. „Tak więc w zależności od zamiarów, jakie miałeś względem dziewczyny, szedłeś do niego i mówiłeś: «Nauczycielu, proszę list numer trzy»" – wspominał pilot tego dywizjonu.

Romanse nie były wszak jednostronne. Kontynentalne maniery Polaków, ich zamiłowanie do całowania w rękę i przekonanie, że każda okazja warta jest bukietu kwiatów, zapewniłyby im przewagę nad sztywnymi angielskimi rywalami nawet w czasach pokoju. A w czasach wojny, kiedy w Polakach widziano bohaterów, byli oni właściwie poza konkurencją. Młode Brytyjki, wzdychające w kinach na *Niebezpiecznym księżycu* z Antonem Walbrookiem, stały się w równej mierze Dianami, co łaniami. Rzecz dotyczyła nie tylko Angielek. Na przyjęciu w Londynie, wydanym na jej cześć, Martha Gellhorn, utalentowana i piękna żona Ernesta Hemingwaya, korespondentka wojenna tygodnika «Collier's», ignorując innych gości, „całą uwagę poświęciła dwóm polskim lotnikom"**.

W pamiętnikach i listach z tamtych czasów i w późniejszych wspomnieniach wielu lotników z niejakim zdziwieniem opisuje wojenne podboje. „Nie można się było opędzić od bab" – stwierdził jeden z nich w dzienniku. Niektórych adoracja wyspiarek nieco peszyła. „Te angielskie panny są zupełnie inne od

* W wyreżyserowanym przez Johna Boormana filmie *Nadzieja i chwała* (1987), którego akcja rozgrywa się w bombardowanym Londynie, jeden z bohaterów wyznaje drugiemu, że jego żona uciekła z polskim pilotem.

** Tę złośliwą uwagę zrobiła inna Amerykanka i bywalczyni przyjęć, dziennikarka magazynu „Time-Life", Mary Welsh, która zresztą wkrótce zastąpiła Marthę Gellhorn jako nowa pani Hemingway.

Polek – napisał pewien lotnik po randce. – «Kochasz mnie?», spytała prosto z mostu. Jest bardzo miła, ale w ten sposób nie zdobywa się mężczyzny". „Myślę, że Angielki zasłużyły sobie na pomnik, duuuży pomnik. Były dla nas cudowne" – wspominał ze śmiechem tamte dni Witold Urbanowicz, kiedy stuknął mu ósmy krzyżyk.

Podczas drugiej wojny światowej młode Brytyjki doświadczyły nowego, ekscytującego poczucia wolności i niezależności. Wychowały się w społeczeństwie, w którym bardzo mało kobiet pracowało poza domem i kształciło się na studiach. Przed wojną oczekiwano od nich, że będą skromnie trzymać się w cieniu i nie żądać od życia więcej niż satysfakcji ze służenia mężowi i wychowywania dzieci. Gmach tej statecznej, przewidywalnej egzystencji zaczął pękać we wrześniu 1939 roku i w końcu legł w gruzach.

Setki tysięcy kobiet zgłosiło się do pracy w przemyśle zbrojeniowym, wstąpiło do służby w WAAF-ie i innych wojskowych formacjach. Nawet młode panny z towarzystwa, które w życiu nie ugotowały jajka, szły pracować w montowniach samolotów i fabrykach amunicji. „To było wyzwolenie, to mnie oswobodziło – wyznała jedna z nich. – Gdyby nie wojna, nie miałabym szansy się przekonać, co potrafię, ani poznać satysfakcji, którą mi to daje". Wiele kobiet odkryło, czego mogą dokonać w innych dziedzinach życia – za ogólnym przyzwoleniem lub bez niego. Zaczęły nosić spodnie. Pojawiać się publicznie bez pończoch. Palić, pić, uprawiać seks pozamałżeński częściej i z mniejszymi skrupułami niż ich matki i babki.

W Northolt Polacy z Dywizjonu im. Kościuszki doświadczyli skutków tego wyzwolenia osobiście. Młoda waafka, była aktorka, służąca w dywizjonie jako kierowca, nosiła przydomek „Speedy" („Szybka") nie tylko z racji wyczynów za kierownicą białego jaguara. Grupę młodych Angielek, które odwiedzały Orchard, ulubioną gospodę w pobliżu Northolt, lotnicy nazwali „messerschmittami" ze względu na ich pewność siebie i gotowość do „eskortowania" pilotów z tańców do łóżka.

Któregoś wieczoru w Orchard Jan Zumbach spotkał atrakcyjną młodą kobietę imieniem Ann, która na pierwszy rzut oka nie wyglądała na „messerschmitta". Kilka dni później zaprosiła go do domu na kolację, żeby poznał jej rodziców. Po posiłku rodzice udali się na spoczynek, ona zaś zaproponowała, żeby zrobił to samo – z nią. W sypialni nastawiła płytę i zatańczyli. Po serii pocałunków do utraty tchu Ann przeprosiła Zumbacha i zniknęła w łazience.

Gospoda Orchard w pobliżu Northolt była podczas wojny drugim domem dla pilotów z Dywizjonu im. Kościuszki. (Orchard Restaurant).

Nie całkiem pewien, co teraz nastąpi, postanowił zaryzykować: rozebrał się i wślizgnął do łóżka. Czekając, wziął gruby notatnik leżący na nocnym stoliku i zaczął go kartkować. Był to pamiętnik Ann. Znalazł w nim szczegółowe oceny łóżkowych walorów całego legionu mężczyzn, w tym kilku kolegów z dywizjonu. Ucieszył się, że wystawiła im noty wyższe niż swoim rodakom. Wkrótce potem dołączył do jej podbojów, lecz nigdy się nie dowiedział, jaki dostał stopień.

Choć kobiety takie jak Ann zapadały w pamięć, nie były typowymi Angielkami. Większość Brytyjek szukała w związkach z mężczyznami czegoś więcej niż seksu, a Polacy byli cenieni nie tylko za sprawność w łóżku. Czarujący i bardzo zalotni, słynęli z wytwornego traktowania kobiet. Zasypywali je komplementami w łamanej angielszczyźnie i na inne sposoby dawali im odczuć swą adorację. „Płeć przeciwna nie może się oprzeć całowaniu w rękę!" – skonstatował zdumiony Ronald Kellett. Po pierwszej randce kobieta mogła dostać róże, których wartość równała się miesięcznej pensji. Jeden z polskich pilotów oczarował brytyjską dziennikarkę „niebieskimi oczami, eleganckimi manierami i zniewalającym urokiem". Gdy przeprowadzała z nim wywiad, spytał, czy może pożyczyć jej duszę na następny lot i „zabrać ją ze sobą w chmury na szczęście". „Oczywiście oddałam mu ją" – wyznała z przejęciem w artykule.

Polacy naprawdę lubili damskie towarzystwo. By oczarować kobiety, z którymi się spotykali, nie wahali się wyrażać swoich uczuć i ujawniać słabości. Brytyjczycy z klas średnich i wyższych byli produktami szkół prywatnych. W dzieciństwie rzadko stykali się z dziewczętami i kobietami spoza swoich rodzin. Z wpojonym przekonaniem, że okazywanie uczuć i reagowanie na nie jest niemęskie, naprawdę swobodnie czuli się tylko w towarzystwie podobnie myślących mężczyzn. „Dla z przyzwyczajenia powściągliwego Anglika [...] ukrywanie uczuć jest podstawą dobrych manier i kardynalną zasadą bycia dżentelmenem" – stwierdził jeden z pilotów Dywizjonu Kościuszkowskiego. Była waafka, wspominając romantyczne przeżycia z czasów wojny, przyznała: „Brytyjscy oficerowie nie mieli pojęcia, jak traktować dziewczęta". A Polacy! Mieli „coś takiego w oczach – wiedziałaś, że ten mężczyzna widzi w tobie kobietę i cię pragnie. Było to nadzwyczaj erotyczne uczucie, całkiem dla nas nowe"*.

Brytyjskiej płci brzydkiej trudno było pojąć, co takiego mają w sobie Polacy. „Zwracają uwagę, co kobiety noszą – zdumiał się brytyjski pilot. – Tak jakby oprócz latania znali się na strojach. Dziwne, nie? Ale dziewczynom to się podoba". Sześciu innych brytyjskich lotników dało wyraz swemu zadziwieniu w liście do kącika porad „Daily Sketch". „Martwi nas, że żadna nie chce na nas spojrzeć – napisali. – Dlaczego? Dlatego, że na naszym lotnisku rozplenili się polscy lotnicy i rekwirują wszystko, co ładne i skromne [...] Co mamy robić?"

W gazetach donoszono, iż niektórzy z przedsiębiorczych brytyjskich pilotów rozwiązali ten problem, udając Polaków. Posługując się fałszywym słowiańskim akcentem, całowali w ręce na prawo i lewo, a przed pójściem na dansing ozdabiali rękawy naszywkami z napisem „Poland". Quentin Reynolds zacytował kwestię, na którą pewien pilot RAF-u z powodzeniem podrywał rodaczki: *I am Polish aviator. Please have drink with me. I am very lonely* („Jestem polskim lotnikiem. Proszę, napij się ze mną. Jestem bardzo samotny").

---

* Wielu Polaków, w tym pewna liczba weteranów z Dywizjonu im. Kościuszki, poślubiła Brytyjki. Jeden z nich poznał przyszłą żonę, kiedy po zestrzeleniu w czasie bitwy o Wielką Brytanię wylądował na spadochronie w ogrodzie jej rodziców.

Choć lotników z Dywizjonu Kościuszkowskiego cieszył rozgłos, czasem czuli potrzebę, by nieco go ograniczyć. Ściąganie na siebie nadmiernej uwagi nie przystawało mężczyźnie, zwłaszcza pilotowi. Gdy któregoś wieczoru w pubie Ferić z kilkoma kolegami świętowali zestrzelenie sześciu niemieckich samolotów, jego bywalcy na wieść o tym sukcesie próbowali ustawić ich pośrodku lokalu i wznieść toast. Polscy piloci grzecznie odmówili, bo – jak napisał Ferić – „po co robić z tych rzeczy widowisko".

Wśród Polaków panowała opinia, że choć Anglicy są w większości życzliwi i przyjacielscy, nie rozumieją ani ich, ani Polski. Kiedy Richarda Cobba, który po wojnie został wybitnym oksfordzkim historykiem, poproszono, żeby uczył polskich lotników angielskiego, Polska była dla niego jedynie „wyobrażeniem", „zbiorem nazwisk, traktatów, map, utrwalonym w pamięci obrazem egzotycznych Słowian w okazałych strojach". Raz w pociągu jakiś wiekowy Anglik wtrącił się do rozmowy dwóch polskich pilotów, pytając z niepokojem: „Ale panowie nie rozmawiają po niemiecku, co?" „Nie – odparł jeden z nich – mówimy w naszym języku". „Aha! – rzekł staruszek, jakby wreszcie coś zrozumiał. – A więc wy macie własny język!"

Inny polski lotnik sporą część poborów wydał na książki polskich autorów, które potem podarował angielskim znajomym. „Gorąco pragnął, żeby wiedzieli coś więcej o Polsce, o której mieli blade pojęcie – wyjaśniła jedna z obdarowanych, pisarka Alyse Simpson. – Bardzo oględnie protestował, że nie jest to zaśnieżona kraina, gdzie żyją ciemni chłopi i niedźwiedzie, ale cywilizowany, piękny kraj z tradycjami. I wielką literaturą".

Angielskie i amerykańskie gazety, które pomogły stworzyć legendę polskich pilotów, zrobiły niewiele, by oświecić swoich czytelników, że ojczyzna tych bohaterów ma własne skomplikowane dzieje. Prasa – zdaniem wielu Polaków – przesadzała w robieniu sensacji z ich wyczynów, utrwalając wykoślawione, protekcjonalne stereotypy. Pisząc o członkach Dywizjonu Kościuszkowskiego, jeden z RAF-owskich nauczycieli angielskiego, Geoffrey Marsh, stwierdził: „Malarze przyjeżdżali ich rysować, dziennikarze o nich pisać, ale polski duch był dla nich tak trudny do uchwycenia jak skaczący pstrąg. Z bohaterów robi się zbyt często bezcielesne istoty, wyidealizowanych półbogów".

Do tych, którzy z lotników Dywizjonu im. Kościuszki zrobili nadludzi, należał Quentin Reynolds. W swoim peanie na ich cześć napisał, że w tydzień zestrzelili sto dwadzieścia sześć niemieckich maszyn, „nie tracąc żadnego samolotu ani pilota". W innych podobnych dytyrambach Polaków przedstawiano jako zabawnych, śmiesznie mówiących obcokrajowców lub jako szalonych romantyków, którzy żyją wyłącznie po to, żeby zabijać Niemców. (W jednym z tytułów udało się zmieścić oba te komunały: POLAKÓW PODNIECA BOMBARDOWANIE RZESZY – DZISIAJ LECIMY, CO NIE?)

Polscy piloci niewątpliwie pałali żądzą zemsty za koszmar, który Luftwaffe zgotowała ich rodakom i ojczyźnie. Prawdą też jest, że szczerze nienawidzili Niemców i nie kryli się z tym. Lecz na pewno nie byli opętanymi wojownikami, których zrobiono z nich w wielu artykułach. Na przykład w jednej ze swych korespondencji w „New York Times Magazine" Robert Post opisał ich jako „demonicznych bojowników", którzy „zatracili praktycznie wszystkie cechy ducha oprócz nienawiści do Niemców i pragnienia zemsty [...] Nienawiść, napędzająca do rozgromienia i zniszczenia wroga, wyparła w nich zdolność do miłości. I co z tego, że są lekkomyślni? Śmierć się dla nich nie liczy, byleby, zanim skonają, mogli zadać cios sprawcom swej tragedii".

Ten sam stereotyp, choć w mniej pretensjonalnym stylu, trafił do sztuki Terence'a Rattigana *Flare Path* („Światła drogi startowej"), wystawionej na West Endzie w roku 1942. Pilot RAF-u mówi tam o innej ważnej postaci, polskim lotniku: „Polacy trochę się od nas różnią. Większość z nich to wariaci. Naprawdę są szczęśliwi tylko wtedy, kiedy strącą szkopa".

Arkady Fiedler, którego *Dywizjon 303* wydano w Anglii w roku 1942, przygotowując tę książkę, wiele czasu spędził z polskimi lotnikami. Napisał w niej, że Brytyjczycy najlepiej odpłaciliby dywizjonowi za jego nieocenione zasługi, gdyby „lepiej poznali Polaków. By poznali ich uczciwie, serdecznie, dokładnie, bez uprzedzeń; by poznali takich, jakimi Polacy rzeczywiście byli". „Wtedy na pewno – konkludował – odkryliby, że naród żyjący dokoła Wisły jest akurat taki sam jak wszystkie inne zdrowe i cywilizowane narody, ani nie gorszy, ani nie lepszy. Że przeciętny Polak to właśnie taka sama dusza jak przeciętny Mr Brown w Londynie [...] Tego zażądaliby polscy lotnicy w zapłacie: uczciwego i rozumnego spojrzenia na Polaków".

Nie mówiąc o lepszym zrozumieniu samych lotników, mogliby dodać członkowie dywizjonu. Wojna toczyła się dalej, a oni kontynuowali wypady do Londynu, najlepiej jednak czuli się w Orchard, przestronnej, murowano-drewnianej gospodzie w stylu neoelżbietańskim, z mosiężnymi ozdobami, kretonowymi kwiecistymi zasłonkami, doniczkami z kwiatami pelargonii i azaliami w skrzynkach na oknach, z zadbanym trawnikiem przed wejściem. W gospodzie zamiast pięknych pań z towarzystwa, uśmiechających się raczej do fotografów niż do polskich gości, był właściciel, który pragnął znać szczegóły wszystkich akcji, otwierał szampana, ilekroć Polak z Northolt zestrzelił szwabską maszynę, a rannym lotnikom posyłał do szpitala kosze z owocami. Zamiast gładkiego Whispering 400 Band Tiny Tima Claytona grał sklecony *ad hoc* zespół, „nadrabiający braki techniczne chęcią zadowolenia klienteli”.

„Gdy tam wpadaliśmy [wieczorem] – wspominał z sentymentem Jan Zumbach – gospoda zamierała. Dla innych klientów nie byliśmy zgrają jurnych napalonych barbarzyńców, mówiących niezrozumiałym językiem. Darzyli prawdziwą przyjaźnią nas, hałaśliwych obcokrajowców, którzy przybyli z daleka”.

Innymi słowy, gospoda Orchard stała się ich domem.

CZĘŚĆ DRUGA

ZDRADA

ROZDZIAŁ JEDENASTY

„MORD Z ZIMNĄ KRWIĄ NA NARODZIE"

Pewnego dnia jesienią 1941 roku na skraju pasa startowego w Northolt stanęła samotna postać, patrząc, jak nowo przydzielone spitfire'y Dywizjonu Kościuszkowskiego odlatują w kierunku Francji. Po jedenastu miesiącach spędzonych w szpitalu Zdzisław Krasnodębski powrócił do bazy. Postronny obserwator mógłby uznać, że „Król" w pełni doszedł do siebie po ciężkich oparzeniach, jakich doznał przed blisko rokiem w płonącym hurricanie. Ale blizny, niektóre widoczne, i dolegliwości nie zniknęły.

I to mimo doskonałej opieki lekarskiej. Wkrótce po zestrzeleniu polski dowódca Dywizjonu 303 został przewieziony do szpitala Królowej Wiktorii w East Grinstead w hrabstwie West Sussex. Tam trafił pod opiekę sławnego chirurga plastycznego, pochodzącego z Nowej Zelandii. Przed wojną doktor Archibald McIndoe dał się poznać jako wzięty lekarz z modnej londyńskiej Harley Street, gdzie jego wdzięcznymi pacjentkami były głównie starzejące się kobiety. W czasie wojny uznano go za cudotwórcę w całkiem innej dziedzinie chirurgii. Sympatyczny Nowozelandczyk w okularach wykazał się niezwykłym talentem w odbudowywaniu nie tylko twarzy i ciał straszliwie poparzonych pilotów RAF-u, ale także ich psychiki i chęci do życia.

Pacjenci oddziału trzeciego – dla poparzonych – szpitala Królowej Wiktorii z takim miejscem zetknęli się po raz pierwszy. Jeden z nich nazwał go czule domem wariatów, a inny opisał jako „skrzyżowanie oddziału nagłych wypadków [...] z [pubem] Red Lion i francuskim burdelem". Zamiast obowiązujących szpitalnych przepisów i zasad panował tu zgiełk i ogólny chaos – ryczały radia, stukały maszyny do pisania, zabandażowani mężczyźni poruszający się o kulach i w wózkach śmiali się i toczyli głośne rozmowy. W jednym z pomieszczeń stała skomplikowana maszyneria jak z rysunku Rube'a Goldberga: zaprojektowana przez McIndoego kabina do kąpieli solankowych, wykorzystywana w leczeniu poparzeń, a w innym kącie beczka z piwem, z której pacjenci mogli czerpać do woli. Były też pielęgniarki, znane nie tylko z urody, lecz także z fachowości i życzliwości. Nie znalazły się tu przypadkiem. Zgłaszające się do pracy w oddziale trzecim kandydatki musiały załączać zdjęcia. McIndoe pragnął, żeby jego nieraz mocno oszpeconymi, cierpiącymi z powodu silnego bólu pacjentami zajmowały się czule najładniejsze kobiety, które sam dobierał.

Robił wszystko, żeby pomóc poparzonym z oddziału trzeciego w powrocie do życia, i za to go wielbili. „Był bogiem" – powiedział jeden. Bliskie więzi nawiązali też między sobą pacjenci, zwłaszcza ci zestrzeleni wcześniej, podczas bitwy o Wielką Brytanię. W lipcu 1941 roku utworzyli Klub Królików Doświadczalnych, według Petera Williamsa i Teda Harrisona, autorów książki *McIndoe's Army* („Wojsko McIndoego"), „najbardziej ekskluzywny w kraju klub, do którego trudniej było się dostać [...] niż do uprzywilejowanych, szacownych klubów londyńskich". Mogli do niego należeć wyłącznie lotnicy RAF-u i alianci, leczeni na oddziale trzecim. Krasnodębski, znany kolegom niedoli jako „Kras", był członkiem założycielem.

Pacjentom McIndoe mógł wydawać się bogiem, ale pewnych cudów robić nie potrafił. Z niezwykłą fachowością odbudowywał twarze i przywracał sprawność poparzonym kończynom, jednak u wielu lotników nadpalenia były tak poważne, że nie dało się uniknąć trwałych oszpeceń i kalectwa. A także „strasznej rozpaczy", towarzyszącej utracie urody i sprawności.

W porównaniu z niektórymi pacjentami oddziału trzeciego Krasnodębski miał szczęście. Dzięki zabiegom McIndoego jego twarz, choć poznaczona bliznami, nie była bardzo zniekształcona. Gorzej wyglądały ręce. Choć odzyskał w nich częściową władzę, z trudem mógł utrzymać papierosa. Tak jak przewidywali lekarze, oznaczało to dla niego koniec z lataniem. Po powrocie do Northolt pilot, który jako pierwszy dowódca słynnej polskiej jednostki był wzorem dla podwładnych, dostał pracę przy biurku. Witoldowi Urbanowiczowi, obecnie współdowódcy trzech polskich dywizjonów, w tym Kościuszkowskiego, „Król" wydał się smutny, samotny, znękany myślami o żonie pozostawionej w Polsce, „nie ten sam Krasnodębski co przedtem. Roześmiany i tryskający zapałem do walki".

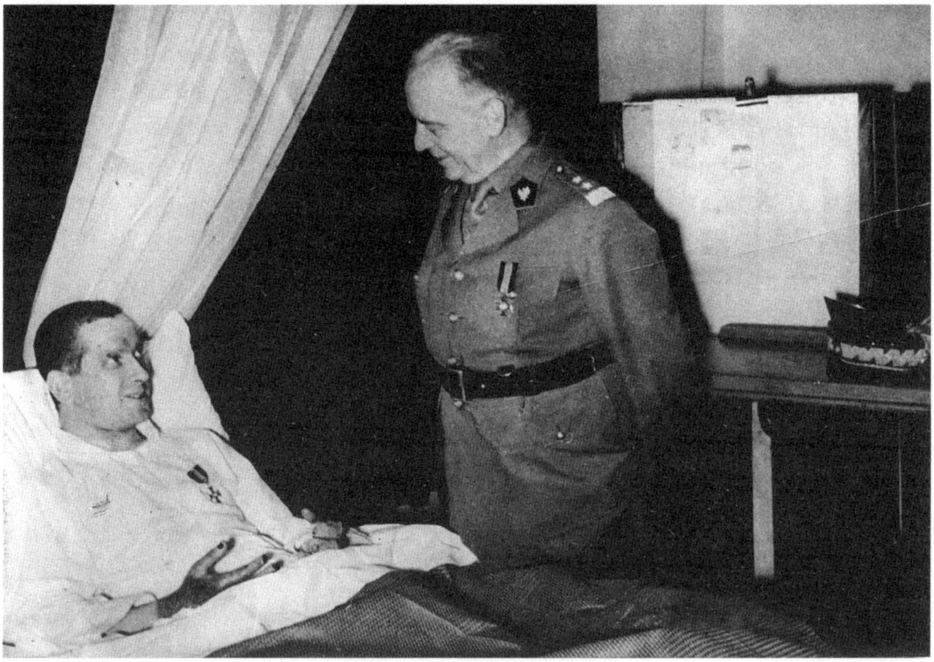

Generał Władysław Sikorski, naczelny wódz i premier polskiego rządu na uchodźstwie, przy łóżku Zdzisława Krasnodębskiego. Przed chwilą udekorował rannego dowódcę Dywizjonu im. Kościuszki krzyżem Virtuti Militari. (Stanisław Błasiak).

Northolt bardzo się zmieniło, odkąd Krasnodębski opuścił je przed niespełna rokiem. Obecnie było bazą polskich myśliwców w Wielkiej Brytanii, placówką oficjalnie powołanego pierwszego polskiego skrzydła myśliwskiego, utworzonego z Dywizjonu 303 i dwóch nowych, 306 i 308. Po bitwie o Wielką Brytanię złożone z co najmniej dwóch dywizjonów myśliwskich, wyposażone w spitfire'y* skrzydła zaczęły działać jako samodzielne formacje, przeprowadzając akcje zaczepne we Francji. Chociaż RAF już się zgodził na to, żeby polscy oficerowie dowodzili samodzielnie dywizjonami, nowo utworzone jednostki miały jakiś czas pozostać pod wspólną komendą. Stąd też Pierwsze Polskie Skrzydło, które utworzono w Northolt w kwietniu 1941 roku, latało pod dowództwem Urbanowicza i Johna Kenta.

* Spitfire'y i hurricane'y były świetnymi myśliwcami. Za lepsze uważano spitfire'y, chociaż hurricane'y, na których Dywizjon Kościuszkowski latał podczas bitwy o Wielką Brytanię, też miały swoich zwolenników.

Najstarszymi stopniem oficerami w Northolt byli Kent i pułkownik Theodore McEvoy, który zastąpił Stanleya Vincenta jako dowódca bazy. Większość pozostałej kadry, od dowódców dywizjonów w dół, stanowili Polacy. W prowizorycznej kaplicy codziennie odprawiano mszę, zorganizowano też polską bibliotekę. Stateczna cisza brytyjskiego (w przeważającej mierze) kasyna oficerskiego znikła. Bawiono się znacznie huczniej. W barze, gdzie wisiał żartobliwy napis: „Tu mówi się po angielsku", nowicjusze, którzy zaliczyli pierwsze zestrzelenie, musieli wypić zabójczy koktajl zwany messerschmittem. Ów wynalazek kościuszkowskich pilotów składał się z whisky, porto, sherry, likieru miętowego i wszelkich innych alkoholi, będących akurat pod ręką. Podczas jednego z takich jubli Jan Zumbach zabawił się w Wilhelma Tella i z pistoletu zestrzelił z głowy kompana jabłko. Przy innej okazji pewien polski lotnik wziął na cel rozchybotaną paczkę lucky strike'ów na głowie kolegi. Na szczęście w obu wypadkach, mimo morza wypitego alkoholu, strzelcy nie chybili.

Pod nieobecność Krasnodębskiego zmienił się też charakter wojny. Kiedy Niemcy stopniowo, lecz wyraźnie porzucili myśl o podboju Wielkiej Brytanii, próbując opanować Związek Sowiecki, przed Brytyjczykami otwarło się pole do podjęcia akcji ofensywnych. Na inwazję na kontynent było stanowczo za wcześnie, ale rząd zatwierdził wzmożenie agresywnych nalotów na Niemcy i zajęte przez nie kraje. Ta decyzja zmieniła charakter zadań lotnictwa myśliwskiego – z obrony kraju na osłanianie bombowców i ataki na instalacje niemieckie.

W tych frontalnych atakach na terytorium Francji, Belgii i Holandii Polacy odegrali równie ważną rolę jak podczas bitwy o Wielką Brytanię. W 1941 roku polskim dywizjonom, biorącym udział w większości nowych operacji, zaliczono blisko trzydzieści procent zestrzeleń samolotów niemieckich.

Drobne wypady myśliwskie na pozycje niemieckie nosiły barwne kryptonimy, takie jak „Rabarbar" czy „Moskit". Po przekroczeniu Kanału myśliwce rozdzielały się, a potem, pojedynczo lub parami, pomykały nad Francją, Belgią i Holandią, ostrzeliwując lotniska, baterie przeciwlotnicze, stacje kolejowe, ciężarówki, oddziały wojska i wszelkie inne nęcące obiekty wojskowe. „Trzeba lecieć bardzo nisko, lotem koszącym, żeby nikt nie spostrzegł samolotu, dopóki nie wyskoczy zza drzew czy domów – wyjaśnił reporterowi Zdzisław Henneberg z Dywizjonu Kościuszkowskiego. – Zanim Niemcy mają czas się skryć albo wystrzelić, zasypujemy ich kulami". Taka walka – dodał – „najbardziej odpowiada polskiemu temperamentowi" i „naszej ułańskiej tradycji".

Polacy, których eskorty domagały się brytyjskie (a potem amerykańskie) załogi bombowe, odegrali ważną rolę także w operacjach zwanych „Cyrkami" –

dziennych nalotach bombowych na Francję i Niderlandy, których dodatkowym celem było wciągnąć niemieckie myśliwce do walki. Tym sposobem uczestniczące w nalotach brytyjskie blenheimy służyły za przynętę, zwabiając messerschmitty w zabójczą sieć osłaniających bombowce spitfire'ów.

Popularność Polaków wśród pilotów bombowych brała się przede wszystkim z ich wyjątkowego podejścia do zadań osłonowych. Według Jana Zumbacha Polacy rozwinęli „bardzo skuteczną technikę osłony bezpośredniej. Dosłownie przyklejaliśmy się do naszych podopiecznych, lecąc dwójkami po bokach każdego z bombowców i ryzykując, że nas zestrzelą [...] Poświęcając się, dawaliśmy innym dywizjonom wolną rękę do rozprawienia się z wrogiem". Mimo niedogodności związanych z „poświęcaniem się" piloci Dywizjonu 303 latający w „Cyrkach" zdołali zestrzelić więcej samolotów niż zwykle. W ciągu sześciu tygodni lata 1941 roku dywizjon zniszczył nad Francją czterdzieści sześć samolotów wroga, nie tracąc ani jednego bombowca.

Jednakże wielu pilotów uważało „Cyrki", „Moskity" i tym podobne operacje za bardziej niebezpieczne niż pojedynki w bitwie o Wielką Brytanię. W lotach nad okupowanymi krajami RAF napotkał takie same niebezpieczeństwa (i ograniczenia paliwowe) jak wcześniej Luftwaffe nad Anglią. Wyprawom groziły ataki myśliwców, wybrzeża były najeżone bateriami przeciwlotniczymi, a lotnisk strzegły gniazda karabinów maszynowych. „W drodze do Francji mogłeś ich [obronę wybrzeża] zaskoczyć – powiedział polski pilot. – Ale kiedy wracałeś, wiedzieli, że musisz przelecieć nad wybrzeżem. Czekali na ciebie".

Zestrzelonych nad lądem pilotów RAF-u i aliantów osadzano w obozach jenieckich, gdzie do końca wojny byli wyłączeni z walki – chyba że zdołali uciec. Jeśli zaś popadli w tarapaty nad Kanałem i musieli wyskoczyć w zawsze zimne, często sztormowe fale, szanse na ratunek były nikłe. Szczęśliwie wydostawszy się z samolotu, pilot mógł utonąć albo umrzeć z wyziębienia, zanim wyłowił go statek.

Wraz z nasileniem się ofensywy RAF-u dywizjony wylatywały do akcji po kilka razy dziennie. A im więcej było lotów bojowych, tym więcej było też ofiar. W drugim półroczu 1941 Niemcy zestrzelili ponad pięćset angielskich myśliwców, w tym jednego dnia aż siedemnaście spitfire'ów. Dywizjon Kościuszkowski stracił w niecałe dwa miesiące sześciu ze swoich najlepszych pilotów. Wśród nich Zdzisława Henneberga, asa lotniczego, który we wrześniu 1940 roku dołączył do Mirosława Fericia w samowolnej pogoni za messerschmittami. Z tamtej eskapady nad Francją Henneberg wrócił cało. Tym razem utonął w Kanale po przymusowym wodowaniu.

W wojennej zawierusze śmierć stała się dla żyjących wygodnym sposobem odmierzania czasu. W wywiadzie udzielonym polskiemu korespondentowi pilot Dywizjonu Kościuszkowskiego, próbując przypomnieć sobie datę jakiegoś wydarzenia z czasów bitwy o Anglię, zaczął się zastanawiać: „Kiedy to było? Zaraz... Dwa dni po tym, jak dopadli Františka... Nie, pomyliłem się, to było dwa dni przed zestrzeleniem Paszki".

Walka trwała, a podobnych smutnych kamieni milowych przybywało.

Czternastego lutego 1942 roku z dwumiesięcznego pobytu w bazie szkoleniowej w Szkocji wrócił do Northolt Mirosław Ferić. Niektórych pilotów RAF-u wysyłano do szkolenia młodych lotników, a przy okazji na dłuższy wypoczynek. W każdym razie po powrocie Ferić rwał się do walki. Pilot, który w dzieciństwie, z rozłożonymi jak skrzydła rękami, balansował na trzecim piętrze na poręczy balkonu mieszkania matki, nieustannie zamęczający kolegów, żeby dokumentowali lotnicze przeżycia w jego kronice, najszczęśliwszy był, kiedy latał.

W środku tamtego zimnego, pochmurnego lutowego ranka wystartował spitfire'em na zwyczajny lot ćwiczebny. Kiedy silnik Royce'a ożył z rykiem, Ferić chwycił za drążek i sprawdził działanie orczyka. Cudownie było wrócić.

Po starcie postanowił pokazać, co potrafi spitfire. Raptem na wysokości trzech tysięcy stóp odłamał się kawał skrzydła, uderzył w ogon myśliwca i urwał go. Samolot wpadł w korkociąg i gwałtownie przyśpieszył. Ferić otworzył kabinę, mocując się z pasami bezpieczeństwa. Jego towarzysze na ziemi patrzyli z przerażeniem, jak spitfire spada z rykiem w dół, zbliża się i z okropnym hukiem uderza w pas startowy. Siła uderzenia była tak ogromna, że samolot zarył się po kabinę w beton.

Piloci i personel obsługi naziemnej popędzili do szczątków myśliwca. Ciało Fericia zwisało z kabiny. Bez wątpienia próbował wyskoczyć, ale nie udało mu się rozpiąć klamry zaciskowej i uwolnić z pasów. Jako urwis i zaprzysięgły pilot myśliwski „Ox" Ferić wiele razy ocierał się o śmierć, ale zawsze ratowały go przytomność umysłu i szczęście. Tym razem nie miał żadnej szansy. Był tego świadom, gdy ginął. Jako jedyny ze słynnych dęblińskich zawadiackich „trzech muszkieterów" nie przeżył wojny. Miał dwadzieścia sześć lat.

„Zginął kronikarz Dywizjonu im. Kościuszki – napisał uczący pilotów angielskiego Geoffrey Marsh. – Był człowiekiem niezwykłej wrażliwości, idealistą. Ze wszystkich jego zapisków wyziera gorycz i odwaga dnia dzisiejszego i optymizm jutra". Ferić był również gorącym patriotą, o czym świadczy zapis

Szczątki spitfire'a, w którym czternastego lutego 1942 roku zginął Mirosław Ferić. (Instytut Polski i Muzeum im. gen. Sikorskiego).

z roku 1940, kiedy wraz z innymi Polakami wciąż przebywał we Francji. „Wiemy, że sporo z nas zginie [...] lecz cóż z tego – nie ma po co żyć, jeśli nie ma Tej – i dla Niej robimy wszystko, nie dla sławy, tylu a tylu zestrzeleń, nie dla Francuzów czy Anglików, ale dla Niej".

Koledzy, którzy w przeszłości tak często bardziej lub mniej dobrotliwie narzekali na nieustępliwość Fericia, teraz oddali mu hołd. Dywizjon uznał jego kronikę za swoją. Piloci już bez żadnych namów kontynuowali wpisy, relacjonujące akcje i dokumentujące ważne wydarzenia z życia dywizjonu – śluby, pogrzeby, wizyty znaczących osób. Kiedy któryś z nich ginął, do kroniki wklejano jego zdjęcie, obrysowując je starannie czarnymi ramkami. Właśnie o coś takiego chodziło Fericiowi od początku. Piloci, którzy go przeżyli, jakby chcieli okazać skruchę za to, że tak opierali się jego nagabywaniom.

Do roku 1945 założony przez Mirosława Fericia dziennik rozrósł się do siedmiu tomów, liczących w sumie tysiące stron.

Wiadomość o śmierci Fericia dotarła do jego matki w Polsce dopiero po jakimś czasie. Z powodu utrudnionej łączności pomiędzy Anglią a okupowanym krajem Jadwiga Ferić od chwili rozstania z synem dostała od niego tylko jeden list. A właściwie kartkę pocztową ze słowami, że w Anglii żyje mu się dobrze i że dowódcy są z niego zadowoleni. Niemniej ukochany Mika zadbał o przesyłanie jej tajnymi kanałami paczek żywnościowych – z czekoladą, sardynkami, kawą i innymi rzadkimi delikatesami. Paczki przychodziły nawet po jego śmierci.

Witold Łokuciewski (z lewej) niesie na pogrzebie trumnę z ciałem Mirosława Fericia, przyjaciela i kolegi „muszkietera". (Instytut Polski i Muzeum im. gen. Sikorskiego).

Śmierć Mirosława Fericia została upamiętniona w dzienniku, który zaczął prowadzić na początku wojny i który kontynuowali po jego zgonie koledzy z dywizjonu. Pod fotografią umieszczono baretki odznaczeń bojowych, w tym Lotniczego Krzyża Walecznych. Na dole strony napisano: „Cześć Jego Pamięci!” (Instytut Polski i Muzeum im. gen. Sikorskiego).

Prócz nich aż do końca wojny Jadwiga nie miała żadnych pamiątek ze służby syna we Francji i Anglii.

Po wojnie przyjaciel Fericia przesłał jej trochę rzeczy: część odznaczeń, polskiego lotniczego orła z munduru, kilka małych zdjęć rozbitego spitfire’a i grobu, pierwsze wydanie książki Arkadego Fiedlera o Dywizjonie 303. Nauczyła się na pamięć jej fragmentów poświęconych Mice i w nocy, próbując zasnąć, często powtarzała je sobie ze łzami w oczach. Ale w tej smutnej matczynej kolekcji było coś jeszcze – czarno-biała fotografia niespełna dwuletniego kędzierzawego blondynka w ramionach skromnie ubranej starszej kobiety. Na jej odwrocie napisano: „Philip z nianią”.

Philip był owocem wojennego romansu z Angielką, z którą Mika zdążył się zaręczyć. Jeden z kolegów zapamiętał, że śmierć „Oxa" bardzo ją przygnębiła, wkrótce jednak młoda kobieta gdzieś zniknęła i nikt nie wiedział, co się z nią stało. Znajomy, który przesłał zdjęcie szkraba Jadwidze, o Angielce nie wiedział nic, nie znał nawet jej nazwiska. W następnych latach żyjący w Polsce brat Fericia próbował bez powodzenia odszukać chłopca. Jadwiga Ferić przywiązała się do płowiejącego zdjęcia – jedynego dowodu, że ma w Anglii wnuka. Po jej śmierci fotografię zachował brat Miki, a gdy umarł – jego syn, bratanek Mirosława. Fericiowie snuli domysły, że matka Philipa pewnie wyszła po wojnie za mąż, a dzieciak nie dowiedział się, że jego ojcem był młody polski lotnik, kronikarz dywizjonu, który pomógł obronić Anglię w jej najczarniejszej, najwspanialszej godzinie próby.

Trzynastego marca, zaledwie miesiąc po śmierci Fericia, Dywizjonowi im. Kościuszki powierzono osłonę formacji bombowców Boston podczas nalotu na cel w Holandii. Wieczorem w przeddzień akcji kilku pilotów, w tym Witold Łokuciewski, wybrało się na *Gorączkę złota* Chaplina. Film tak im się spodobał, że kupili bilety na jutro, żeby obejrzeć go po powrocie z misji. Zanim wsiedli do kabin spitfire'ów, oddali bilety i wszystko, co mieli w kieszeniach, oficerowi wywiadu. Była to zwykła procedura na wypadek zestrzelenia i dostania się do niewoli. W ten sposób unikało się dostarczenia wrogom informacji o jednostce i jej lokalizacji.

Lot nad cel przebiegł bez niespodzianek, ale w drodze powrotnej, nad Francją, zaatakował Polaków rój messerschmittów. Zajęty pojedynkiem Łokuciewski poczuł nagle ostry ból w lewej nodze. Z silnika zaczęło się kurzyć. Stery przestały działać. Obejrzał się i zobaczył, że stracił pół statecznika pionowego. Gdy szykował się do przymusowego lądowania, silnik stanął w płomieniach i kabinę wypełnił dym. Ledwo przytomny, z roztrzaskanym piszczelem sterczącym z nogi, Łokuciewski obrócił spitfire'a na plecy i wyskoczył. Wylądował zemdlony na zaoranym, zamarzniętym polu. Schwytany przez Niemców, trafił do szpitala w Saint-Omer, gdzie przeszedł operację nogi, w której tkwiło ponad trzydzieści odłamków z wcześniejszych walk.

Niedługo potem przeniesiono go do szpitala w Niemczech i po krótkiej rekonwalescencji przewieziono do Stalag Luft III, obozu jenieckiego pod Żaganiem na pradawnych ziemiach polskich, przyłączonych do Niemiec. Kiedy tam przyjechał, jeńcy, przeważnie lotnicy RAF-u i alianci, byli mocno zaangażowani w przygotowanie eskapady, która później zasłynęła (między innymi dzięki filmowi) jako „wielka ucieczka". Łokuciewski szybko znalazł się wśród spiskowców.

Koledzy z dywizjonu na próżno latali nad rejonem kraksy, próbując go odszukać, i wreszcie uznali, że zginął. Tego wieczoru pilot dywizjonu utrwalił w kronice Fericia swoje smutne, nieco chaotyczne myśli: „Kochany «Tolu» to drugi z naszych [...] muszkieterów. «Ox» zginął w wypadku miesiąc temu [...] Do luftu, kochane chłopaki – wasza czwórka to podpora dyonu przecież – to jego sława w walkach zdobyta [...]. Teraz, gdy dwóch z Was zabrakło, zostajemy jak bez ręki [...] Mieliście swoje narowy i niemało zdrowia kosztowaliście swoich dowódców – ale przecież, gdy dziś wstecz spojrzeć, to każdy by chętnie jeszcze raz wszystkie kłopoty z Wami przecierpiał i drugie tyle [...] bo to jakoś tak dziwnie uwierzyć, że już Was nie ma i nie będzie. Przecież wczoraj jeszcze, Tolu, byliśmy razem z Tobą w kinie, wczoraj jeszcze wesoło nam było i dobrze razem, a dziś, dziś Ciebie tu nie ma [...] nikt z nas nie zna odpowiedzi".

Słynny as RAF-u, Peter Townsend, nazwał kiedyś wojnę „kostnicą, w której większość moich znajomych zmieniła się w spalone, okaleczone trupy". Ale w przypadku Townsenda i innych brytyjskich pilotów „tę potworną rzeźnię" równoważył fakt, że umierali w „obronie ukochanego kraju, który nas wykarmił i tchnął w nasze dusze swego wspaniałego, niezłomnego ducha". Polacy również ginęli, lech ich śmierć nie przynosiła Polsce żadnej wymiernej korzyści.

Pilotów dręczyło poczucie winy, że nie mogą pomóc rodakom, jednak ci, dzięki podziemnym audycjom radiowym i sieci informacyjnej polskiego ruchu oporu, dobrze wiedzieli o polskim wkładzie w bitwie o Wielką Brytanię i czcili swoich bohaterskich lotników. W potajemnych dostawach, zrzucanych na spadochronach przez RAF, były zdjęcia, relacje i książki o Polakach latających w Anglii. Jeden z dowódców Polski Podziemnej wspominał, jak wraz z grupą członków ruchu oporu znalazł w odpakowanym zasobniku ze świeżego zrzutu plik zdjęć polskich pilotów w mundurach RAF-u. „W mig rozchwytane. Przyglądamy się im z rozczuleniem". „Jacy oni piękni, jacy wspaniali" – powiedziała jedna z młodych łączniczek, ocierając łzy.

Pośród materiałów zrzuconych na spadochronach do Polski była też książka Arkadego Fiedlera *Dywizjon 303*. Sporządzono z niej mikrofilm, a następnie wydano w postaci talii kart. Owa talia stała się tak popularna w całym kraju, że podziemni wydawcy nie mogli nadążyć za ogromnym popytem.

Witold Łokuciewski z dwoma kolegami z Dywizjonu im. Kościuszki. (Instytut Polski i Muzeum im. gen. Sikorskiego).

„Wyszliśmy walczyć, serca nasze jednak zostały tam w kraju z Wami – oświadczył Mika Ferić na krótko przed śmiercią w audycji dla okupowanej Polski. – [We wrześniu 1940 roku] zostaliśmy rekordowym dyonem myśliwskim w całym imperium brytyjskim, bo w najkrótszym [czasie] mieliśmy największą ilość zestrzeleń. Te rekordowe zestrzelenia to za Was i dla Was, dla Polski [...] Nie zawiedziemy [sztandaru]. Wrócimy z tym sztandarem do Kraju i do Was [...] Bądźcie spokojni, nie zawiedziemy Was".

Szanse na przekucie tych słów w czyn były jednak bardzo odległe. Nie mogąc wyzwolić umęczonej ojczyzny, Polacy doświadczali poczucia izolacji i popadali w coraz większą melancholię. „Wspomnienia o kraju i wiara, tylko one im pozostały – napisał brytyjski pilot. – Trzymają się ich tak mocno, że nam, którzy nigdy nie byliśmy wyzuci z ojczyzny, trudno to zrozumieć". Młoda Angielka, która poznała kilku polskich lotników w pubie, wspominała, jak któregoś niedzielnego popołudnia przyszli nie po to, by ją zobaczyć, tylko „zebrać się u stóp mojej babci, żeby opowiedzieć jej o swoim kraju i rodzinach w Krakowie i Warszawie".

Jedynymi ich pamiątkami z kraju były nieliczne postrzępione fotografie żon, rodziców, dziewczyn, dzieci. Wielu nie wiedziało niemal nic o losie bliskich, których zostawili w kraju, a przedostające się z Polski wieści budziły najgorsze obawy. „Polscy lotnicy to uroczy ludzie – powiedział brytyjski oficer oświatowy. – Mają poczucie humoru. Ale większość z nich ma smutne oczy. Aż nie chce się ich pytać o rodziny".

Szóstego listopada 1939 roku, miesiąc po zwycięstwie nad Polską, Niemcy wezwali profesorów Uniwersytetu Jagiellońskiego w Krakowie, rzekomo na wykład, do głównego, obok wspaniałego Collegium Maius, budynku uczelni, Collegium Novum. Założony w roku 1364 przez Kazimierza Wielkiego uniwersytet, najstarszy w kraju, zaliczał się do najznakomitszych ośrodków szkolnictwa wyższego w Europie. Wśród wielu jego wybitnych absolwentów był Mikołaj Kopernik (znany poza Polską jako Nicolaus Copernicus). W roku 1939 studiował tam Karol Wojtyła, przyszły papież Jan Paweł II. Ponieważ krakowska uczelnia była kuźnią życia intelektualnego w Polsce, właśnie od niej naziści postanowili rozpocząć masowe aresztowania.

Tylko garstka profesorów, nieufnych wobec niemieckiego wezwania, nie stawiła się tego deszczowego listopadowego przedpołudnia. Ale prawie dwustu innych – wśród nich wielu luminarzy nauki polskiej – zgromadziło się w XIX-wiecznej sali wykładowej. Czekał tam na nich szturmowy oddział esesmanów z karabinami i pistoletami maszynowymi. Profesorów prawa, historii, biologii, literatury i innych dyscyplin popędzono z rękami do góry przez dziedziniec i załadowano do ciężarówek, które zawiozły ich do obozu koncentracyjnego w Sachsenhausen w Niemczech. Po wywiezieniu uczonych SS splądrowało uniwersytet, przetrząsając biblioteki i niszcząc pracownie. W Sachsenhausen niektórych z profesorów torturowano. Wielu w ciągu paru miesięcy zmarło.

„Polacy znikną z powierzchni ziemi" – obwieścił na początku niemieckiej okupacji Polski naczelny kat Hitlera, szef SS Heinrich Himmler, były hodowca drobiu. Polacy i inni Słowianie, podobnie jak Żydzi, byli dla nazistów *Untermenschen*, podludźmi, okupującymi ziemie przeznaczone – w planach

Hitlera – do ekspansji aryjskiej „rasy panów". Wytępienie narodu polskiego, zniszczenie jego kultury i tożsamości należało rozpocząć od planowej likwidacji wykształconej elity, stanowiącej największe zagrożenie dla nazistowskiego panowania. W pierwszych miesiącach i latach wojny głównym zadaniem SS w Polsce było wymordowanie jej potencjalnych przywódców.

Holokaust był zjawiskiem jedynym w swoim rodzaju. W każdym kraju pod władzą nazistów los Żydów był niewyobrażalnym koszmarem. Żadna nacja nie wycierpiała tyle co oni. Ale potężna, straszliwa machina masowej zagłady miała się rozkręcić dopiero za dwa lata. Na razie spędzano ich do kurczących się, coraz bardziej przerażających gett, a naziści koncentrowali się na mordowaniu nieżydowskich Polaków.

Największym terenem rzezi stała się centralna część kraju, nazwana przez Niemców Generalnym Gubernatorstwem, z trzema głównymi miastami – Warszawą, Krakowem i Lublinem. Żyło w niej trzynaście milionów ludzi, wśród nich polscy chrześcijanie i żydzi, przed wojną mieszkający na zachodzie Polski, a po wchłonięciu ich rodzinnych ziem przez Rzeszę przesiedleni, żeby zrobić miejsce dla niemieckiej *Lebensraum*.

Kampanią terroru w centralnej Polsce kierował gubernator Hans Frank, z wykształcenia prawnik, prezes Stowarzyszenia Adwokatów Niemieckich, człowiek – skądinąd, w innych okolicznościach – obyty i kulturalny, lecz zarazem, w opinii Williama Shirera, „lodowaty, sprawny w działaniu, bezwzględny i krwiożerczy". W Berlinie Shirer zapisał w swoim dzienniku: „Doszło do mnie, że rasa polska zniknie, gdy rozprawi się z nią doktor Frank ze swoimi nazistowskimi zbirami".

Nazistowska definicja „wykształconej elity" była tak pojemna, że w sieć rozszalałej Brygady Trupich Czaszek – oddziałów SS, służących przedtem jako straż w obozach koncentracyjnych – wpadły szerokie warstwy społeczeństwa. Wśród wyrwanych nocą z łóżek, wyciągniętych z tramwajów, zabranych z biur i sal szkolnych na natychmiastowe egzekucje lub wywózkę do obozów koncentracyjnych znaleźli się prawnicy, lekarze, księża, nauczyciele, pisarze, artyści, dziennikarze, przedsiębiorcy.

Do inteligencji Niemcy zaliczyli wszystkich z wyższym i średnim wykształceniem. Nikt nie był bezpieczny. W Warszawie, Krakowie i innych miastach dzień i noc rozbrzmiewało upiorne wycie policyjnych syren. Po ulicach krążyły ciężarówki wyładowane siepaczami w czarnych koszulach i brunatnych krawatach. Na czapkach i kołnierzach mieli trupie czaszki i skrzyżowane piszczele, a lufy automatów wymierzone w przechodniów. Każdemu, kto z byle powodu ściągnął na siebie ich uwagę, groziło aresztowanie. Terror miał charakter czysto losowy. Złapanych od razu rozstrzeliwano albo transportowano do więzień, gdzie czekała ich prawdopodobnie śmierć od kuli lub przez powieszenie. Był jednak możliwy inny los, najczęściej też prowadzący do śmierci – aresztowanych wywożono na roboty przymusowe do Niemiec albo zamykano w Oświęcimiu lub innym obozie pracy*.

„Żaden z przeciwników Niemiec na kontynencie nie walczył z nimi dzielniej i nie toczył równie beznadziejnej walki – napisał o Polakach historyk John Lukacs. – Żadnego nieprzyjaciela Niemcy tak nie torturowały, nie traktowały tak brutalnie i z iście nieludzką wzgardą".

W roku 1941 egzekucje uliczne, tortury, masowe wywózki do obozów pracy i obozów śmierci stały się codziennością polskich miast. W Warszawie „salwy karabinowe na ulicach były czymś tak zwyczajnym, jak gdzie indziej dźwięk kościelnych dzwonów" – napisał jeden z przywódców polskiego ruchu oporu. We wsiach i miasteczkach Generalnego Gubernatorstwa dochodziło do masowych mordów: dwieście piętnaście osób zabito w Skłobach, dwieście trzydzieści dwie w Borowie, trzysta siedemdziesiąt w Lipniaku. Osławiony akt hitlerowskiego barbarzyństwa – zniszczenie miasta Lidice w Czechosłowacji i wymordowanie blisko dwustu jego obywateli – w Polsce powtarzał się wiele razy. Spytany o różnicę pomiędzy niemieckimi egzekucjami w Czechosłowacji i w Polsce, Hans Frank odpowiedział: „W Pradze po rozstrzelaniu w jednym dniu siedmiu Czechów rozwieszono duże czerwone afisze [...] Gdybym chciał wywieszać ogłoszenie o straceniu każdych siedmiu Polaków, to w Polsce zabrakłoby lasów do produkcji papieru na takie afisze".

Dla reszty świata stało się jasne, że zdziesiątkowanie Polaków znacznie przewyższa zbrodnie Niemców w innych okupowanych krajach. Aby podkreślić tę różnicę, Winston Churchill użył niezwykle obrazowej figury retorycznej: „Tydzień w tydzień w tuzinie krajów plutony egzekucyjne nie próżnują. W poniedziałki [Hitler] zabija Holendrów. We wtorki Norwegów. W środy stawia pod ścianami Francuzów lub Belgów. W czwartki muszą cierpieć Czesi, a jego

* Oświęcim zasłynął w świecie jako miejsce eksterminacji ponad miliona Żydów. Zaprojektowano go wszakże jako ośrodek internowania obywateli polskich, bez względu na wiek i narodowość. Czternastego czerwca 1940 roku, tego samego dnia, w którym niemieckie oddziały wkroczyły do Paryża, do Oświęcimia przywieziono pierwszy transport więźniów, ponad siedmiuset Polaków, wśród nich wielu złapanych, gdy próbowali przedostać się przez granicę, żeby dołączyć do polskiego wojska we Francji. W czasie wojny z zesłanych tam ponad stu pięćdziesięciu tysięcy Polaków więcej niż połowa nie przeżyła. Setki tysięcy wywieziono też do Majdanka, Treblinki, Sobiboru i innych miejsc w rozrastającej się sieci hitlerowskich obozów śmierci i pracy przymusowej w Polsce.

Polki prowadzone na egzekucję przez niemieckich żołnierzy. (Biblioteka Kongresu).

odrażający grafik egzekucji uzupełniają Serbowie i Grecy. Za to Polacy giną bez przerwy, dzień w dzień". „Jesteśmy świadkami dokonywanego w Polsce rozmyślnie i z zimną krwią mordu na narodzie" – dodał poseł z ramienia Partii Pracy, Seymour Cocks.

Polaków, którzy uniknęli egzekucji lub obozów (w wielu przypadkach jedynie chwilowo), naziści traktowali jak niewolników. Nie wolno im było spacerować w parkach, dzwonić z publicznych telefonów, jeździć taksówkami ani wstawiać sobie złotych zębów. Polski Żyd mógł być zastrzelony za to, że nie zszedł Niemcowi z drogi lub że nie zdjął przed nim kapelusza.

Przyrzekając zamienić Polskę w „umysłową pustynię", Hans Frank zamknął uniwersytety, szkoły, muzea, teatry i biblioteki. Polakom wolno było kształcić się tylko na elementarnym poziomie, „wystarczającym do odczytania znaków drogowych", jak się wyraził Himmler. Książki polskich autorów były palone, zakazano wykonywania utworów kompozytorów polskich. Pomniki Kościuszki i innych patriotów wysadzano w powietrze. Majestatyczny pomnik Chopina w warszawskich Łazienkach został pocięty na złom. Redakcje polskich gazet zamknięto, radioodbiorniki nakazano oddać władzom okupacyjnym. Za słuchanie radia lub śpiewanie hymnu narodowego karano śmiercią.

W roku 1942, we wrześniowym numerze pisma „The New Republic", amerykański pisarz i poeta Stephen Vincent Benét próbował uzmysłowić czytelnikom ogrom niemieckich zbrodni: „Wyobraźmy sobie zamknięcie wszystkich [amerykańskich] uczelni, zburzenie domu Washingtona w Mount Vernon, Statuy Wolności, pomnika Lincolna [...] zastrzelenie chłopca, który gwizdał *Gwiaździsty sztandar*. Wyobraźmy sobie głód, tyfus i śmierć. A wówczas będziemy mieli bardzo blade pojęcie o tym, co oznacza ów Nowy Ład dla Polski i Polaków".

Polsce oczywiście nieobce było brzemię okupacji i rozbioru kraju, podobnie jak metody oporu. Doświadczyła tego przez wieki bytowania pomiędzy Niemcami i Rosją. Chociaż żadne dawne okrucieństwa nie mogły się równać z barbarzyństwem nazistów, nawet oni nie byli w stanie zgasić polskiego ducha. Polacy byli jedynym okupowanym narodem, w którym Niemcy nie znaleźli quislingów, by utworzyć marionetkowy rząd. Zdarzały się jednak osoby, szczególnie na wsiach, które mniej lub bardziej oficjalnie współpracowały z Niemcami. Najbardziej znanym tego przykładem jest śmierć kilkuset Żydów w Jedwabnem w 1941 roku. Ale w Warszawie i innych dużych miastach praktycznie nie było kolaborantów o znanych nazwiskach. Pod tym względem Polska stanowiła wyjątek – niepodzielna, wierna tylko jednemu rządowi na uchodźstwie, w Londynie. Polacy już w przeddzień upadku Warszawy zaczęli organizować ruch oporu, a trzy tygodnie później pojawiła się pierwsza gazeta podziemna.

Polski ruch oporu, największy, o najbardziej złożonej strukturze i najlepiej zorganizowany w całej Europie, nie ukrywał, że oczekuje od Polaków przeciwstawiania się Niemcom w każdy dostępny sposób, od biernego oporu po sabotaż. Jeśli nawet nie wszyscy, to większość rodaków z nawiązką spełniła oczekiwania podziemia.

Typowym przykładem była Wanda Krasnodębska. Żona dowódcy Dywizjonu im. Kościuszki prawie całą wojnę spędziła w Warszawie. W dzień pracowała w polskich organizacjach społecznych, najpierw opiekując się starszymi ludźmi, później dziećmi. Wieczorem zaś jako kurierka ruchu oporu przenosiła tajne wiadomości, meldunki i kolportowała bibułę. Przechowywała też Polaków ukrywających się przed Niemcami, w tym zrzuconych na spadochronach agentów polskiego wywiadu z Londynu, i – co najmniej raz – uciekiniera z Oświęcimia. Gdyby ją na tym przyłapano, w najlepszym razie czekał ją obóz koncentracyjny, w najgorszym – egzekucja bez sądu.

Wanda Krasnodębska, żona dowódcy Dywizjonu im. Kościuszki. Krasnodębska przez całą wojnę działała w polskim ruchu oporu. (Stanisław Błasiak).

Wanda igrała też ze śmiercią, słuchając radia. Pewnej nocy na wiosnę 1940 roku, kiedy wraz z kolegami z konspiracji usiadła przy radiu, by wysłuchać najnowszych wiadomości o inwazji Niemców na Francję, spiker odczytał nazwiska niektórych polskich pilotów broniących tego kraju. Na dźwięk słów „Zdzisław Krasnodębski" zabiło jej serce. Od rozstania we wrześniu zeszłego roku nie miała żadnych wieści o mężu.

Podobny opór stawiały miliony Polaków, tworząc niezwykłe podziemne społeczeństwo, działające tuż pod nosem niemieckiego okupanta. W całym kraju za zamkniętymi drzwiami koncertowały zespoły muzyczne i kwartety, występowały zawodowe i amatorskie grupy aktorów. W reakcji na zamknięcie szkół i uniwersytetów ponad milion dzieci i młodzieży uczęszczało na tajne komplety w mieszkaniach prywatnych i domach. Uniwersytet Jagielloński, tak jak inne polskie instytucje szkolnictwa wyższego, zreorganizował się w podziemiu, oferując studia na wszystkich wydziałach. Na zajęcia w Krakowie uczęszczało ponad ośmiuset studentów, w tym przyszły papież, Karol Wojtyła.

Polski ruch oporu rozkwitł w całym kraju, ale najsilniejszy był w Warszawie, którą Niemcy nazwali „miastem bandytów". „Jest w tym kraju źródło wszelkiego zła: to Warszawa – oznajmił ze swojej krakowskiej siedziby Hans Frank. – Gdyby w Generalnym Gubernatorstwie nie było Warszawy, mielibyśmy pięć razy mniej kłopotów. Warszawa jest i pozostanie zarzewiem buntu, z którego niepokoje rozchodzą się na kraj". Frank zapewne przesadził w oskarżeniu polskiej stolicy – w całej Polsce istniał silny opór – lecz Warszawa była bez dwóch zdań jego centrum.

Na początku wojny w Warszawie i innych miastach Niemcy rozlepili obwieszczenie: „Wszelkie próby przeciwstawienia się nowemu porządkowi niemieckiemu będą zwalczane z całą bezwzględnością". Warszawiacy nie dali się zastraszyć. Na murach domów w stolicy pojawił się malowany czerwoną farbą, przypominający dużą kotwicę symbol, złożony z połączonych liter „P" i „W". Oznaczał on „Polska Walczy". Antyhitlerowskich napisów na murach było o wiele więcej. Którejś nocy młodzi konspiratorzy przemknęli przez miasto, zmieniając jedną literę hasła na wszechobecnym hitlerowskim plakacie z *Deutschland siegt an allen Fronten* („Niemcy zwyciężają na wszystkich frontach") na *Deutschland liegt an allen Fronten* („Niemcy leżą na wszystkich frontach"). Innym razem ruchowi oporu udało się podłączyć do systemu megafonów w Warszawie i nagle w całym mieście popłynęły dźwięki polskiego hymnu. Przechodnie niemal jak jeden mąż przystawali, zdejmując nakrycia z głów. Wielu płakało.

Kiedy Niemcy obalili pomnik Jana Kilińskiego, bohatera antyrosyjskiego powstania Tadeusza Kościuszki w roku 1794, i umieścili go w piwnicy Muzeum Narodowego, następnego dnia na ścianach budynku wypisano: „Ludu Warszawy – jam tu! Jan Kiliński". Było jasne, że hitlerowskie barbarzyństwo nie zabiło ostrego dowcipu Polaków. „Śmiech ratował nas przed szaleństwem – wspominał członek polskiego podziemia. – Gdybyśmy się od czasu do czasu nie pośmiali, nie przetrwalibyśmy pięciu okropnych lat okupacji". Jedną z najpopularniejszych książek wydanych w podziemiu podczas okupacji był zbiór antyniemieckich dowcipów *Niemiec wyszydzony*.

Wydawano też poważniejsze książki, a prócz nich ponad tysiąc podziemnych gazet i pism. Komórki nasłuchu śledziły audycje radiowe z Londynu, usłyszane wiadomości zaś rozpowszechniano w tajnych biuletynach. Z kolei raporty o wydarzeniach w Polsce – nowych niemieckich dekretach, aresztowaniach, torturach, egzekucjach – były przesyłane na mikrofilmach do brytyjskiej stolicy, szmuglowane przez kurierów bądź wystukiwane szyfrem i wysyłane w eter przez nadajniki ukryte w piwnicach i na strychach. Po ulicach krążyły wozy pelengacyjne gestapo, próbując – często z powodzeniem – namierzyć tajne sygnały radiowe. A wtedy radiooperatorów już tylko chwile dzieliły od wykrycia i śmierci.

Z biegiem wojny polskie podziemie zaczęło przekazywać informacje o nasilającym się koszmarze Holokaustu. Przed niemiecką okupacją żyło w Polsce około trzech milionów Żydów, stanowiących dziesięć procent jej mieszkańców. Po podbiciu Polski Niemcy wysiedlili Żydów z całego kraju i spędzili do gett w Warszawie, Krakowie i innych miastach Generalnego Gubernatorstwa. W samej tylko stolicy na powierzchni trzystu siedmiu hektarów stłoczono ich ponad czterysta pięćdziesiąt tysięcy.

Warunki życia polskich chrześcijan pod niemiecką okupacją były straszne, lecz warunki życia Żydów w gettach nieporównanie gorsze. Większość Polaków w czasie wojny głodowała, ale Żydom groziła śmierć głodowa. W roku 1942 wielu mieszkańców warszawskiego getta zaczęło przypominać szkielety, żywe trupy z zapadniętymi oczami i szklanym wzrokiem. Codziennie umierały setki ludzi, a w powietrzu czuć było fetor rozkładających się zwłok.

Jednakże dla Hitlera Żydzi umierali za wolno. W roku 1942 Niemcy zaczęli budować w Polsce sieć obozów – między innymi w Majdanku, Treblince, Bełżcu i Sobiborze. Ich celem – wyłącznym celem – było jak najsprawniej zabić jak najwięcej ludzi, głównie Żydów. Największym miejscem zagłady stał się oświęcimski podobóz Brzezinka, gdzie z tortur i zabijania uczyniono gałąź nauki. Pierwsi do nowo wybudowanych obozów zagłady trafili Żydzi z gett w Warszawie i innych polskich miast. A kiedy „ostateczne rozwiązanie" nabrało rozmachu, do Polski zaczęto zwozić w niemieckich bydlęcych wagonach Żydów z całej Europy.

Polskie podziemie słało raporty o „masowym mordowaniu" Żydów polskiemu rządowi w Londynie, a ten informował o nich rządy Wielkiej Brytanii i Stanów. „Wy, Polacy w Anglii, musicie uwierzyć w rzeczy na pozór nie do wiary i przekonać Anglików i Amerykanów, żeby w nie uwierzyli – napisano w jednym z raportów w lecie 1942 roku. – Liczba żydowskich ofiar przekroczyła milion i wciąż rośnie [...] [A jednak] świat patrzy na te wszystkie zbrodnie, najpotworniejsze w historii ludzkości, chłodnym okiem. Miliony bezbronnych ludzi giną mordowane, a świat milczy [...] Tego milczenia nie wolno dłużej tolerować".

Polskiemu kurierowi podziemnemu, Janowi Karskiemu, udało się wejść w przebraniu estońskiego strażnika do obozu śmierci pod Izbicą i naocznie poznać metody uśmiercania. Po wydostaniu się z Polski i dotarciu do Londynu opisał to, co widział, brytyjskiemu ministrowi spraw zagranicznych Anthony'emu Edenowi i innym członkom angielskiego gabinetu, a potem, w Waszyngtonie, prezydentowi Rooseveltowi. Karski, tak jak generał Sikorski i inni przedstawiciele polskiego rządu na uchodźstwie, zaapelował do przywódców zachodnich o szybką i zdecydowaną reakcję na zagładę Żydów. Polacy zaproponowali między innymi, żeby zbombardować obozy śmierci i wiodące do nich szlaki kolejowe oraz zaatakować w odwecie cywilne ośrodki w Niemczech.

Brytyjscy i amerykańscy wysocy urzędnicy zrobili jedynie tyle, że potępili rzeź Żydów, a i to z opóźnieniem. Żydom może pomóc tylko całkowite zwycięstwo aliantów – oświadczyli. Polakom takie rozumowanie było dobrze znane. Identyczną argumentacją posłużyli się Brytyjczycy wobec Polski po wrześniowej napaści Niemiec w 1939 roku. Polacy zadawali sobie pytanie, jak pokonanie Hitlera może pomóc Żydom w ich kraju, skoro po osiągnięciu zwycięstwa ogromna ich większość nie będzie już żyć.

Ale polski ruch oporu nie poprzestał na informowaniu świata o losie Żydów. Starał się im pomagać. Na jesieni 1942 roku polskie podziemie powołało Radę Pomocy Żydom. Organizacja ta, działająca pod kryptonimem „Żegota", znajdowała kryjówki dla Żydów poza murami gett. Zaopatrywała ich też w pieniądze, sfałszowane dokumenty, jedzenie i zapewniała opiekę medyczną. Po wojnie Instytut Pamięci Męczenników i Bohaterów Holokaustu, Yad Vashem, wyróżnił „Żegotę" jako jedną z trzech organizacji ratujących Żydów w czasie wojny.

Spośród około dziewiętnastu tysięcy osób uhonorowanych przez Instytut blisko sześć tysięcy – prawie jedna trzecia – to Polacy. Spośród czterdziestu krajów, których obywatele zostali uznani za „Sprawiedliwych wśród Narodów Świata", Polska zajmuje pierwsze miejsce, choć przecież tylko jej obywatelom i ich rodzinom groziła za pomoc Żydom natychmiastowa śmierć.

Israel Gutman, były dyrektor instytutu Yad Vashem, ocenił, że Polacy uratowali w czasie wojny około czterdziestu tysięcy Żydów. „Trudno zaprzeczyć, że to niewielki procent przedwojennego żydostwa, niemniej jest to wspaniałe osiągnięcie ludzkości".

ROZDZIAŁ DWUNASTY

„SĄ TU ZAMARZNIĘTE DZIECI?"

Sowieckim odpowiednikiem Oświęcimia i Treblinki, w których barbarzyństwo hitleryzmu osiągnęło szczyty, były stalinowskie obozy na Kołymie w północnej Syberii. Nie budowano tam komór gazowych, więźniowie umierali wolniej – z głodu, zimna, chorób.

Większa część Niziny Kołymskiej, jednego z najzimniejszych regionów na Ziemi, leży za kręgiem polarnym. To kraina mroku, śnieżyc, wyjącego wichru i rozpaczy. W czasie długiej zimy temperatura spada zwykle do sześćdziesięciu stopni poniżej zera. Stalin założył na Kołymie ponad sto obozów niewolniczej pracy, należących do osławionego Archipelagu Gułag. Obozy te przeznaczono dla „wrogów ludu", a władze sowieckie zaliczyły do nich wszystkich Polaków, którzy stawili opór inwazji Armii Czerwonej w 1939 roku, sprzeciwili się komunizmowi lub w inny sposób wystąpili w obronie niepodległości i suwerenności ojczyzny.

W czasie drugiej wojny światowej tysiące Polaków przepadły bez śladu w obozach Kołymy. Odziani w łachmany więźniowie przypłacali życiem przymusową pracę w kopalniach złota i innych bogactw naturalnych, przedzierając się przez wieczną zmarzlinę. Ocenia się, że pierwszą zimę przeżyła niespełna jedna czwarta osadzonych. Tych, którzy byli za słabi, żeby pracować, rozstrzeliwano. Ginącym często obcinano dłonie, by udowodnić naczalstwu, że naprawdę nie żyją, a ich ciała wyrzucano. Nieliczni, którym udało się przeżyć i powrócić do cywilizacji, przypominali szkielety. Wielu straciło wskutek odmrożeń palce u rąk i nóg, nosy, uszy.

Na mocy zawartego z Niemcami paktu o nieagresji Sowietom przypadła w udziale wschodnia połowa Polski. Stalin, podobnie jak Hitler, najpierw zajął się likwidacją wykształconej polskiej elity. Funkcjonariusze NKWD (poprzednika KGB) regularnie spotykali się z przedstawicielami hitlerowskiej SS w celu uzgodnienia bliźniaczych represji. Wśród pierwszych aresztowanych znaleźli się przedstawiciele lokalnych władz, prawnicy, ziemianie, księża, pisarze, studenci, lekarze, nauczyciele i ich rodziny. Później do gułagu zsyłano każdego, kto choćby w teorii mógł zagrażać sowieckiej władzy. (Do obozów trafiła też duża liczba polskich Żydów, ale w przeciwieństwie do Niemców Sowieci nie traktowali ich gorzej niż innych).

Rozpętując swoje zbrodnicze kampanie, Hitler i Stalin liczyli, że dokończą rozpoczęte w wiekach XVIII i XIX dzieło poprzedników – carów, cesarzy, kajzerów – i wymażą Polskę z powierzchni ziemi. „Polski naród miał być zniszczony raz na zawsze [...] poprzez selektywne wymordowanie wszystkich jego potencjalnych przywódców – napisał brytyjski autor Louis FitzGibbon. – Polska, jedno z wielkich historycznych europejskich państw narodowych, miała zostać zniszczona tak, by się więcej nie odrodzić".

Polacy nie byli oczywiście jedynymi więźniami obozów na Kołymie. Za towarzyszy niedoli mieli obywateli państw bałtyckich, które Sowieci zaanektowali wraz z Polską na początku wojny, a także setki tysięcy Rosjan i przedstawicieli rozmaitych grup etnicznych, składających się na wielką mozaikę sowieckich „narodowości". Wszystkich ich traktowano z równym okrucieństwem. Wraz z innymi środkami terroru i represji Stalin usankcjonował na przełomie lat dwudziestych i trzydziestych szeroko rozwiniętą sieć obozów pracy przymusowej. Zrobił to, żeby skolektywizować rolnictwo i uprzemysłowić Związek Sowiecki, a ponadto zaspokoić maniakalną, niespożytą żądzę władzy. Zesłani do sowieckich łagrów i turm Polacy szybko poznali popularne porzekadło: „W Związku Sowieckim są tylko trzy kategorie ludzi – ci, którzy siedzieli, ci, którzy siedzą, i ci, którzy będą siedzieć".

Ocenia się, że pod koniec lat trzydziestych, w szczytowym okresie wielkiego terroru, dziewiętnaście milionów ludzi aresztowano pod zarzutem spiskowania przeciwko władzy. Miliony stracono od razu. Masa innych skonała w gułagach. W grudniu 1937 roku w ciągu zaledwie jednego dnia Stalin i jego główny poplecznik, Wiaczesław Mołotow, osobiście podpisali trzy tysiące sto sześćdziesiąt siedem wyroków śmierci, po czym przeszli do pieleszy Stalina, by odpocząć, oglądając film. Moskiewskie krematoria ledwie mogły się uporać z nawałą zwłok. „Z nieba co jakiś czas sypał się dziwny popiół" – wspominał mieszkaniec Moskwy.

Paranoja osiągnęła niebywałe rozmiary. Kiedy sowiecki spis ludności ujawnił, że szał egzekucji, który ugodził wszystkie warstwy sowieckiego społeczeństwa, doprowadził do znacznego spadku ludności, Stalin kazał rozstrzelać członków komisji spisowej. W stalinowskich czystkach stracili życie najwyżsi dowódcy wojsk lądowych, marynarki i lotnictwa, w tym Michaił Tuchaczewski, młody sowiecki generał, który w roku 1920 kierował inwazją na Polskę. Wymordowano również większość czołowych sowieckich przywódców politycznych, czemu towarzyszyły bardzo nagłośnione, pokazowe procesy publiczne. Wielu przyznało się do „zbrodni", których nie popełnili.

W ciągu dwudziestu jeden miesięcy sowieckiej okupacji wschodniej Polski, od września 1939 do czerwca 1941 roku, zabrano z domów i wywieziono wagonami towarowymi na Syberię oraz w inne rejony Związku Sowieckiego półtora miliona polskich obywateli. Pięćdziesiąt dwa procent stanowili Polacy, trzydzieści procent Żydzi, osiemnaście – Ukraińcy i Białorusini. W pierwszej połowie 1940 roku miały miejsce trzy wielkie fale deportacji. Czwartą, rozpoczętą w czerwcu 1941 roku, powstrzymał Hitler, wydając Wehrmachtowi rozkaz zdradzieckiego ataku na Związek Sowiecki. Dla Polaków, którzy przeżyli trwające nieraz ponad miesiąc transporty koleją, w niewyobrażalnie ciężkich warunkach, do odległych o tysiące kilometrów miejsc zsyłek, gehenna ta była ledwie przedsmakiem tego, co ich czekało.

Terror często zaczynał się w środku nocy. Najpierw rozlegało się walenie do drzwi, potem wyłamywano je siłą i do środka wpadali uzbrojeni enkawudziści z krasnoarmiejcami, wyciągając z łóżek śpiące rodziny. Krzyki i przekleństwa żołdaków mieszały się z pytaniami zdezorientowanych ofiar, płaczem niemowląt, szlochem dzieci. Z reguły rodzina musiała się spakować w ciągu pół godziny, toteż gorączkowo, w panice wrzucano do walizek ubrania, fotografie i inne osobiste skarby i pamiątki. A potem szturchanych i dźganych lufami rosyjskich karabinów Polaków wypędzano w noc i ładowano na czekające chłopskie furmanki. Toczące się przez pogrążone w grobowej ciszy miasta i wsie wozy mijały zburzone pomniki narodowe i kościoły. Polskie nazwy ulic (pisane alfabetem łacińskim) zastąpiono rosyjskimi lub ukraińskimi (pisanymi cyrylicą). Furmanki dojeżdżały na place przed stacjami kolejowymi, gdzie kłębiły się setki innych oszołomionych, przerażonych ludzi. Przy peronie czekała lokomotywa z długim sznurem wagonów towarowych.

Wysiedleńców pakowano do nich niczym bydło. W środku nie dało się usiąść ani położyć, nie było toalet, okien, ogrzewania. Wiele dni jechali bez jedzenia i wody. „Brak chleba i zimno doprowadzały ludzi do szaleństwa” – wspominał Polak, który przeżył deportację. „Mogę to określić w kilku słowach: to był mord na niemowlętach i dzieciach [...] wyrok śmierci bez sądu i winy – stwierdził inny ocalony. – Brak słów, żeby opisać ten koszmar. Kto tego nie przeżył, nie uwierzy, że to możliwe”.

Po drodze tysiące ludzi zamarzło na śmierć lub umarło z głodu i chorób, a ich zwłoki jechały dalej w wagonach aż do postoju. Na każdym postoju, a nie było ich wiele, układano przy torach niczym sągi drewna stosy trupów, w tym wielu niemowląt i dzieci. Idący od wagonu do wagonu sowieccy żołnierze pytali: „Są tu zamarznięte dzieci?”

Jednym z Polaków, którzy nie przeżyli transportu przez Rosję, był ojciec Witolda Łokuciewskiego. Pana Łokuciewskiego, kierownika szkoły niedaleko Wilna, wywleczono z domu w środku zimy tak gwałtownie, że nawet nie zdążył włożyć butów. Zabrano go w rannych pantoflach. Żona i rodzina więcej go nie zobaczyły. Później dowiedziały się, że zmarł w drodze.

Około połowy tych, którzy przeżyli piekielne transporty na wschód, trafiło do obozów pracy niewolniczej, głównie na Kołymie. Innych – co najmniej jedną czwartą ich liczby stanowiły dzieci – wysadzono w kołchozach i osadach na równinie syberyjskiej i suchych pustkowiach Azji Środkowej. Zostawiono ich na łaskę losu. Nikt nie wie tego na pewno, ale ocenia się, że co najmniej jedna trzecia, a może nawet połowa deportowanych Polaków nie dożyła niemieckiego ataku na Związek Sowiecki. Większość przepadła w archipelagu stalinowskich łagrów i wszelki ślad po nich zaginął.

Wysoko na sowieckiej liście „wrogów ludu” znaleźli się oficerowie wojska polskiego. W tym względzie Rosjanie bardzo się różnili od Niemców. Okrutni wobec polskich cywilów naziści jeńców traktowali na ogół zgodnie z prawem międzynarodowym. W przeciwieństwie do Sowietów, którzy wziętych do niewoli wojskowych, w tym setki polskich pilotów, uważali za więźniów politycznych, z którymi należy się rozprawić odpowiednio do wytycznych Kremla.

W październiku 1939 roku ponad piętnaście tysięcy polskich oficerów, wśród nich wielu wyższych dowódców, przewieziono z jenieckich ośrodków przejściowych do trzech prowizorycznych obozów w zachodniej Rosji. Około połowy jeńców stanowili rezerwiści, głównie cywilni fachowcy, których zmobilizowano na krótko przez najazdem niemieckim na Polskę. Było wśród nich dwudziestu jeden profesorów uniwersytetu, trzystu lekarzy, dwustu prawników, kilkuset nauczycieli szkół podstawowych i średnich, dziennikarze, artyści, sędziowie, sportowiec olimpijczyk, przynajmniej jeden kapelan oraz naczelny rabin wojska polskiego.

Na początku następnego roku szef NKWD Ławrientij Beria polecił dokonać egzekucji polskich oficerów, których nazwał „zatwardziałymi, bezwzględnymi wrogami władzy radzieckiej". Piątego marca 1940 roku rozkaz zatwierdziło politbiuro i podpisał Stalin. W kwietniu, gdy rosyjska zima po długich roztopach zmieniła się w wiosnę, polskim oficerom osadzonym w obozie w pobliżu Kozielska, około trzystu kilometrów na południowy zachód od Moskwy, dano do zrozumienia, że zostaną wysłani w grupach do Polski. Niebawem obóz opuściła pierwsza grupa uradowanych wojskowych, żegnana z zazdrością przez pozostałych. Załadowano ich do pociągu, który ku zaskoczeniu wiezionych

Międzynarodowa inspekcja ogląda jeden z grobów w Katyniu, w których pogrzebano ponad cztery tysiące polskich oficerów. (Imperial War Museum).

po zaledwie kilkugodzinnej jeździe zatrzymał się na bocznicy w lesie katyńskim niedaleko Smoleńska. Był to należący obecnie do Rosji teren w pobliżu granicy białoruskiej, o który przez wieki walczyły ze sobą Polska, Rosja, Ukraina i Litwa. Na bocznicy Polaków zapakowano do czarnych ciężarówek i zawieziono na małą polanę w lesie. Był ładny wczesnowiosenny dzień, przygrzewało blade słońce, w powietrzu unosiła się delikatna woń traw i dzikich kwiatów, a ziemię przykrywały gdzieniegdzie łaty śniegu – ostatnie ślady odchodzącej zimy.

Polscy oficerowie wysiedli z ciężarówek. Większość w mundurach, w których wzięto ich do niewoli, i nieodłącznych, robionych na miarę, czarnych oficerkach z cielęcej skóry, wciąż na złość prześladowcom pieczołowicie czyszczonych do połysku. W ostatnich chwilach życia zobaczyli dziesiątki enkawudzistów z pistoletami i bagnetami, a na skraju polany wielki długi dół. Jeńców zapędzono na jego krawędź, zmuszono do klęknięcia, a potem zabito strzałami w tył głowy. Opornych – wszystko wskazuje na to, że było ich wielu – kłuto bagnetami. Niektórym zatkano usta trocinami, a na szyje założono pętle połączone ze związanymi z tyłu rękoma, które podciągnięto w górę. Stawiając dalej opór, sami się dusili.

Po skończonej rzezi ciała ułożono w masowym grobie „tak równo jak maszyny schodzące z taśmy produkcyjnej” – powiedział później sir Owen O'Malley, ambasador brytyjski przy rządzie polskim na uchodźstwie. Gdy rozprawiono się z pierwszą partią Polaków, czarne ciężarówki wróciły do pociągu po następną. Druga grupa „ujrzała monstrualny widok – domyślał się O'Malley. – W szerokim, głębokim dole leżeli ich koledzy, upakowani gęsto po brzegi, naprzemiennie to głowami, to nogami, jak sardynki w puszce [...] A po ich ciałach deptali kaci, ciągnąc następne [zwłoki] i brodząc we krwi jak rzeźnicy w ubojni”.

Konwoje śmierci z Kozielska do lasu katyńskiego trwały ponad pięć tygodni. Do połowy maja w ośmiu zbiorowych mogiłach pogrzebano blisko cztery i pół tysiąca polskich wojskowych. W największym leżało dwadzieścia warstw ciał. Wśród pomordowanych było ponad dwustu lotników, także znajomi z Dęblina i koledzy z roku pilotów Dywizjonu Kościuszkowskiego. Jedną z ofiar był szwagier Witolda Łokuciewskiego. Licząc na to, że – dosłownie i w przenośni – ukryją zbrodnię, oprawcy Polaków posadzili na cmentarzysku lasek brzozowy.

Z przejętych listów, które do zamordowanych w obozie przysyłały rodziny, NKWD sporządziło wykaz ich bliskich. Wielu z nich – nieświadomych losu mężów, ojców i synów w Katyniu – zostało aresztowanych i wywiezionych na wschód, w mroczną czeluść Związku Sowieckiego.

Dziewiątego lutego 1941 roku, rok po rozpoczęciu przez Sowietów masowych deportacji, „New York Times" doniósł, że Polaków wywieziono na Syberię. Silniejszych „pozostawiono tam swojemu losowi, a słabych – na zatracenie". Ów krótki artykuł należał do nielicznych relacji o brutalnej okupacji wschodniej Polski przez Sowietów, jakie opublikowano w trakcie wojny. Podczas gdy o nazistowskich bestialstwach donosili sami Polacy, to trzymane w głębi zamkniętego przed światem kraju polskie ofiary sowieckiego terroru nie mogły powiadomić o swoim losie.

Mimo to pewne informacje przenikały – stąd też jeśli nie społeczeństwo, to wielu brytyjskich urzędników państwowych wiedziało, co się dzieje. W sierpniu 1941 roku John Colville zapisał w dzienniku: „Jadłem dziś kolację z Polakiem, hrabią Zamoyskim. Potwierdził, o czym wiedziałem wcześniej, że rosyjska okupacja Polski jest o wiele straszniejsza od niemieckiej". Jednakże brytyjski rząd nie zamierzał ujawniać przerażającej prawdy o sowieckich porządkach w Polsce, które amerykański dyplomata i historyk, George Kennan, nazwał później „niemalże ludobójstwem". Nie zamierzał, bo po inwazji niemieckiej dwudziestego drugiego czerwca Związek Sowiecki znalazł się w obozie aliantów.

Z perspektywy ponad pół wieku może się wydawać, że w czasie drugiej wojny światowej Wielka Koalicja pomiędzy Wielką Brytanią, Związkiem Sowieckim i Stanami Zjednoczonymi (po siódmym grudnia 1941 roku) była niemal przesądzona. Otóż nie. Zawarty w roku 1939 niemiecko-sowiecki pakt o nieagresji był małżeństwem z rozsądku dwóch naturalnych przeciwników, ale czerpiących z niego tak znaczne korzyści, że mogłoby ono trwać znacznie dłużej, gdyby nie wiarołomność Hitlera. Na wstępie Stalin z pewnością dotrzymał warunków umowy. Kiedy Niemcy, których południową flankę chroniły i rozszerzały faszystowskie Włochy, napadli na Polskę z zachodu, Związek Sowiecki najechał na nią od wschodu. A gdy Wehrmacht szykował się do napaści na Skandynawię i Europę Zachodnią, Stalin nakazał już Armii Czerwonej wkroczyć do Finlandii i wkrótce miał zająć państwa bałtyckie. Po tych sukcesach patrzył ze spokojem, jak Niemcy miażdżą kraj za krajem – Norwegię, Danię, Belgię, Holandię, Francję – i atakują z morza i powietrza Wielką Brytanię.

Nie był to jedyny wkład Stalina w zwycięstwa Niemców. Dostarczał im również ropę, zboże, bawełnę, rudę żelaza i inne strategiczne surowce – świadcząc pomoc, która w opinii niemieckiego Ministerstwa Wojny miała „decydujące wojskowe znaczenie” w hitlerowskiej ofensywie, udaremniając brytyjskie próby odcięcia dostaw dla Niemiec przez wprowadzenie blokady morskiej. Czegóż więcej mógł oczekiwać Hitler od sojusznika? Sam potwierdził pod koniec 1939 roku, że czynne i bierne poparcie Stalina umożliwia mu atak na Francję i Anglię, gwarantując wojnę na jednym froncie.

Zdrada Hitlera następnego lata była straszliwym szokiem dla Stalina, ignorującego ponawiane ostrzeżenia Churchilla i innych o bliskim niemieckim ataku. Do największych paradoksów tej wojny należy fakt, iż sowiecki dyktator nie wierzył, że Hitler może być aż tak zdradziecki. „Stalin [prawie] nikomu nie ufał – stwierdził Iwan Majski, ambasador sowiecki w Wielkiej Brytanii podczas wojny. – Ufał tylko Hitlerowi”. Po inwazji oddziałów niemieckich na Związek Sowiecki Stalin dopiero po kilku decydujących dla rozwoju sytuacji dniach pozbierał się na tyle, żeby pokierować obroną.

Oszołomionemu brutalnym pogwałceniem paktu o nieagresji sowieckiemu przywódcy trudno też było zaakceptować, że jego nowym sojusznikiem jest Wielka Brytania, kierowana przez zatwardziałego antykomunistę, Winstona Churchilla. Churchill, zaprzysięgły przeciwnik „ponurego, złowieszczego państwa bolszewików”, „bardzo się starał [...] zdusić [je] przy porodzie”. W roku 1919 jako brytyjski minister wojny i lotnictwa wspierał nieudane wysiłki armii białych Rosjan, zmierzające do obalenia bolszewickiego rządu Lenina, w którym Stalin pełnił (między innymi) funkcję komisarza do spraw narodowościowych. W następnych latach Churchill nie przestał uważać Związku Sowieckiego za „śmiertelnego wroga cywilizowanej wolności”. Wyznał potem, iż nie wątpił, że gdyby Niemcy nie zaatakowały Związku Sowieckiego, Stalin „obojętnie patrzyłby, jak giniemy, i z radością podzieliłby się z Hitlerem naszym imperium na Wschodzie”.

Jednakże w roku 1941 Winston Churchill okazał się wcieleniem pragmatyzmu. „Gdyby Hitler napadł na piekło, mógłbym wreszcie powiedzieć w Izbie Gmin coś przychylnego o diable” – oświadczył Johnowi Colville'owi. Choć z całego serca gardził „nikczemnym reżimem” Stalina, był ze wszech miar gotów powitać go w szeregach sojuszników. Rosjanie byli mu potrzebni. Przyjmując na siebie główne niemieckie uderzenie, częściowo zdejmowali ciężar walki z ramion Brytyjczyków, dając im szansę na złapanie oddechu i reorganizację. Od tego zależała przyszłość Wielkiej Brytanii i jej imperium, a Churchill mógł liczyć na zachowanie fotela premiera.

W roku 1941 „nadzieja i chwała" bitwy o Wielką Brytanię mocno zblakły, wyparte przez przygnębienie i niepokój. Źle się działo. Brytyjskie wojska były wszędzie w defensywie. Porażka goniła porażkę na Bliskim Wschodzie, w Grecji, na Krecie. Straty marynarki wojennej rosły w zawrotnym tempie, bo na Atlantyku grasowały niemieckie łodzie podwodne. W północnej Afryce początkowe brytyjskie zdobycze w starciach z armią włoskiego dyktatora, Benita Mussoliniego, zostały zagrożone, kiedy Hitler mianował dowódcą niemieckich Afrika Korps sławnego generała Erwina Rommla, który wkrótce zdobył przydomek „Lis Pustyni". Choć prawdopodobieństwo inwazji przez kanał La Manche zmalało, naloty Luftwaffe wciąż wyrządzały znaczne szkody i siały śmierć. Na zwycięstwo się nie zanosiło, a Stany Zjednoczone pozostawały neutralne.

Trudno więc dziwić się wzrostowi nadziei i podnieceniu Churchilla na wieść, że dwudziestego drugiego czerwca 1941 roku Niemcy przystąpiły do planu „Barbarossa" – inwazji na Związek Sowiecki na niezwykle szerokim froncie, od Morza Czarnego po Bałtyk. Jeszcze tego samego dnia wieczorem, bez konsultacji z aliantami, brytyjski premier wystąpił w radiu z obietnicą bezwarunkowego poparcia Stalina i jego kraju. „Na naszą pomoc może liczyć każdy człowiek, każde państwo, które walczy z nazizmem – oświadczył. – Dlatego udzielimy wszelkiej możliwej pomocy Rosji i Rosjanom". Nie pomyślał o dalekosiężnych konsekwencjach tak bezwarunkowej obietnicy, złożonej reżimowi stojącemu na przeciwnym biegunie wartości, w które wierzył on i jego naród. Prawdę mówiąc, w ogóle nie brał pod uwagę jej skutków. Po prostu grał na zwłokę, przekonany, jak niemal wszyscy na Zachodzie, że Niemcy prędzej czy później – liczył, że później – zmiażdżą Sowiety.

Przekonanie to znalazło potwierdzenie w pierwszych tygodniach i miesiącach batalii na nowym wschodnim froncie. Z początku zszokowany Stalin, którego armia była w rozsypce, bo podczas czystek zlikwidował bardzo wielu wyższych dowódców, zamknął się w gabinecie, nie panując nad sytuacją. Niemieckie czołgi mogły więc toczyć się przez terytorium sowieckie równie szybko jak przez Polskę i Europę Zachodnią. W pierwszych dwóch dniach niemieckiej ofensywy sowieckie lotnictwo straciło dwa tysiące samolotów, i to na ziemi. W pierwszym miesiącu walk do niewoli trafiło ponad pół miliona żołnierzy Armii Czerwonej. Na jesieni Niemcy okupowali Ukrainę i wschodnią połowę Polski, zajętą wcześniej przez Sowietów. Wkrótce miał upaść Krym. W październiku zaczęło się oblężenie Leningradu. W listopadzie Wehrmacht znalazł się zaledwie sześćdziesiąt kilometrów od Moskwy i większość sowieckiego rządu ewakuowano do Kujbyszewa, osiemset pięćdziesiąt kilometrów na południowy wschód od stolicy.

Kiedy Stalin wreszcie otrząsnął się z szoku, wkrótce odzyskał znamionujące go tupet, butę i przebiegłość. Ponosząca główny ciężar walk z Hitlerem Rosja była bliska klęski, a jej armia potrzebowała na gwałt wszystkiego, od czołgów i samolotów po karabiny i buty. Stalin nie był głupcem. Dobrze wiedząc, ile Anglia zawdzięcza utworzeniu frontu wschodniego, szybko wykorzystał sytuację.

Mimo że z Londynu dostarczono mu statkami wielkie ilości sprzętu wojskowego, podwyższył stawkę. Wystąpił o bezzwłoczne otwarcie nowych frontów w Arktyce i północnej Francji, a co więcej – o przerzucenie angielskich oddziałów na wschód, żeby pomogły w walkach Armii Czerwonej. Zaledwie trzy miesiące po niemieckiej napaści zażądał od Churchilla wysłania dwudziestu pięciu, trzydziestu dywizji – ponad czterystu tysięcy żołnierzy – dla odparcia ofensywy Wehrmachtu na południową część Związku Sowieckiego. Żądanie to było nie do spełnienia. Gdy przedstawiciel Wielkiej Brytanii próbował mu delikatnie wyperswadować ów pomysł, Stalin odpowiedział: „Skromność waszej propozycji jasno wskazuje, że pragniecie porażki Związku Radzieckiego".

Jego zarzuty rozsierdziły Brytyjczyków. W październiku Churchill napisał do sir Stafforda Crippsa, ambasadora Wielkiej Brytanii w Moskwie: „[Rosjanie] w żadnym razie nie mają prawa czynić nam wyrzutów. Sami sobie zgotowali ten los [...] zostawiając Hitlerowi wolną rękę wobec Polski i tym samym doprowadzając do wojny. Dopuszczając do zniszczenia francuskiej armii, sami przekreślili możliwość utworzenia skutecznego drugiego frontu". Anthony Eden, który w grudniu 1940 roku zastąpił lorda Halifaxa na stanowisku ministra spraw zagranicznych, snuł potem domysły, że Sowieci zadręczali Brytyjczyków żądaniami z „obawy, iż będziemy z założonymi rękami patrzeć na ich walkę na śmierć i życie, tak jak oni patrzyli na naszą".

Churchilla często gniewała taktyka sowieckiego satrapy, ale gotów był na wszystko, byleby go sobie zjednać. Choć Stalin, nie mając wyboru – Hitler ani myślał o zawarciu z nim odrębnego pokoju – musiał rzucić do walki z Niemcami wszystkie siły, Londynu, a potem Waszyngtonu, nie przestało prześladować widmo odnowienia paktu niemiecko-sowieckiego. Wiele trzeba było poświęcić w imię zatrzymania Stalina jako sojusznika. Polska miała się o tym wkrótce przekonać.

Pierwszy zwiastun czekającego ją losu pojawił się w czerwcu 1941 roku. Starając się poprawić obraz Rosji w oczach opinii publicznej, rząd brytyjski zrobił wszystko, by zaciągnąć kurtynę nad jej – w nowej sytuacji kłopotliwą – współpracą z nazistami. Na główną ofiarę owej współpracy, Polskę, najwierniejszego sojusznika Wielkiej Brytanii, wywarto nacisk, by zawarła pokój z krajem, który aresztował, wymordował i deportował ponad milion jej obywateli*. „Czy wam się to podoba, czy nie, traktat musi być podpisany" – oświadczył bez ogródek Anthony Eden generałowi Sikorskiemu, premierowi polskiego rządu na uchodźstwie. W oczach Churchilla i Edena traktat ten był niezbędny choćby po to, by udobruchać i uspokoić brytyjskie społeczeństwo, które sympatyzowało z Polakami i żywiło najwyższy podziw dla ich lotniczego kunsztu, zademonstrowanego zwłaszcza w bitwie o Wielką Brytanię.

Sikorski wcale nie był niechętny traktatowi z Rosją, pod warunkiem że po wojnie zagwarantuje on Polsce niepodległość. Dzień po niemieckiej napaści na Związek Sowiecki w audycji radiowej dla okupowanego kraju oświadczył, że Polska chętnie powita udział Rosji w walce z nazistami i jest gotowa zapomnieć o przeszłości. Sikorski postawił dwa warunki: uwolnienie wszystkich polskich więźniów w Rosji i uznanie przez Stalina przedwojennych granic Polski. Drugi warunek oznaczał oczywiście, że Sowiety będą musiały zrzec się wszelkich roszczeń do polskich ziem zagrabionych w roku 1939, obecnie znajdujących się w rękach Niemców.

Stalin, rzecz jasna, nie chciał mieć nic wspólnego z Polakami i z polskim rządem w Londynie. Ale ponieważ w obliczu militarnej klęski rozpaczliwie potrzebował brytyjskiej pomocy, niechętnie przystał na rozpoczęcie rozmów w sprawie traktatu, od samego początku nie ukrywając, że odbędą się one na jego warunkach, a nie Sikorskiego. Moskwa jest gotowa wyrzec się zawartego w 1939 roku paktu o nieagresji z Hitlerem, ale nie zrezygnuje z roszczeń wobec spornego terytorium – oświadczył rządom brytyjskiemu i polskiemu w Londynie sowiecki ambasador Majski. Te i inne zagadnienia – dodał – należy rozstrzygnąć na powojennej konferencji pokojowej.

Na mocy traktatu z roku 1939 Wielka Brytania zobowiązała się do obrony suwerenności i niepodległości Polski, co zgodnie z prawem międzynarodowym, choć nie zawsze zgodnie z praktyką, oznaczało również obronę polskich granic. Churchill i Eden nie chcieli jednak wykorzystywać słabości militarnej oraz sytuacji dyplomatycznej Stalina i wywierać na niego nacisku. Aby złagodzić polskie obawy co do otwartej kwestii powojennych granic, Eden w oficjalnej nocie zapewnił Sikorskiego, że rząd brytyjski nie uznał i nie uzna zmian

* Nawet po niemieckiej inwazji Sowieci nie przerwali mordowania Polaków. Dwudziestego drugiego czerwca, wkrótce po tym, jak na Lwów zaczęły spadać niemieckie bomby, NKWD zastrzelił setki uwięzionych Polaków w piwnicach tamtejszego więzienia.

polskich granic, dokonanych we wrześniu 1939 roku. Angielski dyplomata oznajmił również, że Wielka Brytania nie uzna żadnych terytorialnych zmian dokonanych podczas wojny bez zgody zainteresowanych stron.

Choć członkowie polskiego rządu w Londynie byli zasadniczo przeciwni odkładaniu na później dążeń do uzyskania od Sowietów gwarancji terytorialnych, znaleźli się w trudnej sytuacji. W sowieckich gułagach więziono w niewyobrażalnie ciężkich warunkach jako zakładników ponad milion ich rodaków. Wobec docierających stamtąd wieści, że każdego tygodnia umiera mnóstwo Polaków, nakazem chwili stało się jak najszybsze uratowanie tych, którzy przeżyli. Ale rząd Sikorskiego nie kierował się w tym względzie wyłącznie altruizmem. We wrześniu 1939 roku do sowieckiej niewoli dostało się blisko trzysta tysięcy żołnierzy. Ich uwolnienie bardzo wzmocniłoby polską armię, a tym samym jej znaczenie w planach aliantów.

Te powody oraz silne naciski rządu brytyjskiego sprawiły, że Sikorski ustąpił. Trzydziestego lipca, w obecności Churchilla i Edena, polski premier i ambasador sowiecki w Londynie podpisali układ o przywróceniu stosunków dyplomatycznych pomiędzy ich krajami i unieważnieniu sowiecko-niemieckiego paktu o nieagresji. O uznaniu przez Związek Sowiecki przedwojennych granic Polski nie było mowy. Polskim jeńcom wziętym do niewoli przez Armię Czerwoną i NKWD udzielano „amnestii”, tak by mogli zasilić szeregi Armii Polskiej tworzonej w Związku Sowieckim. Ten punkt układu był ze strony Sowietów zdumiewająco bezczelny. Usprawiedliwiał napaść na Polskę, „amnestionując” tych, którzy – w przeciwieństwie do Stalina i jego rządu – nie popełnili żadnej zbrodni.

Trzech członków gabinetu Sikorskiego, oburzonych „kapitulacją” premiera, natychmiast podało się do dymisji. Rywalizacja i podziały, istniejące od samego początku w polskim rządzie na uchodźstwie, zaznaczyły się jeszcze wyraźniej.

Czwartego sierpnia 1941 roku, wychudzony i śmiertelnie blady po blisko dwóch latach spędzonych w strasznym więzieniu na Łubiance, wyszedł na wolność generał Władysław Anders. Przydzielono mu czteropokojowe mieszkanie oraz kucharkę i pokojówkę. Z dnia na dzień zmienił się z „wroga ludu” w sowieckiego sprzymierzeńca. Na mocy wynegocjowanego w Londynie układu pomiędzy Polską i Sowietami został dowódcą nowej polskiej armii, która miała powstać w Związku Sowieckim.

Czterdziestodziewięcioletni Anders, w kampanii wrześniowej 1939 roku dowódca brygady kawalerii, ranny w plecy i biodro wpadł w ręce Sowietów. Oskarżony przez agentów NKWD o szpiegostwo, trafił do zaszczurzonego więzienia we Lwowie, skąd po pięciu miesiącach przesłuchań i bicia został przewieziony na Łubiankę. W Moskwie przesłuchiwano go i bito dalej, aż do uwolnienia w roku 1941.

Generał, który wskutek obrażeń wciąż mocno utykał, stanął przed ogromnym zadaniem zorganizowania armii w kraju, będącym sojusznikiem Polski tylko z nazwy. Problemy z tym związane były jasne od początku. Anders nie wiedział, co się stało z większością polskich wojskowych, w tym z członkami jego własnego sztabu, wziętymi do niewoli przez Sowietów. Wyższa kadra polskich dowódców wojskowych po prostu zniknęła. Od wiosny 1940 roku nie dali znaku życia. Uchylając się od odpowiedzi na pytania o ich los, władze sowieckie uparcie powtarzały, że w końcu się znajdą. Głęboko zaniepokojony Anders wszczął własne śledztwo, wysyłając podwładnych we wszystkie rejony Rosji. Nie dowiedzieli się niczego.

Wprawdzie bardzo przydałoby mu się organizacyjne i dowódcze doświadczenie zaginionych oficerów, ale nie miał czasu czekać, aż się odnajdą. Mimo braku kadry musiał zorganizować i poprowadzić armię. Sowiecki dekret o amnestii dla polskich cywilów i jeńców wojennych wywołał potop: ze wszystkich zakątków przepastnego kraju, z więzień, obozów pracy niewolniczej, kołchozów zaczęli napływać Polacy. Wycieńczeni głodem, czerwonką, odmrożeniami i niezliczonymi chorobami, wędrowali setki, tysiące kilometrów przez tajgę, stepy, wielu pieszo, do kilku utworzonych naprędce obozów w dorzeczu Wołgi. Znaczną grupę stanowiły kobiety i dzieci, które patykowatymi kończynami i sterczącymi żebrami przypominały małych więźniów z hitlerowskich obozów koncentracyjnych.

Spośród ponad dwudziestu tysięcy Polaków zesłanych do kopalń na Kołymie dotarło nad Wołgę zaledwie stu siedemdziesięciu, wielu bez palców u rąk i nóg. Z gułagów na Nowej Ziemi, położonej za kręgiem polarnym wyspy na Morzu Barentsa, wyruszyło w liczącą pięć tysięcy kilometrów wędrówkę kilkuset jeńców. Po drodze z głodu i zimna zginęli wszyscy prócz jednego, a i ten zmarł w dniu przybycia do obozu. W kilku łagrach pracy niewolniczej amnestii nie doczekał nikt. W ciągu roku utracili życie, głównie wskutek ołowicy, wszyscy polscy jeńcy w liczbie trzech tysięcy, zesłani do pracy w kopalniach ołowiu na północy Kamczatki.

Mimo to ocalonych – nie licząc wielu kobiet i dzieci – było tylu, że generał Anders mógł z nich sformować nową armię. Na początku października pierwsze polskie oddziały – około siedemnastu tysięcy żołnierzy, ogromna część bez

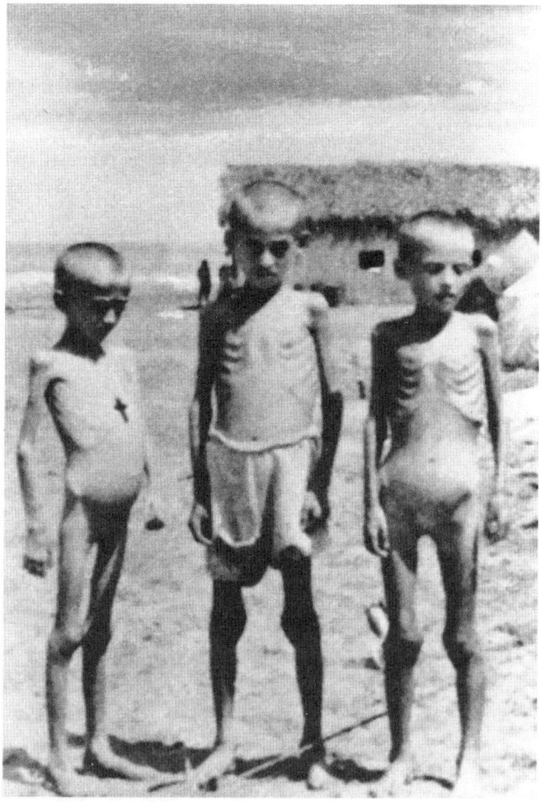

Trójka wygłodzonych polskich dzieci, którym udało się przeżyć masowe brutalne deportacje Polaków do Związku Sowieckiego. Zdjęcie zrobiono w roku 1942 po ewakuacji do Iranu. (Corbis).

butów i koszul, w łachmanach, strzępach starych mundurów polskich – przemaszerowały w defiladzie w jednym z obozów nad Wołgą. Wielu – wspominał Anders – wychudłych jak szkielety, bezzębnych, pokrytych wrzodami wskutek awitaminozy. Generałowi ścisnęło się serce. Jak – zapytywał się w duchu – z tych schorowanych, zagłodzonych nędzarzy stworzyć silne i skuteczne wojsko? Czy po przejściu takiej katorgi zniosą dodatkowe fizyczne i psychiczne trudy walki? Ale jego żołnierze nie wątpili w przyszłość. „Pierwszy i, daj Boże, ostatni raz w życiu przyjąłem defiladę żołnierzy bez butów – napisał Anders. – Uparli się, że chcą maszerować. Chcą pokazać bolszewikom, że nawet bosymi, poranionymi nogami potrafią na piasku wybić takt wojskowy, jako początek swego marszu do Polski".

Niezłomny hart ducha ocalonych zrobił wielkie wrażenie na zagranicznych gościach, w tym na Ilji Erenburgu, znanym rosyjskim dziennikarzu i pisarzu, który tej jesieni towarzyszył podczas inspekcji generałowi Sikorskiemu i kilku wysłannikom sowieckich władz. Szczególnie utkwiło mu w pamięci, jak „siwi, wąsaci żołnierze razem z podrostkami całowali karabiny. Działa obejmowali rękoma z taką radością, z jaką obejmuje się ukochaną kobietę..." Natomiast brytyjskiego oficera łącznikowego przy generale Sikorskim, majora Victora Cazaleta, głęboko wzruszyła radosna afirmacja życia u tych „zagłodzonych", których „szare twarze tak różniły się barwą od twarzy zwykłych ludzi". W raporcie sporządzonym po powrocie do Londynu napisał, że pomimo przebytych koszmarów Polacy „uśmiechali się, śmiali, śpiewali [...] W każdym razie wspomnienie o nich pomaga mi zapanować nad każdą irytującą myślą w życiu codziennym. Jest moim natchnieniem".

Niemal zaraz po tym, jak do obozów Andersa zaczęli napływać Polacy, władze sowieckie dały jasno do zrozumienia, że układ układem, ale nie życzą sobie powstania na swojej ziemi silnej, niezależnej, dobrze uzbrojonej armii polskiej. Drastycznie obcięły dostawy racji żywnościowych i broni dla formowanych oddziałów, uniemożliwiając polskim i zagranicznym organizacjom pomocy, w tym amerykańskiemu Czerwonemu Krzyżowi, zaopatrzenie Polaków w jedzenie, lekarstwa i odzież. Gdy na jesieni sypnął śnieg, a temperatura spadła poniżej zera, Polacy – żołnierze i cywile – w dalszym ciągu mieszkali w brezentowych namiotach, ogrzewanych prymitywnymi piecami z cegieł. Przez obozowisko przetoczył się tyfus. Szerzyły się malaria i zapalenie wątroby. Każdego dnia z zimna i chorób umierały dziesiątki ludzi. Kiedy generał próbował nakłonić Sowietów, żeby w ramach układu zgodzili się na przemieszczenie jego wojska na południe, ci wymyślali coraz to nowe wykręty, by opóźnić decyzję.

Według pierwotnego planu armia Andersa miała liczyć około trzystu tysięcy żołnierzy i po przeszkoleniu w Rosji być skierowana na zachód. Jej początkowym zadaniem było pomóc Armii Czerwonej w wyzwoleniu okupowanej przez Niemców części Rosji oraz Polski. Jednakże przez dwa pierwsze miesiące po „amnestii" do obozów Andersa dotarło zaledwie sto tysięcy wywiezionych, wliczając w to kobiety i dzieci. Na terenie Związku Sowieckiego pozostawały setki tysięcy rodaków, których nie poinformowano o „amnestii" albo nie wypuszczono z gułagów. Anders stanął przed dylematem. Naleganie na szybką ewakuację zmniejszyłoby nadzieje na to, że jego armia wyzwoli ojczyznę. Co gorsza, licznych, wciąż więzionych Polaków skazałoby to najpewniej na dożywotnią katorgę w łagrach. Gdyby jednak polskie oddziały nie opuściły Związku Sowieckiego, wielu żołnierzy czekałaby pewna śmierć.

W końcu uznał, że nie ma wyboru. Musiał ocalić życie tych, którzy z nim byli, a o los innych zatroszczyć się później. Sowieci zaczęli na niego naciskać, żeby zaraz po sformowaniu polskich dywizji posłał je – pod sowiecką komendą – na front. Anders odmówił. Na początku roku 1942 pozwolono mu wreszcie jechać z armią i cywilami dwa tysiące kilometrów na południe do ośrodka przejściowego koło Taszkentu w Uzbekistanie. Osiem miesięcy później ponad siedemdziesiąt pięć tysięcy polskich żołnierzy oraz czterdzieści tysięcy polskich cywilów dokonało kolejnego exodusu biblijnych wręcz rozmiarów – tym razem, *nomen omen*, do Ziemi Świętej.

W Iranie i Iraku, a potem w brytyjskiej Palestynie, oddziały ewakuowane z Rosji wracały do zdrowia, rozpoczynając poważne ćwiczenia. Po kilku miesiącach połączyły się z Brygadą Karpacką, stacjonującą w Palestynie polską jednostką, która wcześniej odznaczyła się w Tobruku i w Libii. Nowe siły, które ostatecznie doszły do stu tysięcy żołnierzy, mianowano Drugim Korpusem Polskim. Niespełna rok po wyjściu Polaków ze Związku Sowieckiego generał George S. Patton, dowódca alianckiej grupy specjalnej, która wylądowała w 1942 roku w Maroku, nazwał Drugi Korpus „najlepiej prezentującymi się oddziałami, z brytyjskimi i amerykańskimi włącznie", jakie widział. Do roku 1944 korpus pod dowództwem Andersa stał się – w opinii brytyjskiego historyka Johna Keegana – „jedną z najwaleczniejszych formacji bojowych w tej wojnie".

Nie wszyscy polscy wygnańcy trafili na Bliski Wschód. Ponad tysiąc uwolnionych jeńców – pilotów i załóg samolotów, wziętych do niewoli we wrześniu 1939 roku bądź wydanych Sowietom po ucieczce z Łotwy i Litwy – wyjechało z Rosji, żeby dołączyć do myśliwskich i bombowych dywizjonów Polskich Sił Powietrznych w Wielkiej Brytanii. Pierwsza grupa ewakuowanych dotarła statkiem do Szkocji późną jesienią 1941 roku. Witających ich w porcie kolegów przytłoczył widok ludzkich wraków na trapie – powłóczących nogami, wychudzonych, trzęsących się, z twarzami szarymi jak posępne chmury.

Lotnicy ci, tak jak polscy żołnierze na Środkowym Wschodzie, również wrócili do zdrowia i odznaczyli się potem w walce. Ale tylko niewielu odzyskało psychiczną równowagę po głębokich urazach, jakich doznali podczas makabrycznego internowania w sowieckich łagrach. Jeden z nich, który przeżył dwa lata w smaganym wichrami obozie na Kołymie, nie rozstawał się z walizeczką, którą cały czas trzymał pod łóżkiem. Gdy zginął zestrzelony, jego kolega ją otworzył. W środku była tylko zmiana wełnianej bielizny i trochę sucharów.

W drugim tygodniu sierpnia 1941 roku Winston Churchill, zaledwie kilka dni przed podpisaniem w jego obecności sowiecko-polskiego układu w Londynie, odbył na pokładzie statku u brzegów Nowej Fundlandii tajną konferencję z Franklinem D. Rooseveltem. Chociaż Ameryka wciąż pozostawała neutralna, Roosevelt spotkał się z Churchillem w zatoce Placentia, by ogłosić cele i zasady, jakimi według obu mężów stanu powinien się rządzić świat po wojnie.

Nazwana Kartą Atlantycką deklaracja celów wojennych, postulująca równość i wolność między narodami, wywarła znacznie większy wpływ, niż zakładali jej autorzy. Przemówiła do wyobraźni i rozbudziła nadzieje ludzi żyjących w krajach okupowanej Europy, a już najbardziej nadzieje Polaków. W akcie tym Stany Zjednoczone i Wielka Brytania zobowiązywały się szanować „prawo wszystkich narodów do wybrania sobie formy rządu, pod jakim chcą żyć". Churchill i Roosevelt potępili zwłaszcza wszelkie zmiany terytorialne dokonane wbrew woli narodów i wezwali do przywrócenia „suwerennych praw i autonomii tym, którym odebrano je siłą". Przez prawie dwa stulecia Zachód patrzył w milczeniu na gwałcenie bytu narodowego Polski. I oto przywódcy dwóch czołowych demokracji zachodnich zobowiązywali się dopilnować, żeby więcej się to nie powtórzyło.

Ale Stalin niebawem rozwiał te idealistyczne mrzonki. W grudniu 1941 roku minister spraw zagranicznych gabinetu Churchilla, Anthony Eden, który w roku 1938 zrezygnował z tego stanowiska w proteście przeciw ugodowej polityce Neville'a Chamberlaina, pojechał do Moskwy negocjować brytyjsko-sowiecki traktat ze Stalinem. Niedawno, wbrew powszechnym przypuszczeniom, Armii Czerwonej udało się powstrzymać niemiecki szturm i uniknąć klęski. Po wrześniowej katastrofie powiodła się obrona Moskwy, zmuszająca Niemców na początku grudnia do odwrotu z przedmieść rosyjskiej stolicy. Sowieckie zwycięstwo – pierwsze poważne niepowodzenie Hitlera w wojnie lądowej – jeszcze bardziej utwierdziło nowego, i tak już trudnego sojusznika Wielkiej Brytanii w zamiarze postawienia na swoim.

Stalin oznajmił Edenowi, że chętnie się przyłączy do powszechnej proklamacji wzniosłych ogólników. Zażądał jednak zawarcia tajnej umowy, w której Wielka Brytania uznałaby sowieckie roszczenia do wschodniej Polski, a także do zagrabionych w roku 1939 krajów bałtyckich oraz części Finlandii i Rumunii. Odzyskanie ziem, które okupował jako sojusznik Hitlera, „jest dla nas najważniejszą sprawą w tej wojnie" – oświadczył rzeczowo brytyjskiemu ministrowi spraw zagranicznych.

Bezczelność tego żądania, zmierzającego między innymi do pozbawienia Polski połowy terytorium i jednej trzeciej obywateli, była porażająca. Stalin domagał się od Anglików zatwierdzenia aktu agresji na kraj, z którym niedawno podpisał układ, na sojusznika, z powodu którego Wielka Brytania wypowiedziała wojnę, w dodatku sojusznika, który odegrał główną rolę w jej obronie przed Niemcami i który nadal z nimi walczył. Mimo że Związek Sowiecki jako jeden z dziewięciu aliantów podpisał Kartę Atlantycką, Stalin namawiał Churchilla, by wraz z nim zakpił z zasad tego dokumentu.

Dla poparcia swych roszczeń wysunął argument, że Sowietom potrzebna jest wschodnia Polska i inne ziemie jako bufor przed możliwą przyszłą agresją Niemiec – argument niemający podstaw historycznych już choćby dlatego, że okupacja połowy terytorium Polski przez Sowiety bynajmniej nie spowolniła marszu Niemców, gdy w czerwcu 1941 roku ruszyli na Matuszkę Rosję. Ale Stalin domagał się kordonu sanitarnego z innego jeszcze powodu: by uchronić kraj przed zachodnim „skażeniem" i wpływami demokracji. Podobnie jak wcześniej rosyjscy carowie, chciał za wszelką cenę uniknąć zagrożenia, jakie dla jego samowładztwa stanowiły wolne, niezależne, zamożne sąsiednie kraje.

I tak jak carowie usilnie dążył do rozrostu imperium. Według Anthony'ego Edena był „w znacznie większym stopniu spadkobiercą Piotra Wielkiego niż Lenina, obojętnym na kwestie ideologiczne, z ogromną determinacją prącym do zdobyczy terytorialnych i ustanowienia pożądanych strategicznych granic". Ale co do apetytu na Polskę sowiecki dyktator zachowywał się nie tyle jak car Piotr, ile jak inspiratorka trzech rozbiorów Polski, caryca Katarzyna.

Tak jak ona skrył terytorialne zakusy pod płaszczem obłudnych, chytrych argumentów. Polska – wywodził – ma prawo tylko do ziem zamieszkanych przez większość polską. Będące przedmiotem jego roszczeń tereny – w istocie pograniczne, o które od wieków wadzili się ze sobą Polacy, Rosjanie i Ukraińcy – zasiedlali głównie Ukraińcy i Białorusini, narodowości, jego zdaniem, etnicznie i językowo bliższe Rosjanom niż Polakom*. Dlatego – twierdził – polskie pretensje do tych ziem nie mają podstaw etnicznych. Według niego Związek Sowiecki miał prawo skupiać w swych granicach – i skupiał – wiele mniejszości narodowych (w tym Białorusinów i Ukraińców), natomiast Polska nie.

Ale Polskę łączyły z tymi ziemiami związki o wiele bliższe, niż Stalin gotów był przyznać. Większość wschodnich terenów pogranicznych aż do rozbiorów

* To kwestia do dyskusji. Niemniej prawdą jest, że posługujące się cyrylicą języki białoruski, ukraiński i rosyjski należą do języków wschodniosłowiańskich. Natomiast polszczyzna, używająca od zarania polskiej państwowości alfabetu łacińskiego, mieści się w grupie języków zachodniosłowiańskich, spokrewnionych bliżej z czeskim, słowackim i serbołużyckim, językiem Słowian ze wschodnich Niemiec.

w wieku XVIII stanowiła integralną część państwa polskiego. Zamieszkiwało je dwanaście milionów ludzi. Około jednej czwartej stanowili Polacy, jedną trzecią Ukraińcy, a resztę Białorusini i Żydzi. Rdzennych Rosjan było poniżej stu pięćdziesięciu tysięcy. Wprawdzie na kresowej wsi dominowała ludność białoruska i ukraińska, ale główne miasta, zwłaszcza Lwów, z dawien dawna były ośrodkami polskiej historii i kultury.

Dla Stalina „prawidłową" granicą pomiędzy Polską i Sowietami była w istocie linia Ribbentrop-Mołotow, uzgodniona przez ministrów spraw zagranicznych Związku Sowieckiego i Niemiec w pakcie o nieagresji z roku 1939, na mocy którego Sowietom przypadła wschodnia Polska. Ale ponieważ wzbraniał się używać tej obecnie kompromitującej go nazwy, cuchnącej niedawną krwawą spółką z Hitlerem, oświadczył, że sprawiedliwą granicą jest linia Curzona.

Prawdę mówiąc, od czasu wojny polsko-bolszewickiej 1919–1920, kiedy w reakcji na marsz Armii Czerwonej na Warszawę wysunięto koncepcję linii demarkacyjnej między Polską a Sowietami, nie wracał do niej nikt oprócz Stalina. Linię tę stanowiła tymczasowa granica, którą Rada Najwyższa Ententy zaproponowała kilka miesięcy wcześniej, żeby doprowadzić do zawieszenia broni. Rada zastrzegła, że owa tymczasowa granica nie przesądza o przyszłości polskich praw i roszczeń do ziem leżących po jej wschodniej stronie.

W rezultacie kwestia granic niemal natychmiast stała się punktem spornym. Pewni rychłego zajęcia Polski, Lenin i jego rząd odrzucili linię Curzona. Po odwrocie Armii Czerwonej spod Warszawy i pokonaniu jej przez Polaków wschodnia granica Polski, uzgodniona w traktacie ryskim i uznana przez Sowiety i Zachód, przebiegła trzysta kilometrów na wschód od tej linii. Nie kwestionował jej nikt aż do niemiecko-sowieckiej napaści w roku 1939.

Mimo że linia Curzona nie miała mocy prawnej ani historycznego uzasadnienia, Stalin skorzystał z okazji, by powołać się na nią przy wytyczaniu nowych granic. A ponieważ z grubsza pokrywała się ona z granicami z układu Ribbentrop-Mołotow, dzięki jej wskrzeszeniu Związek Sowiecki zachowałby wschodnią Polskę, a Stalin uzyskał te same warunki co w pakcie z Hitlerem. (Z jednym wyjątkiem: w koncepcji Curzona Lwów przypadał Polsce). Przywołując nazwisko angielskiego lorda, a nie Ribbentropa, dyktator liczył też na to, że połechce patriotyzm i miłość własną Brytyjczyków i przyda swej od nowa rozbudzonej agresji pozorów legalności.

Podstęp chwycił. Anthony Eden, o którym kolega z rządu wyraził się kiedyś: „Gdyby jego urok osobisty wspierała siła charakteru, byłby wspaniałym ministrem spraw zagranicznych!", nie podważył sofistyki Stalina. Nie odrzucił też z miejsca propozycji tajnego protokołu. Zrobił unik. Odparł, że nie ma pełnomocnictw do zawarcia takiego układu i że musi się skonsultować z Londynem, a także, w związku z przystąpieniem Stanów Zjednoczonych do wojny, z Waszyngtonem. (Kilka dni przedtem Japończycy zaatakowali Pearl Harbor). Widząc tę grę na zwłokę, Stalin uznał, że osiągnięcie wytyczonych sobie celów jest tylko kwestią czasu. Oznajmił Edenowi, że na razie zadowoli go zgoda aliantów na uznanie hegemonii Sowietów nad państwami bałtyckimi. Kwestię wschodniej Polski zostawia na później.

Po powrocie do Londynu Eden – ten sam brytyjski dygnitarz, który na piśmie obiecał Polakom, że rząd angielski nie uzna jakiejkolwiek zmiany przedwojennych polskich granic – na posiedzeniu gabinetu przyznał wprawdzie, że sowieckie żądania są „amoralne" i łamią zasady Karty Atlantyckiej, ale dodał: „Jeśli nie uznamy roszczeń Stalina, nie uśmierzymy jego podejrzeń wobec nas i Amerykanów". W razie niespełnienia jego żądań – stwierdził – Stalin może zerwać współpracę z aliantami i „powrócić do realizacji czysto samolubnych celów".

Zirytowany Winston Churchill odrzucił sugestie Edena, podkreślając, że Stalin realizuje wyłącznie samolubne cele. Sowieci „walczą o przetrwanie i nic ich nie obchodzimy" – wybuchnął. A na argument swojego ministra spraw zagranicznych, że dla Stalina brytyjska zgoda na uznanie sowieckich roszczeń będzie „papierkiem lakmusowym szczerości naszych intencji", obruszył się i odparł: „A ja, przeciwnie, uważam, że szczerości naszych intencji dowiedziemy, przestrzegając zasad Karty Atlantyckiej".

Nie tylko jego skonsternowały żądania Stalina i gotowość Edena do uległości. Inny przedstawiciel brytyjskich władz, sir Anthony Cadogan, odnotował z sarkazmem w swoim pamiętniku: „Paradny ten A[nthony]! Po tej wycieczce gotów jest wyrzucić za okno, bo tak mu pasuje, wszystkie zasady [Kartę Atlantycką], których nie napisał. Taka amoralność i pragmatyzm polityczny nie są w jego stylu". A później dodał: „Lepiej powiedzieć Rosjanom: «Nie możemy omawiać z wami powojennych granic. Chcemy z wami współpracować teraz i potem: udzielmy sobie wzajemnych gwarancji [...]». Nadal wierzę, że lepiej byłoby nie czołgać się do Rosjan po trupach wszystkich naszych zasad".

Churchill – przez jakiś czas – podzielał jego zdanie. Jednakże wczesną wiosną 1942 roku zasady jeszcze raz ustąpiły przed surową rzeczywistością wojny. Jeśli rok 1941 upokorzył Brytyjczyków militarnie, rok 1942 okazał się jeszcze gorszy. Wydawało się, że nie ma dnia bez klęski. Szczególnie dotkliwym ciosem były wielkie straty w Azji: w gruzach legło prawie całe dumne azjatyckie imperium brytyjskie. Rzekomo niezwyciężone Singapur, Hongkong, Malaje i Birma wpadły w ręce Japończyków. W Afryce Północnej Rommel parł niepowstrzymanie przez pustynię. Na Atlantyku niemieckie okręty podwodne siały spustoszenie wśród jednostek brytyjskiej floty.

Kiedy klęska goniła klęskę, w Wielkiej Brytanii narastały nastroje malkontenctwa i zniechęcenia. Na ulicy i w parlamencie narzekano na sposób, w jaki rząd prowadzi wojnę, i żadne popisy oratorskie premiera nie mogły powstrzymać niezadowolenia. „Słyszy się [...] od ludzi, że mają dość krasomówstwa – napisała w *Liście z Londynu* do «New Yorkera» Mollie Panter-Downes. – Oczekują od pana Churchilla czynów i potwierdzenia, że rozumie głębokie zaniepokojenie narodu". Uczuciom tym dał również wyraz w pamiętniku Harold Nicolson, parlamentarzysta z Partii Pracy: „Ludzie są zbyt zdenerwowani i rozdrażnieni, by się dali zbyć gładkimi frazesami".

Wraz z (wyrażanymi prywatnie przez samego Churchilla) wątpliwościami co do bojowych walorów i waleczności brytyjskich oddziałów wzbierała fala sympatii i podziwu dla Armii Czerwonej, która po odparciu Niemców spod Moskwy coraz skuteczniej i na szerszym froncie stawiała opór Wehrmachtowi. Szacunek Brytyjczyków brał się po części z wdzięczności i poczucia ulgi, że w tej chwili to nie oni, lecz Rosjanie ponoszą główny ciężar walki z wrogiem i że najgorsze dopiero przed nimi. (Bitwa stalingradzka jeszcze się nie zaczęła, a straszliwe oblężenie Leningradu trwało aż do roku 1944). Na mocno zbombardowanym w czasie blitzu londyńskim East Endzie pojawiły się w witrynach sklepów i oknach mieszkań prorosyjskie napisy w rodzaju: „Dzięki nim mamy spokojne noce".

Gdy zniknęło bezpośrednie zagrożenie ze strony Niemców, w Anglii zaczęło narastać przekonanie, iż rząd powinien znacznie zwiększyć pomoc dla Rosjan. „Najwyraźniej mija się z celem [publiczne] podkreślanie, że RAF regularnie uderza w ośrodki przemysłowe Niemiec, że za cenę dużych wyrzeczeń płyną z kraju do Rosji nieprzerwanie dostawy wojskowe i że Wielka Brytania prowadzi wojnę na trzech frontach – donosiła Mollie Panter-Downes. – Z tonu prywatnych rozmów i publicznych wypowiedzi na mityngach można wnosić, że Brytyjczycy nie zadowolą się żadną namiastką autentycznej, zmasowanej ofensywy na kontynent".

Nasilającą się opinię o potrzebie otwarcia drugiego frontu w Europie podsycała intensywna kampania brytyjskiej prasy „Czas na Drugi Front", wszczęta przez właściciela „Daily Express" i innych gazet, lorda Beaverbrooka, który ustąpił z wojennego rządu Churchilla, żeby wzbudzić społeczne poparcie dla pomocy dla Rosji. „Prasa głośno domaga się od Churchilla, by coś zrobił, żeby ulżyć Rosjanom – napisał na początku 1942 roku korespondent gazety

«Time-Life», Walter Graebner. – Jeśli tego nie zrobi i Rosjanie przegrają, może powstać lawinowy ruch antychurchillowski".

W rzeczy samej w niektórych kołach parlamentarnych już zaczęto mówić o odsunięciu od władzy człowieka, który przed niespełna dwoma laty niemal w pojedynkę poderwał swój naród do walki z Hitlerem. Zagrożony utratą fotela premiera, przybity niekończącą się serią brytyjskich porażek militarnych, sześćdziesięciosiedmioletni Churchill przynajmniej na jakiś czas stracił nieco z werwy i wytrwałości buldoga. „Przechodzi kryzys – zapisała w lutym w pamiętniku jego córka Mary. – Fizycznie nie czuje się za dobrze, jest wykończony miażdżącym nawałem wydarzeń".

Premier był zdecydowanie przeciwny morskiemu desantowi w Europie, którego domagali się Stalin i lord Beaverbrook. Stany Zjednoczone nie zmobilizowały jeszcze wystarczającej liczby wojska ani nie rozkręciły na dobre produkcji zbrojeniowej, dlatego ciężar takiej operacji spadłby na Brytyjczyków i zakończył się ogromnymi stratami.

Wprawdzie Churchill nie mógł zaspokoić coraz bardziej natarczywych żądań Stalina i brytyjskiej opinii publicznej, by otworzyć drugi front, mógł wszelako ustąpić w kwestii, którą sowiecki przywódca nazwał „najważniejszą sprawą w tej wojnie". Tak więc siódmego marca 1942 roku, trzy miesiące po rozmowach Edena ze Stalinem w Moskwie, w nieco nieskładnej, chaotycznej depeszy poinformował Roosevelta: „Coraz poważniejsza sytuacja wojenna skłania mnie do uznania, że zasady Karty Atlantyckiej należy zinterpretować tak, by nie odbierać Rosji pogranicznych ziem, które okupowała w chwili ataku Niemiec". Dwa dni później brytyjski premier zadepeszował do Stalina: „W depeszy przesłanej prezydentowi Rooseveltowi namawiam go do zaakceptowania umów podpisanych z Panem w sprawie rosyjskich granic po wojnie".

W Stanach Zjednoczonych napotkał jednak silny sprzeciw. Niezadowoleni z próby podważenia zasad Karty Atlantyckiej, urzędnicy Departamentu Stanu obstawali, żeby uregulowanie wszelkich kwestii terytorialnych odłożyć do zakończenia wojny. Sekretarz stanu Cordell Hull potępił „handel niepodległością małych krajów", a podsekretarz stanu Sumner Welles oświadczył, że żądania terytorialne Stalina są „nie do obrony z żadnego moralnego punktu widzenia i nie do obrony z punktu widzenia przyszłego pokoju i stabilizacji w Europie". „Nasze przyzwolenie [na taki układ] – napisał później – doprowadziłoby do tego, że we wszystkich zakątkach globu uznano by, iż Karta Atlantycka jest w gruncie rzeczy zwykłym świstkiem, zbiorem podniosłych frazesów, obliczonych na zrobienie wrażenia na naiwnych".

Roosevelt poparł swój zespół z Departamentu Stanu i sowiecki przywódca znów musiał poczekać. Kiedy w maju podpisano ostateczną wersję układu brytyjsko-sowieckiego, nie było w nim mowy o państwach nadbałtyckich, wschodniej Polsce ani o żadnych innych terytoriach, których domagał się Stalin; nie było też żadnych tajnych klauzul, obiecujących, że kiedyś je dostanie.

Niespełna rok później FDR, który nigdy nie miał tak zdecydowanego poglądu na tę sprawę jak Hull i Welles, zmienił zdanie. Uznał, że trzeba ustąpić Stalinowi.

ROZDZIAŁ TRZYNASTY

„SAM LEPIEJ SOBIE PORADZĘ ZE STALINEM"

Jesienią 1942 roku Witold Urbanowicz przybył do Waszyngtonu jako nowy zastępca attaché lotniczego w ambasadzie polskiej. Nie palił się do tego zadania. Pilotowanie biurka? Patriotyzm znaczył dlań co innego. Wojna toczyła się od trzech lat, a trzydziestoczteroletni major, polski as lotniczy z bitwy o Wielką Brytanię, dwa z nich spędził w Anglii, walcząc pośrednio o swój kraj jako pilot Dywizjonu Kościuszkowskiego, jako dowódca Pierwszego Polskiego Skrzydła Myśliwskiego i jako instruktor lotnictwa. Najchętniej znów włączyłby się do bezpośrednich działań. Słyszał o nowym specjalnym dywizjonie RAF-u, który przerzucał broń, pieniądze i bojowników ruchu oporu na tereny okupowane przez hitlerowców, w tym do Polski i z Polski. Byłoby to coś w sam raz dla niego.

Ale polski rząd w Londynie uważał inaczej. Zdaniem przełożonych jako prawdziwy bohater, w dodatku przystojny (w typie subtelnego Lesliego Howarda z *Przeminęło z wiatrem*) i wyrobiony towarzysko, Urbanowicz idealnie nadawał się do promowania sprawy Polski w Stanach Zjednoczonych. Zresztą już rok wcześniej zademonstrował dyplomatyczne zdolności, kiedy wraz ze Zdzisławem Krasnodębskim objeżdżał USA i Kanadę, agitując na rzecz ojczyzny i wykładając przyszłym myśliwcom taktykę walki w powietrzu. Na polskim ambasadorze w Stanach Zjednoczonych, Janie Ciechanowskim, zrobił tak dobre wrażenie, iż ten poprosił o przeniesienie zasłużonego pilota z Anglii do Waszyngtonu.

Kilka miesięcy później, niecały rok po japońskim ataku na Pearl Harbor, Urbanowicz przybył do amerykańskiej metropolii. Jako weteran walk w kam-

Zdzisław Krasnodębski, Witold Urbanowicz i trzeci (niezidentyfikowany) polski pilot w towarzystwie starletek podczas lunchu w wytwórni RKO w Hollywood. Krasnodębski i Urbanowicz przyjechali do Stanów z cyklem wykładów i spotkań propagujących sprawę Polski. (Stanisław Błasiak).

panii wrześniowej, bitwy o Anglię i londyńskiego blitzu siłą rzeczy patrzył nieco krytycznie na to żyjące normalnie, zadowolone z siebie miasto. I to miała być stolica państwa toczącego wojnę na dwóch oceanach? Choć charakterystyczną dla południowych stanów apatię skrywała aktywność rozrastającej się biurokracji, Waszyngton sprawiał dziwne wrażenie, jakby wojna go nie dotyczyła. Eric Sevareid, korespondent wojenny CBS w Europie, którego odwołano do kraju, miał podobne odczucia. „Życie było łatwe, z każdym tygodniem coraz bardziej dostatnie – napisał, pozbawiony złudzeń. – Wpajano narodowi przekonanie, że zwycięstwo można wyprodukować albo po prostu kupić, wypisując czek".

Według Sevareida nietknięty przez konflikt zbrojny Waszyngton, „mimo ogromu pracy wykonywanej na rzecz wojny, wydawał się w niej nie uczestniczyć". Nawet prezydent Roosevelt utyskiwał, że „w Waszyngtonie najmniej zdają sobie sprawę z trudów wojennych". W stolicy, jak i w całym kraju, stopniowo wprowadzano racjonowanie podstawowych artykułów i produktów. Ale wieczorem nadal jasno płonęły światła, a życie towarzyskie było ożywione znacznie bardziej niż przed wojną. Odbywały się polowania ze śniadaniem, lunche, popołudniowe potańcówki, kolacje, no i, naturalnie, niekończące się koktajle i przyjęcia dyplomatyczne.

Zakłopotanie Urbanowicza przeszło w przygnębienie, kiedy odkrył, jak małe zainteresowanie budzi Polska i jej sprawa u większości poznanych Amerykanów. „Polska nigdy nie spędzała snu z powiek Ameryce ani nie zajmowała wiele miejsca w jej polityce zagranicznej – napisał po latach historyk i dyplomata Edwin O. Reischauer. – Istniała w tym kraju tendencja do ignorowania Polski i zajmowania się większymi krajami oraz tymi, z którymi mieliśmy więcej wspólnego jako przyjaciele lub wrogowie". Ta obojętność w czasie drugiej wojny światowej miała poważne skutki polityczne. Mimo dętych zapewnień aliantów o prawach i wolności wszystkich narodów, Polski nie dopuszczono do współudziału w kierowaniu wojną ani do dyskusji na temat geopolitycznego kształtu powojennego świata.

W styczniu 1942 roku Roosevelt i Churchill zaaranżowali podpisanie w Waszyngtonie porozumienia dwudziestu sześciu sprzymierzonych w owym czasie państw (nazwanych przez prezydenta Stanów „Narodami Zjednoczonymi"). Wszystkie zobowiązywały się przeznaczyć wszelkie dostępne środki na walkę z wrogiem i potwierdzały wolę przestrzegania zasad Karty Atlantyckiej. Tymczasem przed sporządzeniem Deklaracji Narodów Zjednoczonych konsultowano się tylko ze Związkiem Sowieckim i Chinami, a na ceremonię podpisania jej w Białym Domu oficjalnie zostali zaproszeni wyłącznie ambasadorowie sowiecki i chiński. Jana Ciechanowskiego i ambasadorów pozostałych państw alianckich poinformowano jedynie, że mogą wpaść do Białego Domu i podpisać dokument w dogodnej chwili.

„Jeśli Narody Zjednoczone można nadal uważać za pojęcie oznaczające międzynarodową firmę rodzinną, to składa się ona bez wątpienia z bogatych i biednych krewnych" – stwierdził Ciechanowski w liście do generała Sikorskiego. Gdy do wojny z Hitlerem włączyły się Związek Sowiecki i Stany Zjednoczone, Polskę, mimo zaangażowania w sprawę aliancką jej sił lądowych, marynarki, a zwłaszcza lotnictwa, zepchnięto do zdecydowanie podrzędnej roli. W kategoriach politycznego pragmatyzmu dawało się to usprawiedliwić, a przynajmniej zrozumieć. Siła Polski nie wynikała z potęgi uzbrojenia ani z liczby ludności. Jej siłą była wola oporu narodu polskiego, czynnik ten niewiele się jednak liczył przy stołach negocjacyjnych wielkich mocarstw.

Polskim uchodźcom szczególnie trudno było znieść amerykańską obojętność wobec ich kraju. Większość z nadzieją wyczekiwała dnia, w którym Ameryka przystąpi do wojny, tak by mogli, jak ongiś Kościuszko i Pułaski podczas rewolucji amerykańskiej, znowu walczyć jako towarzysze broni u boku narodu dzielącego z nimi tradycje niepodległości i wolności. Podobne oczekiwania żywili Polacy wobec Brytyjczyków i Francuzów, ale żaden naród nie rozpalał współczesnej polskiej wyobraźni w takim stopniu jak Amerykanie. Niecałe pokolenie wstecz, w roku 1926, z okazji sto pięćdziesiątej rocznicy niepodległości Stanów Zjednoczonych, Polska ofiarowała im niezwykły dar – sto jedenaście oprawnych tomów, zawierających wyrazy wdzięczności i zapewnienia o przyjaźni między Polską i Ameryką, podpisane przez blisko sześć milionów polskich obywateli, czyli przeszło jedną szóstą ludności kraju. „Ameryka zawsze fascynowała Polaków – była najwspanialszym państwem na świecie" – powiedział Urbanowicz.

Jednakże po Pearl Harbor Polacy czuli się z rozmaitych powodów coraz bardziej izolowani i ignorowani. Pilotom Dywizjonu Kościuszkowskiego tym trudniej było się z tym pogodzić, że zaraz po przystąpieniu USA do wojny nawiązali serdeczne stosunki z pilotami amerykańskimi.

Kiedy w roku 1940 wskrzeszono w Wielkiej Brytanii jednostkę myśliwską imienia Kościuszki, Polacy z dumą wymalowali na hurricane'ach jej godło, zawierające stylizowaną flagę Ameryki. Tak więc amerykańskie Gwiazdy i Pasy ruszyły na szczytny bój z Niemcami na długo przed przystąpieniem Stanów Zjednoczonych do wojny. Po oficjalnym włączeniu się jankesów do walki Polacy przyjęli ich jak najcieplej.

W roku 1942 dowodzący w owym czasie dywizjonem Jan Zumbach przygotował wraz z innymi pilotami uroczystość – „na dowód naszej głębokiej wdzięczności za waszą przyjaźń" – podczas której przyznano honorowe członkostwo dywizjonu Anthony'emu Drexelowi Biddle'owi, amerykańskiemu ambasadorowi przy polskim rządzie w Londynie. Niedługo potem „kosynierzy" przeszkolili w walce powietrznej amerykański 94 Dywizjon Bojowy, niedawno skierowany do walki w Europie. Amerykanie, którzy przeszli to szkolenie, wychwalali Polaków i ich umiejętności lotnicze. „Zawdzięczamy [wam] więcej, niż da się wyrazić słowami" – napisał amerykański pilot, nazywając polską jednostkę „najlepszym dywizjonem myśliwskim na świecie".

Polscy opiekunowie towarzyszyli Amerykanom w ich pierwszych siedmiu lotach operacyjnych nad Francję, zapoznając ze wszystkim, co wiedzieli o taktyce niemieckiej, i z własnymi udoskonaleniami taktyki brytyjskiej. Traktowali jankesów nie jak żółtodziobów, lecz jak kolegów, z którymi razem się walczy, i dzielili się z nimi doświadczeniem, pozwalającym ujść z życiem i zwyciężać. Koleżeńskość nie ograniczała się do czasu spędzonego w powietrzu. Po służbie Polacy imponowali Amerykanom nie mniej niż za sterami spitfire'ów. „Przekonaliśmy się, że w zabawie [Dywizjon Kościuszkowski] nie ma sobie równych" – napisał w dzienniku polskiej jednostki amerykański lotnik. „Wyjeżdżałem ze Stanów z nadzieją, że poznam najlepszych lotników świata [...] cel ten zrealizowałem" – zapewnił inny.

Amerykański pilot polskiego pochodzenia, Francis Gabreski, poprosił przełożonych, by mu pozwolili na indywidualne przeszkolenie w Dywizjonie im. Kościuszki. Przeczytał wszystko, co udało mu się znaleźć na temat dywizjonu i jego wyczynów. Zanim jednak dotarł do Wielkiej Brytanii, Dywizjon 303 wycofano z walk na odpoczynek, dlatego przydzielono go do innej polskiej jednostki, Dywizjonu 315. Latanie z Polakami – napisał później – „poczytywałem sobie za zaszczyt. Niektórzy z nich walczyli od pierwszego dnia wojny w roku 1939, kiedy ja, młody chłopak, zbijałem bąki w kampusie w Notre Dame". Gabreski wziął udział w dwudziestu kilku lotach bojowych polskich pilotów z Dywizjonu Dęblińskiego, uważnie studiując ich taktykę. Korepetycje bardzo mu się opłaciły: skończył wojnę jako as nad asy wśród amerykańskich myśliwców w Europie, z trzydziestoma jeden zestrzeleniami na koncie.

Gdy amerykańscy myśliwcy nadal się szkolili, Polacy wraz z innymi jednostkami myśliwskimi RAF-u eskortowali w czasie „precyzyjnego bombardowania" B-17 z amerykańskiej Ósmej Armii Powietrznej. Naloty te, przeprowadzane za dnia ze względu na lepszą widoczność celów, szeroko propagowane i zachwalane w Stanach Zjednoczonych wśród wyższych oficerów lotnictwa i załóg latających fortec, budziły poważne kontrowersje. W dziennym świetle bombowce były o wiele bardziej narażone na ostrzał niemieckiej artylerii przeciwlotniczej i ataki z powietrza, zwłaszcza że od połowy 1942 do końca 1943 roku eskortujące je myśliwce nie miały możliwości zabrania dostatecznej ilości paliwa i nie mogły im towarzyszyć do samych Niemiec*.

* Zmieniło się to w grudniu 1943 roku po wprowadzeniu do działań myśliwca Mustang P-51, szybszego i o większym zasięgu. Choć mustangi zbudowano w Stanach Zjednoczonych, latali na nich zarówno piloci RAF-u (w tym Polacy), jak i Amerykańskich Sił Powietrznych.

„Latające fortece" B-17 zbudowano tak, żeby wytrzymały potężne cięgi. Czego nie można powiedzieć o ich załogach.

Nic więc dziwnego, że amerykańskie załogi bombowe, tak jak wcześniej załogi RAF-u, zachwycały się umiejętnością Polaków w niedopuszczaniu niemieckich myśliwców. Polscy piloci opracowali wyjątkową formację, tworząc wokół bombowców ochronny kokon. Samoloty zajmowały pozycje wysoko w przodzie, bezpośrednio nad wyprawą bombową, oraz poniżej niej w tyle. Ta taktyka okazała się tak skuteczna, że Amerykańskie Siły Powietrzne wystąpiły w końcu z prośbą do RAF-u, by zastosowały ją wszystkie brytyjskie skrzydła eskortujące. Amerykanie cenili Polaków również za niezwykłą troskliwość, jaką okazywali bombowcom w tarapatach. Nieraz zdarzało się na przykład, że samoloty Dywizjonu Kościuszkowskiego krążyły na zmianę nad uszkodzonym B-17, który wodował przymusowo na Kanale. Polacy rzucali się na każdy niemiecki samolot, atakujący bezbronną załogę bombowca w gumowych łódkach ratunkowych, i starali się pozostać przy niej aż do nadejścia pomocy.

Mimo iż loty eskortujące były ważnym elementem rozszerzających się działań bojowych, późniejsze dokonania pilotów Dywizjonu Kościuszkowskiego, sławionych dawniej jako dzielni rycerze przestworzy nad królewską wyspą, przestały być w centrum powszechnej uwagi. Trzonem alianckiej kampanii powietrznej stały się teraz bombowce. Myśliwcom coraz częściej przypadała rola służebna.

Do tego dochodził ogrom alianckiego wysiłku wojennego. Pomimo dużego ilościowo i jakościowo wkładu w wojnę Polacy coraz bardziej nikli w prowadzonej przez Amerykanów „krucjacie". W latach 1941–1943 polskim pilotom myśliwskim przypisano od piętnastu do trzydziestu procent strat zadanych Luftwaffe w skali roku. W tym okresie bombowce z polskimi załogami stanowiły jedną szóstą bojowych sił bombowych RAF-u. W 1943 roku dysponujące jedenastoma dywizjonami myśliwskimi i trzema dywizjonami bombowców Polskie Siły Powietrzne były czwartą co do wielkości aliancką armią lotniczą – po Stanach Zjednoczonych, Wielkiej Brytanii i Związku Sowieckim. W ich szeregach służyło więcej żołnierzy niż Czechów, Holendrów, wolnych Francuzów, Norwegów i Belgów razem wziętych. W miarę jednak rozrostu amerykańskiej potęgi powietrznej polski udział proporcjonalnie malał, tracąc na znaczeniu.

Jednocześnie Polacy ponosili horrendalnie duże straty, zwłaszcza w dywizjonach bombowych. Jedynie około czterdziestu procent polskich załóg – latających na liberatorach, lancasterach i wellingtonach – przeżyło pierwszą turę lotów wojennych; w drugiej turze wskaźnik ten spadł do dwudziestu procent. Dla tych, którzy uniknęli śmierci, każda nowa strata była bardzo bolesnym ciosem z powodów zarówno osobistych, jak i strategicznych. „Brytyjski samolot nie wraca. Kto o tym wie? Tylko najbliższy krąg z jednego alianckiego dywizjonu spośród tysiąca – napisał polski pilot. – Ogłasza się, że zaginął polski samolot. Kto o tym wie? Wszyscy! Wszystkie nasze dywizjony, wszystkie jednostki, wszystkie polskie bazy!" W odróżnieniu od Brytyjczyków i Amerykanów Polskie Siły Powietrzne nie miały wielkich rezerw, z których mogłyby czerpać, żeby uzupełnić straty. Na początku 1942 roku polskie lotnictwo zasiliło uszczuplone stany dywizjonów ludźmi, którzy wyszli ze Związku Sowieckiego z generałem Andersem. W roku 1943 jego zasoby znów zaczęły się zmniejszać. Teraz jednak nie było kim uzupełnić szeregów.

Świadomych, że jest ich coraz mniej, boleśnie odczuwających straty polskich lotników zdumiewał niedbały, wręcz beztroski stosunek niektórych Amerykanów do ofiar wojny. Polski pilot zapamiętał rozmowę, jaką toczył z amerykańskim kolegą w dzień po zestrzeleniu przez Niemców sześciu amerykańskich bombowców. „Dla Polaków byłaby to wielka strata – powiedział. – A mój znajomy Amerykanin odparł: «To nic. Jutro będziemy mieli na ich miejsce dwadzieścia». I mieli. Dla mnie był to prawdziwie amerykański sposób myślenia".

Polacy mieli wkrótce doświadczyć „amerykańskiego sposobu myślenia" na innych polach.

Isaiah Berlin, znany brytyjski intelektualista, który w czasie wojny pełnił służbę dyplomatyczną w ambasadzie swojego kraju w Waszyngtonie, odnotował, że ludzie z Polski i innych krajów okupowanej Europy uważają Franklina D. Roosevelta za „życzliwego półboga, jedynego, który może ich uratować i w końcu to zrobi". „Moralny autorytet [prezydenta] – stopień zaufania, jakim go obdarzono poza jego krajem – nie ma sobie równych" – stwierdził.

W pierwszych latach wojny Roosevelt przesłał kilka orędzi do okupowanej Polski, nazywając ją „inspiracją dla wszystkich narodów" i chwaląc za „wspaniały, nieustający opór polskiego wojska i ludzi". Polacy w kraju i za granicą bardzo sobie cenili te zapewnienia, często przytaczając je na dowód, że Stany Zjednoczone wraz z prezydentem troszczą się o nich, podziwiają i wkrótce wyzwolą Polskę spod obcej dominacji. Jedno z tych orędzi, wydrukowane w postaci ulotki zatytułowanej *Prezydent wie*, rozprowadzono na początku 1942 roku wśród obdartych oddziałów generała Andersa w Rosji. Anders napisał potem, że odczytanie deklaracji Roosevelta pomogło wynędzniałym żołnierzom w złachmanionych mundurach odzyskać hart ducha.

Żołnierze w Rosji i wielu innych Polaków nie mogli wiedzieć, iż wyrażona przez Roosevelta pochwała Polski była mało zdawkowym gestem wobec generała Sikorskiego, mającym zrekompensować brak poparcia Stanów dla polskiego rządu w Londynie w kwestii linii Curzona. Co więcej, amerykański prezydent – główny architekt Karty Atlantyckiej, orędownik samostanowienia i wolności dla wszystkich narodów – w trakcie wojny udowodnił, że los Polski interesuje go tylko w kontekście wpływu na jego sojusz ze Stalinem i osobistych szans w następnych wyborach prezydenckich. Roosevelt, w odróżnieniu od Churchilla, nie miał wobec Polski zobowiązań traktatowych. Pod koniec wojny powiedział sowieckiemu dyktatorowi, że patrzy „na sprawę polską z dystansu".

Styl, w jakim amerykański prezydent prowadził wojnę, a zwłaszcza stosunek do Polski, świadczy o sprzecznościach w jego złożonym charakterze. Wprawdzie umiał się zdobyć na wielkoduszny idealizm, wolał jednak wydawać ogólnikowe oświadczenia niż obmyślać, jak wdrożyć swoje pomysły. Mglistych ogólników nadużywał nawet wówczas, kiedy proponował wzniosłe cele w rodzaju utworzenia Organizacji Narodów Zjednoczonych. Podobnie jak Woodrow Wilson z jego Ligą Narodów i przekonaniem, że pierwsza wojna światowa uczyni „świat bezpiecznym dla demokracji", FDR był zdania, że misją Stanów Zjednoczonych w drugiej wojnie światowej jest przyczynienie się do zbudowania bardziej sprawiedliwego i wolnego powojennego świata. W orędziu o stanie narodu w 1941 roku ogłosił, że wszyscy ludzie mają prawo do „czterech wolności": wolności słowa, wolności wyznania, wolności od ubóstwa, wolności od strachu. Tyle że pominął kwestię, jak te wolności zagwarantować i chronić.

Niezależnie od autorytetu moralnego, jakim cieszył się na świecie, w gruncie rzeczy był pragmatykiem, rozwiązującym bieżące problemy. Podczas dwóch wielkich kryzysów w trakcie swoich rządów – gospodarczego w latach trzydziestych i drugiej wojny światowej – niejeden raz demonstrował postawę: jeżeli coś działa, świetnie, a jeżeli nie, spróbuj czegoś innego. Nie zaprzątał sobie głowy dalekosiężnymi konsekwencjami swoich posunięć i obietnic, a trudne politycznie lub mogące ograniczyć mu pole manewru decyzje odkładał na później lub się od nich uchylał. Niektórym, w tym urzędnikom ze swojej ekipy, wydawał się człowiekiem chłodnym i przebiegłym, stawiającym na pierwszym miejscu własny sukces polityczny. Kiedy Robert Boothby, torysowski poseł i dawny bliski kolega Churchilla, spytał prominentnego przedstawiciela

Nowego Ładu (jego nazwiska nie podał), czy za decyzjami prezydenta stoi jakaś głębsza motywacja, zapytany zawahał się, po czym odparł: „Tylko jedna. Utrzymać się na urzędzie".

Nazbyt surowy osąd. Jednakże pod presją – a był pod nieustanną presją przez ponad trzynaście lat w bardzo trudnych czasach – Roosevelt improwizował jak muzyk jazzowy. Jego idealistyczne retoryczne popisy przed publicznością często odbiegały od trzeźwych działań i pragmatycznych decyzji podejmowanych za kulisami. Biografowie FDR, James MacGregor Burns i Susan Dunn, odnotowali „głęboką przepaść pomiędzy kodeksem moralnym Roosevelta a jego powszednią praktyką, pomiędzy górnolotnymi celami i podejrzanymi środkami, pomiędzy wielkodusznością a makiawelizmem [...] Im wyższe stawiał sobie cele, improwizując w coraz niższej tonacji, tym szersza stawała się przepaść pomiędzy rzeczywistością a ideałem, zwiększał więc ludzkie oczekiwania, nie doprowadzając do ich spełnienia".

Dobrze to ilustrował rozdźwięk między jego publicznym wezwaniem do samostanowienia dla wszystkich narodów a prywatnym przeświadczeniem, że Stany Zjednoczone wraz z głównymi aliantami mają prawo dyktować warunki mniejszym i słabszym państwom nie tylko podczas wojny, ale także po jej zakończeniu. Wiosną 1942 roku, na spotkaniu z Wiaczesławem Mołotowem, Roosevelt nakreślił obraz powojennego świata bardzo różny od przedstawionego w Karcie Atlantyckiej. W Rooseveltowskim świecie nie rządziły ideały równości i sprawiedliwości, lecz polityka siły. Stany Zjednoczone, Związek Sowiecki, Wielka Brytania i Chiny miały być w nim policjantami, mniejsze państwa zaś, takie jak Polska – z konieczności podporządkować się ich woli. Orędując za tą ideą przez resztę wojny, amerykański przywódca propagował równocześnie świeżo zrodzoną wizję międzynarodowej federacji narodów.

Nie on był oczywiście autorem pomysłu, że przeznaczeniem Stanów Zjednoczonych (i w jakiejś mierze ich głównych aliantów) jest przewodzenie światu. Pogląd ten należał do amerykańskiego etosu na długo przed Rooseveltem i długo po nim. Jeden z najbardziej znanych przeciwników politycznych FDR, Henry Luce, republikański współzałożyciel magazynu „Time", ogłaszając wiek XX „wiekiem Ameryki", miał na myśli prawie to samo. Podobnie myślał Woodrow Wilson, oświadczając, że Bóg wybrał Stany Zjednoczone, by „wskazały narodom świata, jak mają kroczyć drogą wolności". Ale dopiero w drugiej wojnie światowej, kiedy Ameryka wysunęła się na pozycję supermocarstwa, wizja ta nabrała nowej siły i znaczenia. Planiści i stratedzy ze sztabu Roosevelta dostrzegli w niej mandat polityczny. Według Harry'ego Hopkinsa, najbliższego doradcy prezydenta, „bardziej humanitarny i demokratyczny światowy porządek [był] możliwy", ale tylko pod przywództwem FDR i wierny zasadom Nowego Ładu. Isaiah Berlin powiedział z przekąsem, że ludzie prezydenta uważają się za „natchnionych przez Boga, żeby zbawić świat".

Roosevelt nie wątpił, że uda mu się stworzyć tę utopię i stanąć na jej czele. Będąc nadzwyczaj pewny siebie, wykorzystywał niezwykły urok osobisty i charyzmę, by oczarowywać i olśniewać każdego nowo poznanego. Zetknięcie się z jego pełnym wigoru entuzjazmem, z jego *joie de vivre*, było – by posłużyć się pamiętnym porównaniem Winstona Churchilla – jak otwarcie pierwszej w życiu butelki szampana. Dzięki optymizmowi i elokwencji prezydenta pogrążony w wielkim kryzysie kraj odzyskał nadzieję i pewność siebie. Jego pełne inwencji przywództwo – „Do diaska, Harry, jeśli to nie jest właściwe rozwiązanie, spróbujmy tamtego" – zapoczątkowało proces zdrowienia gospodarki (choć zakończył się on dopiero po drugiej wojnie światowej). Roosevelt i jego administracja na zawsze odmienili życie Amerykanów, przeważnie na lepsze, a rząd federalny ogromnie zwiększył swoją władzę i autorytet.

Rządy Roosevelta od samego początku miały bardzo personalny charakter: prezydent znajdował się w centrum wszystkiego. Kiedy w roku 1936 doradca spytał o jego stanowisko w kwestii nowych podatków w nadchodzącej kampanii wyborczej, Roosevelt machnął lekceważąco ręką. „To drobiazg – odparł. – W tej kampanii jest tylko jedna kwestia. Ja sam. Ludzie muszą być albo za mną, albo przeciwko mnie". Większość – wówczas i później – opowiedziała się za nim. W wyborach 1936 roku odniósł tak miażdżące zwycięstwo, że pokonanym republikanom zajrzała w oczy zagłada. Sukces ten powtórzył w roku 1940, zostając przy władzy – fakt bez precedensu – na trzecią kadencję, a potem znowu w roku 1944.

Nadzwyczajne triumfy dodatkowo wzmacniały jego zadufanie, a tym bardziej przemożną wolę zachowania władzy. Henry Wallace, wiceprezydent w trzeciej kadencji Roosevelta, napisał w pamiętniku, że kluczową cechą charakteru prezydenta jest „pragnienie, by być postacią dominującą, demonstrowanie przy każdej okazji swojej wyższości". Natomiast w opinii byłego prezydenckiego doradcy, Raymonda Moleya, Roosevelt uległ „nasilającemu się, upojnemu działaniu władzy", co przejawiało się w nawyku „wydawania poleceń bez zasięgania opinii". Ta „irytująca pewność" co do słuszności własnych poglądów i czynów doprowadziła FDR do przekonania, że ludzie kwestionujący jego decyzje są „samolubni, tchórzliwi, z lekka zdemoralizowani bądź głupi".

Ten sam mariaż uroku osobistego i „irytującej pewności" siebie decydował o stylu prowadzenia spraw zagranicznych. Roosevelt bezgranicznie wierzył w swoją zdolność przekonywania do własnych racji przywódców innych państw. W liście do Churchilla z marca 1942 roku napisał: „Wiem, że nie poczyta mi pan za złe, jeśli będę brutalnie szczery. Sądzę mianowicie, że sam lepiej sobie poradzę ze Stalinem niż pańskie Ministerstwo Spraw Zagranicznych czy mój Departament Stanu. Stalin nie trawi wszystkich Pańskich dygnitarzy. Mnie chyba lubi bardziej i mam nadzieję, że to się nie zmieni". Człowiek, który napisał te słowa, w owym czasie nie znał osobiście Stalina, nigdy nie był w Związku Sowieckim, niewiele wiedział o sowieckiej ideologii i historii, a do tego nie odczuwał potrzeby, by dowiedzieć się o nich czegoś więcej.

Zobowiązał się za to, podobnie jak Churchill, do nieobwarowanej żadnymi warunkami wojskowej i ekonomicznej pomocy dla Stalina i jego kraju, deklarując, że przetrwanie Rosji ma żywotne znaczenie dla obrony Stanów Zjednoczonych. Do dziś trwają spory, czy rzeczywiście tak było, ale wtedy Roosevelt z pewnością święcie w to wierzył. Multimilioner, były przemysłowiec i bankier inwestycyjny, Averell Harriman, wysłany przez niego w październiku 1941 roku na rozmowy ze Stalinem w sprawie amerykańskiej pomocy, oznajmił po powrocie rodakom, że jeżeli chcą, by Rosjanie walczyli dalej, nie mogą żałować pieniędzy. „Mówiąc wprost – powiedział przez radio – niedopuszczenie wojny do naszych brzegów [...] jest warte każdej ceny".

Na początku 1942 roku amerykańska broń, sprzęt, zaopatrzenie – między innymi samoloty, ciężarówki, dżipy, stal, benzyna, buty, żywność, koce – posypały się jak z rogu obfitości, wyruszając w długi i niebezpieczny rejs przez ocean. Do końca wojny wysłano do Związku Sowieckiego w ramach pożyczki-dzierżawy (*lend-lease*) dobra o wartości ponad jedenastu miliardów dolarów, co odegrało istotną, być może decydującą rolę w podtrzymaniu oporu Armii Czerwonej przeciw Niemcom i jej przejściu do ofensywy. Stany Zjednoczone dostarczyły Sowietom ponad dwie trzecie ich pojazdów zmechanizowanych i połowę samolotów. Tylko w 1943 roku przetransportowano tam ponad pięć tysięcy samolotów myśliwskich. Amerykański sprzęt łączności umożliwił Moskwie śledzenie ruchów własnych wojsk, a amerykańskie materiały wybuchowe wykorzystano w rosyjskich bombach i pociskach. Po stalingradzkim przełomie, nie dysponując dostarczonym przez USA transportem, wojska sowieckie nie byłyby dość mobilne, by paraliżować wroga szybkimi i głębokimi atakami na tyły. W roku 1943 nawet Stalin, który nikomu nie lubił oddawać sprawiedliwości, przyznał, że bez amerykańskiej pomocy w ramach *lend-lease* „przegralibyśmy tę wojnę".

Niemniej nieobwarowana żadnymi warunkami hojność amerykańskiego rządu często niepokoiła nielicznych amerykańskich oficjeli – wojskowych i dyplomatów – którzy spędzili jakiś czas w Związku Sowieckim i poznali metody działania Stalina i jego ekipy. „Niemal wszyscy podwładni odpowiedzialni za bieżące kontakty z Rosjanami nabrali przekonania, że prezydencka polityka szczodrości jest nierozsądna" – napisał historyk John Lewis Gaddis. Wśród nich byli George Kennan, Charles Bohlen i Loy Henderson, czołowi przedstawiciele grupy młodych sowietologów w Departamencie Stanu. Dwóch z nich – Kennan i Bohlen – zostało później ambasadorami w Związku Sowieckim. Ich pierwszych w amerykańskiej służbie zagranicznej wyszkolono na sowietologów, mówili po rosyjsku, studiowali rosyjską i sowiecką historię i ideologię, pracowali w ambasadzie w Moskwie.

Kennan, który – w opinii korespondenta „New York Timesa", Harrisona Salisbury'ego – „znał Rosjan jak nikt inny w moim pokoleniu", i ludzie z jego kręgu nie oponowali przeciw amerykańskiej pomocy dla Rosji jako takiej. Kwestionowali tylko brak skwapliwości Roosevelta i Churchilla do żądania od Sowietów czegokolwiek w zamian, uważając, że taką hojność Stalin uzna za oznakę słabości. „Wszyscy podziwialiśmy walkę Rosjan – napisał Bohlen. – Ale niepokoiła nas przyszłość". Zdaniem Kennana Churchill i Roosevelt powinni powiedzieć Stalinowi: „Słuchaj, stary, mamy pamięć nie gorszą od twojej. Dobrze wiemy, jak próbowałeś załatwić swoje sprawy w tej wojnie [...] Jeśli zależy ci na otrzymaniu od nas pomocy materialnej i militarnej, to ci jej udzielimy [...] pod warunkiem, że będzie służyło to naszym celom [...] Nie oczekuj od nas poparcia ambicji, które wykraczają poza terytorium uznane za twoje przed 1938 rokiem".

Harry Hopkins uważał, że Roosevelt niespecjalnie „troszczył się o przyszłość. Absorbowały go najbliższe miesiące". Jak zwykle koncentrował się na bieżących zadaniach – w tym wypadku na wygraniu wojny. W czasie drugiej wojny światowej Stany Zjednoczone „nie miały żadnych planów pokojowych – napisał później korespondent wojenny «New York Timesa», Hanson Baldwin. – Mieliśmy tylko mgliste wyobrażenie, wyrażone w postaci nieprecyzyjnych, ogólnych zasad (Karta Atlantycka, Narody Zjednoczone), jakiego powojennego świata pragniemy".

Kiedy w roku 1942 Sumner Welles zaproponował utworzenie grupy alianckich przedstawicieli, którzy zajęliby się zaplanowaniem porozumień pokojowych i powojennej polityki międzynarodowej, Roosevelt „natychmiast odrzucił" ten pomysł. Jego zdaniem „zwycięstwo w wojnie było i musiało pozostać celem nadrzędnym – napisał potem Welles. – Niedozwolone były żadne kroki polityczne, nawet zapowiadające wielkie korzyści w przyszłości, jeśli zagrażały odniesieniu zwycięstwa albo je opóźniały".

Gdy alianci przygotowywali i planowali inwazję na Europę Zachodnią, jednym z głównych wojennych celów Roosevelta było uszczęśliwianie Stalina. Dlatego prezydent nie obwarowywał amerykańskiej pomocy żadnymi warunkami – nawet prośbą o dzielenie się informacjami wojskowymi bądź zdobytymi przez wywiad (co jest standardową procedurą operacyjną w przypadku sojuszników) czy wymogiem rozliczania się ze sposobu wykorzystania dostaw. Do końca wojny Rosja zachowała niemal pełną niezależność, odmawiając współpracy z zachodnimi aliantami. Alianckich misji, brytyjskiej i amerykańskiej, nie dopuszczono na wschodni front. „Prawda wygląda tak, że chcą mieć jak najmniej do czynienia z obcokrajowcami, w tym z Amerykanami – doniósł z irytacją generałowi George'owi C. Marshallowi szef amerykańskiej misji wojskowej w Związku Sowieckim, generał John Deane. – Sowieci traktują podejrzliwie każdą naszą prośbę czy propozycję. Po prostu nie pojmują, jak można dawać, nie biorąc nic w zamian, dlatego nasze dawanie traktują z podejrzliwością".

William Bullitt, którego Roosevelt mianował w 1933 pierwszym amerykańskim ambasadorem w Związku Sowieckim, nakłaniał go, by zażądał od Stalina przyrzeczenia, że w zamian za *lend-lease* nie sięgnie po kraje Europy Wschodniej. Roosevelt odmówił. „Mam przeczucie – napisał do Bullitta – że Stalin pragnie tylko bezpieczeństwa dla swojego kraju. Sądzę, że jeżeli dam mu wszystko, co mogę, i nie poproszę o nic w zamian, to *noblesse oblige*, nie spróbuje niczego zaanektować i będzie pracował dla świata demokracji i pokoju". Bullitt, który dwadzieścia lat wcześniej podziwiał Związek Sowiecki*, nabrał tak głębokiej nieufności do Stalina, że przerażała go beztroska naiwność i przekonanie Roosevelta, że patrycjuszowskie normy obowiązują wszędzie. Jego zdaniem Stalin był najzwyklejszym „kaukaskim bandytą, który dostając od kogoś coś za nic, uznawał go za osła". Kiedy Bullitt zakwestionował politykę prezydenta, okazało się, że stracił u niego posłuch.

Ale na dobrą sprawę u Roosevelta nie znajdował posłuchu nikt, kto nie zgadzał się z jego strategią polityczną i działaniami. Przy wytyczaniu zasad polityki zagranicznej prezydent pomijał swojego sekretarza stanu wraz z całym Departamentem, korzystając z osobistych emisariuszy, zwłaszcza Harry'ego Hopkinsa i Averella Harrimana, którzy wykonywali jego polecenia i służyli jako posłańcy w kontaktach ze Stalinem, Churchillem i innymi zagranicznymi przywódcami. W późniejszej fazie wojny, kiedy Harriman pojechał do Moskwy

* W 1923 roku Bullitt ożenił się z Louise Bryant, wdową po amerykańskim dziennikarzu i komuniście Johnie Reedzie, autorze *Dziesięciu dni, które wstrząsnęły światem*. Reed zmarł na tyfus w Moskwie w 1920 roku i został pochowany pod murem Kremla.

jako ambasador i zaczął ostrzegać prezydenta przed planami i intencjami Stalina, również jego rady zostały zignorowane.

„Jeśli idzie o politykę zagraniczną, to prawda, której nie sposób uniknąć, wygląda tak, że przy całym uroku osobistym i zdolnościach przywódczych Franklin Roosevelt był politykiem bardzo powierzchownym, ignorantem, dyletantem o poważnie ograniczonym horyzoncie intelektualnym" – ocenił po wojnie George Kennan.

Ograniczony horyzont Roosevelta przyczynił się z czasem do zadania wielkiego bólu bardzo wielu ludziom.

Trzydziestego pierwszego stycznia 1943 roku feldmarszałek Friedrich von Paulus, z zapadłą, pokrytą siwym zarostem twarzą, wyprowadził resztki niegdyś potężnej Szóstej Armii niemieckiej z zaśnieżonych ruin Stalingradu i poddał je Armii Czerwonej. Tak skończyła się najokrutniejsza bitwa drugiej wojny światowej – punkt zwrotny wojennej epopei, z poważnymi konsekwencjami dla Polski, reszty Europy i całego zachodniego sojuszu.

Bitwa o Stalingrad rozpoczęła się w sierpniu poprzedniego roku w wyniku zmasowanej letniej ofensywy niemieckiej na froncie wschodnim. Zrazu wydawało się, że Hitler jest o krok od pogromu Rosjan. Pięć miesięcy później Wehrmacht nie tylko przegrał bitwę, lecz przekonał się, że wróg zdobył przewagę. Sowieci zahamowali wreszcie nieustępliwe parcie Niemców na wschód, zwyciężyli w rozpaczliwej walce o przetrwanie. Armia Czerwona szykowała się do kontrofensywy. Niebawem miała ruszyć na Niemcy – przez wchodnią i środkową Europę.

W czasie największego nasilenia walk pod Stalingradem Stalin bombardował Churchilla i Roosevelta niemal histerycznymi oskarżeniami o tchórzostwo i złą wolę, ponieważ nie utworzyli drugiego frontu. Nic nie mogło go udobruchać – ani ogromna ilościowo pomoc ze strony aliantów, ani inwazja na Afrykę Północną. Notabene miał powód do gniewu. W 1942 Roosevelt mimochodem dał Mołotowowi do zrozumienia, że jeszcze w tym roku alianci utworzą w Europie drugi front. Nie skonsultował jednak tego z zachodnimi sojusznikami, a ponieważ Stany Zjednoczone nie były w stanie w owym czasie utworzyć nowego frontu samodzielnie, łatwiej było taką ogólnikową obietnicę złożyć niż jej dotrzymać. W każdym razie Roosevelt jej nie spełnił, podsycając tym podejrzenia i gniew Stalina i dostarczając mu środek nacisku w przyszłych negocjacjach. Im bardziej sowiecki przywódca narzekał na brak drugiego frontu, tym bardziej winni czuli się Roosevelt i Churchill z powodu ciężarów wojny ponoszonych przez Rosję i tym bardziej byli skłonni do ustępstw.

Po stalingradzkim zwycięstwie Stalin powiedział światu wyraźnie, że chce ponownie zagarnąć wschodnią połowę Polski, a może nawet i zachodnią. Szesnastego stycznia 1943 roku sowieckie władze poinformowały polski rząd w Londynie, że wszyscy Polacy przetrzymywani nadal w Związku Sowieckim będą odtąd uważani za obywateli tego kraju. Zwięzła oficjalna nota oznaczała, że setki tysięcy Polaków na sowieckim terytorium – wielu marniejących w gułagach – najprawdopodobniej pozostanie tam do śmierci. Ale na tym się nie skończyło. Dwa miesiące później Sowieci publicznie zażądali, żeby polski rząd, sojusznik z nazwy, zgodził się na linię Curzona jako nową granicę między Związkiem Sowieckim a Polską i usunął ze swojego składu wszystkich członków, uznanych przez Moskwę za antysowieckich.

Na to mocarstwowe zagranie Moskwy Stany Zjednoczone i Wielka Brytania zareagowały ogólnikowym odwołaniem się do zasad Karty Atlantyckiej. Jednakże na tajnym spotkaniu w marcu Roosevelt i Anthony Eden uzgodnili, że ustąpią Stalinowi w sprawie wschodniej Polski i państw bałtyckich. Pomimo wielokrotnych zapewnień swojego rządu, iż kwestie terytorialne zostaną rozstrzygnięte dopiero po wojnie, amerykański prezydent już wcześniej zasygnalizował, że nie ma zastrzeżeń do sowieckich planów. W maju 1942 roku powiedział zastępcy sekretarza stanu, Adolphowi Berle'owi, że nie będzie „specjalnie się sprzeciwiał przejęciu przez Rosjan sporego terytorium; mogą wziąć republiki nadbałtyckie i wschodnią Polskę".

Na spotkaniu z Edenem Roosevelt zgodził się z jego opinią, że Stalin tak naprawdę chce „bardzo mało" od Polski. Jakże Polacy mogli protestować przeciwko linii Curzona, skoro po wojnie mieli dostać rekompensatę w postaci ziem odebranym Niemcom? Jego zdaniem decyzja o polskich granicach należała do Stanów Zjednoczonych, Związku Sowieckiego i Wielkiej Brytanii. Nie miał zamiaru „jechać na konferencję pokojową i targować się z Polską ani z żadnym innym małym krajem". Ten kraj należało zorganizować „w sposób, który zapewni utrzymanie pokoju na świecie" – powiedział, tak jakby to Polska, a nie Niemcy, wywołała wojnę. Trzy wielkie mocarstwa mogą zagwarantować pokój – ciągnął – zmuszając wszystkie mniejsze narody do rozbrojenia i nie pozwalając im na posiadanie po wojnie broni groźniejszej od karabinów.

Roosevelt „zdawał się ignorować oczywistą trudność w rozbrojeniu państw neutralnych" – odnotował Eden, dodając: „Nie potraktowałem tej propozycji poważnie, przeszła prawie bez komentarza". Inna jego zjadliwa uwaga pod adresem prezydenta Stanów brzmiała: „Postrzegał siebie jako tego, kto decyduje o losie wielu krajów, nie tylko wrogich, lecz i sprzymierzonych. A robił to z takim wdziękiem, że trudno było się z nim nie zgodzić. Przy tym jednak przypominał kuglarza, zręcznie żonglującego kulami dynamitu, którego natury nie pojmuje". (Ten krytycyzm równie dobrze można by odnieść do samego Edena).

Trzy miesiące później sowiecki ambasador w Waszyngtonie, Maksym Litwinow, zapewnił Stalina w poufnym liście, że Roosevelt jest wyraźnie „podatny na nasze wpływy". „Stany Zjednoczone nie są wcale zainteresowane ekonomicznymi i politycznymi aspektami problemów regionu bałtyckiego ani kwestią naszej granicy z Polską" – dodał.

Ów brak zainteresowania pozostał tajemnicą, ściśle strzeżoną nawet przed większością członków administracji prezydenta. Znakomicie wyczuwający nastroje społeczne Roosevelt wiedział, że popierając roszczenia Rosji, stworzyłby sobie poważne problemy polityczne. Nadzwyczajne przywiązanie amerykańskich wyborców do demokratów, zaczęło słabnąć: w wyborach do Kongresu w 1942 roku republikanie zdobyli dodatkowo czterdzieści pięć miejsc w Izbie Reprezentantów i dziewięć w Senacie. Szczególnie niepokojący był fakt, że znaczna część Amerykanów polskiego pochodzenia i innych tradycyjnie głosujących na demokratów grup etnicznych tym razem w ogóle nie poszła do urn. Z uwagi na zbliżające się wybory prezydenckie w 1944 roku Roosevelt nie mógł sobie pozwolić na zrażenie sześciu milionów polskich wyborców, których głosy mogły zaważyć na wyniku.

W publicznych wystąpieniach prezydent i jego rząd aż do początku 1945 roku podkreślali, że tylko powojenna konferencja pokojowa może rozstrzygnąć kwestię polskich granic. FDR wolał siedzieć z założonymi rękami i stwarzać pozory bezstronności. Takie załganie jakoś mu nie przeszkadzało – jednemu z członków swojej ekipy zwierzył się, że jest „w pełni gotowy wprowadzać w błąd i mówić nieprawdę, jeśli pomoże to wygrać wojnę". Wywieranie koniecznych nacisków na Polaków, by zaakceptowali linię Curzona i inne żądania Sowietów, pozostawił – wraz z niemiłymi konsekwencjami – Churchillowi. Liczył, że Polacy, rozczarowani – w ich oczach zdradziecką – brytyjską polityką ustępstw, zachowają wiarę, że Stany Zjednoczone w końcu ich ocalą.

Najsilniej wierzono w to w okupowanej Polsce, jakże odległej od politycznych manipulacji w alianckich stolicach. Gdy Niemcy zatrzasnęli bramy żydowskiego getta w Warszawie, stary mężczyzna rzekł w zaufaniu młodemu przyjacielowi: „Och, nie przejmuj się! Niedługo nas stąd wypuszczą. Niech no tylko dowiedzą się o tym Amerykanie".

W Waszyngtonie Witold Urbanowicz z Dywizjonu Kościuszkowskiego patrzył na to z większym cynizmem. Po pięciu miesiącach terminowania w roli dyplomaty stosunkowo niskiej rangi miał wszystkiego dość – dość nieodpowiedzialności Waszyngtonu, dość nieprzestrzegania w praktyce głoszonych przez administrację Roosevelta zasad międzynarodowej równości i sprawiedliwości, dość krętactw. Uznał, że czas wrócić na wojnę.

Zdążył się ożenić – z młodą Polką, córką spedytora, która wybuch wojny przeżyła w Krakowie, lecz zdołała uciec wraz z matką do Ameryki. Urbanowicza poznała w Polsce, a w Stanach spotkała go w roku 1941 podczas jednego z odczytów, z którymi jeździł po kraju. Kilka miesięcy po ich ślubie, wiosną 1943 roku na koktajlu w Waszyngtonie, Urbanowicz spotkał Meriana Coopera. Założyciel Eskadry Kościuszkowskiej rzucił pracę producenta w Hollywood, by dołączyć do generała Claire'a Chennaulta, dowódcy Amerykańskich Sił Powietrznych w Chinach, jako jego szef sztabu. Generał, któremu Cooper przedstawił Urbanowicza, zapytał polskiego asa lotnictwa, czy byłby zainteresowany tymczasową służbą i powalczył u boku Amerykanów z Japończykami. Chennault nie musiał powtarzać pytania.

Otrzymawszy pozwolenie z dowództwa Polskich Sił Powietrznych w Londynie, Urbanowicz jesienią latał jako ochotnik w południowych Chinach, z wymalowaną przy otworze wlotowym powietrza warhawka P-40 charakterystyczną zębatą paszczą Latających Tygrysów. W polskim mundurze, jak później żartował, reprezentował „najmniejszą armię w drugiej wojnie światowej – jednego myśliwca". Na początku piloci amerykańskiego dywizjonu odnosili się do niego sceptycznie, lecz niebawem przekonali się, jaki z niego wyborny i odważny pilot, doskonale „widzący całe niebo". „Byliśmy w Chinach elitarną kadrą. Należeć do Siedemdziesiątego Piątego [Dywizjonu] to było coś – zanotował Myron Levy, adiutant dywizjonu. – Widzieliśmy, jak bohaterowie z Europy pękają. Ale nie Urbanowicz [...] byliśmy dumni, że jest jednym z nas".

Urbanowicz po prostu „wyróżniał się" w powietrzu – zaświadczył Donald Lopez, w owym czasie nowicjusz w Dywizjonie 75, a po latach zastępca dyrektora National Air and Space Museum (Narodowego Muzeum Lotnictwa i Kosmonautyki) w Waszyngtonie. „Miałem wtedy na koncie zaledwie kilka lotów bojowych i byłem zdumiony, że w porównaniu z tym, co widziała reszta z nas, potrafi opisać w raporcie aż tyle szczegółów z walki. Później [...] potrafiłem zrelacjonować o wiele więcej, ale nigdy nie doszedłem do jego mistrzostwa".

Jedenastego grudnia Urbanowicz zestrzelił dwa japońskie myśliwce zero, siedzące na ogonie dowódcy dywizjonu, majora Elmera Richardsona. Miesiąc później dowództwo Polskich Sił Powietrznych wezwało polskiego pilota do Wielkiej Brytanii. Tuż przed jego odjazdem Chennault odznaczył go amerykańskim Medalem Lotniczym za „odwagę i zasługi bojowe w walce z wrogiem".

Czas spędzony z amerykańskimi lotnikami okazał się dla Urbanowicza darem losu. Tam w górze wszystko wydawało się czystsze niż w rządowych gabinetach, gdzie powietrze było przesycone dymem, a rozmowy podszyte zdradą.

ROZDZIAŁ CZTERNASTY

„NIGDY O NICH NIE MÓWCIE"

Dokonując objazdu Stanów Zjednoczonych w 1941 roku w celu zdobycia poparcia dla Polski, Zdzisław Krasnodębski i Witold Urbanowicz opisywali słuchaczom ogrom cierpień zadanych ich ojczyźnie przez Niemcy i Sowiety. Jako rdzenni mieszkańcy wschodniej Polski z przejęciem opowiadali o sowieckiej okupacji, egzekucjach i deportacjach do Rosji krewnych i przyjaciół. Przystojny, poważny Krasnodębski, z bliznami po oparzeniach na dłoniach i twarzy, szczególnie przejmująco przedstawiał ogrom tragedii, która spotkała Polskę po podwójnej inwazji w 1939 roku. Zaznaczając, że Polacy nie winią za zbrodnie popełnione na ich ojczyźnie narodów niemieckiego i rosyjskiego, podkreślał, że całą odpowiedzialność ponoszą reżimy Adolfa Hitlera i Józefa Stalina.

Słuchająca polskich pilotów publiczność wierzyła bez zastrzeżeń w opisy nazistowskich okrucieństw w Polsce, barbarzyństwo Hitlera było powszechnie znane w Stanach Zjednoczonych. Ale część Amerykanów wolała nie przyjmować do wiadomości podobnych oskarżeń pod adresem nowego przyjaciela i sojusznika ich kraju, Związku Sowieckiego. Z początku postawę taką zajęli stosunkowo nieliczni ludzie lewicy, których nie pozbawiły złudzeń ani czystki Stalina, ani zawarty z Hitlerem w roku 1939 pakt o nieagresji. Jednakże w ciągu minionych dwóch lat liczba Amerykanów myślących w miarę dobrze o Stalinie i jego rządach znacznie wzrosła, do czego w niemałym stopniu przyczyniła się intensywna kampania propagandowa, prowadzona i popierana przez Amerykańskie Biuro Informacji Wojennej (OWI).

OWI, w którym na etatach i kontraktach pracowało wielu wybitnych intelektualistów, uczonych, artystów, pisarzy, fotografów, dziennikarzy i reżyserów*, utworzono w roku 1942 przez połączenie czterech agencji federalnych w jedną. Zadaniem biura było wsparcie wysiłku wojennego informacjami i propagandą, przeznaczonymi dla kraju i zagranicy. Mimo sygnałów z amerykańskiego deszyfracyjnego projektu VENONA, iż w czasie drugiej wojny światowej biurokrację waszyngtońską spenetrowała pewna liczba sowieckich agentów, wydaje się, że informacje OWI, w znacznym stopniu prawdziwe, były przekazywane w dobrej wierze. W kontekście tamtych czasów nawet próby upiększenia Stalina i jego rządu – moralnie i historycznie absurdalne – miały pewne uzasadnienie.

Główną intencją rządu było zyskać zrozumienie i poparcie dla roli Sowietów w wojnie i dla wysokich kosztów pomocy udzielanej im przez Stany Zjednoczone. Stąd też propaganda OWI przedstawiała Stalina już nie jako nieokiełznanego tyrana, lecz w miarę łagodnego przywódcę, który nie wiedzieć czemu stawał się coraz bardziej ludzki i demokratyczny. Wprawdzie sceptycy pozostali, ale nawet oni tonowali chwilowo swoje niedowierzanie. W końcu Sowieci, jak ujął to prorepublikański „New York Herald Tribune", „zabijali tych, którzy [gdyby nie oni] zabijaliby Amerykanów".

Początkowo do prób propagowania idei, że Stalin i jego rząd złagodnieli, porzucając plany terytorialnej i ideologicznej agresji, przyłączył się sam sowiecki przywódca. Z jego słów wynikało, że Armia Czerwona broni Matiuszki Rosji, o niczym innym nie myśli i nie ma żadnych dodatkowych celów. „Towarzysze, walczymy za naszą ojczyznę! Za wolność i sprawiedliwość! Nie chcemy zagarniać obcych terytoriów ani podbijać obcych ludów" – oznajmił w wystąpieniu radiowym do narodu. Dla większości słuchaczy to gorące wyznanie patriotyzmu, nieskażone ciasnym myśleniem o niezasłużonych zdobyczach, zapewne brzmiało prawdziwie. Ale patriotyczne uczucia Stalina rozkwitały dopóty, dopóki jego armia była w defensywie. Wkrótce po stalingradzkim zwycięstwie stało się jasne, że dyktator wcale nie rozstał się z myślą o ekspansji terytorialnej – w szczególności ekspansji na tereny Polski.

Nie mógł utrafić w lepszy moment, bo w Stanach Zjednoczonych prostalinowska rządowa kampania propagandowa wydała wreszcie obfite plony.

* Do grona pracowników i współpracowników OWI należeli: były komentator CBS Elmer Davis, dramatopisarz Robert Sherwood, poeta Archibald MacLeish, ekonomistka Barbara Tuchman, historycy Arthur Schlesinger Jr i Henry Steele Commager, antropolog Margaret Mead, fotograf Gordon Parks, filozof Herbert Marcuse, nagrodzony Oscarem scenarzysta Philip Dunne, reżyserzy filmowi William Wyler i Frank Capra, malarz Ben Shahn, przyszły pedagog Milton Eisenhower, przyszły korespondent CBS Richard C. Hottelet i przyszły senator USA Alan Cranston.

Znaczna część prasy zaczęła przedstawiać Stalina jako mądrego, współczującego „Wujka Joe". Magazyny „Time" i „Life", bliźniacze okręty flagowe imperium założonego przez zagorzałego antykomunistę, republikanina Henry'ego Luce'a, nie mogły powstrzymać entuzjazmu. Podczas gdy w 1940 Stalin, Człowiek Roku, patrzył złowrogo i groźnie z okładki magazynu „Time", a w jednym z artykułów napisano, że „dorównuje Adolfowi Hitlerowi, najbardziej znienawidzonemu człowiekowi na świecie", to zaledwie trzy lata później uległ magicznej przemianie. Znów obwołany Człowiekiem Roku, tym razem objawił się na okładce w roli sojusznika – łagodnej, niemal świątobliwej postaci na śnieżnym tle srogiej rosyjskiej zimy. W środku wychwalano go za zmysł wojskowy i „wspaniałą wolę oporu", tak jakby własną piersią bohatersko obronił Matiuszkę Rosję. „Tylko Józef Stalin w pełni zdawał sobie sprawę, jak bliska pokonania była Rosja w 1942 roku – napisał «Time». – I tylko Józef Stalin w pełni zdawał sobie sprawę, jak wyprowadzić Rosję z opałów".

Dwa miesiące później „Life" poświęcił cały numer Związkowi Sowieckiemu, opisując go jako kraj bardzo podobny do Stanów Zjednoczonych. Rosjanie – obwieścił – to „niesamowity naród", „wyglądają jak Amerykanie, ubierają się jak Amerykanie i myślą jak Amerykanie". Wytłumaczenie okrucieństw rządów Stalina poszło gładko jak po maśle: „Niezależnie od kosztów kolektywizacji, liczonych życiem ludzkim i indywidualną wolnością, faktem historycznym pozostaje jej skuteczność". A co z NKWD, tajną policją sowiecką, odpowiedzialną za aresztowania, tortury i wymordowanie milionów Rosjan? Zdaniem „Life'u" sowiecki Ludowy Komisariat Spraw Wewnętrznych był po prostu „policją narodową podobną do FBI", której główne zadanie polegało na „tropieniu zdrajców".

Inne magazyny i gazety o masowym nakładzie, w tym „Saturday Evening Post", „Collier's" i „Reader's Digest", zamieściły podobne artykuły. Nawet dobremu staremu „New York Timesowi" zdarzało się rozpisywać o politycznym i gospodarczym upodabnianiu się Związku Sowieckiego do Stanów. „Nie zniekształcimy obrazu sytuacji, jeśli powiemy, że w Rosji Sowieckiej myślenie marksistowskie jest nieaktualne – napisano w jednym z artykułów wstępnych «Timesa». – Powrócił system kapitalistyczny, do którego lepiej przystaje nazwa «system konkurencji»".

Jednakże nie wszyscy dziennikarze przyłączyli się do chóru tych, którzy – by posłużyć się słowami katolickiego magazynu „Commonweal" – pragnęli przedstawić rząd sowiecki jako „swoiste połączenie rządów Waszyngtona, Jeffersona i Lincolna, funkcjonujące w warunkach nakreślonych przez podobną konstytucję". Wśród krytyków znalazła się nieliczna grupa korespondentów, którzy pracowali w Związku Sowieckim. Jednym z nich był William Henry Chamberlin, bardzo szanowany korespondent „Christian Science Monitor", który spędził w Moskwie trzynaście lat i napisał kilka książek o Rosji.

Jego zdaniem czym innym było uznanie konieczności sojuszu ze Stalinem, sławienie bohaterstwa ludu rosyjskiego i docenianie wojennych poświęceń Rosji, zdejmujących część ciężaru z barków Stanów Zjednoczonych, a czymś całkiem innym ignorowanie oczywistych faktów z sowieckiej historii i „wybielanie" człowieka, „którego rejestr zbrodni na własnych rodakach jest dłuższy niż Hitlera", oraz rządu, który „zagłodził na śmierć opornych chłopów i zdziesiątkował przedrewolucyjną inteligencję". W Stanach Zjednoczonych – napisał Chamberlin – zdaje się szerzyć „dziwna mistyczna wiara, że jeżeli tylko dostatecznie zaufamy Stalinowi, nie bacząc na jego postępki, to będziemy żyli długo i szczęśliwie. Im bardziej Stalin podkopuje nasze zaufanie, tym bardziej publicyści i mężowie stanu upierają się, by to zaufanie ślepo, głucho i niemo podtrzymywać".

Mocno naciskany przez państwową biurokrację, Hollywood też dołożył swoje do promocji amerykańsko-sowieckiego braterstwa. Biuro Informacji Wojennej, w pełni świadome potencjału kina w mobilizowaniu opinii publicznej, uznało wykorzystanie srebrnego ekranu do sprzedania nowego wizerunku Sowietów za sprawę priorytetową. Do roku 1943 agencja zyskała potężne wpływy w Hollywood, wydając studiom filmowym wytyczne, w jaki sposób mają wspomagać wysiłek wojenny, weryfikując i poprawiając scenariusze oraz wysyłając swoich przedstawicieli na posiedzenia scenariuszowe. Niekiedy jej urzędnicy nakłaniali wytwórnie do rezygnacji z filmów uznanych za sprzeczne z kursem politycznym lub szkodliwe dla sprawy.

W latach 1943 i 1944 większość hollywoodzkich studiów produkowała, w takiej czy innej formie, filmowe peany na cześć Rosjan i ich zaciętej obrony. MGM nakręciło wychwalającą zalety kolektywizmu *Pieśń o Rosji* z udziałem Roberta Taylora (w erze McCarthy'ego zaręczał, że wystąpił w tym filmie wbrew sobie). Wkładem Samuela Goldwyna była *Gwiazda Polarna* według oryginalnego (choć mocno przerobionego) scenariusza Lillian Hellman. Gregory Peck zadebiutował na ekranie w roku 1944 jako dzielny sowiecki partyzant w *Dniach chwały*. Ale najlepiej znaną i najbardziej kontrowersyjną z filmowych agitek – jej produkcję praktycznie zleciło OWI, a popierał sam Roosevelt – była *Misja w Moskwie* wytwórni Warner Bros., nastawiona bardziej na uhonorowanie Stalina i jego reżimu niż na pochwałę determinacji narodu rosyjskiego.

Misję oparto na bestsellerze Josepha E. Daviesa, przyjaciela Roosevelta i sponsora jego kampanii wyborczej, który pod koniec lat trzydziestych ambasadorował w Związku Sowieckim. W opinii większości Davies, niemający przed wyjazdem do Rosji prawie żadnego doświadczenia w sprawach zagranicznych, zupełnie się nie sprawdził w roli ambasadora. Zanim zajął się dyplomacją, był milionerem, prawnikiem korporacji i lobbystą interesów obcych rządów w Waszyngtonie. Jego majątek znacznie wzrósł, kiedy poślubił Marjorie Merriweather Post, spadkobierczynię potentata w produkcji płatków zbożowych. W 1936 roku Daviesowie przekazali znaczną sumę pieniędzy na drugą kampanię prezydencką Roosevelta, a w roku następnym pojechali do Moskwy.

George Kennan i inni młodzi sowietolodzy w ambasadzie amerykańskiej, zdumieni nominacją Daviesa, zebrali się wkrótce po jego przybyciu, by rozważyć grupowe podanie się do dymisji. Profesjonaliści w Moskwie uważali nowego ambasadora za dyletanta, który przy zupełnej nieznajomości Związku Sowieckiego był chciwy rozgłosu i arogancko wierzył – głosząc to publicznie – że naprawi, choć innym się to nie udało, stosunki amerykańsko-sowieckie. „Najbardziej upokarzało nas – napisał później Kennan – że prezydent sprawia wrażenie, jakby miał za nic nasze zasługi w budowaniu dobrej opinii ambasady w Moskwie, i że stanowisko ambasadora, ze wszystkim, co sobą reprezentuje [...] traktuje jak polityczną synekurę, którą może podarować w nagrodę za wsparcie kampanii wyborczej". „Gdyby prezydent chciał nas skarcić – dodał Kennan – i wyśmiać nasze starania o rozszerzenie stosunków sowiecko-amerykańskich, nie mógłby dokonać tego skuteczniej niż poprzez tę nominację".

Ostatecznie Kennan i reszta postanowili pozostać na placówce, ale ich obawy związane z Daviesem okazały się uzasadnione. W ponurym, zastraszonym kraju, gdzie codziennie tysiące ludzi ginęły z rąk enkawudzistów lub z głodu, Joseph i Marjorie Daviesowie zapraszali gości na wykwintne przyjęcia, wydawali miliony dolarów na jajka Fabergégo i inne carskie skarby oraz żeglowali po Bałtyku wspaniałym jachtem Marjorie, „Sea Cloud". W którymś momencie sekretarz stanu Cordell Hull uznał nawet za konieczne wypomnieć Daviesowi, że spędza za dużo czasu poza Moskwą.

Natomiast Kennan i jego koledzy wręcz marzyli, żeby ambasador wyjeżdżał jak najczęściej i możliwie na długo. Nie mógł wtedy wychwalać Stalina i jego rządu, co robił często, będąc na miejscu. Kiedyś na przykład po pokazowych procesach przywódców partii komunistycznej, na których był obecny, oznajmił amerykańskim dziennikarzom, że oskarżeni z całą pewnością chcieli obalić

Stalina. Davies „przejmował się nie tyle procesami, egzekucjami i terrorem, ile tym, że czystka [...] może zepsuć wizerunek Stalina jako łagodnego idealisty, jakim starał się go odmalować prezydentowi, Departamentowi Stanu i innym czytelnikom swoich raportów" – napisał Loy Henderson, zastępca szefa ambasady. Na dodatek ambasador ignorował fakt, że Sowieci coraz mocniej nękali amerykańskich dyplomatów i reporterów, a kiedy jego podwładni w raportach dla Departamentu Stanu krytykowali stalinowski reżim, często dołączał własne oceny, zbijające ich wnioski. W roku 1938 Davies został przeniesiony na stanowisko ambasadora w Belgii, a w 1940 mianowany specjalnym asystentem Cordella Hulla. Po napaści Niemiec na Związek Sowiecki Roosevelt zachęcił przyjaciela, niewchodzącego wprawdzie w skład struktur rządowych, ale służącego mu jako nieoficjalny emisariusz, do napisania książki o doświadczeniach moskiewskich, która miałaby przezwyciężyć rezerwę Amerykanów wobec rządów Stalina.

Napisana szybko przez literackiego najemnika, opublikowana dwudziestego dziewiątego grudnia 1941 roku, trzy tygodnie po japońskim ataku na Pearl Harbor, *Misja w Moskwie* spełniła oczekiwania Roosevelta. W panegiryku, który rozszedł się w nakładzie ponad siedmiuset tysięcy egzemplarzy, autor chwalił Stalina za „dobroć i łagodną prostotę", zapewniając, iż jest to człowiek tak ciepły i miły, że „łasiłby się do niego pies, a dziecko chciałoby mu siąść na kolanach". Zdaniem Daviesa głównym celem kierownictwa sowieckiego było „działanie na rzecz braterstwa ludzkości i poprawa losu zwykłego człowieka. Pragną stworzyć społeczeństwo, w którym ludzie mogliby żyć jak równi sobie, zgodnie z ideałami etycznymi". Wprawdzie wyraził pewne zastrzeżenia co do stalinowskich czystek, ale znalazł wytłumaczenie dla procesów pokazowych i ogólnie usprawiedliwił stracenie wysokich działaczy partyjnych i wojskowych oraz niezliczonych rzesz Rosjan jako niezbędne „wymiecenie i oczyszczenie" kraju z „żałosnych" i zdradliwych „antystalinistów".

Kilka miesięcy później w wytwórni Warner Bros. rozpoczęto pracę nad filmową wersją *Misji w Moskwie* w reżyserii Michaela Curtiza, z Walterem Hustonem w roli Daviesa. Film wszedł na ekrany w 1943 roku. Jack i Harry Warnerowie twierdzili później, że nakręcili go na osobistą prośbę Roosevelta, wyrażoną podczas kolacji w Białym Domu; według Daviesa prezydent jedynie poparł to przedsięwzięcie. Tak czy siak, niezależnie od stopnia zaangażowania, Roosevelt i OWI walnie przyczynili się do powstania filmu, który zasłynął z tego, że „z pomocą wizualnych aluzji, odwołując się wprost do jawnych fałszów, napisał historię całkiem od nowa".

Z udającej paradokument filmowej *Misji w Moskwie* znikły nawet te drobne zastrzeżenia, jakie Davies zawarł w książce. Wyrzucając Francji i Anglii przedwojenną politykę ustępstw wobec Hitlera, pakt Ribbentrop-Mołotow przedstawiono jako konieczną taktykę zyskiwania na czasie, dzięki której Rosja mogła przygotować się cichcem do wojny. Na początku filmu pojawiała się na chwilę mapa Polski. Jej połowę pochłaniała hitlerowska pożoga, za to w drugiej – napadniętej i zajętej przez Armię Czerwoną – panował błogi spokój. No, a czym były procesy pokazowe? Usuwaniem zakonspirowanych nazistowskich sabotażystów i zdrajców Stalina.

OWI było zachwycone. „Przedstawienie procesów moskiewskich to punkt najważniejszy [...] powinno w znacznym stopniu rozwiać nurtujące wielu uczciwych ludzi obawy co do naszego sojuszu z Rosją – napisano w wewnętrznym okólniku biura. – MISJA W MOSKWIE wali prosto z mostu; odpowiada na kłamstwa propagandowe państw Osi i ich sympatyków najsilniejszą propagandową bronią: prawdą".

Amerykańscy uczeni i krytycy filmowi, w tym kilku lewicowych, widzieli to inaczej. Większość była zbulwersowana. „Haniebne bzdury" – zżymał się James Agee w „The Nation". Manny Farber, krytyk filmowy „The New Republic", nazwał *Misję w Moskwie* filmowym knotem wszech czasów. „Ten obmierzły film obraża inteligencję demokraty" – napisał. Dwight Macdonald, były marksista, tak bardzo się oburzył, że zmobilizował innych znanych lewicowych pisarzy i intelektualistów, wśród nich Alfreda Kazina, Edmunda Wilsona, Maxa Eastmana i Sidneya Hooka, do podpisania listu niepozostawiającego na filmie suchej nitki i zarzucającego mu, między innymi, „gloryfikację dyktatury".

Ale najmocniej potępił „dzieło" John Dewey, najwybitniejszy żyjący filozof Ameryki, który w roku 1937 przewodniczył niezależnej komisji, badającej sowieckie czystki. Śledztwo wykazało, że procesy pokazowe były brutalnymi „prowokacjami" wobec ludzi, których Stalin uznał za osobistych i politycznych wrogów. W maju 1943, w liście do „New York Timesa", Dewey ostro skrytykował *Misję w Moskwie* jako „pierwszy w naszym kraju przypadek totalitarnej propagandy przeznaczonej do masowej konsumpcji, propagandy, która fałszuje historię, zniekształcając, pomijając lub po prostu zmyślając fakty"*.

* W 1947 roku, gdy zimna wojna i maccartyzm przybrały na sile, wytwórnia Warner Bros., zaniepokojona zleconymi przez Kongres śledztwami w Hollywood, zniszczyła wszystkie przeznaczone do rozpowszechniania kopie *Misji w Moskwie.* W późnych latach czterdziestych i wczesnych pięćdziesiątych Warner Bros. i niektóre inne studia filmowe, najwyraźniej w akcie pokuty za prosowiecki entuzjazm z czasów wojny, zajęły się produkcją równie bezmyślnych obrazów o wymowie antykomunistycznej, takich jak *Byłem komunistą w FBI* i *Duży Jim McLain* (z Johnem Wayne'em).

Roosevelt niezbyt się tym przejął. Joseph Davies pozostał jednym z jego głównych doradców do spraw sowieckich i łącznikiem pomiędzy Białym Domem a ambasadą Związku Sowieckiego w Waszyngtonie. Dzięki temu sowiecki ambasador Maksym Litwinow miał dostęp do prezydenta bez pośrednictwa Departamentu Stanu.

Wiosną 1943 roku Davies został wysłany do Moskwy ze specjalną misją – zadaniem zorganizowania spotkania w cztery oczy Roosevelta ze Stalinem. Przybył tam na pokładzie samolotu, na którego dziobie widniał dwujęzyczny, rosyjski i angielski, napis: „Misja w Moskwie". W rozmowie ze Stalinem Davies zapewnił, że Roosevelt nie jest przeciwny roszczeniom Kremla wobec polskich ziem, ale nie może powiedzieć tego publicznie z przyczyn politycznych. „Zależy mu" bowiem na tym, „by nie powstało najmniejsze podejrzenie, że któryś z trzech aliantów nie przestrzega zasad Karty Atlantyckiej".

Upiększając sowiecki wizerunek w oczach Amerykanów, Roosevelt i jego rząd starali się w miarę możności ukryć brutalność Sowietów wobec mieszkańców wschodniej Polski – deportacje, zaginięcie polskich oficerów, obwieszczenie Kremla, że Polacy na wschodzie stają się obywatelami sowieckimi.

Grając na wierze Polaków, że Ameryka i sam jej prezydent we właściwym czasie wstawią się za Polską, Biały Dom i Departament Stanu liczyły, że zagwarantują sobie milczenie polskiego rządu w Londynie w tej i innych sprawach. Mniej więcej w tym samym czasie, kiedy Davies rozmawiał w Moskwie ze Stalinem, Roosevelt oznajmił z wielkim żalem polskiemu ambasadorowi, Janowi Ciechanowskiemu, że właściwy moment na wstawiennictwo, jak przekonali go doradcy, jeszcze nie nadszedł. Na razie zatem polskiemu rządowi nie wolno rozgłaszać wiadomości o zakusach Stalina na polskie terytorium ani o jego polityce zatrzymania Polaków w Związku Sowieckim. „Wiedziałem, że to błąd – napisał później Ciechanowski. – Żeby interwencja przyniosła efekty [...] musiałaby być natychmiastowa, zdecydowana i jawna. A nas poproszono o dochowanie tajemnicy. Pozbawiono nas możliwości zdobycia poparcia opinii publicznej. Zakneblowano nam usta".

W Wielkiej Brytanii premier Churchill stosował własne naciski. Kiedy polska prasa emigracyjna – ponad dwadzieścia gazet i magazynów – stała się zbyt śmiała, wywarto presję na polski rząd, aby przed publikacją weryfikował wszystkie artykuły wstępne. Równocześnie rząd brytyjski zażądał, żeby polska prasa nie omawiała polsko-sowieckich kwestii spornych, a zwłaszcza sowieckich roszczeń wobec wschodniej Polski.

Formalnie cenzura brytyjska w czasie wojny miała dotyczyć wyłącznie informacji związanych z bezpieczeństwem, w razie ujawnienia materiałów przydatnych dla wroga – o ruchach wojsk, planach bitew i tym podobnych. Rząd nie miał mandatu na cenzurowanie opinii. Jednakże z biegiem czasu Churchill zaczął się domagać, by brytyjska i polska prasa wyciszała kontrowersyjne tematy. Niekiedy nawet próbował nakładać sankcje na wydawców za publikacje materiałów i opinii, których nie pochwalał. Lord Francis-Williams, urzędnik Ministerstwa Informacji odpowiedzialny za cenzurę prasową, ubolewał nad uległością ogółu brytyjskiej prasy wobec „coraz bardziej autokratycznego" premiera i tuszowaniem drażliwych kwestii w rodzaju sowieckich prześladowań Polaków. „Jestem pewien [...], że gazety wyrządziły więcej szkód nie przez ignorowanie, lecz przeciwnie, przez częste stosowanie się do politycznych dyrektyw rządu, wykraczających poza surowe, wąskie ograniczenia cenzury podyktowane względami bezpieczeństwa" – napisał po wojnie.

Kiedy uciszono polską prasę i rząd na uchodźstwie, Kreml – przy współpracy znacznej części prasy brytyjskiej – mógł rozpowszechniać niemal bez sprzeciwu swoje poglądy na temat Polski i jej przyszłości. Głównym organem prasowym Moskwy w Wielkiej Brytanii był tygodnik „Soviet War News", wydawany przez ambasadę sowiecką w Londynie i rozsyłany do redakcji angielskich gazet, członków rządu i innych znanych osobistości. Z czasem zaczęto go sprzedawać szerszej publiczności, a u szczytu popularności jego nakład osiągnął aż pięćdziesiąt tysięcy egzemplarzy.

Dążąc do zdyskredytowania potencjalnych rywali do objęcia po wojnie władzy w Warszawie, „Soviet War News" często atakowały rząd na uchodźstwie. Najbardziej dostawało się liberalnym londyńskim Polakom, którzy, w przeciwieństwie do Moskwy, nie zawarli paktu z nazistami i walczyli z nimi od września 1939 roku. Oskarżano ich między innymi o to, że nie reprezentują narodu polskiego, są konserwatywnymi reakcjonistami i „wspólnikami ludożercy Hitlera". Ataki te były tak jadowite, że Churchill czuł się czasem w obowiązku protestować u sowieckiego ambasadora. Ale jego skargi i zażalenia odnosiły niewielki skutek.

W roku 1943 zaczęły pomstować na Polaków także brytyjskie gazety, takie jak „Manchester Guardian", „New Statesman", „News Chronicle" i „Daily Express". Powtarzając za Sowietami ich co łagodniejsze oskarżenia, twierdziły, że źródłem polsko-sowieckiego sporu jest polska nienawiść do Rosji, a Polacy, nie chcąc oddać części swoich ziem, wykazują samobójczy brak zdrowego rozsądku.

W tym czasie polsko-brytyjski romans najwyraźniej dobiegł końca. Rosła liczba Brytyjczyków, którzy z powodu sprzeciwu Polaków wobec sowieckich żądań zaczęli ich uważać nie za cennych sojuszników, ale za uprzykrzonych pieniaczy. Polscy lotnicy przestali być ulubieńcami prasy i publiczności. Lady Jersey na przykład zrezygnowała z „matkowania" Dywizjonowi 315 i zaczęła organizować przyjęcia dla napływających licznie do Wielkiej Brytanii oficerów Amerykańskiej Armii i Sił Powietrznych. Przygnębiony polski ambasador w Wielkiej Brytanii, Edward Raczyński, zapisał w dzienniku: „Rząd Polski i naród polski nie mają w tej chwili do dania niczego więcej ponad to, co już dają – «sprawę» godną wysiłku ze strony wolnych narodów świata, zdecydowaną «postawę» narodu ciemiężonego przez okupantów, męstwo żołnierzy, zwłaszcza marynarzy i lotników. Te walory nie starczą jednak za brakujące siły materialne w walce toczącej się na śmierć i życie, tym bardziej że nie mamy alternatywy politycznej i wynikającej stąd możności «sprzedania się drożej»".

Gdy popularność Polaków w Wielkiej Brytanii gwałtownie spadała, w równie zawrotnym tempie rósł powszechny szacunek dla Rosjan, umacniany, podobnie jak w Stanach, przez energiczną propagandową kampanię rządową. Na odczytach, w filmach, książkach, artykułach w gazetach i magazynach przedstawiano sowiecki rząd jako popularny, silny i coraz bardziej liberalny. Często powoływano się na Sowietów jako wzór do naśladowania dla Brytyjczyków. Na przykład plakat Ministerstwa Pracy wzywał robotnice z brytyjskich fabryk do brania przykładu z sowieckich koleżanek. Natomiast angielskich rolników zachęcano – jak odnotowała z rozbawieniem w „New Yorkerze". Mollie Panter-Downes – do „przyjrzenia się, pod kątem zastosowania we wsiach hrabstwa Sussex, sukcesowi rosyjskiej polityki wypalonej ziemi, która tak dobrze się sprawdziła na polach uprawnych Ukrainy". Sowieckiego ambasadora w Londynie, Iwana Majskiego, niegdyś pariasa, zasypywano zaproszeniami na przyjęcia, prośbami o wygłoszenie wykładu i udzielenie wywiadu prasie oraz wzywano na spotkania z Churchillem i innymi członkami rządu. Doszło do tego, że ten były rewolucjonista został honorowym członkiem ekskluzywnego klubu Ateneum.

Z biegiem wojny w Wielkiej Brytanii coraz mniej tolerowano tych, którzy nie podzielali powszechnej różowej opinii o Stalinie i jego rządzie. A.P. Herbert, niezależny członek parlamentu i autor obrazoburczych artykułów dla „Puncha", odczuł to na własnej skórze, gdy napisał wiersz zatytułowany *Więcej sensu*, w którym podszczypywał brytyjskich admiratorów Stalina, wzywających do utworzenia drugiego frontu.

Przyjaciele Joego, nonsensu nie znoszę.
Chwalmy go, kochajmy, ale z sensem, proszę!
Gdy w czterdziestym roku byliśmy w opałach,
Drugi front, chłopaki, byłby wprost jak znalazł.
Ale gdy kontynent wpadł w łapy Hitlera,
Rosja nawet palcem w bucie nie kiwnęła...

Rymowanka Herberta wywołała burzę protestów na brytyjskiej lewicy. Jego kolega oznajmił w Izbie Gmin, iż wiersz jest „obraźliwy dla Związku Sowieckiego i obliczony na zaszkodzenie naszej przyjaźni z tym krajem". Dodał, że ponieważ krąży on w odpisach po jednostkach armii brytyjskiej, żąda, aby bezzwłocznie położono kres takiej „działalności politycznej" i „w celu przeciwdziałania skutkom propagandy" wygłoszono żołnierzom pogadanki sławiące Związek Sowiecki.

Gdy w roku 1943 George Orwell przedłożył brytyjskim wydawcom *Folwark zwierzęcy*, ciętą satyrę na sowiecki totalitaryzm, wszyscy ją odrzucili. Jeden z nich, który początkowo przyjął maszynopis, rozmyślił się po otrzymaniu ostrzeżenia z Ministerstwa Informacji, że książka zepsuje stosunki Wielkiej Brytanii z Rosją. „Gdyby ta bajka była wymierzona ogólnie w dyktatorów i reżimy, opublikowalibyśmy ją bez zastrzeżeń – napisał do agenta Orwella. – Niestety, teraz to widzę, tak dokładnie odtwarza ona historię Sowietów i ich dwóch dyktatorów [Lenina i Stalina], że może się odnosić wyłącznie do Rosji [...] I jeszcze jedno: bajka byłaby mniej obraźliwa, gdyby dominującą kastą zwierząt nie były świnie. Spodziewam się, że wybór świń na kastę rządzącą z pewnością obrazi wielu ludzi, zwłaszcza tych bardziej drażliwych, a takimi są bez wątpienia Rosjanie".

Orwell był wściekły. Najwybitniejszy pisarz polityczny Anglii już wcześniej wypowiadał się krytycznie o praktykowanym przez lewicowych brytyjskich intelektualistów i prasę wybielaniu sowieckich metod. Nazwany przez V.S. Pritchetta „sumieniem pokolenia", był wojującym socjalistą, a jednocześnie bezkompromisowym bojownikiem o demokrację i swobody jednostki. Nie cierpiał politycznej hipokryzji i załgania, protestując przeciwko „ogólnonarodowemu spiskowi przypochlebiania się naszemu sojusznikowi", „mgle kłamstw i dezinformacji".

„Jakakolwiek poważna krytyka sowieckiego reżimu, ujawnienie faktów, które rząd sowiecki wolałby utrzymać w tajemnicy, jest niemal niecenzuralne – napisał później. – Ludzie ci [w prasie i w rządzie] nie rozumieją, że jeśli popierasz totalitarne metody, to może nadejść czas, gdy zostaną one użyte przeciwko tobie [...] Jeżeli wolność cokolwiek znaczy, to jest to prawo mówienia ludziom tego, czego nie chcą usłyszeć".

Pomimo ostrzeżeń Orwella Brytyjczycy i Amerykanie nadal bezkrytycznie podziwiali wszystko co sowieckie. Wiosną 1943 roku radość z rosyjskiego zwycięstwa pod Stalingradem była świeża, dopiero co skierowano do rozpowszechniania *Misję w Moskwie*, „Life" opublikował numer wychwalający Związek Sowiecki, w Wielkiej Brytanii obchodzono Dzień Armii Czerwonej, święcąc go w całym kraju przemówieniami, paradami i przyjęciami. A na dokładkę rządy amerykański i brytyjski cały czas promowały ideę szczęśliwego i bezproblemowego sojuszu z Sowietami. Milczały o coraz większych żądaniach Stalina i o nasilającym się kryzysie polsko-sowieckim.

Milczały jak grób – aż do Katynia.

Trzynastego kwietnia 1943 niemieckie radio nadało zdumiewający komunikat: w masowych grobach w lesie katyńskim, w okupowanej przez Niemców zachodniej Rosji, oddziały Wehrmachtu znalazły ciasno ułożone ciała przeszło czterech tysięcy polskich oficerów. Według hitlerowców sprawcami mordu byli Rosjanie.

Wiadomość o masakrze spadła na rozsianych po świecie Polaków jak grom z jasnego nieba. Od dwudziestu miesięcy, to jest odkąd generał Anders zaczął tworzyć w Rosji armię, rząd polski poszukiwał tych oficerów i jedenastu tysięcy innych – wszyscy oni zaginęli wiosną 1940 roku. Od tamtej pory w notach i w listach, podczas oficjalnych i nieoficjalnych wizyt polscy przywódcy, z Sikorskim i Andersem na czele, wielokrotnie dopominali się u Sowietów o informacje o zaginionych, ci zaś nieodmiennie twierdzili, że nie mają pojęcia, co się z nimi stało. W roku 1941 Stalin wysunął przypuszczenie, że Polacy uciekli do Mandżurii. Kiedy znaleziono ich ciała na terytorium Związku Sowieckiego, Kreml wyparł się wszelkiej wiedzy na ten temat. Sowieccy aparatczycy snuli domysły, że polscy oficerowie wpadli w ręce Niemców i zostali zabici po ich najeździe na Rosję.

Podczas gdy Niemcy i Rosjanie wzajemnie przerzucali się oskarżeniami, Polacy stanęli przed nieznośnym dylematem. Z początku, dobrze wiedząc, że naziści są w pełni zdolni do takiej zbrodni, nie dawali wiary niemieckim twierdzeniom. Podejrzewali – nie bez podstaw – że Niemcy chcą wykorzystać sytuację do zasiania niezgody między aliantami. Jednakże obfitość szczegółów dostarczonych przez Wehrmacht, uzupełniona informacjami, które zebrało podziemie, jednoznacznie wskazała na winę Rosjan. Jakie było wyjście? Gdyby polski rząd oskarżył ich wprost, narobiłby zamieszania w obozie aliantów, Niemcy zaś osiągnęliby upragnione zwycięstwo propagandowe. Jednakże okrutny mord na tysiącach ludzi należących do polskiej elity cywilno-wojskowej wołał o sprawiedliwość. Wiadomości przesyłane przez warszawskie podziemie do Londynu nie pozostawiały wątpliwości, że wstrząśnięty, zdjęty grozą, zrozpaczony kraj tego się właśnie domaga.

Piętnastego kwietnia generał Sikorski wystosował oficjalną prośbę do Międzynarodowego Czerwonego Krzyża o przeprowadzenie niezależnego śledztwa. „My, Polacy [...] staramy się powstrzymać z wydaniem przedwczesnego wyroku – powiedział przedstawiciel polskiego rządu. – Czekamy na jednoznaczne dowody i powtarzamy światu: My nic nie wiemy". „Bardziej dyplomatycznie już nie mógł postąpić" – napisał później o prośbie Sikorskiego do Czerwonego Krzyża George Kennan.

Mimo to Churchill i inni członkowie brytyjskiego rządu wpadli w konsternację na wieść, o co proszą Polacy. Premier, dawniej wyrażający zatroskanie ich cierpieniami, nie okazał szczególnego współczucia i nie złożył kondolencji. Nie miał wprawdzie większych wątpliwości co do winy Sowietów, niepokoił się jednak, jak na inicjatywę Sikorskiego zareaguje Stalin. „Niestety, niemieckie oskarżenia prawdopodobnie są prawdziwe – zdążył powiedzieć polskiemu przywódcy. – Bolszewicy zdolni są do największych okrucieństw". Tym razem on i Anthony Eden przestrzegli Sikorskiego, by nie robił problemu z tego przypadku, i zażądali wycofania prośby adresowanej do Czerwonego Krzyża.

Sikorski odmówił. „Siła jest po stronie Rosji, sprawiedliwość po naszej – oznajmił. – Nie radzę narodowi brytyjskiemu łączyć swojego losu z brutalną siłą ani deptać sprawiedliwości na oczach wszystkich narodów". Jednakże dla Churchilla i Edena ważniejsza od sprawiedliwości była w tamtej chwili jedność aliantów, a w każdym razie zachowanie jej pozorów. Ulegając nieustającej presji, Sikorski niechętnie zgodził się zachować milczenie i nie podejmować dalszych działań.

Jak się okazało, Czerwony Krzyż nie podjął dochodzenia w sprawie mordu katyńskiego, ponieważ druga strona sporu, Związek Sowiecki, odmówiła współpracy. Dwudziestego szóstego kwietnia Sowieci, wykorzystując polską prośbę do Czerwonego Krzyża jako pretekst do podjęcia planowanego od miesięcy kroku, oficjalnie zerwali stosunki dyplomatyczne z Polską.

Brytyjskie Ministerstwo Spraw Zagranicznych powiadomiło w supertajnej depeszy amerykański Departament Stanu, że w jego przekonaniu „rząd sowiecki zerwał z Polakami [...] by ukryć własną winę". Niemniej w swojej depeszy do

Stalina, z prośbą o ponowne rozważenie kwestii zerwania stosunków polsko-sowieckich, Churchill całą winą obarczył Polaków. „Eden i ja wskazaliśmy Rządowi Polskiemu – napisał – że wznowienie przyjacielskich czy roboczych stosunków z Rosją Sowiecką nie będzie możliwe, dopóki wysuwa on obraźliwe oskarżenia wobec Rządu Sowieckiego, wspierając tym samym odrażającą propagandę nazistowską". Obiecał też zakneblować polską prasę w Wielkiej Brytanii, te „żałosne szmatławce", jak się wyraził, jeśli nadal będą drukować antysowieckie artykuły.

Tymczasem Sowieci dalej bili w propagandowy bęben i ponawiali „okrutne i haniebne" – jak nazwał je w pamiętniku Alexander Cadogan – ataki na Polaków, oskarżając ich przede wszystkim o zmowę z hitlerowcami. Znaczna część prasy brytyjskiej podążyła za przykładem swojego rządu, oskarżając polski rząd o działania podkopujące sojusz. Wskutek taktyki Stanów Zjednoczonych i Wielkiej Brytanii większość ludzi na Zachodzie aż do chwili odnalezienia grobów w Katyniu nie słyszała o zaginionych polskich oficerach ani o próbach ich odszukania. Nawet gdy już otwarto katyńskie mogiły i ekshumowano zwłoki, liczni obywatele państw zachodnich, wprowadzeni w błąd milczeniem Polaków i wybielaniem morderców w Anglii i w Stanach, nadal stali po stronie Sowietów.

W większości brytyjskich publikacji prasowych nie było wezwań do śledztwa w sprawie Katynia ani odwołań do ideałów i zasad moralnych, na których opierał się sojusz przeciw państwom Osi. Nacisk kładziono na politykę siły i zwycięstwo w wojnie, udobruchanie Sowietów i podtrzymanie sojuszu. Potępiając Polaków za zwrócenie się do Czerwonego Krzyża, „New Statesman" przyznał, że polskich oficerów rzeczywiście mogła rozstrzelać sowiecka tajna policja. Lecz zarazem, w mrożącej krew w żyłach dygresji, usprawiedliwiał mord, twierdząc, iż trudno się dziwić, że „sowiecki rząd, często nie bez powodu, widział w polskich ziemianach i kadrze oficerskiej faszystów i wrogów klasowych". „Więcej przemawia za tym, by zostawić zmarłych w spokoju – napisał w innej krytycznej opinii o apelu Polaków «Spectator». – Żadne, choćby najskrupulatniejsze śledztwo nie przywróci im życia".

Podczas gdy brytyjscy urzędnicy i redaktorzy starali się jak najszybciej spuścić nad Katyniem zasłonę milczenia, pewien członek rządu Churchilla zrobił coś odwrotnego. Sir Owen O'Malley, brytyjski ambasador przy polskim rządzie emigracyjnym, przeprowadził własne śledztwo w sprawie mordu, studiując dziesiątki dokumentów i rozmawiając z wieloma Polakami. Na podstawie zgromadzonych materiałów wyjątkowo skrupulatnie i dokładnie zrekonstruował historię uwięzienia i egzekucji oficerów. Sporządzony przez niego, drobiazgowo udokumentowany, z pasją napisany raport, który w czerwcu 1943 roku przesłał królowi Jerzemu VI, Churchillowi i gabinetowi wojennemu, potwierdzał winę Sowietów.

W swoim raporcie O'Malley opisał obóz, w którym uwięziono Polaków, listy pisane na ścianach pociągu wiozącego ich na śmierć, usta protestujących zapchane trocinami, kule w potylicach, ciała ułożone w dołach w sterty jak drewno na opał. „Kiedy było po wszystkim, kiedy już padł ostatni strzał i ostatnia kula przebiła polską głowę – napisał – oprawcy, zapewne przyuczeni w młodości do prac gospodarskich, przystąpili do całkiem niewinnych zajęć: wyrównywania ziemi i sadzenia choinek na miejscu kaźni".

Raport nie poprzestał na oskarżeniu Sowietów. O'Malley, zawodowy dyplomata, głęboko wstrząśnięty zbrodnią katyńską i rządowym wybielaniem zbrodniarzy, odrzucił dyplomatyczną powściągliwość. Był świadom politycznych względów, dla których gabinet Churchilla uznał, że milczenie i ukrywanie prawdy są w tym przypadku złem koniecznym. Zastanawiał się jednak nad moralnymi i etycznymi kosztami takiej postawy. „Zobowiązano nas do [...] zniekształcenia naszych naturalnych, zdrowych odruchów intelektualnych i moralnych – napisał. – Zobowiązano nas do nadmiernego podkreślania braku taktu i impulsywności Polaków, do powstrzymywania ich przed obroną własnych racji na forum publicznym, do zniechęcania społeczeństwa i prasy przed wszelkimi próbami zbadania tej nikczemnej sprawy do samego dna [...] Dla zatuszowania mordu nadużyliśmy dobrego imienia Anglii". Jak „ta sprzeczność naszych publicznych poglądów i prywatnych uczuć" wróży przyszłym stosunkom Wielkiej Brytanii z Polakami i Rosjanami? – zapytywał.

Wytrąceni z równowagi „błyskotliwym, nieortodoksyjnym, niepokojącym raportem O'Malleya" – jak wyraził się o nim pewien angielski dygnitarz – Churchill i jego ministrowie postanowili zachować go w tajemnicy. „Oczywiście jego rozpowszechnienie byłoby rzeczą ze wszech miar uczciwą – przyznał Alexander Cadogan. – Ale ponieważ wiemy, że znajomość tych dowodów nie może mieć wpływu na nasze plany i kurs polityczny, to czy narażenie większej, niż to konieczne, liczby osób na konflikt duchowy po przeczytaniu tego raportu przyniosłoby coś dobrego?" „Nie wolno nam wspomnieć o tym ani słowem" – przestrzegł Churchill Anthony'ego Edena.

Niemniej uznał za stosowne przesłać kopię raportu O'Malleya prezydentowi Rooseveltowi, nazywając dokument w dołączonym liście „posępnym, dobrze [...] może nawet za dobrze napisanym". „Gdyby jednak znalazł Pan czas, żeby go przeczytać, to zapewniam, że warto – dodał. – Chciałbym odzyskać raport, kiedy już nie będzie Panu potrzebny, ponieważ oficjalnie nie puszczamy go w obieg".

Nic nie wiadomo o tym, żeby Roosevelt wspomniał publicznie albo prywatnie, czy zadał sobie trud przeczytania raportu O'Malleya. Nic też nie wskazuje, żeby omawiał go z kimkolwiek w Białym Domu albo puścił w obieg wśród członków gabinetu bądź pracowników rządowych. Otrzymał już zresztą raport na temat tragedii katyńskiej, sporządzony przez amerykańskiego oficera łącznikowego przy armii polskiej w Wielkiej Brytanii. Także on dochodził do konkluzji, że winni mordu są Sowieci. Na polecenie Białego Domu dokument odłożono do rządowego archiwum.

Roosevelt zareagował na informacje o Katyniu głównie rozdrażnieniem. „«Sprawa grobów» nie była warta tego całego zamieszania – zirytował się. – Co za głupcy [londyńscy Polacy]! Nie mam do nich cierpliwości". W depeszy do sowieckiego przywódcy zapewnił, że „w pełni rozumie [jego] problem". Uważał, że Polacy „się mylą", ale miał nadzieję, że Stalin nie zerwie z nimi stosunków. Wspomniał też o znacznej liczbie Amerykanów polskiego pochodzenia, nadmieniając, najwyraźniej z myślą o swojej pozycji w oczach polonijnych wyborców, że „sytuacji nie poprawiłaby wiadomość o kompletnym zerwaniu stosunków pomiędzy Panem a Sikorskim".

Za kulisami prezydent poprosił Johna F. Cartera, który stał na czele małego zespołu, podlegającego bezpośrednio głowie państwa, żeby zbadał sprawę Katynia i sporządził raport. Roosevelt podzielił się z nim podejrzeniami, że winni są Rosjanie. Mimo to, kiedy Carter i jego zespół przedstawili mu taką właśnie konkluzję, ich raport został utajniony. Ten sam los spotkał dwa inne amerykańskie dokumenty oskarżające Sowietów – jeden napisany przez pułkownika amerykańskiej armii, niemieckiego jeńca wojennego, świadka ekshumacji ciał polskich oficerów, który doszedł do wniosku, że Polaków wymordowali Sowieci. Jego raport, zaklasyfikowany przez amerykański wywiad wojskowy w Waszyngtonie jako „ściśle tajny", przepadł bez śladu. Po wojnie funkcjonariusz wywiadu wojskowego przyznał, że opatrzoną klauzulą tajności relację pułkownika zniszczono, ponieważ istniało „wielkie prawdopodobieństwo [wywołania] komplikacji [...] [Rosjanie] wpadliby w szał".

Jedyny raport na temat Katynia, którego administracja Roosevelta nie zataiła, sporządziła na początku 1944 roku Kathleen Harriman, córka amerykańskiego ambasadora w Moskwie, Averella Harrimana. Po odbiciu zachodniej Rosji Sowieci zaprosili ją wraz z innymi Amerykanami na ekskursję do katyńskich grobów „dla zebrania informacji". Panna Harriman napisała potem, że według wszelkiego prawdopodobieństwa polskich oficerów zabili Niemcy. Po latach przyznała jednak, że choć w tamtym czasie była przekonana o winie Rosjan, nie mogła podważyć przedstawionych jej „dowodów".

Większość amerykańskich magazynów i gazet, pozbawionych szczegółowych informacji o Katyniu, wzięła, podobnie jak prasa brytyjska, stronę Sowietów. W Berlinie Joseph Goebbels zapisał w dzienniku: „Anglicy i Amerykanie odprawiają Polaków tak, jakby byli wrogami". W wielu publikacjach w Ameryce twierdzono kategorycznie, że Rosjanie nie są winni mordu, a Polacy to nieodpowiedzialni wichrzyciele, dążący do rozbicia sojuszu Sowietów z Zachodem. „Newsweek" przypisał „błędną taktykę Polaków [...] dziwnej cesze braku realizmu, która poprowadziła polskich ułanów do szarży na niemieckie czołgi i która nadal przenika polską politykę". „Life" nazwał Polaków „największymi szowinistami Europy, z pretensjami do całego świata", i dodał, nie kryjąc się z pragmatyzmem: „Musimy pamiętać, że z rosyjsko-polskim sporem nie wiąże się żaden żywotny interes amerykański [...] A ponieważ w naszym interesie leży przede wszystkim sojusz z Rosją, nasi dyplomaci nie powinni być zbyt czuli na punkcie Polaków".

Witold Urbanowicz, który w chwili ujawnieniu mordu katyńskiego przebywał w Waszyngtonie, nie mógł pojąć takiego cynizmu. Jego ból i oburzenie były tym większe, że znał wielu spośród zabitych. Na dodatek miał świadomość, że gdyby nie uciekł Sowietom we wrześniu 1939 roku, też mógłby skończyć w jednym z tych masowych grobów.

W sprawie Katynia Stalin i jego rząd, przy znacznej pomocy Londynu i Waszyngtonu, dokonali prawdziwego wyczynu w dziedzinie public relations – ohydną zbrodnię obrócili w dyplomatyczne i propagandowe zwycięstwo. Osłupiały Jan Nowak, młody polski bojownik ruchu oporu, nie mógł, podobnie jak Urbanowicz, uwierzyć, że zachodni alianci mają za złe Polakom, iż „żądają ustalenia prawdy". Nowak, kurier polskiego podziemia, przemykał się z Polski i do Polski, przewożąc ważne informacje wywiadowcze dla rządu brytyjskiego i polskiego rządu na uchodźstwie. Podobnie jak wielu jego rodaków w okupowanej Polsce, widział w Wielkiej Brytanii i Stanach Zjednoczonych świetliste drogowskazy nadziei w mrocznym świecie. Słuchając potajemnie w Warszawie polskojęzycznych przekazów BBC i polskiego rządu w Londynie, wraz z wieloma Polakami nabrał przekonania, że na ich kraju skupia się uwaga całego świata, a potężni alianci podziwiają polski naród za długą i dzielną walkę.

Okupowany kraj „żył wiarą w sprzymierzonych, w Churchilla, Roosevelta [...] uciekając od rzeczywistości codziennych aresztowań, łapanek i egzekucji, Oświęcimia i Majdanka – krzepił się błogą wizją słonecznego jutra". Nic nie mogło zachwiać przekonaniem Polaków, że Wielka Brytania i Stany Zjednoczone, kierujące się „ideałami sprawiedliwości, prawdy i wolności", dopomogą wyzwolić ich ojczyznę.

Po Katyniu Nowak zrozumiał, że on i jego rodacy żyli mrzonkami. Zachodni sprzymierzeńcy, zamiast podziwiać Polskę, postrzegali ją jako utrapienie. Nie potrafili pojąć, że Polacy nie mogą spisać na straty, niczym w księdze rachunkowej, tysięcy zamordowanych, że są pewne granice ceny, jaką kraj może zapłacić w imię harmonii między aliantami. Wraz z innymi rodakami Nowak zadawał sobie pytanie, jak zareagowaliby Brytyjczycy i Amerykanie, gdyby to tysiące ich oficerów znaleziono w masowych grobach. Rok potem, tuż przed wybuchem powstania w Warszawie, Nowak próbował przekonać Polaków, by nie wierzyli aż tak mocno w Anglię i Stany Zjednoczone. Bez skutku.

Tymczasem w Londynie polski rząd emigracyjny dostał nauczkę. Gdy w ogłoszonym na początku 1944 roku raporcie władze sowieckie oczyściły się z zarzutów o dokonanie mordu w Katyniu, rozgoryczony Owen O'Malley zapewnił Anthony'ego Edena, że rząd brytyjski nie musi się martwić o reakcję Polaków. „Stale myślmy o tych sprawach, ale nigdy o nich nie mówmy – napisał O'Malley w nocie do Edena. – «Nigdy o nich nie mówmy», radziłem rządowi polskiemu, okazuje się, że niepotrzebnie. Przyjęli raport rosyjski w milczeniu. Jak widać, niedola i pobyt w naszym kraju nauczyły ich, że w życiu politycznym znacznie lepiej jest przemilczeć sprawy, wywołujące najsilniejsze emocje".

ROZDZIAŁ PIĘTNASTY

„WOJNA TOCZY SIĘ W POLSCE"

Przez kilka miesięcy w środku wojny można było podziwiać w Northolt ręcznie uszytą, starannie wyhaftowaną chorągiew. Był to pozostający w tym czasie pod opieką Dywizjonu Kościuszkowskiego oficjalny sztandar Polskich Sił Powietrznych w Wielkiej Brytanii. Uszyły go potajemnie w 1940 roku mieszkanki okupowanego przez Sowietów Wilna. Stamtąd polskie podziemie przemyciło cenne rękodzieło do Anglii.

Sztandar, z wyobrażeniem Najświętszej Marii Panny i słowami: „Miłość żąda ofiary", zaprojektował pod koniec 1939 roku młody polski myśliwiec, przybyły niedawno do Francji wraz z tysiącami rodaków. Inny pilot, rodowity wilnianin, wykorzystując podziemne kontakty, zorganizował wykonanie sztandaru w rodzinnym mieście. Zaczęto szukać białego i czerwonego adamaszku oraz złotych i srebrnych nici do wyszywania. Znaleziono je wreszcie w Berlinie, a dyplomaci z krajów neutralnych przywieźli materiały do Wilna. Przez ponad trzy miesiące wilnianki z narażeniem życia szyły sztandar. Ukończyły go w czerwcu 1940, ale tymczasem upadła Francja i wyłonił się trudny do pokonania problem: jak przerzucić sztandar do Polskich Sił Powietrznych na Zachodzie? I tym razem z pomocą przyszedł dyplomata – japoński konsul w Wilnie, którego kraj był jeszcze wtedy nominalnie neutralny. Przesłany pocztą dyplomatyczną sztandar dotarł do Londynu wiosną 1941 roku. Większość kobiet, które go szyły, nie dowiedziała się o tym: wraz z setkami tysięcy innych mieszkańców wschodniej Polski przepadły bez śladu, deportowane do gułagów i kołchozów na terenie Związku Sowieckiego.

W czerwcu tegoż roku generał Sikorski przekazał sztandar, symbolizujący więź pomiędzy Polskimi Siłami Powietrznymi a narodem polskim, Dywi-

Pilot Dywizjonu Kościuszkowskiego przekazuje oficjalny sztandar Polskich Sił Powietrznych pilotowi Dywizjonu 304 (Ziemi Śląskiej) w marcu 1942. Sztandar, uszyty potajemnie w 1940 roku przez mieszkanki będącego pod okupacją sowiecką Wilna, został potem przemycony do Londynu. (Instytut Polski i Muzeum im. gen. Sikorskiego).

zjonowi Bombowemu 300. Na mocy rozkazu generała sztandar miał być przekazywany kolejnym polskim dywizjonom, dopóki lotnicy nie będą mogli przewieźć go tam, gdzie jest jego właściwe miejsce – do ojczyzny.

Od pierwszego dnia pobytu w Londynie Sikorski snuł plany wyzwolenia Polski. Liczył, że kluczową rolę odegrają polskie siły zbrojne za granicą, a w szczególności lotnictwo. Polska piechota, piloci i marynarze brali udział we wszystkich większych kampaniach alianckich w Europie i Afryce Północnej. Pomagali bronić Wielkiej Brytanii, wyzwalać Francję, Belgię i inne kraje europejskie. Dla polskich żołnierzy były to jednak jedynie środki do osiągnięcia celu. Przyświecało im hasło: „Za naszą i waszą wolność". Wypełniwszy pierwszą część przyrzeczenia, zamierzali wypełnić drugą – wyzwolić swój kraj.

Plan Sikorskiego zakładał, że po odwróceniu się wreszcie losów wojny olbrzymia podziemna armia w Polsce, zwana Armią Krajową (AK), stanie do walki, nękając wycofujących się Niemców, a na koniec połączy siły z oddziałami polskimi i alianckimi i ruszy do ostatecznego szturmu o wolność. Do tego czasu lotnictwo miało zrzucać broń i dostawy dla Armii Krajowej. Misje te zaczęły się już w roku 1941, aczkolwiek nie prowadzono ich regularnie. Polacy jeździli potajemnie z Londynu do Polski, by za plecami wroga omawiać z przywódcami Armii Krajowej logistykę wyzwolenia.

W 1943 roku Polacy, mając pod bronią przeszło sto pięćdziesiąt tysięcy ludzi, stanowili ważny element w kampaniach planowanych przez aliantów. Szkolenie kończyły dwie duże polskie armie, przygotowujące się do nieuniknionego szturmu w Europie. W Palestynie przeszło sześćdziesiąt tysięcy polskich żołnierzy Drugiego Korpusu pod dowództwem generała Władysława Andersa

Winston Churchill, w towarzystwie generała Władysława Sikorskiego, przeprowadza inspekcję polskich oddziałów w Szkocji. (Imperial War Museum).

ćwiczyło codziennie w gorącym pustynnym słońcu, czekając na rozkaz przerzucenia do Włoch. Gościom, przyglądającym się tym opalonym, zahartowanym, zdyscyplinowanym żołnierzom, trudno było uwierzyć, że wielu z nich niecałe dwa lata wcześniej w Rosji było chodzącymi szkieletami. „Z tą armią trzeba się będzie liczyć", przewidywał korespondent „Timesa". Podczas wizyty w Drugim Korpusie Polskim Harold Macmillan, łącznik rządu brytyjskiego z siłami alianckimi w Afryce Północnej, również podziwiając Polaków, nie tyle za twardość i dyscyplinę, ile za hart ducha, dostrzegł w nich „wyjątkowy romantyzm – nie wesołość, lecz rycerskość, poezję, przygodę".

Równocześnie w Szkocji kontynuowało szkolenie ponad trzydzieści tysięcy żołnierzy Pierwszego Korpusu Polskiego, czekających na przekroczenie Kanału i lądowanie w Europie. Wielu z nich przybyło do Wielkiej Brytanii w roku 1940 po walkach we Francji i przez niemal całe trzy lata strzegło brzegów brytyjskich przed niemiecką inwazją. Wspomogło ich w 1941 kilkanaście tysięcy żołnierzy ewakuowanych ze Związku Sowieckiego. Do doborowych jednostek korpusu należała Pierwsza Dywizja Pancerna, która niebawem miała się odznaczyć nie tylko w Normandii.

Również w Szkocji intensywne szkolenie przechodziła Pierwsza Polska Samodzielna Brygada Spadochronowa, zorganizowana przez generała Stanisława Sosabowskiego z myślą o desancie na okupowaną Polskę po rozpoczęciu planowanego powstania zbrojnego Armii Krajowej. Ze wszystkich polskich oddziałów tylko jego żołnierze mieli przed sobą jako wyłączny cel walkę o wyzwolenie ojczyzny. Zgodnie z polsko-brytyjską umową brygada spadochronowa, w odróżnieniu od reszty polskich jednostek wojskowych, miała pozostać pod całkowitą kontrolą Polaków.

Oczywiście Polskie Siły Powietrzne, liczące w połowie 1943 roku przeszło jedenaście tysięcy ludzi, od trzech lat uczestniczyły w akcjach bojowych w Wielkiej Brytanii i kontynuowały loty bombowe, eskortujące i ataki z lotu koszącego. Polscy piloci nadal wyróżniali się w walce. Podczas desantu na Dieppe w sierpniu 1942 roku Dywizjon Kościuszkowski, obecnie pod dowództwem Jana Zumbacha, ponownie udowodnił, że jest jedną z najlepszych alianckich jednostek myśliwskich w drugiej wojnie światowej. W trakcie drugiego wylotu bojowego kościuszkowców w tej akcji Zumbach do spółki ze Stanisławem Skalskim, kolegą z roku w Dęblinie i dowódcą Dywizjonu 317 (Wileńskiego), zastawili pułapkę na niemieckich myśliwców, którzy atakowali mały oddział alianckich komandosów, próbujących desperacko (i daremnie) zdobyć przyczółek na francuskim wybrzeżu. Piloci Skalskiego, poruszający się zygzakiem i kolebiący w powietrzu jak kompletni amatorzy, stanowili przynętę.

Gdy pechowych „nowicjuszy” wypatrzył i opadł rój samolotów Luftwaffe, sam został zaatakowany przez Zumbacha i jego dywizjon, czyhający w górze i z tyłu za Dywizjonem Wileńskim. Podczas tego wypadu Dywizjon Kościuszkowski zaliczył dziesięć zestrzeleń, a Wileński pięć – w sumie niemal dwadzieścia procent alianckich zdobyczy tego dnia.

Także polska marynarka, aczkolwiek znacznie mniej liczebna od siostrzanych rodzajów broni, odegrała niemałą rolę w alianckim wysiłku wojennym po roku 1939. Polscy marynarze, którzy ewakuowali się z Polski trzema niszczycielami i dwoma łodziami podwodnymi, otrzymali z czasem od aliantów siedem niszczycieli, pięć okrętów podwodnych i dwa krążowniki. Pomogli w ewakuacji wojsk brytyjskich z Dunkierki, uczestniczyli w desancie na Dieppe, eskortowali konwoje na Maltę i do Rosji, patrolowali okrętami wojennymi i podwodnymi Morze Północne. W podsumowaniu wojennych osiągnięć uznano, że polska marynarka zatopiła co najmniej trzydzieści jeden okrętów wroga i około pięćdziesięciu innych jednostek pływających oraz zestrzeliła blisko sto samolotów.

Tymczasem w okupowanej Polsce Armia Krajowa też walczyła, a jej główną bronią były akty sabotażu i gromadzenie informacji dla wywiadu. Ta licząca przeszło trzysta pięćdziesiąt tysięcy ludzi organizacja tworzyła największy ruch oporu w okupowanych krajach Europy, a ponadto, według brytyjskiego raportu wojskowego, „najsilniejszy, najlepiej zorganizowany i najbardziej zdeterminowany”.

Ale AK stanowiła tylko jeden element bardzo rozbudowanego podziemnego państwa polskiego, z urzędami, sądami, parlamentem i działającą na terenie całego kraju siecią tajnego nauczania. Polskie podziemie uznawało londyński rząd na uchodźstwie za najwyższą władzę polityczną i prawną, jednocześnie jasno deklarując, iż nie usankcjonuje żadnej decyzji, która mogłaby zaszkodzić nadrzędnemu celowi: odzyskaniu wolnej ojczyzny. Pomiędzy Londynem a Polską utrzymywano stałą łączność: pomimo ogromnego ryzyka z kraju i do kraju regularnie przemykali się kurierzy, a przez radio często przekazywano zaszyfrowane wiadomości.

W większości państw okupowanych przez Niemcy organizatorami i członkami ruchu oporu byli głównie ludzie lewicy – od chrześcijańskich demokratów i socjaldemokratów po komunistów. W Polsce w konspirację włączył się prawie cały naród – lewica, prawica i centrum. Generał major Colin Gubbins, kóry kierował brytyjską agencją zajmującą się sabotażem i dywersją, wyraził po wojnie opinię, że spośród wszystkich europejskich narodów podbitych przez Hitlera „jedynie Polacy, zaprawieni przez wieki ucisku, pozostali nieugięci duchem".

Po wprowadzeniu przez Niemców przymusowego kontyngentu zbóż polscy chłopi stosowali zasadę „jak najmniej, jak najpóźniej i jak najgorsze". W kierowanych przez okupanta fabrykach produkujących towary dla niemieckiej gospodarki polscy robotnicy umyślnie uszkadzali maszyny i wypuszczali wadliwe produkty. Jednak najważniejszy sabotaż był dziełem kolejarzy, którzy wspólnie z członkami Armii Krajowej powodowali znaczne opóźnienia i zakłócenia w niemieckim transporcie kolejowym na terenie Polski.

Polacy odnosili spektakularne sukcesy w sabotażu na wiodących przez ich kraj głównych szlakach dostaw z Niemiec na front wschodni, spowalniając, a czasem powstrzymując transporty niemieckich wojsk i zaopatrzenia. W latach 1941–1944 zniszczono, uszkodzono bądź wykolejono ponad siedem tysięcy niemieckich pociągów. Wysadzono dziesiątki mostów kolejowych. Sieć energetyczną w warszawskim węźle kolejowym wyłączano przeszło sześćset razy. W pewnym momencie w Generalnym Gubernatorstwie niesprawne było czterdzieści trzy procent wszystkich lokomotyw.

Po wojnie sir Douglas Savory, poseł do parlamentu w latach 1940–1955 i zagorzały zwolennik Polaków, dowodził, że zakłócając dostawy sprzętu wojskowego na front wschodni, polski ruch oporu przyczynił się w znacznym stopniu „do załamania ofensywy niemieckiej w Rosji". Polska gazeta podziemna twierdziła, że wprawdzie osiemdziesiąt procent sowieckiego zwycięstwa pod Stalingradem można przypisać Rosjanom, ale dwadzieścia procent zasług za opóźnienia w transporcie niemieckich uzupełnień i dostaw należy się Polakom. Potwierdzali to swoim zachowaniem sami Niemcy, którzy kierowali pociągi przez Polskę wyłącznie pod silną strażą lub w ogóle omijali jej terytorium, co powodowało dalsze opóźnienia.

Stacjonujący w Polsce niemieccy żołnierze i urzędnicy szybko odkryli, że nie mogą się tu czuć bezpiecznie. W ciągu sześciu lat wojny z rąk polskiego podziemia zginęło tysiące Niemców, w tym wielu członków SS i gestapo. Reakcją na to było barykadowanie siedzib niemieckich władz w Warszawie i innych dużych miastach oraz zakaz wyjazdów Niemców na wieś i do lasu, gdzie działała partyzantka. Pomimo okrutnych represji polski ruch oporu nie słabł. We wrześniu 1943 roku Joseph Goebbels zanotował w dzienniku, że „w Generalnym Gubernatorstwie w Polsce znacznie nasiliły się akty sabotażu i terroryzmu". Zdaniem jednego z przywódców polskiego ruchu oporu sabotaż, jakiego dokonywali rodacy, przyczynił się do zwycięstwa aliantów w takim samym stopniu jak „kilka dywizji walczących na froncie”.

Jeszcze ważniejsze znaczenie dla sprawy sprzymierzonych niż polski sabotaż miało gromadzenie informacji przez podziemny wywiad w kraju i poza jego granicami. Na przykład młodzi polscy kryptolodzy, którzy złamali szyfr niemieckiej Enigmy, po upadku Polski uciekli do Francji, gdzie pomagali odczytywać komunikaty, przekazywane przez niemieckich wojskowych i hitlerowskich agentów działających na terenie kraju. Po kapitulacji Francji w 1940 roku Polacy pracowali w tajnym ośrodku, zorganizowanym na południu przez majora Gustave'a Bertranda, szefa francuskiego wywiadu radiowego. Przy nieocenionej pomocy polskich kryptologów Bertrand, przeciwnik nowego rządu Vichy, nadal dostarczał Wielkiej Brytanii informacje o operacjach niemieckiej armii, lotnictwa i marynarki.

Pewna liczba polskich oficerów walczących we Francji, którzy zostali tam po kapitulacji, znalazła się wśród organizatorów pierwszych większych siatek wywiadu francuskiego ruchu oporu. Jeden z nich został podwójnym agentem i w fałszywych raportach przekazywanych do Rzeszy informował niemieckie władze, że to Cieśnina Kaletańska, a nie Normandia, będzie miejscem lądowania aliantów, szykujących się do inwazji w roku 1944. Polski oficer działał w ramach znacznie szerzej zakrojonej, kierowanej z Londynu operacji wywiadowczej, której celem była dezorientacja Niemców. Jego raporty utwierdziły ich w błędnym przekonaniu, przyczyniając się do decyzji Hitlera o przerzuceniu wojsk z Normandii.

W stolicy Szwajcarii, Bernie, tajna agentka, pracująca jako maszynistka w polskim przedstawicielstwie, pełniła funkcję łączniczki między wywiadem brytyjskim a admirałem Wilhelmem Canarisem, zrażonym do Führera szefem Abwehry. Dążąc do obalenia Hitlera, między innymi z powodu okrucieństw, do jakich doszło w Polsce, Canaris dostarczał Polce, z którą przyjaźnił się przed wojną, tajne informacje wojskowe, a ta przekazywała je Brytyjczykom.

Ale chyba najbardziej efektownym polskim szpiegiem w tej wojnie była pracująca dla brytyjskiego wywiadu Christine Granville, w rzeczywistości hrabina Krystyna Giżycka (z domu Skarbek), piękna dziewczyna z arystokratycznego polskiego rodu. Słynąca w kręgach wywiadu z legendarnej śmiałości, Granville wydostawała z Polski brytyjskich jeńców wojennych i przekazywała informacje wywiadowcze z kontrolowanych przez Niemców Węgier i Rumunii. W późniejszym czasie uratowała z niemieckiego więzienia w przeddzień egzekucji trzech przywódców francuskiego ruchu oporu. „Nie znam nikogo dzielniejszego od niej – powiedział o Krystynie Giżyckiej sir Owen O'Malley, który na początku wojny pracował z nią na Węgrzech, gdzie był ambasadorem. – Jedyne, czego nie potrafiła zrobić z dynamitem, to zjeść go"*.

Bardzo rozbudowana sieć wywiadu polskiego podziemia sięgała wszystkich zakątków kraju, nawet Oświęcimia i innych hitlerowskich obozów koncentracyjnych. Wywiad Armii Krajowej był dla aliantów głównym źródłem informacji o niemieckim zaangażowaniu na froncie wschodnim, z szykiem bojowym oddziałów, ruchami wojsk i okrętów, produkcją zbrojeniową i przemysłową, próbami tajnej broni i morale żołnierzy włącznie. „Nie sposób przecenić znaczenia i wartości znakomitych usług, jakie oddała ta wspaniała organizacja" – stwierdzał raport brytyjskiego wywiadu wojskowego w lipcu 1942 roku.

W 1943, w znacznej mierze dzięki informacjom otrzymanym z Polski, RAF mógł zlokalizować i zbombardować duży niemiecki ośrodek testowania rakiet w Peenemünde, co opóźniło wystrzelenie przez Niemcy pocisków V-1 i V-2 na Wielką Brytanię. Gdyby deszcz niemieckich rakiet spadł na południową Anglię przed inwazją aliantów na kontynent, mogłoby to zakłócić przygotowania i doprowadzić do przesunięcia daty lądowania wojsk sprzymierzonych w Normandii, a nawet do jego odwołania. W 1944 roku Niemcy wystrzelili z poligonu na terenie Polski rakietę V-2, która okazała się niewypałem. Członkowie ruchu oporu zdobyli ją, rozłożyli na części i przemycili do Londynu.

Polskie podziemie oddało jeszcze jedną bardzo ważną przysługę zachodnim aliantom: udzieliło schronienia dziesiątkom brytyjskich i amerykańskich jeńców wojennych, którzy uciekli z niemieckich obozów, a także zestrzelonym

* Polskie kobiety odegrały ważną rolę zarówno w ruchu oporu, jak i w pracy na rzecz sił zbrojnych poza granicami kraju. W podziemiu wykonywały między innymi tak niebezpieczne zadania, jak przenoszenie wiadomości i korespondencji pomiędzy komórkami organizacji. Setki łączniczek zostało schwytanych i rozstrzelanych bądź wysłanych do obozów koncentracyjnych. Wiele z nich skończyło w Ravensbrück, gdzie hitlerowscy lekarze wstrzykiwali im bakterie i poddawali rozmaitym eksperymentom medycznym, które zwykle kończyły się śmiercią.

W Wielkiej Brytanii kilka Polek, wśród nich córka marszałka Piłsudskiego, Jadwiga, służyło jako piloci transportowi w Polskich Siłach Powietrznych, dostarczając nowe i naprawione hurricane'y, spitfire'y oraz inne samoloty do baz w całym kraju. Do polskiej żeńskiej pomocniczej służby lotniczej, odpowiedniczki brytyjskiej WAAF, wstąpiło ponad tysiąc czterysta kobiet, wywiezionych z Polski do Związku Sowieckiego, skąd wyszły z armią generała Andersa. Podobną pomocniczą organizację kobiet stworzył Anders na Środkowym Wschodzie. Jej członkinie, przydzielone do Drugiego Korpusu, prowadziły ciężarówki, pracowały w szpitalach i kantynach, były operatorkami radiowymi i wykonywały inne niezbędne prace.

alianckim lotnikom. Pod koniec 1944 roku siedmiu członków załogi trafionego nad wschodnią Polską B-17 opisało w „Saturday Evening Post", jak uratował ich i ochronił duży oddział polskich partyzantów z okolic Brześcia Litewskiego. Amerykańscy lotnicy spędzili u nich przeszło miesiąc. Czwartego lipca Polacy urządzili dla swoich gości prowizoryczną defiladę dla uczczenia ich święta narodowego i wygłosili patriotyczne przemówienia. „Defilada zrobiła na nas niezapomniane wrażenie" – wspominał drugi pilot B-17. Polacy „chcieli podarować nam kawałek ojczyzny – robiąc to, ryzykowali, że zaskoczą ich Niemcy, którzy zawsze byli w pobliżu". W końcu ruchowi oporu udało się wywieźć Amerykanów z Polski. Po powrocie do bazy w Anglii jeden z nich oświadczył: „Nawet gdybyśmy, nie bacząc na niebezpieczeństwa, pracowali dla tych Polaków do końca życia, i tak nie odpłacilibyśmy im za to, co dla nas zrobili".

Niezależnie od tych wszystkich zasług naczelnym celem polskiego podziemia było od początku zaplanowanie i przeprowadzenie ogólnonarodowego powstania przeciw Niemcom. Na początku wojny wielu brytyjskich dygnitarzy uznało tę sprawę za nadrzędną. W roku 1940 z polecenia Winstona Churchilla powołano tajną brytyjską agencję SOE – Zarząd Operacji Specjalnych – z zadaniem wspomagania sabotażu, dywersji i ruchu oporu w okupowanej Europie. Za swoje główne zadanie w pierwszym etapie działalności SOE uznał zaopatrywanie podziemnych armii w krajach zajętych przez Niemcy. Zakładano, że armie te powstaną przeciw okupantom, przechwycą kluczowe obiekty lokalne, takie jak siedziby dowództwa wojskowego, stacje radiowe i inne ośrodki łączności, a następnie wspólnie z alianckimi siłami morskimi i powietrznodesantowymi rozbiją wojska niemieckie i przyczynią się do wyzwolenia swych krajów.

Wysoko ceniąc Polaków, jako sojusznika z najsilniejszym i najsprawniejszym ruchem oporu, SOE obdarzył ich specjalnymi przywilejami. Polskiemu rządowi pozwolono na łączność z polskim ruchem oporu przy użyciu własnych szyfrów. Polacy samodzielnie planowali zrzuty zaopatrzeniowe i przerzut cichociemnych do kraju i z kraju oraz wybierali agentów do wykonania misji. SOE służył im wyłącznie jako agencja zaopatrzeniowa, dostarczająca samoloty, materiały i sprzęt, niezbędne do przeprowadzenia akcji.

Problem polegał na tym, że SOE nie mógł swobodnie decydować o przydziale środków transportu. Agencja podlegała brytyjskim szefom sztabów, a ci krzywo patrzyli na niekonwencjonalne przedsięwzięcia i wzbraniali się przed udostępnianiem skąpych zasobów, zwłaszcza samolotów. Jedynymi samolotami nadającymi się do zrzucania ludzi, broni i dostaw nad Polską i innymi krajami okupowanymi były bombowce, a dowództwo bombowe RAF-u zdecydowanie sprzeciwiało się wypożyczaniu jakichkolwiek maszyn, które mogło wykorzystać do nalotów na Niemcy. Zatem SOE najczęściej nie dostawał bombowców, o które prosił.

Sytuacja polskiej Armii Krajowej uległa pogorszeniu, gdy jesienią 1941 roku brytyjskie dowództwo naczelne uznało, że powstania narodowe podziemnych armii nie są warunkiem koniecznym wyzwolenia Europy przez aliantów. Wprawdzie nadal popierano ruch oporu, planując wspomagać go pieniędzmi i środkami na działalność sabotażową, ale nie przewidywano dużych zrzutów broni, potrzebnych do przygotowania powstania.

Nie dość, że ograniczono dostawy dla Polski, to odbywały się one rzadziej i nie tak regularnie, jak obiecywali Brytyjczycy. Niepokoiło to poważnie polskie podziemie, które liczyło na dostarczenie wszystkiego, co niezbędne: agentów, pieniędzy, amunicji i sprzętu. Brytyjscy wojskowi tłumaczyli, że główną przyczyną zmniejszenia liczby lotów są poważne problemy logistyczne. Pokonanie półtora tysiąca kilometrów z Wielkiej Brytanii do Polski było z pewnością bardzo niebezpiecznym przedsięwzięciem: by osiągnąć cel wyprawy, załogi 138 Dywizjonu do Zadań Specjalnych, jednostki bombowej wyznaczonej do obsługi zrzutów, musiały przelecieć nad okupowanym przez Niemców terytorium, nieustannie narażone na ogień przeciwlotniczy i atak myśliwców wroga. Dużą przeszkodę stanowiła też pogoda. Nawet jeżeli podczas startu niebo nad Anglią i Morzem Północnym było pogodne, to nad Polską często rozpościerały się chmury lub padał deszcz, co znacznie utrudniało zrzuty oraz lądowanie. Lot w obie strony zajmował do czternastu godzin, a rezerwy paliwa bombowców były tak wyliczone, że nawet najmniejszy błąd w nawigacji mógł okazać się fatalny w skutkach.

Polacy dostrzegali te trudności, ale wraz z wieloma Brytyjczykami z SOE byli pewni, że liczbę lotów ograniczają również względy wojskowe i polityczne. W miarę postępów w planowaniu inwazji na kontynent Brytyjczycy i Amerykanie za ważniejszą uznali pomoc dla ruchu oporu we Francji, Belgii i Holandii oraz wspomaganie bojowników we Włoszech, Grecji i Jugosławii. W czasie wojny Polska, pomimo siły i skuteczności swojego podziemia, otrzymała jedną dziesiątą dostaw przekazanych drogą powietrzną Grecji i zaledwie jedną dwudziestą tego, co zrzucono nad Francją i Jugosławią. Położona daleko od przyszłego alianckiego teatru działań w Europie, przedstawiała dla Wielkiej

Brytanii i Stanów Zjednoczonych zbyt małą wartość strategiczną, by przybyły jej z pomocą.

Na przykład w ostatnich dwóch miesiącach 1942 roku RAF, pomimo dobrych warunków pogodowych, wstrzymał wszystkie planowane loty do Polski, a załogi bombowe skierował do zadań uznanych za ważniejsze – zrzutów nad Francją i Norwegią oraz osłony aliantów lądujących w Afryce Północnej. Zmiany dokonywane w ostatniej chwili kosztem Polaków nie były rzadkością, ogromnie irytując pracowników SOE i lorda Selborne'a, ministra gospodarki wojennej, w którego gestii był Zarząd Operacji Specjalnych.

W gniewnym piśmie do Ministerstwa Lotnictwa Selborne wypomniał, że odpowiedzialni za opóźnienie lub przełożenie na dalszy termin dostaw do Polski nie zdają sobie sprawy z „ogromu przygotowań", jakich wymaga od członków polskiego podziemia odebranie zrzutów w ustaloną noc w tajemnicy przed Niemcami. Oddziały przyjmujące zrzuty ukrywały się w pobliżu wyznaczonych placówek, czekając dniami i nocami, czasem całe tygodnie. Opóźnienia narażały ich na znaczne trudy i niewygody, a do tego zwiększały już i tak duże ryzyko schwytania i śmierci.

„Wyznaję, że polski punkt widzenia jest mi bardzo bliski – napisał Selborne do Churchilla, tłumacząc rozgoryczenie polskiego rządu, wywołane zmniejszeniem częstotliwości dostaw. – W roku 1939, mając za sobą brytyjskie gwarancje, Polacy stawili czoło Hitlerowi. Rozprawiono się z nimi okrutnie. Nawet się nie skrzywili. Jako jedyni z okupowanych sojuszników nie mają swojego Quislinga. Atakując – na naszą prośbę – z wielkim powodzeniem szlaki komunikacyjne łączące Niemcy z Rosją, ponieśli znaczne straty w ludziach. Zorganizowali w Polsce armię liczącą dwieście pięćdziesiąt tysięcy osób, którym brakuje tylko wyposażenia [...] Dla Polaków wojna toczy się w Polsce i tam mają najlepszą sposobność do walki".

Ale dla Wielkiej Brytanii i Stanów Zjednoczonych wojna w Polsce była mało ważna i w tej kwestii Polacy nie mieli żadnych silnych argumentów wobec dwóch dużych sojuszników. Brytyjczycy i Amerykanie dobrze wiedzieli, że polskie siły zbrojne pozostaną wierne aliantom, nawet jeśli pomoc dla Armii Krajowej będzie skromna. W dokumencie sporządzonym przez Połączony Sztab Planowania w 1943 roku na konferencji w Quebecu z udziałem Roosevelta i Churchilla stwierdzono: „Zakłada się, że armia polska będzie nadal walczyć u boku Brytyjczyków, i nie trzeba spisywać jej na straty z powodu nieudzielenia pomocy polskiej «Armii Podziemnej»".

Za to lojalność Sowietów wobec aliantów zawsze stała pod znakiem zapytania. Wielka Brytania i Stany Zjednoczone wciąż się obawiały, że Stalin może zawrzeć osobny traktat pokojowy z Hitlerem. Dlatego Polacy w Londynie sądzili, iż brak znaczącej pomocy zachodnich sojuszników dla Armii Krajowej nie jest spowodowany problemami natury logistycznej ani znaczną odległością Polski od przyszłych frontów, lecz wynika z faktu, że Churchill i Roosevelt nie chcą rozdrażnić sowieckiego wodza.

Ich podejrzenia znalazły potwierdzenie latem 1943 roku, gdy po kontrowersji wokół Katynia polski rząd po raz ostatni zwrócił się do brytyjskich i amerykańskich dowódców z prośbą o poważne zwiększenie wsparcia dla polskiego ruchu oporu. Polacy nieugięcie trwali w zamiarze wzniecenia powstania narodowego. Plan zakładał, że w ramach zbliżającej się ofensywy aliantów w Europie Armia Krajowa, wzmocniona przerzuconymi do kraju jednostkami Polskich Sił Powietrznych i żołnierzami Pierwszej Samodzielnej Brygady Spadochronowej, przejmie kontrolę na centralną Polską, a potem połączy się z nadciągającymi od zachodu wojskami sojuszniczymi.

Brytyjscy i amerykańscy szefowie sztabów wojskowych odrzucili prośbę polskiego rządu. W uzasadnieniu stwierdzili, że nie mogą dostarczyć broni i zaopatrzenia, gdyż brakuje samolotów dostawczych, a poza tym nie wierzą, żeby Armia Krajowa zwyciężyła w powstaniu bez bezpośredniego wsparcia wojsk sojuszniczych. Polski pułkownik związany z waszyngtońskim Połączonym Komitetem Szefów Sztabów spytał amerykańskiego kolegę, pełniącego równorzędną funkcję, czy „przedstawione argumenty rzeczywiście są głównym powodem takiej decyzji, czy też sedno sprawy kryje się gdzie indziej". „Sedno sprawy wiąże się z problemem sowieckim" – przyznał nieoficjalnie Amerykanin.

Służba wywiadowcza w ściśle tajnym piśmie poinformowała Komitet Szefów Sztabów, że „w obecnych okolicznościach jakakolwiek próba pełnego wyposażenia armii podziemnej w Polsce wywołałaby gwałtowną, wrogą reakcję Rosjan". Powód był oczywisty: Kreml planował przejęcie powojennej Polski. W przesłanym do Londynu raporcie brytyjskiej misji wojskowej w Waszyngtonie napisano, że prośbę Polaków odrzucono, by uniknąć tarć ze Związkiem Sowieckim.

Aby złagodzić cios, jakim była odmowa, brytyjscy i amerykańscy dowódcy wojskowi obiecali, że zwiększą pomoc dla Armii Krajowej na akcje sabotażu. W listopadzie 1943 roku sześć polskich załóg przydzielonych do 138 Dywizjonu do Zadań Specjalnych w Wielkiej Brytanii wysłano do Brindisi we Włoszech, gdzie utworzyły 1586 Polską Eskadrę do Zadań Specjalnych. Jej głównym zadaniem – na papierze – były lotnicze dostawy do Polski.

Ale Sowieci zareagowali nieprzychylnie nawet na tę obietnicę ograniczonego wojskowego wsparcia. W październiku, na spotkaniu ministrów spraw zagranicznych Wielkiej Trójki w Moskwie, Wiaczesław Mołotow wyraźnie dał do zrozumienia Anthony'emu Edenowi, że Rosjanom nie podoba się pomysł jakichkolwiek dostaw broni dla Polaków. W następnym miesiącu Stalin, Churchill i Roosevelt mieli przyjechać do Teheranu na pierwsze spotkanie twarzą w twarz, stąd Brytyjczycy i Amerykanie usilnie starali się wystrzegać wszystkiego, co mogłoby stworzyć problemy na konferencji.

Pomimo obietnic Komitetu Szefów Sztabów i przeniesienia polskich załóg do Włoch alianckie misje dostawcze do Polski zostały na najbliższe pięć miesięcy zredukowane niemal do zera. Z trzystu jeden lotów planowanych pierwotnie między październikiem 1943 a marcem 1944 roku odbyło się jedynie dwadzieścia osiem.

Wojna wolno zmierzała do końca, Niemcy się cofali, Armia Czerwona znów zbliżała się do granic Polski, a pozbawiona życiodajnych dostaw z Zachodu Armia Krajowa borykała się z brakiem pieniędzy, sprzętu łączności, amunicji i broni. Mimo to Polacy trwali niezłomnie przy planach powstania przeciw Niemcom.

Grunt pod katastrofę był przygotowany.

ROZDZIAŁ SZESNASTY

SPRAWA HONORU

Jesienią 1943 roku i Franklin Roosevelt, i Winston Churchill rozpoczęli długą wojenną odyseję. Najpierw udali się do Kairu, by omówić z chińskim generalissimusem Czang Kaj-szekiem postępy wojny na Pacyfiku. stamtąd zaś do Teheranu na spotkanie najwyższej rangi – pierwszą konferencję Wielkiej Trójki z udziałem Józefa Stalina. Wchodząc na okręt USS „Iowa" w zatoce Chesapeake dwunastego listopada, Roosevelt oczekiwał spotkania ze Stalinem „z chłopięcym entuzjazmem". Churchill, który dzień wcześniej opuścił Plymouth na pokładzie okrętu HMS „Renown", był pełen nadziei, ale i obaw. A o czym myślał Stalin, przygotowując się do podróży z Moskwy do Teheranu? Cóż, nigdy nie było pewności, co knuje ten Gruzin o nieprzeniknionej twarzy.

Podczas pięciodniowej konferencji w Kairze Roosevelt, Churchill i Czang uzgodnili, że będę kontynuować wojnę z Japonią aż do jej bezwarunkowej kapitulacji. A potem pierwsi dwaj udali się do spowitej obłokami pyłu stolicy Iranu, położonej u stóp zaśnieżonych gór Elburs, na spotkanie ze Stalinem, które miało się rozpocząć dwudziestego ósmego listopada. W drodze do Teheranu alianccy przywódcy mogli czerpać sporą satysfakcję z obrotu spraw w Europie. Po wielu niepowodzeniach wojska anglo-amerykańskie przeszły wreszcie do zdecydowanej ofensywy. W Afryce Północnej pokonano Rommla. Zdobyto Sycylię. Obalono Mussoliniego, a jego faszystowski rząd zmuszono do kapitulacji. Oddziały sprzymierzonych przedzierały się wolno na północ wzdłuż włoskiego buta, stopniowo wyzwalając go z rąk wroga. W zasięgu ich możliwości był Rzym, tak w każdym razie sądzili (błędnie, jak się wkrótce okazało) brytyjscy i amerykańscy dowódcy. A na froncie wschodnim Armia Czerwona wypierała Niemców z Rosji.

Zupełnie inną sprawą były polityczne i dyplomatyczne aspekty wojny. Półtora roku wcześniej Stalinowi udało się wydębić z Roosevelta obietnicę, że alianci otworzą niebawem zachodni front. Na razie do tego nie doszło – i rzecz miała się odwlec o dalsze pół roku. Stalin, który batalie w Afryce Północnej i Włoszech uważał za uboczne, gotował się ze złości – i to tak, że zeszłego lata odwołał swoich ambasadorów z Londynu i Waszyngtonu.

Zachodni front nie był jedyną drażliwą kwestią w sojuszu. Stalin wściekł się również w maju 1943 roku, kiedy z powodu wielkiego zagrożenia na morzu zawieszono tymczasowo brytyjskie konwoje przewożące broń i inne dostawy do ZSRR. Pływanie w konwojach do portów na północy Rosji należało do najcięższych zadań w tej wojnie: łupem bezustannie patrolujących Morze Północne i Norweskie niemieckich U-Bootów padła dotąd blisko jedna czwarta alianckich jednostek pływających wysłanych w ten rejon.

We wrześniu Churchill zapewnił Stalina, że konwoje niebawem znów wyruszą w drogę, lecz zażądał lepszego traktowania brytyjskich marynarzy w rosyjskich portach. Poprzednio Sowieci zabraniali załogom konwojów opuszczania okrętów bez specjalnych przepustek, a część marynarzy, którzy zeszli na brzeg, wtrącono na nieokreślony czas do rosyjskich więzień pod zarzutem pijaństwa. Brytyjczycy mają „obowiązek" wysyłać konwoje, angielscy marynarze są obibokami i szpiegami, a żądania Churchilla to „groźba" – odpowiedział z histeryczną wściekłością Stalin. Brytyjski premier pokazał Gruzinowi, że i jego stać na imperialne gesty. Odesłał depeszę do ambasady sowieckiej z adnotacją, że odmawia jej przyjęcia.

W przeddzień konferencji w Teheranie było jasne przynajmniej dla niego, że wbrew obrazowi szczęśliwego, bezproblemowego sojuszu, jaki usilnie propagował z Rooseveltem, stosunki zachodnich aliantów ze Związkiem Sowieckim napotkały znaczne trudności. Jego obawy, że Stalin spróbuje zawrzeć osobny traktat pokojowy z Hitlerem, wzrosły po przystąpieniu Armii Czerwonej do ofensywy i pojawieniu się nowych wątpliwości co do sowieckich zamiarów względem powojennej Europy. Osoby z najbliższego otoczenia premiera widziały, jak bardzo go to wszystko wyczerpuje.

Churchill prowadził wojnę od przeszło trzech lat, a napięcie fizyczne i emocjonalne, jak też trudy, towarzyszące licznym wizytom w brytyjskich oddziałach i u alianckich mężów stanu, sprawiły, że stał się znużony i ponury. Sir Alana Brooke'a, szefa wojennego Imperialnego Sztabu Generalnego, i innych członków rządu brytyjskiego niepokoiły u premiera nagłe zmiany nastroju, chwiejność w kwestiach strategii i taktyki, a także widoczna czasem „niestabilność umysłowa" i to, że „nie kończąc jednego tematu, przechodził do następnego". Coraz częściej poglądy Churchilla na temat Stalina i Sowietów wahały się biegunowo – od nadziei i optymizmu do obaw bliskich czarnej rozpaczy.

Wybiegając myślą ku zakończeniu wojny, był zdecydowany zrobić wszystko co konieczne dla ochrony długofalowych interesów brytyjskich w Europie. W tym przypadku oznaczało to zapobieżenie wkroczeniu Sowietów do takich krajów jak Włochy, Grecja i Turcja. Od jakiegoś czasu Churchill naciskał na Roosevelta, by opóźnił planowaną inwazję na Francję i przypuścił ofensywę na Bałkany, jego zdaniem „miękkie podbrzusze" Europy. W dniach pierwszej wojny światowej, jako pierwszy lord admiralicji, był współautorem podobnej operacji na Gallipoli – katastrofalnej w skutkach. Ale tamten plan różnił się od nowego. W pierwszym chodziło o wspomożenie Rosjan, w drugim o pokrzyżowanie im szyków. Niemniej budził on tyle uzasadnionych zastrzeżeń – politycznych i wojskowych – że Roosevelt w końcu go odrzucił.

Armia Czerwona, po zmuszeniu Niemców do zdecydowanego odwrotu, szykowała się do zajęcia większości albo wszystkich krajów Europy Wschodniej. W tej sytuacji Churchill, widząc, że traci argument „miękkiego podbrzusza", uciekł się do dyplomatycznego wybiegu. Wraz z Anthonym Edenem rzucił pomysł utworzenia konfederacji demokratycznych państw Europy Wschodniej i Środkowej, z Polską włącznie, jako przeciwwagi dla powojennej potęgi Sowietów. Brytyjczycy zaproponowali również, żeby o przyszłości Europy Wschodniej zadecydować w trójkę z Sowietami. Powodzenie tych planów zależało od silnego poparcia Amerykanów, ale ci odmówili. W październiku, na konferencji ministrów spraw zagranicznych w Moskwie, sowiecki minister spraw zagranicznych Wiaczesław Mołotow zdecydowanie (co nie było zaskoczeniem) odrzucił brytyjskie pomysły, a sekretarz stanu Cordell Hull nie poparł Edena, nazywając kwestie wschodnioeuropejskie „mało znaczącymi drobiazgami".

Po tej nowej strategicznej porażce Churchill zaczął usilnie wmawiać sobie, że Stalin zgodnie z deklaracją naprawdę opowiada się za wolną, niezależną (choć terytorialnie okrojoną) Polską. Może więc oddanie mu z dawien dawna spornych ziem na wschodzie Polski zaspokoiłoby jego głód ekspansji. Samooszukiwanie się brytyjskiego premiera było jedynie przykładem, jak dumny i wierny zasadom człowiek próbuje zracjonalizować coś, czego zracjonalizować się nie da. W ostatecznym rozrachunku sprowadzało się to do sprawy honoru – dotrzymać złożonych obietnic czy je złamać, potwierdzić pokładane zaufanie czy je zawieść? Churchill nieraz przypominał innym, że Wielka Brytania przystąpiła do wojny przede wszystkim w obronie niepodległości Polski. Sam wielokrotnie obiecywał jej pomoc. A teraz zastanawiał się, jak, łamiąc tę obietnicę, ocalić honor.

Tuż przed konferencją w Teheranie Eden i Churchill (mimo żywionych skrupułów) rozpoczęli w praktyce przekazywać ZSRR wschodnie ziemie Polski, wywierając bezpośredni nacisk na jej rząd w Londynie, aby uznał linię Curzona za granicę. Polacy odmówili. Nawet gdyby byli skłonni się z tym pogodzić, o czym nie było mowy, polska tradycja oraz wierność zasadom demokratycznym nie pozwalały im oddać nawet piędzi ziemi ojczystej bez zgody narodu. Przywódcy polskiego podziemia już wcześniej zdecydowanie sprzeciwili się temu pomysłowi. Poza tym – argumentował rząd – oddanie wschodniej Polski Stalinowi nie tylko go nie powstrzyma, lecz wręcz zachęci do zrealizowania niewątpliwego drugiego celu: ustanowienia w kraju marionetkowego komunistycznego rządu. Na podstawie przykrych XIX-wiecznych doświadczeń rozbiorowych Polacy wiedzieli, że utrata terytorium prowadzi do utraty niepodległości.

Dla Polaków w Londynie był to nadzwyczaj trudny okres. Nie dość, że naciskali ich Sowieci i Anglicy, to jeszcze po stracie darzonego wielkim szacunkiem przywódcy, generała Władysława Sikorskiego, rysowała się przed nimi niepewna przyszłość. Polski premier i wódz naczelny zginął w lipcu w katastrofie lotniczej u wybrzeży Gibraltaru; mimo że śledztwo przeprowadzone na zlecenie rządu brytyjskiego uznało to zdarzenie za wypadek, wielu Polaków podejrzewało sabotaż. Następcą Sikorskiego został Stanisław Mikołajczyk, przywódca wpływowego lewicowo-centrowego Polskiego Stronnictwa Ludowego, członek rządu na uchodźstwie.

Ten krępy, łysiejący chłopski syn, który w latach trzydziestych stanął na czele strajku przeciw represyjnemu przedwojennemu rządowi, cieszył się opinią twardego liberała. Zapowiedziawszy kontynuację polityki poprzednika, szybko zdobył szacunek Churchilla i Roosevelta inteligencją, spokojną godnością, uporem i odwagą. Mimo to czterdziestodwuletni premier nie miał u nich takiego – też przecież ograniczonego – poważania i autorytetu jak generał. Brakowało mu także zdolności Sikorskiego do utrzymania w karbach licznych zwalczających się koterii w polskim rządzie i do przeciwstawienia się prawicowym żądaniom wprowadzenia twardszej polityki wobec Stalina.

Walcząc o utrzymanie pokoju w łonie polskiej koalicji, latem i jesienią 1943 roku Mikołajczyk starał się przeciwstawić coraz silniejszej, w jego opinii, tendencji głównych aliantów, żeby kosztem Polski uspokoić Stalina. W przeddzień konferencji w Teheranie poprosił o spotkanie z Churchillem. Na próżno. Zwrócił się więc do Anthony'ego Drexela Biddle'a z prośbą o zaaranżowanie rozmowy w cztery oczy z prezydentem Stanów Zjednoczonych. I tym razem odprawiono go z kwitkiem. Przekonany, że Polska będzie głównym tematem dyskusji na szczycie i że Roosevelt z Churchillem gotowi są do ustępstw wobec Stalina, nie posiadał się z niepokoju. „Nawet skazanemu na śmierć przysługuje prawo do wygłoszenia ostatniego słowa przed sądem" – zaprotestował na spotkaniu z Biddle'em.

Amerykanie i Brytyjczycy odpowiedzieli Mikołajczykowi, że przesadza. Tuż przed wyjazdem z Londynu Eden przyrzekł, że on i Churchill „nie narzucą rządowi brytyjskiemu, ani tym bardziej polskiemu, żadnych decyzji, dopóki polski rząd nie zasięgnie opinii i nie uzyska zgody narodu polskiego". Dwulicowość i kłamstwo rosły w siłę.

W tym okresie Roosevelt nie tylko uchylał się od spotkania z Mikołajczykiem, ale również unikał Churchilla. W przeszłości obaj mężowie stanu spędzali wspólnie Boże Narodzenie i inne święta. Jeździli razem na ryby, żartowali, pili i śpiewali. Aż tu nagle amerykański prezydent zaczął zachowywać się tak, jakby chciał mieć jak najmniej do czynienia ze swoim brytyjskim przyjacielem i sojusznikiem. To chłodne traktowanie nie uszło uwagi Churchilla, który na własnej skórze odczuł, czego doświadczył Mikołajczyk. W roku 1942, z pomocą Polaków i innych aliantów, Wielkiej Brytanii udało się obronić przez Niemcami, a ponieważ nie dysponowała odpowiednim zapleczem ekonomicznym i liczbą wojsk, żeby samodzielnie wygrać wojnę, musiała oddać pierwsze skrzypce silniejszym i bogatszym Stanom Zjednoczonym. Po ogromnym wzmocnieniu w roku 1943 amerykańskich sił w Wielkiej Brytanii i Afryce Północnej Churchill z bólem i zaniepokojeniem spostrzegł, że on sam i jego kraj są traktowani jak młodszy partner w anglo-amerykańskim sojuszu.

W tym czasie Roosevelt był znacznie bardziej zainteresowany zalecankami do Stalina, którego postrzegał jako potencjalnego przyszłego partnera Ameryki, niż dogadzaniem Churchillowi, którego uważał za postać należącą do przeszłości. „Najważniejsze są nasze stosunki z Rosją" – zadepeszował do brytyjskiego premiera na początku października. „Przekonasz się, że staniemy w jednym szeregu z Rosjanami" – ostrzegł lorda Morana, osobistego lekarza Churchilla, tuż przed rozpoczęciem konferencji w Teheranie Harry Hopkins. „Szokuje mnie to – zanotował w dzienniku Moran – że dla Amerykanów premier jest czarnym charakterem w tej sztuce; są o wiele bardziej sceptycznie nastawieni do niego niż do Stalina".

Roosevelt pewien był, jak oznajmił wcześniej Churchillowi, że poradzi sobie ze Stalinem o wiele lepiej niż on lub ktokolwiek z brytyjskich i amerykańskich dyplomatów. Wierzył, że zdobędzie względy sowieckiego dyktatora, jak tylko się z nim spotka i oczaruje go niezawodnym osobistym wdziękiem i staroświeckim luzem. On i Churchill często nazywali Stalina „Wujem Józiem" – „Uncle Joe" lub „UJ" – tak jakby ten stary bolszewik był drażliwym krewnym, któremu należy poprawiać zły humor.

Przez dwa lata Roosevelt opóźniał podjęcie ważnych i trudnych decyzji dotyczących Związku Sowieckiego. Te i inne sprawy zostaną rozwiązane na spotkaniu ze Stalinem – zapewniał. Wystosował do niego trzy formalne prośby o rozmowę. Ale Stalin, który wcześniej odrzucił propozycje trójstronnego spotkania, za każdym razem odmawiał. Dlatego amerykański prezydent, coraz bardziej zaniepokojony możliwością rozpadu Wielkiej Koalicji i wyimaginowaną groźbą zawarcia przez Kreml osobnego pokoju z Hitlerem, z zachwytem powitał zgodę Stalina na konferencję Wielkiej Trójki w Teheranie. Wreszcie nadarzyła się okazja osobistego spotkania z sowieckim przywódcą. Roosevelt chciał ją maksymalnie wykorzystać. Według Cordella Hulla jego plan polegał na tym, żeby „w rozmowie ze Stalinem wyciągnąć go, by tak rzec, ze skorupy rezerwy, skrytości i podejrzliwości na tyle, by zaczął patrzeć szerzej, podszedł bardziej praktycznie do współpracy międzynarodowej w przyszłości i ujawnił zamiary Rosji na Wschodzie i na Zachodzie".

W Teheranie Roosevelt odrzucił zaproszenie Churchilla do brytyjskiego poselstwa i po oświadczeniu Rosjan, że odkryli spisek na jego życie i zapewnią mu bezpieczeństwo, zamieszkał w poselstwie sowieckim. Później zaś w trakcie czterodniowej konferencji odmówił zjedzenia z Churchillem prywatnego lunchu. Harry Hopkins miał podobno powiedzieć, że prezydent nie chciał „stworzyć wrażenia, że naradzają się razem z Winstonem, jak popsuć szyki Stalinowi".

W rezultacie Roosevelt połączył siły ze Stalinem, by popsuć szyki Churchillowi. Podczas wspólnej kolacji na początku spotkania na szczycie sowiecki przywódca cały czas dogryzał brytyjskiemu premierowi, a amerykański prezydent, wedle świadectwa jego tłumacza, pracownika Departamentu Stanu, Charlesa Bohlena, „nie dość, że brał stronę Stalina, to z przyjemnością śledził słowne potyczki między nimi". Skonsternowany Bohlen napisał potem, że Roosevelt „powinien był stanąć w obronie bliskiego przyjaciela i sojusznika, na którym Stalin naprawdę się wyżywał".

Parę dni później FDR podbił stawkę. Dotąd jego próby oczarowania Stalina nie odniosły spodziewanego skutku. Prezydenta wyraźnie zbiło to z tropu.

„Zrobiłem wszystko, o co prosił – wyznał później sekretarzowi Departamentu Pracy, pani Frances Perkins. – Zatrzymałem się w jego ambasadzie, chodziłem na wydawane przezeń kolacje, przedstawiono mnie jego ministrom i generałom. Zachowywał się bez zarzutu, ale brakło mu ludzkich odruchów, był sztywny, poważny, nie uśmiechał się. Naprawdę się zniechęciłem".

Postanowił więc zmienić taktykę: za przykładem Stalina pokpić sobie z Churchilla. Na początku następnej sesji rozmów szepnął do Gruzina: „Winston jest dziś nie w sosie. Pewnie wstał lewą nogą z łóżka", a potem, zachęcony uśmieszkiem sowieckiego dyktatora, zaczął się droczyć z Anglikiem, żartując z jego „brytyjskości [...] z jego cygar i z jego nawyków". Im Churchill mocniej czerwieniał i pochmurniał, tym Stalin uśmiechał się szerzej, aż w końcu zaniósł się gromkim śmiechem. „Pierwszy raz w ciągu tych trzech dni zaświtała mi nadzieja – triumfował Roosevelt. – Od tej chwili nasze stosunki nabrały osobistego charakteru. Rozmawialiśmy jak mężczyźni, jak bracia".

Uciekając się do sztubackich docinków, by wzbudzić zaufanie i przyjaźń tyrana, Roosevelt pomniejszył najbliższego sojusznika, człowieka, który bardzo go podziwiał. W rezultacie wysłał sygnał odwrotny do zamierzonego. Czyż niezmiennie podejrzliwy Stalin mógł zaufać ludziom nielojalnym wobec siebie? I co mogło mu grozić z ich strony, skoro było widać jak na dłoni, że się ze sobą nie zgadzają? W opinii Bohlena „sztama" Roosevelta ze Stalinem przeciw Churchillowi była „kardynalnym błędem [...] Rosyjscy przywódcy oczekiwali i zdawali sobie sprawę, że Wielka Brytania i Stany Zjednoczone siłą rzeczy zawsze będą znacznie sobie bliższe w sposobie myślenia i poglądach niż jedno z tych państw i Związek Sowiecki. Podejmując tak czytelną próbę odcięcia się od Churchilla, prezydent nikogo nie nabrał, a najpewniej wywołał u Stalina skryte rozbawienie". George Kennan, kolega Bohlena z Departamentu Stanu, napisał później, że próba nawiązania szczególnych stosunków ze Stalinem kosztem Churchilla należała „do najsmutniejszych przejawów niemal dziecinnej niezdolności FDR do zrozumienia osobowości Stalina i natury jego reżimu".

Później, przed zakończeniem wojny, Stalin powiedział do grupy jugosłowiańskich komunistów: „Churchill to człowiek, który sięgnie do waszej kieszeni po kopiejkę, jeżeli nie będziecie się mieć na baczności. Tak, połaszczy się na kopiejkę! [...] Roosevelt jest inny. On wsadza rękę do cudzej kieszeni po większe monety".

Choć Roosevelt i Churchill byli głównymi inicjatorami szczytu w Teheranie, pojechali tam bez formalnych przygotowań. Nie ustalono porządku obrad, nikt też ich nie protokołował. Przed szczytem Averell Harriman powiedział Mołotowowi, że Roosevelt, który miał przewodniczyć konferencji, wyobrażał ją sobie jako nieformalne „spotkanie towarzyskie". Dla prezydenta głównym celem rozmów w Teheranie nie było podjęcie konkretnych decyzji dotyczących wojny, tylko nawiązanie bliskich osobistych stosunków ze Stalinem. Chciał poznać jego poglądy na temat ogólnej strategii pokonania Niemców, potem zaś pozwolić, by „każdy mógł poruszyć dowolną kwestię, na jaką ma ochotę, pominąć zaś to, co mu nie odpowiada". Jego upodobanie do improwizacji było tak wielkie, że nie korzystał ze sprawozdań i raportów Departamentu Stanu, dotyczących kwestii, które miały być przedmiotem konferencji. Kilka lat po wojnie Sumner Welles przyznał, że Roosevelt i jego ekipa często dyskutowali o powojennych problemach terytorialnych i politycznych „w sposób wyjątkowo chaotyczny, bez przygotowania i gruntownego rozważenia tematu".

Marszałek Józef Stalin, prezydent Franklin D. Roosevelt oraz premier Winston Churchill na konferencji w Teheranie w 1943 roku. (Biblioteka Kongresu).

Ze wszystkich relacji wynika, że zdecydowanie najlepszym negocjatorem spośród Wielkiej Trójki był dobrze przygotowany i zorganizowany Stalin. Amerykańskich i brytyjskich dyplomatów zdumiała jego mistrzowska znajomość szczegółów operacji wojskowych i zagadnień dyplomatycznych. „Gdybym miał skompletować zespół, z którym wejdę do sali obrad, to najpierw wybrałbym Stalina" – napisał po latach Anthony Eden. W Teheranie sowiecki przywódca nie pokazał swojej despotycznej i ponurej strony. Eden zapamiętał go jako „skrytego za maską" i „spokojnego". Od czasu do czasu Stalin posyłał przelotny, wyćwiczony uśmiech, nigdy nie podnosił głosu, nie marnował słów. Do niczego szczególnego się nie zobowiązał – za to przyjął wiele zobowiązań sojuszników. W Teheranie, a później w Jałcie, brytyjscy i amerykańscy dyplomaci oraz dowódcy wojskowi odnieśli „niemiłe wrażenie", że – jak wyraził się brytyjski urzędnik – „wszystkie bezpośrednie korzyści przypadły Rosji, a Stanom Zjednoczonym i Wielkiej Brytanii ogólnikowe obietnice na przyszłość".

Na konferencji teherańskiej omówiono mgliste marzenie Roosevelta o utworzeniu po wojnie międzynarodowej organizacji pokojowej, ale nie podjęto konkretnych decyzji. Ten sam los spotkał kwestie powojennej roli Francji i zasad postępowania aliantów wobec pokonanych Niemiec. Niemniej w Teheranie zapadło kilka ważnych postanowień. Stalin usłyszał wreszcie zdecydowaną zapowiedź przeprowadzenia operacji „Overlord", od dawna oczekiwanej inwazji na kontynent, której termin (przesunięty potem o miesiąc) wyznaczono wstępnie na maj 1944 roku. W zamian Stalin zgodził się przystąpić w tym samym czasie do ofensywy na Wschodzie, obiecał też potajemnie, że po klęsce Niemców wypowie wojnę Japonii. W rewanżu wdzięczny Roosevelt pomógł mu storpedować Churchillowską propozycję rozszerzenia operacji na Morzu Śródziemnym i na Bałkanach. Ponadto Wielka Trójka zagwarantowała niepodległość i integralność terytorialną Iranu po wojnie.

O Polsce, „głównym obiekcie pożądania [Stalina] i jądrze jego polityki", nie mówiono wiele aż do ostatniej sesji. Ale do tego czasu Stalin, nie kiwnąwszy palcem, osiągnął swoje.

W pierwszym dniu szczytu po kolacji Churchill odciągnął sowieckiego przywódcę na bok, żeby porozmawiać z nim bez świadków o kilku sprawach, w tym o Polsce. W rozmowie tej dał jasno do zrozumienia, że choć los Polaków jest dla Wielkiej Brytanii ważny, to „sprawą najistotniejszą jest bezpieczeństwo zachodniej granicy rosyjskiej". Tym samym zgodził się z twierdzeniem Stalina, że Związek Sowiecki potrzebuje wschodniej Polski jako buforu bezpieczeństwa, chroniącego przed przyszłymi napaściami. Polska – dodał – mogłaby po prostu „przesunąć się na zachód, jak żołnierze robiący dwa kroki na komendę: «Równaj w lewo»", innymi słowy: zrekompensować sobie stratę kresów wschodnich częścią niemieckich ziem na zachodzie.

Churchill zaznaczył, że nie został upoważniony przez parlament do wyznaczenia nowych granic Polski. Stwierdzenie to samo w sobie było grubym nadużyciem. Ani bowiem on, ani brytyjski parlament nie mieli do tego najmniejszego prawa. Tylko Polska, jako suwerenne państwo alianckie, mogła wyrazić zgodę na zmianę swych granic – potwierdził to w 1941 roku gabinet Churchilla, zapewniając władze polskie w Londynie, że Wielka Brytania nie uzna żadnych zmian granic ich kraju, jakie nastąpiły po sierpniu 1939. Brytyjczycy wprawdzie nie mogli zmusić Polski do zaakceptowania zrewidowanych granic, ale Churchill wyraził przekonanie, że gdy dojdzie do nieoficjalnego porozumienia Wielkiej Trójki, zdoła przekonać Polaków do zmian. W czasie tej krótkiej rozmowy ani razu nie poprosił Stalina o coś w zamian, choćby o ustną obietnicę uznania niepodległości Polski.

W odpowiedzi – dając do zrozumienia, że dostrzega rozdźwięk pomiędzy publicznymi wzniosłymi oświadczeniami zachodnich aliantów a ich skrytą gotowością do zdradzenia towarzyszy broni – Stalin spytał, czy przesunięcie granic dokona się bez udziału Polaków. Churchill potwierdził.

A potem przyszła kolej na Roosevelta. Do spotkania ze Stalinem doszło na kilka godzin przed ostatnią oficjalną sesją konferencji. Przywódcom towarzyszyli jedynie Averell Harriman, Wiaczesław Mołotow oraz dwóch tłumaczy. Amerykański prezydent zapewnił, że w pełni popiera pomysł Stalina, dotyczący przesunięcia granic Polski na zachód, jednakże z przyczyn politycznych nie może wziąć udziału w wieczornych rozmowach Wielkiej Trójki na ten temat. Przymierzał się, choć nie bez wahania, do startu w zbliżających się wyborach prezydenckich w roku 1944. Nie chciał więc ryzykować utraty sześciu–siedmiu milionów głosów Amerykanów polskiego pochodzenia. Sprawa linii Curzona – wyjaśnił później Edenowi Harry Hopkins – była w Stanach Zjednoczonych „politycznym dynamitem".

Charles Bohlen z osłupieniem przełożył słowa prezydenta. Roosevelt w tajemnicy odchodził od głoszonego publicznie stanowiska rządu, że wszystkie decyzje terytorialne należy odłożyć do zakończenia wojny. Sygnalizował Stalinowi, że uznaje jego racje w kwestii linii Curzona, ale wieść o ich układzie w żadnym razie nie może wydostać się na zewnątrz. Na dodatek Bohlen – tak jak pewnie reszta członków amerykańskiego rządu – właśnie wtedy pierwszy raz usłyszał, że prezydent na zamiar ubiegać się o wybór na czwartą kadencję. Jeśli Stalin był tym równie zaskoczony jak prezydencki tłumacz, to nie okazał tego po sobie. Jak zwykle nieprzenikniony, odparł jedynie, że rozumie.

Wierny danemu słowu, Roosevelt powstrzymał się w Teheranie od dalszej merytorycznej dyskusji na temat Polski. Otwierając ostatnie plenarne posiedzenie, wyraził tylko nadzieję, że polski rząd emigracyjny i Sowieci wznowią wkrótce stosunki dyplomatyczne. To z pozoru niewinne zdanie rozzłościło Stalina, który zaczął miotać oskarżenia pod adresem londyńskich Polaków, nazywając ich tchórzami, wspólnikami Hitlera i mordercami. Ani Churchill, ani Roosevelt nie wystąpili w ich obronie, a brytyjski premier szybko zmienił temat i zajął się linią Curzona. Zebrali się wraz z podwładnymi wokół dwóch map i zaczęli dzielić Polskę.

W czasie tej samej sesji Anthony Eden podjął krótką, spóźnioną próbę uratowania czegoś dla Polaków. Wysunął argument, że Lwów, miasto niezaprzeczalnie polskie, powinien pozostać w Polsce, gdyż pierwotna linia Curzona biegnie na wschód od niego. Stalin i Mołotow odrzucili ten apel, choć Lwów leżał niewiele kilometrów od ziem powszechnie uważanych za etnicznie polskie. Eden obstawał przy swoim, ale przegrał spór, bo premier go nie poparł. „Nie miałem zamiaru lamentować [z powodu Lwowa]" – przyznał później Churchill we wspomnieniach.

Gdy mężowie stanu kreślili na mapach swoje wersje linii Curzona na wschodzie i nowej niemiecko-polskiej granicy na zachodzie, w ogóle albo prawie wcale nie myśleli o ludzkich kosztach tak radykalnych, arbitralnych przesunięć granic. Mężowie stanu operowali w próżni polityki mocarstwowej. Nie zastanawiali się nad wyrwaniem z rodzinnej gleby milionów ludzi, nad dojmującym bólem utraty własnej małej ojczyzny, dla większości Polaków tożsamej z utratą cząstki samych siebie. Ziemie niemieckie, które mają przypaść Polsce – dowodził Churchill – są uprzemysłowione, a zatem o wiele cenniejsze niż polskie bagna nad Prypecią, mające przejść w ręce Sowietów. Oświadczył, że powie Polakom, iż „dostają wspaniałe miejsce do życia" i będą mieli „o wiele lepszą Polskę". Stalin przyznał, że Polska stanie się dużym państwem przemysłowym. „I przyjaźnie nastawionym do Rosji" – dodał Churchill.

Kiedy Polacy przeciwstawili się w roku 1939 Niemcom, kiedy tłumnie opuszczali Polskę, żeby walczyć dalej, kiedy próbowali bronić Francji i kiedy toczyli boje z Luftwaffe w bitwie o Anglię, nie mogli przypuszczać, że ich kraj zostanie potraktowany – przez sojuszników! – w tak bezceremonialny i bezduszny sposób. Generał Władysław Anders wyraził się później, że Polsce

„z całą pewnością należała się pełna niepodległość bez płacenia za nią Rosji połową terytorium".

Z perspektywy czasu jasno widać, że punktem zwrotnym dla Polski była konferencja Wielkiej Trójki w Teheranie, a nie częściej przywoływana konferencja jałtańska w lutym 1945 roku. Wprawdzie los tego kraju był dla trzech przywódców aż do końca wojny kwestią zasadniczą, lecz jego powojenną przyszłość jako sowieckiego satelity, z narzuconym systemem komunistycznym, ustalono w gruncie rzeczy w Teheranie. Ponieważ Churchill i Roosevelt ustąpili całkowicie w kwestii linii Curzona, nie prosząc w zamian o nic prócz dyskrecji, Stalin miał pełne podstawy sądzić, że w przyszłości ci dwaj politycy nie staną mu okoniem, gdy wysunie nowe żądania wobec Polski lub innego kraju w Europie Wschodniej.

„Nie mamy teraz w ręku prawie żadnych atutów – powiedział o sprawie polskiej lord Vansittart, podsekretarz stanu w Ministerstwie Spraw Zagranicznych. – Ale w pokera można wygrać, nawet nie mając niczego w kartach, pod warunkiem że ich się nie pokazuje przeciwnikowi". Churchill, zdaniem lorda Vansittarta, popełnił „niewybaczalny błąd", pokazując Stalinowi, mistrzowi gry w pokera, wszystkie karty.

Zasłona tajemnicy, opuszczona w czasie czterech dni rozmów w Teheranie, nie drgnęła po ich zakończeniu. Dziennikarzom nie pozwolono relacjonować przebiegu konferencji (jak zresztą żadnej innej ważnej konferencji w czasie wojny), nie wydano oficjalnego komunikatu, nie ujawniono szczegółów podjętych ustaleń ani przedmiotu dyskusji. Po powrocie do swoich krajów Roosevelt i Churchill ograniczyli się do wychwalania spotkania na szczycie jako triumfu Wielkiej Trójki, „przyjaciół w sferze materii, ducha i zamiarów". Nie wspomnieli o Polsce ani nie powiadomili polskiego rządu w Londynie, czego dokonali. „Jakakolwiek wypowiedź w tej kwestii może mieć katastrofalne skutki w Stanach Zjednoczonych w roku wyborów, a my także bez wątpienia staniemy się przedmiotem kłopotliwych ataków w Izbie Gmin" – ostrzegł Edena w liście Churchill.

Roosevelt początkowo zamierzał wygłosić w Kongresie przemówienie na temat Teheranu, ale po namyśle je odwołał. Postanowił również nie udzielać żadnych dalszych informacji dziennikarzom. Tłumacz Charles Bohlen posłusznie przekazał swoje notatki z konferencji do Białego Domu. Nikt w departamencie, z (nieobecnym na szczycie) sekretarzem stanu Cordellem Hullem włącznie, nie otrzymał żadnych urzędowych informacji, co postanowiono w sprawie Polski. Cztery miesiące po konferencji Hull poskarżył się Williamowi Bullittowi, że „wciąż nie wie, co zdarzyło się w Teheranie". Kiedy polski ambasador Jan Ciechanowski spytał go później o szczegóły, odparł – nie wiadomo, na podstawie jakiego źródła – że Roosevelt „wielokrotnie" usiłował bronić sprawy polskiej, lecz Stalin nie dał się przekonać.

Anthony Eden napisał we wspomnieniach, że po Teheranie „zaczął mocno obawiać się o Polaków". Jednakże wkrótce po powrocie do Londynu, chcąc rozwiać rosnące zaniepokojenie części posłów, czy w Iranie nie doszło do tajnych porozumień, oznajmił w parlamencie: „Oświadczam Izbie [...] żeby nie było wątpliwości, że nie weszliśmy w żaden potajemny układ ani nie zobowiązaliśmy się do niczego, co mogłoby komukolwiek spędzić sen z powiek". Do tego oczywistego fałszu dorzucił jeszcze jeden. Na pytanie konserwatywnego posła Kennetha Pickthorna, czy rząd podtrzymał zobowiązania Karty Atlantyckiej, a sam Eden własne, złożone Polsce w 1941 roku zapewnienie, że Wielka Brytania nie uznaje żadnych zmian terytorialnych po sierpniu 1939 roku, brytyjski minister spraw zagranicznych odpowiedział: „Rząd Jego Królewskiej Mości nie uznaje żadnych zmian terytorialnych, do jakich doszło w Polsce od sierpnia 1939. Takie stanowisko pozostaje w mocy".

W najlepszym razie była to kazuistyka. Wprawdzie Eden i Churchill nie uznali formalnie roszczeń Stalina do granicy wzdłuż linii Curzona, ale pozostawili go w przekonaniu, że jego żądaniom stanie się zadość.

Zapewniwszy sobie w Teheranie ustępstwa Roosevelta i Churchilla, na początku 1944 roku Sowieci wystarczająco jasno pokazali światu, że planują przejęcie Polski. Wypchnąwszy Niemców ze swojego kraju, w styczniu przekroczyli jej usankcjonowaną prawem granicę i zawłaszczyli polskie kresy wschodnie jako swoje. Polska – oznajmił Kreml, powtarzając za nieformalnym porozumieniem w Teheranie – otrzyma w zamian niemieckie ziemie na zachodzie.

W oficjalnej nocie Sowieci zażądali, żeby polski rząd na uchodźstwie zaakceptował utratę terytorium oraz pozbył się kilku dygnitarzy, uznanych za antysowieckich. Już kilka miesięcy wcześniej Kreml ogłosił utworzenie Związku Patriotów Polskich, grupy polskich komunistów, którzy od początku wojny mieszkali w Moskwie. Jednocześnie władze sowieckie nasiliły publiczną nagonkę na polskich przywódców w Londynie, nazywając ich „faszystami" i oskarżając o zdradę sprawy sprzymierzonych. „Gdyby to nie był artykuł prasowy, lecz oficjalne oskarżenie sporządzone przez sowieckiego prokuratora, wszyscy polscy przywódcy obciążeni tymi zarzutami zostaliby aresztowani natychmiast po dotknięciu stopą polskiej ziemi" – skomentowała szczególnie zjadliwy artykuł w „Prawdzie", oficjalnym organie sowieckiej partii komunistycznej, Agencja Reutera.

Większość prasy brytyjskiej uznała sowieckie żądania za zasadne, nie przejmując się zbytnio inwektywami, jakimi byli obrzucani Polacy. Pomysł przyjęcia linii Curzona jako nowej oficjalnej granicy polsko-sowieckiej szybko się przyjął. Zgodnie z przewidywaniami Stalina, wyrażonymi kilka miesięcy temu, na korzyść takiego rozwiązania przemawiała w Wielkiej Brytanii już sama nazwa. „Na podstawie tej nazwy [Brytyjczycy] wyciągają wniosek, że zacny, konserwatywny mąż stanu miał zacny, konserwatywny pomysł, którędy powinna przebiegać linia demarkacyjna pomiędzy Polską a Rosją" – powiedział torysowski poseł Victor Petherick.

W BBC cenzor usunął z nadanego do Polski przemówienia członka rządu londyńskiego wzmiankę o Lwowie i Wilnie jako miastach polskich. „Times", który wraz z innymi gazetami zaczął pisać o wschodniej granicy Polski jako „dawnej granicy polskiej" i „granicy z roku 1939", rozpoczął kampanię na rzecz linii Curzona, zachęcając Polaków do ustąpienia wobec sowieckich żądań i „zyskania przyjaźni" Rosjan. „Nie da się zyskać przyjaźni nikogo, pozwalając, by odciął ci rękę i nogę [...] – odpowiedziała na ten argument polska gazeta w Wielkiej Brytanii. – Trzy razy w ciągu XVIII wieku ciało Polski poddano podobnym amputacjom i w żadnej mierze nie zmieniło to wrogiej postawy Rosji wobec niej na przyjazną".

Kiedy inny polski tytuł skrytykował ocenzurowanie przez brytyjski rząd wzmianki o Lwowie i Wilnie jako miastach polskich, Brendan Bracken, minister informacji, nakazał wstrzymać przydział papieru dla gazety, doprowadzając do jej zamknięcia. „Brytyjscy marynarze nie po to przewożą przez ocean papier, żeby jacyś obcokrajowcy wspierali niemiecką propagandę i siali ziarno niezgody wśród aliantów" – powiedział w Izbie Gmin, wezwany do złożenia wyjaśnień w sprawie tej *de facto* cenzury.

Zniechęcony polski ambasador Edward Raczyński napisał w dzienniku, że jeśli chodzi o stosunki polsko-sowieckie, wszyscy w Anglii „pływają po bezbrzeżnym morzu zakłamania. Wszystkie przesłanki są przeinaczone, a określenia i przymiotniki [...] pozostają w zupełnym rozbracie z rzeczywistością". W innym zaś miejscu stwierdzał: „Coraz mniej jest mowy o «obliczu moralnym» [Wielkiej Brytanii wobec Polski] – szczerze mówiąc, jest o tym teraz zupełnie głucho".

Na początku 1944 roku mieszkańcy Londynu i całej wyspy byli już bardzo zmęczeni wojną. Kipiąca energią angielska stolica straciła rozmach; miasto i jego mieszkańcy wydawali się marnieć w oczach. „Wszyscy mają sterane nerwy" – donosiła w styczniu z Londynu korespondentka „New Yorkera", Mollie Panter-Downes. Eric Sevareid, który spędził tam w 1944 roku kilka miesięcy, w audycji radiowej porównał Londyn do „niegdyś eleganckiego hotelu, który zszedł na psy po ciągnącym się w nieskończoność zjeździe biznesmenów [...] Podniecenie zagrożeniem gdzieś się ulotniło".

Choć wielu Brytyjczyków zachowało sympatię dla Polaków, to jednak coraz częściej miano im za złe, że nie zgadzając się na sowieckie żądania, rozmyślnie utrudniają zakończenie wojny. Zdarzały się przykłady jawnej wrogości. „Wracaj do siebie, parszywy Polaku!" – wykrzykiwano do polskiego pilota, gdy jechał z żoną tramwajem w Blackpool. „Polacy, do domu!" – napisał ktoś na tablicy ogłoszeń w bazie szkoleniowej RAF-u w Cranwell.

„Przeważa tu [...] doktryna, że Polak stał się niewygodny i że dobrze mu zrobi kilka kopniaków, kilka mniej lub więcej prawdziwych zarzutów przy częstym oblewaniu zimną wodą" – zanotował ze smutkiem w pamiętniku Raczyński. Można było odnieść wrażenie, że „tępi [się nas] i usiłuje przepędzić z[e] [...] sceny jako niewygodnych statystów i nieprzydatną pozostałość po zakończonym przedstawieniu".

Tymczasem Winston Churchill coraz mocniej naciskał na Mikołajczyka i innych Polaków, by przystali na sowieckie warunki, które bez ich wiedzy w zasadzie uzgodnił w Teheranie. Robił to nieustępliwie, bezlitośnie, a niekiedy wręcz zapamiętale. Po jednym z bardzo nerwowych spotkań Edward Raczyński zanotował, że Churchill „użył wobec nas tonu podniesionego, do którego się ucieka, gdy jest zakłopotany". Brytyjski premier, niezależnie od tego, czy brał za dobrą monetę obietnice Stalina, że uhonoruje niepodległość Polski, bardzo pragnął uwolnić się od prawnych, etycznych i politycznych dylematów, a do tego potrzebował zgody Polaków na linię Curzona.

Polacy „muszą w pełni poprzeć to porozumienie – napisał do Roosevelta, który, jak zastrzegł sobie w Teheranie, wygodnie stanął z boku konfliktu. – Jest to ich powinnością wobec europejskich potęg, które dwukrotnie ich uratowały". W notatce do Edena Churchill przywołał ten sam argument: „Narody niezdolne do obrony swojego kraju muszą przyjąć w uzasadnionych proporcjach przewodnictwo tych, którzy ich uratowali i którzy zapewniają im perspektywę wolności i niepodległości".

Znając te chełpliwe, butne wypowiedzi, Polacy mogliby zadać uzasadnione pytanie, o jakich to dwóch przypadkach ratunku mowa. Z pewnością nie o tym z roku 1939, kiedy po wypowiedzeniu wojny w obronie Polski Anglia i Francja nie zrobiły nic, by powstrzymać hitlerowski najazd. Jeżeli ktoś tu kogoś ratował, to polscy piloci, którzy w bitwie o Wielką Brytanię przyczynili się do zapobieżenia niemieckiej inwazji.

Postawiony przez Churchilla pod murem premier Mikołajczyk poczynił kilka znaczących ustępstw. Ku konsternacji i gniewowi kilku członków rządu wyraził gotowość negocjacji z Rosjanami na wszystkie tematy, z kwestią granic włącznie. Zgodził się nawet rozważyć możliwość ustanowienia tymczasowej linii demarkacyjnej, która przebiegałaby pomiędzy przedwojenną granicą kraju a linią Curzona, z Lwowem i Wilnem po stronie polskiej. Ostateczną granicę będzie można ustalić po wojnie – powiedział. Ale stanowczo odmówił uznania sowieckiej wersji linii Curzona. Nie zgodził się też na usunięcie członków rządu, których Sowieci uważali za wrogo nastawionych. W dyskusjach z Churchillem i Edenem polski premier wskazał, że Wielka Brytania wymaga od jego rządu oddania połowy terytorium kraju, nie oferując w zamian jakiejkolwiek formalnej gwarancji ochrony niepodległości reszty Polski.

Ustępstwa Mikołajczyka nic nie dały. Kreml bezapelacyjnie je odrzucił, oznajmiając, że do negocjacji dojdzie tylko w przypadku zastosowania się londyńskich Polaków do wszystkich sowieckich żądań. „Bardzo wątpimy, czy uda nam się wydusić [z Polaków] coś więcej, dlatego powinniśmy obawiać się skutków, jakie na opinię publiczną tu i w USA wywrze [...] odmowa Sowietów, by życzliwie rozważyć obecne propozycje" – napisał brytyjski premier do Roosevelta po impasie w rozmowach brytyjsko-polskich.

Jednak zamiast wywrzeć nacisk na Stalina, by rozważył kompromisowe propozycje Mikołajczyka, zirytowany Churchill oświadczył Polakom, że do impasu doszło z winy ich nieprzejednania, dlatego w imieniu rządu brytyjskiego publicznie poprze żądania Sowietów. Wprawdzie polscy żołnierze, a zwłaszcza piloci, „zyskali sobie miłość i szacunek" Wielkiej Brytanii, ale ich niedysponujący żadną władzą rząd musi się przychylić do brytyjskich życzeń. Jeżeli polscy przywódcy tego nie uczynią, to on i Sowieci „z pewnością dojdą do porozumienia bez nich".

Polski premier poprosił brytyjskiego, by nie informował publicznie o tym sporze, gdyż osłabi to jeszcze bardziej pozycję Polski. Mimo to dwudziestego drugiego lutego 1944 roku Churchill zadeklarował w Izbie Gmin poparcie swojego gabinetu dla linii Curzona jako nowej granicy między Związkiem Sowieckim a Polską. Jest to granica – powiedział – którą powinien zaakceptować polski rząd emigracyjny. „Pozwolę sobie przypomnieć Wysokiej Izbie, że my sami nigdy nie gwarantowaliśmy Polsce w imieniu Rządu Jego Królewskiej Mości żadnej konkretnej linii granicznej – oznajmił. – Nie sądzę, żeby żądanie Rosji w sprawie zabezpieczenia jej zachodnich rubieży [przed inwazją] przekraczało granice tego, co rozsądne i sprawiedliwe". Związek Sowiecki musi się poczuć bezpiecznie – dodał. Ani słowem nie wspomniał o polskiej potrzebie bezpieczeństwa i potajemnych ustępstwach poczynionych w Teheranie.

Siedzący na galerii w Izbie Gmin Jan Nowak, młody polski kurier z Warszawy, który od kilku miesięcy przebywał w Londynie, był zdruzgotany wystąpieniem Churchilla. Choć premier nie opowiedział się za żadnym konkretnym kształtem granicy polskiej, to jego poparcie dla sowieckich żądań stało w jaskrawej sprzeczności z zapewnieniem Edena z 1941 roku, że Anglia nie uzna żadnych zmian terytorialnych w Polsce po sierpniu 1939. Po rozejściu się wieści o mowie premiera podobnego wstrząsu i poczucia zdrady jak Nowak doświadczyło wielu jego kolegów z polskiego podziemia oraz żołnierzy Polskich Sił Zbrojnych, którzy w większości nie mieli pojęcia o trwających od ponad dwóch lat zakulisowych manewrach wokół linii Curzona. „Polityczne skutki słów Churchilla nasuwały się w sposób oczywisty – napisał Nowak. – Stalin dostrzeże [...] zielone światło: wolna droga na Polskę. Może z nami zrobić, co mu się podoba – bez najmniejszego ryzyka popadnięcia w konflikt z aliantami".

Zaniepokojenie Polaków odbiło się echem w wystąpieniach kilku członków parlamentu w debacie nad przemówieniem premiera. „Kiedy agresja przestaje być agresją? – zwrócił się z pytaniem do Edena, odpowiadającego na interpelacje w imieniu rządu, John McGovern, niezależny poseł Partii Pracy. – Czy agresją jest tylko to, co robi Hitler i partia nazistowska, a przestaje nią być to, co robi Stalin?" „Moim zdaniem zmierzacie do konfrontacji – dodał w następnym starciu z ministrem spraw zagranicznych. – Unikacie bieżących problemów, ale one depczą wam po piętach i nabrzmiewają, w miarę jak wojna zbliża się do końca".

W następnych dniach, ku konsternacji Churchilla i Edena, z ust pewnych posłów, w tym ich kolegów z rządu, zaczęło coraz częściej padać przeklęte słowo „Monachium". W oczach niektórych Churchill – niegdyś zagorzały przeciwnik polityki ustępstw Neville'a Chamberlaina wobec Hitlera w sprawie Czechosłowacji – teraz robił to samo wobec Stalina w związku z Polską. Argumenty broniącego się przed krytykami premiera, że Polacy muszą oddać wschodnią część swego kraju, żeby zachować niepodległość, podejrzanie przypominały przedmonachijskie naciski Chamberlaina na Czechów, by zrzekli się Sudetów. „Jestem zdecydowanie przeciwny anglo-sowieckiemu porozumieniu, które daje Sowietom to, czego Polacy nie chcą oddać – napisał w dzienniku szóstego marca Alexander Cadogan. – Ale nie przeciw mówieniu o «drugim Monachium»!"

W liście do Edena sir Owen O'Malley zadał mu w sprawie Polski takie same pytania, jakie Churchill zadał w roku 1938 w sprawie Czechosłowacji – pytania o współudział brytyjskiego rządu w aneksji terytorium innego kraju, o to, czy „podstawą międzynarodowego prawa ma być prawo, czy demonstracja polityki nacisku". W tym miejscu brytyjski ambasador przy polskim rządzie w Londynie użył, tak jak w raporcie o sowieckiej masakrze w Katyniu, bezkompromisowo szczerego języka. „W istocie mamy do wyboru – napisał – sprzedać ciało Polski Rosji i znaleźć jakieś alibi, żeby się nim posłużyć, kiedy nas oskarżą o nakłanianie do morderstwa", albo „jak najjaśniej wyłożyć Stalinowi w punktach zasady".

Prywatnie Churchilla trapiły moralne konsekwencje stanowiska, jakie zajął wspólnie z Rooseveltem. „Co mamy powiedzieć naszym parlamentom i narodom o zmianach w Karcie Atlantyckiej? – napisał do Edena pod koniec marca. – Obwinia się nas dziś o odejście od idealistycznych zasad", i to z powodu kraju, który uparł się samowolnie „zabrać Polsce, co chce".

Po jego przemówieniu w parlamencie Stalin zadbał o to, żeby w kilku wrogich, napisanych z pozycji siły listach podkreślić ten punkt, zaostrzając żądania zmian w polskim rządzie. Po otrzymaniu jednego z nich „mocno zaniepokojony" Churchill zadzwonił do Edena. „Podzielam jego niepokój – zapisał Eden w dzienniku – i doprawdy nie wiem, jaki kurs mu doradzić".

Przemówienie Churchilla oraz żądania Stalina wobec Polski wywołały wzrastający niepokój także w Ameryce. Między listopadem 1943 a styczniem 1944 roku liczba Amerykanów wierzących w powojenną współpracę Rosji ze Stanami Zjednoczonymi spadła z pięćdziesięciu czterech do czterdziestu dwóch procent. Amerykanie polskiego pochodzenia wyrazili niezadowolenie z powodu poparcia Churchilla dla linii Curzona, a piętnastu związanych z Polonią członków Kongresu wystosowało protest do angielskiego premiera i Izby Gmin. „Nikt nie może wymazać zobowiązań Wielkiej Brytanii wobec Polski z sumienia narodu brytyjskiego – oświadczyli. – Nikt nie może tego zrobić, dopóki groby polskich lotników, którzy zginęli w boju nad Anglią, pozostaną na brytyjskiej ziemi".

Mimo że prasa amerykańska na ogół wychwalała konferencję w Teheranie jako wielki sukces, niektórzy dziennikarze, eksperci od polityki zagranicznej i dyplomaci dali wyraz zaniepokojeniu jej wynikami oraz rolą, jaką odegrał Roosevelt. W piśmie Wydziału Spraw Europejskich Departamentu Stanu ostrzegano, że jakakolwiek zmowa w celu zmuszenia Polaków do przyjęcia sowieckich żądań terytorialnych „narazi rząd na uzasadnione oskarżenie o pogwałcenie zasad, o które toczy się ta wojna".

W styczniu 1944 roku Anthony Drexel Biddle, amerykański ambasador przy polskim rządzie w Londynie, złożył w proteście rezygnację, podejrzewając, że prezydent potajemnie rzucił Polskę na pożarcie. Biddle, który jako ambasador Stanów Zjednoczonych w Warszawie przeżył we wrześniu 1939 roku wielokrotne bombardowania Luftwaffe, nie miał dokładnych informacji o tym, co zaszło w Teheranie. Ale od znajomych z brytyjskiego Ministerstwa Spraw Zagranicznych i Departamentu Stanu dowiedział się dość, żeby wysnuć wniosek, iż – łagodnie mówiąc – Roosevelt nie zrobił nic w obronie integralności i suwerenności terytorialnej Polski. Po rezygnacji, której powód utrzymano w tajemnicy, Biddle wstąpił do wojska jako ekspert od Europy Wschodniej.

W marcowym numerze „American Mercury" z 1944 roku dziennikarz i pisarz William Henry Chamberlin dał wyraz podejrzeniom co do spotkania w Teheranie – i wywołał widmo Monachium. „Podobnie jak w czasie Monachium, wyjaśnienie [...] jest takie, że agresor jest za silny i nie da się go powstrzymać – napisał. – Być może to prawda, choć Wielka Brytania i Stany Zjednoczone chyba nie doceniają siły swoich dyplomatycznych i ekonomicznych środków perswazji. Ale nawet jeśli zapobieżenie sowieckiej grabieży nie było możliwe, nie usprawiedliwia to ukrycia prawdy przed narodem amerykańskim ani, co gorsza, przedstawienia [...] Teheranu jako wspaniałego i szlachetnego osiągnięcia [...] Nawet jeśli Stalin osiągnie swoje cele w Europie Wschodniej, Amerykanie nie mają powodu udawać, że to ich cieszy".

Tymczasem prezydent Roosevelt starał się trzymać z boku i nie poruszać tej kontrowersyjnej sprawy. W odróżnieniu od Churchilla nie objawił najmniejszych skrupułów w związku z Teheranem, tak jakby sprawa Polski była jedynie uciążliwym kłopotem, potencjalną zawadą na drodze do umocnienia stosunków amerykańsko-sowieckich i ustanowienia nowego światowego ładu; mało też przejął się tym, że po wojnie władzę w Polsce obejmie prosowiecki rząd. Wiosną 1944 roku powiedział Averellowi Harrimanowi, amerykańskiemu ambasadorowi w Moskwie, że „nie dba o to, czy kraje sąsiadujące z Rosją zostaną skomunizowane".

Po lutowym wystąpieniu Churchilla Stanisław Mikołajczyk, czepiając się nadziei, że przynajmniej Stany Zjednoczone poprą opór Polaków przeciw sowieckim żądaniom, kilka razy usilnie dopominał się o spotkanie z Rooseveltem. Dwudziestego trzeciego marca w długim, gorącym apelu polski premier napisał: „Polski naród [...] wciąż wierzy, że prawa słabszych będą poszanowane przez silniejszych [...] Panie Prezydencie, Polacy szanują Pańskie nazwisko. Polski naród widzi w Panu obrońcę zasad, które ogłosił Pan z tak głęboką wiarą i przekonaniem, przedstawiając ludzkości wizję wolności w lepszym świecie [...] Jestem przekonany, że [jego] wiara okaże się uzasadniona".

Dwa tygodnie później Mikołajczyk otrzymał od Roosevelta lakoniczną odpowiedź. Amerykański prezydent odpisał, że nie może się w tej chwili spotkać z polskim przywódcą, bo niestety zmogło go „lekkie" zapalenie oskrzeli. „Pragnę podziękować – dodał, sięgając po niezobowiązujące, wyświechtane frazesy – za uprzejme objaśnienie w tak szczery sposób stanowiska Pana i Pańskich kolegów w kwestii problemów stojących obecnie przed Pana gabinetem". Sekretarz stanu Cordell Hull wyznał po latach, że w rzeczywistości prośba Polaka o spotkanie została odrzucona z powodu zbliżania się dnia inwazji w Normandii. „Nie mogliśmy sobie pozwolić w kwestii polskiej na taką stronniczość, która w tym krytycznym momencie zraziłaby Rosję".

Ale na Roosevelta spadło niebawem większe zmartwienie niż niepokój o reakcję Stalina na wizytę polskiego premiera w Waszyngtonie. Pomimo jego starań, by rozproszyć obawy amerykańskich wyborców polskiego pochodzenia, coraz więcej było wśród nich oznak niezadowolenia z tego, że nie poparł w pełni terytorialnej integralności Polski. Obie partie, Demokratyczna i Republikańska, sądziły, że w wyborach w roku 1944 – w stanach Illinois, Michigan, Pensylwania, Ohio, New Jersey i Nowy Jork, gdzie walka o głosy była zacięta – polski elektorat może zaważyć na ich wyniku. Co gorsza, jeśli ta społeczność zacznie wyskakiwać ze statku demokratów – ostrzegł Roosevelta jeden z jego doradców politycznych – może „powstać taki rejwach, że inne grupy zmienią zdanie przed listopadem".

Wiosną 1944 roku przewodniczący kilkudziesięciu polonijnych stowarzyszeń oraz bractw społecznych, kościelnych i zawodowych, zrzeszających przeszło sześć milionów Amerykanów polskiego pochodzenia, zjechali do Buffalo w stanie Nowy Jork, by utworzyć organizację nadrzędną – Kongres Polsko-Amerykański. Celem nowej federacji, jasno sformułowanym przez jej przywódców, było wywarcie politycznego nacisku na administrację Roosevelta i Kongres, by poparli integralność terytorialną i niepodległość Polski. W krótkim czasie nacisk ten stał się odczuwalny. Biały Dom zasypały tysiące listów, telegramów i kart pocztowych, żądających od prezydenta przeciwstawienia się kolejnemu rozbiorowi Polski. Trzeciego maja, w rocznicę uchwalenia polskiej konstytucji, przeszło stu czterdziestu członków Kongresu wygłosiło mowy i umieściło w Diariuszu Kongresowym wezwania do poparcia Polski i odrzucenia sowieckich żądań.

W reakcji na te naciski polityczni doradcy prezydenta i inni członkowie jego administracji zaczęli go namawiać do zaproszenia Mikołajczyka. Taka wizyta „pomogłaby stępić wśród Amerykanów polskiego pochodzenia niepożądane wrażenie, że prezydent i rząd Stanów Zjednoczonych stracili zainteresowanie losem Polski" – radził William J. Donovan, dyrektor Biura Służb Strategicznych amerykańskiej agencji wywiadowczej w czasie wojny. Roosevelt w końcu się zgodził. Zaprosił polskiego przywódcę do Waszyngtonu na szóstego czerwca, dzień, w którym setki tysięcy żołnierzy alianckich wylądowały wreszcie w Normandii, by utworzyć z dawna oczekiwany drugi front. Wśród jednostek alianckich, osłaniających z powietrza lądujące wojska i desant spadochroniarzy, znalazły się dwa polskie skrzydła myśliwskie, liczące sześć dywizjonów. Pierwszego dnia inwazji Polacy zestrzelili trzydzieści niemieckich samolotów, przy okazji bombardując i ostrzeliwując oddziały wroga.

Tymczasem w Waszyngtonie Mikołajczyk został wystawiony podczas kilku spotkań na porażające działanie ciepła i osobistego czaru Roosevelta, który wywarł na nim wielkie wrażenie. FDR zapewnił polskiego premiera o swoim głębokim zrozumieniu i sympatii dla Polski. Dodał jednak, że Mikołajczyk jako „polityk" z pewnością zrozumie, iż w tym „politycznym roku" prezydent Stanów nie może oficjalnie interweniować u Stalina w sprawie Polski.

Podkreśliwszy, że Stany Zjednoczone i Wielka Brytania wykluczają możliwość wypowiedzenia wojny Sowietom z powodu Polski – w związku z czym Polacy będą prawdopodobnie musieli pójść na pewne ustępstwa – Roosevelt zapewnił, że zgadza się ze stanowiskiem Polski, iż rozstrzygnięcie kwestii terytorialnych należy odłożyć do zakończenia wojny. To Churchill zaproponował przyjęcie linii Curzona na konferencji w Teheranie – doniósł Mikołajczykowi – a Stalin, czemu trudno się dziwić, na to przystał. On sam – dodał, kłamiąc w żywe oczy – jest „nadal przeciwny podziałowi Polski tą linią". We właściwym czasie – obiecał – „przystąpię do działania jako mediator w tej sprawie i doprowadzę do porozumienia [...] Dopilnuję, żeby Polska nie wyszła z tej wojny pokrzywdzona".

Mikołajczyk wrócił do Londynu przygnębiony tym, co usłyszał o Churchillu, lecz zarazem bardzo pokrzepiony obiecankami poparcia. Gdy Anthony Eden poznał treść rozmowy Roosevelta z polskim premierem, napisał w dokumencie Ministerstwa Spraw Zagranicznych: „Prezydent nie zrobi dla Polaków nic [...] niestety, łudzą się, dając wiarę tym ogólnikowym, hojnym obietnicom. Od tej pory nie będzie się nimi przejmować".

Podczas wizyty Mikołajczyka Roosevelt przesłał Stalinowi za pośrednictwem Averella Harrimana skruszony list z wyjaśnieniem, że musiał spotkać się z Polakiem ze względów politycznych. Zapewnił jednak sowieckiego przywódcę, że nadal stoi twardo przy porozumieniach z Teheranu.

ROZDZIAŁ SIEDEMNASTY

„LUDU WARSZAWY! DO BRONI!"

Zimą i wiosną 1944 roku Armia Czerwona ruszyła na zachód niczym olbrzymia, spieniona fala. Niemieckie dywizje zostały rozgromione, a potem zmiecione z drogi. Do pierwszego maja Sowieci zagarnęli niemal całą wschodnią Polskę.

Postępy Rosjan szczególnie uważnie śledziła jedna formacja wojsk alianckich. Trzy lata wcześniej większość z sześćdziesięciu tysięcy żołnierzy Drugiego Korpusu Polskiego była obdartymi, głodującymi więźniami mroźnych gułagów Stalina. Po przedostaniu się z Syberii na południe ludzie ci, jako część nowej polskiej armii, przewędrowali Azję Środkową i Bliski Wschód i w lutym 1944 roku dotarli do Włoch. Ich odyseja – jak powiedział Harold Macmillan – była „klasycznym przykładem żołnierskiej dzielności i odwagi". W tej chwili Drugi Korpus stanowił kluczowy element brytyjskiej Ósmej Armii, posuwającej się w ciężkich bojach na północ włoskiego buta.

Żołnierze generała Andersa pochodzili na ogół ze wschodniej Polski, gdzie zostawili domy i rodziny. Wieczorami gromadzili się wokół odbiorników radiowych, by z „bolesnym zainteresowaniem" – jak określiła to korespondentka „Collier's", Martha Gellhorn – słuchać doniesień o postępach Rosjan. „Walczą z wrogiem, którego mają przed sobą, walczą wspaniale – napisała o żołnierzach Drugiego Korpusu, spędziwszy z nimi tej wiosny kilka dni we Włoszech. – Ale serca przepełnia im lęk przed sojusznikiem, który wkroczył do ich ojczyzny". Gellhorn zapewniała walczących, że niepotrzebnie się obawiają: świat doceni ich dzielność i cierpienia, przywróci wolność państwu i pomoże je odbudować. Mówiła, iż nie wierzy, że wojna prowadzona o „zachowanie praw człowieka zakończy się pominięciem praw Polaków". Ale kiedy zobaczyła ich niechętne, zniecierpliwione spojrzenia, pojęła, jak ją widzą: „Nie jestem Polką; mieszkam w dużym, wolnym kraju i przemawiam z optymizmem cechującym tych, którzy zawsze czują się bezpieczni"*.

Wprawdzie gorący, żarliwy patriotyzm Polaków budził podziw Marthy Gellhorn i ich brytyjskich i amerykańskich towarzyszy broni, lecz wydawał się trudny do zrozumienia. Drugi Korpus był „czymś więcej niż formacją militarną – napisał Harold Macmillan. – Był krucjatą". Pewien żołnierz polskiej piechoty tak podsumował różnice między Polakami a Brytyjczykami: „My, Polacy, mamy zupełnie inny stosunek do walki. Żołnierz brytyjski robi to, co nakazuje obowiązek, a my kierujemy się ofiarnością i heroizmem".

Żołnierze Drugiego Korpusu i ich dowódca, generał Władysław Anders, wychodzili ze skóry, żeby zadać kłam nieustającej sowieckiej propagandzie na Zachodzie, potępiającej Polaków a to jako zdrajców, a to jako nazistowskich kolaborantów, a to jako tchórzy, bojących się stanąć do walki z wrogiem. Sowieci raz po raz zajadle atakowali Andersa i jego Korpus, oskarżając ich o odmowę przyłączenia się do Armii Czerwonej i ucieczkę ze Związku Sowieckiego w 1941 roku ze strachu przed Niemcami. Polacy walczący we Włoszech, obsesyjnie pragnąc odeprzeć sowieckie oszczerstwa, przysięgli bronić honoru – swojego i swojej ojczyzny.

Dokonali tego w jednej z najzacieklejszych bitew kampanii, prawdopodobnie najbardziej nierozważnej w tej wojnie i kosztującej najwięcej niepotrzebnych ofiar. Kiedy jesienią poprzedniego roku we Włoszech wylądowały pierwsze oddziały alianckie, dowodzący nimi generałowie zapewniali, że z rozgromieniem wroga nie będzie większych trudności. Ale po kapitulacji Włochów Niemcy okopali się na swoich pozycjach. Zajęli góry i wzgórza na południu, ukryci za budzącą respekt linią Gustawa, ciągnącą się w poprzek półwyspu od Morza Tyrreńskiego do Adriatyku. Z wyżej położonych pozycji, najeżonych bunkrami, zasiekami i polami minowymi, kosili alianckich żołnierzy piechoty, forsujących rwące rzeki, brodzących w błocie po kolana i atakujących pod górę w oślepiających zamieciach śnieżnych.

Filarem linii Gustawa było opactwo benedyktynów na szczycie Monte Cassino, broniące dostępu do Rzymu. Podejmowane przez aliantów przez całą zimę próby zdobycia wzgórza nie dość, że daremne, kosztowały morze krwi. Sprowadzono więc bombowce amerykańskie, by zniszczyły opactwo, choć

* „Collier's" odmówił opublikowania jej reportażu o Polakach, nie podając uzasadnienia. Gellhorn snuła potem domysły, że wydawcom artykuł wydał się „zbyt krytyczny wobec naszych popularnych sojuszników, Rosjan" (Gellhorn, *Face of War*, s. 121).

w środku znajdowały się bezcenne zbiory dzieł sztuki i wyrobów rzemiosła. Niemcy nie przebywali jednak w klasztorze; zajmowali tereny wokół niego. Po bombardowaniu szybko ufortyfikowali ruiny i zaczęli dziesiątkować tysiące Amerykanów, Brytyjczyków, Hindusów i Nowozelandczyków, wdrapujących się na zbocze w kolejnych szturmach.

Żeby ruszyć z martwego punktu, zatrzymani pod Monte Cassino i schwytani w pułapkę na przyczółku pod Anzio alianci zaplanowali na maj dużą ofensywę. Najtrudniejsze zadanie – zdobycie klasztornego wzgórza – powierzono Drugiemu Korpusowi. Od chwili postawienia stopy na skalistych stokach Polacy znaleźli się pod nieustannym ostrzałem z dział i moździerzy z silnie ufortyfikowanych pozycji niemieckich na szczycie. Za prowizoryczną osłonę służyły nacierającym tylko worki z piaskiem i głazy. Mimo że zapowiadała się krwawa bitwa, generał Anders i jego dowódcy powitali ją z zapałem. Wreszcie mogli ukręcić łeb sowieckim kłamstwom o polskim tchórzostwie. Dla Andersa nie mniej ważne było to, że zwycięstwo pod Monte Cassino podtrzymałoby „na duchu opór walczącego kraju".

Po zajęciu pozycji na wzgórzach Polacy znaleźli się w surrealistycznym krajobrazie – pięknym i zarazem przerażającym. Nad nimi piętrzyła się spowita dymami góra z ponurym szkieletem zbombardowanego klasztoru. Poniżej, w dolinie, ziemię pokrywał rozłożysty kobierzec czerwonych maków, a w gorącym wiosennym słońcu świergotały ptaki. Powyżej, pomiędzy setkami sczerniałych, rozkładających się trupów, rozsianych na nagim, porytym lejami zboczu, uwijały się wielkie szczury. Ciała poległych, którzy wcześniej daremnie próbowali zdobyć górę, niezebrane z pola walki i niepogrzebane, gniły w słońcu. Niemcy wciąż prażyli ogniem. Nad zboczami Monte Cassino snuł się porażający odór śmierci.

W nocy jedenastego maja 1944 roku grzmot artylerii rozdarł ciszę od morza do morza – rozpoczęła się potężna aliancka ofensywa. W ciemnościach, krótko przed północą, polscy artylerzyści u stóp wzgórza ostrzelali niemieckie pozycje, a dwunastego maja, o pierwszej w nocy, dwie polskie dywizje piechoty zaczęły wdrapywać się po zboczu. Powitał ich natychmiast niszczący ogień dział, moździerzy i karabinów, niemal doszczętnie zmiatając pierwsze bataliony. Mimo to Polacy parli naprzód. Walczyli przez cały dzień, do późna w nocy, nim wreszcie padł rozkaz odwrotu.

Straty poniesione podczas pierwszego natarcia były tak olbrzymie, że przegrupowanie sił zajęło pięć dni. Siedemnastego maja Anders powiedział do

Żołnierze Drugiego Korpusu Polskiego szykują się do walki pod Monte Cassino w maju 1944 roku. (Imperial War Museum).

żołnierzy: „Niech lew mieszka w waszym sercu". Tej nocy ruszyli do drugiego ataku, wdzierając się na zbocze góry z takim impetem, że czasami ścierali się z Niemcami w walce wręcz. Wczesnym rankiem następnego dnia nadeszła wieść: Niemcy wycofali się z zajmowanych pozycji. Po pięciu miesiącach daremnych śmiertelnych walk Polacy, za drugim podejściem, zdobyli Monte Cassino i droga do Rzymu stanęła otworem.

Podczas tych dwóch szturmów zginęło ich prawie tysiąc, a przeszło trzy tysiące zostało rannych. Pośród zabitych znaleźli się dyplomaci, pisarze, artyści, były szef polskiego wywiadu, kilku byłych posłów na Sejm, a także brat Witolda Urbanowicza. Ci, co przeżyli, byli tak wyczerpani i zmaltretowani po walce, że dopiero po jakimś czasie zgłosili się żołnierze, którym starczyło sił, żeby pokonać pozostałe kilkaset metrów do ruin klasztoru. Pierwszy dotarł na szczyt patrol 12 Pułku Ułanów Podolskich i w snującym się dymie, pośród szczątków rozbitych fresków i potłuczonych posągów, zatknął własnej roboty pułkowy sztandar.

Kiedy sztandar załopotał łagodnie na szczycie góry, powietrze przeszył dźwięk trąbki. Niewidoczny ułan grał *Hejnał mariacki*, słynną melodię upamiętniającą XIII-wiecznego trębacza z Krakowa, któremu, gdy wzywał rodaków do walki z najeźdźcą, tatarska strzała przeszyła gardło. Właśnie dlatego hejnał urywa

Polscy żołnierze usuwają ciała zabitych kolegów z pola bitwy pod Monte Cassino. (Imperial War Museum).

się nagle w pół nuty. Polski oficer wspominał, że na dźwięk tej trąbki tysiące zaprawionych w boju żołnierzy rozpłakało się jak dzieci. Po latach tułaczki na obczyźnie usłyszeli dobiegający z jakoby niezdobytej niemieckiej twierdzy „głos Polski".

W końcu czerwca 1944 roku alianci umocnili wreszcie przyczółek we Francji, a Rosjanie zajęli całą wschodnią Polskę. Ale Armia Czerwona nie zatrzymała się ani nawet nie zwolniła. Przecięła linię Curzona i wkroczyła na ziemie, których polskości nikt, nawet Stalin, nie mógł zakwestionować. Polacy, Brytyjczycy i Amerykanie przyglądali się temu z rosnącą obawą, czy Stalin dotrzyma ponowionej obietnicy i uhonoruje wolność i niepodległość rdzennej Polski

Sowiecki przywódca oczywiście dał odpowiedź. Jego armia tylko przechodzi przez zachodnią Polskę w drodze do Niemiec. On i jego reżim nie będą mieszać się w wewnętrzne sprawy Polaków ani zawłaszczać ziemi prawowitym właścicielom. Lecz już w lipcu Kreml utworzył – złożony z polskich komunistów dobranych osobiście przez Stalina – Komitet Wyzwolenia Narodowego i obwołał go pełnoprawnym tymczasowym rządem cywilnym na ziemiach odbitych Niemcom. Komitet rozpoczął działalność w Lublinie, pierwszym większym polskim mieście na zachód od linii Curzona, wyzwolonym spod okupacji niemieckiej. Możliwe, że PKWN stanie się z czasem zalążkiem nowego, tymczasowego rządu – zapowiedział Stalin.

Dla Polaków na terenach nadal okupowanych przez Niemców była to katastrofalna wiadomość. Mieli dwa wyjścia: nic nie robić, pozwalając Sowietom zawładnąć Polską za pośrednictwem marionetkowego rządu, albo powstać przeciw okupantowi i przejąć władzę. Niedawno Wielka Brytania i Stany Zjednoczone wezwały ich, by pomogli wojskom sowieckim pokonać Niemców. Zachęcona lądowaniem aliantów we Francji, pragnąc wykazać się dobrą wolą, Armia Krajowa tak właśnie zrobiła. Kiedy pierwsze sowieckie oddziały przekroczyły granicę Polski, żołnierze AK wsparli je w atakach na niemieckie pozycje.

Ale to był dopiero początek. Od 1939 roku polskie podziemie nieprzerwanie dążyło do wzniecenia powstania. Odpowiedni moment nadszedł w lipcu 1944. Błyskawiczna ofensywa sowiecka uniemożliwiła powstanie ogólnonarodowe, pozostała jednak nadzieja, że Armia Krajowa przepędzi Niemców z Warszawy i przynajmniej w stolicy przejmie władzę przed wkroczeniem Rosjan.

Żadne miasto w Europie nie cierpiało pod okupacją niemiecką tak bardzo i tak długo. Ale pomimo pięciu lat okrutnych rządów Niemcy postrzegali Warszawę tak samo jak we wrześniu 1939 za prezydentury Stefana Starzyńskiego – jako „miasto bandytów", główny bastion polskiego ruchu oporu. W Warszawie działało polityczne i wojskowe dowództwo, a ponadto około trzydziestu pięciu tysięcy oficerów i żołnierzy Armii Krajowej, palących się w tej krytycznej godzinie do walki o Polskę. „Duma i godność narodowa wymagały, by stolica została wyzwolona własnymi polskimi rękoma, i to było poza wszelką dyskusją [...] – napisał czołowy działacz podziemia. – Co to za armia i rząd [powiedziałby Stalin], które znajdując się w stolicy, nie wzięły udziału w walce o jej wyzwolenie?"

Determinację do podjęcia walki, mającą źródło w wielowiekowej polskiej tradycji bezkompromisowego stawiania oporu najeźdźcom, podsycała również, podobnie jak odwagę żołnierzy Drugiego Korpusu generała Andersa, przemożna chęć obalenia sowieckich pomówień o nieudolność w działaniu i tchórzostwo. Po spotkaniu w Londynie z kurierem Armii Krajowej, Janem Karskim, wysoko postawiony brytyjski urzędnik poinformował przełożonych, że polskie podziemie wydaje się „wręcz chorobliwie obawiać, że ktoś poza granicami kraju mógłby je posądzić o bierność i rezygnację".

Zgodnie z oczekiwaniami generała Andersa zwycięstwo Drugiego Korpusu we Włoszech podniosło warszawiaków na duchu. Niedługo po tym triumfie wymalowane z dumą słowa MONTE CASSINO pojawiły się na murach i ścianach budynków w całym mieście. Innego przykładu odwagi nie trzeba było szukać daleko – było nim powstanie w warszawskim getcie.

W drugiej połowie 1942 roku, w reakcji na masowe wywózki do obozu zagłady w Treblince, w warszawskim getcie powstał zalążek żydowskiego ruchu oporu. Pomiędzy lipcem a sierpniem tego roku wywieziono stamtąd dwieście sześćdziesiąt pięć tysięcy Żydów, nieco ponad połowę tych, których Niemcy stłoczyli na trzystu siedmiu hektarach za murami w centrum Warszawy. Do końca roku wskutek wywózek, głodu i chorób ludność getta zmniejszyła się do zaledwie pięćdziesięciu pięciu tysięcy. Opór tworzącej się organizacji bojowej okazał się jednak na tyle skuteczny, że naziści zawiesili na jakiś czas deportacje. Dziewiętnastego kwietnia 1943 roku, w pierwszą noc święta Pesach, na rozkaz szefa SS Himmlera do getta wkroczyło dwa tysiące esesmanów i niemieckich żołnierzy, wyposażonych w czołgi i działa, by rozprawić się z żydowskimi bojownikami i wznowić wywózki.

Przez ponad trzy tygodnie walk około tysiąca żydowskich powstańców, skąpo uzbrojonych w karabiny, pistolety, granaty i butelki zapalające, powstrzymywało dysponujących miażdżącą przewagą Niemców. W pewnym momencie niezadowolone dowództwo niemieckie odwołało oficera kierującego operacją. Kiedy nowy dowódca sprowadził miotacze ognia i wydał rozkaz systematycznego podpalania kamienic i domów, klęska powstańców była już tylko kwestią czasu. Ale ich sporadyczny opór przeciągnął się do lipca, gdy skończyła się amunicja. Do chwili ustania walk powstańcy zabili bądź zranili setki niemieckich żołnierzy, natomiast Niemcy zabili i wywieźli około czterdziestu tysięcy Żydów. Getto – wraz z Wielką Synagogą warszawską – zrównano z ziemią. Choć większość tych, którzy przeżyli, odjechała transportem do Treblinki albo popełniła samobójstwo, kilkudziesięciu bojowników wydostało się z getta do Warszawy i otaczających ją lasów, skąd nękali Niemców aż do końca okupacji. To, że dwa z trzech największych miejskich powstań w dziejach drugiej wojny światowej miały miejsce w Polsce – pierwsze w warszawskim getcie, drugie w całej Warszawie – mówi coś o Polakach, także tych żydowskiego pochodzenia.

Ciała bojowników żydowskiego ruchu oporu, zastrzelonych podczas tłumienia powstania przez SS, leżące przed ruinami budynku w getcie warszawskim. (U.S. Holocaust Memorial Museum).

Latem 1944 roku Armia Krajowa przygotowywała się do własnego powstania. Zakładała, że alianci dostarczą jej samolotami wsparcie, zaopatrzenie i uzbrojenie. Założenie okazało się błędne. Powszechne powstanie warszawskie było niemal równie źle wyposażone w broń i amunicję jak wcześniejsze powstanie w getcie. Winna była temu w znacznej mierze decyzja brytyjskich władz, zakazująca RAF-owi lotów z dostawami dla jakichkolwiek powstań – decyzja, o której AK (żyjąca „w świecie złudzeń", jak wyraził się przedstawiciel polskiego podziemia), niestety, nic nie wiedziała. Dowódcy Armii Krajowej byli pewni, że niekwapiące się wcześniej z odpowiednim wsparciem Wielka Brytania i Stany Zjednoczone po wybuchu powstania pośpieszą z dostawami broni. Co więcej, byli przekonani, że sojusznicy z Zachodu wymuszą na Sowietach, by zrobili to samo.

Pod koniec lipca przywódcy podziemia otrzymali wiadomość, że sowieckie wojska zbliżają się do stolicy. Nie musiano im tego mówić. Rosyjskie bombowce już zaczęły uderzać w niemieckie cele wojskowe na obrzeżach miasta, a żołnierze AK słyszeli wizg rosyjskich pocisków artyleryjskich. Kilka kilometrów od Warszawy zauważono patrole Armii Czerwonej. Rozpoczęła się niemiecka ewakuacja, która w miarę zbliżania się Rosjan zamieniła się w paniczny odwrót. Nagle przestały wychodzić hitlerowskie gazety. Z kominów buchał czarny dym z palonych dokumentów. Naziści wyższego szczebla w pośpiechu, bezładnie opuszczali kwatery. Niemieccy cywile tłoczyli się na dworcach kolejowych, domagając się natychmiastowego przewiezienia do heimatu. Ciągnący na zachód warszawskimi ulicami żołnierze Wehrmachtu wyglądali jak każda zdemoralizowana pokonana armia – mundury mieli podarte, wygniecione, twarze spocone i brudne, a w omdlałych rękach i na ramionach taszczyli karabiny.

Ale Niemcy jeszcze nie zakończyli rozprawy z Warszawą. Mimo że trwał odwrót, rozkazali wszystkim warszawiakom w wieku od siedemnastu do sześćdziesięciu pięciu lat kopać rowy pod miastem. Dowódcy AK podejrzewali, że to pułapka. Obawiali się, że kiedy SS otoczy wszystkich sprawnych mężczyzn z miasta, zamiast zmuszać do kopania rowów, wywiezie ich do obozów pracy lub zagłady. Dla powstania wybił czas „teraz albo nigdy".

Dwudziestego piątego lipca generał Tadeusz Bór-Komorowski, dowódca Armii Krajowej, zadepeszował do Londynu: „Jesteśmy gotowi w każdej chwili do walki o Warszawę [...] Moment rozpoczęcia walki zamelduję". W depeszy poprosił o przysłanie Pierwszej Polskiej Samodzielnej Brygady Spadochronowej i polskich dywizjonów myśliwskich, o zbombardowanie niemieckich lotnisk pod stolicą i o zrzuty broni, amunicji i innego sprzętu dla powstańców. Zbulwersowane brytyjskie dowództwo wojskowe, po lądowaniu w Normandii skupione na operacjach w Europie Zachodniej, uznało naglące prośby Bora-Komorowskiego za „absolutnie niemożliwe do spełnienia". Dlaczego polski rząd w Londynie nie poinformował Armii Krajowej jasno i wyraźnie, że nie może ona liczyć na brytyjską pomoc? Czy Polacy nie zdają sobie sprawy, jak niebezpieczne są wszelkie loty do Polski, a co dopiero operacja powietrzna na tak wielką skalę? Straty byłyby astronomiczne, a korzyści strategicznych dla Wielkiej Brytanii żadnych.

Brytyjczycy przemilczeli inne ważne zastrzeżenie: jakiekolwiek wojskowe wsparcie powstania przez aliantów groziło wybuchem wściekłości Rosjan. Obawa przed taką reakcją działała równie skutecznie jak wyrażone wprost weto Kremla. „Podjęcie takich kroków bez zgody i współpracy Rosjan jest politycznie nie do przyjęcia" – oceniono w tajnym raporcie brytyjskich szefów sztabów, przestrzegając – najwyraźniej w poczuciu winy – żeby nie powtarzać tego argumentu Polakom, bo „mogliby na jego podstawie snuć domysły, że mimo zapewnienia o naszym moralnym poparciu zamierzamy ich opuścić w chwili, gdy nas potrzebują".

Choć Armia Krajowa wyraźnie prosiła o przysłanie na pomoc wyłącznie polskich jednostek, Brytyjczycy mieli prawo odmówić, ponieważ sprawowali operacyjne dowództwo nad wszystkimi polskimi oddziałami. Kontrola ta objęła nawet Pierwszą Samodzielną Brygadę Spadochronową, która wcześniej była pod polską komendą. Brygada, zorganizowana w 1941 roku z myślą o desancie w Polsce tuż po rozpoczęciu powstania, wkrótce swoimi umiejętnościami i bojowością zyskała taką sławę, że dowódcy brytyjscy zaczęli na nią zerkać łakomym okiem. „Ma pan pierwszorzędnych żołnierzy" – powiedział jej dowódcy, generałowi Stanisławowi Sosabowskiemu, podczas inspekcji w marcu 1944 roku generał armii Bernard Law Montgomery, przygotowujący się do poprowadzenia szturmu amerykańskich i brytyjskich wojsk lądowych na Europę.

Wkrótce potem dowództwo brytyjskiej armii wywarło nacisk na polski rząd, by zgodził się na wykorzystanie po inwazji na Europę swoich spadochroniarzy w walkach na Zachodzie – pod dowództwem Montgomery'ego. Brytyjczycy obiecywali, że w takim przypadku „dołożą wszelkich starań", by w razie wybuchu powstania znaleźć samoloty i przetransportować brygadę do Polski. Przy ostrych protestach Sosabowskiego polski rząd uległ ostatecznie brytyjskim naciskom. Cztery miesiące później, gdy do powstania pozostały zaledwie dni, Brytyjczycy nie zgodzili się na przerzucenie Brygady Spadochronowej do Polski. Brakowało samolotów do transportu – tłumaczyli – a nawet gdyby udało się je zdobyć, byłoby to samobójcze zadanie dla załóg i spadochroniarzy.

Brytyjskie dowództwo odrzuciło też prośbę Bora-Komorowskiego o wsparcie powstania trzynastoma polskimi dywizjonami bombowymi i myśliwskimi, pozostającymi pod komendą RAF-u. Odmowę uzasadniono ważnymi powodami. Tylko kilka dywizjonów myśliwskich dysponowało samolotami przystosowanymi do lotów na duże odległości. Nawet gdyby te myśliwce – i bombowce – dotarły bezpiecznie do Polski (w co należało wątpić), to okolice Warszawy nadal kontrolowali Niemcy. Nie było więc lotnisk, na których samoloty mogłyby wylądować i uzupełnić paliwo, nie było zaplecza, gdzie można by dokonać napraw i konserwacji maszyn.

A ponadto RAF, doceniając znaczenie polskich dywizjonów dla ofensywy na Zachodzie, nie chciał z nich zrezygnować na rzecz kampanii żywotnej jedynie dla Polski i, rzecz prosta, nie chciał też drażnić Rosjan. Dywizjony bombowe brały udział w ofensywie na Niemcy, a dywizjony myśliwskie, wyposażone obecnie w spitfire'y i mustangi P-51, eskortowały bombowce, konwoje morskie, wspierały wojska alianckie w Normandii, ostrzeliwały i bombardowały z lotu nurkowego naziemne cele wroga oraz strącały rakiety V-1.

Na ostatnią prośbę Bora-Komorowskiego o zrzuty broni i zaopatrzenia dla Warszawy Brytyjczycy odpowiedzieli niezbyt zachęcająco, a właściwie odmownie. Zdaniem dowódcy RAF-u w rejonie Morza Śródziemnego, generała dywizji sir Johna Slessora, do takich zadań były przystosowane tylko dwie jednostki – 1586 Polska Eskadra do Zadań Specjalnych oraz Dywizjon 148 – stacjonujące we Włoszech. Ale w wyniku wzmocnienia niemieckiej obrony powietrznej obie poniosły w ubiegłych miesiącach wyjątkowo duże straty, co ogromnie nadwątliło ich siłę bojową. Załogi, które przeżyły – kilka z nich odbyło już po dwie tury służby – były wyczerpane, a bombowce stwarzały nieustanne problemy natury technicznej.

Podczas gdy Brytyjczyków złościła nierealistyczna, ich zdaniem, postawa i brak zdrowego rozsądku Polaków (Slessor podsumował, że są „tragicznie niemądrzy" i „zbyt często są dla siebie najgorszym wrogiem"), dowódcy Armii Krajowej w dalszym ciągu przygotowywali plany walki. Londyn i Warszawę dzieliła olbrzymia przepaść uniemożliwiająca porozumienie. W biurach w Whitehallu panował racjonalny chłód. W Warszawie tylko pełna pasji desperacja. Od pięciu lat warszawiacy stawali twarzą w twarz z głodem, zimnem, poniżeniem, terrorem i śmiercią. Od pięciu lat czekali na szansę odzyskania wolności. Teraz, gdy taka szansa wreszcie nadeszła, chłodna brytyjska logika nie mogła ich powstrzymać.

„Walki w mieście wybuchną, czy my tego chcemy, czy nie – powiedział czołowy przywódca podziemia. – Niech pan sobie wyobrazi [...] człowieka, który przez pięć lat rozpędza się do skoku przez jakiś mur, biegnie coraz szybciej i o krok przed przeszkodą pada komenda: stop! On tak się już rozpędził, że zatrzymać się nie może. Jeśli nie skoczy – rozbije się o mur. Tak jest właśnie z nami. Za dzień, dwa albo trzy Warszawa będzie w pierwszej linii frontu". W całym mieście mężczyźni, kobiety i dzieci wyjmowali ze wszystkich schowków – w piwnicach, ogrodach, na strychach i cmentarzach – ukrywane od 1939 roku rewolwery, karabiny, granaty i inne uzbrojenie. Oczyszczoną broń ukradkiem rozprowadzano wśród członków Armii Krajowej.

Polacy się zbroili, a Armia Czerwona zbliżała do Warszawy. Dwudziestego dziewiątego lipca sowiecka artyleria zaczęła ostrzeliwać Pragę, prawobrzeżną dzielnicę Warszawy. Przez cały ten i następny dzień sowieckie radio trzeszczało, że słychać już „działa wyzwolenia", i w płomiennych apelach wzywało warszawiaków do wspólnej walki z żołnierzami rosyjskimi. „Warszawa drży w posadach od ryku dział – oznajmiano – wojska radzieckie nacierają gwałtownie i zbliżają się do Pragi. Nadchodzą, aby przynieść wam wolność [...] Ludu Warszawy! Do broni! [...] Uderzcie na Niemców!" Podobny apel, podpisany przez Wiaczesława Mołotowa, zawierały ulotki zrzucane nad Warszawą z sowieckich samolotów: „Polacy! Dzień wyzwolenia już blisko. Nie ma chwili do stracenia!"

Amerykański ambasador w Moskwie, Averell Harriman, powiedział później, że sowieckie hasła wzmocniły determinację warszawiaków. „Pozostanie w podziemiu potwierdziłoby szyderstwa Stalina, że Armia Krajowa istnieje głównie w wyobraźni Mikołajczyka lub że chętnie współpracuje z hitlerowcami".

Dwudziestego dziewiątego lipca Bór-Komorowski i jego dowódcy spotkali się, by omówić ostateczny plan powstania. Obecny był także Jan Nowak, kurier Armii Krajowej, którego po kilku miesiącach spędzonych w Londynie przerzucono samolotem do Polski. Nowak ostrzegł Bora-Komorowskiego i pozostałych, by nie oczekiwali pomocy od aliantów – ani Brygady Spadochronowej, ani operacji wspomagających Polskich Sił Powietrznych, ani dostaw. Opierając się na raporcie Nowaka, część z uczestników zebrania zasugerowała Borowi-Komorowskiemu przesunięcie terminu powstania.

Inni byli odmiennego zdania. „Nie mam żadnych złudzeń, co nas tu czeka po [...] ujawnieniu się, ale choćby mnie spotkało najgorsze, wolę to aniżeli zrezygnowanie z wszystkiego bez walki. Musimy spełnić nasz obowiązek do końca" – powiedział jeden z dowódców.

Trzydziestego pierwszego lipca Bór-Komorowski podjął decyzję, że powstanie rozpocznie się następnego dnia o piątej po południu.

We wtorek, pierwszego sierpnia, dziesiątki mieszkańców Warszawy – dorosłych i dzieci, kobiet i mężczyzn – wyszło przed południem i zaraz po południu z domów, sklepów, fabryk i biur. Wielu niosło ciężkie walizki i pakunki. Pojawiali się grupkami i szli jakby nigdy nic, starając się nie zwracać na siebie uwagi niemieckich patroli. Po przybyciu do wyznaczonych miejsc zbiórek wyciągali z paczek karabiny, pistolety i granaty. A potem niektórzy przebierali się w to, co mogło ujść za strój bitewny w ich licho wyposażonej armii – w spłowiałe stare polskie mundury, skradzione bluzy i hełmy Wehrmachtu i inne akcesoria wojskowego rynsztunku. Ci, którzy nie mieli nic, co choć trochę przypominałoby umundurowanie, pozostali po cywilnemu. Ci, którzy nie mieli żadnej broni, chwycili za kamienie. Jedynym elementem wspólnym wszystkim żołnierzom AK była biało-czerwona opaska na ramieniu, pierwszy symbol narodowości polskiej noszony jawnie w Warszawie od początku trwającej pięć lat okupacji niemieckiej.

Punktualnie o piątej po południu otworzyły się na oścież tysiące okien i drzwi w całym mieście i Armia Krajowa zaatakowała. Z okien i balkonów żołnierze podziemia zasypali przechodzących Niemców ogniem z karabinów i pistoletów. Inni, pragnąc jak najszybciej przechwycić kluczowe cele wojskowe, obrzucali granatami siedziby dowództw niemieckich, a koktajlami Mołotowa składy amunicji i transporty wojska. Zasadzali się też na samochody pancerne, które po zdobyciu znakowali symbolem polskiego podziemia – kotwicą z liter PW: „Polska walczy!"

W dziesiątkach osiedli mieszkańcy – gospodynie domowe, robotnicy, profesorowie uniwersytetu, sklepikarze – wyciągali na ulicę stoły, komody, biurka, kanapy i kredensy, budując z nich barykady, żeby zamknąć drogę niemieckim czołgom i oddziałom. Inni w tym samym celu kopali rowy i zrywali chodniki. Pewien dozorca wyszedł z polską flagą, którą przez pięć lat

Szeroki uśmiech na twarzy ładnej dziewczyny z Armii Krajowej wyraża radość warszawiaków z wolności w pierwszych, pełnych nadziei dniach powstania. (Jerzy Tomaszewski).

Żołnierze Armii Krajowej w czasie powstania. Nie mając własnych hełmów i mundurów, wielu nosiło zdobyczne niemieckie. (S. Braun „Kris", Muzeum Historyczne Warszawy).

przechowywał w piwnicy, i wśród oklasków sąsiadów zawiesił ją nad bramą. Gdy biało-czerwona chorągiew załopotała, ludzie przerwali kopanie i budowę barykady. Stanęli na baczność i jak na komendę zaczęli śpiewać *Warszawiankę*, polski hymn upamiętniający powstanie listopadowe, które wybuchło w Warszawie w 1830 roku. Śpiew potężniał, w miarę jak do chóru dołączali się w oknach i na balkonach inni, z twarzami mokrymi od łez. Tego wieczoru śpiewano *Warszawiankę* w wielu domach, powiewało buntowniczo wiele flag. W krótkim czasie Warszawa zamieniła się w biało-czerwone morze. Chociaż na ulicach wciąż było widać niemieckich żołnierzy, komuś udało się wejść na dach szesnastopiętrowego Prudentialu – najwyższego budynku w ówczesnej Warszawie – i zawiesić tam wielki polski sztandar.

Przed zapadnięciem nocy znikły praktycznie wszystkie zewnętrzne oznaki niemieckiej okupacji. Warszawiacy pozrywali niemieckie nazwy ulic, szyldy sklepowe, afisze, napisy, ogłoszenia, flagi. Zdarte ze ścian niemieckich urzędów portrety Hitlera i nazistowskich prominentów mocowano na barykadach, tak by kontratakujący Niemcy strzelali do podobizn swoich przywódców.

Lud Warszawy był zdecydowany wyrwać swoje miasto i swój kraj z rąk wroga.

W ciągu pierwszych trzech dni powstania Armia Krajowa – w której dobrze uzbrojonych było zaledwie dwa i pół tysiąca żołnierzy – przejęła kontrolę nad większością dzielnic stolicy. Niestety, w początkowej, ogromnie ważnej fazie walk nie udało się jej przechwycić kilku kluczowych obiektów strategicznych, w tym niemieckich lotnisk i mostów na Wiśle. Siły powstańców były mocno nadszarpnięte i bardzo potrzebowały wsparcia. Ale koczująca na przedmieściach stolicy Armia Czerwona nie zrobiła nic, by im pomóc. Od chwili wybuchu powstania Sowieci nie dawali znaku życia. Sowieckie bombowce przestały latać nad miastem, a gorliwie nawołujące Polaków do buntu sowieckie radio umilkło. Nie było też widać śladu pomocy ze strony Wielkiej Brytanii i Stanów.

Osamotnieni, przynajmniej na razie, Polacy mogli się przekonać, że ich zryw, zamiast przyśpieszyć odwrót wroga, wywarł skutek przeciwny: hitlerowcy sprowadzali posiłki, szykując się do kontrataku. Adolf Hitler nie zamierzał pozwolić, żeby miasto, które tak zuchwale mu się przeciwstawiło w roku 1939, a drugi raz podczas powstania w getcie, odzyskało wolność. Postanowił dać bezczelnym Polakom ostatnią nauczkę. Zniszczył już getto wraz z Żydami; nadszedł czas, żeby zniszczyć wszystkich warszawian z ich ukochaną stolicą.

„Wszyscy mieszkańcy Warszawy muszą zginąć, nie będzie brania jeńców" – oznajmił Heinrich Himmler, któremu Hitler zlecił obrócenie stolicy Polski w perzynę. Do tego zadania szef SS wybrał generała Ericha von dem Bach-Zelewskiego, specjalistę od tropienia i zabijania partyzantów, dowodzącego pułkiem esesmanów i policji, złożonym w części ze skazanych kryminalistów. Po likwidacji powstania pułk miał zrównać resztę Warszawy z ziemią. „Z historycznego punktu widzenia to powstanie jest błogosławieństwem – piał z zachwytu Himmler do Hitlera. – Unicestwimy Warszawę – stolicę, serce Polski, kwiat narodu polskiego. Ten naród, który przez siedemset lat [...] stał nam na drodze [...] nie będzie dłużej zawadą dla nas i naszych dzieci".

Stanisław Mikołajczyk, którego wybuch powstania zastał w Moskwie, zaapelował do Stalina o sowieckie wsparcie dla AK, przypominając mu, że oficjalna sowiecka stacja radiowa wezwała Polaków do broni. Stalin odparł, że pragnąłby pomóc powstańcom. Dodał, że armia sowiecka chciała zdobyć Warszawę piątego i szóstego sierpnia, ale napotkała niespodziewanie silny opór niemiecki na obrzeżach.

Mikołajczyk pojechał do Moskwy za namową Churchilla i Roosevelta, żeby dojść ze Stalinem do kompromisu w sprawie składu powojennego rządu w Polsce. Ale George Kennan, mianowany radcą ambasady amerykańskiej w Moskwie, był zdania, że szanse na utworzenie w Polsce rządu, który nie pozostawałby pod całkowitą kontrolą Kremla, są bardzo małe i że nie ma żadnej nadziei dla Warszawy i jej obrońców. Mikołajczyk i reszta polskiej delegacji byli dla niego „przegranymi przedstawicielami przegranego ustroju". „Wiedziałem – napisał – że [...] Rosjanie, tak jak przed stu laty, nie będą skłonni [...] przyznać [Polakom demokratycznych praw], które nie zostały dotąd wprowadzone w Rosji".

Zaproszony na kolację wydaną na cześć Mikołajczyka w ambasadzie brytyjskiej, Kennan nazwał ten wieczór „trudnym". W stosunku Brytyjczyków i Amerykanów do Polski dostrzegł „brak powagi", niedbałą „beztroskę", z jaką dwa mocarstwa udzielały rad nieustraszonemu narodowi w sprawach dla niego najżywotniejszych. „Było mi bardzo przykro, że jakiś czas w tym uczestniczyłem – wyznał Kennan. – Wolałbym, żebyśmy, zamiast mamrotać słowa urzędowego optymizmu, wykazali dość rozsądku i dobrego smaku, by w milczeniu pochylić głowy przed tragedią narodu, który był naszym sojusznikiem".

Kiedy do Warszawy wkroczyły podlegające Himmlerowi oddziały SS i policji, radiotelegrafiści Armii Krajowej wysłali do Londynu dramatyczne wezwania, prosząc o amunicję, broń przeciwczołgową, działa i inne rodzaje broni oraz o przysłanie Polskiej Brygady Spadochronowej i lotnictwa. Z każdą upływającą godziną Armia Krajowa czuła się coraz bardziej zapomniana i odcięta od świata – poczucie izolacji zwiększały doniesienia o postępach alianckiej ofensywy na froncie w Normandii i wyzwalaniu coraz to nowych francuskich miast i miasteczek. Bojownicy w Warszawie nie wiedzieli, że ich prośby zaczynają przynosić efekt. Drugiego sierpnia Churchill i Anthony Eden, pod naciskiem polskich przywódców cywilnych i wojskowych, wezwali niechętnych szefów sztabów do przyjścia z „maksymalną" pomocą Armii Krajowej.

Szefowie zapytali generała lotnictwa Slessora, czy w ciągu najbliższych kilku nocy da się zorganizować loty dostawcze z Włoch do Warszawy. Slessor był zdecydowanie przeciwny temu pomysłowi. „Nigdy nie cofałem się z obawy o ofiary w ludziach, jeśli były one naprawdę uzasadnione – wspominał. – W tym jednak przypadku byłem pewien, że nadmierne straty Sił Powietrznych w żadnym razie nie zmienią losów polskiej Armii Podziemnej w Warszawie". Nawet gdyby samolotom transportowym udało się przedrzeć przez ponadtysiąckilometrowy tor przeszkód w postaci niemieckich myśliwców i ognia przeciwlotniczego – dowodził – to tylko drobna część zrzuconej przez nie broni i sprzętu trafiłaby do Armii Krajowej. „Zrzucanie dostaw w umówionych strefach zrzutu [...] w otwartym terenie poza linią frontu [...] to jedno. A zupełnie co innego zejście dużym samolotem na wysokość tysiąca stóp, z klapami i kołami spuszczonymi dla zredukowania prędkości, nad wielkim miastem, gdzie toczy się rozpaczliwa walka, a więc płoną pożary, walą działa i wybuchają pociski".

Nie przekonawszy przełożonych, Slessor zezwolił czternastu załogom bombowym, w tym siedmiu z 1586 Polskiej Eskadry do Zadań Specjalnych, na wyprawę dostawczą do Polski nocą czwartego sierpnia – jednak nie do samej Warszawy. Miały one dokonać zrzutów w innych miejscach wskazanych przez Armię Krajową, między innymi w Krakowskiem i Lubelskiem. Cztery polskie załogi złamały rozkaz i poleciały do Warszawy. Mimo że trzem z nich udało się dokonać zrzutów dokładnie nad pozycjami Armii Krajowej, to w gruncie rzeczy nocny lot halifaxów okazał się katastrofą. Cztery bombowce RAF-u zostały zestrzelone, a jeden, z polską załogą, uszkodzony przez niemiecki myśliwiec, przymusowo lądował.

Slessor, wściekły z powodu niesubordynacji Polaków i ciężkich strat, odwołał dalsze loty dostawcze do Polski.

Nasłane przez Himmlera na Warszawę oddziały SS i policji korzystały bez ograniczeń z pozwolenia na zabijanie. Wyparłszy piątego sierpnia Armię Krajową z zachodniej warszawskiej dzielnicy Wola, hitlerowcy zaczęli siać spustoszenie – idąc od domu do domu, rabowali, gwałcili i mordowali. Kwartał za kwartałem mieszkańców wypędzano na podwórza i ulice i rozstrzeliwano z karabinów maszynowych. Na jednej z bocznych uliczek niemiecki żołnierz podszedł do dziecięcego wózka z półrocznymi bliźniakami, wyjął pistolet i je zastrzelił. Tego dnia tylko na samej Woli zamordowano przeszło dziesięć tysięcy cywilów. W kilku następnych dniach orgia zabijania przetoczyła się przez wiele innych dzielnic miasta – ofiarą Niemców padło ponad trzydzieści tysięcy warszawiaków. Ulubionymi celami oprawców były szpitale.

W jednym z nich, u sióstr elżbietanek, pracowała jako pielęgniarka Wanda Krasnodębska. Kiedy szpital podpalono, pielęgniarki i lekarze zaczęli błagać esesmanów, żeby im pozwolili wynieść pacjentów z budynku. Prośba została odrzucona, wszystkim kazano zejść do sutereny. „Była noc – wspominała

Krasnodębska. – Szpital się palił. Dokoła szalał ogień. Niemcy byli pijani, z ulicy dochodziły ich wrzaski i krzyki dziewcząt. Powiedziałam sobie: «Nie wyciągniecie mnie stąd żywej»". Jakiś Niemiec przyłożył jej pistolet do głowy i kazał wyjść na zewnątrz. Odmówiła. Zagroził, że ją zastrzeli. „Niech pan ją zostawi – powiedziała do niego po niemiecku lekarka, starsza kobieta. – Nie widzi pan, że umiera?" Niemiec nachylił się nad Wandą, cały czas celując jej w głowę. Przerażona, wstrzymała oddech. Widocznie uwierzył starej lekarce, bo kopnął Krasnodębską i odszedł.

Pacjentów ze szpitala zniesiono do długiego, wąskiego, przypominającego bunkier pomieszczenia w suterenie. Kiedy dołączyli do nich Krasnodębska i reszta personelu medycznego, weszło trzech esesmanów z pistoletami. „Bandyci! – krzyczeli, idąc od łóżka do łóżka i strzelając do pacjentów. – Bandyci, bandyci, bandyci, bandyci!" Lekarzom i pielęgniarkom nie pozostało nic innego, jak tylko się temu przyglądać. „Nic nie mogliśmy zrobić, żeby ich uratować – wspominała Krasnodębska. – Byliśmy bezradni". W zamieszaniu udało jej się uciec.

Urządzona przez SS rzeź Warszawy przybrała tak ekstremalne rozmiary, że przeraził się nawet generał Bach-Zelewski, którego trudno nazwać barankiem. Łamiąc rozkaz Himmlera, zakazał zabijania kobiet i dzieci. Mordowanie ludności cywilnej Warszawy trwało dalej, ale na mniejszą skalę.

Kiedy Niemcy wyparli Armię Krajową z zewnętrznych dzielnic miasta, wzięli na cel bastion powstańczy w centrum. Polacy przegrywali. Uzbrojeni w karabiny, pistolety, butelki zapalające i niewielką liczbę karabinów maszynowych, bronili się przeciw stale uzupełnianym siłom hitlerowskim, dysponującym samochodami pancernymi, czołgami, artylerią dalekiego zasięgu, bombowcami nurkującymi i inną ciężką bronią.

W połowie sierpnia Niemcy ostrzeliwali i bombardowali miasto przez dwadzieścia cztery godziny na dobę. W zasięgu ostrzału artyleryjskiego znalazły się wszystkie dzielnice Warszawy, wiele domów w śródmieściu płonęło. Na ziemię spadał grad cegieł, w powietrzu fruwały płonące belki, wszystko przesłaniały kurz i dym. Chodniki i jezdnie zaścielały trupy, mnóstwo innych leżało pod gruzami zburzonych budynków. Tysiące rannych tłoczyło się w prowizorycznych szpitalach. Kończyły się zapasy żywności i wody; rosło zagrożenie epidemią tyfusu.

A mimo to Polacy nie przestali walczyć. Najbardziej zacięte boje toczyły się na Starym Mieście, na północ od Śródmieścia, wśród pięknie odrestaurowanych przed wojną renesansowych kamienic, stojących przy wąskich, krętych uliczkach brukowanych kocimi łbami. Tam właśnie Polacy ścierali się z hitlerowcami w bezpośredniej walce, tak zażartej, że niektórym Niemcom przypomniały się ostatnie dni bitwy pod Stalingradem.

Z piwnic zbombardowanych domów radiotelegrafiści Armii Krajowej wciąż wystukiwali naglące prośby o pomoc Zachodu, tak jak wcześniej ich poprzednicy podczas niemieckiego oblężenia Warszawy we wrześniu 1939 roku. W którejś chwili generał Bór-Komorowski wysłał depeszę do Churchilla i Roosevelta: „W imię Karty Atlantyckiej i czterech wolności człowieka [...] świadomi swego wkładu w ogólnym wysiłku wojennym narodów anglosaskich – mamy pełne prawo zwrócić się z gorącym apelem do Pana Prezydenta i Pana Premiera o udzielenie natychmiastowej pomocy krwawiącej Warszawie".

Na korzyść Winstona Churchilla można powiedzieć tyle, że poruszony niezłomnym oporem powstańców i wstrząśnięty barbarzyństwem Niemców przejawiał coraz większą chęć pomocy. Bombardowano go prośbami ze wszystkich stron – apelowało do niego podziemie w Warszawie, polski rząd na uchodźstwie, generał Anders we Włoszech, polscy piloci w Wielkiej Brytanii. Z apelem wystąpiła nawet wdowa po generale Sikorskim, zwracając się do żony Churchilla, Clementine, i do Eleanor Roosevelt.

Do Churchilla i innych członków brytyjskiego rządu większość informacji o tym, co się dzieje w Warszawie, docierała z nieprawdopodobnego, lecz autentycznego źródła: od pilota RAF-u, który zbiegł z niemieckiego obozu jenieckiego w Polsce i wstąpił do Armii Krajowej. Porucznik John Ward był jednym z setek amerykańskich i brytyjskich jeńców wojennych, przygarniętych po ucieczce z obozów przez polskie podziemie – do czasu, gdy będą mogli szczęśliwie powrócić w swoje strony. Anglik, który przed dwoma laty dołączył do ruchu oporu, mówił płynnie po polsku, choć z silnym cudzoziemskim akcentem.

Gdy wybuchło powstanie, przywódcy podziemia zaproponowali mu przekazywanie do Londynu regularnych raportów o rozwoju sytuacji w Warszawie. Codziennie godzinami wędrował po dotkniętym nieszczęściem mieście, krył się przed odłamkami, ogniem z karabinów, rozmawiał z żołnierzami Armii Krajowej, obserwował walki. Jego sprawozdania – z opisami starć, aktualnych pozycji zajmowanych w mieście przez Niemców i Polaków, kolejnych hitlerowskich bestialstw – przesyłano krótkofalówką alfabetem Morse'a. Od Warda brytyjski rząd i cały świat dowiedział się na przykład, że Niemcy, by zapobiec ostrzałowi akowców, pędzą polskie kobiety i dzieci przed czołgami albo przywiązują je do drabin i zmuszają, by szły przed niemieckimi oddziałami.

Być może komu innemu nie dano by wiary, ale Wardowi wierzono. „Zapewnieniom polskim alianci uwierzyli w pełni dopiero wówczas, gdy je potwierdził autentyczny Brytyjczyk [...] – napisał jeden z przywódców podziemia. – Obawiałem się, że naszej depeszy, podającej tak niepojęty dla cywilizowanego człowieka wypadek, alianci nie uwierzą i zapiszą ją na konto przesadnej polskiej propagandy".

Poruszony raportami Warda, nieobojętny na lawinę polskich próśb o pomoc, Churchill zaczął nalegać na dostawy do Warszawy. We Włoszech przyparty do muru generał Slessor skapitulował. Siódmego sierpnia, dwa dni po odwołaniu lotów do Polski, pod presją rozkazał wznowić misje, ale w ograniczonym wymiarze i tylko polskim załogom.

W nocy z ósmego na dziewiąty sierpnia siedem samolotów z 1586 Eskadry dostało zezwolenie na loty do Warszawy. Tam, na placach w Śródmieściu i w innych ustalonych rejonach, kobiety z latarkami, mimo ciężkiego ostrzału niemieckiej artylerii, kładły się na ziemi w kształt krzyża, zaznaczając w ten sposób miejsca zrzutu. Liberatory i halifaxy nadleciały nisko nad dachami. Gdy spadochrony opadały wolno ku ziemi, warszawiacy, którzy wylegli na ulice, by zebrać dostawy, krzyczeli radośnie, machając chusteczkami odlatującym bombowcom.

Po doniesieniu, że większość zrzutów trafiła do powstańców, nasiliły się naciski na kontynuowanie misji. W ciągu następnego tygodnia generał Slessor wysłał w rejon Warszawy przeszło dziewięćdziesiąt polskich, brytyjskich i południowoafrykańskich załóg. Niestety, w trakcie tej zmasowanej operacji potwierdziły się jego najgorsze obawy. Niemcy wzmocnili obronę przeciwlotniczą wzdłuż tras przelotu. W pobliżu stolicy i nad nią samoloty napotykały morderczy ogień. Alianckie załogi, oślepione krzyżującymi się smugami niemieckich szperaczy oraz ogniem i dymem spowijającym znękane, oblężone miasto, musiały unikać myśliwców wroga i ostrzału z ziemi, a do tego dokonywać jak najdokładniejszych zrzutów nad szybko kurczącym się obszarem w rękach Armii Krajowej. Z ponad dziewięćdziesięciu bombowców wysłanych w tamtym tygodniu do Warszawy – każdy z załogą liczącą co najmniej sześciu ludzi – zestrzelono siedemnaście. Większość pozostałych została uszkodzona, trzy na tyle poważnie, że rozbiły się przy lądowaniu we Włoszech. Co gorsza, wiele zrzuconych zasobników przechwycili Niemcy.

Pod koniec września, po dalszych ciężkich stratach, wściekły Slessor oświadczył przełożonym, że „kontynuowanie operacji, która dotąd kosztowała nas dwadzieścia pięć załóg i praktycznie nic nie dała, nie ma sensu". Choć wycofał z większości lotów dostawczych lotników brytyjskich i południowoafrykańskich, to polskie władze wojskowe wyjednały u Brytyjczyków zgodę na kontynuowanie misji zaopatrzeniowych przez polskie załogi. Wyprawy do Warszawy zbierały coraz większe śmiertelne żniwo, coraz mniej dostaw trafiało do Armii Krajowej. W ciągu niespełna trzech tygodni 1586 Eskadra straciła w sumie dwanaście załóg, czyli sto dwadzieścia procent stanu etatowego, gdyż w paszczę wojny rzucano – z podobnym skutkiem – przenoszone do niej w ramach uzupełnień załogi z polskich dywizjonów bombowych w Wielkiej Brytanii. Pewien wyższy oficer Polskich Sił Powietrznych nazwał te misje „samobójczym marnowaniem lotników".

Choć loty do Warszawy wiązały się ze skrajnym niebezpieczeństwem i nieraz bywały daremne, rwało się do nich wielu polskich pilotów. Odrzucano ich prośby. Latali w obronie Francji i Wielkiej Brytanii. Od lądowania w Normandii pomagali wyzwalać spod niemieckiej okupacji Europę Zachodnią. Tego lata cztery dywizjony 133 Polskiego Skrzydła Myśliwskiego pod dowództwem Jana Zumbacha znów broniły Londynu, przechwytując i zestrzeliwując przerażającą nową niemiecką broń – latające bomby V-1. Zumbach porównał to do zabawy na „powietrznej strzelnicy, ale [zabawy] bardzo niebezpiecznej, jak przekonało się na własnej skórze kilku moich pilotów". Loty bojowe, które wymagały strzelania do pocisków z bliskiej odległości lub strącania ich skrzydłem własnego samolotu, pochłonęły niejedno życie. Niemniej do końca wojny czterem polskim dywizjonom przypisano strącenie prawie dwustu V-1.

Kiedy jednak ich własny kraj był w największej potrzebie, Polacy mogli tylko pójść do kasyna w bazie i wysłuchać komunikatów radiowych BBC o pogarszającej się sytuacji w Warszawie. W miarę jak wyczerpywały się zapasy i siły Armii Krajowej, polskich pilotów w Wielkiej Brytanii coraz bardziej obezwładniało poczucie bezsilności, winy i beznadziei. Musieli tkwić na miejscu, wysłuchując wiadomości o klęsce. „Umieraliśmy po trochu w każdym z tych sześćdziesięciu trzech dni powstania" – powiedział jeden z nich.

„Mój Boże, być teraz z wami! – dał wyraz głębokiej frustracji pewien myśliwiec w audycji dla okupowanej Polski. – Lecieć nad Warszawą, mając taką broń [...] Zamek, Poczta Główna, Stare Miasto – wiem, jak one wyglądają z powietrza. Znam każdy zaułek, niemal każdy dom. Wiedziałbym, jak strzelać, żeby was nie trafić. Mógłbym wam pomóc. Moglibyśmy razem zwyciężyć. Ale muszę czekać. Dobrze uzbrojony, silny, gotów do walki – muszę czekać na rozkaz".

Wiele zdesperowanych polskich dywizjonów myśliwskich, z Kościuszkowskim włącznie, naciskało w czasie powstania na RAF, by zezwolił im polecieć do Warszawy i zaatakować niemieckie pozycje. RAF nie zgodził się na to z tej prostej przyczyny, że samoloty nie mogły zabrać dość paliwa na przelot w obie strony. Nieprzekonani, nieracjonalnie zdeterminowani myśliwcy gotowi byli poświęcić maszyny i samych siebie dla Warszawy – dla Polski. Piloci Dywizjonu Kościuszkowskiego posunęli się do tego, że wysłali szczery i bezpośredni telegram do królowej:

> KAŻDEJ NOCY Z TEJ WIELKIEJ WYSPY STARTUJE NAD KONTYNENT TYSIĄCE SAMOLOTÓW. SKROMNY UŁAMEK Z NICH MÓGŁBY URATOWAĆ WARSZAWĘ. PROSZĘ NAM WIERZYĆ, WASZA WYSOKOŚĆ, ŻE KIEDY W ROKU 1940 WAŻYŁY SIĘ LOSY WIELKIEJ BRYTANII, MY, POLSCY LOTNICY, NIE MYŚLELIŚMY SZCZĘDZIĆ KRWI I ŻYCIA [...] WTEDY, NAD PŁONĄCYM LONDYNEM, NIE BRAKŁO POLSKICH I ANGIELSKICH LOTNIKÓW. CZY MA ICH TERAZ ZABRAKNĄĆ NAD PŁONĄCĄ WARSZAWĄ? CZY TO MIASTO MA ZGINĄĆ W PRZEDEDNIU ZWYCIĘSTWA, PO PIĘCIU LATACH TĘSKNOTY ZA WOLNOŚCIĄ? [...] CZY WIARĘ W WIELKĄ BRYTANIĘ ZNISZCZĄ PŁOMIENIE, TRAWIĄCE NASZĄ STOLICĘ? WASZA WYSOKOŚĆ, PROSZĘ WYBACZYĆ NAM, ŻOŁNIERZOM, SZCZEROŚĆ I BEZPOŚREDNIOŚĆ. NIE MOŻEMY JEDNAK DŁUŻEJ MILCZEĆ, GDY GINĄ NASZE KOBIETY I DZIECI. WIERZYMY MOCNO, ŻE ICH LOS NIE JEST OBOJĘTNY WASZEJ WYSOKOŚCI.

O ile wiadomo, królowa nie odpowiedziała. Jan Zumbach, jako dowódca jednego z polskich skrzydeł myśliwskich, nie zaprzestał próśb w imieniu polskich lotników. RAF uznał jego namolność za „przejaw niesubordynacji, nie dość, że sentymentalny, to, co gorsza, niemądry”. Zumbach, który do sposobu, w jaki alianci traktują Polskę, miał już tylko cyniczny stosunek, zgorzkniał jeszcze bardziej, gdy niedługo potem, z niewiadomych przyczyn, Anglicy cofnęli zgłoszoną wcześniej rekomendację w sprawie przyznania mu jednego z najwyższych brytyjskich odznaczeń wojskowych, Orderu za Ofiarną Służbę.

Podczas gdy setki polskich, brytyjskich i południowoafrykańskich lotników ryzykowało życie – i nieraz je traciło – w dalekich lotach do powstania w Warszawie, wojska sowieckie czekały kilkanaście kilometrów od serca stolicy Polski i... nie robiły nic. Mimo że na początku sierpnia Stalin obiecał Mikołajczykowi, że udzieli powstańcom pomocy, po dotarciu do bram Warszawy Armia Czerwona nagle wstrzymała pośpieszny pochód. Samoloty sowieckie z dostawami nie nadleciały. Sowiecka artyleria dalekiego zasięgu raptem umilkła. A na domiar tego Radio Moskwa, które zaledwie parę tygodni temu zachęcało Polaków do zrywu przeciw Niemcom, zaczęło potępiać powstanie i jego przywódców.

„Trudno się oprzeć pewności, że Rosjanie celowo nie zaopatrują Warszawy" – zatelegrafował niedługo po wybuchu powstania generał Slessor do szefa sztabu lotnictwa. To samo podejrzenie gnębiło Winstona Churchilla. „Ogromnie zastanawia, że w momencie, kiedy Armia Podziemna wznieciła powstanie, wojska rosyjskie wstrzymały natarcie na Warszawę i wycofały się na pewną odległość" – napisał z Włoch do Anthony'ego Edena. Dwunastego sierpnia Churchill upomniał się u Stalina o rozpoczęcie dostaw powietrznych dla AK z wyzwolonych terenów na wschodzie, podkreślając ogrom niebezpieczeństw czyhających na lotników RAF-u podczas lotu z Włoch nad obszarem wciąż okupowanym przez Niemcy.

Z apelami do Stalina w imieniu polskich powstańców zwracał się też Waszyngton. Tuż po wybuchu powstania dyrektor Biura Służb Strategicznych (OSS), William J. Donovan, wystąpił do prezydenta Roosevelta i jego głównych doradców wojskowych o zgodę na zorganizowanie dużych operacji dostawczych dla Polaków. Wyżsi oficerowie Amerykańskich Sił Powietrznych nie byli przeciwni takim misjom, pod warunkiem że amerykańskie bombowce dostarczające pomoc z Londynu do Warszawy będą lądować na sowieckich lotniskach na Ukrainie, by maszyny mogły uzupełnić paliwo, a załogi odpocząć przed lotem powrotnym.

Na pierwszy rzut oka nie powinno być z tym problemu. Sowieci przyznali już wcześniej prawo do lądowania na trzech lotniskach amerykańskim bombowcom, latającym na misje nad Niemcami i Rumunią. Ale kiedy Amerykanie poprosili o podobne pozwolenie dla lotów dostawczych do Warszawy, w odpowiedzi usłyszeli krótkie *niet*. Powstanie jest głupotą i „sowiecki rząd nie przyłoży do niego ręki" – oświadczył Kreml.

Averell Harriman i brytyjski ambasador Archibald Clark Kerr zwrócili się do Sowietów, sugerując im zmianę zdania, bo „w interesie [alianckiej] sprawy i ludzkości leży poparcie" Polaków. Stany Zjednoczone nie namawiają przecież Związku Sowieckiego do bezpośredniego udziału w tej operacji – podkreślił amerykański ambasador w Moskwie, nie pojmując, jak można odmówić takiej prośbie. Kreml nie będzie popierał żadnych „awanturniczych działań", które mogłyby się później obrócić przeciwko Związkowi Sowieckiemu – uciął sprawę wiceminister spraw zagranicznych Andriej Wyszyński i odprawił Amerykanina z kwitkiem.

Dwa dni później Harriman ponowił apel, tym razem zwracając się do szefa Wyszyńskiego, Wiaczesława Mołotowa. W odpowiedzi sowiecki minister spraw zagranicznych zagroził, że jeżeli Amerykanie nie zaniechają absurdalnych próśb, to odetnie im się dostęp do rosyjskich baz. George Kennan wspominał, że ambasador wrócił z tego spotkania „zdruzgotany". Dla obydwu stało się jasne, iż Sowieci, kierując się „bezlitosnymi względami politycznymi" – jak napisał Harriman w raporcie dla Waszyngtonu – chcą zdławienia powstania w Warszawie i nie dopuszczą, by wsparli je alianci.

Odrzucenie prośby Harrimana przez Mołotowa było, by zacytować Kennana, niczym „ciśnięcie ze złośliwą satysfakcją rękawicy pod nogi zachodnim mocarstwom". „Oznaczało ono ni mniej, ni więcej, tylko: «Zamierzamy wziąć Polskę z całym dobrodziejstwem inwentarza. Guzik nas obchodzą bojownicy polskiego podziemia, nieakceptujący komunistycznej władzy. Dla nas nie są lepsi od Niemców [...] Jest nam obojętne, co o tym myślicie, Amerykanie. Od tej chwili nie będziecie mieć żadnego wpływu na sprawy Polski i czas, żebyście to zrozumieli»".

Zdaniem Kennana stosunki Zachodu ze Związkiem Sowieckim doszły do punktu, z którego nie ma odwrotu; nadszedł moment, kiedy Wielka Brytania i Stany Zjednoczone powinny doprowadzić do „pełnej, realistycznej politycznej konfrontacji" z Kremlem. Nie było powodu do dalszych pojednawczych kroków: z chwilą lądowania w Normandii powstał drugi front, którego domagał się Stalin; na kontynencie znalazły się potężne siły alianckie; Związek Sowiecki przepędził niemieckich najeźdźców. Teraz stawką była wolność Polski i innych krajów, którym lada dzień groziło zagarnięcie przez wojska sowieckie. Był to moment, by powiedzieć Stalinowi: jeżeli będziecie się upierać przy podporządkowaniu sobie tych państw, to koniec z naszą pomocą, materialną i wszelką inną.

Harriman, pod silnym wpływem Kennana, również doszedł do wniosku, że Stany Zjednoczone muszą przyjąć twardą linię w stosunkach z Sowietami. Niegdyś zdecydowany zwolennik udzielenia bezwarunkowej pomocy Związkowi Sowieckiemu, teraz pisał do swoich przywódców w rozpaczliwym tonie: „Ci rozdęci władzą ludzie spodziewają się, że wymuszą na nas i reszcie krajów bezwarunkowe pogodzenie się z ich decyzjami". Polacy mieli pełne prawo zorganizować powstanie, a także pełne prawo oczekiwać pomocy od aliantów, w tym również Rosji – oświadczył Rooseveltowi i sekretarzowi stanu Cordellowi Hullowi.

Ponaglił też prezydenta, żeby przesłał „silny sygnał" do Stalina, domagając się od niego zgody na wykorzystanie sowieckich baz lotniczych przez amerykańskie misje pomocy. Roosevelt odmówił wysłania depeszy tej treści, mimo że wcześniej upoważnił Harrimana do zwrócenia się do sowieckiego przywódcy o ponowne rozpatrzenie sprawy dostaw dla Warszawy. Natomiast Hull przypomniał ambasadorowi, że Sowieci mogą spełnić groźbę i cofnąć Amerykanom dostęp do baz na Ukrainie, dlatego niezbędna jest ostrożność.

Skonsternowany Harriman napisał do Harry'ego Hopkinsa: „[Sowieci] mylnie zinterpretowali naszą hojność wobec nich jako oznakę słabości i akceptację dla ich polityki. Nadszedł czas, żeby powiedzieć im jasno i wyraźnie, czego od nich oczekujemy w zamian za naszą dobrą wolę. Wszystko wskazuje na to, że jeżeli się nie postawimy, Związek Sowiecki stanie się światowym tyranem wszędzie tam, gdzie zwietrzy swój interes".

Winston Churchill i generał Władysław Anders, dowódca polskiego Drugiego Korpusu, w czasie spotkania we Włoszech w sierpniu 1944 roku. Churchill zapewnił wtedy, że on i prezydent Roosevelt nie opuszczą Polski w potrzebie. (Imperial War Museum).

Winston Churchill dochodził do tego samego wniosku. Według jego lekarza, lorda Morana, w czasie powstania warszawskiego brytyjski premier zadręczał się myślą o sowieckiej agresji. „Winston ostatnio nawet nie wspomina o Hitlerze; do znudzenia powtarza o niebezpieczeństwach komunizmu – zapisał w dzienniku Moran. – Śni mu się, że Armia Czerwona rozprzestrzenia się jak rak i przerzuca z kraju na kraj. Stało się to jego obsesją".

Premier bardzo też zainteresował się walką toczoną w Warszawie – starciem na epicką skalę Dawida z Goliatem. Opór Polaków zyskał jego uznanie i szacunek, a przejmujące relacje świadków o niemieckich zbrodniach na polskich cywilach wprawiały go we wściekłość. „Polskie [powstanie] sprawia mi wielki ból" – napisał do żony osiemnastego sierpnia. Ponad pięćdziesiąt lat później jego wnuk, także Winston, powiedział: „Dziadek wychodził z siebie, rozpaczliwie starając się zapewnić pomoc Polakom".

Emocjonalne zaangażowanie Churchilla w powstanie warszawskie wzrosło jeszcze bardziej po spotkaniu z generałem Andersem we Włoszech pod koniec sierpnia. Premier podziwiał dowódcę Drugiego Korpusu, którego żołnierze wykazali się bohaterstwem pod Monte Cassino. Niewiele wcześniej inna jednostka polskiej armii, Pierwsza Polska Dywizja Pancerna, przesądziła o przypieczętowaniu zwycięstwa aliantów w Normandii, odcinając odwrót dziesiątkom tysięcy żołnierzy niemieckich okrążonych pod Falaise.

Churchill obiecał Andersowi, że Wielka Brytania nigdy nie zawiedzie Polski. „Wielka Brytania weszła do tej wojny, broniąc zasady waszej niepodległości, mogę was zapewnić, że nigdy was nie opuści" – powiedział. Powtórzył to kilka razy, jakby chciał przekonać nie tylko Andersa, ale i siebie. „Ja i mój przyjaciel Roosevelt, który ponownie zostanie wybrany na prezydenta, nigdy Polski nie opuścimy. Miejcie do nas zaufanie" – zapewnił.

Złożywszy tę obietnicę, Churchill musiał zadbać o jej dotrzymanie. Wcześniej tego miesiąca przekonał opornego Roosevelta do wysłania wspólnej depeszy do Stalina z propozycją, by udzielił pomocy Warszawie lub umożliwił to Amerykanom i Brytyjczykom, udostępniając sowieckie lotniska. Nieudzielenie takiej pomocy poruszyłoby opinię publiczną – zaznaczyli. Choć w ich piśmie nie było ostrych słów, Stalin wpadł we wściekłość. Nazwał warszawskich powstańców „bandą przestępców, którzy chcą przechwycić władzę", i ponownie odmówił pomocy. O dostępie do sowieckich lotnisk nawet nie wspomniał.

Po tej wymianie zdań Roosevelt zaniechał dalszych nacisków na sowieckiego wodza. Kiedy dostał od Churchilla ściskającą serce relację naocznego świadka o masowych zbrodniach dokonywanych przez hitlerowców w Warszawie, zawierającą opis wymordowania wszystkich pacjentów szpitala, odpowiedział chłodno: „Dziękuję za informacje o przerażającej sytuacji Polaków w Warszawie i nieludzkim zachowaniu hitlerowców [...] W chwili obecnej nie widzę możliwości powzięcia żadnych dodatkowych kroków, które rokowałyby powodzenie".

Churchill nie dał za wygraną. Wezwał Roosevelta do wystosowania jeszcze jednego wspólnego apelu do Stalina, proponując, by w razie niepowodzenia „wysłać [tak czy owak] samoloty i czekać, co się stanie". Roosevelt odmówił. „Nie sądzę [...] by mój podpis pod sugerowaną przez Pana depeszą do Stalina przyniósł korzyść w długofalowej perspektywie wojny – odpisał. – Ale nie sprzeciwiam się wysłaniu takiej depeszy przez Pana, jeśli uważa Pan to za celowe".

Brytyjski premier depeszy nie wysłał.

ROZDZIAŁ OSIEMNASTY

„OPOWIEŚĆ O DWÓCH MIASTACH"

Pod koniec sierpnia, w kulminacyjnych dniach powstania warszawskiego, radiotelegrafista Armii Krajowej wręczył generałowi Borowi-Komorowskiemu pilną depeszę z Londynu, z wiadomością o wyzwoleniu Paryża. „Szczęśliwy Paryż" – skomentował Bór-Komorowski.

Podobieństwa między wydarzeniami w stolicy Francji i w Warszawie były uderzające – z wyjątkiem reakcji aliantów. Członkowie francuskiego ruchu oporu powstali przeciw Niemcom, tak jak wcześniej polska Armia Krajowa i mieszkańcy warszawskiego getta. Powstanie w Paryżu zaskoczyło aliantów tak samo jak powstanie w Warszawie. Aż do jego wybuchu generał Dwight Eisenhower i inni dowódcy alianccy nie zamierzali wyzwalać mało znaczącej strategicznie stolicy Francji, bo nie przyśpieszyłoby to marszu sprzymierzonych wojsk na Niemcy.

Ale Francuzi wytoczyli argument, że jeśli nikt nie przyjdzie z pomocą powstańcom, zginą setki tysięcy paryżan, a miasto – na rozkaz Hitlera – legnie w gruzach. Eisenhowerowi to uzasadnienie wystarczyło i na tym podobieństwa losów Paryża i Warszawy się skończyły. Dwudziestego piątego sierpnia, zaledwie cztery dni po wybuchu powstania paryskiego, szalejącą z radości stolicę odbili alianci, z francuską dywizją pancerną na czele; dowodził nią generał Jacques Leclerc, lojalny wobec londyńskiego rządu Charles'a de Gaulle'a. „Nikt nie winił paryżan, że własnymi siłami spróbowali współdziałać w wyzwoleniu stolicy – skomentował tę wiadomość Bór-Komorowski. – Mimo woli narzucało nam się wówczas porównanie. Jakże inny byłby los Warszawy, gdyby amerykańskie i brytyjskie wojska stały u jej wrót".

Zamiast nich u wrót polskiej stolicy stali, nie kiwnąwszy palcem, niewzruszeni jej losem Sowieci.

W następnym tygodniu, gdy paryżanie wciąż wznosili szampanem toasty na cześć swoich wyzwolicieli, tysiące polskich powstańców i cywilów odsunęło pokrywy włazów studzienek i zniknęło w śmierdzących, ciemnych jak noc warszawskich kanałach. Rozległa sieć kanalizacyjna, która od początku powstania umożliwiała kurierom i członkom Armii Krajowej poruszanie się po mieście, stała się jedyną drogą ucieczki z ruin ostrzeliwanego i bombardowanego z powietrza Starego Miasta. Na przekór wszelkim przeciwnościom losu oddziały AK, walczące z Niemcami wśród tlących się zgliszcz Starówki, gdzie mieściło się dowództwo powstania, przez blisko miesiąc nie dawały za wygraną. Dopiero kiedy odciętym od dostaw amunicji, wody i jedzenia powstańcom zajrzała w oczy zagłada, Bór-Komorowski wydał rozkaz ewakuacji.

Na początku września półtora tysiąca żołnierzy i trzy tysiące cywilów, w tym wielu rannych, zniknęło pod ziemią, wyruszając w koszmarną, pełną

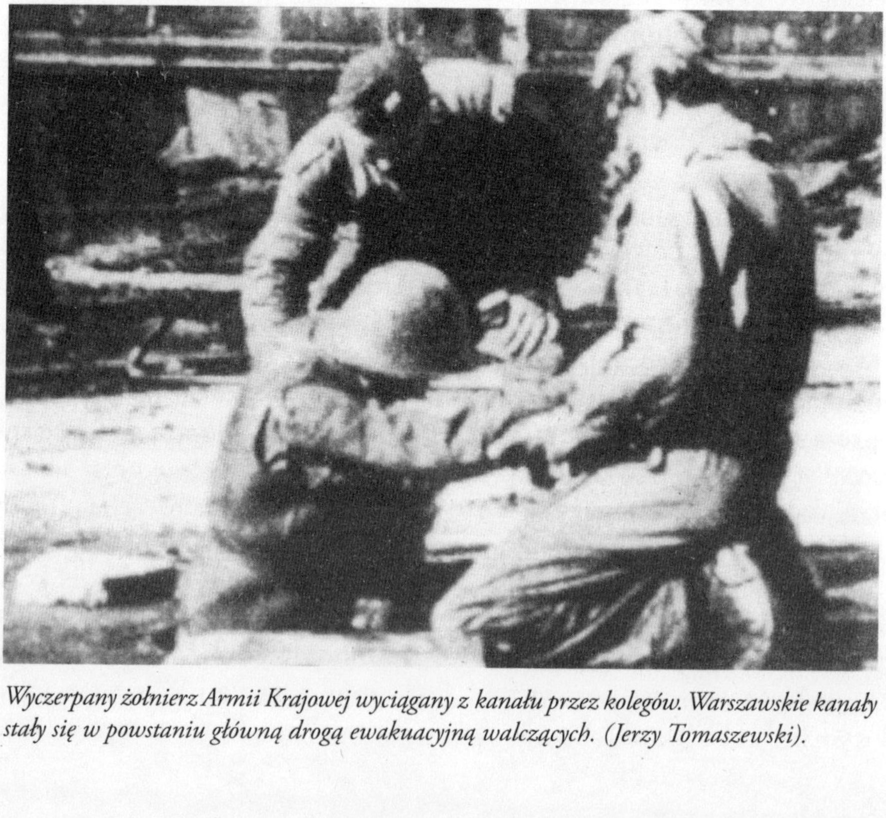

Wyczerpany żołnierz Armii Krajowej wyciągany z kanału przez kolegów. Warszawskie kanały stały się w powstaniu główną drogą ewakuacyjną walczących. (Jerzy Tomaszewski).

udręk, ślimaczą wędrówkę w ciemności przez piekielną plątaninę kanałów. Dla wielu było to najpotworniejsze przeżycie w tej potwornej wojnie. Brnąc przez gęsty, miejscami sięgający ramion szlam, cały czas musieli się pilnować, by nie stracić równowagi na oślizgłym półokrągłym dnie. Część powstańców zabłądziła i przepadła w podziemnym labiryncie. Inni utonęli w błocie i nieczystościach. Fetor był nieznośny. „Gryzący zaduch dławił oddech i wyciskał łzy z oczu" – wspominał Bór-Komorowski.

W kompletnych ciemnościach ciasnych kanałów niejednego ogarniał klaustrofobiczny, zwierzęcy lęk. Grozę nieuchronnej zagłady potęgowały odbijające się od ścian jęki rannych i krzyki przerażonych ludzi. Najlżejszy dźwięk rozchodził się wzmocnionym, upiornym echem, często alarmując czatujących na ulicach Niemców, którzy podpalali wlewaną do studzienek ropę naftową i wrzucali granaty. Przeprawa ze Starego Miasta do odległego półtora kilometra w linii prostej Śródmieścia zajmowała tym, którzy ją przeżyli, dziewięć godzin. Po wyjściu na powierzchnię wielu, a być może większość, padało z wyczerpania.

„W Warszawie od pięciu tygodni prowadzimy bitwę. To nasze najbardziej zaciekłe walki od początku wojny" – oznajmił swoim zastępcom w Berlinie szef SS Heinrich Himmler.

Gdyby Dante ujrzał wówczas stolicę Polski, miałby gotowy realistyczny obraz piekła – powiedział pilot RAF-u po przelocie nad powstańczą Warszawą. Ale na Zachodzie niewielu miało choćby skromne pojęcie o jej cierpieniach. Oprócz skąpych informacji w dziennikach i kilku komentarzy redakcyjnych, ubolewających nad niefortunnym, przedwczesnym zrywem, dramat, heroizm i tragedia polskiego powstania przeszły w Wielkiej Brytanii i Stanach Zjednoczonych bez większego echa. Nagłówki gazet i audycje radiowe opiewały wyzwolenie wspaniałego, romantycznego Paryża oraz postępy wojsk alianckich w marszu na Niemcy. Wprawdzie było to zrozumiałe, ale brytyjski premier i inni nie przestawali się zastanawiać, czy wiadomości o powstaniu w Warszawie nie są celowo wyciszane. „Czy nie blokujecie informacji o agonii Warszawy, na co wskazywałoby ich praktyczne zniknięcie z łamów gazet?" – zapytał dwudziestego trzeciego sierpnia w depeszy z Włoch oburzony Winston Churchill. Minister informacji Brendan Bracken zaprzeczył. Wobec pomyślnych wieści z Paryża prasę mało interesowało, co się dzieje w Polsce. Ignorowano również fakt, że Sowieci odmówili pomocy powstaniu.

Ruiny Warszawy po powstaniu. Po lewej szkielet budynku Prudentialu. (S. Braun, Muzeum Historyczne Warszawy).

Churchill stanął zatem wobec dylematu, który sam stworzył. Od miesięcy on i jego rząd przedstawiali Polaków jako nierozważnych mącicieli. Znalazło to odzwierciedlenie w brytyjskiej prasie. Jednocześnie pod niebiosa wychwalano Rosjan – wspaniałomyślnych, wielkodusznych zbawców Europy Wschodniej – ukrywając wszystko, co kłóciło się z tym wizerunkiem. Brytyjski premier zaczął więc się zastanawiać, w jaki sposób nadać rozgłos walkom w rozpaczliwie potrzebującej pomocy Warszawie i bohaterstwu jej powstańców, nie oskarżając jednocześnie Sowietów. „O dziwnym i złowrogim zachowaniu Rosjan wspominać nie trzeba, ale chyba nie ma powodu przemilczać jego konsekwencji?" – powiedział do Brackena.

Jak tego dokonać, nie wyjaśnił. W każdym razie Bracken, Anthony Eden i inni wysocy urzędnicy brytyjscy stanowczo i konsekwentnie ukrywali przed prasą i społeczeństwem nieprzejednanie Sowietów w sprawie powstania. Kilka razy skłamali bez mrugnięcia okiem. Kiedy Stalin nie zgodził się na lądowanie amerykańskich samolotów na sowieckich lotniskach, Ministerstwo Spraw Zagranicznych zapewniło BBC, że Sowieci i Brytyjczycy chętnie wyślą samoloty z pomocą walczącym Polakom. Polacy w Wielkiej Brytanii nie mogą dowiedzieć się o sowieckiej odmowie – przestrzegł Eden gabinet wojenny. Posunął się nawet do tego, że poprosił Amerykanów o poinformowanie polskiego rządu w Londynie, że Siły Powietrzne Stanów Zjednoczonych wciąż czekają na zgodę Rosjan na lądowanie ich samolotów.

Ale wieści o tym, że Sowieci odmówili udzielenia pomocy Armii Krajowej, i tak przedostały się do wiadomości publicznej. Według raportów wywiadu pod koniec sierpnia odnotowano wzrost sympatii Brytyjczyków dla Polaków, jak też znaczne zatroskanie sowiecką niechęcią do udzielenia im pomocy. Niektórzy posłowie zaczęli naciskać na rząd, aby zwołał w parlamencie debatę w tej sprawie. Szesnastu z nich wydało oświadczenie z apelem o udzielenie Warszawie wszelkiej możliwej pomocy, domagając się od gabinetu Churchilla bezzwłocznego przedstawienia wszelkich problemów, które się z tym wiążą. „Powinniśmy mieć pełną jasność, jakim ograniczeniom poddano działalność rządu i kto je narzucił".

W liście do „Daily Mail" były podsekretarz w Ministerstwie Spraw Zagranicznych, lord Vansittart, napisał: „Na oczach nie dość wrażliwego świata rozgrywa się tragedia. Brytyjczycy i Rosjanie zachęcili polskich patriotów do powstańczego zrywu w imię wspomożenia zbliżającej się armii rosyjskiej. A gdy ci wzniecili powstanie, Rosjanie powstrzymali marsz [...] Pozbawieni wsparcia Polacy są wybijani, a Warszawa jest równana z ziemią. Czy ludzkość pozwoli na dokonanie się tej tragedii?"

Natomiast George Orwell, bat na lewicowych intelektualistów, bezkrytycznie popierających niemal wszystko co sowieckie, wychłostał „nikczemną i tchórzliwą postawę" brytyjskiej prasy, krytykującej Polaków i przymykającej oko na działania Rosjan. Z lektury gazet można wynieść „wrażenie, że Polakom należy złoić tyłki za to, iż zrobili to, do czego od lat zachęcały ich wszystkie sojusznicze radiostacje, i że [...] nie zasługują na żadną pomoc z zewnątrz" – napisał.

Mimo że większość gazet nie kwapiła się do zajęcia stanowiska w sprawie pomocy dla Polaków, kilka z nich, w tym parę o lewicowych sympatiach, do tej pory bezkrytycznie prosowieckich, dostrzegło, że choć Kreml zachęcał Polaków do powstania, z chwilą jego wybuchu przestał je popierać. „Rosjanie z pewnością mają usprawiedliwienie na to, dlaczego powstrzymali natarcie, dlaczego nie wysłali broni – napisano w lewicowym «Daily Mirror». – Ale musi ono mieć mocne podstawy, bo rozbite w proch mury Warszawy i pogruchotane ciała jej dzieci domagają się wyjaśnienia, dlaczego wstrzymano pomoc".

Jednak chyba najostrzej skrytykował taką postawę „The Economist" w numerze z dwudziestego szóstego sierpnia. W artykule wstępnym tygodnika, zatytułowanym *Opowieść o dwóch miastach*, dokonano smutnego i „bolesnego" porównania stosunkowo łatwego wyzwolenia Paryża z walką Warszawy o przetrwanie. Niemal dokładnie pięć lat temu, napisano, trzy kraje – Francja, Wielka Brytania i Polska – przystąpiły do wojny z Niemcami w obronie wolności. Od tego czasu Brytyjczycy z pomocą sojuszników, w tym dzięki zasługom Polaków, zachowali wolność, a Francuzi, z jeszcze większą pomocą sojuszników, ją odzyskali. Ale kiedy Polacy w „znacznie krwawszej, rozpaczliwej walce" podjęli próbę wyparcia Niemców ze swojej ojczyzny, „sojusznicy nie wsparli ich na dobrą sprawę materialnie czy choćby moralnie".

Brak zgody Rosjan na korzystanie przez sojuszników z sowieckich lotnisk i odmowa wojskowego wsparcia powstania były „nie do przyjęcia". „Powstanie w Warszawie jest chwalebnym wkładem do walki aliantów i nie wolno go odrzucić – dodawał autor artykułu. – Obecnie trwają rozmowy w sprawie pomocy dla Warszawy [...] W imię honoru i potrzeby chwili powinny znaleźć tylko jeden – i to rychły – finał. Niestety, w co trudno uwierzyć, zanosi się na coś przeciwnego. Wygląda na to, że naszą radość ze zwycięstwa zmąci niezmyta hańba pozostawienia sprzymierzeńca własnemu losowi".

Zdenerwowany Churchill próbował temu zapobiec. Choć ustąpił już Stalinowi w kwestii wschodniej Polski, gwarancje sowieckiego dyktatora w sprawie jej suwerenności i wolności stanęły pod wielkim znakiem zapytania. „Nasuwa się nieunikniony wniosek, że zaskoczony żywiołowością i [początkowym] sukcesem powstania Stalin z zadowoleniem przyjął zagładę polskiego podziemia i reszty politycznych i intelektualnych przywódców Polski" – stwierdził Eden. Inaczej mówiąc, zburzenie Warszawy i likwidacja Armii Krajowej wielce ułatwiały sowieckiemu satrapie narzucenie Polakom reżimu własnego chowu. Churchill doszedł do przekonania, że Kreml „nie pozwoli na wskrzeszenie w Warszawie polskiego ducha".

Trzeciego września brytyjski premier otrzymał kopię apelu warszawskich kobiet do papieża Piusa XII, błagających o wstawiennictwo. „Ojcze Święty, nikt nam nie pomaga. Armie rosyjskie już od trzech tygodni stoją u bram Warszawy, nie posuwając się z pomocą ani kroku. Z Anglii dopiero teraz otrzymujemy pomoc, jednak w znikomej ilości. Świat nie chce wiedzieć o naszej walce. Jedynie Bóg jest z nami". Apel ten jeszcze bardziej rozgniewał Churchilla na bezduszność Rosjan.

Następnego dnia premier pomimo gorączki spotkał się z równie oburzonymi członkami wojennego gabinetu. „Nie pamiętam wypadku, by wszyscy członkowie rządu, torysi, labourzyści i liberałowie, objawili tak głęboki gniew" – napisał później. Pełni obaw o reakcję społeczeństwa w razie wyjścia na jaw sowieckiej perfidii wobec Polski, brytyjscy wyżsi dygnitarze poważnie rozważali wysłanie na pomoc Warszawie bombowców i lądowanie na sowieckich lotniskach bez zgody Rosjan. Gdyby Stalin przyjął to wrogo, Churchill natychmiast wstrzymałby konwoje do Związku Sowieckiego.

Ale, tak jak w przeszłości, brytyjski premier i jego rząd nie zdecydowali się podjąć jednostronnej akcji przeciwko Moskwie. Było to – napisał Churchill w powojennych pamiętnikach – jeszcze jedno ze „strasznych, a nawet poniżających ustępstw, które czasem trzeba podjąć w imię nadrzędnego celu". W końcu Anglicy poprzestali na przesłaniu Mołotowowi łagodnej przygany: „Trudno nam zrozumieć, dlaczego Wasz rząd nie chce uwzględnić faktu, że rządy brytyjski i amerykański są zobowiązane do pomocy Polakom w Warszawie. Działania Waszego rządu uniemożliwiające nam tę pomoc (...) są sprzeczne z duchem sojuszniczej współpracy, ważnej zarówno dla Was, jak i dla nas, teraz i w przyszłości".

Churchill przekazał apel kobiet polskich do papieża Franklinowi Rooseveltowi, wzywając do poparcia planu wysłania Warszawie pomocy na dużą skalę i – w razie konieczności – lądowania „bez formalnej zgody" na sowieckich lotniskach. „Zważywszy nasze wielkie sukcesy na Zachodzie – napisał w dołączonym liście – nie sądzę, żeby Rosjanie mogli odrzucić ten *fait accompli*".

Roosevelt dobrze wiedział, do czego zmierza Kreml. W raporcie dla Białego Domu Departament Stanu poinformował go, że odmowa udzielenia pomocy Polakom „wskazuje na determinację Stalina, żeby jak najwięcej władzy w Polsce zdobył popierany przez Sowiety komitet [złożony z polskich komunistów]". W normalnych okolicznościach prezydenta zainteresowałyby zapewne motywy Stalina w tej sprawie, ale okoliczności się zmieniły. Za dwa miesiące Roosevelta czekały wybory, dlatego nie chciał, żeby jakakolwiek rysa na sojuszu przeszkodziła mu w reelekcji. Mimo dramatycznego zwrotu w losach wojny wciąż nie był gotów na konfrontację ze Stalinem. Odpowiedział Churchillowi, że wywiad poinformował go, iż w tej chwili Niemcy sprawują pełną kontrolę w Warszawie. „Problem pomocy Polakom [...] rozwiązał się, niestety, sam wskutek zwłoki i działań niemieckich, tak więc nie wydaje się, byśmy mogli im pomóc"*.

Prasa amerykańska, tak jak brytyjska, poświęcała stolicy Polski bardzo mało uwagi. Na dziewięciu konferencjach prasowych, które Roosevelt odbył w okresie, gdy w Warszawie trwało powstanie, nie wspomniał o nim ani razu, podobnie jak dziennikarze. Dopiero trzeciego października, gdy powstanie ostatecznie upadło, zagadnął o nie na konferencji pewien reporter. „Dam wam dobry przykład. Wiem na ten temat tyle, co przeciętny Amerykanin, a zatem za mało, żeby o tym mówić" – odpowiedział wymijająco prezydent.

* Wywiad prezydenta oczywiście się mylił. Powstanie w Warszawie trwało jeszcze miesiąc.

Na początku powstania Sowieci utworzyli przyczółki na zachodnim brzegu Wisły, na południe od Warszawy. Czternastego września oddziały sowieckie zdobyły prawobrzeżną warszawską dzielnicę Praga, odległą półtora kilometra od centrum miasta. Od powstańców, którzy ledwo się trzymali, dzieliło Rosjan jedynie zwężone z powodu suszy koryto Wisły. Ale Sowieci stanęli w miejscu.

Tylko jedna dywizja Armii Czerwonej uznała, że nie będzie dłużej czekać. Była to jednostka utworzona z Polaków, którzy pozostali w Związku Sowieckim po wyjściu w roku 1942 armii generała Andersa. Służyło w niej dużo warszawiaków. Wydębiwszy na sowieckich dowódcach pozwolenie na dokonanie desantu, kilka oddziałów przeprawiło się w drugiej połowie września przez Wisłę i na krótko dołączyło do powstania.

Miasto przypominało już wtedy jeden wielki cmentarz. Place i podwórza rozwalonych domów zapełniły rzędy nieoznakowanych grobów, a ruiny kryły tysiące zabitych. W najbardziej zniszczonych częściach miastach nie było widać, gdzie biegną ulice. Warszawiacy, którym udało się przeżyć, byli bliscy śmierci z głodu. „Wszystkie konie zostały już dawno zjedzone, a teraz przyszła kolej na psy" – wspominał jeden z dowódców podziemia. Niemowlęta umierały z braku mleka.

W ostatniej fazie powstania polscy żołnierze z Armii Czerwonej niewiele mogli pomóc. Było ich za mało wobec licznych i silnych Niemców. Pozbawieni wsparcia sowieckiej piechoty i artylerii „berlingowcy" ponieśli ciężkie straty i zostali zmuszeni do odwrotu na drugi brzeg Wisły.

Innemu oddziałowi polskiej dywizji powierzono zadanie przewiezienia przez Wisłę grupy powstańców z AK, oblężonych przez Niemców w pobliżu brzegu. Wśród żołnierzy tego oddziału był dwudziestojednoletni Wojciech Jaruzelski, przyszły komunistyczny premier Polski. W akcji tej zginęło wielu polskich żołnierzy, a Jaruzelski został lekko ranny. Po latach, wciąż nękany widokiem płonącej Warszawy i odorem pożogi i śmierci, którą nasiąkł jego mundur, zdobył się na ostrożny, usprawiedliwiający komentarz: „Zdobycie Warszawy było możliwe [...] Ale decyzja [Kremla], by tego nie robić, była z radzieckiego punktu widzenia właściwa: «Po co zaczynać taką operację, płacić taką cenę, gdy powstanie warszawskie w żadnym razie nie jest w naszym interesie»".

Po sześciu tygodniach od wybuchu powstania Stalin uznał wreszcie, że czas zaznaczyć w Warszawie sowiecką obecność. O bezpośrednim wojskowym wsparciu Armii Krajowej nie było mowy, ale sowiecka artyleria zaczęła ostrzeliwać fragmenty miasta, a samoloty zrzucać pojemniki z żywnością i zaopatrzeniem. (Większość z nich, wypychana bez spadochronów, rozbijała się na ziemi w drobny mak). „Jak na urągowisko – wspominał jeden z działaczy polskiego ruchu oporu. – Były to tylko zrzuty propagandowe, obliczone na to, żeby móc powiedzieć Zachodowi, że Sowiety dają pomoc powstaniu, a w rzeczywistości jej nie dać”. Wiedząc już, że Armia Krajowa poniosła klęskę, Stalin postarał się o kolejny chwyt propagandowy, pozwalając korzystać z sowieckich lotnisk amerykańskim bombowcom.

Osiemnastego września mieszkańcy Warszawy usłyszeli dochodzące z góry niskie buczenie. Kiedy wyszli z piwnic zrujnowanych domów, na niebie nad stolicą zobaczyli szeregi amerykańskich samolotów, pod którymi rozkwitły różnokolorowe punkciki. „Spadochrony! – wołali ludzie. – To nasza Brygada Spadochronowa!” Rozkrzyczani, uszczęśliwieni cywile i powstańcy pomimo wyczerpania wylegli na ulice.

Wkrótce okazało się, że amerykańskie bombowce zrzuciły nie ludzi, tylko pojemniki – ponad tysiąc dużych zasobników z peemami, karabinami maszynowymi, pistoletami, sprzętem medycznym i żywnością. Choć mieszkańcy Warszawy przeżyli zawód, przekonawszy się, że to nie desant oddziałów spadochronowych, i tak wiwatowali. Niebawem jednak ich entuzjazm przemienił się w zgrozę, gdyż wiatr zniósł ładunki poza linie barykad Armii Krajowej, w rejony stolicy odbite z rąk powstańców przez Niemców. „W pierwszych tygodniach, wówczas gdy trzymaliśmy dwie trzecie miasta, około tysiąca zasobników wpadłoby niewątpliwie w nasze ręce. Z tak dużą ilością broni i amunicji zdołalibyśmy nie tylko uwolnić Warszawę, ale ją też utrzymać – wspominał generał Bór-Komorowski. – Teraz, niestety, zajmowaliśmy zaledwie skrawki poprzednio zdobytego terenu [...] Byliśmy świadkami wspaniałego pokazu siły lotnictwa sprzymierzonych, siły, której pomoc przyszła za późno”.

Tego dnia Polacy przejęli tylko około dwudziestu procent zrzutów. Na tym skończyły się transporty powietrzne na dużą skalę. Zdobywszy punkty propagandowe za zezwolenie amerykańskim bombowcom na zatankowanie paliwa na jego terytorium, Stalin odrzucił prośby Amerykanów o powtórkę dostaw. Tymczasem brytyjscy i amerykańscy dziennikarze uznali operację z osiemnastego września za poważny sukces. Szczególne pochwały dostały się Sowietom za udostępnienie lotnisk. Brak zgody Stalina na kolejne zrzuty rządy Wielkiej Brytanii i Stanów skrzętnie ukryły.

Churchill i jego ekipa prędko zapomnieli o swym rozsierdzeniu na „wujaszka Józia", ogłaszając, że kryzys się skończył. Dwudziestego szóstego września premier stanął przed brytyjską Izbą Gmin, by oznajmić, że Sowieci dostarczyli pomoc powstańcom w miarę możności jak najszybciej i nie trzeba ich winić za zwłokę. Tym sposobem angielski rząd powrócił do zwykłych stosunków ze Stalinem. „Nie należy robić nic, co zraziłoby Rosjan" – napisano w piśmie brytyjskiego MSZ.

Nie wszyscy się z tym zgadzali. Generał dywizji John Slessor, który w koszmarnie trudnych wyprawach transportowych na początku powstania stracił ćwierć tysiąca ludzi, nie mógł pojąć, jak po tragedii Warszawy ktokolwiek może choć trochę wierzyć Stalinowi. „Męstwo i poświęcenie naszych załóg – z RAF-u, z Afryki Południowej, a nade wszystko polskich", stało w jaskrawej sprzeczności z „najnikczemniejszą, skrajnie bezduszną zdradą Rosjan – napisał później. – Nie jestem z natury mściwy, ale mam nadzieję, że istnieje specjalne piekło przeznaczone dla bydlaków z Kremla, którzy zdradzili armię Bora i doprowadzili do nadaremnych ofiar [z moich żołnierzy]".

W jego opinii latem i jesienią 1944 roku Stalin nie pozostawił najmniejszych złudzeń co do tego, że Sowieci zamierzają przejąć w Polsce władzę – pełną władzę. „Zwykły człowiek nie pojmie, jak po upadku Warszawy jakikolwiek odpowiedzialny mąż stanu może ufać za grosz rosyjskim komunistom" – powiedział dowódca RAF-u w rejonie Morza Śródziemnego.

W dniu jednego z największych transportów lotniczych do Warszawy żołnierze z Pierwszej Polskiej Samodzielnej Brygady Spadochronowej – w liczbie około dwóch i pół tysiąca – siedzieli niepocieszeni w bazie w Easton-on-the-Hill, słuchając najświeższych doniesień z oblężonej stolicy. Jeszcze bardziej niż polscy piloci przeżywali fakt, że nie wysłano ich do walki w powstaniu. Bo choć Brygadę utworzono w tym właśnie celu, przed dwoma miesiącami przeszła pod komendę aliantów, z przeznaczeniem do akcji w Europie Zachodniej.

Osiem dni po wybuchu powstania przedstawiciele polskiego rządu zwrócili się do Brytyjczyków o zgodę na desant przynajmniej części brygady w Warszawie. Brytyjczycy odmówili. Nie ma wolnych samolotów transportowych – brzmiała odpowiedź. Następnego dnia źli i rozgoryczeni żołnierze brygady spadochronowej na znak protestu nie przyszli na kolację do kantyny. Był wśród nich Richard Tice, Amerykanin, który zgłosił się do polskiej jednostki jako ochotnik, zanim Stany Zjednoczone przystąpiły do wojny. Dowiedziawszy się w szkole, jaką rolę w walkach o niepodległość Stanów Zjednoczonych odegrali Kościuszko i Pułaski, zapragnął, tak jak Merian Cooper po pierwszej wojnie światowej, odwdzięczyć się Polakom.

Jeszcze bardziej zły na wyspiarzy niż jego żołnierze był dowódca brygady, generał Sosabowski. Ględząc bez ustanku o nierealności polskich planów przyjścia z odsieczą Warszawie, Anglicy wyznaczyli jego spadochroniarzom główną rolę w jeszcze mniej realistycznej i źle zaplanowanej operacji „Market-Garden" – największym powietrznodesantowym natarciu alianckim w tej wojnie, wymyślonym przez generała armii Montgomery'ego. Plan desantu, którego celem było utorowanie drogi wojskom Montgomery'ego przez Ren do Niemiec, wymagał od 82 i 101 Amerykańskiej Dywizji Powietrznodesantowej, Pierwszej Brytyjskiej Dywizji Spadochronowej i Polskiej Brygady Spadochronowej zajęcia szeregu mostów i przepraw w Holandii i utworzenia tam przyczółków. Ostatnim mostem do zdobycia był most na Renie w Arnhem. Zadanie to przypadło Brytyjczykom.

Sosabowskiego szczególnie niepokoiło, że Brytyjczycy, zamierzając zadać „mocny i potężny cios w samo serce Niemiec", w ogóle się nie liczą z silną obroną przeciwnika. Czyżby naprawdę wierzyli, że Niemcy pozwolą im przekroczyć swoją świętą rzekę Ren bez zaciętej walki?

Od samego początku polski generał ostro krytykował operację „Market-Garden", twierdząc, że jest ona bez szans. Uważany przez Brytyjczyków za malkontenta i wichrzyciela, Sosabowski skupił się przede wszystkim na spodziewanej obronie niemieckiej. Ale potencjalnych problemów było więcej. Przy zmiennej pogodzie próby dostaw zaopatrzenia wąskimi, łatwo zatykającymi się drogami groziły katastrofą. Na jednej z ostatnich narad planistycznych dowódca brytyjskiej dywizji powietrznodesantowej, generał brygady R.E. Urquhart, poprosił o pytania. Nie było żadnych. „Wszyscy siedzieli nonszalancko, ze skrzyżowanymi nogami, znudzeni – wspominał Sosabowski. – Chciałem powiedzieć coś o tym niewykonalnym planie, ale nie mogłem. Już i tak mnie nie lubili, a zresztą, kto by mnie tam słuchał?"

Dwudziestego pierwszego września, gdy Warszawa płonęła, spadochroniarze z polskiej brygady – po dwóch dniach zwłoki z powodu niepogody – wsiedli do samolotów transportowych RAF-u i polecieli nad Arnhem. Był to piąty dzień operacji „Market-Garden", piąty dzień wielkich kłopotów. Sosabowski nie pomylił się w ocenie oporu Niemców, od pierwszego dnia nieustępliwego i zaciekłego. Amerykańskie Dywizje Powietrznodesantowe, 82 i 101, zdobyły większość wyznaczonych celów, ale Niemcy odcięli Pierwszą Brytyjską Dywizję Spadochronową w Arnhem. Zadaniem Polaków było wzmocnić Brytyjczyków.

Kiedy transportowce z polskimi komandosami zbliżyły się do Arnhem, Sosabowski spojrzał w dół i oniemiał na widok jadących po moście niemieckich czołgów. W pobliżu polskiej strefy zrzutu dojrzał gniazda artylerii przeciwlotniczej i jeszcze więcej czołgów wroga. Czekały cierpliwie. Zdał sobie sprawę, że – tak jak się obawiał i przewidywał – za chwilę będzie musiał wykonać z żołnierzami skok do piekieł. Gdy się do niego szykowali, znienacka nadleciały messerschmitty, wdarły się między nieuzbrojone transportowce RAF-u i kilka z nich zestrzeliły. Wielu polskich spadochroniarzy, opadających bezradnie w dół po skoku z samolotu, dostało się w ogień karabinów maszynowych i artylerii przeciwlotniczej. Wokół śmigało tyle pocisków smugowych, iż „wydawało się, że prują do mnie z ziemi ze wszystkich działek i kaemów" – wspominał jeden ze spadochroniarzy. Brytyjski oficer, świadek tej jatki, opisał, jak ciała Polaków „koziołkowały w powietrzu, bezwładnie opadały wolno w dół, martwe przed zetknięciem z ziemią". Wielu z tych, którzy przeżyli, zginęło kilka godzin później od niemieckich kul, kiedy na gumowych łodziach próbowało dotrzeć przez szeroki na trzysta pięćdziesiąt metrów Ren do osaczonego przyczółka Brytyjskiej Dywizji Spadochronowej przy północnym krańcu mostu.

W operacji „Market-Garden" zginęła ponad jedna piąta żołnierzy polskiej brygady. W tym również Richard Tice. Od przerażająco dużych strat w ludziach, jakie ponieśli Polacy i Anglicy, gorsza była świadomość, że operacja skończyła się sromotną klęską. Niemcy utrzymali na razie Arnhem i Ren.

W polowaniu na czarownice, jakie urządzono po Arnhem, brytyjscy dowódcy odpowiedzialni za plany operacji i jej organizację próbowali zrzucić część winy na Sosabowskiego. W końcu pozbawiono go dowództwa. „Jedynym błędem Polaka było ostrzeżenie przełożonych przed zbytnią pewnością siebie" – napisali amerykańscy historycy wojskowości, Williamson Murray i Allan R. Millett.

Rozpoczynając pierwszego sierpnia powstanie w Warszawie, dowódcy Armii Krajowej sądzili, że wystarczy wytrzymać kilka dni, a potem wesprą ich Sowieci albo wojska sojusznicze. W rzeczywistości Armia Krajowa i mieszkańcy Warszawy wytrzymali – bez wsparcia z zewnątrz – aż sześćdziesiąt trzy dni, dając zdumiewający pokaz wytrwałości i męstwa. Choć oddziały SS zacieśniały pierścienie wokół kurczących się ognisk oporu powstańców, w warszawiakach wciąż tliła się nadzieja, że wreszcie nadejdzie pomoc, ratując resztę ich i to, co zostało z miasta. Jednakże pomoc nie nadeszła, a na początku października zgasła nawet nadzieja.

Skończyła się żywność, woda i amunicja. Szerzyły się choroby. W kilku dzielnicach pozostających w rękach Armii Krajowej dziesiątki ludzi, wielu bliskich śmierci, tłoczyło się w suterenach i piwnicach. W obliczu całkowitej zagłady mieszkańców miasta generał Bór-Komorowski wraz z podwładnymi uznał, że nie mają innego wyjścia, jak tylko się poddać. Drugiego października o ósmej wieczorem podpisał w kwaterze niemieckiego dowódcy akt kapitulacji – drugi raz na przestrzeni pięciu lat Warszawa po rozpaczliwej walce uległa wrogowi.

Ale wielu warszawiakom z tą klęską trudniej było się pogodzić niż z wrześniową. We wrześniu 1939 roku sojusznicy Polski byli słabi, a Niemcy u szczytu potęgi. Brak pomocy ze strony Zachodu bolał, ale można go było zrozumieć. Tym razem jednak to Niemcy byli w defensywie, a wojska sojusznicze silne jak nigdy, dlatego odmowa przyjścia z odsieczą miastu i ludziom, którzy poświęcili wszystko, by odzyskać wolność, nie mieściła się w głowie.

Amerykanie i Brytyjczycy spełnili tylko jedno życzenie polskiego ruchu oporu: uznali Armię Krajową za integralną część wojsk alianckich. Dzięki temu jej żołnierze, w tym około dwóch tysięcy kobiet, zyskali status jeńców wojennych, a dowodzący oddziałami SS generał Bach-Zelewski zobowiązał się, mimo wcześniejszych okrucieństw, respektować konwencję genewską.

Trzeciego października polska radiostacja podziemna, która w kilku minionych tygodniach nadała tyle apeli o pomoc, wysłała do Londynu pożegnalne przesłanie: „Byliśmy wolni przez dwa miesiące. Dziś znowu idziemy do niewoli...” – powiedział łamiącym się głosem spiker.

Po kapitulacji Niemcy nakazali wszystkim warszawiakom opuścić miasto. W powstaniu zginęła zatrważająca liczba ludzi, ponad dwieście tysięcy, około jednej czwartej mieszkańców Warszawy, którzy zdołali przeżyć do jego wybuchu. Rankiem piątego października ocaleni z zagłady, z zapadniętymi twarzami i zaczerwienionymi oczami, wyłonili się z piwnic i schronów. Niebawem w większości trafili do niemieckich obozów jenieckich, koncentracyjnych i obozów pracy. Po tak wielu dniach i nocach ostrzału z dział i moździerzy zawisła nad Warszawą dziwna cisza, przerywana jedynie odgłosem ociężałych kroków. Rannych niesiono na noszach, starszych podtrzymywali znajomi i członkowie rodzin. Młode matki tuliły w ramionach małe dzieci. Kiedy brnęli z mozołem przez wciąż jeszcze dymiące miasto, widzieli spustoszenia – trupy leżące na ulicach, ciała pacjentów i pielęgniarek powieszonych przez SS w oknach szpitala, zwalone latarnie, rozbite czołgi i tramwaje, szkielety wypalonych, zburzonych bombami i pociskami domów.

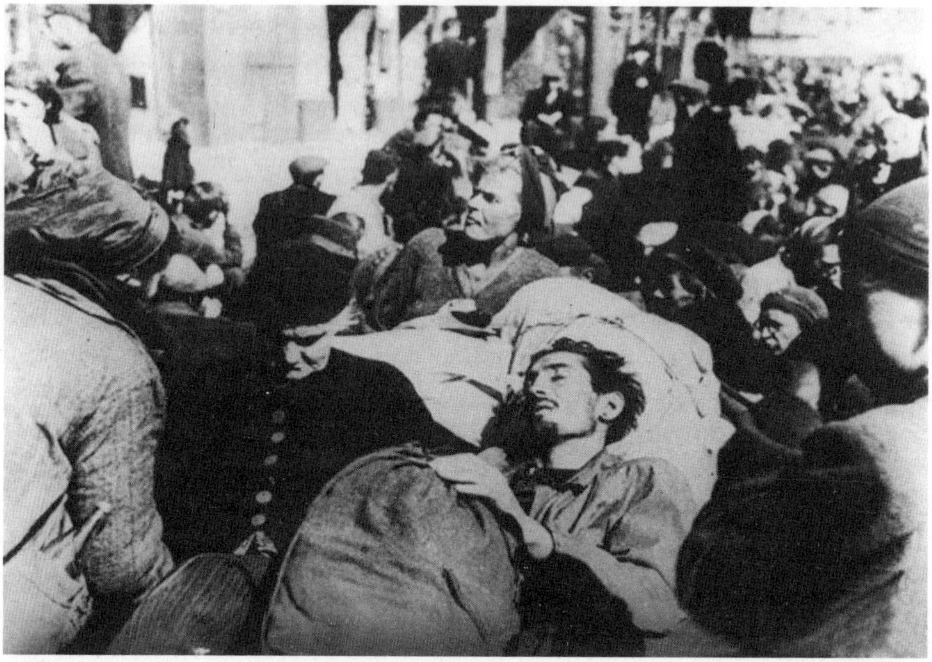

Po upadku powstania mieszkańcy Warszawy zostali wypędzeni przez oddziały SS. Wielu było bliskich śmierci głodowej i rannych. (Archiwum Hultona).

Ustawionym w kolumnie w śródmieściu Warszawy oddziałom Armii Krajowej z Borem-Komorowskim na czele towarzyszyły tysiące cywilów. Kilkaset metrów dalej czekała na nich falanga esesmanów. Gdy powstańcy ruszyli, generał zaintonował polski hymn narodowy. Podchwyciły go ze łzami w oczach jego oddziały i tłumy ludności. Maszerując w stronę czekających Niemców, wezbranymi wzruszeniem głosami śpiewali: „Jeszcze Polska nie zginęła, póki my żyjemy".

Hitler wprawdzie nie urządził rzezi ocalałych warszawiaków, jak wcześniej przyrzekł, ale zamienił ich życie w najgorsze piekło. Nim wojna dobiegła końca, w niemieckiej niewoli zginęło ich wiele tysięcy, choć około czternastu tysięcy żołnierzy Armii Krajowej potraktowano, jako jeńców wojennych, stosunkowo łagodniej niż większość cywilów.

Niektórzy żołnierze AK i cywile – wśród nich Wanda Krasnodębska – zdołali uniknąć wywózki do obozów. Podczas zamętu w trakcie exodusu z Warszawy udało im się wymknąć i schronić w innych częściach kraju. Chociaż do końca wojny cierpieli wielki niedostatek, ich los był o wiele lepszy od losu setek tysięcy mieszkańców Warszawy, wywiezionych na roboty przymusowe do Niemiec, do Oświęcimia, Ravensbrück i innych obozów koncentracyjnych.

Do Oświęcimia, naczelnego symbolu hitlerowskiego barbarzyństwa, trafiło ponad sześć tysięcy mieszkańców Warszawy, głównie kobiet i dziewcząt, w tym pewna liczba ukrywanych w stolicy przez polskich chrześcijan Żydówek, których prawdziwą tożsamość zatajono. Wśród nowych więźniów Oświęcimia były noworodki i ponaddziewięćdziesięcioletni starcy. Nie posłano ich co prawda do komór gazowych, ale przed zakończeniem wojny wielu z nich zmarło z zimna, głodu, chorób i wskutek maltretowania. Według historyka obozu oświęcimskiego, Heleny Kubicy, niektórych tak przeraził sam fakt znalezienia się w lagrze, że wkrótce po przyjeździe stracili zmysły.

Po upadku powstania w Warszawie i ewakuacji jej mieszkańców Hitler dotrzymał obietnicy, że zrówna były „Paryż Wschodu" z ziemią. Hitlerowscy saperzy podzielili miasto na rejony z wyznaczonymi datami ich zagłady. Dom po domu, kwartał po kwartale, dzielnica po dzielnicy zaczęto metodycznie wysadzać i palić to, co zostało ze stolicy Polski. Kiedy w styczniu 1945 roku Warszawę „wyzwoliły" oddziały sowieckie, z miasta pozostały ruiny. I niepogrzebane zwłoki.

Trzeciego października, kiedy polska załoga bombowa wróciła z nalotu na Niemcy do swojej bazy w Anglii, od mechanika usłyszała, że Warszawa padła. Na tę wieść strzelec ogonowy, warszawiak, upuścił spadochron na ziemię i skamieniał z twarzą zastygłą w tragicznym grymasie, ślizgając się wzrokiem „to tu, to tam, jakby szukał oświecenia". Później w sali dowodzenia podszedł do pilota swojego bombowca i ochrypłym głosem spytał: „Gdzie tu sens, panie kapitanie? Już po Warszawie. Żyć? W takim świecie? Po co?"

Młody Polak odwrócił się nagle, podszedł do okna, przycisnął twarz do szyby i wpatrzył się w deszcz i mrok.

ROZDZIAŁ DZIEWIĘTNASTY

SPOJRZENIE „NA SPRAWĘ POLSKĄ Z DYSTANSU"

Niecały tydzień po kapitulacji Warszawy Churchill poleciał do Moskwy na spotkanie ze Stalinem. Dla jego otoczenia było oczywiste, że premier znowu zmienił nastawienie wobec Sowietów. Miejsce polityka, bolejącego nad beznadziejną walką Polaków i pomstującego na Sowietów za odmówienie im pomocy, zajęło *alter ego*, zadowolone, że polskie podziemie wypadło z gry. Churchill zapewnił Stalina, iż „nikt poważny" w Wielkiej Brytanii nie wierzy, że Związek Sowiecki rozmyślnie odmówił wojskowego wsparcia Polakom.

„Cała ta chwiejność, polityczne sprzeczności i antynomie są z pewnością spowodowane wyczerpaniem Winstona – napisał w swoim dzienniku lord Moran. – Jest rozdarty pomiędzy dwoma kursami działania [...] W jednej chwili apeluje [do Roosevelta] o wspólny front przeciw komunistom, a w następnej zabiega o przyjaźń Stalina. Czasem oba te kursy zmieniają się z oszałamiającą szybkością".

Pretekstem do spotkania ze Stalinem było omówienie sytuacji Polski. Ale w tamtej chwili Churchilla martwiło głównie natarcie Armii Czerwonej w kierunku Bałkanów oraz groźba przejęcia przez komunistów władzy w Grecji, gdzie zanosiło się na to, że po odwrocie Niemców wybuchnie wojna domowa między partyzantami komunistycznymi i niekomunistycznymi. Do Moskwy przybył z gotowym planem wysłania do Grecji wojsk brytyjskich, które by powstrzymały greckich komunistów, wspieranych przez Moskwę. Liczył na to, że wynegocjuje ze Stalinem umowę w sprawie sfery wpływów, dającą mu wolną rękę w Grecji w zamian za... Był bardzo ciekaw usłyszeć, czego Stalin zażąda w zamian.

Na spotkaniu wstępnym dziewiątego października pierwsze minuty udało im się poświęcić Polsce. Wspomniawszy, że generał Bór-Komorowski nie będzie dłużej trapił Stalina, bo „zajęli się nim Niemcy", Churchill przyznał, że Polacy potrafią być strasznie irytujący. Stalin odpowiedział żartem, że gdyby na ziemi istniał tylko jeden Polak, „to z nudów zacząłby się kłócić sam ze sobą". Churchill nie zaprzeczył. A na oświadczenie gospodarza, że polski rząd emigracyjny w Londynie musi podjąć negocjacje z popieranymi przez Kreml Polakami w Moskwie, szybko wezwał do sowieckiej stolicy Stanisława Mikołajczyka, grożąc mu „zgubnymi" konsekwencjami, gdyby odmówił przyjazdu. Potem przystąpił do omawiania poważnych spraw.

„Uzgodnijmy nasze sprawy na Bałkanach – zaproponował. – Jeśli chodzi o Wielką Brytanię i Rosję, to czy urządzałoby was dziewięćdziesiąt procent wpływów w Rumunii przy naszych dziewięćdziesięciu procentach w Grecji i podziale pół na pół w Jugosławii?" Zapisał te procenty na kartce, dodając do kompletu Węgry (wpływy 50:50) i Bułgarię (Sowieci 75 procent, Brytyjczycy 25 procent). Pchnął kartkę w stronę Stalina, a ten wyjął niebieski ołówek, postawił na niej parafę i odsunął kartkę z powrotem. „Wszystko zostało załatwione w czasie, który zajmuje złożenie podpisu" – napisał w pamiętnikach o podziale dużej części południowo-wschodniej Europy.

W tym momencie współautor Karty Atlantyckiej zaproponował filuternie, żeby się pozbyć tego „zdrożnego dokumentu". No, bo gdyby wpadł w niepowołane ręce, „czy nie wyglądałoby cynicznie, że o sprawach dotyczących losów milionów ludzi zadecydowaliśmy tak od ręki?" – spytał retorycznie i zasugerował, by ukryć porozumienie. „Spalmy ten papier" – powiedział. Stalina z pewnością rozbawiło to, że osoby publiczne czują taki mores przed demokracją. „Nie, niech pan go zatrzyma" – odparł. Później, w nigdy niewysłanym liście, Churchill jeszcze raz przestrzegł Stalina, aby nie upubliczniał ich umowy z tamtego wieczoru, ponieważ inni mogliby ją uznać za „prostacką" i „bezduszną".

Ale prostactwo i bezduszność zaczęły wychodzić na jaw, gdy nadszedł czas sfinalizowania pokrętnych wojennych transakcji i porozumień. „W rezultacie dla uratowania Grecji Churchill spisał na straty resztę Europy Wschodniej" – ocenił oksfordzki historyk G.F. Hudson. Kiedy dwunastego października polski premier stawił się zgodnie z wezwaniem w Moskwie, sowieccy dygnitarze i premier Wielkiej Brytanii potraktowali go niemal jak wroga. Od chwili gdy Stalin wyraził zgodę na brytyjskie wpływy w Grecji, Churchill stał się jego rzecznikiem w sprawie Polski. Stanisław Mikołajczyk od samego początku miał wrażenie, że znalazł się w sali sądowej. Stalin wystąpił w roli „sędziego i przysięgłych", a Churchill, człowiek, który tyle razy przyrzekał Polakom, że nigdy ich nie opuści, w roli „oskarżyciela publicznego". W obecności Stalina zaczął naciskać na Mikołajczyka, żeby uległ terytorialnym żądaniom Sowietów i podjął negocjacje z Polakami z Lublina (jak nazywano powstały w Moskwie prosowiecki Polski Komitet Wyzwolenia Narodowego, coraz bardziej przypominający rząd).

W odpowiedzi polski premier przedstawił, na jakie ustępstwa gotów jest pójść. Zgodził się na tymczasowe granice wzdłuż linii Curzona, pod warunkiem że Wilno i Lwów pozostaną w Polsce, a także na to, by w skład powojennego rządu weszły równe reprezentacje wszystkich czołowych polskich partii sprzed wybuchu wojny oraz komuniści. Oznaczało to zgodę na objęcie przez komunistów, którzy nigdy nie tworzyli w Polsce dużej partii, jednej piątej ministerstw.

Były to ważne ustępstwa, ale Stalin nie chciał o nich słyszeć. Oświadczył twardo, że trwałą granicą musi być linia Curzona, a Wilno i Lwów mają przypaść Związkowi Sowieckiemu. Poza tym dominującą siłą polityczną w każdym powojennym rządzie w Polsce muszą być Polacy z Lublina, a nie z Londynu czy z polskiego podziemia. Churchill poparł jego argumenty w kwestii granic. Byłaby wielka szkoda, gdyby Brytyjczycy i Polacy poróżnili się w tej sprawie – podkreślił i dodał, że Wielka Brytania ma „prawo żądać od Polaków znaczącego gestu w interesie pokoju w Europie".

Ów „znaczący gest", którego się domagał, równał się narodowemu samobójstwu. Brytyjski premier chciał, żeby premier Polski odwrócił się plecami do demokratycznej konstytucji własnego kraju i prawa swojego narodu do stanowienia o własnym losie, na co sam w żadnym razie by nie przystał, gdyby chodziło o jego ojczyznę. Decyzja należy do Polaków – podkreślił Mikołajczyk. „Gdybym się na to zgodził, każdy z nich miałby prawo zapytać: «Czy za to polscy żołnierze walczyli? Za sprzedajność polityków?»"

W tym momencie przemówił Wiaczesław Mołotow, sowiecki minister spraw zagranicznych, który dotąd w milczeniu przyglądał się konfrontacji. Po co jeszcze te dyskusje o linii Curzona? – spytał. Przecież Wielka Trójka wszystko załatwiła w Teheranie. Czyż prezydent Roosevelt nie powiedział (choć nie pragnie się z tym afiszować), że ta linia sprawiedliwie rozwiązuje kwestię granic? Tu Mołotow spojrzał wyzywająco na Churchilla i obecnego przy rozmowie amerykańskiego obserwatora Harrimana, jakby chciał powiedzieć: „Spróbujcie mi zaprzeczyć". „Mam wrażenie – oświadczył szorstko – że pan Mikołajczyk nie jest świadom tego faktu".

Zapadła dłuższa cisza. Polski premier sprawiał wrażenie, jakby tracił grunt pod nogami. Wpatrzył się w Churchilla i Harrimana, „błagając ich oczami, aby nazwali to ohydnym łgarstwem". Tak jak reszta świata Mikołajczyk wciąż był nieświadom, do czego doszło w Teheranie. To, że Churchill optował za linią Curzona, nie było niespodzianką. Już od jakiegoś czasu nalegał na Mikołajczyka, żeby zaakceptował tę granicę. Tym razem jednak dano jasno do zrozumienia, że na linię Curzona zgodziła się cała Wielka Trójka. A przecież prezydent Stanów Zjednoczonych wielokrotnie publicznie odrzucał pomysł uzgodnień granicznych przed zakończeniem wojny. Wielokrotnie obiecywał, że we właściwej chwili przyjdzie Polsce z pomocą. Jeszcze cztery miesiące temu zapewniał polskiego premiera w Białym Domu, że na konferencji w Teheranie nie zgodzi się na linię Curzona.

Harriman spuścił wzrok, a Churchill, patrząc Mikołajczykowi prosto w oczy, rzekł cicho: „Potwierdzam to"*.

Polski premier był zdruzgotany tą zdradą, a brytyjski głęboko zakłopotany i wściekły, że tajemnica się wydała. Następnego dnia podczas dwóch spotkań z Mikołajczykiem Churchill zaatakował go tak gwałtownie, jakby sam siebie chciał przekonać, że to on i Wielka Brytania są ofiarami, a nie polski premier i Polska. Polak rozzłościł go jeszcze bardziej, przypominając mu „kwieciste mowy" z początku wojny, w których potępiał zabór terytoriów siłą. Jeżeli Mikołajczyk nie zgodzi się na granice zgodne z linią Curzona, „Polacy będą skończeni – zagroził. – Rosjanie przejadą się po waszym kraju i zlikwidują całą ludność. Stoicie na skraju zagłady!"

„Tracimy wszystko!" – zawołał Mikołajczyk. Churchill parsknął lekceważąco. „Bagna nad Prypecią i pięć milionów ludzi" – odparł. A gdy polski premier zaproponował, żeby Wielka Trójka ogłosiła otwarcie, że jednostronnie wyznaczyła powojenne granice Polski, Churchill zbył jego uwagę, jakby nie zasługiwała na odpowiedź. „Jeżeli dalej będziecie się wykłócać, stracimy do was cierpliwość" – przestrzegł.

* Churchill prawdopodobnie miał na myśli własną rolę w układzie z Teheranu. W tamtej chwili nie wiedział o prywatnej wymianie zdań Roosevelta ze Stalinem w sprawie linii Curzona. Później listownie poinformował amerykańskiego prezydenta, co zaszło w Moskwie, i zapewnił, że wieść o jego tajnym poparciu dla tej linii nie przedostanie się do wiadomości publicznej i nie zmniejszy jego szans na reelekcję. Harriman zaś w liście do FDR napisał: „Zamierzam przy następnej okazji powiedzieć bez świadków Mołotowowi, że z pewnością nie życzy Pan sobie wymieniania Pańskiego nazwiska w rozmowach dotyczących kwestii granic". (Departament Stanu USA, *FRUS* [Foreign Relations of United States], t. III, *1944*, s. 1323).

Podczas drugiego spotkania tego dnia nie przestał wywierać presji na polskiego premiera.

„Jesteście bezczelnymi ludźmi, którzy chcą rozwalić Europę! – krzyknął na człowieka, którego kraj i naród przez pięć lat cierpiały okrucieństwa hitlerowskiej okupacji, na człowieka, którego blisko ćwierć miliona rodaków zginęło w powstaniu warszawskim, a stolica legła w gruzach. – Zostawię was samych z własnymi kłopotami. Wam dogadzają tylko wasze małe, mizerne i samolubne interesy! [...] Argumenty pana są niczym innym, jak zbrodniczą próbą rozbicia jedności aliantów przez zastosowanie *liberum veto*. To tchórzostwo z pana strony".

Oburzony tym łajaniem, Mikołajczyk nie dał się zastraszyć. W pewnej chwili zapytał Churchilla, co by zrobił na jego miejscu. Na to pytanie brytyjski premier też nie znalazł odpowiedzi. „Pan oszalał" – odparł.

Wreszcie polski premier miał dość – dość arogancji Churchilla, jego żądań, złamanych obietnic, niekończących się zniewag. Nade wszystko zaś złudnych zapewnień, że oddanie połowy terytorium kraju zagwarantuje Polsce pokój i niepodległość. Głosem łamiącym się z bólu i gniewu zażądał, by zrzucono go na spadochronie do Polski, bo chce dołączyć do resztek Armii Krajowej. „Wolę zginąć, walcząc o niepodległość mego kraju, niż być powieszonym przez Rosjan w obecności brytyjskiego ambasadora!" – oświadczył.

Nazajutrz Churchill był w podłym nastroju. „To oczywiste, że premier ma na sumieniu Polaków" – zapisał jego lekarz. „Bardzo brutalnie potraktowałem Mikołajczyka – wyznał Churchill lordowi Moranowi. – Był uparty i wyprowadził mnie z równowagi". „Może premierowi przypomniało się własne oburzenie, kiedy Chamberlain nalegał na Czechosłowację, żeby w interesie pokoju oddała znaczną część swego terytorium" – zastanawiał się w swoim pamiętniku lord Moran.

Pomimo ujawnienia ustaleń z Teheranu i zażartej kłótni z Churchillem Mikołajczyk pozostał w Moskwie kilka dni dłużej, kontynuując rozmowy z Sowietami i dwoma przedstawicielami komitetu z Lublina. Negocjacje utknęły w martwym punkcie. Po powrocie do Londynu Churchill wznowił groźby i naciski. Odkąd Mikołajczyk objął tekę premiera po śmierci Sikorskiego, a zatem od szesnastu miesięcy, wywierano na niego presję, by zaakceptował Stalinowską wersję linii Curzona. Wielu członków jego gabinetu miało mu za złe ustępstwa, które bynajmniej nie zadowoliły Sowietów ani, prawdę mówiąc, aliantów. „Byliśmy coraz bardziej izolowani – napisał. – Wielka Trójka uważała nas prywatnie lub otwarcie za sabotażystów ich jedności z powodu naszej odmowy wyrażenia zgody na wszystkie żądania".

Dwudziestego czwartego listopada głęboko zniechęcony Mikołajczyk zrezygnował z funkcji premiera. W przemówieniu wygłoszonym wkrótce potem powiedział, że „wielu ludzi w dobrej wierze" nakłaniało go do zawarcia kompromisu z Rosją. Według słownika „kompromis" oznacza „rozstrzygnięcie sporu na podstawie wzajemnych ustępstw". Jednakże w umowie, jaką kazano zawrzeć jemu i krajowi, nie ma nic z wzajemności – dodał.

Jego następcą został Tomasz Arciszewski, który większość wojny spędził w okupowanej Warszawie, działając w podziemiu jako przywódca Polskiej Partii Socjalistycznej. Z Polski wywieziono go cztery miesiące wcześniej. Nikt nie kwestionował jego kwalifikacji na stanowisko premiera. Ale chociaż Churchill i jego gabinet uznali nowy polski rząd, to przestali się z nim kontaktować. Aż do końca wojny premier Wielkiej Brytanii nie zamienił ani słowa z premierem najwierniejszego sojusznika swego kraju. Mimo to Mikołajczyk i inni Polacy w Londynie, choć zagniewani i rozgoryczeni, nie puścili pary z ust na temat potajemnej umowy zawartej przez Churchilla i Roosevelta w Teheranie.

Wczesną jesienią 1944 roku, zaledwie kilka tygodni przed wyborami prezydenckimi w Stanach Zjednoczonych, sondaże opinii publicznej wykazały wzrost poparcia dla przeciwnika Roosevelta, gubernatora stanu Nowy Jork, Thomasa Deweya, i spadek popularności urzędującego prezydenta. „Time" przewidywał nieznaczne zwycięstwo FDR, ale na pytanie „Newsweeka" o szanse kandydatów część ekspertów politycznych odparła, iż są one tak wyrównane, że na dwoje babka wróżyła. Mnożyły się też pytania o zdrowie Roosevelta – na najnowszych zdjęciach był wymizerowany i miał podkrążone oczy – a także narastały obawy co do zamiarów Sowietów wobec Polski i reszty Europy. W telegramie do Averella Harrimana Cordell Hull napisał o „rosnącym zatroskaniu i zaniepokojeniu [amerykańskiej prasy i społeczeństwa], w wielu przypadkach prowadzących do kwestionowania prawdziwych intencji Związku Sowieckiego".

Ankieter Hadley Cantril w raporcie dla Białego Domu napisał, że Amerykanów szczególnie rozczarowała postawa Sowietów w czasie powstania w Warszawie. W prywatnej rozmowie Harry Hopkins martwił się, że prezydent „prawdopodobnie przesadził w zachwalaniu Amerykanom Rosji". Zrobił to, jego zdaniem, tak przekonująco, że wobec zbliżających się wielkimi krokami wyborów wyrażenie najmniejszych wątpliwości co do perspektyw sowiecko-amerykańskiej współpracy byłoby politycznie niebezpieczne. Jeśli prezydent potrzebował głosów – a potrzebował – musiał się o nie postarać w inny sposób.

W ostatnich dniach września, gdy w Warszawie dogorywało powstanie, Roosevelt mianował w końcu nowego ambasadora przy polskim rządzie emigracyjnym. Anthony Drexel Biddle zrezygnował z tej funkcji w styczniu i przez osiem miesięcy Mikołajczyk oraz inni polscy dygnitarze bez powodzenia apelowali do amerykańskiego prezydenta, aby wyznaczył jego następcę na znak, że Stany Zjednoczone popierają rząd w Londynie. Wreszcie, na miesiąc przed wyborami, FDR ogłosił, że wybrał na to stanowisko Arthura Blissa Lane'a, do niedawna ambasadora USA w Kolumbii. Od pracowników Białego Domu polski ambasador w Stanach, Jan Ciechanowski, usłyszał, że liczą oni, iż nominacja Lane'a pomoże zdobyć prezydentowi głosy Polonii amerykańskiej*.

Zaniepokojeni politycznymi skutkami powstania w Warszawie, czołowi demokraci namawiali Roosevelta, by zrobił coś więcej. Burmistrz Chicago, Edward Kelly, na którego głosowało wielu członków tamtejszej Polonii, poradził prezydentowi, by „koniecznie" porozmawiał z przywódcami Kongresu Polonii Amerykańskiej, którzy wciąż zabiegali o takie spotkanie, chcąc podzielić się z nim swoimi obawami o dalsze losy Polski.

Jedenastego października, dziewięć dni po kapitulacji powstania, Roosevelt przyjął w Białym Domu dziewięciu przywódców Polonii amerykańskiej. Unikając konkretów na temat przyszłego rządu i granic Polski, ograniczył się do wyrażenia nadziei, że ich kraj „odrodzi się ponownie jako wielki naród". Przy biurku prezydenta, służąc za tło do zdjęć ze spotkania, wisiała wyeksponowana niczym w muzeum duża mapa przedwojennej Polski, ze wschodnią granicą poprowadzoną wyraźnie nie wzdłuż linii Curzona, ale tą ustaloną w traktacie ryskim po wojnie polsko-bolszewickiej lat 1919–1920. Zdjęcie mapy spełniło wyznaczone zadanie. Zaprezentowane w gazetach polonijnych i innych publikacjach, uspokoiło wyborców, którzy doszli do wniosku, że Roosevelt jest za przywróceniem polskich granic sprzed wojny.

Na dodatek dwa tygodnie przed wyborami, podczas ostatniego objazdu w ramach kampanii w Illinois, Roosevelt zaprosił prezesa Kongresu Polsko-Amerykańskiego, Charlesa Rozmarka, do prywatnej salonki i zapewnił, że

* Po mianowaniu Lane'a Roosevelt nie zezwolił mu wyjechać na placówkę do Londynu. Bardzo niezadowolony i zakłopotany, Lane pozostał w Waszyngtonie do lipca 1945 roku, kiedy to wysłano go do Warszawy jako ambasadora przy nowym, wspieranym przez Sowietów rządzie w Polsce. (Lukas, *Strange Allies*, s. 84–85).

w stosunku do Polski nie zdradzi zasad Karty Atlantyckiej i Czterech Wolności. Przyrzekł również, że dopilnuje, aby „Polska została potraktowana sprawiedliwie na [powojennej] konferencji pokojowej". Biorąc te obietnice za dobrą monetę, Rozmarek poparł wybór FDR na prezydenta, a demokraci rozpropagowali ten fakt w polonijnych okręgach wyborczych w całym kraju.

Siódmego listopada 1944 roku Franklin Roosevelt został wybrany na swoją czwartą prezydenturę. W głosowaniu powszechnym jego zwycięstwo nad Thomasem Deweyem było znaczne, ale już nie tak wielkie jak niegdyś. Głosowało na niego 53,7 procent wyborców, a na Deweya 46,2 procent, tak więc wygrał najniższą przewagą w wyborach prezydenckich od roku 1916*. Pewnie wygrałby jeszcze mniejszą różnicą, gdyby nie głosy oddane na niego przez ponad dziewięćdziesiąt procent Polaków z wielu miast pomiędzy Nowym Jorkiem a Chicago.

Trzy miesiące po wyborach, piątego lutego 1945 roku, Roosevelt dołączył do Stalina i Churchilla w kurorcie Jałta na Krymie, żeby wziąć udział w drugiej – i ostatniej – konferencji wojennej Wielkiej Trójki. Churchill domagał się jej zwołania od jesieni zeszłego roku. Gdy w końcu do niej doszło, lista trudnych kwestii do rozstrzygnięcia znacznie się wydłużyła.

Po nieudanym zmasowanym kontrataku w Belgii hitlerowska machina wojenna była bliska klęski, lecz alianci wciąż nie podjęli decyzji, w jaki sposób potraktować pokonane Niemcy. Trzeba było też skoordynować ostateczny szturm na Japonię i określić zadania Narodów Zjednoczonych. (Wprawdzie zarysy przyszłej ONZ naszkicowano we wrześniu ubiegłego roku na konferencji w Dumbarton Oaks w Waszyngtonie, wciąż jednak istniały poważne rozbieżności między Sowietami a Brytyjczykami i Amerykanami co do form działania tej organizacji). Do tego dochodziła kwestia zakresu sowieckiej dominacji i wpływów w powojennej Europie Środkowej i Wschodniej – dla brytyjskiego premiera najważniejsza ze wszystkich.

Do czasu konferencji w Jałcie Armia Czerwona wyparła Niemców z większości ziem Polski, Węgier, Jugosławii, przejęła kontrolę w Bułgarii i Rumunii, wkroczyła do Austrii i Czechosłowacji, wreszcie wdarła się głęboko na terytorium Niemiec. Co proponował Stalin w sprawie krajów, które „wyzwolił"?

* W kolegium elektorów jego zwycięstwo było znacznie bardziej imponujące – 432 do 99 – ale i tak mniejsze niż w trzech poprzednich wyborach.

Jakie były jego zamiary wobec reszty Europy? Dla Churchilla kamieniem probierczym sowieckich intencji pozostała Polska.

A oznaki były złowrogie. Po wojskowym zdominowaniu Polski Sowieci zaczęli zacieśniać kontrolę polityczną. W styczniu 1945 roku Moskwa uznała stworzony na Kremlu komitet lubelski za tymczasowy rząd polski.

Do Londynu nadchodziły również mrożące krew w żyłach raporty o bestialstwie Sowietów wobec oddziałów AK, które dołączyły do posuwającej się Armii Czerwonej. W ciągu minionych miesięcy tysiące bojowników polskiego ruchu oporu zaczęło działać jawnie, zgodnie z instrukcjami rządu w Londynie. Polskie oddziały pomogły Rosjanom zdobyć Lwów, Wilno, Lublin i szereg innych polskich miast i miasteczek. W Lublinie Armia Krajowa wyparła Niemców przed nadejściem Rosjan. W zamian za jej trud wielu Polaków zostało aresztowanych. Część poddano torturom, część zastrzelono, a część powieszono. Innych – ponad dziesięć tysięcy – zapędzono do gułagów. W jednym z polskich komunikatów podziemnych opisano schwytanie i uwięzienie przez Sowietów oddziału Armii Krajowej, który „godzinę wcześniej wysadził niemiecki pociąg z amunicją, aby uchronić tychże krasnoarmiejców od niemieckiego ognia".

Wobec tych najświeższych dowodów prawdziwych zamiarów Stalina Churchill zaczął obstawać, aby Wielka Brytania uznała tylko jeden polski rząd – rząd na uchodźstwie, „legalny rząd Polski i władze, którym wierność ślubowały liczne polskie siły zbrojne, walczące pod brytyjskim dowództwem".

Ale Franklin D. Roosevelt nie kwapił się, by pójść w jego ślady. Według Averella Harrimana uważał, że „sprawy europejskie są tak zawikłane, że chce być od nich jak najdalej, z wyjątkiem kwestii dotyczących Niemiec". Poza tym prezydenta zaprzątały przede wszystkim problemy związane ze stworzeniem silnej Organizacji Narodów Zjednoczonych i uzyskaniem pomocy Stalina w celu szybkiego zakończenia wojny na Pacyfiku. Niemniej, aby uspokoić Brytyjczyków i amerykańskich wyborców, wyrażających coraz większe zaniepokojenie sowieckim ekspansjonizmem, musiał choćby tylko symbolicznie sprzeciwić się uznaniu przez Moskwę Komitetu Wyzwolenia z Lublina.

W notatce służbowej z grudnia 1944 roku nowy amerykański sekretarz stanu, Edward Stettinius, ostrzegł Biały Dom o „rosnącej społecznej dezorientacji i rozczarowaniu [...] w wyniku wydarzeń w Europie" i wskazał, że jeśli nawet Amerykanie nie sprzeciwili się zajęciu polskich ziem przez Rosjan, to są zdecydowanie przeciwni przejęciu tych ziem bez zgody Polaków. Nie musiał dodawać, że odnoszą się też wrogo do narzuconego Polsce przez Sowietów marionetkowego rządu.

W połowie grudnia Roosevelt zwrócił się do Stalina, sugerując, by jeszcze wstrzymał się z uznaniem lubelskiego PKWN za tymczasowy rząd polski ze względu na „poważne skutki polityczne, które pociągnie za sobą taki krok". Kiedy Stalin odmówił, FDR natychmiast wysłał telegram, zadziwiająco, jak na niego, ostry w tonie. Napisał, że naród amerykański i jego rząd nie widzą żadnych dowodów „uzasadniających wniosek, że komitet lubelski w obecnym składzie reprezentuje naród polski [...] Jest faktem niezaprzeczalnym, że naród polski nie miał żadnej możliwości wypowiedzieć się na temat komitetu lubelskiego".

Wyraziwszy dezaprobatę, amerykański prezydent nie zrobił jednak nic w sprawie Polski. Gdy przed spotkaniem Wielkiej Trójki odbył krótką rozmowę z brytyjskim premierem i doradcami na Malcie, nie był skory uzgodnić z nimi strategii w sprawie polskiej ani w kwestii innych tematów konferencji w Jałcie. Podobnie jak w Teheranie, nie chciał sprawiać wrażenia, że jest w zmowie z Churchillem przeciw Stalinowi.

Brak klarownego stanowiska i naiwność amerykańskiego prezydenta bardzo zaniepokoiły Anthony'ego Edena. Zachodni sojusznicy jechali „na decydującą konferencję" bez żadnego planu, nie mając pojęcia, „o czym będziemy rozmawiać ani jak postępować z Niedźwiedziem [Stalinem], który z pewnością wie, czego chce". Jego zdaniem Roosevelt nie rozumiał, że marzenie o zapobiegającej agresjom, silnej organizacji międzynarodowej się nie spełni, jeśli jednemu z jej głównych członków pozwoli się dokonać agresji jeszcze przed ukonstytuowaniem takiego ciała. „Jeżeli nie skłoni się lub nie zmusi Rosjan do potraktowania Polski przyzwoicie, to nie powstanie Organizacja [Narodów Zjednoczonych], która byłaby cokolwiek warta" – napisał, najwyraźniej zapominając o swej wcześniejszej gotowości ustąpienia Stalinowi w sprawie Polski.

Obawy brytyjskich dyplomatów dotyczące amerykańskiego prezydenta spotęgował stan jego zdrowia, który wyraźnie się pogorszył od ostatniego spotkania. Dawny dziarski Roosevelt zniknął. Zamiast niego ujrzeli słabowitego, wyczerpanego starca z zapadniętymi, szklistymi oczami. Churchill, sam też wyczerpany, zmartwił się, że prezydent nie sprosta „intelektualnie problemom wojny". Brytyjczycy – podobnie jak większość Amerykanów towarzyszących Rooseveltowi – nie wiedzieli, że przed dziesięcioma miesiącami stwierdzono u niego zastoinową niewydolność serca i że od tego czasu jego stan się pogorszył. Przed odlotem do Jałty FDR spotkał się ze starą znajomą, sekretarz do spraw zatrudnienia i pracy, Frances Perkins. „Był w stanie godnym pożałowania, przerażony ogromem stojących przed nim zadań i niepewny, czy wystarczy mu sił, żeby sobie z nimi poradzić" – wspominała. Rooseveltowi pozostało zaledwie dziesięć tygodni życia.

Sprawa Polski zdominowała rozmowy w Jałcie, zajmując więcej czasu i wywołując więcej tarć pomiędzy Wielką Trójką niż inne tematy konferencji. W dyskusjach ze Stalinem Churchill i Roosevelt nic nie zwojowali w tej kwestii. Wprawdzie Churchill próbował sobie wmówić, że jest inaczej, ale los Polski był przesądzony. Sowieckie oddziały zajęły większość jej terytorium, a Stalin bez ogródek oświadczył, że marionetkowy rząd zostanie.

W Teheranie amerykańskich i brytyjskich dyplomatów uderzyła zarówno jego drobiazgowa znajomość tematów dyskusji, jak i wirtuozeria w przedstawianiu argumentów. Z większości relacji wynika, że w przeciwieństwie do niego Churchill i Roosevelt – zwłaszcza Roosevelt – byli źle przygotowani, nie znali szczegółów i nieprzekonująco wykładali racje. „Muszę przyznać, że z tej trójki największe wrażenie zrobił Wujek Joe – zapisał w czasie konferencji sir Alexander Cadogan. – Prezydent gestykulował, premier grzmiał, a Joe tylko siedział, spokojnie ich słuchał i dobrze się bawił".

Pierwsze posiedzenie szczytu rozpoczęło się piątego lutego 1945 roku w Liwadii, pałacu cara Mikołaja II nad Morzem Czarnym. Na samym początku odgrywający rolę mediatora Roosevelt zaznaczył, że Stany Zjednoczone nie planują zbyt się angażować w sprawy europejskie po wojnie. Oświadczył, że po dwóch latach zamierza wycofać amerykańskie wojska z Europy, w tym z okupowanych Niemiec*. Przekonany, że Stalin podziela jego wizję powojennego świata, najwyraźniej nie przejmował się tym, że zostawia na Starym Kontynencie tak dominujące militarnie i politycznie mocarstwo, jakim stał się Związek Sowiecki.

Churchillowi trudno było sobie wyobrazić gorszy koszmar. Zdecydowany do niego nie dopuścić, w Jałcie „walczył jak tygrys" o zapewnienie w powojennej Europie jak najsilniejszej pozycji Francji. Sądził, że dzięki temu stanie się ona wraz z jego krajem – przynajmniej w jakimś stopniu – przeciwwagą dla Rosji. Pod jego bardzo silnym naciskiem Roosevelt i Stalin z oporami zgodzili się na ustanowienie po zwycięstwie aliantów francuskiej strefy okupacyjnej w Niemczech i na członkostwo Francji w Alianckiej Komisji Kontroli, spełniającej rolę tymczasowego rządu niemieckiego. I tak oto Francja, która w roku 1940 potulnie skapitulowała przed Niemcami, odzyskała status europejskiej potęgi.

Gdy jednak na porządku obrad stanęła kwestia utworzenia niezależnego rządu w Polsce, Churchill nie podjął takiej samej walki jak w przypadku Francji.

* Do tego oczywiście nie doszło.

Prawdę mówiąc, jego pozycję podkopał wcześniej Roosevelt stwierdzeniem, że „pochodząc z Ameryki", patrzy „na sprawę polską z dystansu"; w gruncie rzeczy interesowała go ona tylko ze względu na jego własny polityczny los. Większość Polonii amerykańskiej opowiada się za linią Curzona jako wschodnią granicą Polski – oświadczył (błędnie), podkreślając, że „byłoby" mu „łatwiej w kraju", gdyby Stalin wspaniałomyślnie zrezygnował ze Lwowa i pobliskich pól naftowych. Jeśli chodzi o kwestię polskiego rządu – dodał – to amerykańska opinia publiczna jest przeciwna uznaniu za taki komitet lubelski, dlatego liczy na stworzenie rządu bardziej reprezentatywnego.

Choć wystąpienie Churchilla było znacznie żarliwsze i bardziej emocjonalne od przemowy Roosevelta, także on potwierdził, że nie uważa przyszłości Polski za sprawę strategicznej wagi. To dla nas sprawa honoru – podkreślił. „Tylko honor był powodem, dla którego wyciągnęliśmy miecz, żeby dopomóc Polsce brutalnie napadniętej przez Hitlera – powiedział – dlatego nigdy nie zaakceptujemy porozumienia, pozbawiającego ją wolności, niepodległości i suwerenności. Polska musi być panią we własnym domu, sama sobie sterem, żeglarzem, okrętem".

Stalin nie miał cierpliwości do takiej wzniosłej retoryki. Polska jest również sprawą honoru dla Rosji – odparował. A co więcej, sprawą jej bezpieczeństwa. W minionych trzydziestu latach Polska dwukrotnie posłużyła Niemcom za korytarz do ataku na Rosję. Rosja musi ten korytarz zabezpieczyć. Ani Churchill, ani Roosevelt nie odważyli się mu wytknąć, że gdy w roku 1941 Niemcy zaatakowały jego kraj, to Sowieci rządzili we wschodniej połowie Polski, zagrabionej na mocy paktu z Hitlerem. A jednak Armia Czerwona nie spowolniła niemieckiej nawały, nie mówiąc już o jej powstrzymaniu.

W Jałcie, tak jak w Teheranie, Stalin znajdował szczególną przyjemność w wykpiwaniu Churchilla i Roosevelta za publiczne głoszenie wzniosłych ideałów, które za kulisami rzucali w kąt. Subtelnie wypomniał sojusznikom, że nie pozwalają polskiemu rządowi na uchodźstwie decydować o przyszłości własnego kraju, podczas gdy on nigdy nie dokonałby zmian w lubelskim rządzie bez konsultacji z jego przywódcami. „Nazywają mnie dyktatorem, a nie demokratą – powiedział – ale jestem na tyle demokratyczny, że nie stworzę polskiego rządu bez konsultacji z Polakami".

Urażony Churchill próbował ripostować. Rząd lubelski nie jest reprezentatywny – powiedział – a większość Polaków, gdyby mogli swobodnie wyrazić swoje zdanie, nie poparłaby go. W tym miejscu wtrącił się Roosevelt. Prezydent Stanów – zapamiętał Churchill – „bardzo chciał zakończyć dyskusję". Polska – powiedział – jest „źródłem kłopotów od przeszło pięciuset lat". W tej opinii nie było nic oryginalnego. Polska i Polacy irytowali wielu możnych tego świata – od Fryderyka Wielkiego do Hitlera, od Katarzyny Wielkiej do Stalina, od Davida Lloyda George'a do Winstona Spencera Churchilla. Zajmujący strategicznie ważne miejsce w sercu Europy, przetrwawszy dwa wieki ucisku, Polacy wciąż mieli czelność domagać się samostanowienia o swym losie bez udziału którejkolwiek z rządzących światem potęg.

Podobnie jak jego europejscy partnerzy, Roosevelt nie znosił takiej bezczelności. Wieczorem przesłał Stalinowi list. „Mam nadzieję, że nie muszę zapewniać Pana – napisał między innymi – iż Stany Zjednoczone nigdy nie poprą żadnego tymczasowego rządu w Polsce, sprzecznego z Pana interesami". A na posiedzeniu w dniu następnym oświadczył, „że od roku 1939 w zasadzie nie było polskiego rządu", dlatego odrzuca „koncepcję jego ciągłości". Tym zdumiewającym stwierdzeniem zaprzeczył polityce własnej administracji (i rządów wszystkich sojuszników, z wyjątkiem ZSRR), która uznała londyński rząd na uchodźstwie za prawowitego, bezpośredniego następcę przedwojennego rządu polskiego. „W zakresie kompetencji nas trzech leży przyczynić się do stworzenia jakiegoś rządu: ciała, które przetrwałoby do czasu dokonania wyboru przez Polaków [...] – ciągnął. – Potrzeba nam, jak łyku świeżego powietrza, czegoś nowego, radykalnego".

Zaproponował, żeby rozwiązać dwa konkurencyjne polskie rządy i stworzyć nowe tymczasowe ciało, złożone z przedstawicieli lubelskiego komitetu i niekomunistycznych Polaków z kraju i emigracji. Dla Churchilla był to moment zwrotny. Zaledwie przed miesiącem publicznie raz jeszcze poparł rząd polski na uchodźstwie. Podczas powstania w Warszawie zapewnił generała Andersa: „Wielka Brytania [...] nigdy was nie opuści [...] Miejcie do nas zaufanie". Mantrę tę powtarzał Polakom od pięciu lat. Teraz jednak zdradził ich londyński rząd i poparł plan Roosevelta. „Jeżeli zrezygnujemy z Polaków w Londynie, obie strony powinny zacząć od nowa, na z grubsza równych warunkach" – oświadczył.

Stalin, łagodnie ujmując, nie to miał na myśli, ale postanowił zagrać rozważnego. Polecił Mołotowowi przedstawić – nieco podkoloryzowany – plan objęcia władzy w Polsce przez komunistów z Lublina. Tymczasowy rząd zostanie rozszerzony o kilku przywódców z „polskich kręgów emigracyjnych" – oznajmił Mołotow. Po czym, po zorganizowaniu w możliwie najszybszym czasie wolnych wyborów, powstanie stały rząd.

Churchill wyraził sprzeciw, lecz nie wspomniał więcej o honorze. Najbardziej obawiał się w tej chwili, że jego publiczny wizerunek i fasada jedności Wielkiej Trójki ległyby w gruzach, gdyby raptem na „konferencji odrzucono istniejący rząd londyński i uznano rząd lubelski". Polska armia pod brytyjskim dowództwem uznałaby takie posunięcie za zdradę, a poza tym wywołałoby ono „najostrzejszą krytykę" w Wielkiej Brytanii i na świecie. Jego rząd „zostałby oskarżony w parlamencie o porzucenie sprawy Polski".

Stalin, jak zwykle, nie ustąpił. Komuniści muszą zachować przewagę w nowym polskim rządzie – oświadczył. Mołotow z chęcią skonsultuje się z amerykańskim i brytyjskim ambasadorem w Moskwie w sprawie dokooptowania kilku Polaków „z emigracji" do istniejących władz, ale na większy kompromis Związek Radziecki nie pójdzie.

W obliczu grożącej katastrofy w polityce zagranicznej Roosevelt i Churchill chwycili się kwestii wyborów. Roosevelt spytał o termin. „W ciągu miesiąca – odparł Stalin. – Chyba że dojdzie do klęski na froncie, co jest mało prawdopodobne". Brytyjski premier odrzekł, że to go uspokaja i pozwala mu „całym sercem poprzeć wybrany w wolnych wyborach rząd, który zastąpi wszystkie inne".

Rosjanie odrzucili amerykański plan nadzoru nad wyborami, sprawowanego przez przedstawicieli Wielkiej Brytanii i Stanów, a Roosevelt i Churchill ustąpili w tej sprawie. Uwierzyli Stalinowi na słowo, że głosowanie będzie wolne od przymusu. „Wobec przemocy i terroru, który zapanował w Polsce", było to założenie „niewiarygodne" – napisał potem brytyjski historyk. „Wybory muszą być poza wszelkim podejrzeniem, jak żona Cezara – powiedział Roosevelt. – Nie chciałbym, żeby ktokolwiek mógł podważyć ich uczciwość. Jest to bardziej kwestia dobrej polityki niż zasad".

To ustaliwszy, Wielka Trójka zajęła się ubieraniem układu w słowa, które by pasowały do zasad Karty Atlantyckiej. W końcowym komunikacie trzej przywódcy potwierdzili wspólne pragnienie ujrzenia Polski „silnej, wolnej, niepodległej i demokratycznej". Ogłosili, że jej wschodnia granica przebiegnie wzdłuż linii Curzona, ale nie wspomnieli, że Sowieci zatrzymają Lwów. Rząd lubelski powinien być „zreorganizowany na szerszej bazie politycznej, z włączeniem demokratycznych przywódców z samej Polski i Polaków z zagranicy". Przeprowadzone zostaną „tak szybko, jak to możliwe, wolne i nieskrępowane wybory, oparte na głosowaniu powszechnym i tajnym". Zniesmaczony George Kennan nazwał później komunikat końcowy z Jałty „najpodlejszym niedomówieniem".

Jeśli chodzi o Wielką Trójkę, Roosevelt i Stalin wyrazili zadowolenie z rezultatów konferencji, lecz Churchilla nie opuścił niepokój. Ugoda w sprawie Polski – oświadczył przygnębiony dwóm pozostałym przywódcom – zostanie „ostro zaatakowana w Anglii [...] Powiedzą, że usunęliśmy jedyny statutowy polski rząd. Niemniej będę bronił tej decyzji najlepiej, jak umiem".

W komunikacie nie wymieniono polskiego rządu na uchodźstwie. Dokument jałtański „całkowicie przemilcza istnienie państwa polskiego, z jego ciągłością historyczno-prawną, rządem, terytorium, obywatelami i siłami zbrojnymi" – wskazał wychodzący w Wielkiej Brytanii katolicki tygodnik „Tablet". Dla Churchilla i Roosevelta suwerenność Polski była w ostatecznym rozrachunku – jak napisał historyk G.F. Hudson – jedynie „dyplomatyczną kartą przetargową". Polskę, pierwszego sojusznika Wielkiej Brytanii, kraj, który z tak wielką determinacją walczył przeciw hitlerowskiej agresji, potraktowano jak pokonanego wroga. Miała stracić dużą część ziem i zaakceptować narzucony rząd. Niemcy – prawdziwego pokonanego wroga – potraktowano pod wieloma względami lepiej. Na przykład: po wojnie straciły one tylko około dwudziestu procent swojego terytorium, podczas gdy Polska – połowę kraju na rzecz Rosjan.

Inny dokument jałtański, owoc myśli delegacji amerykańskiej, zatytułowany Deklaracja Europy Wyzwolonej, potwierdzał ustalenia Karty Atlantyckiej i wzywał między innymi do odbudowy samostanowienia oraz suwerenności narodów wyzwolonych spod niemieckiej okupacji. W szczególności zaś domagał się powołania w tych krajach, do czasu wolnych wyborów, rządów tymczasowych opartych na „szerokiej reprezentacji".

Kiedy Wiaczesław Mołotow dostał ten dokument, zaniepokoił się, biorąc sformułowane w nim zasady na serio. „To poszło za daleko!" – powiedział na stronie do Stalina.

„Bez obawy – odparł Stalin. – Załatwimy to później po naszemu".

W komunikacie nie wymieniono kilku innych kluczowych postanowień z Jałty, w tym decyzji o podziale Niemiec na cztery strefy okupacyjne i opracowaniu zasad działania nowych Narodów Zjednoczonych. Utajniono również zgodę Stalina na przystąpienie do wojny z Japonią w zamian za zwrot leżących pomiędzy Hokkaido a Kamczatką Wysp Kurylskich* oraz premię w postaci Port Arthur i innych chińskich ziem zdobytych przez Japonię. Chin o zgodę nikt nie spytał. Gdy szczegóły tej umowy wyszły w końcu na jaw, wywołując burzę protestów, sekretarz stanu Edward Stettinius odrzucił krytyki, stwierdzając, że, podobnie jak w przypadku Polski, umowa w sprawie Chin ratyfikowała

* Rosja i Japonia rościły sobie prawo do tych wysp, ale na mocy umowy wynegocjowanej w 1875 roku przypadły one Japończykom.

tylko to, co nieuchronne. „Czy Związek Sowiecki otrzymał w Jałcie coś, czego by nie mógł sobie wziąć bez niczyjej zgody?" – zapytał retorycznie.

To będące kwintesencją *Realpolitik* pytanie zawierało dużo prawdy. Nawet gdyby Churchill i Roosevelt pozostali wierni zasadom Karty Atlantyckiej i w sprawie Polski przeciwstawili się Stalinowi w imię jej suwerenności i niepodległości, wynik byłby zapewne w gruncie rzeczy taki sam. „Gdy się zna fakty, oczywiste jest, że dysponując stosowną siłą, Sowieci byli zdecydowani zachować terytoria zagrabione [...] na mocy paktu sowiecko-hitlerowskiego. Oczywiste jest też, że dla Stalina prawdziwie niepodległa Polska, niezależnie od jej orientacji politycznej, stanowiłaby przeszkodę dla sowieckich wpływów w Europie" – napisała historyczka Sarah Meiklejohn Terry.

Nie sposób również zaprzeczyć, że mimo wzniosłych słów o demokracji i wolności w ich „krucjacie w Europie" Wielka Brytania i Stany Zjednoczone nie rzuciły Józefowi Stalinowi pod nogi żadnych kłód.

ROZDZIAŁ DWUDZIESTY

ŚWIATŁO I CIEMNOŚĆ

Trzynastego lutego 1945 roku niemal w całej Wielkiej Brytanii mżyło i było przenikliwie zimno. Ale beznadziejna pogoda nie zmąciła humorów polskich i angielskich myśliwców, odpoczywających w oficerskim kasynie na lotnisku Andrews w Essex. Wszyscy wiedzieli, że wojna się kończy. Dla Polaków zbliżający się pokój oznaczał koniec długiego koszmaru. Pełni obaw co do zamiarów Związku Sowieckiego wobec ich kraju, polegali jednak na brytyjskich i amerykańskich obietnicach, że wyzwolenie Polski jest bliskie. Liczyli, że za kilka miesięcy wyruszą do domu.

Kilku z nich siedziało w dużych zielonych fotelach, czytając gazety i magazyny. Inni, oparci o błyszczący mahoniowy bar, śmiali się, rozmawiali i pili piwo z kufli, podawanych przez kaprala w białej bluzie. W pewnej chwili włączono radio. I właśnie wtedy, tego szarego zimowego popołudnia, komunikat odczytany przez spikera BBC zniweczył ich marzenia. W Jałcie premier Wielkiej Brytanii Winston Churchill i prezydent Stanów Zjednoczonych Franklin D. Roosevelt oficjalnie oddali wschodnią Polskę Stalinowi, a władzę nad resztą kraju przekazali spłodzonemu przez Sowietów tymczasowemu rządowi komunistycznemu.

Radio tokowało dalej, lecz w kasynie zapadło głuche milczenie. Jeden z polskich pilotów rozejrzał się po sali. Większość jego brytyjskich kolegów zwiesiła głowy. Tylko jeden z nich spojrzał Polakowi w udręczone oczy. Po twarzy Anglika ciekły łzy.

W bazie RAF-u w Faldingworth, Lincolnshire, lotnicy z Dywizjonu Bombowego 300 usłyszeli hiobowe wieści tuż przed wieczornym nalotem na Niemcy. Dywizjon 300 był pierwszym, utworzonym w lecie 1940 roku, w pełni polskim dywizjonem w Wielkiej Brytanii. Walczył najdłużej z polskich jednostek lotniczych, uczestnicząc we wszystkich większych nalotach na Niemcy. W latach 1940–1945 poniósł ogromne straty – do niewoli dostało się, zaginęło i straciło życie ponad czterystu pięćdziesięciu jego żołnierzy.

W chwili rozpoczęcia odprawy Polacy byli w buntowniczym nastroju, ale szmery niezadowolenia przerodziły się w gniewne okrzyki na wieść, że dzisiejszym nalotem na Drezno mają wesprzeć nacierającą Armię Czerwoną. „Po co mamy lecieć, skoro nas zdradzili?!" – zawołał jeden z pilotów. Inni poparli go chórem, ale dowódca dywizjonu uciszył ich krótko i ostro. Polecą, bo to jest ich żołnierski obowiązek. Kilka godzin później załogi Dywizjonu 300 wyruszyły nad Niemcy.

Przed wejściem na pokład swojego lancastera młody polski nawigator, lwowiak, który był więźniem stalinowskiego gułagu, zrozpaczony skreślił list do przyjaciela: „Tylko pomyśl, ja i tylu innych poniewieraliśmy się po świecie, uciekaliśmy jak przestępcy, głodowaliśmy, kryliśmy się po lasach, byle tylko walczyć – i za co? Za to, żeby nie móc wrócić do naszego rodzinnego miasta, bo przestało istnieć?" Napisał mu, że wieczorem wylatuje. „Mówią, że tak trzeba, chociaż w sercach mamy gniew i rozpacz. To dziwne, ale czasem zadaję sobie pytanie, czy to wszystko ma jakikolwiek sens. Jeżeli Niemcy mnie teraz dostaną, to nie będę nawet wiedział, za co ginę. Za Polskę? Za Anglię? Czy za Rosję?" Zginął dziesięć dni później, podczas kolejnego nalotu na Niemcy.

Polskich pilotów, tak jak miliony Polaków na całym świecie, najbardziej zdruzgotała świadomość, że Anglia i Stany Zjednoczone przyłożyły rękę do postanowień w Jałcie. Rząd polski na uchodźstwie oświadczył, że doszło do piątego rozbioru Polski, tym razem „dokonanego nie, jak w przeszłości, przez jej wrogów, lecz przez sojuszników". Nazywając zawarty tam układ pogwałceniem Karty Atlantyckiej i innych zasad, o które walczyli alianci, odrzucił decyzje jałtańskie. Mimo to polecił armii polskiej kontynuowanie walk „w imię zachowania pokoju, godności i solidarności i utrzymania braterstwa broni z żołnierzami Wielkiej Brytanii, Kanady, Stanów Zjednoczonych i Francji".

We Włoszech generał Anders i żołnierze Drugiego Korpusu Polskiego w pierwszej chwili chcieli złożyć broń. Dla wszystkich polskich oddziałów wiadomości z Jałty były katastrofą, ale najbardziej przygnębiły niedawnych więźniów sowieckich gułagów, urodzonych w większości we wschodniej Polsce. Oznaczały bowiem, że najpewniej już nigdy nie wrócą w rodzinne strony. Dla około trzydziestu oficerów i żołnierzy Andersa myśl ta była tak miażdżąca, że na wieść o postanowieniach jałtańskich popełnili samobójstwo. W obliczu tego wszystkiego generał zwrócił się do brytyjskich przełożonych z prośbą o wycofanie reszty jego wojsk z walki. „Nie mam sumienia żądać w obecnej chwili od żołnierza ofiary krwi" – powiedział.

Zaraz potem wezwano go do Londynu na konsultacje z rządem, a tam na spotkanie z premierem Wielkiej Brytanii. Churchill próbował bronić decyzji z Jałty, ale Anders nie przyjął jego argumentów. „Na takie załatwienie sprawy naród polski nie zasłużył i my walczący tutaj nie mogliśmy tego oczekiwać" – odparł.

„Myśmy wschodnich granic Polski nigdy nie gwarantowali! – wybuchnął Churchill. – Mamy dzisiaj dosyć wojska i waszej pomocy nie potrzebujemy! Może pan swoje dywizje zabrać! Obejdziemy się bez nich!" Zważywszy na wkład Polaków w wojnę i ich ofiary poniesione w bitwie o Anglię, pod Monte Cassino, Falaise i Arnhem – by wymienić tylko kilka najbardziej znanych batalii z ich udziałem – trudno pojąć, jak, nawet w wielkim gniewie, mogły mu się wyrwać podobne słowa. „Przez kilka ostatnich lat mówił pan co innego" – odparł chłodno Anders.

Brytyjskie Naczelne Dowództwo nie udzieliło mu zgody na wycofanie żołnierzy z walk. Należący do najlepszych jednostek brytyjskiej Ósmej Armii Drugi Korpus odgrywał zbyt ważną rolę w kampanii włoskiej, żeby go wycofać z frontu. Polacy, którzy po Monte Cassino zdobyli miasto Piedimonte i wyzwolili Ankonę, kluczowy port i bazę zaopatrzeniową nad Adriatykiem, biorąc do niewoli ponad trzy tysiące Niemców, toczyli właśnie ciężki bój z elitarnymi oddziałami hitlerowskimi w górach w północnych Włoszech. Po wojnie generał armii, szef brytyjskiego Sztabu Generalnego, wicehrabia Alanbrooke, oświadczył, że bez Drugiego Korpusu „nie byłby możliwy szereg natarć przeprowadzonych [we Włoszech] po zdobyciu Cassino".

Wypełniając rozkazy, Anders polecił swoim żołnierzom „zachować dyscyplinę i godność" i kontynuować walkę. Mimo to część alianckich oficerów i dygnitarzy nie była pewna lojalności i zaangażowania Polaków. Podzielał te obawy Harold Macmillan, pełniący funkcję doradcy politycznego przy brytyjskim dowództwie we Włoszech. „W najgorszym wypadku rozpadną się i zamienią w bandę uchodźców – martwił się w swoim dzienniku. – W najlepszym zachowają spójność i utrzymają sektor frontu, nie atakując i nie kontratakując. Wątpię, czy nadają się do akcji ofensywnych".

Drugi Korpus udowodnił sceptykom, jak bardzo się mylili. Polskie oddziały kontynuowały natarcie, na kilka tygodni przed zakończeniem wojny szturmem zdobywając Bolonię. „Nie doceniłem wyjątkowej godności i poświęcenia Andersa i jego towarzyszy – przyznał potem Macmillan. – W ostatnich bitwach [tej wojny] walczyli nadzwyczajnie, w pierwszej linii. Stracili ojczyznę, ale zachowali honor".

W wyzwalanych jedno po drugim włoskich miasteczkach posuwające się na północ oddziały Drugiego Korpusu witały tłumy uśmiechniętych, wiwatujących ludzi. Wielu z nich wznosiło okrzyki: *Viva Polonia!* Kobiety rzucały żołnierzom kwiaty, mężczyźni częstowali ich winem, dziewczęta ściskały i całowały. Dla Polaków był to czas słodyczy zaprawionej goryczą. „Z jednej strony cieszyłem się, że przynoszę tym witającym mnie ludziom wolność – wspominał jeden z nich. – Z drugiej zaś czułem żal, że to nie jest polska ulica, po której chodziłem, że nie przynoszę wolności swoim rodakom i narodowi, że to nie jest spełnienie naszych marzeń".

Dowódca innej polskiej armii dowiedział się o układzie jałtańskim, siedząc za drutami oflagu w Colditz. Generała Bora-Komorowskiego i tysiące warszawskich powstańców z Armii Krajowej uwięziono w niemieckich obozach jenieckich cztery miesiące wcześniej. Na własnej skórze poznali bezwzględność Stalina w dążeniu do opanowania ich kraju poprzez wytępienie wszelkiej opozycji. Nie mogli pojąć – napisał później Bór-Komorowski – „dlaczego sprzymierzeni skazali na niewolę i rozbiór swojego najwierniejszego i najstarszego sojusznika w tej wojnie". Ten cios „tak ciężki i niespodziewany [...] wstrząsnął nami do głębi".

W gronie aliantów Polacy należeli do bardzo nielicznych przybitych rozstrzygnięciami z Jałty. W Wielkiej Brytanii i Stanach na wieść o układzie zapanowała euforia. Londyńczycy promienieli – donosiła w „New Yorkerze" Mollie Panter-Downes. „Sukces konferencji – napisała – to chyba najbardziej krzepiący omen dla powojennego świata, dla żyjących tu ludzi, zmęczonych dniem dzisiejszym i pełnych obaw o przyszłość".

Brytyjczycy, tak jak Amerykanie, opierali swój optymizm na deklarowanej przez Roosevelta, Churchilla i Stalina jedności w rozstrzyganiu głównych zagadnień powojennego świata i na ponowionej deklaracji poparcia dla niepodległości i wolności wszystkich narodów. Resztki „wątpliwości, czy Wielka Trójka może w dniach pokoju współpracować tak dobrze jak podczas wojny, zostały najwyraźniej rozproszone" – cieszył się „Time".

Jednocześnie w Anglii i Stanach Zjednoczonych rosło zniecierpliwienie wobec Polaków, otwarcie atakujących porozumienia z Jałty. Czyż Wielka Trójka nie zagwarantowała czarno na białym niepodległości ich krajowi? Czy nie przyrzekła, że najbliższe wybory w Polsce będą wolne i demokratyczne? Na horyzoncie widać pokój, a ci nic, tylko wciąż brużdżą. Zdaniem „Manchester Guardian" Stalin poczynił na rzecz Polaków „spore ustępstwa" i zasłużył na ich podziękowania. „Times" zaś napisał, że w kwestii Polski układ jałtański „stoi na solidnym gruncie zdrowego rozsądku i sprawiedliwości".

W przemówieniu wygłoszonym pierwszego marca w Kongresie Stanów Zjednoczonych Roosevelt wypolerował swoją wizję świetlanej powojennej przyszłości. Decyzje podjęte w Jałcie – powiedział – otworzyły drogę do „pokoju na świecie [...] opartego na zdrowych i sprawiedliwych zasadach Karty Atlantyckiej, na koncepcji godności osoby ludzkiej". Powstanie nowe braterstwo narodów – dodał – bez „jednostronnych działań, wyłącznych przymierzy, sfer wpływów, równowagi sił [...] które stosowano przez wieki, zawsze z marnym skutkiem".

Do zdań, które poświęcił postanowieniom układu dotyczącym Polski, wkradła się nutka strapienia. Przyznał, że decyzja w sprawie polskich granic była „kompromisem", i dodał: „Prawdę mówiąc, nie ze wszystkim się w tej mierze zgadzałem". Na więcej troski z urzędu się nie zdobył. W powszechnej atmosferze radości pilniej słuchała go, oprócz Polaków i Amerykanów polskiego pochodzenia, tylko garstka ludzi.

Winston Churchill, który również stanął przed ciałem ustawodawczym swojego kraju, by przedstawić uzgodnienia z Jałty, przemawiał w znacznie bardziej dramatycznej atmosferze. Pomimo że zawarty układ został zaakceptowany przez ogół brytyjskiego społeczeństwa i prasy, w Izbie Gmin zaczęły wzbierać niepokój i niezadowolenie z powodu potraktowania Polski. Najbardziej otwarcie krytykowali premiera posłowie konserwatywni, ale wyraz swej dezaprobacie dała też część labourzystów.

Członkowie parlamentu oczywiście nie pierwszy raz sprzeciwiali się ugodowej, w ich oczach, postawie Churchilla wobec Stalina w sprawie Polski. Swój niepokój i krytykę wyrazili po wyjściu na jaw masakry w Katyniu, po konferencji w Teheranie, po przemowie premiera w lutym 1944 roku na temat linii Curzona i w czasie powstania w Warszawie. Dyskutowano wówczas nie tylko o moralnych i prawnych zobowiązaniach Anglii wobec Polski, ale również o znaczącym wojennym wkładzie Polskich Sił Zbrojnych po stronie aliantów, zwłaszcza o zasługach pilotów z Dywizjonu Kościuszkowskiego i innych Polaków w bitwie o Anglię. „Gdyby nie polscy lotnicy, którzy walczyli w bitwie o Wielką Brytanię, w roku 1940 moglibyśmy przegrać, gdyż niewiele dzieliło nas od porażki" – oświadczył w grudniu 1944 roku poseł Partii Pracy, Ivor Thomas.

We wcześniejszych debatach krytyka ze strony posłów była jednak wyciszona i stosunkowo powściągliwa. Ten parlamentarny umiar – jak stwierdził na jednym z posiedzeń Izby Gmin starszy wykładowca Uniwersytetu Cambridge, konserwatysta Kenneth Pickthorn – brał się po części z ponawianych ostrzeżeń premiera i jego gabinetu, którzy utrzymywali, że krytykowanie aliantów za sposób, w jaki potraktowali Polskę, może utrudnić prowadzenie wojny. „Sądzę [...] że bardzo się pilnując, aby nie powiedzieć czegoś, co mogłoby zaszkodzić, popełniliśmy błąd odwrotny [...] błąd przemilczania, który wyrządzi więcej szkód, będących skutkiem społecznej niewiedzy".

Jednak do czasu układu w Jałcie zainteresowanie losem Polski wzrosło tak bardzo, że Churchill, zdając sobie sprawę, iż rządowe przestrogi już nie wystarczą, zdecydował się na stary chwyt. Pod koniec lutego otworzył trzydniowe posiedzenie parlamentu, wnioskując o głosowanie nad wotum zaufania dla jego gabinetu w kwestii deklaracji Wielkiej Trójki. „Wyrażenie silnego poparcia umocni pozycję rządu wśród aliantów" – oświadczył.

Taktykę tę stosował z powodzeniem już kilka razy. Gdy krytykowano za coś jego rząd, robił z tego kwestię zaufania, grożąc odejściem, jeśli głosowanie nie pójdzie po jego myśli. Dotąd zawsze to skutkowało. Tym razem jednak premier poszedł dalej. Zażądał nie tylko głosowania nad wotum zaufania dla swojego gabinetu, ale również zatwierdzenia „determinacji" jego, Roosevelta i Stalina, „by utrzymać jedność nie tylko w doprowadzeniu do ostatecznego pokonania wspólnego wroga, ale również w późniejszych działaniach, gdy nastanie pokój".

Starannie sformułowany wniosek Churchilla brzmiał: kto zagłosuje przeciw lub wstrzyma się od głosu, może przekreślić swoją poselską karierę, narażając się na zarzut nielojalności i braku patriotyzmu. Mimo to do zabrania głosu w debacie, „bodaj najważniejszej [...] od początku wojny", zapisała się „wyjątkowa liczba" posłów. Kiedy dwudziestego siódmego lutego premier wstał, żeby otworzyć posiedzenie, galeria dla gości pękała w szwach, ławy parlamentarne były nabite, atmosfera wyczekiwania gęsta.

Poinformowawszy o postanowieniach dotyczących okupacji Niemiec i innych aspektach układu, Churchill przeszedł do sprawy polskiej. Podnosząc głos, oświadczył dobitnie, że przystał na przejęcie przez Rosję wschodniej Polski nie dlatego, że „korzy się" przed siłą, lecz dlatego, że roszczenia Sowietów do tych ziem są „słuszne i usprawiedliwione". Ten kraj, mniejszy od Rosji, ma wobec niej wielki dług, bo gdyby Armia Czerwona nie wkroczyła na jego ziemie, zostałby całkowicie zniszczony przez Niemcy. Co więcej, w licznych rejonach Polski Rosjan „przyjęto z wielką radością" (twierdzenie to, oparte na zapewnieniu Stalina, znacznie odbiegało od faktów zawartych w raportach, które premier otrzymywał od polskiego rządu w Londynie). Churchill zaapelował do Izby, by w kwestii wolnych wyborów w Polsce zawierzyła, tak jak on, obietnicom sowieckiego przywódcy i władz. „Uważam [...] że słowa są dla nich wiążące – powiedział. – Nie znam innego rządu, który by wypełniał swoje zobowiązania [...] tak uczciwie jak rząd sowiecki".

Składając tę donośną deklarację wiary w sowiecką rzetelność, wiedział, że jeśli chodzi o Polskę, Moskwa już zdążyła złamać układ w Jałcie. Cztery dni wcześniej otrzymał wiadomość, że zainstalowany przez Sowietów tymczasowy rząd lubelski zaprotestował przeciw udziałowi w moskiewskich rozmowach koalicyjnych większości niekomunistycznych polskich przywódców, których nazwiska przekazali ambasadorowie brytyjski i amerykański. Przygnębiony tymi wieściami, Churchill wyraził w obecności Johna Colville'a i innych obawę, że Rosjanie „kiedyś zwrócą się przeciw nam", i zdenerwowany porównał siebie do Neville'a Chamberlaina. Chamberlain ufał Hitlerowi, tak jak teraz on Stalinowi, aczkolwiek – dodał szybko – „w innych okolicznościach".

Być może wspomniana świeża wiadomość z Polski kazała mu wpleść w wystąpienie przed parlamentem nutę zwątpienia i niepokoju, znacznie silniejszą od tej, którą Roosevelt zawarł w swojej mowie w Kongresie. Nurtowało go pytanie, czy teraz, po ustaleniu powojennych granic, Polacy „będą panami w swoim domu? [...] Czy ich suwerenność i niepodległość nie będą skrępowane? Czy nie staną się jedynie przybudówką państwa sowieckiego, zmuszeni przez uzbrojoną mniejszość wbrew swej woli do przyjęcia systemu komunistycznego lub totalitarnego?" Na te pytania nie dał odpowiedzi.

O tym, jak wielki był jego niepokój, świadczyła propozycja, żeby służącym pod brytyjskim dowództwem żołnierzom Polskich Sił Zbrojnych, którzy nie wyrażą woli powrotu do ojczyzny, pozwolić na przyjęcie obywatelstwa brytyjskiego. Gorącego zwolennika Churchilla, Harolda Nicolsona, i innych posłów zaniepokoiły sprzeczności w jego wystąpieniu. „[Premier] przedstawił bardzo mocne argumenty za tym, że Polska w nowych granicach będzie cieszyć się niepodległością i pomyślnie rozwijać – zapisał w dzienniku. – Ale w zakończeniu [...] zburzył je stwierdzeniem, że zaproponujemy brytyjskie obywatelstwo tym polskim żołnierzom, którzy boją się wrócić do kraju".

Gdy Churchill zakończył dwugodzinną mowę, pierwszy zabrał głos Arthur

Greenwood, wiceprzewodniczący Partii Pracy. Przed ponad pięciu laty zarzucił w Izbie Gmin Neville'owi Chamberlainowi, że jego rząd nie dotrzymał zobowiązań traktatu z Polską i nie wypowiedział wojny Niemcom. Tym razem zarzucił niewłaściwe potraktowanie Polski rządowi następcy „premiera z parasolem". Greenwood, który na początku wojny wchodził w skład koalicyjnego gabinetu Churchilla, zdecydowanie odrzucił jego obronę porozumień jałtańskich jako „sprawiedliwych". W rzeczywistości – oświadczył – decydowanie „o losie narodu [...] pod jego nieobecność i za jego plecami" jest zaprzeczeniem brytyjskiej sprawiedliwości.

Ale to nie Greenwood zelektryzował Izbę Gmin pierwszego dnia debaty o Jałcie. Zaszczyt ten przypadł w udziale wysokiemu, chudemu szkockiemu arystokracie w okularach, cichemu szeregowemu posłowi konserwatywnemu, nieskłonnemu zazwyczaj do dramatycznych wystąpień – lordowi Dunglassowi*. Dunglass, u którego na początku wojny stwierdzono gruźlicę kręgosłupa, spędził ponad dwa lata w rodzinnym dworze, uwięziony w gipsowym pancerzu. W tym czasie na terenie jego posiadłości kwaterowały oddziały polskiej Pierwszej Dywizji Pancernej. Właśnie wtedy zaprzyjaźnił się z kanonierem, pochodzącym ze szlacheckiej rodziny. Szkocki lord i polski szlachcic wiele godzin spędzili na rozmowach, w tym o długiej niemieckiej i rosyjskiej okupacji Polski. Dzięki nim Szkot stał się oddanym orędownikiem sprawy polskiej.

Gdy wyzdrowiał i wrócił do parlamentu, przejęty pojednawczą postawą brytyjskiego rządu wobec Rosji kosztem Polski, świadczącą jego zdaniem o słabości, tuż przed odlotem Churchilla do Moskwy na spotkanie ze Stalinem w październiku 1944 roku ostrzegł go w Izbie Gmin: „Nie wolno dopuścić, żeby Rosja dostała to, co chce [...] Musimy honorować nasze prawne i moralne zobowiązania do przywrócenia [bytu] państwa polskiego".

W jego opinii układ w Jałcie urągał tym zobowiązaniom. Dlatego kiedy Churchill zażądał od Izby nie tylko poparcia układu jałtańskiego, ale też uznania go za sprawiedliwy, czterdziestojednoletni Dunglass nie zdzierżył. Wciąż słabowity i zgarbiony po długiej ciężkiej chorobie, wstał wolno i przemówił: „Nie ma drugiego takiego kraju, który z racji swojej niezgody na tyranię bardziej by sobie zasłużył na niepodległość niż Polska. Nie ma drugiego takiego kraju, którego niepodległość tak dobitnie gwarantowałyby traktaty i deklaracje... – Rozejrzał się po ucichłej sali. – Gdy więc pan premier oznajmia, że uważa ten układ za

* Osiemnaście lat później lord Dunglass został premierem Wielkiej Brytanii. Zrzekł się wówczas godności para, wracając do swojego oryginalnego nazwiska – Alec Douglas-Home.

sprawiedliwy, to moje zdanie w tej kwestii jest z gruntu odmienne. Dziesiątki razy w naszych dziejach uznawaliśmy takie ugody za oznakę siły. – Jego głos nabrał mocy. – Uznaję tę ugodę za oznakę siły, ale w żadnym razie nie podpiszę się pod nią jako sprawiedliwą".

Następnego dnia dwudziestu pięciu przeciwników jałtańskich porozumień w sprawie Polski nie poprzestało na wyrażeniu sprzeciwu w trakcie debaty i wniosło poprawkę do głosowania nad wotum zaufania dla rządu, ubolewając nad jego „decyzją o oddaniu terytorium sojusznika innemu mocarstwu" i pozbawieniu wyzwolonych narodów „pełnego prawa do wyboru rządu wolnego od wpływu jakichkolwiek obcych potęg". Innymi słowy, poprawka ta w grzecznej formie oskarżała Churchilla i jego gabinet o pogwałcenie Karty Atlantyckiej.

Był to zarzut wyjątkowy, o dużej sile zapłonu. Dysydenci, w większości młodzi członkowie Partii Konserwatywnej, zakwestionowali tym samym rządy konserwatywnego premiera i koalicyjnego gabinetu wojennego. W debacie, która nastąpiła, zwolennicy poprawki nie kryli, iż zdają sobie sprawę z wagi swojej inicjatywy. W wielu wystąpieniach pobrzmiewał głęboki smutek, a nawet gorycz, w połączeniu ze szczególną pasją. „To było wspaniałe" – napisał konserwatywny poseł, Henry Channon. W tej „niezwykłej debacie" przemówił „głos sumienia angielskich dżentelmenów".

Komandor sir Archibald Southby, jeden z dwóch głównych inicjatorów poprawki, zwierzył się kolegom, że było to najtrudniejsze wystąpienie w jego karierze. Mimo że bardzo chciał poprzeć premiera, powiedział: „Jeżeli nasza polityka zagraniczna ma się opierać na oportunizmie, a nie na zasadach, to skazana jest na porażkę, dlatego nie mogę uczciwie jej poprzeć, bez względu na osobiste konsekwencje mojej decyzji. Uważam, że obowiązuje nas lojalność nie wobec konkretnego człowieka, rządu czy partii, ale lojalność wyższa, lojalność wobec podstawowych ideałów sprawiedliwości, wolności i honoru [...] w których obronie już dwukrotnie za naszego życia Brytania dobywała miecza".

Wystąpienie Southby'ego – i kilku kolejnych posłów – zdumiewająco przypominało mowy Churchilla z czasów konferencji w Monachium, na co wskazał w swoim przemówieniu lord James Willoughby d'Eresby – dowódca pułku w stopniu majora – który do parlamentu powrócił po pięciu latach spędzonych na froncie. Stwierdził, że pod jego nieobecność nastąpiła radykalna zmiana ról parlamentarzystów. Na przykład pod koniec lat trzydziestych to panowie Churchill i Eden „bronili w tej Izbie sprawy brytyjskiego honoru".

Willoughby d'Eresby stracił podczas walk w Normandii nogę. Jego żołnierze walczyli ramię w ramię z polską Pierwszą Dywizją Pancerną, a w jego jednostce służyło kilku polskich oficerów. Zaznaczył, że jest „zaprzysięgłym zwolennikiem" Polaków. Gdy wyjaśniał podkomendnym, dlaczego Wielka Brytania prowadzi wojnę, to cytował powody wymienione przez premiera, takie jak obrona wolności i niepodległości wszystkich narodów, ale przede wszystkim przywrócenie niepodległości Polsce. Tymczasem układ w Jałcie zamienił te ideały w „blagę".

Jego uwagi z pewnością głęboko zraniły Churchilla. Podobnie przemowa Victora Raikesa, pryncypialnego torysa z południowo-wschodniego Essex, który – jak napisano po latach w jego nekrologu w „Timesie" – „przedkładał sprawy nad karierę". Raikes przypomniał, że ostatnim razem nie poparł urzędującego gabinetu w głosowaniu nad wotum zaufania w 1935 roku, wchodząc do korytarza dla głosujących „przeciw" za głównym krytykiem rządu, Winstonem Churchillem. Uczynił tak wtedy, ponieważ wierzył, że Churchill ma rację. „A dziś robię to, ponieważ różnię się z nim w poglądach – powiedział. – Nie dlatego, że jestem «anty» – stałem przy premierze, gdy był znacznie mniej popularny niż teraz – lecz dlatego, że choć niewiele znaczę, to przy całej jego wielkości wierzę, że przemawiam głosem mego kraju".

Gdy debata dobiegła końca, członkowie parlamentu zaczęli się bić z myślami, w jaki sposób – napisał w „Daily Mail" Alastair Forbes – „pogodzić niespokojne sumienia [wobec Polski] z politycznymi obowiązkami, za które [...] poczytywali poparcie i utrzymanie rządu pana Churchilla". U większości górę wzięło poczucie obowiązku. Poprawka została odrzucona 396 głosami do 25, przy 11 wstrzymujących się. Część posłów głosujących za poprawką służyła podczas wojny, tak jak lord Willougby d'Eresby, w wojsku. Wśród nich było kilku pilotów RAF-u latających z Polakami.

W głosowaniu nad samym wotum zaufania rząd odniósł jednogłośne zwycięstwo 413:0. Parlamentarni torysowscy rzecznicy dyscypliny wywarli presję na zachowanie jedności w głosowaniu. W końcu nawet najbardziej jawni krytycy jałtańskich postanowień wobec Polski, tacy jak lord Dunglass, uznali, że lepiej nie głosować przeciw rządowi, gdyż nie chcieli jego upadku. Jednakże trzydziestu posłów okazało sprzeciw, wstrzymując się od głosu. Jeden z nich, Henry Strauss, wiceminister w rządzie Churchilla, następnego dnia podał się do dymisji. W liście do premiera wyjaśnił, że nie mógł „zaakceptować potraktowania narodu polskiego na konferencji krymskiej [jałtańskiej]".

Pomimo przytłaczającego zwycięstwa w parlamencie Churchill zdawał sobie sprawę, że w tym przypadku pozory mylą. Choć rząd otrzymał wotum zaufania, wielu posłów i ich wyborców głęboko niepokoiła groźba zdominowania Polski przez ZSRR. W kwestii Polski „labourzyści przejęli się tym jak konserwatyści, a socjaliści jak katolicy" – napisał Churchill do Roosevelta.

Prywatnie, wbrew temu, co powiedział w Izbie Gmin, wyznał, że nie dowierza Rosjanom. Dzień po swoim wystąpieniu, na wieść o utworzeniu przez Sowietów marionetkowego rządu w Rumunii, powiedział do Johna Colville'a: „W żadnym razie nie dam się oszukać w sprawie Polski, nawet gdybyśmy mieli stanąć na krawędzi wojny z Rosją". Premier „próbuje przekonać sam siebie, że wszystko jest w porządku – napisał Colville w pamiętniku – ale myślę, że w głębi serca martwi się o Polskę i nie jest pewien naszych moralnych racji".

Zaledwie miesiąc po podpisaniu układu jałtańskiego Stalin pokazał, że w sprawie Polski nie zamierza się trzymać jego postanowień. Jedność Wielkiej Trójki, tak pożądana i szeroko rozpropagowana przez media, szybko zaczęła się rozpadać. „W sumie z naszej polityki zagranicznej pozostały smutne szczątki" – ocenił w swym dzienniku Eden. Kiedy Mołotow odrzucił praktycznie wszystkich polskich niekomunistycznych przywódców, zgłoszonych przez ambasadorów Wielkiej Brytanii i Stanów na rozmowy w sprawie utworzenia nowego polskiego rządu, Churchill skonstatował, że sowiecki minister spraw zagranicznych „wyraźnie chciał z konsultacji z nielubelskimi Polakami zrobić farsę".

Do Londynu docierały również raporty o masowych aresztowaniach, dokonywanych przez Sowietów w Krakowie i innych większych miastach. Wśród aresztowanych znalazła się pani Arciszewska, żona nowego polskiego premiera rządu na uchodźstwie, pracująca w Polskim Czerwonym Krzyżu. Donoszono, że tysiące mieszkańców byłego Generalnego Gubernatorstwa wywieziono do sowieckich gułagów, innych zaś, głównie oficerów i żołnierzy Armii Krajowej, NKWD oskarżył o szpiegostwo na rzecz Wielkiej Brytanii i Polaków z Londynu. Żołnierze Armii Krajowej są „głodzeni, bici i torturowani – pisano w jednym z raportów polskiego podziemia. – Wielu ginie".

Sowieci wycofali się również ze złożonej w Jałcie obietnicy wpuszczenia do Polski zagranicznych obserwatorów, w tym anglosaskich ekip wojskowych, które miały wspomóc repatriację brytyjskich i amerykańskich jeńców wojennych z niemieckich obozów rozlokowanych na tych terenach. Wielu „oswobodzonych" przez Armię Czerwoną żołnierzy pozostało pod tymczasowym nadzorem Rosjan. Innych co prawda wypuszczono, ale ci musieli na własną rękę dotrzeć do swoich, bo nie zapewniono im żadnego transportu ani pomocy. Z ich relacji wynika, że pomagali im tylko Polacy, dzieląc się z nimi skromnymi zapasami żywności, goszcząc pod własnym dachem, a niekiedy towarzysząc w wędrówce. „Gdyby nie życzliwość i gościnność Polaków, nasi żołnierze pomarliby z głodu" – napisał do Franklina D. Roosevelta Averell Harriman, dodając, że Amerykanie wyzwoleni z obozów „z goryczą wspominają, jak potraktowali ich Rosjanie".

Do Winstona Churchilla i członków jego rządu coraz wyraźniej docierało, iż rząd sowiecki chce maksymalnie opóźnić rozpowszechnienie brytyjsko-amerykańskich relacji naocznych świadków o prześladowaniach Polaków i umacnianiu sowieckiej władzy w ich kraju. „Nie mam najmniejszej wątpliwości, że Sowieci bardzo się obawiają, że zobaczymy, co się dzieje w Polsce" – powiedział brytyjski premier Rooseveltowi.

Ścierający się w kwestii porozumień jałtańskich, Churchill i jego parlamentarni przeciwnicy zgadzali się co do jednego: Polska miała być probierzem powojennego sukcesu lub porażki wojennego przymierza. W liście z ósmego marca do Roosevelta brytyjski premier nazwał sprawę polską „testem [na to], jak my i Rosjanie rozumiemy takie pojęcia jak «demokracja», «suwerenność», «niepodległość», «rząd przedstawicielski»". Przez następny miesiąc, aż do śmierci amerykańskiego prezydenta, najwyraźniej skłócony sam ze sobą Churchill bombardował go telegramami, proponując wspólną zdecydowaną interwencję u Stalina w sprawie Polski. „Jeżeli nie załatwimy tego od razu – napisał ósmego marca – to świat wkrótce się przekona, że kładąc podpisy pod umową z Krymu, Pan i ja podpisaliśmy się pod dokumentem szalbierskim".

Nawała depesz Churchilla do Roosevelta przypominała tę z okresu powstania w Warszawie. I tym razem prezydent Stanów zalecał nic nie robić, gdyż Stalin mógłby odczytać interwencję jako groźbę. Nawet będąc znacznie lepszego zdrowia, FDR miał skłonność do odkładania trudnych, kontrowersyjnych decyzji. W marcu 1945 roku, gdy był schorowany i słaby, ta cecha tylko się nasiliła. Zamiast śpieszyć się z osobistą interwencją, odparł Churchillowi, że lepiej nakłonić londyński rząd na uchodźstwie i osadzony przez Sowietów w Polsce rząd lubelski do zawarcia „politycznego zawieszenia broni".

Z każdym dniem coraz bardziej zaniepokojony Churchill miał całkiem odmienne zdanie, tyle że poniewczasie. Polsce groziło całkowite zdominowanie przez Sowiety. Zapewnienia o jej niepodległości, które tylekroć składał Polakom, już zaczęły się zmieniać w popiół. Nie było czasu do stracenia. „Nie chcę ujawniać rozbieżności pomiędzy rządem brytyjskim i amerykańskim, muszę jednak powiedzieć jasno i wyraźnie, że stoimy w obliczu wielkiej porażki i krachu ustaleń, które wynegocjowaliśmy w Jałcie" – napisał do Roosevelta trzynastego marca. Dał też do zrozumienia, iż w razie konieczności będzie zmuszony oświadczyć, że Stany Zjednoczone ociągają się z interwencją w tej sprawie, a „to zadanie przerasta siły samych Brytyjczyków".

Pod koniec marca, wstrząśnięty wieścią o zniknięciu szesnastu przywódców polskiego podziemia, zaproszonych na spotkanie przez sowieckie dowództwo wojskowe, Churchill jeszcze bardziej wzmocnił retorykę. Polski ruch oporu, choć osłabiony upadkiem powstania warszawskiego i uwięzieniem przez Niemców kilku czołowych przywódców, zachował znaczne wpływy w kraju. Wśród zaginionych było – napisał później Eden – kilku głównych kandydatów na czołowe stanowiska w powojennym rządzie polskim, opartym na szerokiej reprezentacji politycznej. Między innymi generał Leopold Okulicki, który po Tadeuszu Borze-Komorowskim objął dowództwo Armii Krajowej, oraz liderzy czterech głównych partii w Delegaturze Rządu na Kraj.

Niepokój brytyjskich dygnitarzy z powodu zniknięcia szesnastu działaczy Polski Podziemnej zwiększała świadomość, że bezwiednie przyłożyli do tego ręki. Na początku marca na życzenie Edena polski rząd na uchodźstwie przekazał brytyjskiemu Ministerstwu Spraw Zagranicznych nazwiska czołowych działaczy podziemia. Eden z kolei przesłał je Sowietom, zastrzegając, że jeżeli komukolwiek z nich coś się stanie, Wielka Brytania uzna to za poważne pogwałcenie układu jałtańskiego.

Uzbrojony w listę nazwisk, NKWD wyśledził działaczy – większość z nich się ukrywała – i zaprosił na spotkanie z oficerami wyższej rangi w celu omówienia możliwości współpracy Armii Czerwonej z polskim podziemiem. Po otrzymaniu gwarancji bezpieczeństwa Polacy się zgodzili. Żaden z nich nie wrócił ze spotkania pod Warszawą, a przez następne sześć tygodni Sowieci nie odpowiadali na indagacje Brytyjczyków w tej sprawie.

Naciskany mocno przez Churchilla, Roosevelt w ostatnich tygodniach życia wreszcie wyraził zaniepokojenie losem porozumień jałtańskich. Oburzyło go nikczemne potraktowanie amerykańskich jeńców wojennych i odrzucenie przez Sowietów większości niekomunistycznych kandydatów do rządu polskiego, których zaproponowały Wielka Brytania i Stany. Ale jeszcze bardziej go ubodło, kiedy Stalin oznajmił, że Mołotow nie przyjedzie, jak planowano, w maju do San Francisco na uroczystości związane z narodzinami wymarzonej przez FDR Organizacji Narodów Zjednoczonych.

Pierwszego kwietnia Roosevelt przesłał Stalinowi list z wyrzutami, którego zakończenie świadczyło, jak mało rozumiał sowieckiego przywódcę. „Muszę postawić sprawę jasno" – napisał. Sowieckie próby wykluczenia niekomunistów z nowego polskiego rządu są „nie do przyjęcia i sprawią, że naród amerykański uzna, iż układ jałtański się nie sprawdził". Rosjanie muszą skończyć z prześladowaniami Polaków i wpuścić do ich kraju zagranicznych obserwatorów. „Z pewnością zdaje Pan sobie sprawę, że w Stanach Zjednoczonych każde posunięcie rządu w polityce wewnętrznej i zagranicznej wymaga autentycznego społecznego poparcia. Naród amerykański sam podejmuje decyzje [...] Zastanawiam się, czy przykłada pan należytą wagę do tego czynnika".

Przykładał czy nie przykładał, Stalin i tak miał to w nosie. W odpowiedzi oskarżył Wielką Brytanię i Stany Zjednoczone, twierdząc, że utrudniają stworzenie w Polsce nowego rządu, i nie pozostawił wątpliwości, że nie pozwoli, aby alianci decydowali, kto ma wejść w jego skład. Ale do prawdziwej furii doprowadziła prezydenta inna depesza z Kremla, sprzed kilku dni, wysłana przez generalissimusa na wieść o tym, że w Szwajcarii doszło do spotkania niemieckiego generała z przedstawicielami Anglii i Stanów w celu określenia warunków, na jakich poddadzą się we Włoszech zachodnim aliantom wojska SS. Stalin, spec od podwójnej gry, nieustannie podejrzewający innych o ten sam nawyk, zarzucił Rooseveltowi i Churchillowi, że spiskują przeciw niemu z Niemcami.

Roosevelt poczuł się głęboko urażony. Nie zaniedbał niczego, by nawiązać bliskie stosunki ze Stalinem – ustępował mu, starał się go udobruchać, ugłaskać. I co go za to spotkało? Zniewaga, potwarz. W najostrzejszej odpowiedzi, jaką kiedykolwiek przesłał Stalinowi, wyraził „gorzki żal" z powodu „tak niegodziwego przeinaczenia moich działań i działań moich zaufanych podwładnych".

Zaskoczony Stalin odpowiedział natychmiast, zapewniając, że nigdy nie wątpił w jego prawość i uczciwość. Odpowiedź ta rodzi pytanie, co by było, gdyby Roosevelt przeciwstawił mu się wcześniej w innych kwestiach. W tym przypadku ugodowa depesza sowieckiego przywódcy osiągnęła zamierzony cel: nastawiła amerykańskiego prezydenta bardziej pojednawczo. Jedenastego kwietnia Roosevelt napisał do Churchilla, że zamierza „zmniejszyć do minimum ogólny problem z Sowietami, ponieważ codziennie dostarczają oni takich czy innych problemów i większość z nich jest rozwiązywana".

Następnego dnia, w wakacyjnym zaciszu swojego domu w Warm Springs w Georgii, Franklin D. Roosevelt podniósł wzrok znad stosu listów i dokumentów i krzywiąc się z bólu, dotknął ręką głowy. „Czuję straszny ból w potylicy" – powiedział i stracił przytomność. Dwie godziny później zmarł na wylew krwi do mózgu.

W połowie kwietnia armie sprzymierzonych przetaczały się przez Niemcy – od zachodu Amerykanie, Brytyjczycy, Kanadyjczycy i Polacy, od wschodu Rosjanie. Polskie dywizjony myśliwskie, w tym Kościuszkowski, były wśród jednostek RAF-u wspomagających marsz oddziałów lądowych.

Dwudziestego piątego kwietnia, w dniu, w którym doszło do spotkania amerykańskiej i sowieckiej piechoty nad Łabą, piloci Dywizjonu Kościuszkowskiego, lecąc amerykańskimi mustangami P-51, wzięli udział w swojej ostatniej akcji bojowej w tej wojnie. Wraz z czterema innymi polskimi dywizjonami znaleźli się w obstawie wielkiego alianckiego nalotu bombowego na Berchtesgaden, ulubione górskie ustronie Hitlera w Bawarii. Zniszczenie tego celu sprawiło Polakom szczególną satysfakcję. To właśnie tu, w Berchtesgaden, Hitler zaplanował napaść na Polskę, to stąd wydał rozkaz unicestwienia ich narodu.

Ale radość z zemsty trwała krótko. Choć Polacy pomogli uwolnić świat od Hitlera, ich ojczyznę czekały znowu lata zniewolenia pod władzą innego dyktatora. „Kiedy zbliżał się pokój", lotnicy Dywizjonu Kościuszkowskiego popadli w „dziwnie głuche milczenie – napisał potem jeden z nich. – My, Polacy, nie odczuwaliśmy radości [...] tylko dojmujący ból".

W czasie nalotu na Berchtesgaden w Dywizjonie Kościuszkowskim nie było już nikogo z uczestników bitwy o Wielką Brytanię. Większość pierwotnego składu jednostki zginęła – z trzydziestu czterech myśliwców wojnę przeżyło trzynastu. Ale tuż przed kapitulacją Niemiec powrócił do niej jeden z bohaterów bitwy o Anglię. Pewnego pięknego majowego ranka na lotnisku w Andrews, gdzie obecnie stacjonował dywizjon, z samolotu transportowego wysiadł Witold Łokuciewski, którego w marcu 1942 roku zestrzelono nad Francją. Natychmiast otoczył go tłum rozpromienionych na ogół nieznanych mu pilotów; wszyscy pragnęli powitać jednego ze słynnych dęblińskich „trzech muszkieterów", wracającego z trzyletniej niewoli.

Większą część tego czasu Łokuciewski spędził w osławionym niemieckim Stalag Luft III w Żaganiu, obozie dla lotników alianckich i RAF-u. Tak jak niemal wszyscy towarzysze niewoli nie ustawał w obmyślaniu sposobów ucieczki. W roku 1943 wraz z grupą innych lotników – amerykańskich, angielskich i polskich – faktycznie uciekł z obozu i wskoczył do pociągu, ale na następnej stacji aresztowało ich gestapo. Odstawiony za druty, wnet przystąpił do organizowania „wielkiej ucieczki", bardzo skomplikowanego planu z udziałem setek jeńców, którzy potajemnie zaczęli kopać tunele, zdobywać niemieckie mundury i cywilne ubrania, sporządzać mapy i fałszywe dokumenty.

O tym, kto spośród około sześciuset jeńców ucieknie w pierwszej grupie, zadecydowało losowanie. Łokuciewski, który wyciągnął daleki numer, nie znalazł się wśród nich. Jak się okazało, miał szczęście. Spośród siedemdziesięciu ośmiu lotników, którzy uciekli dwudziestego czwartego marca 1944 roku, około pięćdziesięciu szybko schwytali Niemcy – i równie szybko rozstrzelali. Między innymi stracili sześciu polskich pilotów, w tym byłego adiutanta generała Sikorskiego.

Wkrótce po powrocie do Anglii Łokuciewski spotkał się z Janem Zumbachem, drugim żyjącym „muszkieterem". Do tego czasu Zumbacha, tak jak Zdzisława Krasnodębskiego, Witolda Urbanowicza i innych bohaterów bitwy o Anglię, wycofano z lotnictwa bojowego i po „kopniakach w górę" usadzono na wyższych stanowiskach przy biurkach. Zumbach, który zdążył awansować na podpułkownika, od maja do grudnia 1942 roku był dowódcą Dywizjonu Kościuszkowskiego, a potem 133 Polskiego Skrzydła Myśliwskiego. W czerwcu 1944 roku jego cztery dywizjony ostrzeliwały plaże i rejony Normandii, wspomagając inwazję aliantów. Lecz on sam, mimo wybitnych osiągnięć bojowych, nie uczestniczył w walkach. „Cały czas poświęcałem obowiązkom związanym z dowodzeniem, walkę musiałem pozostawić innym – wspominał ze smutkiem po latach. – Taką cenę płaciłem za stanowisko".

Człowiek, którego żywiołem były przygoda i niebezpieczeństwo, na wieść o porzuceniu Polski przez Anglię i Amerykę zareagował zniechęceniem i cynizmem. Pod koniec roku 1944, pełniąc rolę oficera łącznikowego pomiędzy RAF-em i kilkoma polskimi dywizjonami latającymi nad Belgię i Holandię, odkrył nowe sposoby na ekscytujące życie. Tak jak niektórzy inni polscy (i brytyjscy) piloci w ostatniej fazie wojny, został przemytnikiem, przewożąc kontrabandę samolotami RAF-u na kontynent i wyspę. Wyspecjalizował się w szmuglu diamentów. Zwerbowany przez polskiego handlarza cennych kamieni w Londynie, podczas częstych lotów do Belgii dostarczał pakieciki handlarzom w Antwerpii. Proceder ten kontynuował nawet po zakończeniu wojny.

Tymczasem Witold Urbanowicz, który znów znalazł się w Waszyngtonie, prowadził znacznie stateczniejsze życie niż jego niesforny towarzysz broni. Po obfitującej w niebezpieczeństwa służbie w Dywizjonie 75 w Chinach powrócił na kilka miesięcy do Londynu, a potem, w sierpniu 1944 roku, do ambasady polskiej w Stanach jako attaché lotniczy. Z wielką radością połączył się z żoną i synkiem, który się urodził, gdy on latał w Chinach. Ale przeżył też wielki zawód, patrząc z gniewem, jak potulnie rząd Roosevelta pozwala Stalinowi połknąć Polskę. „To było straszne – powiedział wiele lat potem. – Po prostu straszne, potworne".

Pierwszy dowódca Dywizjonu Kościuszkowskiego, Zdzisław Krasnodębski, z powodu mocno poparzonych rąk był od roku 1941 przykuty do biurka. Niekiedy wsiadał do spitfire'a lub samolotu treningowego i wzbijał się w niebo na parę godzin, ale nie po to, by walczyć. Służąc jako dowódca bazy w Heston, a później 131 Lotniska Polskiego, wojnę skończył w stopniu pułkownika. W roku 1944 przeniesiono go do dowództwa Polskich Sił Powietrznych w Londynie.

Wojna dobiegała końca, a on, głęboko przygnębiony tym, co spotkało Polskę, wciąż nie wiedział, czy żyje jego żona Wanda. W roku 1944 podczas kolacji z Urbanowiczem, gdy rozmawiali o przyszłości, wyraził przekonanie, że już nigdy nie będzie im dane wrócić do ojczyzny. Bardziej optymistycznie nastawiony Urbanowicz nie zgodził się z nim. Rosjanie na pewno niedługo obalą sowiecką dyktaturę i Polska będzie wolna – odparł. Krasnodębski pokręcił głową. „Nie za naszego życia" – powiedział.

Pod koniec kwietnia 1945 roku na konferencję założycielską Narodów Zjednoczonych w San Francisco w Stanach Zjednoczonych, których prezydentem został Harry Truman, zjechali delegaci czterdziestu czterech krajów. Byli wśród nich przedstawiciele niedawnych sojuszników Hitlera, w tym Włoch, które w październiku 1943 roku przeszły na stronę aliantów, i Rumunii, która uczyniła to jesienią 1944, akurat w porę, by znaleźć się w stanie wojny z Niemcami i tym samym uzyskać prawo do członkostwa w ONZ. Polski – pierwszego kraju, który stawił opór Hitlerowi, jedynego, który walczył z nazistami od pierwszego do ostatniego dnia wojny, jedynego podbitego przez Niemcy, który im się nie poddał i z nimi nie kolaborował – do San Francisco nie zaproszono. Po raz kolejny Brytyjczycy i Amerykanie, oficjalnie nadal uznający londyński rząd na uchodźstwie za jedyne legalne władze polskie, nie chcieli zrażać Rosjan, ignorując wspierany przez nich reżim.

Któregoś wieczoru w Opera House, gdzie odbywały się posiedzenia konferencji, wystąpił urodzony w Polsce sławny pianista koncertowy, Artur Rubinstein. Po otwarciu koncertu amerykańskim hymnem państwowym wirtuoz wstał i powiedział, że ponieważ wśród dziesiątków flag wiszących w sali nie widzi flagi swojego kraju, odegra polski hymn narodowy. Gdy wybrzmiały poruszające tony *Mazurka Dąbrowskiego*, sala zareagowała długotrwałymi, burzliwymi oklaskami.

Ale poza symbolicznym gestem Rubinsteina sprawa niepodległości Polski nie doczekała się na konferencji publicznego poparcia. Natomiast Rosjanie skorzystali z okazji, żeby wbić wszystkim do głów, iż to oni rządzą w Polsce, tak by nikt nie miał co do tego złudzeń. Na koktajlu wydanym przez Edena w hotelu „Mark Hopkins" zjawił się Wiaczesław Mołotow z tłumaczem i ochroniarzami. Po ogłoszeniu w marcu, że sowiecki minister spraw zagranicznych nie przyjedzie na konferencję, Stalin zmienił zdanie i postanowił wysłać go do San Francisco. Mołotow dał jednak jasno do zrozumienia, że jego obecność nie oznacza nowego zainteresowania Rosjan współpracą z aliantami.

Z kieliszkiem w ręku przepchnął się przez tłum do Edena, który rozmawiał z Edwardem Stettiniusem, lekko mu się ukłonił, skomplementował przyjęcie, a potem, niby mimochodem, rzekł do niego i amerykańskiego sekretarza stanu: „Interesowaliście się tymi Polakami, tak? Aresztowaliśmy ich". Zanim Anglik i Amerykanin zdążyli odpowiedzieć, sowiecki minister spraw zagranicznych i jego świta odeszli.

W Edena i Stettiniusa jakby piorun strzelił. Wysłannik Stalina miał na myśli szesnastu przywódców Polski Podziemnej, zaginionych sześć tygodni temu – ludzi, których nazwiska Eden przekazał z ostrzeżeniem, że jeżeli spotka ich coś złego, zostanie to uznane za poważne pogwałcenie postanowień z Jałty. Brytyjski dyplomata, świadek tego zajścia, nie miał wątpliwości, że przekazana przez Mołotowa wiadomość jest „zamierzonym afrontem", „rozmyślnym grubiaństwem". Rosjanin zagrał na nosie swoim kontrpartnerom z Anglii i Ameryki, pokazując, że jego rząd ani myśli krępować się zasadami, reprezentowanymi przez nową organizację międzynarodową.

Tego samego wieczoru Eden i Stettinius z kilkoma doradcami przenieśli się do hotelowego apartamentu amerykańskiego sekretarza stanu, żeby się naradzić, jak zareagować na cynizm Mołotowa. Przez co najmniej godzinę rozważali różne możliwości, wreszcie Stettinius zaproponował: „A może by po prostu wyrazić zaniepokojenie". Edenowi, który w sprawie uwięzionych Polaków miał znacznie więcej do stracenia niż Amerykanin, puściły nerwy i wybuchnął: „A może by po prostu wyrazić wściekłość!" Niespeszony Stettinius zdjął krawat, położył się na łóżku i powiedział: „Idę spać. Jeżeli chce pan wydać jakieś oświadczenie, proszę to zrobić we własnym imieniu".

Nieprzygotowany na to Eden przeprosił Stettiniusa za wybuch. Po raz kolejny w obliczu amerykańskiej obojętności brytyjski gniew szybko opadł, wyparty przez ducha mdłego kompromisu. Ostatecznie rządy brytyjski i amerykański wystosowały do Stalina notę potępiającą aresztowanie Polaków. Sowiecki przywódca ją zignorował.

Incydent podczas koktajlu był bardzo niepokojącym znakiem: ledwie powstały Narody Zjednoczone, a już pojawiła się groźba, że nie będą działać skutecznie. Korespondent CBS, Eric Sevareid, donosił z San Francisco, że wśród zachodnich mężów stanu szerzą się złe przeczucia co do kształtu powojennego świata. „Pracują w sposób dziwnie mechaniczny – oceniał. – Tak jakby obawiali się chwili, kiedy będą musieli podnieść oczy i stawić czoło nadciągającej fali ludzkich problemów, społecznych, ekonomicznych i politycznych, które nie będą czekać".

Niepewna przyszłość była tuż-tuż. Siódmego maja 1945 roku o drugiej czterdzieści jeden nad ranem dowódca wojsk niemieckich, generał Alfred Jodl, usiadł przy obdrapanym drewnianym biurku w małej francuskiej szkole i podpisał akt kapitulacji Niemiec. O północy miały ustać wszystkie walki. Rozpoczęta pięć lat, osiem miesięcy i osiem dni temu wojna w Europie oficjalnie się skończyła.

Nazajutrz w Londynie setki tysięcy ludzi stłoczyły się na Piccadilly Circus, Trafalgar Square, ulicach sąsiadujących z parlamentem i Whitehallem i w parkach wokół pałacu Buckingham, czekając na oficjalny komunikat. Był wspaniały wiosenny dzień i rozradowane, pełne entuzjazmu tłumy rozkoszowały się ciepłym słońcem. Matki przystrajały włosy pociech czerwonymi, białymi i niebieskimi wstążkami, psy paradowały w czerwono-biało-niebieskich kokardach. Dzieci biegały po parkach, wymachując chorągiewkami w barwach narodowych. Żołnierze całowali roześmiane przechadzające się dziewczęta. Na Piccadilly amerykańscy marynarze utworzyli korowód, do którego dołączyli wszyscy w okolicy. Biły kościelne dzwony. Z holowników na Tamizie dobiegał ryk syren.

Tuż po południu nieprzebrane tłumy pozdrawiały Winstona Churchilla, gdy jechał do pałacu Buckingham, a potem do parlamentu, by obwieścić kapitulację Niemiec. Później, z balkonu w Whitehallu, głosem zdławionym wzruszeniem premier rzekł do tysięcy rodaków zgromadzonych w dole: „Niech Bóg was błogosławi, to wasze zwycięstwo!" „Nie! – odkrzyknął tłum. – Twoje!" To „zwycięstwo za sprawę wolności we wszystkich krajach" – dodał premier.

Ale wiedział swoje. Wieczorem w radiowym przemówieniu do Brytyjczyków, robiąc aluzję do losu Polski i innych krajów zdominowanych przez Sowietów, oznajmił: „Musimy jeszcze się upewnić, że na kontynencie europejskim proste i szlachetne cele, w imię których przystąpiliśmy do wojny, nie pójdą w kąt [...] i że sens słów takich jak «wolność», «demokracja» i «wyzwolenie» nie zostanie wypaczony". Równocześnie w telegramie do żony Clementine wyznał, że jest ogromnie zniechęcony do „pełnej jadu polityki i morderczej rywalizacji między narodami", którą podszyte było zwycięstwo aliantów.

Wśród londyńskich tłumów wiwatujących ósmego maja znalazła się co najwyżej garstka polskich pilotów, żołnierzy i marynarzy. Zwycięstwo nad Niemcami było celem Polski od pierwszego września 1939 roku. I oto nadeszło, lecz z tak gorzkimi skutkami, że Polacy nie byli w stanie się z niego cieszyć. „Słowo *Victory!* jest dziś pozbawione znaczenia, mocy i wszelkiego sensu tylko dla Polaków" – zapisał w dzienniku odarty ze złudzeń polski pilot.

Wieczorem uwolniony od przymusu zaciemnienia Londyn po raz pierwszy od blisko pięciu lat rozjarzył się światłami. Pałac Buckingham, parlament, katedrę Świętego Pawła i inne uszkodzone przez bomby budynki skąpał blask reflektorów. Oświetloną na powrót tarczę Big Bena znów było widać z odległości wielu mil.

W innych stolicach europejskich – w Paryżu, Rzymie, Kopenhadze, Amsterdamie, Oslo, Pradze – też jasno płonęły światła, a ludzie śpiewali, całowali się i tańczyli na ulicach.

Tylko na cmentarzysku, w które zamieniła się Warszawa, panowały mrok i cisza.

ROZDZIAŁ DWUDZIESTY PIERWSZY

„ZA NASZĄ I WASZĄ WOLNOŚĆ"

Wkrótce po zakończeniu wojny w Europie sir Archibald Sinclair, brytyjski minister lotnictwa, przesłał polskim lotnikom list z podziękowaniami za służbę w sprawie aliantów: „Nie zapomnimy, że pierwsi stawiliście opór agresorowi i że po rozlicznych ciężkich próbach przyszliście nam z pomocą, kiedy potrzebowaliśmy jej najbardziej. Wasze dzielne dywizjony walczyły wraz z naszymi w pierwszej linii bitwy o Wielką Brytanię i przez lata walki dopomogły sprzymierzonym odwrócić losy konfliktu. W dobrych i złych chwilach staliście u naszego boku, dzieląc z Królewskimi Siłami Powietrznymi ich porażki i zwycięstwa".

Po wojnie polska lojalność nie doczekała się wzajemności ani ze strony brytyjskich władz (z chlubnym wyjątkiem RAF-u), ani ze strony licznych Brytyjczyków. Polacy w Wielkiej Brytanii przeżywali to jeszcze boleśniej z powodu wieści napływających z ojczyzny. Stalin, ani myśląc dotrzymać obietnicy jak najszybszego przeprowadzenia wyborów, prędko przeniósł swój marionetkowy rząd z Lublina do Warszawy i przystroił go we wszystkie atrybuty prosowieckiej władzy. Dwudziestego trzeciego kwietnia 1945 roku sekretarz stanu Stettinius przekazał nowemu amerykańskiemu prezydentowi, Harry'emu Trumanowi, że rząd w Warszawie „nie reprezentuje polskiego narodu i że [...] zamiarem rządu sowieckiego jest narzucić i wymóc na rządach Stanów Zjednoczonych i Wielkiej Brytanii uznanie tego marionetkowego rządu w Polsce za legalny".

Sowiecka zagrywka się powiodła. Piątego lipca Wielka Brytania i Stany Zjednoczone, w złudnej pogoni za „sojuszniczą jednością", cofnęły uznanie dla polskiego rządu na uchodźstwie i uznały komunistyczny Tymczasowy Rząd

Jedności Narodowej w Warszawie*. Podczas gdy żołnierze z takich krajów jak Norwegia, Francja czy Holandia mogli w triumfie powrócić do siebie, ponad dwieście tysięcy Polaków i Polek z Polskich Sił Zbrojnych zamieniło się, by użyć słów brytyjskiego sędziego, w „największą nielegalną prywatną armię, jaką znał ten kraj”.

Pod koniec lipca przeprowadzono w Wielkiej Brytanii pierwsze od 1935 roku wybory powszechne. Winston Churchill, wojenne natchnienie kraju, po przeliczeniu głosów został bezceremonialnie pozbawiony władzy przez mających serdecznie dość wojny, zmęczonych rodaków, którzy naprawę zniszczonej gospodarki powierzyli Partii Pracy. Wojna pochłonęła trzysta pięćdziesiąt siedem tysięcy ofiar, żołnierzy i cywilów, i kosztowała kraj utratę jednej czwartej majątku narodowego. W liczącej około czterdziestu sześciu milionów obywateli Wielkiej Brytanii zniszczeniu lub poważnym uszkodzeniom uległo ponad cztery miliony mieszkań i domów. Dlatego po demobilizacji wojska wybuchł wielki kryzys mieszkaniowy. Wystąpiły też bardzo poważne braki w zaopatrzeniu w żywność, benzynę i inne towary pierwszej potrzeby, tak duże, że trzeba było utrzymać, a nawet rozwinąć, system kartkowy. Do tego gwałtownie zaczęło wzrastać bezrobocie i po raz pierwszy w swojej długiej historii Wielka Brytania się zadłużyła.

Wyborcy doszli widać do wniosku, że Churchill, który przez niemal całe życie tak czy inaczej zajmował się polityką zagraniczną, nie sprosta nowym wyzwaniom. Mieli rację. Siedemdziesięcioletni polityk wciąż interesował się głównie zagranicą, widząc konieczność zacieśnienia sojuszu Anglii ze Stanami, i z rosnącą troską obserwował utwierdzanie się dominacji sowieckiej w Europie Wschodniej i Środkowej. Szczególnie nie dawała mu spokoju sytuacja w Polsce. Ten kraj „pozbawiono możliwości wyrażania woli narodowej” – ubolewał z ław mniejszości parlamentarnej, na których nie przywykł siedzieć. Nie bacząc, że sam doprowadził do tej sytuacji, zaapelował do Brytyjczyków, by nie odwracali się plecami do Polaków, którzy z takim poświęceniem walczyli za ich kraj.

Ale nowy premier brytyjski, Clement Attlee, i jego rząd mieli całkiem odmienne zdanie. Jeszcze bardziej skłonni niż Churchill do nawiązania i utrzymania dobrych stosunków z Moskwą, odżegnywali się od wszystkiego, co mogłoby im przeszkodzić w realizacji tych celów. Na początku 1946 roku, kilka miesięcy po tym, jak amerykańskie bomby atomowe zmusiły Japonię

* Churchill zaproponował Amerykanom, żeby Wielka Brytania i Stany Zjednoczone uznały komunistyczny reżim w Polsce czwartego lipca. Amerykanie odpowiedzieli, że zerwanie stosunków z polskim rządem w Londynie w Dniu Niepodległości ich kraju jest kiepskim pomysłem, i zasugerowali termin piąty lipca. (Ulam, *The Rivals*, s. 7).

do kapitulacji i zakończenia wojny, brytyjski minister spraw zagranicznych, Ernest Bevin, ostrzegł gabinet Attleego, że polska armia w Wielkiej Brytanii jest „źródłem coraz większych politycznych komplikacji w naszych stosunkach ze Związkiem Sowieckim i [komunistyczną] Polską". W dodatku, wskutek opłakanego stanu brytyjskiej gospodarki, dalsza obecność tylu cudzoziemców – konkurujących z Brytyjczykami o mieszkania, pracę, kartki i inne dobra – musi doprowadzić do konfliktów. W tej sytuacji „należy uczynić wszystko – proponowano w wewnętrznym raporcie rządu – ażeby w tym kraju pozostało jak najmniej Polaków".

Co to oznaczało? Rząd nie mógł zmusić Polaków do powrotu do ojczyzny zdominowanej przez obce mocarstwo, którego bali się i nienawidzili tak samo, jak ono bało się i nienawidziło ich. Byłoby to sprzeczne z wszelkimi zasadami reprezentowanymi przez Anglików i zaszkodziłoby wizerunkowi Wielkiej Brytanii w świecie. Po rozważeniu opcji labourzystowski rząd postanowił wystraszyć intruzów, zmuszając ich do powrotu do kraju. Na rozmaitych forach urzędnicy rządowi odmalowywali Polakom ich przyszłość w Wielkiej Brytanii w najczarniejszych barwach. Liczono na to, że po usłyszeniu złych wieści spakują manatki i wyjadą.

Spotkało się to ze zdecydowaną reakcją oburzonego naczelnego dowództwa RAF-u. Rozumiejąc racjonalne motywy stojące za „chłodnym, beznamiętnym stanowiskiem" rządu, wyżsi oficerowie Królewskich Sił Powietrznych oświadczyli wprost, że nie odwrócą się od swojego „najsilniejszego, najbardziej lojalnego, wypróbowanego i wytrwałego europejskiego sojusznika". W raporcie Ministerstwa Lotnictwa ze stycznia 1946 roku stwierdzono, że Polacy „stanowią integralną część Królewskich Sił Powietrznych, walczyli z nami przez całą wojnę, byli przy nas w bitwie o Wielką Brytanię i od dnia inwazji na Normandię aż do «dobicia» Niemiec. Nieokazanie im wielkoduszności i współczucia w ich tragicznej godzinie jest nie do pomyślenia".

Słowa te potwierdzały niezbicie, jak radykalnie zmieniła się w czasie wojny postawa RAF-u wobec Polaków. Kiedy przed sześciu laty polscy lotnicy przybyli do Wielkiej Brytanii, część angielskich kolegów przyjęła ich z lekceważeniem i pogardą. Ale odwaga, wytrwałość, umiejętności, a nade wszystko bezsporny wkład w zwycięstwo w powietrznej bitwie o Wielką Brytanię, usunęły większość uprzedzeń, zastępując je wdzięcznością i przyjaźnią. „Połączyły nas braterskie więzi" – powiedział dowódca brytyjskiego lotnictwa William Sholto Douglas.

RAF zaapelował do rządu Attleego, aby w sposób specjalny potraktował czternaście tysięcy polskich pilotów i załogi naziemne w Anglii. Wśród zalecanych kroków proponował skrócenie polskim lotnikom czasu oczekiwania na brytyjskie obywatelstwo. Wielki dług Wielkiej Brytanii wobec Polaków – argumentowało Ministerstwo Lotnictwa w piśmie do rządu – można „spłacić w sposób godny, tylko okazując im szczególną troskę i wspaniałomyślność w chwili, gdy ich Siły Powietrzne, z których byli tacy dumni i z którymi wiązali tyle nadziei na przyszłość, przepadły".

Rząd labourzystowski odrzucił apel RAF-u, podkreślając, że preferencyjne potraktowanie polskiego lotnictwa w stosunku do nadal stacjonujących w Wielkiej Brytanii polskich sił lądowych i marynarki byłoby niewłaściwe. W marcu 1946 roku cały polski personel wojskowy, niezależnie od rodzaju broni, dostał rozkaz stawienia się w koszarach i bazach. Tam każdemu wręczono dwa listy. W pierwszym, od komunistycznego rządu w Polsce, domagano się od nich powrotu do kraju. W drugim, od Ernesta Bevina, informowano o bliskim rozwiązaniu wszystkich polskich oddziałów wojskowych pod brytyjską komendą. „Obowiązkiem" Polaków – oznajmiał Bevin – jest „bezzwłoczny powrót do ojczyzny" celem jej odbudowy. Wszystkim, którzy uznają, że w żadnym wypadku nie mogą tam wrócić – dodawał – brytyjski rząd udzieli pomocy „w ramach dostępnych środków". Nie gwarantuje jednak pozwolenia na osiedlenie się w Wielkiej Brytanii ani innych częściach imperium brytyjskiego.

Polscy lotnicy i ich liczni brytyjscy towarzysze byli zdruzgotani tą decyzją. „«Do użytku praktycznego», brzmiał nagłówek – wspominał Thomas Johnson, który był świadkiem, jak kilku polskich pilotów czytało list Bevina. – «Dziękujemy Panu za wkład w nasze zwycięstwo. Niestety, nie może Pan pozostać w Anglii. Niniejszym zwalniam Pana ze służby...» Jeden jedyny raz w życiu tak jawne okrucieństwo «polityki» sprawiło mi ból, którego nie chciałbym drugi raz doświadczyć. Miałem dwadzieścia trzy lata. Wyobrażacie sobie, co czułem? Stałem obok moich towarzyszy broni i przeklinałem mój rząd".

Niespełna trzy miesiące później, ósmego czerwca 1946 roku, Wielka Brytania urządziła imponującą Defiladę Zwycięstwa. Rząd labourzystowski zaprosił na nią reprezentantów komunistycznej Polski, ale – by uniknąć irytacji Stalina – nie Polaków, których setki tysięcy walczyły pod brytyjską komendą. Nie mogąc znieść tej zniewagi, RAF zażądał dopuszczenia do uczestnictwa w paradzie przynajmniej symbolicznej delegacji polskich lotników. Rząd w końcu ustąpił, zgadzając się z opóźnieniem i bardzo niechętnie na udział małej grupy, lotnicy jednak, na znak protestu, przeciw pominięciu ich kolegów z wojsk lądowych i marynarki, nie przyjęli zaproszenia. W rezultacie nie maszerował w defiladzie żaden Polak. Tymczasowy rząd polski w Warszawie i Związek Sowiecki odmówiły przysłania delegacji*.

* Oddziałom czeskim, które walczyły u boku Brytyjczyków, pozwolono na udział w defiladzie. Czeski rząd na uchodźstwie z premierem Benešem powrócił już do Pragi i starał się nawiązać konstruktywne stosunki z komunistycznymi członkami nowego rządu, narzuconymi przez Sowietów. Wysiłki te się nie powiodły. W roku 1948 zupełnie załamany Beneš zrezygnował (wkrótce potem zmarł), a pełną władzę przejęli komuniści.

Podjęta przez rząd Attleego decyzja wykluczenia z uroczystości Polaków i Polek, którzy tak długo i odważnie walczyli pod brytyjską komendą, zasmuciła i oburzyła część brytyjskich polityków i dowódców wojskowych. W Izbie Gmin Winston Churchill wyraził głębokie ubolewanie z powodu niedopuszczenia Polaków do defilady i dodał: „Myślami będziemy z nimi". „Czy wszyscy straciliśmy poczucie przyzwoitości i wdzięczności? – grzmiał generał Philip Joubert de Ferté, zastępca szefa sztabu lotnictwa podczas bitwy o Wielką Brytanię. – Czyżby brakło nam siły, by przeciwstawić się tym, którzy narzucają nam swoją wolę?!"

W liście z siódmego czerwca głęboko strapiony Harold Macmillan napisał do swego bliskiego przyjaciela, generała Władysława Andersa, że myślami będzie jutro z Drugim Korpusem Polskim. „Muszę powiedzieć otwarcie – dodał – że radość i duma Brytyjczyka będzie się łączyła u mnie z uczuciem smutku, a nawet wstydu".

Dla tysięcy polskich pilotów i członków polskiego personelu lotniczego w Wielkiej Brytanii wiosna i lato 1946 roku były czasem pełnym udręki i obaw. Większość, tak jak reszta żołnierzy polskich sił zbrojnych, rozpaczliwie pragnęła wrócić do domów i rodzin w Polsce. Ale nie chcieli wracać do kraju, w którym rządził komunistyczny reżim. Wielu Polaków po osadzeniu w stalinowskich gułagach na własnej skórze poznało, jak wygląda życie pod władzą sowiecką. Co ich jednak czekało, gdyby pozostali w Anglii? Bardzo niepewna przyszłość bezpaństwowców, bez pieniędzy, pracy i perspektyw.

„Wszyscy stoimy przed tym samym dylematem, dręczeni jednakimi obawami: wrócić czy nie? – napisał jeden z pilotów Dywizjonu Kościuszkowskiego. – W tej chwili jest wśród Polaków mnóstwo niesnasek, ciosów w plecy i wrogości". Wraz ze wzrostem niepokoju i cynizmu polscy lotnicy zaczęli się kłócić i wyładowywać gniew na wyspiarzach. Nie było wszakże zorganizowanego oporu ani buntu. Choć Polaków bolała i gniewała postawa Brytyjczyków, nie przestali wykonywać rozkazów – wciąż patrolowali przestrzeń powietrzną nad Niemcami i wypełniali powojenne zadania. Ich udrękę zwiększała świadomość, że utracili ojczyznę i w wielu przypadkach najbliższych, a teraz na dodatek tracili swoje dywizjony, które od ponad pół dekady były dla nich namiastkami rodzin. „Przyjaźnie i wspomnienia miano wkrótce rozpędzić na cztery wiatry" – napisał Jan Zumbach.

Osiemnastego września w Dywizjonie Kościuszkowskim i innych polskich

Witold Łokuciewski, ostatni dowódca Dywizjonu Kościuszkowskiego, zdejmuje godło ze swojego mustanga podczas ceremonii rozwiązania jednostki w listopadzie 1946 roku. (Jacek Kutzner).

jednostkach rozpoczęły się wzruszająco bolesne pożegnania. Podczas przygnębiającej ceremonii w bazie RAF-u w Coltishall w hrabstwie Norfolk generał dywizji sir James Robb powiedział defilującym przed nim polskim myśliwcom: „Jesteście ludźmi odważnymi, ludźmi honoru i prawdy, którzy dowiedli swej wartości”. Zapewnił, że ich czyny będą żyły „wiecznie w ludzkiej pamięci”, i na potwierdzenie długu, „którego nigdy nie spłacimy”, przekazał polskim dywizjonom oficjalny sztandar RAF-u. A potem na oczach jego i tysięcy widzów Polacy wzbili się w powietrze swoimi mustangami i przemknęli z rykiem w zwartym szyku – po raz ostatni lecąc razem w grupie.

Dwa miesiące później, dwudziestego siódmego listopada, Dywizjon Kościuszkowski, najświetniejsza grupa polskich lotników, którzy walczyli w powietrzu w drugiej wojnie światowej, został oficjalnie rozwiązany. Pożegnalnej uroczystości na lotnisku w Hethel przewodniczył Witold Łokuciewski, który przed dziesięcioma miesiącami został ostatnim dowódcą jednostki. W tym „najbardziej bolesnym dniu w historii naszego dywizjonu” – jak wyraził się jego pierwszy dowódca, Zdzisław Krasnodębski – było obecnych wielu „kosynierów”, którzy latali w nim w minionych sześciu latach. W zaimprowizowanej mowie powiedział: „Odbierają nam skrzydła [...] ale pozostaniemy zjednoczeni w wierze, że nadejdzie dzień, kiedy nasze maszyny ze srebrnymi kosami Kościuszki wylądują w wolnej [Warszawie]".

A potem Łokuciewski wspiął się na lewe skrzydło mustanga, starannie usunął z kadłuba godło zaprojektowane przez jednego z amerykańskich założycieli jednostki – koło z amerykańskimi gwiazdami, krakuską i kosami na tle biało-czerwonych pasów – i uniósł je wysoko w górę, pokazując zebranym pilotom.

Milczeli. Wielka i wspaniała przygoda dobiegła końca.

Drugi z żyjących „trzech muszkieterów" nie oglądał rozformowania dywizjonu w Hethel. Dwa tygodnie wcześniej Jan Zumbach uznał, że jego przyszłość jest gdzie indziej, i opuścił Anglię. Dzięki temu, że dziadek ze strony ojca był Szwajcarem, w ambasadzie szwajcarskiej otrzymał paszport, a od brytyjskich władz wojskowych kombinowany bilet na statek i pociąg do kraju przodków. Do biletu dołączono adnotację: „Terytorium Wielkiej Brytanii należy opuścić w ciągu trzech dni".

„Jestem w Anglii od sześciu lat. Mam tu wielu przyjaciół. Czyżbyście chcieli mi uniemożliwić pożegnanie z nimi?" – zaprotestował przeciwko tak nagłej eksmisji.

„Skądże – odparł urzędnik. – Na to właśnie ma pan trzy dni".

Po trzech nocach ostrych pożegnalnych biesiad ze starymi druhami Zumbach oddał pistolet, spadochron i resztę wyposażenia RAF-u i wyruszył do Szwajcarii. Ostatecznie osiadł w Paryżu. Tu rozpoczął nowe, awanturnicze życie, na bakier z wszelkimi regulaminami Królewskich Sił Powietrznych.

Spośród około trzydziestu tysięcy ludzi, tworzących wojsko polskie w Wielkiej Brytanii, do Polski zdecydowało się powrócić niecałe dwadzieścia procent. Godząc się z faktem, że większość Polaków pozostanie w ich kraju, w połowie 1946 roku władze brytyjskie utworzyły Polski Korpus Rozmieszczenia i Przysposobienia, który zapewniał byłym żołnierzom dorywcze zajęcia do czasu znalezienia stałej pracy.

Ale powołanie tej organizacji nie znalazło zrozumienia u Brytyjczyków, wyczerpanych psychicznie, cierpiących niedostatek i skupionych na własnych problemach. Dla wielu wkład Polaków w zwycięstwo przestał się liczyć, a fakt, że Wielka Brytania wypowiedziała Niemcom wojnę w imię ocalenia niepodległości Polski, zacierał się w pamięci. Na ślubie pewnej pary z wyższych sfer w styczniu 1946 roku konserwatywny poseł Henry Channon, ślepy na chaos, w jakim przyszło żyć rzeszom jego rodaków, wyraził wobec bywalczyni salonów, Emerald Cunard, zadowolenie, że życie w Londynie tak szybko wróciło do normy. „W końcu – powiedział, rozglądając się po eleganckich gościach popijających szampana – o to właśnie walczyliśmy". Znana z ciętego języka i inteligencji pani Cunard nie mogła się oprzeć, by nie zadrwić z podobnej głupoty. „Jak to? – zagruchała, też patrząc po gościach. – To wszystko są Polacy?"

W czerwcu 1946 roku przeprowadzono ogólnonarodowy sondaż, w którym pięćdziesiąt sześć procent Brytyjczyków opowiedziało się za odesłaniem Polaków do Polski. Tylko trzydzieści procent było zdania, że powinno im się pozwolić na wybór, gdzie chcą żyć. Wkrótce po zakończeniu wojny w pobliżu baz lotniczych, gdzie stacjonowali polscy lotnicy, na murach zaczęły się pojawiać antypolskie napisy: „Anglia dla Anglików". „Jak myślisz, kto da ci pracę, kiedy angielskie chłopaki szukają roboty? Wracajcie do siebie!" – krzyknął do polskiego pilota jeden z miejscowych.

Wychodząc poza bramy baz, wielu lotników odpruwało polskie odznaki. Odznaki, swego czasu działające na ubóstwiających ich wyspiarzy jak magnes, teraz bardzo często wzbudzały szyderstwa i prowokowały starcia. „Wątpię, czy czynniki urzędowe [...] zdają sobie sprawę, jak wielu szykan doznali [Polacy] w ostatnich kilku tygodniach – napisał na jesieni 1945 roku do Ministerstwa Spraw Zagranicznych jeden z członków parlamentu. – Napastuje się ich, gdziekolwiek się pojawią". Polski pilot, który pozostał w Wielkiej Brytanii, wspominał po latach, jak „dławiła" go „gorycz" z powodu zmiany postawy Anglików. „Jeszcze niedawno cieszyłem się przesadnym prestiżem i histerycznym uwielbieniem jako pilot myśliwski. I oto nagle stałem się śmieciem, którego wszyscy chcą się pozbyć – bezużytecznym, uciążliwym, wręcz szkodliwym. Bardzo trudno to było znieść".

Choć Ministerstwo Lotnictwa nie zdołało przekonać rządu do lepszego potraktowania polskich pilotów, w sukurs przyszedł im RAF, proponując ponad pięciuset z nich wstąpienie w swoje szeregi. Innych zatrudniono jako oblatywaczy, ekspertów technicznych w fabrykach samolotów i pilotów cywilnych. Ale stosunkowo niewielu z ponad ośmiu tysięcy polskich lotników, którzy pozostali w Wielkiej Brytanii, znalazło pracę w zawodach związanych z lataniem. Z powodu bezrobocia chwytali się (z różnym powodzeniem) pracy na własny rachunek i rozmaitych zajęć, między innymi w rolnictwie. W wielu przypadkach bolesne doświadczenie, jakim był przymusowy pobyt w kraju, który ich dłużej nie chce, pogarszał brak wiadomości o losie najbliższych w ojczyźnie.

Również tam, jak w całej okupowanej Europie, miliony ludzi pozbawiono domów i wysiedlono. Ale uzyskanie wiadomości o losie rodzin w Polsce, nad którą władzę sprawował Związek Sowiecki, było niebywale trudne.

Zdzisław Krasnodębski należał do szczęśliwców. Żony zaczął szukać na wiele miesięcy przed zakończeniem wojny. Wkrótce po kapitulacji Niemiec dowiedział się, że Wanda przeżyła. Od tej chwili za główny cel postawił sobie wydostanie jej z kraju.

Po upadku powstania w Warszawie życie Wandy Krasnodębskiej stało się „bardzo, bardzo ciężkie". Kiedy wraz z innymi członkami ruchu oporu dostała się w ręce Niemców, udało jej się wymknąć i na piechotę ruszyła na południe, a potem na zachód. Czasem spała na polach. Czasem pomagała chłopom w gospodarstwie i podejmowała się dorywczych prac, zdobywając w ten sposób dach nad głową. „Byłam szczęśliwa, jeśli mogłam pójść na targ i przeżyć dzień o kawałku chleba i kubku gorącej wody. W tamtych czasach był to dla mnie królewski posiłek".

Z pomocą znajomych, których spotkała po drodze, dotarła w końcu do Kutna, miasta na zachód od Warszawy, i zaczęła pracować w Czerwonym Krzyżu. Po wojnie wezwano ją do Urzędu Bezpieczeństwa Publicznego. „Gdzie wasz mąż?" – spytał funkcjonariusz. Odparła, że nie ma o nim wieści od początku wojny, na co pokazał jej fotografię Zdzisława w mundurze RAF-u i oskarżył ją, że jest brytyjskim szpiegiem. Przerażona, zdołała zapanować nad głosem. Zaprzeczyła. „Ja nawet nie mam pojęcia, co robią szpiedzy – zapewniła. – Nie jestem szpiegiem i nie znam żadnych szpiegów". Ubek roześmiał się. „Nieważne, co robią szpiedzy – odparł. – Ważne jest, co my robimy ze szpiegami".

Wypuścił ją, ale odtąd Wandę zaczęli śledzić tajniacy. A potem, niedługo po spotkaniu z funkcjonariuszem UB, w jej mieszkaniu zjawił się mężczyzna. Powiedział, że jest od Zdzisława i ma ją wydostać z Polski. Polecił, żeby poszła pod wskazany adres. Mimo wątpliwości zgodziła się. Następnego wieczoru członkowie Armii Krajowej przemycili ją do pociągu towarowego, jadącego z Kutna do Warszawy. Ze stolicy dostała się do Krakowa, a stamtąd, wraz z innymi uciekinierami, ciężarówką dotarła do czeskiej granicy. Po zapłaceniu łapówki otrzymali pozwolenie na przejazd przez Czechosłowację.

W lutym 1946 roku, kiedy spała w kwaterze Czerwonego Krzyża w brytyjskiej strefie okupacyjnej w Niemczech, obudziły ją kroki. Znajomy głos wywołał jej imię. Podbiegła do drzwi – i wpadła prosto w ramiona męża. Nie widzieli się od ponad sześciu lat, od sierpnia 1939 roku, kiedy Zdzisław wyszedł z domu walczyć z Niemcami, obiecując, że niedługo wróci.

Krasnodębski pozostał w dowództwie Polskich Sił Powietrznych w Anglii do ich rozwiązania w 1948 roku. Jak powiedziała jego żona, mimo licznych propozycji pracy w Wielkiej Brytanii i Stanach Zjednoczonych, rozgoryczony zdradą, jakiej Churchill i Roosevelt dopuścili się wobec Polski, odmówił osiedlenia się na stałe w tych krajach. Za namową przyjaciół, którzy wcześniej wyjechali do Afryki Południowej, Krasnodębscy zdecydowali się w końcu wyemigrować do Kapsztadu.

W sumie Wielką Brytanię opuściło dwa i pół tysiąca polskich lotników, osiedlając się w państwach, które zgodziły się przyjąć polskich uchodźców wojskowych wraz z rodzinami. Większość wyjechała do Ameryki Południowej, Australii, Nowej Zelandii, Kanady i Stanów Zjednoczonych. Afryka Południowa z oporami przyjęła około stu.

Z pierwotnego składu Dywizjonu Kościuszkowskiego w Wielkiej Brytanii do Polski powróciło tylko dwóch pilotów. Jednym z nich był Witold Łokuciewski. Tęsknota za rodziną i krajem okazała się w przypadku jego – i trzech tysięcy innych lotników, którzy wrócili do Polski – silniejsza od strachu o przyszłość pod sowiecką władzą. Ojciec Łokuciewskiego zginął podczas sowieckich wywózek na początku wojny, szwagra zamordowano w Katyniu, ale mieszkający w Lublinie matka, siostra i brat błagali Witolda w listach, by wrócił. W Polsce była też jego dawna sympatia, z którą, jak się zwierzył znajomym w Londynie, chciał się ożenić. Ale kiedy w 1947 roku wrócił do kraju, okazało się, że sympatia wyszła za innego, jego zaś w najlepszym razie czeka ponura przyszłość, a w najgorszym – śmiertelne niebezpieczeństwo.

W Polsce, tak jak w Związku Sowieckim i reszcie sowieckiego bloku, panowała ksenofobia. Każdy kontakt z Zachodem równał się zdradzie. Całkiem niewinnych ludzi, „skażonych" takimi kontaktami, stawiano przed sądem i skazywano jako zdrajców narodu i szpiegów. Grunt został przygotowany już w czerwcu 1945 roku, gdy Sowieci urządzili proces uprowadzonych w marcu szesnastu przywódców Polski Podziemnej. W rozprawie, będącej bezwstydną, cyniczną kpiną ze sprawiedliwości, ludzi, którzy walczyli z hitlerowcami od pierwszego dnia wojny (także w dniach spółki Hitlera ze Stalinem), stłoczono na topornej drewnianej ławie w moskiewskim sądzie, pod strażą strażników NKWD z bagnetami, i oskarżono o współpracę z Niemcami, działalność wywrotową i szpiegostwo. Na więzienie skazano trzynastu. Czterech skazanych, wśród nich generał Leopold Okulicki, dowódca Armii Krajowej po Borze-Komorowskim, zmarło w sowieckich więzieniach.

Śledzący moskiewski proces aż do okrutnego finału sojusznicy Polski z drugiej wojny światowej, w tym Wielka Brytania i Stany Zjednoczone, nie zareagowali. Wprawdzie ambasadorowie brytyjski i amerykański w Moskwie rozważali pomysł udania się na rozprawę, jednak nie zdecydowali się na to z obawy, że ich obecność zostanie, by użyć słów Averella Harrimana, „zinterpretowana jako podważenie szczerych intencji Sowietów". „Był to najbardziej haniebny z wszystkich aktów moralnego kapitulanctwa dokonanych przez demokracje zachodnie – stwierdził Norman Davies. – Akt, który z pobudek zemsty politycznej publicznie hańbił i poniżał część współtwórców sojuszu antyhitlerowskiego, pozostanie plamą na sumieniu każdego, kto był jego niemym świadkiem".

W Jałcie Stalin zasugerował Churchillowi i Rooseveltowi, że prawdopodobnie w ciągu miesiąca odbędą się w Polsce „wolne i nieskrępowane wybory". Przeprowadzono je dopiero po niemal dwóch latach, dziewiętnastego stycznia 1947 roku, a towarzyszyło im brutalne zastraszanie głosujących przez milicję, aresztowania i morderstwa. Presja wywierana na wyborców nie wystarczyła. Ale choć Stanisław Mikołajczyk, jedyny przedstawiciel polskich władz emigracyjnych, który powrócił do kraju, obwieścił, że jego niekomunistyczne Polskie Stronnictwo Ludowe zdobyło siedemdziesiąt procent głosów, komuniści odtrąbili swoje przygniatające zwycięstwo, a rząd tymczasowy szybko je zatwierdził. Niedługo potem zagrożonego aresztowaniem Mikołajczyka wywieziono z Warszawy i przemycono do Londynu.

W odzewie na to najnowsze pogwałcenie układu jałtańskiego rządy Stanów Zjednoczonych i Wielkiej Brytanii wyraziły umiarkowane ubolewanie. Oburzony nijaką reakcją rządu Trumana na „farsę wyborczą" w Polsce, amerykański ambasador w Warszawie, Arthur Bliss Lane, dwudziestego trzeciego stycznia złożył rezygnację ze stanowiska.

Utwierdziwszy na dobre swoją supremację nad Wisłą, komuniści wzmogli terror. Aresztowano i wtrącono do więzień tysiące Polaków, którzy walczyli z Niemcami, tych z ruchu oporu w kraju i tych wracających z Zachodu. Według Lane'a do roku 1947 sowiecka i polska bezpieka uwięziła ponad sto tysięcy osób. Więzienia w Krakowie, Poznaniu i Lublinie pękały w szwach. Doszło do tego, że komunistyczny rząd skorzystał z kilku poniemieckich obozów koncentracyjnych, w tym z obozu w Oświęcimiu. Zdarzało się, że przywódcy polskiego ruchu dzielili cele z nazistami wysokiego szczebla. Najbardziej znany był przypadek oficera wywiadu Armii Krajowej, Kazimierza Moczarskiego, którego umieszczono w jednej celi z Jürgenem Stroopem, generałem SS kierującym w 1943 roku likwidacją warszawskiego getta.

Wśród aresztowanych po wojnie znaleźli się też piloci, którzy latali w Anglii, między innymi Stanisław Skalski. Kolega z roku „trzech muszkieterów", z osiemnastoma zestrzeleniami na koncie, był w gronie polskich pilotów z RAF-u lotniczym asem nad asy. Oskarżony w 1948 roku o szpiegostwo na rzecz „amerykańskich i brytyjskich imperialistów", dwa lata spędził w małej podziemnej celi, co jakiś czas poddawany przesłuchaniom i torturom. W roku 1950 skazano go na śmierć za szpiegostwo. Po zgonie Stalina w 1953 roku wyrok ten zmieniono na dożywocie, ale Skalskiego nikt o tym nie poinformował. Przesiedział w więzieniu aż do ogłoszenia w roku 1956 amnestii dla więźniów politycznych, zżerany cały czas myślą, że każdy dzień może być jego ostatnim. Wyszedł na wolność zgorzkniały i głęboko rozżalony, jako całkiem inny człowiek niż ten, którego znali koledzy. Lecz i tak mógł się uważać za szczęściarza. Dziesiątki innych pilotów aresztowanych w tym samym czasie stracono pod sfabrykowanym zarzutem szpiegostwa.

Chociaż większości lotników, którzy wrócili po wojnie do Polski, udało się uniknąć więzienia, to poddano ich rozmaitym szykanom i dyskryminacji. „Traktowano mnie jak przestępcę, bandytę" – powiedział jeden z nich. Wielu miało kłopoty ze znalezieniem pracy. Jeśli ich zatrudniano, to często jako robotników niewykwalifikowanych.

Po przyjeździe do Polski Łokuciewski dostał pracę instruktora lotniczego na lotnisku w Lublinie. Ale wyrzucono go stamtąd, kiedy dwóch innych pilotów uciekło na Zachód. Z piętnem politycznie podejrzanego, przez wiele miesięcy nie mógł znaleźć zajęcia. W tym czasie poznał ładną studentkę Katolickiego Uniwersytetu Lubelskiego. „To była miłość od pierwszego wejrzenia – wspominała po latach Wanda Łokuciewska. – Kiedy mi się oświadczył, powiedział: «Jestem biedny, ale uczciwy»". Po ślubie Łokuciewski pracował krótko w kancelarii adwokackiej teścia jako goniec. Na początku lat pięćdziesiątych jedyną pracą, jaką mógł dostać, była praca robotnika w wytwórni napojów.

Gdy Europa Zachodnia zaczęła się podnosić z wojennej zapaści, Stany Zjednoczone weszły w okres nadzwyczajnej prosperity, a europejskie kolonie w Azji i Afryce podjęły marsz ku niepodległości – wynędzniałą Polskę usunięto w cień historii.

Spędziwszy większość wojny na ugłaskiwaniu Sowietów, rząd Stanów Zjednoczonych próbował ich teraz hamować. Wkrótce po zakończeniu konfliktu zbrojnego do Niemiec Zachodnich i Japonii zaczęła napływać z Ameryki zmasowana pomoc ekonomiczna, dzięki czemu w obu krajach nastąpiło zdumiewająco szybkie ożywienie gospodarcze. W połowie lat pięćdziesiątych Niemcy Zachodnie zremilitaryzowano i dopuszczono do NATO, a japońska gospodarka dojrzała do dynamicznego wzrostu. Odpowiedzią Sowietów były liczne kontrstrategie – niektóre udane, inne sromotnie przegrane. Niemal od zakończenia wojny po schyłek lat osiemdziesiątych Sowieci topili coraz większy odsetek PKB w zbrojeniach nuklearnych i konwencjonalnych, a także w programie kosmicznym. W roku 1948 próbowali zablokować Berlin. W 1949 wraz z komunistycznymi krajami Europy Wschodniej, wśród których była Polska, powołali RWPG – Radę Wzajemnej Pomocy Gospodarczej. W roku 1955 utworzyli sojusz wojskowy nazwany Układem Warszawskim. W rezultacie dwa światowe mocarstwa skryły się za atomowymi tarczami, a sojusznicy w obu obozach drżeli, że ich kraje mogą stać się wkrótce polami bitew w wojnie nuklearnej. Strony różniło tylko to, że podczas gdy Europa Zachodnia i Japonia przeżywały gospodarczy i polityczny rozkwit, blok sowiecki, stłamszony przez feudalne imperium moskiewskie, pogrążał się w różnym stopniu w stalinowskich i postalinowskich represjach i biedzie.

W rezultacie Polska, zamiast stać się czołowym członkiem zwycięskiej wojennej koalicji, cierpiała dalej. Nikt, a już zwłaszcza Sowieci, nie pomagał odbudować rozbitego, zniszczonego kraju. Warszawa długo leżała w gruzach. Większość infrastruktury przemysłowej zdemontowali i złupili najpierw Niemcy, a potem Sowieci. Po wojnie gros polskiego węgla i innych surowców (wydobywanych rabunkowo, bez choćby symbolicznej troski o środowisko) wywieziono do ZSRR. Na domiar złego Stalin zabronił Polsce i pozostałym krajom bloku sowieckiego przyjęcia pomocy w ramach amerykańskiego planu Marshalla. Podstawowa pomoc – w postaci koców, ubrań, żywności i innych artykułów pierwszej potrzeby – przesyłana przez organizacje takie jak UNRRA (Organizacja Narodów Zjednoczonych do spraw Pomocy i Odbudowy), często trafiała do aktywistów partii komunistycznej.

Przez następne czterdzieści pięć lat życie codzienne zwykłych Polaków – jak zresztą wszystkich narodów w bloku sowieckim (nie mówiąc o komunistycznych Chinach) – zdominowały brak towarów i kolejki. Często już na samą wieść, że przywieźli chleb lub „rzucili" buty, ustawiał się tasiemcowy ogonek.

Po wizycie w Polsce w roku 1960 Martha Gellhorn napisała w „The Atlantic Monthly": „Młodzi Polacy nie znają beztroskiego życia. Od dwudziestu lat głównym problemem jest tu zdobycie żywności". Polska była dla niej, przynajmniej z wierzchu, synonimem „brudu i zaniedbania, podłego jedzenia, obskurnych mieszkań, zepsutej kanalizacji [...] zapyziałych, wolnych, zatłoczonych pociągów, tandetnych towarów po absurdalnych cenach".

Ale najbardziej dawał się w Polsce odczuć brak ludzi. W czasie wojny zginęło sześć milionów jej obywateli, z czego około połowy stanowili Żydzi. Równie wielkich strat i ofiar nie poniósł żaden kraj europejski. Polska straciła około dwudziestu procent ludności, Związek Sowiecki jedenaście procent, Niemcy – siedem procent, a Stany Zjednoczone i Wielka Brytania poniżej jednego procenta. Więcej ludzi zginęło w czasie wojny w Warszawie niż Amerykanów w walkach w Europie i na Pacyfiku.

Tak wielkie żniwo śmierci było dla Polski szczególnie ciężkim ciosem, straciła bowiem nie tylko mnóstwo młodzieży, która stanowiła jej przyszłość, ale również większość przedwojennej wykształconej elity zawodowej – lekarzy, prawników, pisarzy, nauczycieli, sędziów, profesorów, inżynierów, urzędników państwowych, przedsiębiorców. „Gojenie się tej otwartej rany na żywym ciele wykrwawionego narodu [...] trwało aż trzy dekady i pozostawiło trwałe blizny i zniekształcenia" – napisał Norman Davies. Bolesną świadomość ogromu strat wzmagało poczucie ponownego odcięcia od Zachodu, przynajmniej geograficznie. Polska graniczyła teraz wyłącznie z krajami zdominowanymi przez Sowietów. Polacy mieli też nieodparte wrażenie, że na Zachodzie mało kto przejmuje się ich losem.

Mimo tak znacznego wkładu w zwycięstwo aliantów nie zostali dopuszczeni do stołu rokowań, przy którym nakreślono ich przyszłość. Znów o historii Polski zadecydowali inni – szczególnie „zasłużona" w wypaczaniu jej dziejów Rosja i, niestety, Zachód. „Historia obejdzie się ze mną życzliwie, bo mam zamiar ją napisać" – powiedział kiedyś Winston Churchill. W swojej autorytatywnej sześciotomowej kronice drugiej wojny światowej wykazał skłonność do tuszowania błędów i porażek swojej polityki, zwłaszcza gdy chodzi o Polskę. Chwaląc męstwo i waleczność polskich pilotów i żołnierzy, stwierdził, że głównie sami Polacy ponoszą winę za to, co spotkało ich kraj. „Sami zgotowali sobie zgubę przez swoje fanaberie", doprowadzając do „straszliwych rzezi i nieszczęść" – napisał. Późniejsi historycy – brytyjscy, amerykańscy, sowieccy i niemieccy – byli skłonni przyznać mu rację.

W wielu najbardziej znanych pamiętnikach i książkach historycznych Polskę, będącą katalizatorem drugiej wojny światowej, potraktowano w najlepszym razie jako godną pożałowania ofiarę, a w najgorszym jako temat wart co najwyżej przypisu. W swojej wyczerpującej pracy o tej wojnie jeden z czołowych brytyjskich historyków, A.J.P. Taylor, napisał, że „zniszczone miasta Europy – Londyn, Coventry, Berlin, Hamburg i Drezno – stały się symbolami" tego konfliktu. O Warszawie, najbardziej zniszczonym mieście w Europie, nie wspomniał.

Zbagatelizowano też fakt, iż mimo obietnic i zobowiązań traktatowych alianci wielokrotnie zawiedli Polskę, nie przychodząc jej w potrzebie z pomocą. Ten sam los spotkał cenny wkład polskich wojskowych w zwycięstwo. Aż do połowy lat siedemdziesiątych pomijano kluczową rolę Polaków w zdobyciu niemieckiej maszyny szyfrującej Enigma oraz zasługi polskich kryptologów w złamaniu niemieckich kodów. A gdy o nich wspomniano, szybko poszły w niepamięć.

W Stanach Zjednoczonych los Polski nie wzbudził zainteresowania, choć posłużył za polityczny oręż maccartystom szukającym sowieckich szpiegów i sympatyków partii komunistycznej w rządzie i otoczeniu Roosevelta. Tacy szpiedzy i sympatycy z pewnością istnieli, ale nic nie wskazuje na to, by wywarli jakikolwiek wpływ na amerykańską politykę w kwestii Polski. W rzeczywistości źródłem porzucenia Polski i reszty krajów Europy Wschodniej był splot bardzo ludzkich cech charakteru – strachu, niewrażliwości, łatwowierności, niewiedzy, politycznych rachub, ambicji i wyczerpania – które w krytycznych chwilach demonstrowali Roosevelt, Churchill i ich doradcy.

„Gdy dochodzi do politycznych katastrof, Amerykanie z dziwną niechęcią odnoszą się do wyjaśnień, że źle ocenili sytuację – napisał znawca sowieckiej historii, Adam Ulam. – Źródeł winy szukają w moralności [...] Naród amerykański nie był skłonny przyznać, że jest naiwny i niewyrobiony historycznie, był za to gotów twierdzić, że go rozmyślnie oszukano. Z kolei swoich wysokich urzędników, zwłaszcza odpowiedzialnych za politykę zagraniczną, oskarżył nie o to, że dali się wprowadzić w błąd [...] lecz o zdradę".

Kiedy Polska stała się symbolem zimnej wojny, spowitym w mgłę ideologii i wzajemnych oskarżeń, o samych Polakach znowu zapomniano.

Pod sowieckim reżimem mogli oni jedynie patrzeć, jak Stalin i jego pomagierzy nie tylko przerabiają ich historię, ale stawiają na głowie sprawiedliwość. Żaden ze stalinowskich oprawców nie został nigdy postawiony przed sądem ani nie poniósł odpowiedzialności za niezliczone zbrodnie wojenne popełnione w Polsce i innych okupowanych krajach. Na procesach zbrodniarzy wojennych w Norymberdze sowieccy prokuratorzy próbowali – jednak bez powodzenia – przypisać masakrę polskich oficerów w Katyniu Niemcom. Dopiero w roku 1990, pół wieku po tym okrutnym mordzie, prezydent ZSRR Michaił Gorbaczow przyznał wreszcie, że Polaków w lesie koło Smoleńska istotnie zabili enkawudyści i żołnierze Armii Czerwonej*.

Aż do końca lat siedemdziesiątych publiczne wzmianki o Katyniu i sowieckiej napaści w 1939 roku były w Polsce ryzykowne. „Przestępcom" groziła utrata pracy albo wyrzucenie ze szkoły. „Rosyjskie zbrodnie nie tylko uszły bezkarnie, ale nie wolno nam było nawet opłakiwać naszych zmarłych" – napisał polski historyk. Przez ponad dziesięć lat po wojnie pisanie i publiczne mówienie o premierze Sikorskim, generale Andersie, pilotach Dywizjonu Kościuszkowskiego i innych polskich bohaterach drugiej wojny światowej stanowiło tabu. Aż do upadku komunizmu dzieci w szkołach uczono ogromnie wypaczonej, rusocentrycznej wersji drugiej wojny światowej i jej następstw. „Niestety – napisano w kronice jednej ze szkół podstawowych – polski reakcyjny reżim [przed wojną] nie pozwalał, by nasza Ojczyzna była wolna. Dopiero po ciężkich doświadczeniach drugiej wojny światowej Związek Radziecki podźwignął nasz kraj ze zniszczeń i biedy. Jesteśmy wolni od dwudziestu trzech lat [...] zawdzięczamy to naszym przyjaciołom ze Wschodu".

Zakazane były wszelkie nagrobki i klepsydry, informujące, że zmarli walczyli w AK lub w polskiej armii na Zachodzie. W całym kraju pełno było pomników na cześć Armii Czerwonej i kroczących w jej szeregach Polaków, ale żadnego, który by upamiętniał żołnierzy walczących i ginących za Polskę w 1939 roku. Na cmentarzu w sowieckim już Lwowie zdewastowano pomnik trzech amerykańskich pilotów z Eskadry im. Kościuszki, poległych w czasie wojny polsko-bolszewickiej, i usunięto wszelkie ślady świadczące o tym, że byli Amerykanami.

A jednak uparta, buntownicza Polska – ten „wielki ogród bujnego indywidualizmu", jak nazwał ją polski pisarz Tadeusz Konwicki – cały czas opierała się sowieckim wysiłkom, zmierzającym do jej ujarzmienia. Ludowe zrywy i rozliczne formy biernego oporu były stale obecne w polskim życiu pod władzą komunistów, a marksistowski ateizm nie miał szans. Mimo rządowych dekretów zamykających seminaria duchowne i państwowego nadzoru nad mia-

* Sowieci przyznali się ponadto do zamordowania jedenastu tysięcy innych zaginionych w tym czasie oficerów polskich, ale ciał ofiar tego mordu nie odnaleziono.

nowaniami w Kościele duszpasterze i wierni zachowali wiarę. Stanowiący wciąż ponad połowę ludności chłopi tak uparcie buntowali się przeciw kolektywizacji, że większość polskich gospodarstw pozostała prywatna. Próbującym rządzić krajem komunistom wciąż towarzyszył niepokój, że tuż za rogiem czyha kolejna rewolta. W 1920 roku Stalin słusznie ostrzegł Lenina, iż „łatwiej jest osiodłać krowę niż wprowadzić w Polsce komunizm".

Tak jak za czasów carskich Polacy byli mocno przywiązani do swojej polskości – ojczystego języka, muzyki, literatury, sztuki, religii i nade wszystko historii. W szkole dzieci uczyły się jej z komunistycznych podręczników. Za to w domu, jak wcześniej ich rodzice i dziadkowie, czytały – niejeden raz – *Trylogię* Henryka Sienkiewicza, imponujący XIX-wieczny romantyczny epos o polskich bohaterach z przeszłości. „Sienkiewicz uczył innych cnót i innego kodeksu moralnego: odwagi, honoru, szlachetności – napisał aktywista Solidarności, dorastający w latach sześćdziesiątych. – Przeniósł mnie w czasy, kiedy Polacy nawet w trudnych chwilach byli dumni i pewni siebie". *Trylogia* była „świętą księgą, biblią polskiego patriotyzmu. Każdy polski nastolatek identyfikował się w duchu z którymś z jej bohaterów".

Ku wielkiemu niezadowoleniu komunistycznych aparatczyków rządzących krajem ich rodacy okazali się nader pomysłowymi wywrotowcami. Swój nieuleczalny opór przejawiali w gestach wielkich i małych. Przykładowo, zamiast zwracać się do siebie per „towarzyszu", „towarzyszko", w dalszym ciągu używali powszechnie zwrotów „pan", „pani". Bardzo wielu Polaków, nie przejmując się wymogami komunistycznego bon tonu, dalej po burżujsku całowało panie w rękę. A do tego rzadko przepuszczali okazję, żeby z charakterystyczną beztroską setnie sobie kpić z moskiewskich władców. „Nabijanie się do rozpuku z Rosjan to polska specjalność" – napisała Martha Gellhorn, zachwycona „nieulękłym humorem tych ludzi".

Gdy zaczęła się odbudowa Warszawy, Polacy nie mogli zapobiec wysypowi setek tandetnych, brzydkich, szarych betonowych bloków mieszkalnych i biurowców, które były znakiem stalinowskiej architektury. Nie mogli również zapobiec budowie Pałacu Kultury i Nauki, monstrualnie pretensjonalnego kolosa, który nadal przytłacza warszawskie Śródmieście. Mogli jednak – z dobrym skutkiem – nalegać na rząd, żeby poparł odbudowę i restaurację średniowieczno-renesansowego Starego Miasta, które od wieków było sercem stolicy Polski.

Tuż po wojnie przychodziły tam po pracy i w dni wolne setki warszawiaków, wydobywając z gruzów cenne resztki zburzonych kamienic: XVII-wieczne portale, fragmenty frontonów, stiukowe głowy aniołów, cokoły pomników. Wszystkie te szczegóły przeszłości pieczołowicie katalogowano i magazynowano, a konserwatorzy, korzystając ze starych map, obrazów i fotografii, kreślili drobiazgowe plany odbudowy Starego Miasta. Jego rekonstrukcję rozpoczęto w 1949 roku. Sześć lat później ta mała perła architektoniczna – dzielnica złożona z krętych, brukowanych uliczek, gotyckich i barokowych kościołów, kamienic ze złoconymi ramami okien, kunsztownych rzeźb i fasad bogato zdobionych malunkami – na powrót stała się wizytówką Warszawy.

Szacunek dla przeszłości przybrał też inne formy. Na wielu ulicach stolicy (i innych miast i miasteczek w całej Polsce) przy prowizorycznych kapliczkach, upamiętniających miejsca straceń, w których Niemcy rozstrzelali Polaków, zostawiono biało-czerwone kwiaty i zapalono świece. Na Powązkach, najstarszym cmentarzu warszawskim, na nieoznaczonym żadną tablicą ani napisem małym brukowanym placyku codziennie składano kwiaty i wieńce. Miejsce to – napisał brytyjski dziennikarz Stewart Steven – „przez wiele lat jedna z najbardziej strzeżonych tajemnic w Polsce [...] znane jako plac Katyński, wybrali na pomnik ci, którym zabroniono go postawić".

W innej części cmentarza pierwszego sierpnia co roku gromadziły się tysiące ludzi, żeby w rocznicę wybuchu powstania złożyć hołd pochowanym tu żołnierzom Armii Krajowej i innym jego uczestnikom, których groby oznaczono prostymi brzozowymi krzyżami. Powstanie warszawskie stało się dla Polaków najnowszą czczoną legendą w wielowiekowej tradycji walk z obcymi najeźdźcami, a pod koniec lat siedemdziesiątych żywym źródłem inspiracji dla następnego pokolenia powstańców.

Po cofnięciu przez brytyjski rząd uznania dla polskiego rządu na uchodźstwie ambasador Edward Raczyński wypowiedział buntownicze słowa: „Naród polski nigdy nie wyrzeknie się swego prawa do niepodległego bytu i nigdy nie zaprzestanie walki o to prawo".

Przez następne trzydzieści pięć lat Polacy byli im wierni. W 1956 roku zbuntowali się robotnicy Poznania; do stłumienia ich protestu rząd musiał wezwać wojsko. Podczas praskiej wiosny w roku 1968 studenci w Warszawie, Poznaniu, Lublinie i Krakowie wyrazili swoje poparcie dla skazanej na porażkę próby stworzenia w Czechosłowacji „socjalizmu z ludzką twarzą". Tym razem rząd polski rozpętał kampanię antyżydowską. W 1970 roku doszło do masowych strajków i demonstracji w proteście przeciw znacznym podwyżkom cen żywności. Znów do akcji wprowadzono wojsko, poległo kilkudziesięciu demonstrantów. Kilka lat później rozwinął się ruch dysydentów ze środowisk inteligenckich, którzy wydawali i kolportowali podziemne wydawnictwa i zachęcali robotników do tworzenia niezależnych związków zawodowych. W tym okresie powstał między innymi związek stoczniowców w Gdańsku; jego członkiem był elektryk Lech Wałęsa.

Wybór krakowskiego kardynała Karola Wojtyły na papieża w 1978 roku wywołał w Polsce wybuch patriotyzmu, którego następstwa wkrótce okazały się epokowe. Nazajutrz po tym wielkim wydarzeniu pewien młody Polak przyjrzał się w autobusie pasażerom; oto jak po latach opisał tę chwilę: „Po raz pierwszy odczułem podział na «nas» – naród – i na «onych» – tych, co nami rządzili. W tym ponurym zwykłym autobusie byliśmy większością – uśmiechaliśmy się do siebie, rozmawialiśmy z nieznajomymi, dzieliliśmy radością. «Oni» byli garstką ponurych twarzy na tylnych siedzeniach". Gdy w 1979 roku miliony Polaków wyległo z domów w czasie pierwszej wizyty Jana Pawła II w ojczyźnie, ten sam młody Polak pojął „po raz pierwszy, że «nas» jest więcej niż «ich»". Uświadomił sobie, czyj czas nadszedł w Polsce.

Rok później Lech Wałęsa stanął na czele strajku w Stoczni Gdańskiej, który stał się zarzewiem pierwszej w dziejach masowej rewolty przeciw reżimowi komunistycznemu – rewolty, której władze zawsze się obawiały. Polacy połączyli siły pod sztandarem Solidarności, organizując bezpośredni, pokojowy protest społeczny. W szczytowym momencie Solidarność liczyła dziesięć milionów członków, zrzeszając ponad jedną czwartą ludności kraju i reprezentując niemal wszystkie rodziny w Polsce. Była to narodowa krucjata przeciwko rządzącym. W obawie przed wkroczeniem Armii Sowieckiej polski premier, generał Wojciech Jaruzelski, w grudniu 1981 roku wprowadził stan wojenny. Rozkazał zdusić Solidarność. Wielu jej przywódców zostało aresztowanych i uwięzionych.

Ale ferment trwał. Solidarność zeszła do podziemia, a opozycja antyreżimowa okrzepła. Wiosną 1989 roku w obliczu groźby nowych strajków reżim Jaruzelskiego przyznał się do porażki i zasiadł do negocjacji z przywódcami opozycji. Solidarność ponownie zalegalizowano, a jej reprezentantom pozwolono kandydować w wyborach do Sejmu. Były to pierwsze demokratyczne wybory w Polsce po drugiej wojnie światowej. Opozycja zdobyła w nich prawie wszystkie dostępne mandaty*. Kilka dni potem premierem – pierwszym od ponad czterdziestu lat niekomunistycznym szefem rządu w bloku sowieckim – został intelektualista katolicki i doradca Solidarności, Tadeusz Mazowiecki. Stalin, tak jak carowie i wielu jego sowieckich następców, słusznie obawiał się wolnej i demokratycznej Polski. Oczywiście w innych krajach komunistycznych – na Węgrzech, w Jugosławii, Czechosłowacji, a nawet w samym Związku Sowieckim – także wybuchały bunty i wprowadzano reformy, ale nigdy na taką skalę. Powstanie Solidarności wywołało reakcję łańcuchową. Na początku lat dziewięćdziesiątych totalitarny komunizm w Europie i Rosji upadł.

Długa noc polskiej duszy dobiegła końca. Naród odzyskał państwo. Choć trudności było bez liku, Polacy – odporni na przeciwności, wybaczając przeszłe zdrady – znów zwrócili się do Zachodu po przyjaźń i pomoc. Tym razem Zachód odpowiedział. Dziewiątego lipca 1997 roku Polskę, wraz z Węgrami i Republiką Czeską, przyjęto do NATO. Nazajutrz prezydent Stanów Zjednoczonych, William Jefferson Clinton, który przybył z tej okazji do Warszawy, stojąc na brukowanym placu Zamkowym na Starym Mieście, powiedział: „Razem będziemy walczyć o bezpieczną przyszłość niepodzielnej Europy – za naszą i waszą wolność".

Za naszą i waszą wolność. Niejeden raz w ciągu minionych dwóch wieków Polacy nieśli ze sobą te słowa, idąc na śmiertelny bój. Niejeden raz ginęły one w zgiełku oręża i wrzasku egoistycznych racji. Ale słowa amerykańskiego prezydenta sprawiły, że stulecia wojen i politycznych konfliktów poszły w niepamięć. Tysiące rozradowanych, powiewających polskimi i amerykańskimi flagami Polaków, którzy wypełnili plac i sąsiednie ulice, zaczęło wiwatować. Po chwili Clinton wznowił przemówienie. „Już nigdy o waszym losie nie będą decydować inni. Już nigdy nikt wam nie odbierze przyrodzonego prawa do wolności. Polska wraca do domu" – zakończył.

* W 2001 roku, w sytuacji stagnacji w gospodarce i znacznej korupcji w solidarnościowym rządzie, większość w Sejmie znów zdobyła lewica, w tym byli komuniści. Ale zmiana ta miała marginalny wpływ na wewnętrzną i zagraniczną politykę Polski.

EPILOG

W pewnym sensie druga wojna światowa nie zakończyła się w 1945 roku. Zakończyła się, kiedy prezydent ZSRR, reformator Michaił Gorbaczow, zrzekł się sowieckiej kontroli nad Polską i resztą Europy Wschodniej i Środkowej. Gdy Gorbaczow ostatecznie zerwał z okrutną i bezwzględną polityką swoich poprzedników i przyśpieszył upadek Związku Sowieckiego, rozstrzygnięte zostały wreszcie kwestie, o które walczono w drugiej wojnie – kwestie roszczeń terytorialnych i praw człowieka.

Koniec przyszedł jednak za późno, żeby mogli się nim cieszyć Polacy walczący na obczyźnie o niepodległość kraju. Wielu z nich zmarło przed rokiem 1989, a tych, którzy dożyli, dręczyły mieszane słodko-gorzkie uczucia. Choć wygnańcy zapuścili korzenie gdzie indziej, tam żyli i pracowali, założyli rodziny, wychowali dzieci, a potem patrzyli, jak dorastają wnuki – ich serca pozostały w ojczyźnie. Uwięzieni pomiędzy dwoma światami, nie umieli pozbyć się smutku, którego nie rozproszyła nawet wieść, że Polska wreszcie odzyskała niepodległość.

Ale sytuacja polskich wygnańców nie różniła się tak bardzo od losu tych, którzy po powrocie do kraju zapłacili wysoką cenę, wyciśniętą z nich przez prosowiecki reżim. Oni też odczuwali smutek. Wielu, zmuszonych do poważnych kompromisów moralnych, nadal borykało się z ich konsekwencjami.

Po śmierci Stalina w 1953 roku polski rząd zaczął z wolna łagodzić swój stosunek do repatriantów, którzy walczyli u boku Brytyjczyków. W roku

1956 Witoldowi Łokuciewskiemu zaproponowano wstąpienie do polskiego lotnictwa. Wraz z innymi byłymi pilotami RAF-u przeszedł przeszkolenie na nowoczesnym sowieckim samolocie. Kiedy po raz pierwszy wzbił się w powietrze odrzutowym MiG-iem, jego umiejętności zrobiły na instruktorach takie wrażenie, że od razu uznano go za zdolnego do służby czynnej. Przez następne dwanaście lat piął się po szczeblach hierarchii wojskowej.

Witold Łokuciewski. (Wanda Łokuciewska).

W 1969 roku, już w stopniu pułkownika, powrócił do Londynu w roli attaché wojskowego ambasady PRL. Wzburzyło to większość kolegów, z którymi latał w czasie wojny, zwłaszcza tych z emigracji. Przyjmując reżimowe stanowisko, zaprzedał w ich oczach duszę, jawnie przystał na służbę czerwonym, a tym samym Sowietom. „Powiedziałem mu: «Tolo, jesteś draniem, skończonym draniem. Nie miałeś prawa przyjechać tu, gdzie ci się dobrze żyło, gdzieś się dobrze bawił» – wspominał Ludwik Martel, uczestnik bitwy o Anglię, który po wojnie osiadł w Londynie. – Dał się wykorzystać komunistom. Nie było na to usprawiedliwienia".

Inni bliscy koledzy z dawnych lat – ludzie, z którymi latał, śmiał się i bawił – potraktowali Witolda jak pariasa. Wykluczyli go z grona byłych

Witold Łokuciewski z żoną w Londynie na początku lat siedemdziesiątych jako polski attaché wojskowy. Za przyjęcie stanowiska dyplomatycznego od władz PRL Łokuciewski spotkał się z bojkotem towarzyskim ze strony byłych polskich pilotów. (Wanda Łokuciewska).

myśliwców, a natykając się na niego w londyńskich kręgach towarzyskich, dawali mu odczuć swoją niechęć. Podczas jednego z przyjęć Łokuciewski dostrzegł Tadeusza Andersza, młodszego kolegę z Dęblina, w czasie wojny pilota Dywizjonu 315, i podszedł doń z wyciągniętą ręką. „Spojrzałem na niego, zrobiłem w tył zwrot i odszedłem" – wspominał Andersz.

Łokuciewski, w powszechnej opinii mało wyrobiony politycznie, nie tłumaczył się ani nie uzasadniał, dlaczego przyjął stanowisko w reżimowej ambasadzie. Kiedy Martel go o to spytał, odparł tylko: „Zmusili mnie". Tak czy owak, pomiędzy pilotami w Anglii a ich dawnymi towarzyszami broni w Polsce otworzyła się wielka przepaść. Zdaniem Ignacego Olszewskiego, jednego z byłych pilotów RAF-u, który w roku 1956 wstąpił do peerelowskiego lotnictwa, „chłopcy, którzy pozostali w Anglii", patrzyli z góry na tych, którzy wrócili do kraju. Bezpodstawnie oskarżali repatriantów o komunizm. Tej przepaści nie dało się zasypać.

Choć niekomunistyczni znajomi Łokuciewskiego w kraju również nie pochwalali jego decyzji, znacznie lepiej rozumieli sytuację, zdając sobie sprawę, jak trudno jest utrzymać kręgosłup moralny w środowisku, w którym przyszło im żyć. W wolnych społeczeństwach bardzo łatwo jest potępiać kompromisy moralne kogoś, kto zmuszony jest do życia w systemie totalitarnym – stwierdził polski noblista Czesław Miłosz. „Ci [...] którzy okazywali nam bardziej lub mniej otwarcie obrzydzenie, nie rozumieli rozmiarów moralnego problemu" – napisał.

Wypełniwszy misję attaché wojskowego w Londynie, Łokuciewski wrócił do Warszawy i dwa lata później przeszedł na emeryturę wojskową. Jego przyjaciel powiedział, że ostracyzm ze strony licznych dawnych kolegów pozostawił u niego głęboką, trwałą ranę, z powodu której „cierpiał najboleśniej" aż do końca życia.

Witold Łokuciewski zmarł siedemnastego kwietnia 1990 roku w Warszawie. Miał siedemdziesiąt trzy lata.

Pewnego wieczoru w połowie lat sześćdziesiątych grupa pilotów, którzy latali w Anglii, a teraz żyli w Polsce, zebrała się na przyjęciu w warszawskim hotelu Bristol. Gospodarzem był Jan Zumbach, który przyjechał w odwiedziny z Paryża. „Johnny" zamówił po butelce koniaku na twarz, a kiedy wszyscy się zalali, zarządził drugą turę. „Była to tak bycza zabawa, że personel hotelu miał o czym opowiadać przez długie lata" – powiedział historyk polskiego lotnictwa.

Towarzyski, przyjacielski i czarujący jak zwykle Zumbach nie bawił się w podziały, licytowanie się kto lepszy i stronniczość. Pozostał w dobrych stosunkach zarówno z wojennymi druhami w Polsce, jak i kumplami w Anglii. Jednym z jego najbliższych przyjaciół nadal był Witold Łokuciewski. Zumbachowi nic nie przeszkadzało, że „Tolo" przyjął stanowisko attaché wojskowego w Londynie, bo „Johnny" wiedział, jak to jest być czarną owcą.

Wkrótce po wojnie wraz z dwoma innymi byłymi pilotami RAF-u utworzył lotniczą transportową firmę czarterową, będącą przykrywką dla szmuglu banknotów. Potem rozszerzyli działalność o przemyt szwajcarskich zegarków do Londynu, sztabek złota z Tangeru do Francji, izraelskich agentów do Palestyny i najrozmaitszej broni do najrozmaitszych krajów.

Po kilku latach takiego latania, zawsze o krok przed wymiarem sprawiedliwości, Zumbach skończył z przemytem i zajął się w miarę legalną działalnością. Za zarobione na szmuglu pieniądze otworzył w Paryżu dyskotekę. Z czasem poślubił przeszło dwa razy młodszą od niego Francuzkę i spłodził syna. Ale stateczny żywot okazał się w końcu zbyt nudny. W roku 1962 Jan

Zumbach został najemnikiem, organizując prymitywne lotnictwo w Katandze, zbuntowanej prowincji Konga. Pięć lat później, pod pseudonimem „Johnny Brown", świadczył podobne usługi w Biafrze, która odłączyła się od Nigerii. Pilotował jedyny biafrański samolot, stary B-26 z drugiej wojny światowej, a jego „bombardier" z plemienia Ibo zrzucał na nigeryjskie cele bomby domowej roboty.

Wielu byłych kolegów z Polskich Sił Powietrznych gorszyły jego powojenne wyczyny, lecz dzięki ogromnemu urokowi osobistemu i szczodrości Zumbach zachowywał ich sympatię i przyjaźń. Jeszcze pół wieku po wojnie na dźwięk jego nazwiska rozjaśniały się twarze starych przyjaciół. „Ach, ten Johnny!" – wspominali, wzdychając.

Nawet mając lat siedemdziesiąt, w wieku, kiedy większość mężczyzn spoczywa na laurach, Zumbach nie przestał żyć niebezpiecznie. „Niektórych kłopoty szukają" – napisał. Pod koniec 1985 roku zwierzył się Ludwikowi Martelowi w Londynie, że jest zaangażowany w pokątny interes, na którym zarobi kupę forsy. „Było jasne, że to jakaś mocno podejrzana sprawa" – ocenił Martel. Dwa tygodnie później Zumbach zadzwonił do „Tola" Łokuciewskiego w Warszawie, wspominając ogólnikowo, że coś „kupuje i sprzedaje".

Nazajutrz – trzeciego stycznia 1986 roku – Łokuciewski znów odebrał telefon z Paryża, tym razem z wiadomością, która nim wstrząsnęła: siedemdziesięciojednoletniego Janka Zumbacha znaleziono martwego. Nigdy nie podano przyczyny zgonu, ale wielu jego przyjaciół było pewnych, że nie zmarł śmiercią naturalną.

Zdzisław i Wanda Krasnodębscy wyemigrowali do Kapsztadu w Afryce Południowej w 1948 roku i – nim w końcu spakowali manatki – spędzili tam ponad dwa lata. Bodaj najmniej przygotowany na powojenny świat spośród weteranów Dywizjonu Kościuszkowskiego, Krasnodębski przez większość życia na emigracji był smutny i nieszczęśliwy. Starszy od pozostałych – gdy skończyła się wojna, miał czterdzieści jeden lat – potrafił tylko latać, a lataniem nie mógł zarabiać na życie z powodu rąk, fatalnie poparzonych w bitwie o Wielką Brytanię.

Ten dumny człowiek, były dowódca zwany przez podwładnych „Królem", nie mogąc znaleźć w Kapsztadzie innej pracy, został taksówkarzem. Miejscowi taksiarze, wściekli, że cudzoziemcy tacy jak on zabierają im zarobki, sabotowali jego taksówkę i robili mu inne wstręty. W roku 1951 stwierdził, że ma dość.

W Kanadzie, do której się przeniósł z Wandą, wykonywał różne prace fizyczne. Był między innymi kontrolerem w fabryce telewizorów.

Krasnodębscy, którzy nie mieli dzieci, spędzili jesień życia w dość spartańskich warunkach w małym mieszkaniu w Toronto. W starszym wieku były dowódca Dywizjonu Kościuszkowskiego z przyjemnością wspominał tamto straszne, a jednak wspaniałe lato i jesień 1940 roku, kiedy ze swoimi pilotami przyczynił się do zwycięstwa nad wynoszoną pod niebiosa Luftwaffe. Przed Richardem Collierem, zbierającym materiały do książki o bitwie, namalował

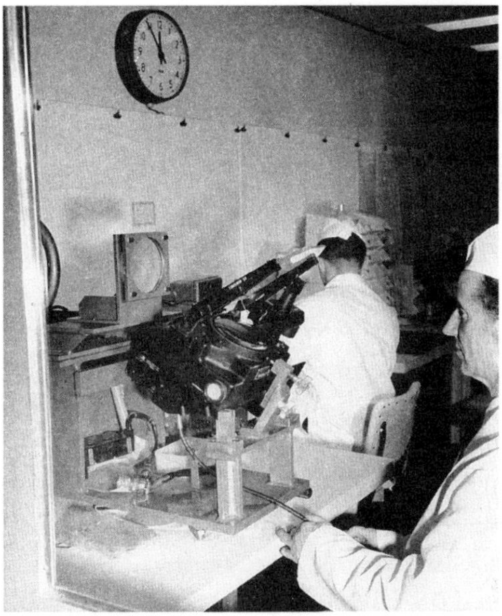

Zdzisław Krasnodębski przy pracy w Kanadzie w latach powojennych. (Stanisław Błasiak).

słowami obraz tamtych dni, opisując między innymi „zapalny entuzjazm pierwszej walki [Ludwika] Paszkiewicza i duch braterstwa [...] wieczorów w gospodzie Orchard". Słuchając jego barwnych opowieści, „rozumiałeś, jak nieskończenie cenne było wtedy życie" – napisał Collier.

Ale w tych schyłkowych latach Krasnodębski myślał przede wszystkim o ojczyźnie. Taki już był los większości polskich emigrantów. Ewa Hoffman, która wyjechała z kraju jako dziecko, napisała, że „najbardziej obecne jest we mnie wzbierające poczucie pustki, tego, co straciłam". Także Krasnodębskiego przepełniała tęsknota.

„W jego listach czuje się nostalgię – wspominał korespondujący z nim w latach siedemdziesiątych historyk z Warszawy. – Był rozgoryczony, że zepchnięto go na margines. Lecz ważniejsze było to, że tak bardzo, bardzo tęsknił za Polską. I świadomość, że do niej nie wróci. Ta gorycz i tęsknota za krajem w końcu go zabiły".

Krasnodębski zmarł w wieku siedemdziesięciu sześciu lat w Toronto trzeciego lipca 1980 roku.

Witoldowi Urbanowiczowi też ciężko było przystosować się do powojennych warunków. Podobnie jak inni członkowie słynnego dywizjonu, mieszkający w Stanach Zjednoczonych świetny pilot z bohatera stał się nikim. Wypełnioną emocjami wojnę zastąpiła rutyna powszedniego życia.

Oczywiście do takiej odmiany musieli się przystosować nie tylko Polacy. Wielu weteranom drugiej wojny światowej, niezależnie od nacji, trudno było wrócić do normalności po okresie intensywnego jak nigdy, częstokroć strasznego życia. Jednakże w odróżnieniu od Polaków wracali na ogół do tego, co zostawili, a przed żołnierzami z rozkwitających gospodarczo Stanów Zjednoczonych otwierała się jasna przyszłość: małżeństwo, dzieci, ułatwiony dostęp do studiów, popłatna praca, dom na przedmieściach. „Żyło się dobrze – wspominał Francis Gabreski, walczący w Europie czołowy amerykański as myśliwski, który wkrótce po powrocie z wojny poślubił ukochaną z dzieciństwa, spłodził dziewięcioro dzieci, a na koniec został prezesem kolei na Long Island. – Poszczęściło mi się". Ale Polaków, z którymi latał, czekała „inna droga". „Pozbawiono ich wszystkiego. Sami musieli znaleźć sobie domy, własną przyszłość. Od nikogo nie usłyszeli: «Zajmę się tobą, synu»".

Po wojnie Urbanowicz przeprowadził się z rodziną do Nowego Jorku, gdzie pracował na podrzędnych stanowiskach w działach handlowych i kontroli produkcji w liniach Eastern i American oraz zakładach samolotowych Republic Aviation. Jego syn, również Witold, wspominał, że ojciec przez wiele lat był zawiedziony, zgorzkniały i nieszczęśliwy. Nowe życie w małym domku w robotniczej dzielnicy Queens i nisko płatna, niewdzięczna urzędnicza praca nie były tym, o czym marzył jako młody ambitny pilot myśliwski w Polsce. „Robił takie niezwykłe rzeczy. A potem wszystko się rozpadło. Cierpiał na długie, bardzo długie okresy depresji i osamotnienia".

Dla młodszego Witolda ojciec był postacią raczej obcą – nieprzenikniona i niepojętą. Nie spędzali ze sobą wiele czasu. Urbanowicz często pracował na nocną zmianę, nie interesował się baseballem ani rozrywkami syna. Ale dzieliło ich głęboko jeszcze coś. Młody Witold był typowym amerykańskim chłopcem dorastającym w latach pięćdziesiątych. Oglądał telewizję, uprawiał sport, założył własny zespół rhythmandbluesowy. Jego ojciec wychował się w całkiem innym świecie. Jako chłopiec strzelał do wilków z sań dziadka, starego polskiego rewolucjonisty, który nocami rozwoził po kraju antyrosyjską bibułę. Jako młody mężczyzna widział płonącą Warszawę, brawurowo uciekł Rosjanom, był świadkiem śmierci swoich bliskich i przyjaciół, utracił ojczyznę.

W latach sześćdziesiątych, w czasach eskalacji wojny w Wietnamie i wybuchu rewolty studenckiej, Urbanowiczowie, senior i junior, różnili się poglądami politycznymi. Ojciec był zaprzysięgłym konserwatystą, syn liberałem. Ale młodego Witolda również fascynowała długa, szczytna wojskowa tradycja rodzinna. Zwierzył się ojcu, że jest „rozdarty", bo nie wie, czy powinien jechać do Wietnamu. Ten jednak, choć konserwatysta, bez wahania mu to odradził. „Nasza rodzina dość się nawojowała – powiedział. – Jesteś ostatnim z Urbanowiczów. Dosyć się nawojowaliśmy". Młody Witold posłuchał rady i jako student nowojorskiego uniwersytetu uzyskał odroczenie służby wojskowej.

Nadal tęskniący za krajem ojciec znalazł tymczasem pocieszenie w innej dziedzinie. Zaczął pisać i odkrył, że nieźle mu to wychodzi. Opublikował po polsku kilka książek, poświęconych wspomnieniom z walk powietrznych w Polsce, Wielkiej Brytanii i w Dywizjonie 75 w Chinach. Jak na ironię, zechciano je wydać tylko w kraju, wciąż rządzonym przez komunistów, i poddano tekst ostrej cenzurze. Ale autor i tak był z nich bardzo dumny.

Jeszcze większą dumą napawały go osiągnięcia syna, który objął stanowisko dyrektora w banku Chase Manhattan. „Gdy zostałem wiceprezesem [...] ojciec wciąż o tym mówił – wspominał młody Urbanowicz. – Był zachwycony, bo udało mi się osiągnąć w Ameryce coś, czego nie udało się jemu – sukces". Kiedy młodszy Witold ożenił się i został ojcem dwójki dzieci, starszy Witold zmienił się w kochającego dziadka.

Wiek średni i późniejsze lata osłodziło Urbanowiczowi także dziesięć akrów ziemi, które kupił na Martha's Vineyard wiele lat przedtem, nim ta wyspa u wybrzeży Massachusetts stała się modna i droga. Nie pobudował się na swojej wietrznej, bagnistej działce, która przypominała mu o rodzinnej Suwalszczyźnie. Wystarczało mu, że po niej chodził albo stał i patrzył na wschód, na Atlantyk – w stronę ojczyzny. „Dla niego była to «moja ziemia» – wspominał syn. – Miał na myśli «moja ziemia tutaj», ale także «moja ziemia tam, w Europie... w Polsce»".

Młody Urbanowicz przekonał się, ile ta ziemia znaczy dla ojca, dopiero wiele lat później, kiedy zaproponował mu jej sprzedaż. „Martha's Vineyard stała się bardzo, bardzo modna, więc pomyślałem, że sprzedając działkę, dużo zarobi i zainwestuje pieniądze. Wybuchnął. Był wściekły, że śmiałem coś takiego zaproponować. Wtedy zrozumiałem, czym jest dla niego ta ziemia. Była jego opoką. Strasznie jej potrzebował".

W czerwcu 1991 roku osiemdziesięciotrzyletniego Witolda Urbanowicza wreszcie zaproszono na jego prawdziwą ziemię – do Polski. Po ponad pięćdziesięciu latach spędzonych na obczyźnie czołowy as Dywizjonu im. Kościuszki powrócił do kraju w spóźnionym triumfie. Wysokiego, chudego, eleganckiego pana z siwym wąsem, który zapuścił w późnym wieku, wciąż bardzo przypominającego „Anglika", jak nazywali go podchorążowie, oblegano, gdziekolwiek się pojawił. Podczas wizyty w Dęblinie – gdzie w chwili napaści Niemiec w 1939 roku był instruktorem – wspierając się na lasce, zwiedził piękny XVIII-wieczny pałac, wciąż będący siedzibą szkoły lotniczej, obejrzał salę balową, w której ongiś tańczył na okazałych oficjalnych balach, i podziemny nocny klub, w którym bawił się z kolegami. Uszkodzenia po bombardowaniu usunięto i szkoła znów wyglądała jak w latach trzydziestych. Do oczu napłynęły mu łzy. Wyznał, że odmłodniał o pięćdziesiąt lat.

Rok później powrócił do Warszawy z dużą delegacją polskich lotników, którzy latali w RAF-ie. Starzy weterani byli głęboko wzruszeni, wioząc na pokładzie samolotu prezydenta Polski, Lecha Wałęsy, oficjalny sztandar Polskich Sił Powietrznych w Wielkiej Brytanii, z wyhaftowanym wizerunkiem Matki Boskiej i mottem: „Miłość żąda ofiary". W obecności głowy państwa polscy piloci z emigracji, którym towarzyszyło kilku wysokich oficerów RAF-u, uroczyście przekazali sztandar polskiemu lotnictwu, a potem przewieźli go do Dęblina, gdzie pozostaje do dziś, umieszczony na honorowym miejscu.

Syn wspominał, że Urbanowicz wracał z tych podróży „uradowany". „Był w siódmym niebie". W następnych latach odwiedził Polskę jeszcze kilkakrotnie, raz, żeby przyjąć awans na generała lotnictwa polskiego. Podczas ostatniej wizyty, kilka tygodni przed śmiercią w roku 1996, wygłosił mowę do grupy młodych pilotów myśliwskich w Warszawie, zachęcając ich do kultywowania zasad honoru i bogatej tradycji poprzedników.

Po obaleniu komunizmu tradycja ta zaczęła stopniowo odzyskiwać dawny kształt. Dzieci poznały prawdę o pilotach latających w czasie wojny w RAF-ie, a wielu z nich uznano za bohaterów narodowych. Niektórzy stali się bohaterami lokalnymi. Szkoła podstawowa w Ostrowie Wielkopolskim, do której chodził Mirosław „Ox" Ferić, nosi teraz jego imię. Sześciuset uczniów dowiaduje się o wojennych wyczynach patrona, dzienniku, miłości do ojczyzny. Co dwa miesiące wychodzi gazetka szkolna pod tytułem „Ox". W sześćdziesiątą rocznicę śmierci Miki Fericia dzieci przesłały kwiaty na jego grób w dalekiej Anglii.

Trzy lata po upadku reżimu komunistycznego, w 1992 roku, polscy piloci, którzy w drugiej wojnie światowej latali pod dowództwem brytyjskim, przekazują ojczyźnie sztandar Polskich Sił Powietrznych na Zachodzie. Przyjmuje go dowódca Wojska Polskiego. W tle prezydent Polski, Lech Wałęsa. (Instytut Polski i Muzeum im. gen. Sikorskiego).

Dwadzieścia lat po wojnie John Kent, dowódca jednej z eskadr Dywizjonu Kościuszkowskiego, napisał o polskich pilotach: „My, którzy mieliśmy zaszczyt z nimi latać i walczyć, nigdy tego nie zapomnimy. Wielka Brytania nie może zapomnieć, jak wiele zawdzięcza wierności, niezłomności ducha i poświęceniu polskich lotników". A jednak w Wielkiej Brytanii i gdzie indziej niewiele powiedziano oficjalnie o istotnej roli, jaką polska armia i polscy piloci odegrali w drugiej wojnie światowej, ani o wojennym losie narodu polskiego i jego cierpieniach po wojnie. O Polakach nie pamiętano nawet w latach osiemdziesiątych i dziewięćdziesiątych przy okazji świętowania okrągłych rocznic związanych z wojną. W czerwcu 1984 roku, podczas obchodów czterdziestej rocznicy lądowania w Normandii, na tamtejszych plażach, przyozdobionych flagami Wielkiej Brytanii, Stanów Zjednoczonych, Norwegii, Holandii i zastępu ich sojuszników wojennych, znów zabrakło flagi polskiej. Kiedy Brytyjczycy czcili w Bletchley Park legendarnych matematyków, którzy złamali kod Enigmy, ledwie napomknięto o polskich kryptologach, dzięki którym stało się to możliwe. Na wielu zlotach pamiętano o wyzwoleniu Paryża, o powstaniu w Warszawie nie wspomniał nikt.

W roku 1993 na skałach Dover brytyjska królowa matka odsłoniła imponujący pomnik ku czci dywizjonów Królewskich Sił Powietrznych, które uczestniczyły w bitwie o Anglię. Na przyozdobionym godłami sześćdziesięciu jednostek lotniczych monumencie zabrakło jednak insygniów dywizjonów Poznańskiego i Kościuszkowskiego, choć ten ostatni zestrzelił najwięcej niemieckich samolotów w całym RAF-ie. „Financial Times" nazwał tę wpadkę „spektakularną gafą". Ogromnie zakłopotani twórcy pomnika zapewnili, że doszło do niej na skutek przeoczenia, i szybko dodali dwa brakujące godła.

Ale słaba pamięć nie była powszechna. Na początku XXI wieku kilku byłych polskich pilotów mieszkających w Wielkiej Brytanii zauważyło u wyspiarzy ponowny wzrost zainteresowania Polską. „Mamy wobec was wielki dług" – powiedział do Franciszka Kornickiego, w czasie wojny dowódcy dwóch polskich dywizjonów, młody lekarz, który go badał. Kornickiego i kolegów zaczęto zapraszać do szkół i innych instytucji na spotkania.

Ściany restauracji Orchard w pobliżu Northolt, około czternastu mil od centrum Londynu, zdobią czarno-białe zdjęcia młodych mężczyzn w angielskich mundurach lotniczych z polskimi orzełkami. Można ich tam zobaczyć, jak klęczą przy swoich hurricane'ach i spitfire'ach, pieszczą maskotki, spoczywają na leżakach rozstawionych na trawie, czekając na wezwanie do akcji, jak grają w szachy, palą, rozmawiają, śmieją się.

Obecni właściciele, reprezentujący producenta ginu Beefeater, nieco unowocześnili ulubiony wojenny lokal Polaków. Nie ma parkietu i orkiestry. Klientów nie wita właściciel we fraku i rękawiczkach. Ale Orchard pamięta swoją przeszłość – i pełnych fantazji młodych cudzoziemców, który kiedyś uważali tę gospodę za drugi dom. Na trawniku przed restauracją stoi tablica z napisem: „Wdzięcznej pamięci dzielnych polskich lotników, którzy oddali swoje życie w obronie Zjednoczonego Królestwa w drugiej wojnie światowej".

Kilkanaście mil stamtąd jest po nich inna pamiątka. W rogu cmentarza w Northwood biegnie pięć równych rzędów jednakowych białych nagrobków na mogiłach przeszło pięćdziesięciu polskich pilotów z bazy w Northolt, poległych w czasie bitwy o Wielką Brytanię i później. Tu w apogeum wojny przywożono ich ciała w prostych drewnianych trumnach. Koledzy z dywizjonów nieśli je na ramionach, a katoliccy księża odprawiali nabożeństwa pogrzebowe. W jednym z grobów spoczywa Mika Ferić. W sąsiednim rzędzie leżą Jozef František, Czech, który nazywał siebie Polakiem, i Ludwik Paszkiewicz.

Polscy piloci i członkowie załóg lotniczych zabici w drugiej wojnie światowej spoczywają na stu trzydziestu dziewięciu cmentarzach w Wielkiej Brytanii, od wzniesień Devonu po pogórze Szkocji. Najwięcej Polaków – trzystu czterdziestu sześciu, większość polskich załóg bombowych – pochowano na cmentarzu w ładnym miasteczku Newark-upon-Trent w Nottinghamshire. Nad ich grobami stoi duży kamienny krzyż z wyrytymi polskimi słowami: „Za wolność". Z drugiej strony krzyża widnieje cytat ze świętego Pawła, stanowiący credo blisko dwóch tysięcy polskich lotników, którzy oddali życie, walcząc pod brytyjską komendą w drugiej wojnie światowej:

Walczyłem o dobrą sprawę,
W biegu wytrwałem do końca,
Dochowałem wiary.

PRZYPISY

Prolog

15 Maszerowali dwunastkami – „Daily Telegraph" i „The Times", 9 czerwca 1946.
16 Przy trasie parady stał – Witold Urbanowicz, *Początek jutra*, Znak, Kraków 1966.
16 napisał o pilotach z Dywizjonu 303 – M. Lisiewicz i inni, *Destiny Can Wait: The Polish Air Force in the Second World War*, Battery Press, Nashville, Tenn. 1949, s. 77.
17 Tydzień przedtem – „Daily Telegraph", 5 czerwca 1946, s. 4.
17 „Gdyby Polska nie stała" – przemówienie królowej Elżbiety II wygłoszone w polskim Sejmie i Senacie 26 marca 1996.
18 „Jeżeliby mi dano wybierać" – cyt. za: Władysław Anders, *An Army in Exile: The Story of the Second Polish Corps*, Macmillan, New York and London 1949, s. 183.
18 „Chcieliśmy odzyskać Polskę" – przemówienie Witolda Urbanowicza w National Air and Space Museum w Waszyngtonie, 17 listopada 1981.
18 „Razem zwyciężymy" – Jan Ciechanowski, *Defeat in Victory*, Doubleday, Garden City, N.Y. 1947, s. 15.
18 „niegdyś nazywani „bożyszczami Anglii" – Quentin Reynolds, *A London Diary*, Random House, New York 1941, s. 73.
18 „Dlaczego pan płacze" – Adam Zamoyski, *The Forgotten Few: The Polish Air Force in the Second World War*, Hippocrene, New York 1995, s. 4.

Część pierwsza

ROZDZIAŁ PIERWSZY

21 w noc poprzedzającą pokaz akrobacji lotniczych – Jan Zumbach, *On Wings of War*, André Deutsch, London 1975, s. 35.

22 przysiągł „sobie na wszystkie świętości" *ibid.*, s. 36.
22 Mniej więcej w tym samym czasie – wywiady z Edwardem Idziorem i Ireną Rothkael.
23 Szczególną sławą – Adam Zamoyski, *The Polish Way: A Thousand-Year History of the Poles and Their Culture*, John Murray, London 1987, s. 3.
23 Z jej tarasu – Witold Urbanowicz, *Blaski i cienie*, „Tygodnik Powszechny", 1961, nr 14.
23 Do nastolatków – wywiad z Jadwigą Piłsudską.
24 „Matka robiła, co mogła" – Zumbach, *On Wings*, s. 12.
24 Nowi podchorążacy pochodzili – Zamoyski, *Forgotten Few*, s. 14.
25 „Pamiętaj" – *Kodeks podchorążych*, archiwum szkoły w Dęblinie.
25 chcąc popisać się przed dziewczynami – Zamoyski, *Forgotten Few*, s. 14.
25 Łokuciewski, pochodzący – rękopis bez tytułu Tadeusza Daleckiego.
25 W roczniku 1938 – klasyfikacja podchorążych, archiwum szkoły w Dęblinie.
25 Według historyka Polskich Sił Powietrznych – wywiad z kustoszem Izby Pamięci szkoły w Dęblinie.
26 „Uczono nas przeszukiwać wzrokiem niebo" – wywiad z Tadeuszem Anderszem.
26 Jedno z ćwiczeń – Zumbach, *On Wings*, s. 46.
26 W grupie jankeskich ochotników – Robert F. Karolewitz, Ross S. Fenn, *Flight of Eagles: The Story of the American Kosciuszko Squadron in the Polish-Russian War 1919–1920*, Brevet Press, Sioux Falls, South Dakota 1974, s. 23.

ROZDZIAŁ DRUGI

27 Dorastając w Jacksonville – zarys biografii Meriana Coopera, Cooper Papers, Special Collections, Harold B. Lee Library, Brigham Young University.
29 Merian Cooper już we wczesnej młodości – *ibid.*
30 Zwycięstwo Amerykanów pod Saratogą – James S. Pula, *Thaddeus Kościuszko: The Purest Son of Liberty*, Hippocrene, New York 1999, s. 99.
30 „Bądźmy szczerzy" – *ibid.*, s. 100.
31 Odnosząc się z niechęcią – *ibid.*, s. 217.
31 W 1794 roku poprowadził armię – *ibid.*, s. 227.
33 W osobnym, wcześniej sporządzonym testamencie – *ibid.*, s. 252.
33 „najszlachetniejszym synem wolności" – *ibid.*, s. 248.
34 „Polskę można" – Zamoyski, *Polish Way*, s. 4.
34 Polska flaga, hymn – Norman Davies, *Heart of Europe: A Short History of Poland*, Oxford University Press, Oxford 1984, s. 269.
34 stopiły klejnoty koronne – Zamoyski, *Polish Way*, s. 5.
34 Wymazano wieki jej potęgi – *ibid.*
35 „Nigdy nie byłem taki szczęśliwy" – Merian Cooper, list do ojca, bez daty, Cooper Papers, BYU.
35 „Pragnąłem tylko jednego" – Merian Cooper, list do ojca, 23 stycznia 1919, Cooper Papers, BYU.

36 „jest uparty jak muł" – Marguerite Harrison, *There's Always Tomorrow*, Farrar & Rinehart, New York 1936, s. 230.
37 Zginęło prawie pół miliona ludzi – Richard M. Watt, *Bitter Glory, Poland and Its Fate, 1918 to 1939*, Simon & Schuster, New York 1979, s. 80.
37 W brudnej, podupadłej Warszawie – Harrison, *There's Always*, s. 224.
37 Niewiele razy w życiu doświadczyłem – Arthur Bliss Lane, *I Saw Poland Betrayed*, Bobbs-Merrill, Indianapolis 1948, s. 29.
38 Podbój Wilna – Watt, *Bitter Glory*, s. 98.
38 Przekonany, że przywódca bolszewików – *ibid.*, s. 108.
38 rozkazał swoim oddziałom – Norman Davies, *White Eagle, Red Star*, Macdonald, London 1972, s. 140.
38 „Łatwiej jest osiodłać krowę" – Davies, *Heart of Europe*, s. 3.
38 „dźgnięcia Europy bagnetami" – Watt, *Bitter Glory*, s. 134.
39 „Nazwa żadnego innego kraju" – autobiografia Meriana Coopera (nieopublikowana), Cooper Papers, BYU.
40 Wychował się na małej plantacji – nekrolog Fauntleroya, wycinek z gazety, grudzień 1963, Cooper Papers, BYU.
41 Eskadrze Kościuszkowskiej i trzem eskadrom polskim – Jerzy B. Cynk, *The Polish Air Force at War: The Official History, 1939–1943*, Shiffer, Atglen, Pa. 1998, s. 35; dalej cyt. jako *PAF*.
41 Z wysokości dwustu metrów – autobiografia Coopera, Coooper Papers, BYU.
41 generał Antoni Listowski – Rosme Curtis, *Winged Tenacity*, Kingston Hill, London 1944, s. 6.
41 Największą zasługę przypisano – Cynk, *PAF*, s. 35.
41 Zdaniem brytyjskiego historyka – cyt. za: Davies, *White Eagle*, s. IX.
42 Będąc komisarzem politycznym na froncie południowym – Robert Conquest, *Stalin: Breaker of Nations*, Viking Press, New York 1991, s. 87.
42 Stalin zmienił ten rozkaz – Robert Payne, *The Rise and Fall of Stalin*, Avon Books, New York 1966, s. 295.
42 Kiedy podzielone armie sowieckie – Davies, *White Eagle*, s. 218–219.
43 Jego autorem był niejaki – Harrison, *There's Always*, s. 349.

ROZDZIAŁ TRZECI

44 „Istnienie Polski jest nie do przyjęcia" – Cynk, *PAF*, s. 58.
44 „śmiało liczyć na Niemcy" – *ibid.*
45 Przyszły premier Harold Macmillan – William Manchester, *The Last Lion: Winston Spencer Churchill: Alone, 1932–1940*, Dell, New York 1988, s. 468.
45 Tak samo wielu członków – *ibid.*, s. 88.
45 „Polacy zupełnie stracili poparcie" – Davies, *White Eagle*, s. 243.
46 „Pokój jest rzeczą cenną" – Watt, *Bitter Glory*, s. 40.
46 „będzie walczyć" – *ibid.*, s. 396.
46 „Z początku [...] Polska" – Philip Cannistraro, Edward D. Wynot, Theodore P.

Kovaleff, *Poland and the Coming of the Second World War: The Diplomatic Papers of A.J. Drexel Biddle Jr.*, Ohio State University Press, Columbus 1976, s. 62.

46 Trzydziestego pierwszego marca premier Chamberlain – Cynk, *PAF*, s. 62.

46 W późniejszych rozmowach – Jan Karski, *The Great Powers and Poland, 1919–1945*, University Press of America, Lanham, Md. 1985, s. 331.

46 „Dziś idziemy ku Przeznaczeniu" – Edward Raczyński, *In Allied London*, Weidenfeld & Nicolson, London 1962, s. 20.

47 Korespondent „New York Timesa" – Robert Kee, *1939: The World We Left Behind*, Little Brown, Boston 1984, s. 189.

47 Hugh Dalton – Wacław Jedrzejewicz, *Poland in the British Parliament, 1939–1945*, t. 1, Piłsudski Institute, New York 1946, s. 125–126.

47 Wreszcie w sierpniu – Anthony Read, David Fischer, *The Deadly Embrace*, Michael Joseph, London 1988, s. 108.

47 W lipcu 1939 roku, kiedy toczono negocjacje – David Kahn, *Seizing the Enigma: The Race to Break the German U-Boat Codes, 1939–1943*, Houghton Mifflin, Boston 1991, s. 79–80.

48 Wiele lat po wojnie – Gordon Welchman, *The Hut Six Story*, McGraw-Hill, New York 1982, s. 289.

48 W pamiętniku z tego okresu – Rulka Langer, *The Mermaid and the Messerschmitt*, Roy, New York 1942, s. 20.

48 Na początku lat trzydziestych – Watt, *Bitter Glory*, s. 292.

49 „Z murów twych, Stare Miasto" – Maria and Andrzej Szypowski, *As You Enter the Old Town...*, Artibus Foundation, Warsaw 2001, s. 109.

49 Codziennie o zmierzchu – Dorothy Adams, *We Stood Alone*, Longmans, Green, New York 1944, s. 293.

49 Popularną wśród zagranicznych dyplomatów – Watt, *Bitter Glory*, s. 293.

49 Od chwili objęcia urzędu w 1934 roku – Langer, *Mermaid*, s. 196.

49 Wiele rejonów kraju bezlitośnie dotknął ogólnoświatowy wielki kryzys – Watt, *Bitter Glory*, s. 293.

50 W tym niegdyś bardzo tolerancyjnym kraju – Zamoyski, *Polish Way*, s. 347.

50 „Nawet biorąc pod uwagę ułomności" – Raymond Leslie Buell, *Poland: Key to Europe*, Knopf, New York 1939, s. I.

50 Wielkie zmiany na lepsze odnotował – *Hoover Predicts Poland's Rebirth*, „New York Times", 12 października 1939.

52 Dwudziestego drugiego sierpnia 1939 – cyt. za: Alan Bullock, *Hitler and Stalin: Parallel Lives*, Knopf, New York 1991, s. 622.

52 Na wezwanie Starzyńskiego – Alexander Polonius, I *Saw the Siege of Warsaw*, W. Hodge, Glasgow 1941, s. 18.

53 W ciepłe, pogodne sierpniowe noce – Clare Hollingworth, *The Three Weeks' War in Poland*, Duckworth, London 1940, s. 9.

53 Przy późnej kolacji – Virginia Sapieha, *Polish Profile,* Heinemann, London 1940, s. 294.

53 Polacy są zachwycający – William L. Shirer, *Berlin Diary,* Knopf, New York 1941, s. 153.

53 Na dobre czy na złe – Walter Duranty, *Poland*, „The Atlantic Monthly", wrzesień 1939, s. 393.
53 Swój przydział nazwał „spełnieniem marzeń" – Zdzisław Krasnodębski, *History of Kościuszko Squadron*, Instytut Polski w Londynie, maj 1973.
54 Jeżeli gdzieś w pobliżu znajdowała się akurat żona – Witold Urbanowicz, *Zdzisław Krasnodębski*, „Skrzydła", 122/608.
54 Kiedy się poznali, chodziła do gimnazjum – wywiad z Wandą Krasnodębską (Stanisław Błasiak).
54 Mirosław Ferić, który zaczął wówczas prowadzić dziennik – dziennik Fericia, sygnatura A V 49/34/1, Instytut Polski w Londynie.
55 Niemcy mieli do dyspozycji – Cynk, *PAF*, s. 70.
55 Polskie myśliwce nie miały wciąganych podwozi – Zamoyski, *Forgotten Few*, s. 25.
55 „To żałosne" – William L. Shirer, *The Nightmare Years*, Little Brown, Boston 1984, s. 386.
56 Dwa razy wcielony do rosyjskiej kawalerii – wywiad z Witoldem Urbanowiczem (synem).
57 „Zaraz potem Rosjanie" – Witold Urbanowicz, *Świt zwycięstwa*, Znak, Kraków 1971, s. 38–39.
57 Drugi epizod zdarzył się – Urbanowicz, *Początek jutra*, s. 38–39.
58 Krasnodębski „mylił się" – przemówienie Witolda Urbanowicza w National Air and Space Museum w Waszyngtonie, 17 listopada 1981.
58 Później, w nocnym klubie – Urbanowicz, *Początek jutra*, s. 40.
58 Dwudziestego dziewiątego sierpnia rząd polski – telegram Anthony'ego Drexela Biddle'a do Cordella Hulla, 30 sierpnia 1939, Archiwum Korespondencji Dyplomatycznej, Biblioteka FDR.
58 Czwarta co do wielkości w Europie – *Poland's Might*, „Newsweek", 31 lipca 1939, s. 16.
58 W jej skład wchodziło trzydzieści dziewięć dywizji piechoty – Andrzej Suchcitz, *Poland's Contribution to the Allied Victory in the Second World War*, Instytut Polski w Londynie.
59 William Shirer z CBS – Shirer, *Nightmare Years*, s. 386.
59 Kawaleria, która przestała polegać wyłącznie na szarżach – David T. Zabecki, *Invasion of Poland*, „World War II", wrzesień 1999, s. 28.
59 O świcie pierwszego września 1939 roku – Urbanowicz, *Początek jutra*, s. 34.
59 nazywanego przez dęblińskie orlęta „Anglikiem" – wywiad z Tadeuszem Andersem.
60 „Witold, ty żyjesz!" – Urbanowicz, *Początek jutra*, s. 34–35.
60 W pierwszej fali ataku – Cynk, *PAF*, s. 73.
61 Niemcy stracili sześć bombowców – *ibid.*
61 Jednakże bezlitosna Luftwaffe – Lisiewicz i inni, *Destiny*, s. 11.
61 O braku szans na zwycięstwo – dziennik Fericia, sygnatura A V 49/34/1, Instytut Polski w Londynie.
61 „«Piękna polska jesień»"– *ibid.*
61 Warszawska Brygada Pościgowa – Cynk, *PAF*, s. 79.

62 „Każdy z nas w domu i w szkole" – Urbanowicz, *Początek jutra*, s. 54.
62 „Na samym początku wojny – Zamoyski, *Forgotten Few*, s. 23.
62 Trzeciego września – Zdzisław Krasnodębski, *Playing with Fire*, „Guinea Pig", lato 1973.
62 „Nie będę wojował z kobietami i dziećmi" – cyt. za: Julian Bryan, *Siege*, Doubleday, Garden City, N.Y. 1940, s. 10.
62 Jednakże w tajnej dyrektywie – Richard C. Lukas, *The Forgotten Holocaust: The Poles Under German Occupation*, 1939–1944, Hippocrene, New York 1997, s. 3.
62 „Bądźcie bez litości!" – cyt. za: Cynk, *PAF*, s. 61.
62 „To, co się działo" – Urbanowicz, *Początek jutra*, s. 54.
62 Ostrzeliwali dzieci – Anders, *Army in Exile*, s. 3.
63 Podczas jednego z nalotów – Stephen Baley, *Two Septembers*, Allen & Unwin, London 1941, s. 26.
63 W Sulejowie – Martin Gilbert, *The Second World War: A Complete History*, Henry Holt, New York 1987, s. 4.

ROZDZIAŁ CZWARTY

64 W czasie pierwszej wojny światowej stracił dłoń – Davies, *White Eagle*, s. 94.
64 „Zobaczyłem" – Adrian Carton de Wiart, *Happy Odyssey*, Jonathan Cape, London 1950, s. 156.
64 Zresztą premier Chamberlain – Nicholas Bethell, *The War Hitler Won: The Fall of Poland, September 1939*, Allen Lane, London 1972, s. 12.
65 „Nigdy nie widziałem takiego poruszenia" – Sir Edward Spears, *Assignment to Catastrophe*, Heinemann, London 1954, s. 18.
65 „Przez całe dwa dni" – L.S. Amery, *My Political Life*, vol. 3: *The Unforgiving Years, 1929–1940*, Hutchinson, London 1955, s. 324.
65 „Jestem poważnie zaniepokojony" – Adrian Ball, *The Last Day of the Old World*, Doubleday, Garden City, N.Y. 1963, s. 15–16.
65 Późnym wieczorem – Raczyński, *In Allied London*, s. 29.
65 „Czas ustępstw minął" – William L. Shirer, *Collapse of the Third Republic*, Simon & Schuster, New York 1969, s. 499.
66 „Tak nie może być!" – Ball, *The Last Day*, s. 27–28.
66 Wczesnym popołudniem przed ambasadą brytyjską – Polonius, *I Saw the Siege*, s. 34.
66 Upojeni radością, wymachując zaimprowizowanymi flagami brytyjskimi – Langer, *Mermaid*, s. 81–82.
66 dla żartu podrzucili – Polonius, I *Saw the Siege*, s. 35.
67 „Dla Polaków Zachód" – Davies, *Heart of Europe*, s. 345.
67 „ostatnie godziny" – Ball, *The Last Day*, s. 153.
67 angielska pisarka Margery Allingham – w: Brian Gardner, *Churchill in His Time: A Study in a Reputation, 1939–1945*, Methuen, London 1968, s. 20.
67 „nie przekładały się na prawdziwą «Wojnę!»" – Eric Sevareid, *No So Wild a Dream*, Atheneum, New York 1976, s. 109.

67 „przekonaniem, że żadnej osoby" – *ibid.*, s. 110.
67 Czwartego września – Kee, *1939*, s. 304.
67 wyłącznie „celów militarnych" – Amery, *My Political Life*, s. 329.
67 „Czując wielki wstręt do wojny" – *ibid.*, s. 328.
67 W jednej z depesz – telegram Kennarda do brytyjskiego MSZ, 13 września 1939, FO (Foreign Office) 371/22882, PRO (Public Record Office).
67 młody oficer, który – Bethell, *The War Hitler Won*, s. 166.
68 „Ta milcząca zgoda" – Hollingworth, *Three Weeks' War*, s. 72
68 Na posiedzeniu gabinetu wojennego – Manchester, *Last Lion*, s. 576.
68 „nie mają środków" – Kee, *1939*, s. 308.
68 „Klubem Ulotki Miesiąca" – Mollie Panter-Downes, *London War Notes, 1939–1945*, Farrar, Straus & Giroux, New York 1973, s. 6.
68 „Co ty robisz?" – Virginia Cowles, *Looking for Trouble*, Harper, New York 1941, s. 275.
68 To „haniebne wojować" – Spears, *Assignment to Catastrophe*, s. 31.
68 „Czy zdaje pan sobie sprawę" – *ibid.*, s. 32.
69 „Polacy w znakomitej większości" – Carton de Wiart, *Happy Odyssey*, s. 159.
69 Dzień przed rozpoczęciem exodusu – Cynk, *PAF*, s. 79.
69 „Tyle zniszczenia, a my bezsilni" – dziennik Fericia, sygnatura A V 49/34/1, Instytut Polski w Londynie.
69 W Lublinie brygada też zastała zamęt – Cynk, *PAF*, s. 89.
70 Na wieść o niemieckiej napaści – Zumbach, *On Wings*, s. 48.
70 „Uciekną, żeby się tu bić" – Urbanowicz, *Początek jutra*, s. 99–100.
70 „rozpaczliwy sprzęt"– *ibid.*, s. 79.
70 Przygnębiony Urbanowicz powrócił – *ibid.*, s. 56.
71 Przez trzy dni powstrzymywały – Zabecki, *Invasion of Poland*, s. 32.
71 „Nie szli z pochylonymi głowami" – Gilbert, *Second World War*, s. 7.
71 „Ta wojna wymaga porządku" – John McCutcheon Raleigh, *Behind the Nazi Front*, Dodd, Mead, New York 1940, s. 9.
71 „Przygotowana była tylko inwazja" – Ball, *The Last Day*, s. 85.
72 „Niemcy upolowały ofiarę" – „New York Times", 18 września 1939.
72 W Dubnie krasnoarmiejcy – Jan T. Gross, *Revolution from Abroad: The Soviet Conquest of Poland's Western Ukraine and Western Belorussia*, Princeton University Press, Princeton 1988, s. 40.
72 „oburzenie i zgrozę" – John Coutouvidis, Jaime Reynolds, *Poland, 1939–1947*, Holmes & Meier, New York 1986, s. 22.
72 „zapomniały o swoich zobowiązaniach" – Jedrzejewicz, *Poland in the British Parliament, 1939–1945*, s. 273.
73 „niezłomna duma" – Cowles, *Looking for Trouble*, s. 270.
73 „To była straszna chwila" – Zamoyski, *Forgotten Few*, s. 33.
73 „Los złożył w nasze ręce" – Baley, *Two Septembers*, s. 31.
73 „serce i duszę obrony" – Władysław Szpilman, *The Pianist: The Extraordinary True Story One Man's Survival in Warsaw, 1939–1945*, Picador, New York 1999, s. 38.
74 Nie wiedząc, czy mąż żyje – wywiad z Wandą Krasnodębską (Stanisław Błasiak).

74 Nadal ukazywały się gazety – Bryan, *Siege*, s. 28.
74 „niczym zwycięski Cezar" – Shirer, *Berlin Diary*, s. 216.
74 „jakby tkwił w środku stalowego bębna" – Hollingworth, *Three Weeks' War*, s. 130.
74 siwy całun dymu – Baley, *Two Septembers*, s. 42.
75 „Polakom być może ulży" – Kee, *1939*, s. 315–316.
75 „Cały świat"– *ibid.*, s. 316.
75 „Kiedy z Wielkiej Brytanii i Francji" – *ibid.*
75 Polacy mogą być pewni – Anita Prażmowska, *Britain and Poland, 1939–1943: The Betrayed Ally*, Cambridge University Press, Cambridge 1995, s. 36.
75 Na początku trzeciego tygodnia wojny – Tadeusz Bielecki, Leszek Szymanski, *Warsaw Aflame: The 1939–1943 Years, Los Angeles,* Polamerica Press 1973, s. 16–17.
75 „zasypując stolicę Polski deszczem rozgrzanego metalu" – Bethell, *The War Hitler Won*, s. 139.
76 W nieco ponad dwa tygodnie – Baley, *Two Septembers*, s. 52.
76 „Tam, gdzie miały być wspaniałe sierocińce" – Bielecki, Szymanski, *Warsaw Aflame*, s. 16.
76 „co stało się z tym pięknym miastem" – C.L. Sulzberger, *The American Heritage Picture History of World War II*, American Heritage, New York 1966, s. 58.
76 Choć w kampanii wrześniowej wojsko polskie – Cynk, *PAF*, s. 87.
76 Poza tym Niemcy stracili – Stephen Bungay, *The Most Dangerous Enemy: A History of the Battle of Britain*, Aurum Press, London 2000, s. 104.
76 „nieporównanie większe" – telegram z ambasady brytyjskiej w Jugosławii do brytyjskiego MSZ, 16 października 1939, FO 371/23092 PRO.
78 „Polska, niezależnie od dawnych wad" – John A. Lukacs, *The Great Powers and Eastern Europe*, American Book Co., New York 1953, s. 222.
78 „Pańscy Polacy niewiele zdziałali!" – Carton de Wiart, *Happy Odyssey*, s. 160.
78 Rzeczywistość była inna – Cynk, *PAF*, s. 79.
78 Legenda wzięła początek – Watt, *Bitter Glory*, s. 422.
78 Następnego dnia – Zabecki, *Invasion of Poland*, s. 31.
79 „Panowie, przekonaliście się na własne oczy" – Raleigh, *Behind the Nazi Front*, s. 210.
79 „Makabryczna przejażdżka" – *ibid.*, s. 200.
79 „Nic lepszego nie mogło spotkać Polski" – *ibid.*, s. 239.
79 Na krótko przed wkroczeniem Niemców – Bielecki, Szymanski, *Warsaw Aflame*, s. 18.
79 Ich zadaniem – Allen Paul, *Katyn: The Untold Story of Stalin's Polish Massacre*, Scribner's, New York 1991, s. 63.
80 „Trzeciego i czwartego września" – Gilbert, *Second World War*, s. 5.
80 „jego wywiad odnotował «krwawą orgię»" – *ibid.*, s. 8.

ROZDZIAŁ PIĄTY

81 Zumbach wleciał w rumuńską przestrzeń powietrzną – Zumbach, *On Wings*, s. 52.
82 odkrył w kieszeni liścik – Urbanowicz, *Początek jutra*, s. 79.
82 żołnierze Armii Czerwonej schwytali go w lesie – *ibid.*

82 Kiedy wartownik zasnął – *ibid.*
84 Sikorski, który w pierwszej połowie lat dwudziestych – Davies, *Heart of Europe*, s. 84.
84 Zamysł ten poparły Anglia i Francja – Zamoyski, *Forgotten Few*, s. 38.
85 Ale Berlin naciskał Bukareszt – Lisiewicz i inni, *Destiny*, s. 17.
85 Naziści nie ograniczali się – Cynk, *PAF*, s. 95.
85 W Bukareszcie generał Stanisław Ujejski – *ibid.*, s. 94.
85 Do obozu w Babadag – Dalecki, rękopis.
86 „Pozbądźcie się wszystkiego" – Zamoyski, *Forgotten Few*, s. 39.
86 narwany, uganiający się za spódniczkami – Zumbach, *On Wings*, s. 54.
86 Urbanowicz i Zumbach znaleźli się – Urbanowicz, *Początek jutra*, s. 193.
87 Gdy statek odbijał od nabrzeża – Zamoyski, *Forgotten Few*, s. 41.
87 „Wracał niepokój: o bliskich w kraju" – Urbanowicz, *Początek jutra*, s. 194.
87 Znaleźli się nawet tacy – Zamoyski, *Forgotten Few*, s. 43.
87 „niczym liście niesione przez wiatr" – Lisiewicz i inni, *Destiny*, s. 35.
88 który Urbanowicz nazwał „krajem naszych marzeń" – Urbanowicz, *Początek jutra*, s. 201.
88 Witold Łokuciewski i jego towarzysze – Dalecki, rękopis.
88 „Następną rocznicę niepodległości Polski" – *ibid.*
89 „Nigdy w życiu nie widziałem" – cyt. za: Robert Leckie, *Delivered from Evil: The Saga of World War II*, Harper & Row, New York 1987, s. 126.
90 „przyjęli Polaków" – Alan Brown, *Airmen in Exile: The Allied Air Force in the Second World War*, Sutton Phoenix Mills, U.K. 2000, s. 28.
90 „Nie nawiązaliśmy z oficerami francuskimi żadnych stosunków towarzyskich" – Urbanowicz, *Świt zwycięstwa*, s. 52.
90 „Żeby tak mieć" – Urbanowicz, *Początek jutra*, s. 212.
90 Ministerstwo Lotnictwa oświadczyło – Cynk, *PAF*, s. 150.
91 „Po wyjściu z Francji" – Urbanowicz, *Początek jutra*, s. 275.
91 do końca marca utworzyli – Cynk, *PAF*, s. 111.
91/92 „Dla tych z nas" – Zumbach, *On Wings*, s. 58.
92 „Rób, co chcesz" – Zamoyski, *Forgotten Few*, s. 58.
92 Gdy lotnicy polscy przydzieleni – *ibid.*
93 „Zostaliśmy pokonani" – Winston Churchill, *Their Finest Hour*, Houghton Mifflin, Boston 1949, s. 42.
93 „Nigdzie nie natrafiliśmy na opór" – Williamson Murray, Allan R. Millett, *A War to Be Won: Fighting the Second World War*, Belknap/Harvard University Press, Cambridge, Mass. 2000, s. 71.
93 „Wysyłali nas na cały dzień" – Zumbach, *On Wings*, s. 58.
93 „Po co ten pośpiech?" – *ibid.*, s. 59.
94 Wchodząc do kabiny, Zumbach krzyknął – Grzegorz Śliżewski, *The Lost Hopes: Polish Fighters over France in 1940*, Panda, Koszalin 2000, s. 139.
94 Dołączył do nich tylko jeden francuski pilot – Cynk, *PAF*, s. 130.
94 W końcu Krasnodębski nie wytrzymał – Śliżewski, *The Lost Hopes*, s. 139.
94 „Dla nich Niemiec" – Jerzy Radomski w dzienniku Fericia, sygnatura A V 49/34/2, Instytut Polski w Londynie.
94 „wyraźnie unikała nieprzyjaciela" – Śliżewski, *The Lost Hopes*, s. 103.

94 Tuż przed upadkiem Francji – Cynk, *PAF*, s. 128.
95 „Miałem znowu stanąć twarzą w twarz"– F.B. Czarnomski, *They Fight for Poland*, Allen & Unwin, London 1941, s. 164.
95 Generał Weygand wyraził opinię – protokoły gabinetu wojennego, 19 czerwca 1940, CAB 67/70, PRO.
95 nastrój „kompletnej rezygnacji i klęski" – Zumbach, *On Wings*, s. 61.
95 „Proszę przekazać swojej armii" – Ciechanowski, *Defeat in Victory*, s. 15.
95 „turyści Sikorskiego" – Zamoyski, *Forgotten Few*, s. 54–55.
96 Kiedy Zumbach chciał w Bordeaux – Zumbach, *On Wings*, s. 62.
96 Witold Łokuciewski, który – Dalecki, rękopis.
96 Na jeszcze innym lotnisku Polacy – wywiad z Ignacym Olszewskim.
96 Jeden z pilotów – Wojciech Januszewicz w dzienniku Fericia, sygnatura A V 49/34/2, Instytut Polski w Londynie.
96 Dowódca brygady – Margaret Brodniewicz-Stawicki, *For Your Freedom and Ours: The Polish Armed Forces in the Second World War*, Vanwell, St. Catharine's, Ontario 1999, s. 93.
96 Jeden z pilotów dotarł – Zamoyski, *Forgotten Few*, s. 53.

ROZDZIAŁ SZÓSTY

98 „Nie masz większych durniów na świecie od Anglików" – W. Averell Harriman, Elie Abel, *Special Envoy to Churchill and Stalin, 1941–1946*, Random House, New York 1975, s. 113.
99 Z perspektywy Londynu – Norman Gelb, *Scramble: A Narrative History of the Battle of Britain*, Harcourt Brace Jovanovich, San Diego 1985, s. 18–19.
99 „pełne wyższości, wyspiarskie samozadowolenie" – Richard Hough, Denis Richards, *The Battle of Britain*, Hodder & Stoughton, London 1989, s. 100.
99 W rezultacie – Gilbert, *Second World War*, s. 261.
99 „Żaden wielki naród" – Churchill, *Their Finest Hour*, s. 145.
99 „Trudno o bardziej ponurą sytuację" – David Dilks, *The Diaries of Sir Alexander Cadogan, 1938–1945*, Putnam, New York 1971, s. 308.
99 „Do kwietnia" – Churchill, *Their Finest Hour*, s. 228–229.
100 „Wszyscy chodzą z takimi minami" – Richard Collier, *1940: The Avalanche*, Hamish Hamilton, London 1979, s. 113.
100 Książę Bedfordu posunął się aż do – David Cannadine, *The Decline and Fall of the British Aristocracy*, Yale University Press, New Haven 1990, s. 623.
100 „Na posiedzeniu gabinetu dwudziestego siódmego maja – Murray, Millett, *War to Be Won*, s. 83.
100 „Pytacie, co jest naszym celem?" – Churchill, *Their Finest Hour*, s. 26.
101 Wytrącając Brytyjczyków z letargu – Berlin cyt. za: Manchester, *Last Lion*, s. 682.
101 „Brytyjczycy wreszcie zdali sobie sprawę" – Brian Gardner, *Churchill*, s. 66.
101 stanowili największą – sześciokrotnie liczniejszą – Brown, *Airmen in Exile*, s. 143.
101 Wkrótce po batalii o Francję – John Colville, *The Fringes of Power: 10 Downing Street Diaries, 1939–1945*, W.W. Norton, New York 1985, s. 238.

101/102 Polacy „to nasi najbitniejsi sprzymierzeńcy" – *ibid.*, s. 171.
102 „Brytania nie zabiega o sojusze" – Brown, *Airmen in Exile*, s. 35.
102 „Poza tym, że jest taki kraj jak Polska" – porucznik Goeffrey Marsh, *The Collaboration with the English: Squadron 303, Kosciuszko*, „Skrzydła", 1–14 września 1942.
102 „znali Szekspira i Sherlocka Holmesa – Bohdan Arct, *Polish Wings in the West*, Interpress, Warsaw 1971, s. 18.
102 „typowy Anglik" – Zamoyski, *Forgotten Few*, s. 57.
103 „Ciągle jeszcze wirowało mi w głowie" – *ibid.*
103 A tymczasem – raport Ministerstwa Lotnictwa na temat Polskich Sił Zbrojnych, 29 marca 1940, AIR 2/4213, PRO.
103 „pewne wątpliwości" – cyt. za: Arct, *Polish Wings*, s. 40.
104 Kiedy spytał, czy są jakieś pytania – Urbanowicz, *Świt zwycięstwa*, s. 61.
104 Różnica pomiędzy Służbą Pomocniczą a Rezerwą Ochotniczą – Gelb, *Scramble*, s. 51.
105 Część polskich lotników – Urbanowicz, *Świt zwycięstwa*, s. 62.
105 „Przyszłość tych Polaków" – pismo Ministerstwa Lotnictwa, 29 lutego 1940, AIR 14/333, PRO.
105 „Bardzo mnie niepokoi" – raport Porriego, 24 maja 1940, AIR 2/7196, PRO.
106 „Jesteście tu po to" – Zamoyski, *Forgotten Few*, s. 64.
106 „Bądźmy dżentelmenami, panowie" – *ibid.*, s. 60.
106 „Niemcy przerzucali" – Cynk, *PAF*, s. 171.
107 „Z punktu widzenia Królewskich Sił Powietrznych" – Gelb, *Scramble*, s. 10.
107 W ciągu zaledwie trzech tygodni – *ibid.*, s. 23.
107 „Samoloty utracone we Francji" – *ibid.*, s. 10.
107 W sumie RAF stracił prawie tysiąc maszyn – *ibid.*, s. 23.
107 Wprawdzie Brytyjczycy nie najgorzej – *ibid.*, s. 53.
108 W pierwszym dniu szkolenia – wywiad z Witoldem Urbanowiczem, dokument telewizyjny *The Polish Air Force with the Allied Forces.*
108 Obfitość żółtych róż – Urbanowicz, *Świt zwycięstwa*, s. 95.
110 W pierwszym locie bojowym – *ibid.*, s. 100.
111 Ósmego sierpnia piloci myśliwscy RAF-u – John Willis, *Churchill's Few: The Battle of Britain Remembered*, Michael Joseph, London 1985, s. 87.
111 „chłopaczków" – Cowles, *Looking for Trouble*, s. 406.
111 Dla Winstona Churchilla – Drew Middleton, *The Sky Suspended*, Longmans, Green, London 1960, s. 8.
111 Zanim rozpoczęła się walka – cyt. za: Willis, *Churchill's Few*, s. 46.
111 „Mam absolutną pewność" – Gelb, *Scramble*, s. 77.
112 Na początku sierpnia rząd brytyjski – Cynk, *PAF*, s. 152.

ROZDZIAŁ SIÓDMY

113 Major lotnictwa Ronald Kellett – Ronald Kellett, *303 Squadron*, „Skrzydła", 106/592.
113 „O polskim lotnictwie wiem jedynie tyle" – John Kent, *One of the Few*, Kimber, London 1971, s. 100.
113 Sprawę pogarszał – Kellett, *303 Squadron*.

114 Kellett, w cywilu londyński makler giełdowy – wywiady z Victorem Kellettem, Jonathanem Kellettem, Louise Pemberton i Judy Williams.
114 „flirciarz jakich mało" – wywiad z Louise Pemberton.
114 Kiedyś, wracając z któregoś z takich weekendów – wywiad z Judy Williams.
115 „Ojciec traktował wojnę bardzo, bardzo serio" – wywiad z Jonathanem Kellettem.
115 uznał to za „absolutnie niewybaczalne" – *ibid.*
115 Wychowany na prerii pod Winnipeg – Kent, *One of the Few*, s. 13.
115 „bardzo się zniechęcił i rozczarował"– *ibid.*, s. 100.
116 Z dwudziestu jeden pilotów – książka lotów bojowych Dywizjonu 303, 2 sierpnia 1940, AIR 27/1663, PRO.
116 „nasz złotousty megafon" – dziennik Fericia, 28 września 1940, sygnatura A V 49/34/2, Instytut Polski w Londynie.
117 „Wczoraj Zumbach wrócił z urlopu" – *ibid.*, 13 października 1940, sygnatura A V 49/34/2, Instytut Polski w Londynie.
118 napisał któregoś wieczoru jeszcze w Polsce – *ibid.*, sygnatura A V 49/34/1, Instytut Polski w Londynie.
118 „Chodziłem cały tydzień za nimi" – *ibid.*, sygnatura A V 49/34/2, Instytut Polski w Londynie.
118 „Dlaczegoż obdarzają mnie" – *ibid.*, 28 września 1940, sygnatura A V 49/34/2, Instytut Polski w Londynie.
118 „Baby leciały na niego" – wywiad z Franciszkiem Kornickim.
119 Pewnego gorącego dnia lata – Urbanowicz, *Świt zwycięstwa,* s. 35.
120 „Nie pozwolę im rozbijać się po niebie" – Richard Collier, *Eagle Day: The Battle of Britain,* Dutton, New York 1966, s. 22.
120 „nie spuszczą nas ze smyczy" – Zumbach, *On Wings*, s. 65.
120 „Nie znosimy, żeby nam rozkazywano" – Zamoyski, *Forgotten Few,* s. 100.
120 „ponury, nerwowy, nietaktowny" – Urbanowicz, *Świt zwycięstwa*, s. 148.
121 Polscy lotnicy buntowali się – książka rozkazów dziennych Dywizjonu 303, Instytut Polski w Londynie.
121 „Byli prawem dla samych siebie" – Zamoyski, *Forgotten Few*, s. 79.
121 Według Kenta – Kent, *One of the Few*, s. 102.
121 Pewna młoda Angielka – dziennik Fericia, sygnatura A V 49/34/2, Instytut Polski w Londynie.
121 Polecono im jeździć – Anthony Robinson, *RAF Fighter Squadrons on the Battle of Britain*, Brockhampton Press, London 1999, s. 249.
121 „To się nazywa animusz" – Collier, *Eagle Day*, s. 22.
121 „Anglicy marnowali nasz czas" – Zumbach, *On Wings*, s. 66.
122 „Musieliśmy odwrócić" – *ibid.*, s. 65.
122 „Jak, do diabła" – Kent, *One of the Few*, s. 103.
123 „A że tylko dzięki" – dziennik Fericia, sygnatura A V 49/34/1, Instytut Polski w Londynie.
123 Choć stracił z nią kontakt – wywiad z Wandą Krasnodębską (Stanisław Błasiak).
123 Kellett przyswoił sobie słowa – Kellett, *303 Squadron*.

123 Bardziej skrupulatny i sumienny – Kent, *One of the Few*, s. 103.
123 Postawił się nawet – Kellett, *303 Squadron*.
124 Innym razem Kellett wyraził – *ibid*.
124 jeden z kanadyjskich chwalił się – Collier, *Eagle Day*, s. 89.
124 Dlatego sprowadził – Kellett, *303 Squadron*.
124 „Nadszedł decydujący moment" – Ronald Clark, *Battle for Britain*, Franklin Watts, New York 1966, s. 114.
125 „siedzenie z otwartymi oczami w ciemnej piwnicy" – Gelb, *Scramble*, s. 197.
126 Kiedy na lotnisko w Croydon – *ibid*., s. 168.
126 „Brałeś nieświadomego młokosa" – „Daily Telegraph", 25 lipca 2000.
126 „Niektórych w ogóle nie pamiętam" – Gelb, *Scramble*, s. 219.
126 dni „wytężonej walki i nieustannych obaw" – Churchill, *Their Finest Hour*, s. 325.
126 Zdarzało się – Gelb, *Scramble*, s. 209.
126 Niemcy z reguły operowali – Hough, Richards, *Battle of Britain*, s. 221.
126 W ciągu dwóch tygodni – Gelb, *Scramble*, s. 209.
126 „Straty w ludziach" – cyt. za: *ibid*., s. 210.
126 Ronald Kellett wybuchnął – Collier, *Eagle Day*, s. 215.
127 Zdegustowany Jan Zumbach – Zumbach, *On Wings*, s. 67.
127 porucznik Ludwik Paszkiewicz – raport Paszkiewicza po akcji, 30 sierpnia 1940, AIR 50/117, PRO.
128 „Loty ćwiczebne są lotami ćwiczebnymi!" – Battle of Britain Historical Society, relacja z Internetu (www.battleofbritain.net/bobhsoc).
128 „Tak strzelałem po raz pierwszy" – dziennik Fericia, 30 sierpnia 1940, sygnatura A V 49/34/1, Instytut Polski w Londynie.
128 Człowiek, którego „trzeźwość" – Zumbach, *On Wings*, s. 68.

ROZDZIAŁ ÓSMY

129 „Niedługo" – *The Tenacity of Courageous 303*, Battle of Britain Historical Society, relacja z Internetu (www.battleofbritain.net/bobhsoc).
130 co najmniej dwieście maszyn – Cynk, *PAF*, s. 175.
131 „Wybierzcie cele" – Battle of Britain Historical Society, relacja z Internetu (www.battleofbritain.net/bobhsoc).
131 „Jego kadłub już zajmuje" – dziennik Fericia, 31 sierpnia 1940, sygnatura A V 49/34/2, Instytut Polski w Londynie.
131 W niespełna kwadrans – Cynk, *PAF*, s. 176.
131 „Jeśli tak będzie dalej" – dziennik Fericia, 31 sierpnia 1940, sygnatura A V 49/34/2, Instytut Polski w Londynie.
131 „Wspaniała walka, Dywizjonie 303" – *ibid*., bez daty, sygnatura A V 49/34/3, Instytut Polski w Londynie.
132 Trzydziestego pierwszego sierpnia – Cynk, *PAF*, s. 176.

133 Kiedy Ferić, zbliżywszy się – Arkady Fiedler, *Squadron 303: The Polish Fighter Squadron with the RAF*, Roy, New York 1943, s. 33.
133 w zamglonej dali pojawiły się dwa samoloty – *ibid.*, s. 35.
134 „Dowódca Grupy docenia" – dziennik Fericia, sygnatura A V 49/34/3, Instytut Polski w Londynie.
134 Szóstego września, tuż przed dziewiątą rano – raport Kelletta z akcji, 6 sierpnia 1940, AIR 50/117, PRO.
135 Prowadzący klucz „żółty" Zdzisław Krasnodębski – Krasnodębski, „Guinea Pig" lato 1973.
136 Mocując się z pasami – dziennik Fericia, bez daty, sygnatura A V 49/34/2, Instytut Polski w Londynie.
136 Kiedy spadał – Krasnodębski, „Guinea Pig", lato 1973.
136 „w pierwszym momencie biorąc mnie za Niemca" – dziennik Fericia, bez daty, sygnatura A V 49/34/2, Instytut Polski w Londynie.
136 Do tego samego szpitala trafił – Kellett, *303 Squadron*.
137 Polakom zatwierdzono – Cynk, *PAF*, s. 179.
138 „Nie odniósł w powietrzu" – Urbanowicz, „Skrzydła".
138 Później lekarz dywizjonu – Urbanowicz, *Świt zwycięstwa*, s. 138.
138 „W życiu nie widziałem tylu maszyn" – Gelb, *Scramble*, s. 276.
139 „Atakują nasze miasta?!" – Sulzberger, *World War II*, s. 99.
139 „W walkach pomiędzy" – Churchill, *Their Finest Hour*, s. 330.
139 Zawiedzionego Polaka aż „skręcało" – Zumbach, *On Wings*, s. 70.
140 Za nim podążyli – Cynk, *PAF*, s. 180.
140 Gdy przyszła kolej Zumbacha – Zumbach, *On Wings*, s. 70.
141 „dorniery spadały z nieba" – Zamoyski, *Forgotten Few*, s. 82.
141 Marian Pisarek – Zumbach, *On Wings*, s. 71–72.
141 „Tańcowaliśmy z radości" – Zumbach, *On Wings*, s. 71.
142 „wpojono im umiłowanie wolności" – cyt. za: Gelb, *Scramble*, s. 290.
142 Gdy podzielił się swoimi wątpliwościami – Kellett, *303 Squadron*.
142 „potraktować te wyniki" – Collier, *Eagle Day*, s. 216.
142 „Raptem" – S.F. Vincent, *Flying Fever*, Jarrolds, London 1972, s. 96.
142 „Mój Boże" – Collier, *Eagle Day*, s. 217.
143 „BBC przesyła" – dziennik Fericia, bez daty, sygnatura A V 49/34/3, Instytut Polski w Londynie.
143 „Zawziąłem się" – dziennik Fericia, 12 września 1940, sygnatura A V 49/34/2, Instytut Polski w Londynie.
143 „«Ox», popularnie «Szkotem» zwany" – *ibid.*, 14 września 1940.
143 „A jednak w końcu mnie dopadł!" – *ibid.*, 21 września 1940.
143 „Słońce było takie jak dziś" – *ibid.*, 7 września 1940.
144 „Wszyscy byli zgodni" – Colville, *Fringes*, s. 245.
144 W pałacu Buckingham – Raczyński, *In Allied London*, s. 70.
145 Cytowano też słowa majora RAF-u – Curtis, *Winged Tenacity*, s. 7.
145 „wybornie znali się na samolotach" – Zamoyski, *Forgotten Few*, s. 93.
145 „W przeciwieństwie do brytyjskich pilotów" – *ibid.*, s. 94.

145 Wyrażając się z wielkim podziwem – Philip Kaplan, Richard Collier, *Their Finest Hour: The Battle of Britain Remembered*, Abbeville Press, New York 1989, s. 180.
145 „Dla mnie pułkownik Urbanowicz" – Donald Lopez, przemówienie w National Air and Space Museum w Waszyngtonie, 17 listopada 1981.
146 „Atakując wrogie bombowce" – Zamoyski, *Forgotten Few*, s. 90.
146 „odłupując kawałki" – raport Forbesa z akcji, 7 września 1940, AIR 50/117, PRO.
146 Kilka razy zdarzyło się – raport Forbesa z akcji, 11 sierpnia 1940, AIR 50/117, PRO.
146 Dowodząc tymi „niebywale dzielnymi ludźmi" – list Johna Kenta w broszurze dla Polish Airmen's Week, 1965.
146 Sztywne formacje – Zamoyski, *Forgotten Few*, s. 72.
146 „Wymagał tego zdrowy rozsądek" – *ibid.*, s. 90.
147 „wystrzelił jak błyskawica" – Kent, *One of the Few*, s. 114.
147 „Jeżeli dowódcy nie mają wsparcia" – list Kelletta, „Daily Telegraph", 24 czerwca 1946.
148 „Nie wierzę" – Kellett, *303 Squadron*.
148 „mój mechanik" – dziennik Fericia, bez daty, sygnatura A V 49/34/1, Instytut Polski w Londynie.
148 Po sformowaniu dywizjonu – Kellett, *303 Squadron*.
148 Miały poodstrzelane stateczniki – Fiedler, *Squadron 303*, s. 125.

ROZDZIAŁ DZIEWIĄTY

150 Kiedy trzy klucze Polaków – raport Kenta z akcji, 15 września 1940, AIR 50/117, PRO.
150 wpadli w „straszliwą kołomyję" – Zumbach, *On Wings*, s. 73.
150 Zumbach zatańczył własną „poleczkę" – dziennik Fericia, 15 września 1940, sygnatura A V 49/34/2, Instytut Polski w Londynie.
150 „Jakie mamy rezerwy?" – Churchill, *Their Finest Hour*, s. 336.
150 Nad Gravesend – raport Kelletta z akcji, 15 września 1940, AIR 50/117, PRO.
151 „Nigdy nie widziałem takiej powietrznej zabawy" – raport Tadeusza Andruszkowa z akcji, 15 września 1940, AIR 50/117, PRO.
151 Dywizjonowi zaliczono – Cynk, *PAF*, s. 184.
152 Jeden z pilotów – Zumbach, *On Wings*, s. 76.
152 Wszystko „poszło idealnie" – Kellett, *303 Squadron*.
153 Po latach Witold Urbanowicz – Xavier Pruszynski, *Poland Fights Back*, Roy, New York 1944, s. 85.
153 Nad Horsham – Cynk, *PAF*, s. 187.
153 „spadł jak błyskawica" – Pruszynski, *Poland Fights Back*, s. 87.
153 Straty w ludziach – Zamoyski, *Forgotten Few*, s. 92.
154 „Oddał swe życie" – dziennik Fericia, 29 września 1940, sygnatura A V 49/34/2, Instytut Polski w Londynie.
154 „Wielu zadaje mi pytanie" – przemówienie Urbanowicza w National Air and Space Museum, 17 listopada 1981.

154 „Bywało, że czekałeś w gotowości" – „Daily Telegraph", 25 września 2000.
154 stres najbardziej dał się we znaki Jozefowi Františkowi – Fiedler, *Squadron 303*, s. 110.
154 Stanley Vincent wspominał – Vincent, *Flying Fever*, s. 97.
155 „Na stacji dziewczęta" – raport Františka z akcji, 9 września 1940, AIR 50/117, PRO.
156 „właściwie wyrodził się" – Fiedler, *Squadron 303*, s. 110.
156 „niezwyciężoną chorobą, nieodpartym popędem" – *ibid.*, s. 115.
156 Czech tłumaczył się – *ibid.*, s. 114.
156 Oświadczyli oficjalnie – *ibid.*, s. 115.
157 Patrzyli, jak wolno – Kent, *One of the Few*, s. 126.
157 Ta śmierć jest – *ibid.*
157 W ciągu zaledwie sześciu tygodni – Cynk, *PAF*, s. 193
157 „Choć wyposażony w hurricane'y" – Bungay, *Most Dangerous*, s. 346.
158 spytał premiera – Kellett, *303 Squadron*.
159 RAF, który w walkach – Cynk, *PAF*, s. 194.
160 Po wojnie grupa – Kaplan, Collier, *Their Finest Hour*, s. 206.
160 Na początku września 1940 roku – Stanley Cloud, Lynne Olson, *The Murrow Boys: Pioneers on the Front Lines of Broadcast Journalism*, Houghton Mifflin, Boston 1996, s. 92.
161 „W rozmowach z generałem Dowdingiem" – Churchill, *Their Finest Hour*, s. 456.
161 Sam Dowding – cyt. za: Lisiewicz i inni, *Destiny*, s. 68.
161 „Nie było żadnych wątpliwości" – Kent, *One of the Few*, s. 121.
161 Wśród czterystu pilotów – Zamoyski, *Forgotten Few*, s. 97.
161 Na przykład dwudziestego szóstego września – *ibid.*
161 „Zastanawiam się" – Thomas Gleave, „Skrzydła", 15 maja 1946, 9/482.
161 Takiego zdania był – wywiad z Victorem Kellettem.
161 „Brak wyszkolonych pilotów" – Cynk, *PAF*, s. 194.
162 „Gdyby nie wspaniałe polskie dywizjony" – Zamoyski, *Forgotten Few*, s. 97.
163 „Były wszelkie możliwe kłopoty" – Gelb, *Scramble*, s. 48.
163 „Zawsze mówił mu, co myśli" – wywiad z Franciszkiem Kornickim.
163 „Miałem z wami moc utrapień" – dziennik Fericia, bez daty, sygnatura A V 49/34/3, Instytut Polski w Londynie.
163 Pewnego wieczoru w nocnym klubie – Collier, *Eagle Day*, s. 177.
163 „fantastyczne przyjęcie" – Kent, *One of the Few*, s. 127.
163 „Z prawdziwym żalem" – dziennik Fericia, bez daty, sygnatura A V 49/34/3, Instytut Polski w Londynie.
163 „Ogromne dzięki" – ibid., 7 kwietnia 1941.
164 *Polak zawsze* – *ibid.*, 19 marca 1941.
164 „Nigdy dotąd nie wzbiłem się" – list Stanleya Vincenta w broszurze dla Polish Airmen's Week, 1965.
164 „Innego ostrzeżenia nie dostał" – Kellett, *303 Squadron*.
164 „Kilku z nas" – Kent, *One of the Few*, s. 147.
165 „przegrani i zdradzeni" – Czarnomski, *They Fight for Poland*, s. 287.

ROZDZIAŁ DZIESIĄTY

166 Pamiętając, jak źle potraktowali – wywiad z Ludwikiem Martelem.
166 „Polacy latający w RAF-ie" – Robert Post, *Poland Avenging Angels*, „New York Times Magazine", 29 czerwca 1941.
166 „Polscy lotnicy" – Reynolds, *London Diary*, s. 73.
166 W dziennikach i tygodnikach – patrz Zamoyski, *Forgotten Few*, s. 109.
169 „Chwała bohaterom!" – „Skrzydła", 1–14 października 1942, 19/396.
169 są „fraszką" – dziennik Fericia, 14 marca 1941, sygnatura A V 49/34/3, Instytut Polski w Londynie.
170 „Co druga posiadała tytuł" – dziennik Fericia, bez daty, sygnatura A V 49/34/3, Instytut Polski w Londynie.
170 „należało do najweselszych" – „The Tatler", 5 marca 1941.
171 Na pewnym przyjęciu w Londynie – wywiad z Tadeuszem Anderszem.
172 Wyjrzeli przez okno – Zamoyski, *Forgotten Few*, s. 110.
172 gracze uparli się – *ibid.*, s. 84.
172 „Dwudziestego trzeciego sierpnia polski oficer" – „Skrzydła", 1–14 maja 1942, 9/386.
173 „Na ziemi" – *ibid.*
173 obserwując z ogrodu „letnią powietrzną bitwę" – cyt. za: Hough, Richards, *Battle of Britain*, s. 212.
173 „widok jak z trybuny głównej" – Colville, *Fringes*, s. 225.
173 „Londyn żyje dobrze" – Robert Rhodes James, *„Chips": The Diaries of Sir Henry Channon*, Phoenix, London 1999, s. 272.
173 „Od czerwca nie ma" – Reynolds, *London Diary*, s. 124.
174 Któregoś wieczoru w Carlton Club – Harold Macmillan, *Blast of War: 1939–1945*, Harper & Row, New York 1968, s. 86.
174 „Gdy idziesz ulicami" – Reynolds, *London Diary*, s. 65.
174 „Życie?" – „Skrzydła", 15 stycznia 1946.
174 „W Londynie" – Zamoyski, *Forgotten Few*, s. 119.
175 „Przez cały dzień mówię" – Colville, *Fringes*, s. 296.
175 Dyrektorka prywatnej szkoły – Zamoyski, *Forgotten Few*, s. 173.
175 „Pół godziny spokoju nie miałem" – *ibid.*, s. 63.
175 „całą uwagę poświęciła" – Nancy Caldwell Sorel, *The Women Who Wrote the War*, Arcade, New York 1999, s. 220.
175 „Nie można się było opędzić od bab" – Zamoyski, *Forgotten Few*, s. 69.
175 „Te angielskie panny" – *ibid.*, s. 173.
176 „Myślę, że Angielki"– przemówienie Urbanowicza w National Air and Space Museum, 17 listopada 1981.
176 „To było wyzwolenie" – Angela Lambert, *1939: The Last Season of Peace*, Weidenfeld & Nicolson, London 1989, s. 211.
176 Młoda waafka – Urbanowicz, *Świt zwycięstwa*, s. 177.
176 Grupę młodych Angielek – *ibid.*, s. 188.
176 Któregoś wieczoru w Orchard – Zumbach, *On the Wings*, s. 80–81.

177 „Płeć przeciwna nie może się oprzeć" – Kellett, *303 Squadron*.
177 „niebieskimi oczami" – Zamoyski, *Forgotten Few*, s. 176.
178 „Dla z przyzwyczajenia powściągliwego" – *ibid.*, s. 169.
178 „Brytyjscy oficerowie" – *ibid.*, s. 177.
178 „Zwracają uwagę" – *ibid.*
178 „Martwi nas" – *ibid.*, s. 176.
178 W gazetach donoszono – Arct, *Polish Wings*, s. 113.
178 „Jestem polskim lotnikiem" – Reynolds, *London Diary*, s. 75.
179 Gdy któregoś wieczoru w pubie – dziennik Fericia, 1 września 1940, sygnatura A V 49/34/2, Instytut Polski w Londynie.
179 Polska była dla niego jedynie „wyobrażeniem" – „Skrzydła", 15–30 listopada 1942.
179 „Ale panowie nie rozmawiają" – „Skrzydła" 133/375.
179 „Gorąco pragnął" – „Skrzydła", 15–30 września 1942.
179 „Malarze przyjeżdżali ich rysować" – Marsh, *Collaboration with the English*.
179 „nie tracąc żadnego samolotu ani pilota" – Reynolds, *London Diary*, s. 73.
179/180 W jednym z tytułów udało się – Zamoyski, *Forgotten Few*, s. 116.
180 „demonicznych bojowników" – „New York Times Magazine", 29 czerwca 1941.
180 gdyby „lepiej poznali Polaków" – Fiedler, *Squadron 303*, s. 181.
180 W gospodzie zamiast pięknych pań – Zumbach, *On the Wings*, s. 78–79.

Część druga

ROZDZIAŁ JEDENASTY

185 Jeden z nich – Peter Williams, Ted Harrison, *McIndoe's Army*, Pelham, London 1979, s. 31.
186 „Był bogiem" – *ibid.*, s. 15.
186 „najbardziej ekskluzywny klub" – *ibid.*, s. 14.
186 „strasznej rozpaczy" – *ibid.*, s. 29.
186 „nie ten sam Krasnodębski" – Urbanowicz, „Skrzydła".
187 Stąd też Pierwsze Polskie Skrzydło – Cynk, *PAF*, s. 205.
188 Stateczna cisza – Zamoyski, *Forgotten Few*, s. 118.
188 Podczas jednego z takich jubli – wywiad z Ignacym Olszewskim.
188 Przy innej okazji – Zamoyski, *Forgotten Few*, s. 120.
188 Polskim dywizjonom, biorącym udział – *ibid.*, s. 108.
188 „Trzeba lecieć" – Pruszynski, *Poland Fights Back*, s. 152.
189 Polacy rozwinęli „bardzo skuteczną technikę" – Zumbach, *On the Wings*, s. 83.
189 Mimo niedogodności – *ibid.*, s. 107.
189 „W drodze do Francji" – Tadeusz Andersz, dokument telewizyjny *White Eagles in Borrowed Skies*.
189 W drugim półroczu 1941 – David Oliver, *Fighter Command, 1939–1945*, Harper-Collins, London 2000, s. 179.

190 W wywiadzie udzielonym polskiemu korespondentowi – Pruszynski, *Poland Fights Back*, s. 148.
190 „Zginął kronikarz Dywizjonu im. Kościuszki" – Marsh, „Skrzydła".
191 „Wiemy, że sporo z nas zginie" – dziennik Fericia, bez daty, sygnatura A V 49/34/2, Instytut Polski w Londynie.
192 Wiadomość o śmierci Fericia – wywiad z Krzysztofem Fericiem.
193 Po wojnie – *Jeden z Dywizjonu*, „Razem" (tygodnik), 1981.
193 „czarno-biała fotografia" – wywiad z Krzysztofem Fericiem.
194 śmierć „Oxa" bardzo ją przygnębiła – wywiad z Franciszkiem Kornickim.
194 Wieczorem w przeddzień akcji – Dalecki, rękopis.
195 „Kochany «Tolu» to drugi z naszych" – dziennik Fericia, bez daty, sygnatura A V 49/34/3, Instytut Polski w Londynie.
195 „W mig rozchwytane" – Stefan Korbonski, *Fighting Warsaw*, Funk & Wagnalls, New York 1968, s. 345.
196 „Wyszliśmy walczyć" – audycja z udziałem Fericia, *Historia Dywizjonu 303*, Instytut Polski w Londynie.
196 „Wspomnienia o kraju i wiara" – „Skrzydła", 15–31 maja 1942.
196 Młoda Angielka – Zamoyski, *Forgotten Few*, s. 174.
197 „Polscy lotnicy" – *ibid.*, s. 116.
197 Szóstego listopada 1939 roku – Lukas, *Forgotten Holocaust*, s. 8–9.
197 Tylko garstka profesorów – George Weigel, *Witness to Hope: The Biography of Pope John Paul II*, Harper-Collins, New York 1999, s. 54.
197 Polacy znikną –Lukas, *Forgotten Holocaust*, s. 4.
198 W pierwszych miesiącach i latach wojny – Gitta Sereny, *Albert Speer: His Battle with Truth*, Knopf, New York 1995, s. 246.
198 „lodowaty, sprawny w działaniu", Shirer – *Berlin Diary*, s. 566.
198 Do inteligencji Niemcy zaliczyli – Neal Ascherson, *The Struggles for Poland*, Michael Joseph, London 1987, s. 100.
199 „Żaden z przeciwników Niemiec" – Lukacs, *Great Powers*, s. 388–389.
199 W Warszawie „salwy karabinowe", Korbonski, *Fighting Warsaw*, s. 173.
199 dwieście piętnaście osób zabito – Lukas, *Forgotten Holocaust*, s. 37.
199 „W Pradze po rozstrzelaniu" – Bielecki, Szymanski, *Warsaw Aflame*, s. 32.
199 „Tydzień w tydzień" – cyt. za: Watt, *Bitter Glory*, s. 444.
200 „Jesteśmy świadkami" – Jedrzejewicz, *Poland in the British Parliament*, t. 2, s. 3.
200 Nie wolno im było – Paul, *Katyn*, s. 63.
200 Polski Żyd – Lukas, *Forgotten Holocaust*, s. 10.
200 Przyrzekając zamienić Polskę – *ibid.*
201 „Wyobraźmy sobie" – Stephen Vincent Benét, *Blueprint for Slaves*, „The New Republic", 21 września 1942.
201 Polacy już w przeddzień upadku – Ascherson, *The Struggles for Poland*, s. 100.
201 Polski ruch oporu – Korbonski, *Fighting Warsaw*, s. 117.
201 W dzień pracowała – wywiad z Wandą Krasnodębską (Stanisław Błasiak).
202 W reakcji na zamknięcie szkół – Ascherson, *The Struggles for Poland*, s. 104.
202 „Jest w tym kraju źródło wszelkiego zła" – Bielecki, Szymanski, *Warsaw Aflame*, s. 30.

203 „Wszelkie próby przeciwstawienia się" – Tadeusz Bór-Komorowski, *The Secret Army*, Victor Gollancz, London 1950, s. 35.
203 Którejś nocy – E. Thomas Wood, Stanisław M. Jankowski, *Karski: How One Man Tried to Stop the Holocaust*, John Wiley, New York 1994, s. 97.
203 Innym razem – Bielecki, Szymanski, *Warsaw Aflame*, s. 110.
203 Kiedy Niemcy obalili – *ibid.*, s. 65.
203 Gdybyśmy się od czasu do czasu nie pośmiali – Korbonski, *Fighting Warsaw*, s. 227.
204 „Wy, Polacy w Anglii, musicie" – raport polskiego podziemia, 10 lipca 1942, akta Johna Franklina Cartera, Biblioteka FDR.
204 Polskiemu kurierowi podziemnemu – Wood, Jankowski, *Karski*, s. 128.
205 Spośród około dziewiętnastu tysięcy osób – strona internetowa Yad Vashem (www.yadvashem.org).
205 Trudno zaprzeczyć – przemówienie Israela Gutmana, U.S. Holocaust Memorial Museum, 10 grudnia 2002.

ROZDZIAŁ DWUNASTY

206 Większa część Niziny Kołymskiej – Adam Hochschild, *The Unquiet Ghost: Russians Remember Stalin*, Viking Press, New York 1994, s. XXXIV.
206 Nieliczni, którym udało się przeżyć – Paul, *Katyn*, s. 181.
207 Funkcjonariusze NKWD – *ibid.*, s. 65.
207 „Polski naród" – Louis FitzGibbon, *Katyn Massacre*, Corgi Books, London 1977, s. 14.
207 „W Związku Sowieckim są" – Gross, *Revolution*, s. 144.
207 Ocenia się, że pod koniec lat trzydziestych – Hochschild, *Unquiet Ghost*, s. XVI.
207 W grudniu 1937 roku – Robert Conquest, *Stalin: Breaker of Nations*, Viking Press, New York 1991, s. 203.
207 „Z nieba co jakiś czas" – Hochschild, *Unquiet Ghost*, s. 128.
208 Kiedy sowiecki spis ludności – *ibid.*, s. XV.
208 W ciągu dwudziestu jeden miesięcy – Anders, *Army in Exile*, s. 69.
208 Pięćdziesiąt dwa procent – Paul, *Katyn*, s. 65.
208 Terror często zaczynał się – Ryszard Kapuściński, *Imperium*, Vintage Books, New York 1995, s. 10.
209 „Brak chleba i zimno" – Irena Grudzinska-Gross, Jan T. Gross, *War Through Children's Eyes*, Hoover Institution Press, Palo Alto, Calif. 1981, s. 66.
209 „Mogę to określić w kilku słowach" – Gross, *Revolution*, s. 222.
209 sowieccy żołnierze pytali – *ibid.*, s. 217–218.
209 Nikt nie wie tego na pewno, ale ocenia się – Ascherson, *The Struggles for Poland*, s. 93.
209 Okrutni wobec polskich cywilów naziści – Lisiewicz i inni, *Destiny*, s. 28.
209 Około połowy jeńców – Paul, *Katyn*, s. 70.
210 Na początku następnego roku – Joseph Persico, *Roosevelt's Secret War: FDR and the World War II Espionage*, Random House, New York 2001, s. 263.

210 Piątego marca 1940 roku – Michael Parrish, *The Lesser Terror Soviet State Security, 1939–1953*, Praeger, Westport, Conn. 1996, s. 54.
211 Był ładny wczesnowiosenny dzień – FitzGibbon, *Katyn Massacre*, s. 67.
211 Niektórym zatkano usta trocinami – Paul, *Katyn*, s. 110.
211 „tak równo jak maszyny" – *Disappearance of Polish Officers in Union of Soviet Socialist Republics*, Sir Owen O'Malley, FO 371/34577, PRO.
211 Konwoje śmierci z Kozielska – Paul, *Katyn*, s. 112.
211 Z przejętych listów – *ibid.*, s. 82.
212 „Dziewiątego lutego 1941 roku – „New York Times", 9 lutego 1941.
212 „Jadłem dziś kolację z Polakiem" – Colville, *Fringes*, s. 425–426.
212 „niemalże ludobójstwem" – George Kennan, John Lukacs, *George F. Kennan and the Origins of Containment, 1944–1946*, University of Missouri Press, Columbia 1997, s. 28.
213 „decydujące wojskowe znaczenie" – Murray, Millett, *War to Be Won*, s. 110.
213 Sam potwierdził pod koniec 1939 roku – Gilbert, *Second World War*, s. 20.
213 „Stalin [prawie] nikomu nie ufał" – Harrison Salisbury, *A Journey for Our Time: A Memoir*, Harper & Row, New York 1983, s. 188.
213 przeciwnik „ponurego, złowieszczego państwa" – cyt. za: Louis Fischer, *The Road to Yalta: Soviet Foreign Relations, 1941–1945*, Harper & Row, New York 1972, s. 57.
213 „Gdyby Hitler napadł na piekło" – Colville, *Fringes*, s. 404.
214 „Na naszą pomoc może liczyć każdy" – Dilks, *Diaries*, s. 389.
215 Zaledwie trzy miesiące po niemieckiej napaści – Payne, *Rise and Fall*, s. 622.
215 „Skromność waszej propozycji" – Anne Chisholm, Michael Davie, *Lord Beaverbrook: A Life*, Knopf, New York 1993, s. 415.
215 „[Rosjanie] w żadnym razie" – Winston Churchill, *The Grand Alliance*, Houghton Mifflin, Boston 1950, s. 420.
215 „obawy, iż będziemy z założonymi rękami patrzeć" – Anthony Eden, *The Reckoning*, Houghton Mifflin, Boston 1965, s. 313.
216 „Czy wam się to podoba, czy nie" – Paul, *Katyn*, s. 159.
216 Dzień po niemieckiej napaści – *ibid.*, s. 157.
217 Angielski dyplomata oznajmił również – Richard C. Lukas, *The Strange Allies: United States and Poland, 1941–1945*, University of Tennessee Press, Knoxville 1978, s. 8.
217 blisko trzysta tysięcy żołnierzy – R. Umiastowski, *Poland, Russia and Great Britain, 1941–1945*, Hollis & Carter, London 1946, s. 27.
217 Czwartego sierpnia 1941 roku – Anders, *Army in Exile*, s. 44–45.
218 Spośród ponad dwudziestu tysięcy Polaków – Lisiewicz i inni, *Destiny*, s. 29.
219 „Pierwszy i, daj Boże, ostatni raz" – Anders, *Army in Exile*, s. 247.
219/220 „siwi, wąsaci żołnierze" – cyt. za: Umiastowski, *Poland*, s. 36.
220 Natomiast brytyjskiego oficera łącznikowego – Lisiewicz i inni, *Destiny*, s. 30.
220 Polacy „uśmiechali się, śmiali, śpiewali" – Robert Rhodes James, *Victor Cazalet: A Portrait*, Hamish Hamilton, London 1976, s. 272.
220 Niemal zaraz po tym – Anders, *Army in Exile*, s. 119.
220 Sowieci zaczęli na niego naciskać – *ibid.*, s. 96.

221 Niespełna rok po wyjściu Polaków – Michael Alfred Peszke, *Polish Armed Forces in Exile – Part 2* – „Polish Revue", 1987, s. 61.
221 Do roku 1944 korpus – John Keegan, *Six Armies in Normandy: From D-Day to the Liberation of Paris,* Viking Press, New York 1982, s. 262.
221 Pierwsza grupa ewakuowanych dotarła statkiem do Szkocji – Umiastowski, *Poland,* s. 90–91.
221 Gdy zginął zestrzelony – Zamoyski, *Forgotten Few*, s. 161.
222 Stalin oznajmił Edenowi – Conquest, *Stalin,* s. 250.
222 „jest dla nas najważniejszą sprawą" – David Dutton, *Anthony Eden: A Life and Reputation*, Edward Arnold, London 1997, s. 201.
223 Według Anthony'ego Edena – *ibid.*, s. 190.
224 Zamieszkiwało je dwanaście milionów ludzi – Umiastowski, *Poland*, s. 218.
224 Linię tę stanowiła tymczasowa granica – William Henry Chamberlain, *Will Stalin Dictate an Eastern Munich?*, „American Mercury", marzec 1944, s. 265.
224 „Gdyby jego urok osobisty" – lord Francis-Williams, *Nothing So Strange*, American Heritage, New York 1970, s. 206–207.
225 Widząc tę grę na zwłokę – Dutton, *Anthony Eden*, s. 189.
225 Po powrocie do Londynu Eden – Conquest, *Stalin*, s. 250.
225 W razie niespełnienia jego żądań – *ibid.*, s. 251.
225 Sowieci „walczą o przetrwanie" – Churchill, *Great Alliance*, s. 616.
225 A na argument – Elisabeth Barker, *Churchill and Eden at War,* St. Martin Press, New York 1978, s. 236.
225 „Paradny ten A[nthony]!" – Dilks, *Diaries*, s. 437.
226 „Słyszy się [...] od ludzi" – Panter-Downes, *London War Notes*, s. 228.
226 Na mocno zbombardowanym – Salisbury, *Journey for Our Time*, s. 211.
226 „Najwyraźniej mija się z celem" – Panter-Downes, *London War Notes*, s. 228.
226 Nasilającą się opinię – P.M.H. Bell, *John Bull and the Bear: British Public Opinion, Foreign Policy and the Soviet Union, 1941–1945,* Edward Arnold, London 1990, s. 77.
226 „Prasa głośno domaga się" – Gardner, *Churchill*, s. 149.
227 „Przechodzi kryzys" – Mary Soames, *Clementine Churchill: The Biography of a Marriage*, Houghton Mifflin, Boston 1979, s. 415.
227 Tak więc siódmego marca 1942 roku – Winston Churchill, *The Hinge of Fate*, Houghton Mifflin, Boston 1950, s. 327.
227 Dwa dni później – *ibid.*, s. 328.
227 „handel niepodległością małych krajów" – Departament Stanu USA, *FRUS* (Foreign Relations of United States), vol. III, *1942,* s. 511.
227 „nie do obrony z żadnego moralnego punktu widzenia" – *ibid.*, s. 541.
227 „Nasze przyzwolenie" – Sumner Welles, *Seven Decisions That Shaped History*, Harper & Brothers, New York 1950, s. 129.

ROZDZIAŁ TRZYNASTY

229 Nie palił się do tego zadania – Urbanowicz, *Świt zwycięstwa*, s. 245.
230 „Życie było łatwe" – Sevareid, *Not So Wild*, s. 215.
230 „w Waszyngtonie najmniej zdają sobie sprawę" – David Brinkley, *Washington Goes to War*, Knopf, New York 1988, s. 106.
231 „Polska nigdy nie spędzała snu z powiek" – Piotr T. Wandycz, *The United States and Poland*, Harvard University Press, Cambridge, Mass. 1980, s. VII.
231 „Tymczasem przed sporządzeniem Deklaracji – Ciechanowski, *Defeat in Victory*, s. 90.
231 „Jeśli Narody Zjednoczone" – *ibid.*, s. 128.
232 „Ameryka zawsze fascynowała Polaków" – wywiad z Urbanowiczem, dokument telewizyjny *The Polish Air Force with the Allied Forces in World War II.*
232 W roku 1942 [...] Jan Zumbach – Cynk, *PAF*, s. 233.
232 „Zawdzięczamy [wam] więcej" – dziennik Fericia, 23 sierpnia 1942, sygnatura A V 49/34/3, Instytut Polski w Londynie.
233 „Przekonaliśmy się, że w zabawie" – *ibid.*
233 „poczytywałem sobie za zaszczyt" – Francis Gabreski, *Gabby: A Fighter Pilot's Life*, Orion, New York 1991, s. 37.
234 Samoloty zajmowały pozycje wysoko – Zamoyski, *Forgotten Few*, s. 113.
234 W latach 1941–1943 – *ibid.*, s. 136.
234 Jedynie około czterdziestu procent – Cynk, *PAF*, s. 327.
235 „Brytyjski samolot nie wraca" – Zamoyski, *Forgotten Few*, s. 142.
235 Polski pilot zapamiętał rozmowę – wywiad z Ignacym Olszewskim.
235 „życzliwego półboga" – Isaiah Berlin, *The Proper Study of Mankind*, Chatto & Windus, London 1997, s. 631.
235 „wspaniały, nieustający opór" – Departament Stanu USA, *FRUS*, vol. III, *1943*, s. 320.
235 Jedno z tych orędzi – Anders, *Army in Exile*, s. 93.
236 patrzy „na sprawę polską z dystansu" – Churchill, *Triumph and Tragedy*, Houghton Mifflin, Boston 1953, s. 367.
236 Kiedy Robert Boothby – Robert Boothby, *Boothby: Recollections of a Rebel*, Hutchinson, London 1978, s. 90.
237 odnotowali „głęboką przepaść" – James MacGregor Burns, Susan Dunn, *The Three Roosevelts: Patrician Leaders Who Transformed America*, Atlantic Monthly Press, London 2001, s. 472.
237 Wiosną 1942 roku – Departament Stanu USA, *FRUS*, vol. III, *1942*, s. 568–569.
237 „bardziej humanitarny i demokratyczny" – cyt. za: Thomas Fleming, *The New Dealers' War: F.D.R. and the War Within World War II,* Basic Books, New York 2001, s. 85.
238 „natchnionych przez Boga" – *ibid.*, s. 124.
238 Zetknięcie się z jego – Doris Kearns Goodwin, *No Ordinary Time: Franklin and Eleanor Roosevelt: The Home Front in World War II*, Simon & Schuster, New York 1994, s. 606.

238 „To drobiazg" – Robert Shogan, *Hard Bargain: How FDR Twisted Churchill's Arm, Evaded the Law, and Changed the Role of the American Presidency*, Scribner's, New York 1995, s. 29.
238 „pragnienie, by być postacią dominującą" – Fleming, *New Dealers' War*, s. 92–93.
238 w opinii byłego prezydenckiego doradcy – Goodwin, *No Ordinary Time*, s. 202.
239 „Wiem, że nie poczyta mi pan za złe" – cyt. za: Harriman, Abel, *Special Envoy*, s. 134.
239 „Mówiąc wprost" – *ibid.*, s. 108.
239 Do końca wojny – John R. Deane, *The Strange Alliance*, Viking Press, New York 1947, s. 95.
239 Stany Zjednoczone dostarczyły – Goodwin, *No Ordinary Time*, s. 477.
239 Po stalingradzkim przełomie – Murray, Millett, *War to Be Won*, s. 450.
239 W roku 1943 nawet Stalin – Departament Stanu USA, *FRUS, Conferences in Cairo and Tehran*, s. 469.
240 „Niemal wszyscy podwładni" – John Lewis Gaddis, *The United States and the Origins of the Cold War, 1941–1947*, Columbia University Press, New York 1973, s. 81.
240 „znał Rosjan jak nikt inny" – Salisbury, *Journey of Our Time*, s. 242.
240 „Wszyscy podziwialiśmy" – Charles Bohlen, *Witness to History: 1929–1969*, W.W. Norton, New York 1973, s. 121.
240 „Słuchaj, stary" – George Kennan, *Russia and the West Under Lenin and Stalin*, Atlantic Monthly Press, Boston 1960, s. 353–354.
240 „troszczył się o przyszłość" – Colville, *Fringes*, s. 347.
240 „nie miały żadnych planów pokojowych" – Hanson W. Baldwin, *Great Mistakes of the War*, Harper & Brothers, New York 1949, s. 3.
240 Kiedy w roku 1942 – Welles, *Seven Decisions*, s. 133.
241 „Prawda wygląda tak" – Deane, *Strange Alliance*, s. 84–85.
241 „Mam przeczucie" – cyt. za: Barker, *Churchill and Eden*, s. 227.
241 „kaukaskim bandytą" – Gaddis, *The United States*, s. 64.
242 „Jeśli idzie o politykę zagraniczną" – George F. Kennan, *Comment*, „Survey: A Journal of East & West Studies", zima–wiosna 1975, s. 31.
242 W 1942 Roosevelt mimochodem – James MacGregor, *Roosevelt: The Soldier of Freedom*, Harcourt Brace Jovanovich, New York 1970, s. 233.
243 Szesnastego stycznia 1943 roku – Departament Stanu USA, *FRUS*, vol. III, *1943*, s. 323.
243 nie będzie „specjalnie się sprzeciwiał" – Persico, *Roosevelt's Secret*, s. 195.
243 Na spotkaniu z Edenem – Departament Stanu USA, *FRUS*, vol. III, *1943*, s. 14.
243 Jego zdaniem decyzja – *ibid.*, s. 15.
243 Roosevelt „zdawał się ignorować" – Eden, *The Reckoning*, s. 431.
243 „Postrzegał siebie" – *ibid.*, s. 433.
244 Trzy miesiące później – Amos Perlmutter, *FDR & Stalin: A Not So Grand Alliance, 1943–1945*, University of Missouri Press, Columbia 1993, s. 90.
244 W publicznych wystąpieniach – Francis L. Loewenheim, Harold D. Langley, Manfred Jonas, *Roosevelt and Churchill: Their Secret Wartime Correspondence*, Saturday Review Press, New York 1975, s. 66.

244 „w pełni gotowy wprowadzać w błąd" – Fleming, *New Dealers' War*, s. 26.
244 Gdy Niemcy zatrzasnęli bramy – Szpilman, *The Pianist*, s. 60.
245 W polskim mundurze – Jerzy B. Cynk, *The Polish Air Force at War: The Official History, 1943–1945*, Schiffer, Atglen, Pa. 1998, s. 363; dalej cyt. jako *PAF 1943–1945*.
245 „Byliśmy w Chinach elitarną kadrą" – Zamoyski, *Forgotten Few*, s. 150–151.
245 „Miałem wtedy na koncie" – Robert Gretzyngier, Wojtek Matusiak, *Polish Aces of World War 2*, Osprey Press, London 1998, s. 79.

ROZDZIAŁ CZTERNASTY

247 Przystojny, poważny – Urbanowicz, „Skrzydła".
248 „zabijali tych, którzy" – Ralph B. Levering, *American Opinion and the Russian Alliance, 1939–1945*, University of North Carolina Press, Chapel Hill 1976, s. 89.
248 „Towarzysze, walczymy" – Umiastowski, *Poland*, s. 82.
249 Podczas gdy w 1940 Stalin – „Time", 1 stycznia 1940, s. 15.
249 W środku wychwalano – „Time", 4 stycznia 1943, s. 21.
249 „niesamowity naród" – Clayton Koppes, Gregory D. Black, *Hollywood Goes to War: How Politics, Profits and Propaganda Shaped World War II Movies*, Free Press, New York 1987, s. 219.
249 „Nie zniekształcimy obrazu" – Gaddis, *The United States*, s. 38.
249 „swoiste połączenie rządów" – Lukas, *Strange Allies*, s. 91.
250 „wybielanie" człowieka, „którego rejestr zbrodni" – Gaddis, *The United States*, s. 43.
250 „dziwna mistyczna wiara" – Chamberlin, „American Mercury", marzec 1944, s. 271.
250 Do roku 1943 agencja – Koppes, Black, *Hollywood*, s. VII.
251 W opinii większości Davies – Rudy Abramson, *Spanning the Country: The Life of W. Averell Harriman*, Morrow, New York 1992, s. 347.
251 George Kennan i inni – George Kennan, *Memoirs (1925–1950)*, Bantam Books, New York 1969, s. 86.
251 „Najbardziej upokarzało nas" – *ibid.*
251 W ponurym, zastraszonym kraju – Abramson, *Spanning*, s. 347.
252 „przejmował się nie tyle" – George W. Baer, *A Question of Trust: The Origins of U.S.-Soviet Diplomatic Relations: The Memoirs of Loy W. Henderson*, Hoover Institution Press, Palo Alto, Calif. 1986, s. 455.
252 Na dodatek ambasador – William Wright, *Heiress: The Rich Life of Marjorie Merriweather Post*, New Republic, New York 1978, s. 136.
252 „dobroć i łagodną prostotę" – Joseph Davies, *Mission in Moscow*, Simon & Schuster, New York 1941, s. 356–357.
252 Jack i Harry Warnerowie – Koppes, Black, *Hollywood*, s. 191.
252 „z pomocą wizualnych aluzji" – David Culbert, *Mission to Moscow*, University of Wisconsin Press, Madison 1980, s. 11.

253 „Przedstawienie procesów moskiewskich" – *ibid.*, s. 256.
253 „Haniebne bzdury" – Koppes, Black, *Hollywood*, s. 207.
253 Dwight Macdonald – Culbert, *Mission*, s. 33.
253 W maju 1943, w liście – *ibid.*, s. 31.
254 Dzięki temu sowiecki ambasador – Martin Weil, *A Pretty Good Club: The Founding Fathers of the U.S. Foreign Service*, W.W. Norton, New York 1978, s. 108.
254 „Zależy mu" – Elizabeth Kimball MacLean, *Joseph E. Davies and Soviet-American Relations, 1941–1943*, „Diplomatic History", 1980, s. 89.
254 Na razie zatem polskiemu rządowi – Ciechanowski, *Defeat in Victory*, s. 147.
254 Kiedy polska prasa emigracyjna – Umiastowski, *Poland*, s. 93.
255 Lord Francis-Williams – Francis-Williams, *Nothing So Strange*, s. 169.
255 „Jestem pewien" – lord Francis-Williams, *Press, Parliament and People*, Heinemann, London 1946, s. 17.
255 Głównym organem prasowym Moskwy – Bell, *John Bull*, s. 121.
256 Lady Jersey na przykład – Zamoyski, *Forgotten Few*, s. 170.
256 „Rząd Polski i naród polski" – Raczyński, *In Allied London*, s. 84.
256 Często powoływano się na Sowietów – Ian McLaine, *Ministry of Morale: Home Front Morale and the Ministry of Information in World War Two*, Allen & Unwin, London 1979, s. 203.
256 w „New Yorkerze" – Panter-Downes, *London War Notes*, s. 166.
256 ten były rewolucjonista – Chisholm, Davie, *Lord Beaverbrook*, s. 422.
256 A.P. Herbert – Alan Herbert, *A.P.H.: His Life and Times*, Heinemann, London 1970, s. 59.
257 Jego kolega oznajmił – *ibid.*
257 „Gdyby ta bajka była wymierzona" – George Orwell, *The Complete Works of George Orwell*, t. 17, *I Belong to the Left, 1945*, Secker & Warburg, London 1998, s. 254.
257 „sumieniem pokolenia" – cyt. za: David Morgan Zehr, „George Orwell", *Dictionary of Literary Biography*, 15, s. 407.
257 „ogólnonarodowemu spiskowi" – Orwell, *I Belong*, s. 255.
257 „Jakakolwiek poważna krytyka" – *ibid.*, s. 258.
259 „My, Polacy" – Umiastowski, *Poland*, s. 123.
259 „Bardziej dyplomatycznie" – Kennan, *Memoirs*, s. 213.
259 „Niestety, niemieckie oskarżenia" – Martin Gilbert, *Winston S. Churchill*, t. VII, *Road to Victory, 1941–1945*, Houghton Mifflin, Boston 1986, s. 385.
259 „Siła jest po stronie Rosji" – Paul, *Katyn*, s. 222.
259 w supertajnej depeszy – Departament Stanu USA, *FRUS*, vol. III, *1943*, s. 396.
260 „Eden i ja" – Loewenheim, Langley, Jonas, *Roosevelt and Churchill*, s. 329.
260 „okrutne i haniebne" – Dilks, *Diaries*, s. 528.
260 Potępiając Polaków – Bell, *John Bull*, s. 124.
260 Więcej przemawia za tym – Umiastowski, *Poland*, s. 126.
261 z pasją napisany raport – Bell, *John Bull*, s. 116.
261 „Kiedy było po wszystkim" – raport O'Malleya, FO 371/34577, PRO.
261 „Zobowiązano nas" – *ibid.*

261 Wytrąceni z równowagi „błyskotliwym" – pro memoria dołączone do raportu O'Malleya.
261 „Oczywiście jego rozpowszechnienie" – pro memoria Cadogana dołączone do raportu O'Malleya.
261 „Nie wolno nam wspomnieć" – Paul, *Katyn*, s. 304.
261 „posępnym, dobrze" – Warren F. Kimball, *Churchill and Roosevelt: The Complete Correspondence*, t. 3, Princeton University Press, Princeton 1984, s. 389.
262 Nic też nie wskazuje, żeby omawiał – Fleming, *New Dealers' War*, s. 303.
262 Także on dochodził do konkluzji – Paul, *Katyn*, s. 308.
262 „«Sprawa grobów»" – Lloyd C. Gardner, *Spheres of Influence*, Dee, Chicago 1993, s. 209.
262 W depeszy do sowieckiego przywódcy – Departament Stanu USA, *FRUS*, vol. III, *1943*, s. 395.
262 „sytuacji nie poprawiłaby" – *ibid.*, s. 396.
262 Mimo to, kiedy Carter – J.K. Zawodny, *Death in the Forest*, University of Notre Dame Press, Notre Dame, Ind. 1962, s. 179.
262 Jego raport, zaklasyfikowany – Paul, *Katyn*, s. 308.
262 Po wojnie funkcjonariusz wywiadu – Zawodny, *Death in the Forest*, s. 186.
263 Po latach przyznała – Abramson, *Spanning*, s. 363.
263 „Anglicy i Amerykanie odprawiają Polaków" – Louis Lochner, *The Goebbels Diaries, 1942–1943*, Popular Library, New York 1948, s. 347.
263 „Newsweek" przypisał – *Poles vs. Reds*, „Newsweek", 10 maja 1943, s. 29.
263 „Life" nazwał Polaków – *The Soviet-Polish Break*, „Life", 10 maja 1943, s. 30.
263 Osłupiały Jan Nowak – Jan Nowak, *Courier from Warsaw*, Wayne State University Press, Detroit 1982, s. 131.
264 Okupowany kraj „żył wiarą" – *ibid.*, s. 104–105.
264 „Stale myślmy" – cyt. za: FitzGibbon, *Katyn Massacre*, s. 78.

ROZDZIAŁ PIĘTNASTY

265 Sztandar, z wyobrażeniem – Lisiewicz i inni, *Destiny*, s. XV.
267 Plan Sikorskiego zakładał – Cynk, *PAF, 1943–1945*, s. 483.
267 Misje te zaczęły się już w roku 1941 – Zamoyski, *Forgotten Few*, s. 185.
268 „Z tą armią trzeba się będzie liczyć" – Brodniewicz-Stawicki, *For Your Freedom*, s. 163.
268 Podczas wizyty w Drugim Korpusie – Anders, *Army in Exile*, s. XIV.
269 Tymczasem w okupowanej Polsce – Bór-Komorowski, *Secret Army*, s. 143.
269 „najsilniejszy, najlepiej zorganizowany" – David Stafford, *Britain and European Resistance, 1940–1945*, University of Toronto Press, Toronto 1980, s. 133.
269 W Polsce w konspirację włączył się – Lukas, *Forgotten Holocaust*, s. 95.
270 „jedynie Polacy" – Stafford, *Britain*, s. 31.
270 Po wprowadzeniu przez Niemców – Lukas, *Forgotten Holocaust*, s. 66.
270 Polacy odnosili spektakularne sukcesy – Bielecki, Szymanski, *Warsaw Aflame*, s. 136.

270 W latach 1941–1944 – Bór-Komorowski, *Secret Army*, s. 152–153.
270 W pewnym momencie – Lukas, *Forgotten Holocaust*, s. 64.
270 „do załamania ofensywy niemieckiej" – Sir Douglas Savory, *Forgotten Allies*, „Dziennik Polski", 1967.
270 Polska gazeta podziemna – Umiastowski, *Poland*, s. 76.
270 „w Generalnym Gubernatorstwie" – Lochner, *Goebbels Diaries*, s. 456.
271 „kilka dywizji walczących na froncie" – Lukas, *Forgotten Holocaust*, s. 66.
271 Na przykład młodzi polscy kryptolodzy – Kahn, *Seizing*, s. 91, 115.
271 Pewna liczba polskich oficerów – E.H. Cookridge, *Inside SOE*, Frederick Barker, London 1966, s. 128.
271 Jeden z nich został podwójnym agentem – Lukas, *Forgotten Holocaust*, s. 86.
271 W późniejszym czasie uratowała – Cookridge, *Inside SOE*, s. 186.
271 „Nie znam nikogo dzielniejszego" – Owen O'Malley, *The Phantom Caravan*, John Murray, London 1954, s. 209.
272 Wywiad Armii Krajowej – Andrzej Suchcitz, *The Home Army Intelligence Service*, www.polishresistance-ak.org.
272 W 1943 – Lukas, *Forgotten Holocaust*, s. 87–88.
273 Pod koniec 1944 roku – *Seven Fighting Guests of the Polish Underground*, „Saturday Evening Post", 30 grudnia 1944, s. 20.
273 Polskiemu rządowi pozwolono – Stafford, *Britain*, s. 32.
274 Sytuacja polskiej Armii Krajowej uległa pogorszeniu – *ibid.*, s. 63–64.
274 W czasie wojny Polska – Józef Garliński, *Poland, SOE and the Allies*, Allen & Unwin, London 1969, s. 147.
275 w ostatnich dwóch miesiącach 1942 roku – Cynk, *PAF, 1943–1945*, s. 458.
275 W gniewnym piśmie – pismo Selborne'a, 3 grudnia 1943, AIR 19/8/5, PRO.
275 „Wyznaję, że polski punkt widzenia" – pismo Selborne'a dla Churchilla, 21 października 1943, AIR 19/8/5, PRO.
275 „Zakłada się, że" – Coutouvidis, Reynolds, *Poland*, s. 90.
276 Ich podejrzenia znalazły potwierdzenie – Stafford, *Britain*, s. 133.
276 Polski pułkownik – Coutouvidis, Reynolds, *Poland*, s. 91.
276 Służba wywiadowcza w ściśle tajnym piśmie – Stafford, *Britain*, s. 134.
277 W październiku, na spotkaniu ministrów – Eden, *The Reckoning*, s. 482.
277 Pomimo obietnic Komitetu Szefów Sztabów – Jan M. Ciechanowski, *The Warsaw Uprising of 1944*, Cambridge University Press, Cambridge 1974, s. 46.
277 Mimo to Polacy trwali niezłomnie – Departament Stanu USA, *FRUS*, vol. III, *1943*, s. 489.

ROZDZIAŁ SZESNASTY

278 „z chłopięcym entuzjazmem" – cyt. za: Kimball, *Churchill and Roosevelt*, t. II, s. 572.
279 Brytyjczycy mają „obowiązek" wysyłać konwoje – Winston Churchill, *Closing the Ring*, Houghton Mifflin, Boston 1951, s. 238.

279 Odesłał depeszę do ambasady sowieckiej – Roy Jenkins, *Churchill: A Biography*, Farrar, Straus & Giroux, New York 2001, s. 718.
279 „nie kończąc jednego tematu" – lord Moran, *Churchill: The Struggle for Survival, 1940–1965*, Houghton Mifflin, Boston 1966, s. 118.
280 „mało znaczącymi drobiazgami" – Harriman, Abel, *Special Envoy*, s. 236.
281 W przeddzień konferencji w Teheranie – Stanisław Mikołajczyk, *The Rape of Poland*, McGraw-Hill, New York 1948, s. 45–46.
282 „Nawet skazanemu na śmierć" – Departament Stanu USA, *FRUS*, vol. III, *1943*, s. 485.
282 „nie narzucą rządowi brytyjskiemu" – Jedrzejewicz, *Poland in the British Parliament*, t. 2, s. 290.
282 „Najważniejsze są nasze stosunki z Rosją" – Keith Sainsbury, *Churchill and Roosevelt at War*, New York University Press, New York 1994, s. 77.
282 „Przekonasz się" – Moran, *Churchill*, s. 142.
283 „w rozmowie ze Stalinem wyciągnąć go" – Harriman, Abel, *Special Envoy*, s. 216.
283 nie chciał „stworzyć wrażenia" – Moran, *Churchill*, s. 146.
283 Podczas wspólnej kolacji – Bohlen, *Witness*, s. 146.
284 „Zrobiłem wszystko, o co prosił" – Goodwin, *No Ordinary Time*, s. 476.
284 Na początku następnej sesji – *ibid.*
284 „kardynalnym błędem" – Bohlen, *Witness*, s. 146.
284 należała „do najsmutniejszych przejawów" – Kennan, Lukacs, *George F. Kennan*, s. 34–35.
284 „Churchill to człowiek" – Conquest, *Stalin*, s. 267.
285 Nie ustalono porządku obrad – Bohlen, *Witness*, s. 136.
285 Przed szczytem – Keith Sainsbury, *The Turning Point: The Moscow, Cairo and Teheran Conferences*, Oxford University Press, Oxford 1985, s. 219.
285 „każdy mógł poruszyć dowolną kwestię" – Churchill, *Closing the Ring*, s. 307.
285 Jego upodobanie do improwizacji – Bohlen, *Witness*, s. 136.
285 „w sposób wyjątkowo chaotyczny" – Welles, *Seven Decisions*, s. 138.
286 „Gdybym miał skompletować zespół" – Eden, *The Reckoning*, s. 595.
286 „niemiłe wrażenie" – Sir Robert Bruce Lockhart, *Comes the Reckoning*, Putna, London 1947, s. 335.
286 W rozmowie tej dał jasno do zrozumienia – Churchill, *Closing the Ring*, s. 319.
287 „przesunąć się na zachód" – *ibid.*
287 W odpowiedzi – *ibid.*, s. 320.
287 Do spotkania ze Stalinem doszło – Bohlen, *Witness*, s. 151.
287 Sprawa linii Curzona – Eden, *The Reckoning*, s. 495.
287 Charles Bohlen z osłupieniem – Bohlen, *Witness*, s. 151.
288 Wierny danemu słowu – *ibid.*
288 Otwierając ostatnie plenarne posiedzenie – Churchill, *Closing the Ring*, s. 348.
288 W czasie tej samej sesji – *ibid.*, s. 350.
288 „Nie miałem zamiaru lamentować" – *ibid.*, s. 351.
288 „dostają wspaniałe miejsce do życia" – *ibid.*
289 „z całą pewnością należała się pełna niepodległość" – Anders, *An Army in Exile*, s. 193.

289 „Nie mamy teraz w ręku" – Nowak, *Courier from Warsaw*, s. 278.
289 „Jakakolwiek wypowiedź" – Gilbert, *Road to Victory*, s. 652.
289 Roosevelt początkowo zamierzał – Ciechanowski, *Defeat in Victory*, s. 244.
289 Tłumacz Charles Bohlen – Fischer, *Road to Yalta*, s. 196.
290 Nikt w departamencie – Robert Beitzell, *The Uneasy Alliance: America, Britain and Russia, 1941–1943*, Knopf, New York, 1972, s. 347.
290 Kiedy polski ambasador – Ciechanowski, *Defeat in Victory*, s. 260.
290 „zaczął mocno obawiać się" – Eden, *The Reckoning*, s. 497.
290 „Oświadczam Izbie" – Umiastowski, *Poland*, s. 232.
290 „Rząd Jego Królewskiej Mości" – Jedrzejewicz, *Poland in the British Parliament*, t. 2, s. 306.
291 szczególnie zjadliwy artykuł w „Prawdzie" – Umiastowski, *Poland*, s. 228.
291 „Na podstawie tej nazwy" – Jedrzejewicz, *Poland in the British Parliament*, t. 3, s. 217.
291 W BBC cenzor – Edward J. Rozek, *Allied Wartime Diplomacy: A Pattern in Poland*, John Wiley, New York 1958, s. 163.
291 „Times", który wraz z innymi – Umiastowski, *Poland*, s. 161.
291 rozpoczął kampanię na rzecz – *ibid.*, s. 219.
291 Kiedy inny polski tytuł – Jedrzejewicz, *Poland in the British Parliament*, t. 2, s. 309.
291 „Brytyjscy marynarze nie po to" – *ibid.*, s. 310.
291 „pływają po bezbrzeżnym morzu zakłamania" – Raczyński, *In Allied London*, s. 183–184.
291 „Coraz mniej jest mowy" – *ibid.*, s. 175.
292 „Wszyscy mają sterane nerwy" – Panter-Downes, *London War Notes*, s. 310.
292 porównał Londyn do „niegdyś eleganckiego hotelu" – Cloud, Olson, *Murrow Boys*, s. 233.
292 „Wracaj do siebie, parszywy Polaku!" – Zamoyski, *Forgotten Few*, s. 193.
292 „Przeważa tu [...] doktryna" – Raczyński, *In Allied London*, s. 217.
292 „tępi [się nas]" – *ibid.*, s. 253.
292 „użył wobec nas tonu podniesionego" – *ibid.*, s. 193.
292 Polacy „muszą w pełni" – Kimball, *Churchill and Roosevelt*, t. 2, s. 651.
292 W notatce do Edena Churchill – Gilbert, *Winston Churchill, 1941–1945*, s. 642.
293 Zgodził się nawet rozważyć – Umiastowski, *Poland*, s. 229.
293 „Bardzo wątpimy" – Loewenheim, Langley, Jonas, *Roosevelt and Churchill*, s. 447.
293 Wprawdzie polscy żołnierze – Kimball, *Churchill and Roosevelt*, t. 2, s. 720.
294 „Pozwolę sobie przypomnieć" – Jedrzejewicz, *Poland in the British Parliament*, t. 2, s. 341–342.
294 „Polityczne skutki słów Churchilla" – Nowak, *Courier*, s. 268.
294 „Kiedy agresja" – Jedrzejewicz, *Poland in the British Parliament*, t. 2, s. 352.
294 „Moim zdaniem zmierzacie do" – *ibid.*, s. 513.
295 „Jestem zdecydowanie przeciwny" – Dilks, *Diaries*, s. 609.
295 W liście do Edena – list O'Malleya dla Edena, 22 stycznia 1944, FO 954/20A, PRO.

295 „Co mamy powiedzieć" – Barker, *Churchill and Eden*, s. 244.
295 „Po otrzymaniu jednego z nich" – Eden, *The Reckoning*, s. 509.
295 „Nikt nie może wymazać" – Umiastowski, *Poland*, s. 239.
296 „narazi rząd" – Lukas, *Strange Allies*, s. 52.
296 W styczniu 1944 roku – Ciechanowski, *Defeat in Victory*, s. 259.
296 W marcowym numerze „American Mercury" – Chamberlin, „American Mercury", marzec 1944, s. 271, 274.
297 „nie dba o to, czy kraje" – Anna M. Cienciala, *Great Britain and Poland Before and After Yalta (1943–1945): A Reassessment*, „Polish Review", 3 (1995), s. 283.
297 „Polski naród" – Ciechanowski, *Defeat in Victory*, s. 280.
297 Amerykański prezydent odpisał – *ibid.*, s. 282.
297 Sekretarz stanu Cordell Hull – Fischer, *Road to Yalta*, s. 164.
297 Co gorsza, jeśli ta społeczność zacznie – Gaddis, *The United States*, s. 143.
297 Wiosną 1944 roku – Lukas, *Strange Allies*, s. 107.
298 Trzeciego maja – Gaddis, *The United States*, s. 143.
298 Taka wizyta „pomogłaby stępić" – FDR Office Files, cz. 4, Subject Files, Biblioteka FDR.
298 Dodał jednak, że Mikołajczyk – Ciechanowski, *Defeat in Victory*, s. 294.
298 To Churchill zaproponował – *ibid.*, s. 293.
298 „nadal przeciwny podziałowi Polski" – Mikołajczyk, *Rape of Poland*, s. 59.
298 „przystąpię do działania" – *ibid.*, s. 60.
299 „Prezydent nie zrobi dla Polaków nic" – Eden, *The Reckoning*, s. 539–540.
299 Podczas wizyty Mikołajczyka – Harriman, Abel, *Special Envoy*, s. 329–330.

ROZDZIAŁ SIEDEMNASTY

300 „klasycznym przykładem żołnierskiej dzielności" – Anders, *Army in Exile*, s. XIII.
300 z „bolesnym zainteresowaniem" – Martha Gellhorn, *The Face of War*, Atlantic Monthly Press, New York 1988, s. 124–125.
301 Drugi Korpus był „czymś więcej" – Anders, *Army in Exile*, s. XIV.
301 „My, Polacy, mamy" – John Ellis, *Cassino: The Hollow Victory*, McGraw-Hill, New York 1984, s. 318.
302 Weszcie mogli ukręcić łeb – Anders, *Army in Exile*, s. 163.
303 „Niech lew mieszka w waszym sercu" – Raczyński, *In Allied London*, s. 213.
303 Ci, co przeżyli, Ellis – *Cassino*, s. 336.
304 na dźwięk tej trąbki tysiące – *ibid.*, s. 337.
305 „Duma i godność narodowa wymagały" – Korbonski, *Fighting Warsaw*, s. 347–348.
305 Po spotkaniu w Londynie – Wood, Jankowski, *Karski*, s. 160.
307 „w świecie złudzeń" – Jedrzejewicz, *Poland in the British Parliament*, t. 2, s. 498.
308 Nagle przestały wychodzić hitlerowskie gazety – Bór-Komorowski, *Secret Army*, s. 206.
308 „Jesteśmy gotowi w każdej chwili" – *ibid.*, s. 208.

308 W depeszy poprosił – Cynk, *PAF, 1943–1945*, s. 472.
308 „Podjęcie takich kroków" – raport COS Joint Planning Staff, 31 lipca 1944, AIR 8/1757, PRO.
309 „Ma pan pierwszorzędnych żołnierzy" – Stanisław Sosabowski, *Parachute General*, Kimber, London 1961, s. 87.
309 A ponadto RAF – raport COS Joint Planning Staff, 31 lipca 1944.
310 obie poniosły w ubiegłych miesiącach – Cynk, *PAF, 1943–1945*, s. 473.
310 „tragicznie niemądrzy" – Sir John Slessor, *The Central Blue,* Praeger, New York 1957, s. 611.
310 „Walki w mieście wybuchną" – Nowak, *Courier*, s. 339.
310 W całym mieście – Bór-Komorowski, *Secret Army*, s. 209.
310 Przez cały ten i następny dzień – Lukas, *Strange Allies*, s. 63.
311 Podobny apel – Bór-Komorowski, *Secret Army*, s. 213.
311 „Pozostanie w podziemiu" – Harriman, Abel, *Special Envoy*, s. 336.
311 Nowak ostrzegł Bora-Komorowskiego – Nowak, *Courier*, s. 333.
311 „Nie mam żadnych złudzeń" – *ibid.*, s. 335.
312 Punktualnie o piątej po południu – Bór-Komorowski, *Secret Army*, s. 216.
312 W dziesiątkach osiedli – *ibid.*, s. 233.
312 Pewien dozorca – Nowak, *Courier*, s. 347.
313 Warszawiacy pozrywali – Bór-Komorowski, *Secret Army*, s. 234.
314 Armia Czerwona nie zrobiła nic – *ibid.*, s. 236.
314 „Wszyscy mieszkańcy Warszawy" – Bielecki, Szymanski, *Warsaw Aflame*, s. 137.
314 „Z historycznego punktu widzenia" – *ibid.*, s. 175.
314 Stalin odparł – Mikołajczyk, *Rape of Poland*, s. 74.
315 „przegranymi przedstawicielami przegranego ustroju" – Kennan, *Memoirs*, s. 220.
315 „nazwał ten wieczór „trudnym" – *ibid.*, s. 219.
315 „Było mi bardzo przykro" – *ibid.*, s. 220.
315 Drugiego sierpnia Churchill – Barker, *Churchill and Eden,* s. 253.
315 „Nigdy nie cofałem się" – Slessor, *Central Blue*, s. 615.
316 Nie przekonawszy przełożonych – Cynk, *PAF, 1943–1945,* s. 473.
316 Na jednej z bocznych uliczek – Bielecki, Szymanski, *Warsaw Aflame*, s. 140.
316 Tego dnia tylko na samej Woli – Lukas, *Forgotten Holocaust*, s. 199.
316 W jednym z nich – wywiad z Wandą Krasnodębską (Stanisław Błasiak).
317 Urządzona przez SS rzeź – Lukas, *Forgotten Holocaust*, s. 199.
318 W którejś chwili – Bór-Komorowski, *Secret Army*, s. 263.
318 Porucznik John Ward – Nowak, *Courier*, s. 357.
319 „Zapewnieniom polskim" – Korbonski, *Fighting Warsaw*, s. 360.
319 „Obawiałem się, że naszej depeszy" – *ibid.*, s. 359.
319 Tam, na placach w Śródmieściu – Bór-Komorowski, *Secret Army*, s. 265.
319 Z ponad dziewięćdziesięciu – Slessor, *Central Blue*, s. 617.
320 „kontynuowanie operacji" – *ibid.*, s. 618.
320 W ciągu niespełna trzech tygodni – Cynk, *PAF, 1943–1945,* s. 478.
320 zabawy na „powietrznej strzelnicy" – Zumbach, *On Wings*, s. 85.
320 „Umieraliśmy po trochu" – Zamoyski, *Forgotten Few*, s. 195.

320 „Mój Boże, być teraz z wami!" – „Skrzydła", wrzesień 1944.
321 KAŻDEJ NOCY – cyt. za: Raczyński, *In Allied London*, s. 334.
321 RAF uznał – Zumbach, *On Wings*, s. 99.
322 „Trudno się oprzeć" – depesza Slessora do szefa sztabu RAF-u, 16 sierpnia 1944, AIR 8/1757, PRO.
322 To samo podejrzenie – Churchill, *Triumph and Tragedy*, s. 133.
322 Tuż po wybuchu powstania – Anthony Cave Brown, *Wild Bill Donovan: The Last Hero*, Times Books, New York 1982, s. 621.
322 Powstanie jest głupotą – Departament Stanu USA, *FRUS*, vol. III, *1944*, s. 1374.
322 Averell Harriman – *ibid.*, s. 1375.
323 Dwa dni później – Abramson, *Spanning*, s. 382.
323 wrócił [...] „zdruzgotany" – Kennan, *Memoirs*, s. 221.
323 Dla obydwu stało się jasne – Harriman, Abel, *Special Envoy*, s. 340.
323 „ciśnięcie ze złośliwą satysfakcją" – Kennan, *Memoirs*, s. 221.
323 „pełnej, realistycznej politycznej konfrontacji"– *ibid.*, s. 222.
323 Niegdyś zdecydowany zwolennik – Harriman, Abel, *Special Envoys*, s. 341.
323 „Polacy mieli pełne prawo" – Departament Stanu USA, *FRUS*, vol. III, *1944*, s. 1383.
324 Ponaglił też prezydenta – *ibid.*, s. 1378.
324 Skonsternowany Harriman napisał – Departament Stanu USA, *FRUS*, vol. IV, *1944*, s. 989.
325 „Winston ostatnio" – Moran, *Churchill*, s. 185–186.
325 „Polskie [powstanie] sprawia mi wielki ból" – Mary Soames, *Winston and Clementine: The Personal Letters of the Churchills*, Houghton Mifflin, Boston 1999, s. 503.
325 „Dziadek wychodził z siebie" – przemówienie Winstona Churchilla (wnuka) w American Institute of Polish Culture, Miami, 28 stycznia 2001.
325 „Wielka Brytania weszła do tej wojny" – Anders, *Army in Exile*, s. 211.
325 „Ja i mój przyjaciel" – *ibid.*, s. 213.
325 Wcześniej tego miesiąca – Churchill, *Triumph and Tragedy*, s. 135.
325 „bandą przestępców, którzy chcą przechwycić władzę" – Lukas, *Strange Allies*, s. 74.
326 „Dziękuję za informacje" – Kimball, *Churchill and Roosevelt*, t. 3, s. 294.
326 „wysłać [tak czy owak] samoloty" – Churchill, *Triumph and Tragedy*, s. 140.

ROZDZIAŁ OSIEMNASTY

327 „Szczęśliwy Paryż" – Bór-Komorowski, *Secret Army*, s. 302.
327 „Nikt nie winił paryżan" – *ibid.*
328 Na początku września – Bielecki, Szymanski, *Warsaw Aflame*, s. 150.
329 „Gryzący zaduch dławił oddech" – Bór-Komorowski, *Secret Army*, s. 306.
329 odbijające się od ścian jęki – *ibid.*, s. 302.
329 „W Warszawie od pięciu tygodni" – Bielecki, Szymanski, *Warsaw Aflame*, s. 175.
329 Gdyby Dante ujrzał – „Skrzydła", 15 lutego 1945.

329 „Czy nie blokujecie informacji" – Churchill, *Triumph and Tragedy*, s. 139.
330 Kiedy Stalin nie zgodził się – Bell, *John Bull*, s. 146.
331 przestrzegł Eden gabinet wojenny – protokoły z posiedzeń gabinetu wojennego, 16 sierpnia 1944, AIR 8/1757, PRO.
331 „Powinniśmy mieć pełną jasność" – Bell, *John Bull*, s. 164.
331 „Na oczach nie dość wrażliwego świata" – Umiastowski, *Poland*, s. 297.
331 „nikczemną i tchórzliwą postawę" – *ibid.*, s. 298.
331 „Rosjanie z pewnością" – Bell, *John Bull*, s. 139.
331 *Opowieść o dwóch miastach* – „Economist", 26 sierpnia 1944.
332 „Nasuwa się nieunikniony wniosek" – Eden, *The Reckoning*, s. 548.
332 „Ojcze Święty" – Churchill, *Triumph and Tragedy*, s. 143.
332 „Nie pamiętam wypadku" – *ibid.*, s. 141.
333 „strasznych, a nawet poniżających ustępstw" – *ibid.*
333 „Trudno nam zrozumieć" – *ibid.*, s. 143.
333 „Zważywszy nasze wielkie sukcesy" – *ibid.*, s. 142.
333 W raporcie dla Białego Domu – Lukas, *Strange Allies*, s. 81.
333 „Problem pomocy Polakom" – Churchill, *Triumph and Tragedy*, s. 143–144.
333 Dopiero trzeciego października – Lukas, *Strange Allies*, s. 100.
334 Wydębiwszy na sowieckich dowódcach – Bielecki, Szymanski, *Warsaw Aflame*, s. 153.
334 „Wszystkie konie" – Korbonski, *Fighting Warsaw*, s. 390.
334 „Zdobycie Warszawy było możliwe" – Tina Rosenberg, *The Haunted Land: Facing Europe's Ghosts After Communism*, Random House, New York 1995, s. 143.
335 „Jak na urągowisko" – Korbonski, *Fighting Warsaw*, s. 388.
335 Osiemnastego września – Bór-Komorowski, *Secret Army*, s. 350.
335 „W pierwszych tygodniach" – *ibid.*
336 Churchill i jego ekipa – Umiastowski, *Poland*, s. 325.
336 „Męstwo i poświęcenie" – Slessor, *Central Blue*, s. 612.
336 „Zwykły człowiek nie pojmie" – *ibid.*
336 Osiem dni po wybuchu powstania – Gilbert, *Second World War*, s. 566.
336 Następnego dnia – Keegan, *Six Armies*, s. 267.
336 Był wśród nich Richard Tice – Sosabowski, *Parachute General*, s. 94.
337 Sosabowskiego szczególnie niepokoiło – *ibid.*, s. 108.
337 „Wszyscy siedzieli nonszalancko" – Cornelius Ryan, *A Bridge Too Far*, Simon & Schuster, New York 1974, s. 142.
338 Kiedy transportowce – *ibid.*, s. 502.
338 „wydawało się, że prują do mnie" – *ibid.*, s. 503.
338 „Jedynym błędem Polaka" – Murray, Millett, *War to Be Won*, s. 443.
339 Ale wielu warszawiakom – Bór-Komorowski, *Secret Army*, s. 401.
339 „Byliśmy wolni" – *ibid.*, s. 376.
340 Gdy powstańcy ruszyli – *ibid.*, s. 378.
341 Według historyka obozu – wywiad z Heleną Kubicą.
341 Trzeciego października – Lisiewicz i inni, *Destiny*, s. 221–222.

ROZDZIAŁ DZIEWIĘTNASTY

342 Miejsce polityka – Warren F. Kimball, *Naked Reverse Right: Roosevelt, Churchill and Eastern Europe from TOLSTOY to Yalta – and a Little Beyond*, „Diplomatic History" 1985, s. 5.
342 „Cała ta chwiejność" – Moran, *Churchill*, s. 221.
343 grożąc mu „zgubnymi" konsekwencjami – Churchill, *Triumph and Tragedy*, s. 230.
343 „Uzgodnijmy nasze sprawy" – *ibid.*, s. 227.
343 „Wszystko zostało załatwione" – *ibid.*
343 „zdrożnego dokumentu" – *ibid.*, s. 228.
343 „prostacką" i „bezduszną" – *ibid.*, s. 231.
343 „W rezultacie dla uratowania Grecji" – G.F. Hudson, *The Lesson of Yalta*, „Commentary", kwiecień 1954, s. 376.
344 Stalin wystąpił w roli – *The Fruits of Teheran*, „Time", 25 grudnia 1944, s. 28.
344 Zgodził się na tymczasowe granice – Mikołajczyk, *Rape of Poland*, s. 92.
344 ma „prawo żądać od Polaków" – Rozek, *Allied Wartime*, s. 274.
344 Decyzja należy do Polaków – Mikołajczyk, *Rape of Poland*, s. 95.
344 Przecież Wielka Trójka – *ibid.*, s. 96.
345 „błagając ich oczami" – *ibid.*
345 „Potwierdzam to" – *ibid.*
345 „kwieciste mowy" – *ibid.*, s. 98.
345 Jeżeli Mikołajczyk nie zgodzi się – Rozek, *Allied Wartime*, s. 280.
345 „Tracimy wszystko!" – *ibid.*, wszystkie cytaty z tej rozmowy pochodzą z książki Rozka.
346 „Wolę zginąć, walcząc" – Mikołajczyk, *Rape of Poland*, s. 99.
346 „Bardzo brutalnie potraktowałem" – Moran, *Churchill*, s. 215.
346 „Byliśmy coraz bardziej izolowani" – Mikołajczyk, *Rape of Poland*, s. 104–105.
347 „wielu ludzi w dobrej wierze" – Ciechanowski, *Defeat in Victory*, s. 343.
347 przywódca Polskiej Partii Socjalistycznej – Mikołajczyk, *Rape of Poland*, s. 106.
347 Wczesną jesienią 1944 roku – Goodwin, *No Ordinary Time*, s. 547.
347 „Time" przewidywał – Fleming, *New Dealers'*, s. 459.
347 W telegramie do Averella Harrimana – Departament Stanu USA, *FRUS*, vol. IV, *1944*, s. 825.
347 Ankieter Hadley Cantril – *ibid.*, s. 470.
347 „prawdopodobnie przesadził w zachwalaniu" – Ciechanowski, *Defeat in Victory*, s. 347.
348 Unikając konkretów – Lane, *I Saw*, s. 60.
348 Przy biurku prezydenta – *ibid.*
349 „Polska została potraktowana sprawiedliwie" – *ibid.*
349 Churchill domagał się – Bohlen, *Witness*, s. 161.
350 „godzinę wcześniej wysadził" – Umiastowski, *Poland*, s. 328.
350 „legalny rząd Polski" – Loewenheim, Langley, Jonas, *Roosevelt and Churchill*, s. 633.
350 „sprawy europejskie są tak zawikłane" – Harriman, Abel, *Special Envoy*, s. 369.

350 „rosnącej społecznej dezorientacji" – Loewenheim, Langley, Jonas, *Roosevelt and Churchill*, s. 69.
351 „poważne skutki polityczne" – *ibid.*, s. 634.
351 żadnych dowodów „uzasadniających wniosek" – Churchill, *Triumph and Tragedy*, s. 335.
351 jechali „na decydującą konferencję" – Loewenheim, Langley, Jonas, *Roosevelt and Churchill*, s. 654.
351 „Jeżeli nie skłoni się" – Eden, *The Reckoning*, s. 590–591.
351 nie sprosta „intelektualnie" – Moran, *Churchill*, s. 243.
351 „Był w stanie godnym pożałowania" – Martin Weil, *A Pretty Good Club: The Founding Fathers of the Foreign Service*, W.W. Norton, New York 1978, s. 89.
352 „Muszę przyznać, że z tej trójki" – Dilks, *Diaries*, s. 706.
352 Oświadczył, że po dwóch latach – Churchill, *Triumph and Tragedy*, s. 353.
352 „walczył jak tygrys" – Payne, *Rise and Fall*, s. 665.
353 „pochodząc z Ameryki" – Churchill, *Triumph and Tragedy*, s. 367.
353 „byłoby" mu „łatwiej w kraju" – Departament Stanu USA, *FRUS, Conferences at Malta and Yalta*, s. 677.
353 „Tylko honor był powodem" – Churchill, *Triumph and Tragedy*, s. 368.
353 Polska jest również sprawą honoru – *ibid.*, s. 369.
353 „Nazywają mnie dyktatorem" – Departament Stanu USA, *FRUS, Conferences at Malta and Yalta*, s. 718.
353 „Rząd lubelski nie jest reprezentatywny" – Churchill, *Triumph and Tragedy*, s. 371.
353 „bardzo chciał zakończyć dyskusję" – *ibid.*, s. 372.
354 „Mam nadzieję, że nie muszę" – Bohlen, *Witness*, s. 189.
354 „od roku 1939 w zasadzie nie było" – Departament Stanu USA, *FRUS, Conferences at Malta and Yalta*, s. 718.
354 „W zakresie kompetencji nas trzech" – *ibid.*
354 „Jeżeli zrezygnujemy z Polaków w Londynie" – *ibid.*, s. 788.
354 gdyby raptem na „konferencji odrzucono" – Churchill, *Triumph and Tragedy*, s. 378.
355 rząd „zostałby oskarżony w parlamencie" – *ibid.*, s. 379.
355 „W ciągu miesiąca" – *ibid.*, s. 381.
355 Brytyjski premier odrzekł – *ibid.*, s. 382.
355 „Wybory muszą być" – *ibid.*, s. 384.
355 „zreorganizowany na szerszej bazie politycznej" – *ibid.*, s. 387.
355 „najpodlejszym niedomówieniem" – Kennan, *Memoirs*, s. 222.
355 „ostro zaatakowana w Anglii" – Remi Nadeau, *Stalin, Churchill and Roosevelt Divide Europe*, Frederick Praeger, New York 1990, s. 145.
356 „całkowicie przemilcza istnienie" – Umiastowski, *Poland*, s. 430.
356 opartych na „szerokiej reprezentacji" – Loewenheim, Langley, Jonas, *Roosevelt and Churchill*, s. 655.
356 „To poszło za daleko!" – Cienciala, *Great Britain*, s. 303.
356 Utajniono również zgodę – Leckie, *Delivered*, s. 846–847.

357 „Czy Związek Sowiecki" – *ibid.*, s. 847–848.
357 „Gdy się zna fakty"– Sarah Meiklejohn Terry, *Poland's Place in Europe*, Princeton University Press, Princeton 1983, s. 357–358.

ROZDZIAŁ DWUDZIESTY

358 Kilku z nich siedziało – Zamoyski, *Forgotten Few*, s. 4.
359 W latach 1940–1945 – Cynk, *PAF, 1943–1945*, s. 440.
359 W chwili rozpoczęcia odprawy – Zamoyski, *Forgotten Few*, s. 198.
359 „Tylko pomyśl" – Lisiewicz i inni, *Destiny*, s. 168–169.
359 „dokonanego nie, jak w przeszłości" – Jedrzejewicz, *Poland in the British Parliament*, 1939–1945, t. 3, s. 369.
359 myśl ta była tak miażdżąca – Lukas, *Strange Allies*, s. 204.
360 „Nie mam sumienia żądać" – Anders, *An Army in Exile*, s. 251.
360 „Na takie załatwienie sprawy" – *ibid.*, s. 256.
360 „Myśmy wschodnich granic Polski" – Anders, *An Army in Exile*, s. 257.
360 „nie byłby możliwy szereg natarć" – pismo Alanbrooke'a do szefów sztabów, 18 stycznia 1946.
360 „zachować dyscyplinę" – Lockhart, *Comes to Reckoning*, s. 338.
360 „W najgorszym wypadku" – Macmillan, *Blast of War*, s. 572.
360 „Nie doceniłem"– *ibid.* s. 572–573.
361 „Z jednej strony" – Romuald Lipinski, *Memoirs*, Polish Combatants Association (www.execulink.com/~jferenc).
361 Nie mogli pojąć – Bór-Komorowski, *Secret Army*, s. 385.
361 „Sukces konferencji" – Panter-Downes, *London War Notes*, s. 359.
361 „wątpliwości, czy Wielka Trójka" – Levering, *American Opinion*, s. 189.
362 „spore ustępstwa" – Bell, *John Bull*, s. 175.
362 „stoi na solidnym gruncie"– *ibid.*
362 Decyzje podjęte w Jałcie – Burns, *Soldier of Freedom*, s. 582.
362 decyzja w sprawie polskich granic była „kompromisem" – Jedrzejewicz, *Poland in the British Parliament, 1939–1945*, t. 3, s. 371.
363 „Sądzę [...] że bardzo się pilnując" – *ibid.*, s. 173.
363 „Wyrażenie silnego poparcia" – *Mr Churchill Champions Decisions on Poland*, „Daily Telegraph", 28 lutego 1945.
363 „determinacji" jego, Roosevelta i Stalina – Bell, *John Bull*, s. 176.
363 nie dlatego, że „korzy się" – Umiastowski, *Poland*, s. 444.
364 „Uważam [...] że słowa" – Churchill, *Triumph and Tragedy*, s. 401.
364 „kiedyś zwrócą się przeciw nam" – Colville, *Fringes*, s. 562.
364 „będą panami w swoim domu?" – „Daily Telegraph", 28 lutego 1945.
364 „[Premier] przedstawił bardzo mocne argumenty" – cyt. za: Gilbert, *Churchill, 1941–1945*, s. 1233.
365 decydowanie „o losie narodu" – Loewenheim, Langley, Jonas, *Roosevelt and Churchill*, s. 658.

365 Dunglass, u którego na początku wojny – Alec Douglas-Home, *The Way the Wind Blows*, Times Books, New York 1976, s. 88–89.
365 „Nie wolno dopuścić, żeby Rosja" – Kenneth Young, *Sir Alec Douglas-Home*, Fairleigh Dickinson University Press, Teaneck, N.J. 1972, s. 67.
365 „Nie ma drugiego takiego kraju" – Jedrzejewicz, *Poland in the British Parliament, 1939–1945*, t. 3, s. 388.
366 „decyzją o oddaniu terytorium" – Bell, *John Bull*, s. 177.
366 „To było wspaniałe" – James, *„Chips"*, s. 398.
366 „Jeżeli nasza polityka zagraniczna" – Jedrzejewicz, *Poland in the British Parliament, 1939–1945*, t. 3, s. 436.
366 „bronili w tej Izbie" – *ibid.*, s. 470.
366/367 „zaprzysięgłym zwolennikiem" – *ibid.*, s. 468.
367 „A dziś robię to, ponieważ" – *ibid.*, s. 501.
367 „pogodzić niespokojne sumienia" – Umiastowski, *Poland*, s. 457.
367 „nie mógł „zaakceptować" – *ibid.*, s. 462.
367 „labourzyści przejęli się tym" – Loewenheim, Langley, Jonas, *Roosevelt and Churchill*, s. 662.
368 „W żadnym razie nie dam się" – Colville, *Fringes*, s. 566.
368 „próbuje przekonać sam siebie" – *ibid.*, s. 565.
368 „W sumie z naszej polityki" – Nadeau, *Stalin*, s. 144.
368 „wyraźnie chciał z konsultacji" – Churchill, *Triumph and Tragedy*, s. 421.
368 Wśród aresztowanych – Brodniewicz-Stawicki, *For Your Freedom*, s. 242.
368 „głodzeni, bici i torturowani" – Gilbert, *Winston Churchill, 1941–1945*, s. 1243.
368 pomagali im tylko Polacy – Deane, *Strange Alliance*, s. 193–194.
368 „Gdyby nie życzliwość i gościnność" – Departament Stanu USA, *FRUS*, vol. V, *1945*, s. 1085–1086.
369 „Nie mam najmniejszej wątpliwości" – Loewenheim, Langley, Jonas, *Roosevelt and Churchill*, s. 676.
369 „testem [na to], jak my i Rosjanie" – *ibid.*, s. 662.
369 Zamiast śpieszyć się – *ibid.*, s. 667.
369 „Nie chcę ujawniać" – *ibid.*, s. 671.
370 Na początku marca na życzenie Edena – Jedrzejewicz, *Poland in the British Parliament, 1939–1945*, t. 3, s. 642–643.
370 „Muszę postawić sprawę jasno" – Departament Stanu USA, *FRUS*, vol. V, *1945*, s. 195.
371 wyraził „gorzki żal" – Abramson, *Spanning*, s. 172.
371 „zmniejszyć do minimum" – Gaddis, *The United States*, s. 172.
372 Dwudziestego piątego kwietnia – Cynk, *PAF, 1943–1945*, s. 439.
372 „Kiedy zbliżał się pokój" – historia Dywizjonu 303, Instytut Polski w Londynie.
372 Pewnego pięknego majowego ranka – Dalecki, rękopis.
372 Tak jak niemal wszyscy towarzysze niewoli – *ibid.*
373 O tym, kto spośród około sześciuset jeńców – Lisiewicz i inni, *Destiny*, s. 249.
373 „Cały czas poświęcałem" – Zumbach, *On Wings*, s. 82.
373 Wyspecjalizował się w szmuglu diamentów – *ibid.*, s. 102–103.

374 „To było straszne" – wywiad z Urbanowiczem, dokument telewizyjny *Polish Air Force with the Allied Forces.*
374 W roku 1944 przeniesiono go – Urbanowicz, *Zdzisław Krasnodębski*, „Skrzydła", 122/608.
374 Któregoś wieczoru w Opera House – Bielecki, Szymanski, *Warsaw Aflame*, s. 182.
375 Z kieliszkiem w ręku – lord Francis-Williams, *Nothing So Strange*, s. 201–202.
375 wiadomość jest „zamierzonym afrontem" – *ibid.*, s. 203.
375 „A może by po prostu" – *ibid.*
376 „Pracują w sposób dziwnie mechaniczny" – Cloud, Olson, *Murrow Boys*, s. 239.
376 Nazajutrz w Londynie – Panter-Downes, *London War Notes*, s. 374–377.
376 „Niech Bóg was błogosławi" – John Charmley, *Churchill: The End of Glory*, Harcourt Brace, New York 1993, s. 637.
377 „Musimy jeszcze się upewnić" – Churchill, *Triumph and Tragedy*, s. 549.
377 zniechęcony do „pełnej jadu polityki" – Soames, *Winston and Clementine*, s. 530.
377 „Słowo *Victory!*" – Zamoyski, *Forgotten Few*, s. 200.

ROZDZIAŁ DWUDZIESTY PIERWSZY

378 „Nie zapomnimy, że pierwsi" – Zamoyski, *Forgotten Few*, s. 200.
378 Dwudziestego trzeciego kwietnia 1945 roku – Departament Stanu USA, *FRUS*, vol. V, *1945*, s. 252.
379 „największą nielegalną prywatną armię" – Zamoyski, *Forgotten Few*, s. 203.
379 „pozbawiono możliwości wyrażania woli" – „Daily Telegraph", 6 czerwca 1946.
380 „źródłem coraz większych politycznych komplikacji" – protokoły posiedzeń gabinetu, 22 stycznia 1946, AIR 8/1157, PRO.
380 „należy uczynić wszystko" – Zamoyski, *Forgotten Few*, s. 204.
380 Na rozmaitych forach – Brown, *Airmen in Exile*, s. 71.
380 „chłodnym, beznamiętnym stanowiskiem" – okólnik Ministerstwa Lotnictwa, 17 stycznia 1946, FO 371/115, PRO.
380 „Połączyły nas braterskie więzi" – Lisiewicz i inni, *Destiny*, s. 343.
381 „Obowiązkiem" Polaków – list Bevina do Ministerstwa Lotnictwa, AIR 55/126, PRO.
381 „«Do użytku praktycznego»" – Gretzyngier, Matusiak, *Polish Aces*, s. 76.
382 „Myślami będziemy z nimi" – Anders, *An Army in Exile*, s. 300.
382 „Czy wszyscy straciliśmy poczucie przyzwoitości" – „Skrzydła", 15 marca 1946, 5/478.
382 „Muszę powiedzieć otwarcie" – Anders, *An Army in Exile*, s. 300.
382 „Wszyscy stoimy przed tym samym dylematem" – historia Dywizjonu 303, Instytut Polski w Londynie.
382 „Przyjaźnie i wspomnienia" – Zumbach, *On Wings*, s. 100.
383 Podczas przygnębiającej ceremonii – „Skrzydła", 1 października 1946.
383 W tym „najbardziej bolesnym dniu" – Dalecki, rękopis.
384 „Jestem w Anglii od sześciu lat" – Zumbach, *On Wings*, s. 100–101.

385 Na ślubie pewnej pary – James, *„Chips"*, s. 414.
385 W czerwcu 1946 roku – Zamoyski, *Forgotten Few*, s. 204.
385 „Jak myślisz, kto da ci pracę" – wywiad z Franciszkiem Kornickim.
385 „Wątpię, czy czynniki urzędowe" – Brown, *Airmen in Exile*, s. 66.
385 „dławiła" go „gorycz" – Zamoyski, *Forgotten Few*, s. 207.
386 „bardzo, bardzo ciężkie" – wywiad z Wandą Krasnodębską (Stanisław Błasiak).
387 trzech tysięcy innych lotników – Lisiewicz i inni, *Destiny*, s. 348.
387 Ojciec Łokuciewskiego zginął – wywiad z Wandą Łokuciewską (Andrzej Lewandowski).
387 W Polsce była też – wywiad z Tadeuszem Anderszem.
388 „Był to najbardziej haniebny" – Davies, *Heart of Europe*, s. 97.
388 Ale choć Stanisław Mikołajczyk – Mikołajczyk, *Rape of Poland*, s. 200.
388 Oburzony nijaką reakcją rządu Trumana – Lane, *I Saw*, s. 301.
388 do roku 1947 sowiecka i polska bezpieka – *ibid.*, s. 209.
389 Oskarżony w 1948 roku o szpiegostwo – Zamoyski, *Forgotten Few*, s. 212.
389 „Traktowano mnie jak przestępcę" – *ibid.*
389 Po przyjeździe do Polski – wywiad z Jackiem Kutznerem.
389 „To była miłość" – wywiad z Wandą Łokuciewską.
390 Po wojnie gros polskiego węgla – Davies, *Heart of Europe*, s. 81.
391 „Młodzi Polacy nie znają" – Martha Gellhorn, *The View from the Ground*, Atlantic Monthly Press, New York 1988, s. 170.
391 „brudu i zaniedbania" – *ibid.*, s. 177.
391 Polska straciła około dwudziestu procent ludności – Davies, *Heart of Europe*, s. 64.
391 „Gojenie się tej otwartej rany" – *ibid.*, s. 100–101.
391 „Historia obejdzie się ze mną życzliwie" – Rosenberg, *Haunted Land*, s. XV.
391 „Sami zgotowali sobie zgubę" – Winston Churchill, *The Gathering Storm*, Houghton Mifflin, Boston 1948, s. 323.
392 „zniszczone miasta Europy" – Taylor, *The Second World War*, s. 129.
392 „Gdy dochodzi do politycznych katastrof" – Ulam, *The Rivals*, s. 93.
393 „Rosyjskie zbrodnie" – Stewart Steven, *The Poles*, Macmillan, New York 1982, s. 137.
393 Przez ponad dziesięć lat po wojnie – Davies, *Heart of Europe*, s. 106.
393 „polski reakcyjny reżim" – Radek Sikorski, *Full Circle*, Simon & Schuster, New York 1997, s. 41.
393 Zakazane były wszelkie nagrobki i klepsydry – Davies, *Heart of Europe*, s. 106.
393 „wielki ogród bujnego indywidualizmu" – Tadeusz Konwicki, *The Polish Complex*, Dalkey Archive Press, Normal, Ill. 1998, s. 137.
394 „Sienkiewicz uczył innych cnót" – Sikorski, *Full Circle*, s. 59.
394 „Nabijanie się do rozpuku z Rosjan" – Gellhorn, *View from the Ground*, s. 150.
395 Tuż po wojnie – Alicia Nitecki, *Recovered Land*, University of Massachusetts, Amherst 1995, s. 8.
395 „przez wiele lat jedna" – Steven, *Poles*, s. 135.
395 W innej części cmentarza – Andrzej Chmielarz, *Warsaw Fought Alone: Reflections on Aid to and the Fall of the 1944 Uprising*, „Polish Review", 4, 1994, s. 432.

395 „Naród polski nigdy nie wyrzeknie się" – Raczyński, *In Allied London*, s. 366.
396 „Po raz pierwszy odczułem" – Sikorski, *Full Circle*, s. 66.
396 W szczytowym momencie Solidarność – Davies, *Heart of Europe*, s. 19.
397 „Razem będziemy walczyć" – „New York Times", 10 lipca 1997.

EPILOG

399 Kiedy po raz pierwszy wzbił się – wywiad z Jackiem Kutznerem.
399 „Powiedziałem mu: «Tolo»" – wywiad z Ludwikiem Martelem.
400 „Spojrzałem na niego" – wywiad z Tadeuszem Anderszem.
400 „chłopcy, którzy pozostali w Anglii" – wywiad z Ignacym Olszewskim.
401 „Ci [...] którzy okazywali" – Czesław Miłosz, *To Begin Where I Am*, Farrar, Straus & Giroux, New York 2001, s. 152.
401 „cierpiał najboleśniej" – wywiad z anonimowym informatorem.
401 „Była to tak bycza zabawa" – wywiad z Jackiem Kutznerem.
401 Wkrótce po wojnie – Zumbach, *On Wings*, s. 106.
402 Pięć lat później – *ibid.*, s. 10.
402 „Niektórych kłopoty szukają" – *ibid.*
402 „Było jasne" – wywiad z Ludwikiem Martelem.
402 „kupuje i sprzedaje" – wywiad z Wandą Łokuciewską.
402 Miejscowi taksiarze – wywiad z anonimowym informatorem.
403 „zapalny entuzjazm" – Collier, *Eagle Day*, s. 276.
403 „najbardziej obecne jest we mnie" – Eva Hoffman, *Lost in Translation: A Life in a New Language*, Penguin, New York 1990, s. 115.
403 „W jego listach czuje się nostalgię" – wywiad z anonimowym informatorem.
404 „Żyło się dobrze" – wywiad z Francisem Gabreskim (Andrzej Lewandowski).
404 „Robił takie niezwykłe rzeczy" – wywiad z Witoldem Urbanowiczem (synem).
405 „Nasza rodzina dość się nawojowała" – *ibid.*
405 „Gdy zostałem wiceprezesem" – *ibid.*
405 „Dla niego była to «moja ziemia»" – *ibid.*
406 wracał z tych podróży „uradowany" – *ibid.*
407 W czerwcu 1984 roku – Michel Alfred Peszke, *The Polish Armed Forces in Exile, Part 2, July 1941–May 1945*, „Polish Review", 2, 1987, s. 168.
408 Na przyozdobionym godłami – „Financial Times", 13 lipca 1993.
408 „Mamy wobec was wielki dług" – wywiad z Franciszkiem Kornickim.

BIBLIOGRAFIA

Abramson Rudy, *Spanning the Century: The Life of W. Averell Harriman*, William Morrow, New York 1992.

Adams Dorothy, *We Stood Alone,* Longmans, Green, New York 1944.

Amery L.S., *My Political Life*, vol. 3, *The Unforgiving Years, 1929–1940*, Hutchinson, London 1955.

Anders Władysław, *An Army in Exile: The Story of the Second Polish Corps*, Macmillan, New York-London 1949 [wyd. pol. Władysław Anders, *Bez ostatniego rozdziału*, s.n., Warszawa 1989].

Arct Bohdan, *Polish Wings in the West*, Interpress, Warsaw 1971 [wyd. pol. Bohdan Arct, *Polskie skrzydła na Zachodzie*, Interpress, Warszawa 1970].

Ascherson Neal, *The Struggles for Poland*, Michael Joseph, London 1987.

Baer George W., ed., *A Question of Trust: The Origins of U.S.-Soviet Diplomatic Relations: The Memoirs of Loy W. Henderson,* Hoover Institution Press, Palo Alto, Calif. 1986.

Baldwin Hanson W., *Great Mistakes of the War*, Harper & Brothers, New York 1949.

Baley Stephen, *Two Septembers*, Allen & Unwin, London 1941.

Ball Adrian, *The Last Day of the Old World*, Doubleday, Garden City, N.Y. 1963.

Barker Elisabeth, *Churchill and Eden at War*, St. Martin's Press, New York 1978.

Beitzell Robert, *The Uneasy Alliance: America, Britain, and Russia, 1941–1943*, Knopf, New York 1972.

Bell P.M.H., *John Bull and the Bear: British Public Opinion, Foreign Policy and the Soviet Union, 1941–1945,* Edward Arnold, London 1990.

Berlin Isaiah, *The Proper Study of Mankind,* Chatto & Windus, London 1977.

Bethell Nicholas, *The War Hitler Won: The Fall of Poland, September 1939,* Allen Lane, London 1972.

Bickers Richard Townshend, *The Battle of Britain*, Salamander, London 1999.

Bielecki Tadeusz, Leszek Szymanski, *Warsaw Aflame: The 1939–1945 Years,* Polamerica Press, Los Angeles 1973.

Bohlen Charles, *Witness to History: 1929–1969,* W.W. Norton, New York 1973.

Boothby Robert, *Boothby: Recollections of a Rebel*, Hutchinson, London 1978.
Bór-Komorowski Tadeusz, *The Secret Army*, Victor Gollancz, London 1950.
Brinkley David, *Washington Goes to War*, Knopf, New York 1988.
Brodniewicz-Stawicki Margaret, *For Your Freedom and Ours: The Polish Armed Forces in the Second World War*, Vanwell, St. Catharine's, Ontario 1999.
Brown Alan, *Airmen in Exile: The Allied Air Forces in the Second World War,* Sutton, Phoenix Mills, U.K. 2000.
Brown Anthony Cave, *Wild Bill Donovan: The Last Hero*, Times Books, New York 1982.
Bryan Julien, *Siege*, Doubleday, Garden City, N.Y. 1940.
Buell Raymond Leslie, *Poland: Key to Europe*, Knopf, New York 1939.
Bullock Alan, *Hitler and Stalin: Parallel Lives,* Knopf, New York 1991 [wyd. pol. Alan Bullock, *Hitler i Stalin: żywoty równoległe*, PIW/Bellona, Warszawa 1994]
Bungay Stephen, *The Most Dangerous Enemy: A History of the Battle of Britain,* Aurum Press, London 2000.
Burns James MacGregor, *Roosevelt: The Soldier of Freedom,* Harcourt Brace Jovanovich, New York 1970.
Burns James MacGregor, Susan Dunn, *The Three Roosevelts: Patrician Leaders Who Transformed America*, Atlantic Monthly Press, New York 2001.
Cannadine David, *The Decline and Fall of the British Aristocracy*, Yale University Press, New Haven 1990.
Cannistraro Philip, Edward D. Wynot, Theodore P. Kovaleff, *Poland and the Coming of the Second World War: The Diplomatic Papers of A.J. Drexel Biddle Jr.,* Ohio State University Press, Columbus 1976.
Carton de Wiart Adrian, *Happy Odyssey*, Jonathan Cape, London 1950.
Charmley John, *Churchill: The End of Glory*, Harcourt Brace, New York 1993.
Chisholm Anne, Michael Davie, *Lord Beaverbrook: A Life*, Knopf, New York 1993.
Cholewczynski George F., *Poles Apart: The Polish Airborne at the Battle of Arnhem*, Sarpedon, New York 1993.
Churchill Winston, *Closing the Ring*, Houghton Mifflin, Boston 1951 [wyd. pol. w Winston S. Churchill, *Druga wojna światowa*, t.1–6, Phantom Press International/ Refren, Gdańsk 1995]
Churchill Winston, *The Gathering Storm,* Houghton Mifflin, Boston 1948 [wyd. pol. jw.].
Churchill Winston, *The Grand Alliance*, Houghton Mifflin, Boston 1950 [wyd. pol. jw.].
Churchill Winston, *The Hinge of Fate*, Houghton Mifflin, Boston 1950 [wyd. pol. jw.] .
Churchill Winston, *Their Finest Hour*, Houghton Mifflin, Boston 1949 [wyd. pol. jw.].
Churchill Winston, *Triumph and Tragedy*, Houghton Mifflin, Boston 1953 [wyd. pol. jw.].
Ciechanowski Jan, *Defeat in Victory,* Doubleday, Garden City, N.Y. 1947.
Ciechanowski Jan M., *The Warsaw Uprising of 1944*, Cambridge University Press, Cambridge 1974 [wyd. pol. Jan M. Ciechanowski, *Powstanie warszawskie*, PIW, Warszawa 1984]
Clark Ronald, *Battle for Britain,* Franklin Watts, New York 1966.
Clayton Tim, Phil Craig, *Finest Hour: The Battle of Britain*, Simon & Schuster, New York 2002.
Cloud Stanley, Olson Lynne, *The Murrow Boys: Pioneers on the Front Lines of Broadcast Journalism*, Houghton Mifflin, Boston 1996.

Collier Richard, *Eagle Day: The Battle of Britain,* Dutton, New York 1966.
Collier Richard, *1940: The Avalanche*, Hamish Hamilton, London 1979.
Colville John, *The Fringes of Power: 10 Downing Street Diaries, 1939–1955*, W.W. Norton, New York 1985.
Conquest Robert, *Stalin: Breaker of Nations*, Viking Press, New York 1991 [wyd.pol. Robert Conquest, *Stalin*, Wydawnictwo Michał Urbański, Warszawa 1996].
Cookridge E.H., *Inside SOE*, Frederick Barker, London 1966.
Coutouvidis John, Jaime Reynolds, *Poland, 1939–1947*, Holmes & Meier, New York 1986.
Cowles Virginia, *Looking for Trouble*, Harper, New York 1941.
Crook D.M., *Spitfire Pilot*, Faber & Faber, London 1942.
Culbert David, ed., *Mission to Moscow*, University of Wisconsin Press, Madison 1980.
Curtis Rosme, *Winged Tenacity,* Kingston Hill, London 1944.
Cynk Jerzy B., *The Polish Air Force at War: The Official History, 1939–1943*, Schiffer, Atglen, Pa 1998 [wyd. pol. Jerzy B. Cynk, *Polskie siły powietrzne w wojnie 1939–1943*, AJ-Press, Gdańsk 2001].
Cynk Jerzy B., *The Polish Air Force at War: The Official History, 1943–1945*, Schiffer, Atglen, Pa 1998.
Czarnomski F.B., *They Fight for Poland*, Allen & Unwin, London 1941.
Davies Joseph, *Message to Moscow*, Simon & Schuster, New York 1941.
Davies Norman, *God's Playground: A History of Poland*, Columbia University Press, New York 1982 [wyd. pol. Norman Davies, *Boże igrzysko*, Przedświt, Warszawa 1987].
Davies Norman, *A Short History of Poland*, Oxford University Press, Oxford 1984.
Davies Norman, *White Eagle, Red Star*, Macdonald, London 1972 [wyd. pol. Norman Davies, *Biały orzeł, czerwona gwiazda: wojna polsko-sowiecka 1919–1920*, Przedświt, Warszawa 1988] .
Davis Kenneth S., *FDR: The War President 1940–1943*, Random House, New York 2000.
Deane John R., *The Strange Aliance*, Viking Press, New York 1947.
Dilks David, ed., *The Diaries of Sir Alexander Cadogan, 1938–1945*, Putnam, New York 1971.
Douglas-Home Alec, *The Way the Wind Blows*, Times Books, New York 1976.
Dutton David, *Eden Anthony, A Life and Reputation,* Edward Arnold, London 1997.
Eden Anthony, *The Reckoning*, Houghton Mifflin, Boston 1965.
Ellis John, *Cassino: The Hollow Victory*, McGraw-Hill, New York 1984.
Eubank Keith, *Summit at Teheran,* William Morrow, New York 1985.
Fiedler Arkady, *Squadron 303: The Polish Fighter Squadron with the RAF*, Roy, New York 1943 [wyd. pol. Arkady Fiedler, *Dywizjon 303*, Londyn 1942].
Fischer Louis, *The Road to Yalta: Soviet Foreign Relations, 1941–1945,* Harper & Row, New York 1972.
FitzGibbon Louis, *Katyn Massacre*, Corgi Books, London 1977.
Fleming Thomas, *The New Dealers' War. F.D.R. and the War Within World War II*, Basic Books, New York 2001.
Francis-Williams, lord, *Nothing So Strange*, American Heritage, New York 1970.
Francis-Williams, lord, *Press, Parliament and People*, Heinemann, London 1946.
Gabreski Francis, *Gabby: A Fighter Pilot's Life,* Orion, London 1991 [wyd. pol. Francis

Gabreski, *Gabby: pilot myśliwski*, Echo, Warszawa 2001].
Gaddis John Lewis, *The United States and the Origins of the Cold War, 1941–1947*, Columbia University Press, New York 1973.
Gardner Brian, *Churchill in His Time: A Study in a Reputation, 1939–1945*, Methuen, London 1968.
Gardner Lloyd C., *Spheres of Influence*, Dee, Chicago 1993 [wyd. pol. Lloyd C. Gardner, *Strefy wpływów, Wielkie mocarstwo i podział Europy od Monachium do Jałty*, Książka i Wiedza, Warszawa 1999] .
Garlinski Józef, *Poland, SOE and the Allies*, Allen & Unwin, London 1969 [wyd. pol. Józef Garliński, *Polacy i żołnierze*, Polska Fundacja Kulturalna, Londyn 1968].
Gelb Norman, *Scramble: A Narrative History of the Battle of Britain,* Harcourt Brace Jovanowich, San Diego 1985.
Gellhorn Martha, *The Face of War*, Atlantic Monthly Press, New York 1988.
Gellhorn Martha, *The View from the Ground*, Atlantic Monthly Press, New York 1988.
Gilbert Martin, *The Second World War: A Complete History*, Henry Holt, New York 1987 [wyd. pol. Martin Gilbert, *Druga wojna światowa*, Zysk i S-ka, Poznań 2000].
Gilbert Martin, *Winston S. Churchill*, vol. VI, *Finest Hour, 1939–44*, Houghton Mifflin, Boston 1983 [wyd. pol. Martin Gilbert, *Churchill*, t.1–2, Zysk i S-ka, Poznań 1996].
Gilbert Martin, *Winston S. Churchill*, vol. VII, *Road to Victory, 1941–45*, Houghton Mifflin, Boston 1986 [wyd. pol. jw.].
Goodwin Doris Kearns, *No Ordinary Time: Franklin and Eleanor Roosevelt: The Home Front in World War II,* Simon & Schuster, New York 1994.
Gretzyngier Robert, *Poles in Defence of Britain,* Grub Street, London 2001.
Gretzyngier Robert, Wojtek Matusiak, *Polish Aces of World War 2*, Osprey Press, London 1998.
Gross Jan T., *Revolution from Abroad: The Soviet Conquest of Poland's Western Ukraine and Western Belorussia*, Princeton University Press, Princeton 1988.
Grudzinska-Gross Irena, Jan T. Gross, *War Through Children's Eyes,* Hoover Institiution Press, Palo Alto, Calif. 1981.
Harriman W. Averell, Elie Abel, *Special Envoy to Churchill and Stalin, 1941–1946*, Random House, New York 1975.
Harrison Marguerite, *There's Always Tomorrow,* Farrar & Rinehart, New York 1936.
Herbert Alan, *A.P.: His Life and Times*, Heinemann, London 1970.
Hochschild Adam, *The Unquiet Ghost: Russians Remember Stalin*, Viking Press, New York 1994.
Hoffman Eva, *Lost in Translation: A Life in a New Language,* Penguin, New York 1990 [wyd. pol. Ewa Hoffman, *Zagubione w przekładzie*, Aneks, Londyn 1995].
Hollingworth Clare, *The Three Weeks' War in Poland*, Duckworth, London 1940.
Hough Richard, Denis Richards, *The Battle of Britain,* Hodder & Stoughton, London 1989.
James Robert Rhodes, *Victor Cazalet: A Portrait*, Hamish Hamilton, London 1976.
James Robert Rhodes, ed., *"Chips": The Diaries of Sir Henry Channon,* Phoenix, London 1999.
Jedrzejewicz Waclaw, ed., *Poland in the British Parliament, 1939–1945,* vols. 1–3, Pi*Churchill: A Biography*, Farrar, Straus & Giroux, New York 2001.

Johnson Brian, *The Secret War*, Methuen, London 1978.
Kacewicz George V., *Great Britain, The Soviet Union and the Polish Government in Exile (1939–1945)*, M. Nijhoff, The Hague-Boston 1979.
Kahn David, *Seizing the Enigma: The Race to Break the German U-Boat Codes, 1939–1943*, Houghton Mifflin, Boston 1991.
Kaplan Philip, Richard Collier, *Their Finest Hour: The Battle of Britain Remembered*, Abbeville Press, New York 1989.
Kapuciński Ryszard, *Imperium*,Vintage Books, New York 1995 [wyd. pol. Ryszard Kapuściński, *Imperium*, Czytelnik, Warszawa 1993].
Karolevitz Robert F., Ross S. Fenn, *Flight of Eagles: The Story of the American Kosciuszko Squadron in the Polish-Russian War, 1919–1920*, Brevet Press, Sioux Falls, S.D. 1974.
Karski Jan, *The Great Powers and Poland, 1919–1945*, University Press of America, Lanham, Md. 1985 [wyd. pol. Jan Karski, *Wielkie mocarstwa wobec Polski 1919–1945 od Wersalu do Jałty*, PIW, Warszawa 1992].
Kaufman Michael, *Mad Dreams, Saving Graces: Poland, a Nation in Conspiracy*, Random House, New York 1989.
Kee Robert, *1939: The World We Left Behind*, Little, Brown, Boston 1984.
Keegan John, *Six Armies in Normandy: From D-Day to the Liberation of Paris*, Viking Press, New York 1982.
Kennan George F., *Memoirs (1925–1950)*, Bantam Books, New York 1969.
Kennan George F., *Russia and the West Under Lenin and Stalin*, Atlantic Monthly Press, New York 1960.
Kennan George F., John Lukacs, *George F. Kennan and the Origins of Containment, 1944–1946*, University of Missouri Press, Columbia 1997.
Kent John, *One of the Few*, Kimber, London 1971.
Kimball Warren F., ed., *Churchill and Roosevelt: The Complete Correspondence*, vols. II–III, Princeton University Press, Princeton 1984.
Knapp Stefan, *The Square Sun*, Museum Press, London 1956 [wyd. pol. Stefan Knapp, *Kwadratowe* słońce, Wyzwolenie, Warszawa 1987].
Konwicki Tadeusz, *The Polish Complex*, Dalkey Archive Press, Normal, Ill. 1998 [wyd. pol. Tadeusz Konwicki, *Kompleks polski*, s.n., 1982].
Koppes Clayton, Gregory D. Black, *Hollywood Goes to War: How Politics, Profits and Propaganda Shaped World War II Movies*, Free Press, New York 1987.
Korbonski Stefan, *Fighting Warsaw*, Funk & Wagnalls, New York 1968.
Kozaczuk Władysław, *Enigma: How the German Machine Cipher Was Broken, and How It Was Read by the Allies in World War Two*, University Publications of America, Frederick, Md. 1984 [wyd. pol. Władysław Kozaczuk, *W kręgu Enigmy*, Książka i Wiedza, Warszawa 1979] .
Kulski Julian, *Dying, We Live*, Holt, Rinehart & Winston, New York 1979.
Lambert Angela, *1939: The Last Season of Peace*, Weidenfeld & Nicolson, London 1989.
Lane Arthur Bliss, *I Saw Poland Betrayed*, Bobbs-Merrill, Indianapolis 1948 [wyd. pol. Arthur Bliss Lane, *Widziałem Polskę zdradzoną*, Kongres Polonii Amerykańskiej, Chicago 1949] .
Langer Rulka, *The Mermaid and the Messerschmitt*, Roy, New York 1942.
Leckie Robert, *Delivered from Evil: The Saga of World War II*, Harper & Row, New York 1987.

Levering Ralph B., *American Opinion and the Russian Alliance, 1939–1945*, University of North Carolina Press, Chapel Hill 1976.

Lisiewicz M. et al., ed., *Destiny Can Wait: The Polish Air Force in the Second World War*, Battery Press, Nashville, Tenn. 1949.

Lochner Louis, ed. and trans., *The Goebbels Diaries, 1942–1943*, Popular Library, New York 1948.

Lockhart Sir Robert Bruce, *Comes the Reckoning*, Puttnam, London 1947.

Loewenheim Francis L., Harold D. Langley, Manfred Jonas, ed., *Roosevelt and Churchill: Their Secret Wartime Correspondence*, Saturday Review Press, New York 1975.

Lukacs John A., *The Great Powers and Eastern Europe*, American Book Co., New York 1953.

Lukas Richard C., *The Forgotten Holocaust: The Poles Under German Occupation 1939–1944*, Hippocrene, London 1997 [wyd. pol. Richard C. Lukas, *Zapomniany holocaust. Polacy pod okupacją niemiecką 1939–1944*, Jedność, Kielce 1995].

Lukas Richard C., *The Strange Allies: The United States and Poland, 1941–1945*, University of Tennessee Press, Knoxville 1978.

Macmillan Harold, *The Blast of War. 1939–1945*, Harper & Row, New York 1968.

Manchester William, *The Last Lion: Winston Spencer Churchill: Alone, 1932–1940*, Dell, New York 1988.

Marsh L.G., *Polish Wings over Britain, for Your Freedom and Ours*, Max Love, London 1943.

Mason Francis K., *Battle over Britain*, McWhirter Twins Ltd., London 1969.

McLaine Ian, *Ministry of Morale: Home Front Morale and the Ministry of Information in World War Two*, Allen & Unwin, London 1979.

Middleton Drew, *The Sky Suspended*, Longmans, Green, New York 1960.

Mikołajczyk Stanisław, *The Rape of Poland*, McGraw-Hill, New York 1948 [wyd. pol. Stanisław Mikołajczyk, *Zniewolenie Polski*, Niezależna Oficyna Wydawnicza, Warszawa 1984].

Miołsz Czesław, *To Begin Where I Am*, Farrar, Straus & Giroux, New York 2001.

Moran Lord, *Churchill: The Struggle for Survival, 1940–1965*, Houghton Mifflin, Boston 1966.

Murray Williamson, Allan R. Millett, *A War to Be Won: Fighting the Second World War*, Belknap/Harvard University Press, Cambridge, Mass. 2000.

Nadeau Remi, *Stalin, Churchill and Roosevelt Divide Europe*, Frederick Praeger, New York 1990.

Nitecki Alicia, *Recovered Land*, University of Massachusetts Press, Amherst 1995.

Nowak Jan, *Courier from Warsaw*, Wayne State University Press, Detroit 1982 [wyd. pol. Jan Nowak *Kurier z Warszawy*, s.n. 1980].

Olivier David, *Fighter Command, 1939–1945*, HarperCollins, London 2000.

O'Malley Owen, *The Phantom Caravan*, John Murray, London 1954.

Orpen Neil, *Airlift to Warsaw: The Rising of 1944*, University of Oklahoma Press, Norman 1984.

Orwell George, *The Complete Works of George Orwell*, vol. 16, *I Have Tried to Tell the Truth, 1943–1944*, Secker & Warburg, London 1998.

Orwell George, *The Complete Works of George Orwell*, vol. 17, *I Belong to the Left, 1945*, Secker & Warburg, London 1998.

Overy Richard, *The Battle of Britain*, Penguin, London 2000.
Panter-Downes Mollie, *London War Notes, 1939–1945*, Farrar, Straus & Giroux, New York 1973.
Parker Matthew, *The Battle of Britain*, Hodder Headline, London 2000.
Parrish Michael, *The Lesser Terror: Soviet State Security, 1939–1953*, Praeger, Westport, Conn. 1996.
Paul Allen, *Katyn: The Untold Story of Stalin's Polish Massacre*, Scribner's, New York 1991 [wyd. pol. Allen Paul, *Katyń. Stalinowska masakra i tryumf prawdy*, Warszawska Rada Ochrony Pamięci Walk i Męczeństwa, 2003]
Payne Robert, *The Rise and Fall of Stalin*, Avon Books, New York 1966.
Perlmutter Amos, *FDR & Stalin: A Not So Grand Alliance, 1943–1945*, University of Missouri Press, Columbia 1993.
Persico Joseph E., *Roosevelt's Secret War: FDR and World War II Espinage*, Random House, New York 2001.
Polonius Alexander, *I Saw the Siege of Warsaw*, W. Hodge, Glasgow 1941.
Prażmowska Anna, *Britain and Poland, 1939–1943: The Betrayed Ally*, Cambridge University Press, Cambridge 1995.
Pruszynski Xavier, *Poland Fights Back*, Roy, New York 1944.
Pula James S., *Thaddeus Ko*, Hippocrene, New York 1999.
Raczyński Edward, *In Allied London*, Weidenfeld & Nicolson, London 1962 [wyd. pol. *W sojuszniczym Londynie*, Polish Research Centre, Londyn 1960].
Raleigh John McCutcheon, *Behind the Nazi Front*, Dodd, Mead, New York 1940.
Ramsey Winston G., ed., *The Battle of Britain: Then and Now*, After the Battle, London 2000.
Read Anthony, David Fisher, *The Deadly Embrace*, Michael Joseph, London 1988.
Reynolds Quentin, *A London Diary*, Random House, New York 1941.
Robinson Anthony, *RAF Fighter Squadrons in the Battle of Britain*, Brockhampton Press, London 1999.
Rosenberg Tina, *The Haunted Land: Facing Europe's Ghosts After Communism*, Random House, New York 1955 [wyd. pol. Tina Rosenberg, *Kraje, w których straszy*, Rebis, Poznań 1997].
Rothwell Victor, *Anthony Eden, A Political Biography*, University of Manchester Press, Manchester, U.K. 1992.
Rozek Edward J., *Allied Wartime Diplomacy: A Pattern in Poland*, John Wiley, New York 1958.
Ryan Cornelius, *A Bridge Too Far*, Simon & Schuster, New York 1974 [wyd. pol. Cornelius Ryan, *O jeden most zadaleko*, Czytelnik, Warszawa 1979].
Sainsbury Keith, *Churchill and Roosevelt at War*, New York University Press, New York 1994.
Sainsbury Keith, *The Turning Point: The Moscow, Cairo and Teheran Conferences*, Oxford University Press, Oxford 1985.
Salisbury Harrison, *A Journey for Our Time: A Memoir*, Harper & Row, New York 1983.
Sapieha Virgilia, *Polish Profile*, Heinemann, London 1940.
Sereny Gitta, *Albert Speer: His Battle with Truth*, Knopf, New York 1995.
Sevareid Eric, *Not So Wild a Dream*, Atheneum, New York 1976.
Sherwood Robert, *Roosevelt and Hopkins*, Harper, New York 1948.

Shirer William, *Berlin Diary*, Knopf, New York 1941.
Shirer William, *Collapse of the Third Republic*, Simon & Schuster, New York 1969.
Shirer William, *The Nightmare Years*, Little, Brown, Boston 1984.
Shogan Robert, *Hard Bargain: How FDR Twisted Churchill's Arm, Evaded the Law, and Changed the Role of the American Presidency*, Scribner's, New York 1995.
Sikorski Radek, *Full Circle*, Simon & Schuster, New York 1997.
Slessor Sir John, *The Central Blue*, Frederick Praeger, New York 1957.
Śliżewski Grzegorz, *The Lost Hopes: Polish Fighters over France in 1940*, Panda, Koszalin 2000 [wyd. pol. Grzegorz Śliżewski, *Stracone złudzenia. Polskie lotnictwo myśliwskie nad Francją w 1940 r.*, Panda, Koszalin 2000].
Smith Gene, *The Dark Summer*, Collier, New York 1989.
Soames Mary, *Clementine Churchill: The Biography of a Marriage*, Houghton Mifflin, Boston 1979.
Soames Mary, ed., *Winston and Clementine: The Personal Letters of the Churchills*, Houghton Mifflin, Boston 1999.
Sorel Nancy Caldwell, *The Women Who Wrote the War*, Arcade, New York 1999.
Sosabowski Stanis*Parachute General*, Kimber, London 1961.
Spears Sir Edward, *Assignment to Catastrophe*, Heinemann, London 1954.
Stafford David, *Britain and European Resistance, 1940–1945*, University of Toronto Press, Toronto 1980 [wyd. pol. *Wielka Brytania i ruch oporu w Europie 1940–1945*, Pax, Warszawa 1984].
Stallings Laurence, *The Doughboys*, Harper & Row, New York 1963.
Steven Stewart, *The Poles*, Macmillan, New York 1982.
Sulzberger C.L., *The American Heritage Picture History of World War II*, American Heritage, New York 1966.
Szpilman Władysław, *The Pianist: The Extraordinary True Story of One Man's Survival in Warsaw, 1939–45*, Picador, New York 1999 [wyd. pol. Władysław Szpilman, *Pianista*, Znak, Kraków 2002].
Szypowski Maria and Andrzej, *As You Enter the Old Town...*, Artibus Foundation, Warsaw 2001.
Taylor A.J.P., *The Second World War: An Illustrated History*, Penguin, London 1975.
Terry Sarah Meiklejohn, *Poland's Place in Europe*, Princeton University Press, Princeton 1983.
Townsend Peter, *Duel of Eagles*, Simon & Schuster, New York 1970.
Ulam Adam, *Expansion and Coexistence*, Secker & Warburg, London 1968.
Ulam Adam, *The Rivals: America and Russia Since World War II*, Penguin, New York 1976.
Umiastowski R., *Poland, Russia and Great Britain, 1941–1945*, Hollis & Carter, London 1946.
United States, Department of State, *Foreign Relations of the United States (FRUS) Diplomatic Papers*, U.S. Government Printing Office, Washington, D.C.
1942, vol. III, *Europe*, 1961.
1943, vol. III, *Europe*, 1963.
1944, vol. III, *The British Commonwealth and Europe*, 1966.
1944, vol. IV, *Europe*, 1966.

1945, vol. V, *Europe*, 1967.
Conferences at Cairo and Tehran, 1943, 1961.
Conferences at Malta and Yalta, 1945, 1955.
Urbanowicz Witold, Początek jutra, Znak, Kraków 1966.
Urbanowicz Witold, Świt zwycięstwa, Znak, Kraków 1971.
Vincent S.F., *Flying Fever*, Jarrolds, London 1972.
Wandycz Piotr S., *The United States and Poland*, Harvard University Press, Cambridge, Mass. 1980.
Watt Richard M., *Bitter Glory: Poland and Its Fate, 1918 to 1939*, Simon & Schuster, New York 1979.
Weigel George, *Witness to Hope: The Biography of Pope John Paul II*, HarperCollins, New York 1999 [wyd. pol. George Weigel, *Świadek nadziei. Biografia papieża Jana Pawła II*, Znak, Kraków 2000].
Weil Martin, *A Pretty Good Club: The Founding Fathers of the U.S. Foreign Service*, W.W. Norton, New York 1978.
Welchman Gordon, *The Hut Six Story*, McGraw-Hill, New York 1982.
Welles Sumner, *Seven Decisions That Shaped History*, Harper & Brothers, New York 1950.
Williams Peter, Ted Harrison, *McIndoe's Army*, Pelham, London 1979.
Willis John, *Churchill's Few: The Battle of Britain Remembered*, Michael Joseph, London 1985.
Wood Derek, Derek Dempster, *The Narrow Margin: The Battle of Britain and the Rise of Air Power 1939–1940*, Smithsonian Institution Press, Washington, D.C. 1961.
Wood E. Thomas, Stanisław M. Jankowski, *Karski: How One Man Tried to Stop the Holocaust*, John Wiley, New York 1994 [wyd. pol. E. Thomas Wood, *Karski. Opowieść o emisariuszu*, Baran i Suszczyński, Kraków 1996].
Woodward Sir Llewellyn, *British Foreign Policy in the Second World War*, vols. 1–2, Her Majesty's Stationery Office, London 1970.
Wright Robert, *The Man Who Won the Battle of Britain*, Scribner's, New York 1970.
Wright William, *Heiress: The Rich Life of Marjorie Merriweather Post*, New Republic, New York 1978.
Young Kenneth, *Sir Alec Douglas-Home*, Fairleigh Dickinson University Press, Teaneck, N.J. 1972.
Zamoyski Adam, *The Forgotten Few: The Polish Air Force in the Second World War*, Hippocrene, London 1995 [wyd. pol. Adam Zamoyski, *Orły nad Europą, losy polskiego lotnictwa w czasie II wojny światowej*, Wydawnictwo Literackie, Kraków 2004] .
Zamoyski Adam, *The Polish Way: A Thousand-Year History of the Poles and Their Culture*, John Murray, London 1987.
Zawodny J.K., *Death in the Forest*, University of Notre Dame Press, Notre Dame, Ind. 1962 [wyd. pol. Janusz Kazimierz Zawodny, *Katyń, zagłada w lesie*, CDN, Warszawa 1989].
Zumbach Jan, *On Wings of War*, André Deutsch, London 1975.

PODZIĘKOWANIA

Gdy zbierając materiały do *Sprawy honoru*, po raz pierwszy odwiedziliśmy Warszawę, w folderze Polskich Linii Lotniczych LOT znaleźliśmy taki oto fragment: „Co świat wie i co myśli o Polsce? Amerykanie zadają sobie pytanie, czy Polska leży w Europie i czy na ulicach Warszawy nie grasują przypadkiem białe niedźwiedzie [...] W Europie wiedza o Polsce też nie jest za głęboka".

Jeśli nawet w fałszywych wyobrażeniach Amerykanów o Polsce nie mieszczą się białe niedźwiedzie chodzące po ulicach, to zawarty w folderze LOT-u zarzut nie jest pozbawiony podstaw: wielu ludzi w Stanach Zjednoczonych i w Europie wie w najlepszym razie niewiele o tym środkowoeuropejskim kraju, którego dzieje obfitują w cierpienia i bohaterstwo. Mitów o Polakach i Polsce nie brakuje – od niesmacznych „polskich dowcipów" po absurdalne posądzenia o swoistą współpracę z nazistami podczas drugiej wojny światowej. A przecież był to jedyny podbity przez Niemców kraj europejski, który im się nie poddał i z nimi nie kolaborował. Co więcej, kraj, którego naród w sposób wyjątkowy – i nadzwyczaj bohaterski – przyczynił się do zwycięstwa aliantów nad Hitlerem. Ale choć w ostatnim dziesięcioleciu nastąpił zalew książek, artykułów i filmów o drugiej wojnie światowej, losy setek tysięcy Polaków, którzy w 1939 roku opuścili ojczyznę lub w niej pozostali, by na obczyźnie i w kraju walczyć z hitlerowcami, na dobrą sprawę pominięto, choć ich pełne przygód, chwały, zdrady i tragedii dzieje stanowią wielki rozdział w historii tego konfliktu.

Kiedy zaczęliśmy się przymierzać do napisania tej książki, nasza wiedza o wkładzie Polaków w zwycięstwo też była powierzchowna. Sam pomysł zrodził się na przyjęciu w Waszyngtonie, na którym Lynne poznała Danutę Lockett, konsultantkę do spraw pomocy międzynarodowej. Podczas gdy rozmowy przy stole toczyły się wokół ostatnich wydarzeń na Kapitolu i w Białym Domu, Danuta opowiedziała Lynne o swoim ojcu, polskim lotniku, który w okresie drugiej wojny światowej latał w RAF-ie. O tym, że polscy piloci byli wśród słynnych „niewielu", którzy latem i jesienią 1940 roku uratowali Wielką Brytanię przed Niemcami, dowiedzieliśmy się kilka lat wcześniej. Z barwnych opowieści Danuty o ojcu i jego rodakach jasno wynikało, że odegrali oni niebagatelną rolę nie tylko w bitwie o Anglię, ale w całej wojnie. Pomyśleliśmy, że dzieje polskich lotników, rzucone na tragiczne tło wojennych losów ich kraju, ze wszech miar zasługują na opisanie. Choć od chwili narodzin pomysłu do jego realizacji minęło kilka lat, dziękujemy Danucie za zasianie w nas ziarna.

W zbieraniu materiałów w Polsce (a raz także w Anglii) pomagał nam niezrównany, nieoceniony dziennikarz, lingwista i niekiedy filozof, Andrzej Lewandowski. W podziękowaniach autorskich zwykło się pisać, że bez jakiejś osoby książka by nie powstała. Bywa, że jest to prawda. W przypadku Andrzeja to prawda absolutna. Był nie tylko szperaczem i tłumaczem, ale także partnerem, wyrozumiałym wobec naszej niewiedzy i żałosnych prób Stana przekucia znajomości rosyjskiego w znajomość polskiego, delikatnym i dowcipnym przewodnikiem po labiryncie polskiej historii, wojskowości i polityki. Wytrwale wyszukując dla nas informacje i źródła, Andrzej stał się ekspertem od Polskich Sił Powietrznych i biografii pilotów, na których losach skupiliśmy się w *Sprawie honoru*. Podczas szeregu rozmów, jakie odbyliśmy z nim w Warszawie i innych częściach Polski, a także za pośrednictwem niezliczonych e-maili, dowiedzieliśmy się nowych rzeczy nie tylko o Polsce i Polakach, lecz także o przyjaźni. Dziękujemy mu za to, za jego przywiązanie do prawdy, za wsparcie i za poczucie humoru. Wszelkie błędy w tej książce to wynik naszych, a nie jego, niedopatrzeń. Nie ponosi też za nie winy żadna z wielu osób, które nam pomagały w trakcie jej powstawania.

Kiedy zbieraliśmy materiały, cała piątka bohaterów naszej książki, pilotów Dywizjonu Kościuszkowskiego, już nie żyła. Prowadziliśmy więc długie rozmowy z członkami ich rodzin. Pozwoliło nam to znacznie lepiej zrozumieć tych pełnych fantazji, bohaterskich ludzi. Cenimy sobie zwłaszcza pomoc i gościnność, jaką okazali nam, nie szczędząc czasu, Witold Urbanowicz i jego żona Eliane. Dziękujemy również Wandzie Łokuciewskiej, Markowi Łokuciewskiemu, Krzysztofowi Fericiowi oraz dzieciom Ronalda Kelletta – Victorowi Kellettowi, Jonathanowi Kellettowi, Louise Pemberton i Judy Williams. Jesteśmy też bardzo wdzięczni Stanisławowi Błasiakowi za udostępnienie nam rozmów z Wandą Krasnodębską.

Podziękowania kierujemy do polskich, brytyjskich i amerykańskich pilotów, którzy dzielili się z nami i z Andrzejem swoimi przeżyciami wojennymi, wspomnieniami o Dywizjonie Kościuszkowskim i pięciu naszych bohaterach. Do tego grona należą: Tadeusz Andersz, Francis Gabreski, Franciszek Kornicki, Donald Lopez, Jan Maliński, Ludwik Martel (który zabrał nas do świetnej restauracji w POSK w Hammersmith), Ignacy Olszewski, Tadeusz Sawicz, Stanisław Skalski i John Young (który oprowadził nas po Oksfordzie). Dług wdzięczności zaciągnęliśmy także wobec innych osób, które pomogły nam zgłębić temat tej książki, zwłaszcza wobec Roberta Gretzyngiera, Edwarda Idziora, doktora Jana Koniarka, Tadeusza Konwickiego, Heleny Kubicy, Jacka Kutznera, Wojtka Matusiaka, Jerzego Pelca i Ireny Rothkael.

W naszą pamięć wryła się szczególnie kolacja w warszawskiej rezydencji brytyjskiego ambasadora w Polsce, Michaela Pakenhama, i jego żony Mimi. Tego wieczoru wśród gości na koktajlu przed kolacją znalazła się Jadwiga Piłsudska Jaraczewska, córka legendarnego polskiego przywódcy Józefa Piłsudskiego. Piękna i elegancka pani Jaraczewska opowiedziała nam i innym gościom o swoich przeżyciach w czasie wojny, kiedy jako pilotka Polskich Sił Powietrznych w Wielkiej Brytanii transportowała hurricane'y, spitfire'y i inne samoloty. Państwu Pakenhamom dziękujemy za wielką gościnność oraz za przedstawienie nas pani Jaraczewskiej, amerykańskiemu ambasadorowi Christopherowi Hillowi i jego żonie Patty Whitelaw-Hill.

W trakcie prac przygotowawczych mieliśmy szczęście korzystać z pomocy bibliotekarzy i archiwistów w Polsce, Wielkiej Brytanii i Stanach Zjednoczonych. Szczególną skarbnicą materiałów źródłowych o działalności Polskich Sił Powietrznych i Polskich Sił Zbrojnych w czasie drugiej wojny światowej jest Instytut Polski i Muzeum im. gen. Sikorskiego w Londynie. Tam właśnie przechowywane są kroniki Fericia i Dywizjonu Kościuszkowskiego. W instytucie dostępne są też archiwalne numery pisma Polskich Sił Powietrznych, „Skrzydła", które zaczęło się ukazywać w 1941 roku. Opublikowane w nim artykuły – wiele z nich napisali sami piloci – dają unikalny wgląd w ich myśli i uczucia w czasie wojny. Jesteśmy wdzięczni Andrzejowi Suchcitzowi, nadzwyczaj pracowitemu szefowi archiwum Sikorskiego, za wszystko, co zrobił podczas kilku naszych wizyt.

Wyrazy wdzięczności kierujemy także do pracowników Wyższej Szkoły Oficerskiej Sił Powietrznych w Dęblinie, którzy poświęcili nam cały dzień, oprowadzając po tym pięknym miejscu i dostarczając cennych informacji i spostrzeżeń na temat przedwojennej działalności pilotów Dywizjonu Kościuszkowskiego, których losy stanowią rdzeń *Sprawy honoru*.

Dziękujemy pracownikom Public Records Office w Kew pod Londynem za pomoc w zlokalizowaniu stosownych dokumentów wojennych brytyjskiego Ministerstwa Spraw Zagranicznych, Ministerstwa Lotnictwa i gabinetu wojennego, a bibliotekarzom z działu rękopisów Biblioteki Kongresu za udostępnienie mikrofilmowych kopii dokumentów z Biblioteki Franklina D. Roosevelta. Jesteśmy też winni wdzięczność Jamesowi D'Arcowi i innym pracownikom Zbiorów Specjalnych im. L. Toma Perry'ego w bibliotece Uniwersytetu Brighama Younga, przechowującej osobiste dokumenty Meriana C. Coopera.

Słowa uznania i podzięki kierujemy do pisarzy i historyków, z których nowatorskich, przełomowych dzieł o Polsce, jej historii i wojskowości – zwłaszcza lotnictwie – wiele skorzystaliśmy. Pragniemy w tym miejscu wyróżnić Normana Daviesa, Adama Zamoyskiego i Jerzego Cynka.

Radość, jaką od początku do końca czerpaliśmy z pracy nad *Sprawą honoru*, jest w znacznej mierze zasługą entuzjazmu i zaangażowania naszej wspaniałej redaktorki, Ann Close, i jej koleżanek z wydawnictwa Alfred A. Knopf. Mieliśmy szczęście, mogąc zawsze liczyć na wsparcie i przewodnictwo. Dziękujemy też asystentce Ann, Ilanie Kurshan, i korektorce Ann Adelman. Z nie mniejszą ochotą wspierał nas Ravi Mirchandani, redaktor z wydawnictwa Williama Heinemanna, a nasza agentka, Gail Ross, służyła nam, jak zwykle, bezcenną przyjaźnią i radą.

Za pomoc i zachęty jesteśmy też wielce zobowiązani naszym przyjaciołom, zwłaszcza Brianowi i Lucy Conboyom, Barbarze, Andrew i Oli Kapusto, Patowi i Cassie Furgursonom, Murrayowi i Jeanne Gartom, Peterowi i Marcie Richardsonom, Sandy'emu i Karen Gilmourom, Gregowi i Marie Schneidersom, Rickowi i Sue Hornikom.

Na koniec zaś dziękujemy – jak zawsze – naszym dzieciom i ich współmałżonkom (oraz ich dzieciom): Carly, Matthew (i Barnabie), Davidowi, Jenni (i Joeyowi), Michaelowi i Danielle. Ich życie i miłość są dla nas darem.

PODZIĘKOWANIA ZA POZWOLENIE NA PRZEDRUKI

Za zgodę na przedruk opublikowanych wcześniej materiałów dziękujemy: A.P. Watt Ltd. za wyjątek z wiersza *Less Nonsense*, z *A.P.H.: His Life and Times* Alana Herberta. Przedruk za zgodą agencji A.P. Watt Ltd., reprezentującej Jocelyn Herbert i Teresę Elizabeth Perkins.

Houghton Mifflin Company i Cassell za fragmenty z *Triumph and Tragedy* Winstona S. Churchilla. Copyright © 1953 by Houghton Mifflin Company, renewed 1981 by The Honourable Lady Sarah Audley and The Honourable Lady Soames. Wszelkie prawa zastrzeżone. Przedruk za zgodą Houghton Mifflin Company i Cassell.

John Murray Publishers Ltd. za fragmenty z *Forgotten Few* Adama Zamoyskiego.

INDEKS

SPIS TREŚCI